编委会主任　徐汉明

民事海事行政

疑难案例

精释精解

主　编　田圣斌　贾小刚

副主编　饶中享　周清华
　　　　陈晓华　张粒　卢伟

中国检察出版社

图书在版编目（CIP）数据

民事海事行政疑难案例精释精解/田圣斌，贾小刚主编 . —北京：
中国检察出版社，2009.10
ISBN 978 - 7 - 5102 - 0160 - 8

Ⅰ. 民…　Ⅱ. ①田… ②贾…　Ⅲ. ①民事诉讼 – 案例 – 分析 –
中国 ②海事仲裁 – 诉讼法 – 案例 – 分析 – 中国 ③行政诉讼 –
案例 – 分析 – 中国　Ⅳ. D925. 05

中国版本图书馆 CIP 数据核字（2009）第 168960 号

民事海事行政疑难案例精释精解

田圣斌　贾小刚　主编

出 版 人：袁其国
出版发行：中国检察出版社
社　　址：北京市石景山区鲁谷西路 5 号　（100040）
网　　址：中国检察出版社（www. zgjccbs. com）
电子邮箱：zgjccbs@ vip. sina. com
电　　话：（010）68682164（编辑）　68650015（发行）　68636518（门市）
经　　销：新华书店
印　　刷：三河鑫鑫科达彩色印刷包装有限公司
开　　本：720mm×960mm　16 开
印　　张：32 印张
字　　数：586 千字
版　　次：2009 年 10 月第一版　　2009 年 10 月第一次印刷
书　　号：ISBN 978 - 7 - 5102 - 0160 - 8
定　　价：60. 00 元

编 委 会

编委会主任

徐汉明 全国检察业务专家，湖北省人民检察院常务副检察长，博士，教授，博士生导师，国际检察官协会会员，国际刑法学会理事，中国刑法学会理事，湖北省法学会副会长，中国地质大学（武汉）人权法研究所特聘专家。

编委会成员

田圣斌 国际刑法学协会会员，中国地质大学（武汉）人权法研究所所长，副教授，硕士生导师；九三学社社员；中国地质大学（武汉）欧美同学会副秘书长；湖北省监察厅特邀监察员；全国首届建设领域百名优秀律师。

贾小刚 最高人民检察院民事行政检察厅副厅长，中国地质大学（武汉）客座教授。

饶中享 湖北武汉海事法院副院长，中南财经政法大学客座教授。

周清华 湖北省人民检察院民事行政检察处处长，中国地质大学（武汉）客座教授。

陈晓华 湖北省武汉市蔡甸区人民检察院检察长，法学博士。

吕 萍 公安部铁道警官高等专科学校法律系主任，教授，硕士生导师。

官昌恒 湖北省高级人民法院民一庭庭长，中国民事诉讼法学研究会理事，湖北省民法学专业委员会副会长。

李 军 湖北省武汉市硚口区人民法院院长，法学硕士，中国国际私法学会理事。

刘　阳　湖北省人民检察院民事行政检察处副处长，中国地质大学（武汉）客座副教授。

张　粒　湖北省律师协会会长，湖北松之盛律师事务所主任律师，全国优秀律师。

卢　伟　湖北省南漳县人民法院院长，法律硕士。

肖跃进　湖北省武汉市人民检察院民事行政检察处检察员。

屠晓景　浙江省湖州市人民检察院政策研究室主任，法律硕士。

周广耀　湖北省公安县人民法院庭长。

关业雄　湖北省高级人民法院干部。

王品文　湖北省人民政府干部。

喻昌运　神龙汽车有限公司法律顾问，法学硕士，武汉仲裁委员会仲裁员。

蒋恺中　中铁集团第四勘探设计有限公司法律事务部负责人，湖北省法学会民法学专业委员会常务理事，湖北省企业法律顾问协会副秘书长，武汉仲裁委员会仲裁员。

邢景文　河南省镇平县人民检察院政治部主任。

周越男　广东省惠州市国土资源局惠阳区分局干部，法学硕士。

唐红光　东风汽车有限公司法务部法律顾问，律师。

陈爱斌　湖北省国有资产管理委员会法规处副处长，法律硕士。

编写说明

案例是运用理论知识解决实际问题的结果，是法学理论与司法实践经验的最佳结合。案例书是学习法律知识时必不可少的参考资料，是司法实践经验的一个方面的反映。

目前，案例书籍已然很多，我们深恐再编写案例书会增加读者的负担，遭社会诟病。但是在给全校学生讲授法律诊所课程时，我们发现诸多案例书籍体例不一，师生查找时总感到些许不便。为了便于法学专业师生在教学中参考，方便法官、检察官和律师办案时借鉴，更便于社会大众学习法律，结合案例查找相关法律规定进行自我分析，我们开始着手思索怎样编写一本能够尽量满足社会各方需要的一本案例书；后来，我们在大量收集案例和相关资料的基础上，整理思路，反复斟酌修改，终于成书。

本书包含民事、海事、行政三方面的案例，每个案例均分别由争议焦点、基本案情、观点评析、相关知识链接（包括相关法律法规和相关理论知识）4个部分组成。

本书的特点有三：

第一，注明真实的案件来源（案件内容特别是相关当事人的名称做了适当的修改）；

第二，将相关法律规定和法律知识整理在一起，便于读者学习时查找和核对，更有助于读者进行自我分析；

第三，将每个案例的核心法律问题提炼出来作为题目，以便读者及时把握案情，并结合案情掌握相关法律。

在本书的编写过程中，全国检察业务专家、最高人民检察院政治部副主任、中国地质大学（武汉）客座教授王洪祥主任给予了很多精到的指点；全国检察业务专家、博士生导师、湖北省人民检察院常务副检察长徐汉明教授领衔组织编委会成员，精心策划，精选案例；中国地质大学（武汉）人权法研究所所长田圣斌和最高人民检察院民事行政检察厅副厅长贾小刚花费近两年时间，酝酿编写方案，多方选择典型案例，尽可能参考各类案例书籍，汲取其优点，形成本书的特色。

最高人民检察院、湖北省人民检察院、湖北省武汉市人民检察院、浙江省湖州市人民检察院、湖北武汉海事法院、湖北省公安县人民法院、湖北松之盛律师事务所、神龙汽车有限公司、中铁集团第四勘探设计有限公司、广东省惠州市国土资源局惠阳区分局等单位及时提供了典型的案例（另外从相关网站借鉴了部分典型案例，均对相关名称作了调整），上述单位的部分同志和中国地质大学（武汉）政法学院周家富、姜艳丽、匡小明、姜静、陈佳、张琦、何双凤等参与了部分编写工作，在此对所有案件来源单位和参与编写人员一并表示感谢。

特别感谢最高人民检察院姜建初副检察长于百忙之中关心本书的编写工作，并为本书作序。

由于时间仓促，编写人员水平有限，相关观点评析仅为一家之言，其中难免存在错漏，敬请各位批评指正。

编　者

2009 年 7 月

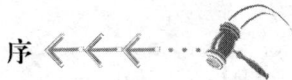

序

案例是实践中发生的带有普遍性、代表性的典型事例，它反映一个问题、一件工作、一个案件发生、发展和演变的过程，通过对这些典型事例的分析，提出解决问题的办法和思路。对案例进行分析整理并汇编成册具有十分重要的现实意义。本书将真实的法律案例整理汇编，强调新颖性、可读性与实用性的有机结合，运用现实生动的案例、深入浅出的语言阐述相关的法学理论，以期成为培养广大法学专业学生和司法实务人员实战能力的工具书。

本书的特点显而易见。首先，案例数量丰富。本书的案例搜集、整理工作历时近两年，共收录130个案例，涉及民事、海事、行政诉讼等法律领域，涵盖了物权、债权、证券、知识产权、劳动争议、举证责任、民事执行、海事纠纷等方方面面。其次，案例大都来源于检察院、法院以及律师事务所，其中相当部分案例是我国司法实践中的典型案例，经由编委会精心采集汇编，具有真实性。最后，案例具有鲜明的代表性。考虑到法律专业人士的需要，通过案例的选择介绍相关的法律知识。在分类上面，力求做到科学、简明。

目前，案例分析的方法在国内开始得到普及。本书对所采集的每个案例都进行了深入分析，并且体现出特有的结构与风格。该书从提炼核心法律问题入手，确立了争议焦点、基本案情、观点评析、相关法律法规和相关理论知识这一科学的写作体例。在观点评析中分析了法院、检察院及相关专家的观点，同时结合最新的法律法规及司法解释提出了自己的建议。这样的结构便于读者查阅、理解和运用法律，较好地掌握法律精髓。

新中国成立以后，我国的法制建设得到长足的发展，取得了前所未有的成就。法制建设的不断推进，有力地维护了社会稳定，有效地调节了社会矛盾，维护了广大人民群众的根本利益，调动了广大人民群众参与建设中国特色社会主义的积极性，为深化改革、扩大开放、促进发展创造了良好的法治环境。法制建设既是社会主义现代化建设的有力保障，又是社会主义现代化建设的重要组成部分。本书紧紧跟随时代步伐，反映时代特色，对于普法工作的开展及中国法制建设具有深刻长远的意义。

本书编委会主任湖北省人民检察院常务副检察长徐汉明是全国检察业务专家，主编田圣斌先生曾担任主诉检察官，和检察院有着特殊的感情，主编贾小刚副厅长是检察队伍的资深检察官，他们都具有深厚的理论素养及丰富的实践经验。本书是他们多年来工作实践经验的总结，不失为当下学习法律的良师益友！

本书案例大多来自各级检察机关和法院、律师事务所等司法实务部门；编委会成员多为检察机关的业务专家、部门负责人，还有热衷于检察理论研究的专家学者，人民法院的"学者型"法官，全国优秀律师，以及国有大中型企业的法律事务负责人。我很高兴首先阅读此书，并欣然为序。

姜建初 *

2009 年 8 月

---

* 作者系最高人民检察院副检察长。

↗ 目 录
CONTENTS

序 ……………………………………………………………………… 001

第一部分　民事实体法案例

▶▶ 民法总则篇

一、意思表示是否真实 ……………………………………………… 003

二、民事代理 ………………………………………………………… 005

三、区分个人行为与职务行为 ……………………………………… 009

四、区分职务行为与个人行为 ……………………………………… 011

五、代位求偿权 ……………………………………………………… 014

六、合伙协议的效力 ………………………………………………… 016

▶▶ 物权法篇

七、合同的解除 ……………………………………………………… 019

八、共有财产的处分 ………………………………………………… 022

九、采矿权转让合同的成立与生效 ………………………………… 024

十、房屋所有权的确认 ……………………………………………… 027

十一、转让房屋的所有权 …………………………………………… 030

十二、房屋所有权 …………………………………………………… 033

十三、赠与房产的所有权 …………………………………………… 036

十四、自救行为与相邻权 …………………………………………… 039

十五、后合同义务的履行与所有权的保护 …………………… 044

十六、小区业主享有的建筑物共有所有权 ………………… 047

十七、农村集体土地征用补偿款的分配 …………………… 049

十八、土地承包经营权的流转 ………………………………… 052

十九、保证期限和保证责任 …………………………………… 055

二十、借贷关系中保证人的责任 …………………………… 057

二十一、定金的履行 …………………………………………… 059

二十二、债的担保 ……………………………………………… 063

二十三、抵押合同成立的条件 ………………………………… 065

二十四、担保合同是否有效 …………………………………… 068

二十五、连带担保责任 ………………………………………… 072

二十六、担保合同的效力 ……………………………………… 076

二十七、留置权的行使 ………………………………………… 079

▶▶ 债 法 篇

二十八、买卖合同标的物的质量瑕疵 ……………………… 082

二十九、借款合同的主体资格 ………………………………… 086

三十、加工承揽合同货款纠纷 ………………………………… 090

三十一、商品房买卖合同纠纷 ………………………………… 095

三十二、认定股权转移是否有效 …………………………… 098

三十三、合同是否有效（一）………………………………… 102

三十四、合同是否有效（二）………………………………… 107

三十五、"以贷还贷"的借款合同的效力及保证责任 ………… 110

三十六、合同主体与合同的效力 …………………………… 114

三十七、合同无效与责任承担 …………………………………… 118

三十八、合同的变更 ……………………………………………… 121

三十九、劳动合同的变更 ………………………………………… 124

四十、保险合同变更的告知义务 ………………………………… 127

四十一、缺陷合同的补充 ………………………………………… 135

四十二、合同履行中的先履行抗辩权 …………………………… 138

四十三、房屋买卖合同的无效 …………………………………… 141

四十四、合同的履行 ……………………………………………… 144

四十五、合同履行的标的 ………………………………………… 148

四十六、违约责任的承担 ………………………………………… 152

四十七、转移债权的形式和主体资格 …………………………… 154

四十八、债务转移的效力认定 …………………………………… 156

四十九、合同的转让 ……………………………………………… 160

五十、合伙人个人债务与合伙债务的区分 ……………………… 164

五十一、个人之债与共同之债 …………………………………… 166

五十二、连带清偿责任的承担 …………………………………… 168

五十三、融资租赁合同关系的审查 ……………………………… 173

五十四、保管合同和无因管理 …………………………………… 175

▶▶ 侵权责任篇

五十五、确定道路交通事故赔偿的主体 ………………………… 178

五十六、交通事故人身损害赔偿的请求权 ……………………… 180

五十七、承担侵权责任的主体 …………………………………… 185

五十八、相邻关系引起的侵权赔偿 ……………………………… 188

五十九、高度危险作业致人损害的侵权纠纷 …………………… 190

六十、人身损害赔偿及侵权行为的证明 …………………… 193

▶▶ 金融证券篇

六十一、证券机构的严格审查义务 …………………… 197

六十二、因证券公司过失引起的不当得利返还 …………… 200

六十三、证券公司的安全保障义务 …………………… 202

六十四、票据背书的正确理解 …………………… 204

六十五、汇票转让的法定方式和银行解汇时的审查责任 ……… 210

▶▶ 知识产权篇

六十六、专利侵权的成立要件 …………………… 214

六十七、公知技术不构成专利侵权 …………………… 221

六十八、毁坏商誉行为的构成要件 …………………… 225

六十九、不正当竞争行为 …………………… 229

▶▶ 劳动法篇

七十、认定劳动关系是否存在 …………………… 234

七十一、事实劳动关系的认定 …………………… 238

七十二、仲裁时效和工亡待遇标准 …………………… 244

七十三、事业单位的劳动争议 …………………… 249

七十四、应否缴纳社会保险 …………………… 251

七十五、社会保险的缴纳年限 …………………… 255

七十六、社会保险费用的办理及缴纳 …………………… 259

七十七、劳动合同的解除 ⋯⋯⋯⋯⋯⋯⋯⋯⋯⋯⋯⋯⋯ 261

七十八、解除劳动合同的有效途径 ⋯⋯⋯⋯⋯⋯⋯⋯ 265

七十九、行政事业单位的劳动关系解除方式 ⋯⋯⋯⋯ 269

八十、劳动报酬与合同之债的关系 ⋯⋯⋯⋯⋯⋯⋯⋯ 274

第二部分　民事程序法案例

▶▶ 证据制度篇

八十一、劳动争议举证责任分配 ⋯⋯⋯⋯⋯⋯⋯⋯⋯ 281

八十二、举证责任 ⋯⋯⋯⋯⋯⋯⋯⋯⋯⋯⋯⋯⋯⋯⋯ 285

八十三、证据的真实性、可采性、合法性 ⋯⋯⋯⋯⋯ 288

八十四、司法鉴定结论的证据效力 ⋯⋯⋯⋯⋯⋯⋯⋯ 291

八十五、鉴定结论的效力 ⋯⋯⋯⋯⋯⋯⋯⋯⋯⋯⋯⋯ 295

八十六、鉴定结论的审查和其证明力 ⋯⋯⋯⋯⋯⋯⋯ 300

八十七、医疗事故鉴定结论的证明力 ⋯⋯⋯⋯⋯⋯⋯ 303

八十八、交通事故责任认定书的证明效力 ⋯⋯⋯⋯⋯ 307

八十九、遗产继承和公证效力 ⋯⋯⋯⋯⋯⋯⋯⋯⋯⋯ 310

九十、举证责任的法律适用 ⋯⋯⋯⋯⋯⋯⋯⋯⋯⋯⋯ 315

九十一、认定证据和还款行为是否合法有效 ⋯⋯⋯⋯ 322

▶▶ 诉讼制度篇

九十二、两审终审原则和起诉制度 ⋯⋯⋯⋯⋯⋯⋯⋯ 325

九十三、律师参与诉讼权利的依据 ⋯⋯⋯⋯⋯⋯⋯⋯ 328

九十四、确认人民法院的受案范围 ⋯⋯⋯⋯⋯⋯⋯⋯ 332

九十五、民事诉讼的范围 …………………………………… 334

九十六、案件事实的认定和法律适用 ……………………… 336

九十七、对法律的正确理解和适用 ………………………… 339

九十八、诉讼时效和社会保险金缴纳 ……………………… 342

九十九、诉讼主体资格 ……………………………………… 345

一百、抚养关系、抚养费 …………………………………… 348

一百零一、是否超过诉讼时效的审查 ……………………… 351

一百零二、对诉讼时效何时起算的理解 …………………… 354

一百零三、最长诉讼时效 …………………………………… 357

一百零四、一般诉讼时效 …………………………………… 359

一百零五、认定基本法律关系的性质 ……………………… 362

一百零六、刑事判决对民事判决的影响 …………………… 367

一百零七、附带民事诉讼、民事诉讼与"一事不再理"原则 …… 371

一百零八、调解书的送达 …………………………………… 376

▶▶ 执行制度篇

一百零九、履行能力对判决执行的影响 …………………… 381

一百一十、适当的执行策略 ………………………………… 385

一百一十一、仲裁裁决不予执行的条件 …………………… 388

第三部分　海事法律诉讼案例

一百一十二、海上货物运输合同索赔纠纷 ………………… 393

一百一十三、船舶碰撞责任分摊及赔偿责任 ……………… 396

一百一十四、水上人身损害赔偿 ···················· 403

一百一十五、行政诉讼被告资格及担保物权的从属性 ··········· 407

一百一十六、合伙人赔偿责任与经济补偿 ················ 410

一百一十七、行政诉讼的被告适格 ··················· 413

一百一十八、水上货物运输合同关系 ·················· 416

一百一十九、买受人的基本义务以及合同约定不明的补救 ······ 424

一百二十、代理关系与运输合同关系 ················· 427

一百二十一、船舶所有权的转移 ·················· 430

一百二十二、大桥维护管理合同关系 ················· 434

一百二十三、船舶保赔保险合同纠纷的法律适用 ··········· 439

一百二十四、无正本提单放货合同纠纷 ··············· 445

第四部分　行政法律诉讼案例

一百二十五、行政诉讼起诉及举证的时效 ··············· 455

一百二十六、鉴定结论能否直接作为定案依据 ············· 464

一百二十七、法院对民事诉讼与行政诉讼能否合并审理 ········ 469

一百二十八、行政诉讼证据的调取及其证明力 ············· 475

一百二十九、土地使用权的归属 ·················· 484

一百三十、政府负责人更换后行政合同的效力 ············· 487

第一部分
民事实体法案例

DIYIBUFEN MINSHISHITIFAANLI

［民法总则篇］

一、意思表示是否真实

◥ 争议焦点 ◤

该借据是否真实有效，借据所确定的债权债务关系是否成立。

◥ 基本案情 ◤

1994年，童A在S公司担任法定代表人期间，李X经他人介绍到S公司任办公室主任。1994年11月22日，李X向童A汇报已联系好一笔购买鞭炮的业务，急需购鞭款4.5万元。童A说："现在公司账上无款。"李X讲："我可向我弟弟李Y借到这笔货款，但你得给我以李Y之名打一张借条。"童A听后，即在副经理林B、会计叶C在场的公司办公室里，按照李X所提出的要求，出具了"暂借李Y现金四万五仟元"借条一张。事后，李Y没有借4.5万元给李X去购买鞭炮，公司没有收到李X所购鞭炮，童A也没有收到李Y 4.5万元的借款。童A事后多次向李X追要借条无果。1995年6月李氏兄弟之间因合伙做废铁收购生意结账时，李X欠其弟李Y 7000元，就将童A出具的借条交给了李Y作为抵偿。1996年11月李Y持该"借条"向县人民法院起诉，要求童A还款。

县人民法院经审理，于1997年3月1日作出民事判决：被告童A偿还原告李Y借款45000元，承担利息14328.90元，二项合计59328.90元。

童A深感冤屈，于1998年4月9日向人民检察院申诉。经人民检察院抗诉，中级人民法院指令县人民法院再审。县人民法院经再审，查明事实真相，裁定撤销原判决，驳回李Y的起诉。

◥ 观点评析 ◤

（一）本案中的借据缺乏真实性，是无效的。

虽然借条确实是出自被告童A之手，但童A借款的真实意思表示是为了开展"购买鞭炮"的业务；如果不存在"购买鞭炮"的业务，那么，借款的意愿也不能成立。

（二）虽然童 A 写了一张借条给李 X，但双方均未实际履行给付义务，双方当事人的债权债务关系在事实上没有形成。

（三）县人民法院在一审中仅凭一张借条，就认定本案双方当事人的债权债务关系成立，没有查清本案的全部事实真相，没有查清双方当事人交付现金的地点、时间、方式、资金来源等细节情况，错把缺乏真实的无效证据材料当做真实有效的证据予以采信，导致判决错误。

审理借款合同纠纷案，不仅要审查借据（或借款合同）的真实性，还必须查明借款人是否实际履行了给付义务，双方当事人的债权债务关系是否依法成立。不仅要审查借据，还要审查案件的其他相关证据材料；在查清本案的全部事实真相的基础上，才能保证判决的公正。

相关知识链接

一、相关法律法规

1.《民法通则》第 55 条："民事法律行为应当具备下列条件：（一）行为人具有相应的民事行为能力；（二）意思表示真实；（三）不违反法律或者社会公共利益。"

2.《民法通则》第 58 条："下列民事行为无效：（一）无民事行为能力人实施的；（二）限制民事行为能力人依法不能独立实施的；（三）一方以欺诈、胁迫的手段或者乘人之危，使对方在违背真实意思的情况下所为的；（四）恶意串通，损害国家、集体或者第三人利益的；（五）违反法律或者社会公共利益的；（六）经济合同违反国家指令性计划的；（七）以合法形式掩盖非法目的的。无效的民事行为，从行为开始起就没有法律约束力。"

3.《最高人民法院关于贯彻执行〈中华人民共和国民法通则〉若干问题的意见（试行）》第 68 条："一方当事人故意告知对方虚假情况，或者故意隐瞒真实情况，诱使对方当事人作出错误意思表示的，可以认定为欺诈行为。"

二、相关理论知识

意思表示，是表意人将欲成为法律行为的意思表示于外部的行为。主要包括三要素：效力意思、表示意思和表示行为。

所谓效力意思，是意思表示人欲使其表示内容引起法律上效力的内在意思要素。表示行为，是用以表达行为人内在意思的方式。通过表示行为表示于外部的意思即为表示意思。也就是，由表示行为将内在的要表达的效力意思变为外在的表示意思。当表意人的表示行为真实地反映了其内心的效力意思时，称

为意思表示真实。

意思表示一致，是指双方或多方的外在表示意思达成了合意。

（案件来源：湖北省武汉市人民检察院；整理人：田圣斌，肖跃进）

二、民事代理

〔 争议焦点 〕

吉某等人的行为是否构成代理，该代理是否有效。

〔 基本案情 〕

2004 年 Y 市高速公路一段配电柜安装业务招标，A 公司欲承接此项业务。因熊某和供电分公司关系比较熟，吉某、A 公司法定代表人刘某等人通过他人介绍找到熊某，希望通过熊某能促成该项合同的签订。熊某与吉某、刘某协商一致后，由吉某与熊某于 2005 年 3 月 23 日签订了一份协议书，双方在该协议中约定：A 公司及某开关厂、B 公司聘请熊某代为办理配电柜招标事宜，如其中一家中标签订合同，将支付熊某 10% 业务费；安装费每个站给 5000 元，货到后付清业务费。为此，熊某通过吉某先后垫付业务费 10000 元和 20000 元。经过熊某等努力，促成 A 公司与供电分公司于 2005 年 3 月 31 日签订了开关柜购销合同，合同约定：A 公司销售给供电分公司 36 台开关柜，合计货款 87.64 万元，并由 A 公司负责安装。A 公司实际交付给供电分公司价值 82 万元的开关柜。该配电柜分别安装在高速公路 5 处地段，已由熊某负责安装完毕。熊某垫付的 30000 元业务费，吉某以出具借据的方式作为证明。2005 年 8 月 5 日，熊某持吉某出具的借据，找到刘某索要报酬。刘某给付熊某 20000 元业务费和 4000 元安装费后，给熊某出具了一份剩余 10000 元业务费在供电分公司支付 90% 货款后付清的证明。熊某为报酬问题与 A 公司发生争议，于 2005 年 8 月 11 日向法院起诉。一审过程中，熊某于 2005 年 8 月 29 日撤回对 B 公司的起诉，法院裁定准许。一审另查明：2005 年 1 月 21 日，吉某以 A 公司委托代理人身份同刘某一起与 C 公司签订了高速公路一段配电柜购销合同；2005 年 3 月 23 日，B 公司授权刘某全权办理高速公路的高、低压配电柜投标谈判、签约等具体工作。

一审判决认为：一、熊某在为 A 公司与供电分公司签订开关柜购销合同中提供了媒介服务，A 公司作为委托人，应按约定向熊某支付报酬，熊某要求 A 公司按约定支付报酬的请求符合法律规定，应予支持。关于该费用由谁支付的问题，熊某和吉某一致陈述该费用应由签订合同单位 A 公司支付。熊某为此提供了其与吉某签订的支付业务费、安装费的协议，并且提供了证人唐某、梁某、魏某的证言。三位证人一致证实：吉某是作为 A 公司、B 公司的签约代表来和熊某洽谈的，吉某承诺按合同的 10% 向熊某支付报酬；并由熊某负责安装，每个站按 5000 元计付安装费，并且该承诺得到了刘某的认可。吉某对此予以承认。且 A 公司也与供电分公司签订合同并已履行，而 A 公司的法定代表人刘某也向熊某支付了 20000 元业务费和 4000 元安装费。因此，可认定该报酬 82000 元、安装费 21000 元，共计 103000 元，由 A 公司于判决生效后五日内付清；二、驳回熊某对吉某、刘某的诉讼请求。案件受理费 3000 元、财产保全费 1000 元、其他诉讼费 200 元，共计 4200 元，由 A 公司负担，于判决生效后五日内缴纳。

A 公司不服上诉至中级人民法院。

二审过程中，2006 年 2 月 26 日，C 公司出具一份证明："A 公司于 2005 年 4 月 19 日与 C 公司签订的高速公路高低压开关柜供销合同，合同金额为 727760 元，此金额包含运输费和安装费，此合同的高低压开关由 C 公司负责安装调试，所有安装产生的费用由 C 公司承担，与 A 公司无关。"二审庭审中，熊某明确表示，其不向吉某主张权利。

二审法院认为：2005 年 3 月 5 日，吉某与熊某签订协议，约定若 A 公司中标后，由 A 公司给付熊某 10% 业务费。但吉某无证据证明其签订协议是受 A 公司委托，A 公司事后也未追认。故该协议对 A 公司无约束力。熊某要求 A 公司支付 82000 元的业务费无事实和法律依据，不予支持。熊某在二审庭审中明确表示，其不向吉某主张权利，这是其对自己民事权利的处分，故不予以审理。关于安装费问题，因 C 公司承诺由其承担，若熊某能证明安装工程由其施工，其可向 C 公司主张权利。故其要求 A 公司支付安装费 21000 元的主张不能成立，不予支持。因刘某给熊某出具欠款证明，其尚欠熊某业务招待费、咨询费 10000 元。因刘某系 A 公司法定代表人，其为承接高速公路配电柜安装业务而向熊某借业务招待费、咨询费，应属职务行为，故应由 A 公司支付熊某业务招待费、咨询费 10000 元。原审法院认定事实不清，适用法律错误，予以纠正。依照《中华人民共和国民事诉讼法》第 153 条第 1 款第（二）、（三）项之规定，判决：1. 撤销一审民

事判决。2. A 公司于本判决生效之日起十日内支付熊某业务招待费、咨询费 10000 元。3. 驳回熊某的其他诉讼请求。

　　熊某不服，向人民检察院申诉。

◥ 观点评析 ◣

　　本案主要涉及民事代理问题。所谓代理是指以本人的名义，对外为意思表示或者受领意思表示的行为。本案中级人民法院的二审判决认定事实不清，适用法律错误。

　　（一）判决认定"吉某无证据证明其签订协议是受 A 公司委托，A 公司事后也未追认"属事实认定错误。

　　1. 一审庭审过程中，提供的证人唐某、梁某、魏某等人证实："刘某、吉某经唐某介绍认识熊某，刘某及其委托人吉某要求熊某为 A 公司与供电分公司订立购销高低压开关柜业务提供媒介服务，并承诺按合同总价款的 10% 支付报酬。" A 公司的法定代表人刘某对此情节也予以认同。我国《民法通则》第 66 条规定："……本人知道他人以本人名义实施民事行为而不作否认表示的，视为同意。"刘某明知吉某的代理行为，在代理合同的签订和履行全过程中，都没有相反的意思表示，可以认为其认可吉某的行为是代理 A 公司的行为。

　　2. 代理行为作为一种民事法律行为之合同行为，双方有共同的合意即可，不是必须签订书面合同。我国《民法通则》第 65 条规定："民事法律行为的委托代理，可以用书面形式，也可以用口头形式。"可见判断某一民事行为是否为代理行为，采用的民事诉讼证据证明标准依然应当是高度盖然性标准。本案中，熊某垫付的 30000 元业务费，吉某以出具借据的方式予以证明。2005年 8 月 5 日，刘某给付熊某 20000 元业务费和 4000 元安装费后，给熊某出具了一份剩余 10000 元业务费在供电分公司支付 90% 货款后付清的证明。原审判诀认定"其为承接高速公路配电柜安装业务而向熊某借业务招待费、咨询费，应属职务行为"。事实上，吉某承认熊某的招待费、咨询费是吉某与熊某签订居间合同的必然组成部分，既然刘某承认该招待费和咨询费，且 A 公司和吉某并无债权债务关系，该行为也不可能是债务承担，据此，可以认定该行为是 A 公司已经对吉某的该代理事项予以认可。

　　（二）判决"关于安装费问题，因 C 公司承诺由其承担，若熊某能证明安装工程由其施工，其可向 C 公司主张权利"系适用法律错误。

　　1. 供电分公司与 A 公司签订的购销合同中明确约定，由供方（即 A 公司）包安装，而 A 公司与 C 公司于 2005 年 4 月 19 日订立的购销合同中，并无由厂家包安装的约定。2006年2月26日，C公司出具证明，注明由厂家负责产品的安装调试是行业惯例。作为行业惯例，一定是全行业没有特别约定时应当普遍遵循的规则，C公司并无相关证据证明这一点，其所出具证明的效力只能是一种愿意承担债务的意思表示。2006年5月31日，供电分公司证明：高速公路五处高低压开关柜共计36面由熊某安装就位。作为合同的权利方所出具的该项证明，证明了安装义务由熊某履行的这一事实，即熊某才是该批安装业务完成后的真正债权人，C公司承担债务的承诺，在没有得到债权人同意的情况下不具备法律效力。

2. C公司2006年2月26日出具的证明也不具有证据的证明效力，不能有效证明A公司不是安装业务完成后的债务承担者。在程序上，该证据出示的时间是在二审过程中，但该证据既非新发现的证据，A公司也未在一审举证期限前申请人民法院调查取证，法院不应作为证据使用。

相关知识链接

一、相关法律法规

1.《民法通则》第65条第1款："民事法律行为的委托代理，可以用书面形式，也可以用口头形式。法律规定用书面形式的，应当用书面形式。"

2.《民法通则》第66条第1款："……本人知道他人以本人名义实施民事行为而不作否认表示的，视为同意。"

3.《民法通则》第68条："委托代理人为被代理人的利益需要转托他人代理的，应当事先取得被代理人的同意。事先没有取得被代理人同意的，应当在事后及时告诉被代理人，如果被代理人不同意，由代理人对自己所转托的人的行为负民事责任，但在紧急情况下，为了保护被代理人的利益而转托他人代理的除外。"

二、相关理论知识

代理是指以本人的名义，对外为意思表示或者受领意思表示的行为。代理包括委托代理、法定代理和指定代理。

代理的法律特征是：

（1）代理人必须以被代理人的名义进行活动；

（2）代理人以被代理人的意思表示为使命；

（3）代理行为的法律后果直接归属于被代理人。

代理人应在代理权限范围内行使代理权；代理人应为被代理人的利益而行使代理权；代理人在行使代理权时不得滥用代理权。

（案件来源：湖北省人民检察院；整理人：田圣斌）

三、区分个人行为与职务行为

◤ 争议焦点 ◥

深圳 A 公司下属 W 分公司应收而未收回的货款是张某个人所欠债务，应由张某个人偿还，还是应当由深圳 A 公司直接向购货客户追偿？

◤ 基本案情 ◥

1993 年 12 月 3 日，深圳 A 公司任命张某为该公司 W 分公司经理。1995 年 1 月 5 日，张某以 W 分公司经理身份与深圳 A 公司签订《1995 年分公司承包协议书》一份，该协议约定：张某为深圳 A 公司下属 W 分公司经理，全面负责 W 分公司管理工作和在该地区销售深圳 A 公司生产的日用化工产品业务。《协议》对分公司的销售额、销售费用、价格、每月各项报表、审计等其他事项亦作了具体规定。1995 年 12 月 31 日协议期满，深圳 A 公司终止了协议，解除了张某的 W 分公司经理职务，张某离开 W 分公司。1996 年 4 月 24 日，深圳 A 公司派代表汪某对 W 分公司 1994 年、1995 年的账目进行了审计，审计报告结果为：W 分公司实际应缴深圳 A 公司款 228505.89 元。张某、汪某均在审计报告上签了名。同年 7 月，W 分公司退还深圳 A 公司价值 74325.64 元的产品。1998 年 2 月，深圳 A 公司向区人民法院起诉，要求张某给付欠款 154180.25 元，并支付利息。

1998 年 5 月 8 日，区人民法院作出民事判决，判决由张某自本判决生效之日起 10 天内给付深圳 A 公司 154180.25 元，并按银行同期利率计算利息。

张某不服，提出上诉。中级人民法院于 1998 年 8 月 25 日判决驳回上诉，维持原判。

张某不服，向人民检察院申诉。经过抗诉，中级人民法院对本案进行再审，依照《中华人民共和国民事诉讼法》第 153 条第 1 款、第 2 款的规定，判决：1. 撤销一审、二审民事判决；2. 驳回深圳 A 公司的诉讼请求。原一、二审案件受理费各 4600 元，由深圳 A 公司负担。

⟪ 观点评析 ⟫

（一）深圳 A 公司与张某签订的《1995 年分公司承包协议书》第 10 条规定："W 分公司造成的死账损失，全部由乙方（张某）承担。"深圳 A 公司诉请张某给付的 154180.25 元，系张某在承包期间的应收货款，并非死账。按照承包协议规定，只有死账损失才由张某承担，并非"所有的债权债务由张某负责"。判决认定所有的债权债务由张某负责缺乏事实依据。

（二）张某承包经营的 W 分公司，是深圳 A 公司的分支机构，不具备法人资格。张某在承包期间的一切经营行为是深圳 A 公司在该地区的职务行为，并非个人行为，其经营活动是以深圳 A 公司 W 分公司的名义进行的。深圳 A 公司诉请张某给付的 154180.25 元货款，是张某承包分公司期间的应收货款，该款项的债权人是深圳 A 公司 W 分公司。张某承包期满被解聘后，无权再以 W 分公司名义向客户收取货款，此货款应由深圳 A 公司收取。张某不应承担偿还应收货款的责任。

原审判决将深圳 A 公司下属 W 分公司应收而暂未收回的货款判定为张某个人债务，导致判决错误。

相关知识链接 ⟫

一、相关法律法规

1. 《民法通则》第 43 条："企业法人对它的法定代表人和其他工作人员的经营活动，承担民事责任。"

2. 《民法通则》第 63 条第 2 款："代理人在代理权限内，以被代理人的名义实施民事法律行为。被代理人对代理人的代理行为，承担民事责任。"

3. 《合同法》第 3 条："合同当事人的法律地位平等，一方不得将自己的意志强加给另一方。"

4. 《合同法》第 4 条："当事人依法享有自愿订立合同的权利，任何单位和个人不得非法干预。"

5. 《合同法》第 5 条："当事人应当遵循公平原则确定各方的权利和义务。"

6. 《合同法》第 6 条："当事人行使权利、履行义务应当遵循诚实信用原则。"

二、相关理论知识

职务行为通常是指工作人员行使职务权力，履行职务职责的活动。在实际职务行为中，一般遵循以下标准：

一是职权标准，如国家机关工作人员根据法律赋予的职责权限实施的行为为履行职务行为，超越职权的行为不是职务行为，不受法律保护。

二是时空标准，如国家机关工作人员在行使职权、履行职责的时间、地域范围内实施的行为通常都认定为职务行为。比如某市的公务员主管部门的工作人员不能纠正另一城市公务员管理中的错误。

三是身份标准，在通常情况下，凡以国家机关工作人员的身份和名义实施的行为都是履行职务的行为。如公务员人员着装、佩戴标志、出示证件、宣布代表机关实施的行为一般都以职务行为论。

四是目的标准，如国家机关工作人员为了履行法定职责和义务，维护公共利益而为的行为，通常都认定为职务行为。

上述职务行为，和《国家赔偿法》中所说的"行使职权"的活动既有共同的一面，也有不同的一面。就国家赔偿而言，构成国家赔偿责任的行为，必须是职务行为违法，并且这种违法的职务行为造成了损害事实，两者之间有必然的因果联系。如果一个合法的职务行为，对当事人的权益造成损害，这时构成的不是国家赔偿，而是补偿。比如，国家为了公共利益，依法对公民个人和企业的财产进行征收、征用，这时造成的损失不是赔偿，而是补偿。

区分个人行为与职务行为，首先看行为人是否具有合法身份，其行为是否超出委托授权范围；其次看行为人是以谁的名义实施具体行为。当行为人的行为超出委托授权范围时，就应认定为个人行为。但是，委托人知道或者应当知道受托人超出委托授权范围，以委托人的名义从事与委托事项相关的活动而不表示反对，应视为追认或默认，由此产生的法律后果，应由委托人承担。

（案件来源：湖北省武汉市人民检察院；整理人：田圣斌，肖跃进）

四、区分职务行为与个人行为

▎争议焦点 ▎

X 公司是否有责任返还 T 公司货款 18.7 万元？

▎基本案情 ▎

1993 年 5 月，T 公司法定代表人汪某经人介绍，与 X 公司业务员喻某洽谈购销螺纹钢和冷次板材事宜，双方口头约定：带款提货，螺纹钢和冷次板材各 100 吨，螺纹钢每吨 3450 元，冷次板材每吨 4000 元。同年 5 月 15 日汪某支付 20.7 万元本票和 24 万元延期转账支票，收款单位为"县物资公司"。喻某当即表示先发冷次板材，后发螺纹钢。当日下午，喻某将冷次板材发给 T 公司，该公司法定代表人汪某签收。后因质量问题，该公司将货存放于县企业局。汪某找喻某解决该纠纷并要求提螺纹钢，但喻某避而不见，为此，汪某于同年 5 月 17 日申请停止支付 24 万元延期转账支票。喻某于同年 5 月 18 日将 20.7 万元汇入工商银行县物资公司 144－619 账户，同年 5 月 24 日将该款项全部分解划走。后经双方多次磋商，喻某退款 7.5 万元。

另查明，"县物资公司"系喻某私设，纯属虚构，未经工商登记。喻某还私刻"县物资公司"行政公章和"县物资公司财务专用章"各一枚，并用该财务专用章在工行开设账户（即 144－619 账户），因喻某涉嫌诈骗被公安局取保候审。

T 公司于 1993 年 3 月登记注册并领取企业法人营业执照，但此后因未参加年检，被县工商行政管理局以（1997）18 号处罚决定书吊销其营业执照。2000 年 11 月，该局出证说明"T 公司已通过 1993 年至 1999 年度的企业年检"，法院通过电脑查询，结果为未年检。

T 公司向喻某催款未果，将 X 公司诉至县人民法院。

观点评析

（一）喻某的行为系个人行为，并非代表 X 公司的职务行为。

喻某在购销螺纹钢和冷次板材的过程中，始终是以"县物资公司"的名义进行的。收款、转款均用该公司名下的账号进行。该公司并未经工商局登记，该公司和公司账号均系喻某私设。

（二）X 公司不应对 20.7 万元资金迅速分解负有责任。

1. 该 20.7 万元收款人为县物资公司而非 X 公司。

2. 该账户系喻某私设，与 X 公司无任何关系。开设该账户 X 公司没有签字或盖章，申报表上"主管部门"一栏是空的，可见并未经 X 公司同意。

3. 该 20.7 万元系 1993 年 5 月 15 日人工行账户，并于 1993 年 5 月 18 日分解。该账户是"县物资公司"账户，与 X 公司无关。

相关知识链接 ↘

一、相关法律法规

1.《最高人民法院关于适用〈中华人民共和国民事诉讼法〉若干问题的意见》第 49 条:"法人或者其他组织应登记而未登记即以法人或者其他组织名义进行民事活动,……以直接责任人为当事人。"

2.《合同法》第 91 条:"有下列情形之一的,合同的权利义务终止:(一)债务已经按照约定履行;(二)合同解除;(三)债务相互抵销;(四)债务人依法将标的物提存;(五)债权人免除债务;(六)债权债务同归于一人;(七)法律规定或者当事人约定终止的其他情形。"

二、相关理论知识

凡具有民事主体资格的公民、法人都可成为债的主体,国家是特殊的民事主体。本案认定的主体是 T 公司、X 公司及喻某。结合本案相关事实,我们要注意两个容易混淆的主体资格认定。

1. 公司被吊销营业执照后注销前的主体资格问题。公司被吊销营业执照是一种资格处罚,吊销的是其经营资格,被吊销营业执照后,该公司就不能再以该公司的名义开展经营活动。但是,在其被注销前,该公司仍然具有公司的诉讼主体资格,该公司仍然存在,有权以其自身的名义起诉和应诉。如本案 T 公司的主体资格问题,虽然工商管理部门出具证明 T 公司已经通过年检,但该证明与法院电脑查询的事实以及 T 公司被吊销营业执照的事实不符。我们还应当注意,T 公司已经被工商管理部门吊销了营业执照,说明该公司已经没有了经营主体资格,但是 T 公司并未注销,其还具有诉讼主体资格,有权起诉和应诉,以该公司名义处理该公司的债权债务问题。

2. 喻某的主体资格问题。喻某在购销螺纹钢和冷次板材业务过程中,始终是以"县物资公司"的名义进行业务活动,收款、转账均在该公司名下的账号进行。该公司未经工商局登记,该公司账号系喻某私设。《最高人民法院关于适用〈中华人民共和国民事诉讼法〉若干问题的意见》第 49 条规定:"法人或者其他组织应登记而未登记即以法人或者其他组织名义进行民事活动,……以直接责任人为当事人。"因此,本案中喻某的行为系个人行为,而非职务行为。

本案诉讼主体应是 T 公司的开办单位与喻某。

(案件来源:湖北省武汉市人民检察院;整理人:田圣斌,肖跃进)

五、代位求偿权

⟨ 争议焦点 ⟩

刘某应承担的赔偿金中是否应当扣减冯某从保险公司获得的保险赔付金额。

⟨ 基本案情 ⟩

Y 翻砂厂系 M 居委会开办的企业，由刘某承包经营。1997 年 7 月，厂长刘某从他处购进闲置 J1113A 压铸机一台。同年 11 月，由刘某聘请冯某来检修电机电路系统。在机器测试过程中，试车时，压铸机液压系统接头脱开，液压导管甩出击打到冯某头、颈、左肘部，致使其受伤，当即被送到医院治疗，诊断为头皮撕脱伤，左上肢骨折，住院治疗 36 天，共花去医疗费 14019.20 元。发生事故时，冯某的寻呼机被损坏，用去修理费 100 元。1998 年 2 月 20 日，冯某伤情经中级人民法院（1998）第 010 号法医鉴定书鉴定，损伤程度属重伤，评定为 7 级伤残，后期治疗费需 5000 元。冯某受伤后，刘某已支付医疗费用 14500 元。另外在 1998 年 1 月 8 日，冯某因曾向中国太平洋保险公司购买一份人身保险，获得保险公司赔付的人身保险费 9825.55 元。

之后，冯某因找刘某索赔未果，诉至区人民法院。

⟨ 观点评析 ⟩

（一）区法院于 1999 年 11 月 19 日作出（1999）J 民初字第 131 号民事判决，认为：冯某在受雇期间所受伤其自身并无过错，刘某作为雇主应承担民事责任，设备的所有人 S 五金厂应承担连带责任，冯某所诉损害赔偿应是其所遭受的实际治疗损失，鉴于冯某伤后已从保险公司取得部分赔款，该已获得部分不应再向刘某要求赔偿。

（二）从保险代位权的适用来看，对于财产保险，保险人享有法定的保险代位权，但保险代位权不适用于人身保险合同。人身保险合同的保险人给付被保险人保险金，不影响被保险人对有损害赔偿责任的第三人行使求偿权。本案刘某对冯某的损害应依法承担赔偿责任；虽然已依据保险合同从保险公司领取了保险金，但并不影响冯某对刘某的求偿权，刘某仍应在我国《民法通则》第119条规定的范围内进行赔偿，而不能将冯某获得的保险金从中扣除。

相关知识链接 ↘

一、相关法律法规

1. 《民法通则》第119条："侵害公民身体造成伤害的，应当赔偿医疗费、因误工减少的收入、残废者生活补助费等费用；造成死亡的，并应当支付丧葬费、死者生前扶养的人必要的生活费等费用。"

2. 《最高人民法院关于审理人身损害赔偿案件适用法律若干问题的解释》第17条："受害人遭受人身损害，因就医治疗支出的各项费用以及因误工减少的收入，包括医疗费、误工费、护理费、交通费、住宿费、住院伙食补助费、必要的营养费，赔偿义务人应当予以赔偿。

受害人因伤致残的，其因增加生活上需要所支出的必要费用以及因丧失劳动能力导致的收入损失，包括残疾赔偿金、残疾辅助器具费、被扶养人生活费，以及因康复护理、继续治疗实际发生的必要的康复费、护理费、后续治疗费，赔偿义务人也应当予以赔偿。

受害人死亡的，赔偿义务人除应当根据抢救治疗情况赔偿本条第一款规定的相关费用外，还应当赔偿丧葬费、被扶养人生活费、死亡补偿费以及受害人亲属办理丧葬事宜支出的交通费、住宿费和误工损失等其他合理费用。"

二、相关理论知识

主张应当扣减的理由，应是基于"代位求偿权"，也称代位追偿权，是指财产保险中保险人赔偿被保险人的损失后，可以取得在其赔付保险金的限度内，要求被保险人转让其对造成损失的第三人享有追偿的权利。在财产保险中，当保险标的发生保险责任范围内的损失，而该项损失应由第三人负赔偿责任时，投保人既可要求该第三人即责任人赔偿，也可要求保险人赔偿。如果投保人选择了后者，保险人承担了保险金赔付责任，便取得了对第三人即责任人的追偿权利。保险人依法向第三者请求赔偿时，不影响被保险人就未取得赔偿的部分向第三者请求赔偿，但总的赔偿额不得超过实际损失。因此法院一、二审判决都认为如果不扣减已取得的保险赔偿金的金额，会导致冯某最终所获得的赔偿超过实际治疗损失。

"代位求偿制度"是建立在财产保险关系基础上的，并不是所有保险合同都可以适用。财产保险合同之所以会有这样的限制，正是根源于财产保险合同的本质是一种填补损失的合同，是以补偿被保险人的实际财产损失为其唯一目的的合同，也就是财产保险合同的损害填补原则。

由于保险标的有本质区别，在人身保险合同中就不能运用"代位求偿制度"，这是由人身保险合同标的——被保险人的寿命或身体的特殊性决定的。人身保险标的人格化，使得人身保险的保险标的不能用具体的金钱价值予以确定，无法补偿。从而不存在确定保险金额的实际价值标准。所以，各类人身保险的保险金额只能由投保人和保险人协商确定一个固定的数额。因此，这个约定的保险金额不等于人身保险合同的保险标的价值，不存在财产保险中的超额保险问题。人身保险当然不适用"代位求偿权"，对此我国《保险法》作出了明确规定："生命和健康是无价的"，再多的金钱也换不回生命和健康。只要符合法律的规定，就可以要求任何责任人承担赔付责任。

本案是人身损害赔偿纠纷，冯某获得的保险赔偿金是基于人身保险合同，而向刘某主张赔偿是基于我国《民法通则》第 119 条的规定，其赔偿请求"于法有据"。

（案件来源：湖北省武汉市人民检察院；整理人：田圣斌，周越男）

六、合伙协议的效力

◤ 争议焦点 ◢

合伙协议是否有效或部分有效。

◤ 基本案情 ◢

1998 年 3 月 28 日，邓某与郑某、胡某签订了共同投资开采 E 矿井磁铁矿协议书，约定：邓某投资 80000 元作后备资金；利润分配率为邓某 4 成，郑某、胡某 6 成，盈余后首先偿还双方投资款。协议签订当日至 1998 年 6 月 24 日，邓某陆续投资 78458 元，并将该款投入了矿井开采。同年 8 月 10 日，由于迟迟不能出矿，邓与郑签订了一份补充协议书，协议中约定：邓某同意将开采时间推至同年 10 月 15 日以前，若到时再不出矿，无论何种原因，必须在 10 日内退还 80000 元。1998 年 8 月 25 日，由多数股民讨论决定，郑某作为合伙事务工作的负责人。次日，经多数合伙人同意，将矿井的开采权转让他人。同日，郑某向邓某书面承诺：1998 年 12 月 30

日前还清邓某投资款 80000 元。到期后，邓多次催款未果，诉至区人民法院，请求偿还 80000 元投资款，并承担相应的经济损失。

区人民法院判决：由被告郑某退还原告邓某的投资款人民币 80000 元。

观点评析

（一）区人民法院认为：原、被告签订的合伙投资协议书，系双方真实意思表示，合同中所附的条件应为有效，合同双方当事人应严格依约履行各自的义务。被告郑某作为合伙投资的负责人，并承诺于 1998 年 12 月 30 日前还清原告的投资款 80000 元，但郑未能及时履行付款义务，属违约行为，由此引起纠纷，被告郑某应承担民事责任。

（二）笔者认为，合伙经营应当是双方当事人共担风险、共享收益，该补充协议书中的"保底条款"无效。并且在上述合伙投资协议履行过程中，郑某与邓某签订的补充协议及还款承诺，因未征求其他合伙人同意，依照我国《民法通则》第 34 条第 1 款之规定，应为无效。本案因合伙开采磁铁矿未完成，合伙人讨论决定转让矿井开采权，收回全部投资款。对投资款收回后的分配，应依照我国《民法通则》第 34 条第 2 款及《最高人民法院关于贯彻执行〈中华人民共和国民法通则〉若干问题的意见（试行）》第 47 条、第 55 条之规定，应由全部合伙人依出资比例分别退还，共同承担责任。

相关知识链接

一、相关法律法规

1.《民法通则》第 34 条："个人合伙的经营活动，由合伙人共同决定，合伙人有执行或监督的权利。合伙人可以推举负责人。合伙负责人和其他人员的经营活动，由全体合伙人承担民事责任。"

2.《最高人民法院关于贯彻执行〈中华人民共和国民法通则〉若干问题的意见（试行）》第 47 条："全体合伙人对合伙经营的亏损额，对外应当负连带责任；对内则应按照协议约定的债务承担比例或者出资比例分担；协议未规定债务承担比例或者出资比例的，可以按照约定的或者实际的盈余分配比例承担。但是对造成合伙经营亏损有过错的合伙人，应当根据其过错程度相应的多承担责任。"

3.《最高人民法院关于贯彻执行〈中华人民共和国民法通则〉若干问题的意见（试行）》第 55 条："合伙终止时，对合伙财产的处理，有书面协议的，按协议处理；没有书面协议，又协商不成的，如果合伙人出资额相等，应当考虑多数人意见酌情处理；合伙人出资额不等的，可以按出资额占全部合伙额多的合伙人意见处理，但要保护其他合伙人的利益。"

二、相关理论知识

根据我国《民法通则》和《合同法》的有关规定，任何合同只有在当事人意思表示一致，并且具备法定的生效要件时，才能产生法律效力。原告邓某与被告郑某等人签订的合伙协议书，很明显违反了合伙经营的原则和相关法律规定，是无效的。郑某与邓某签订的补充协议及郑某作出的书面承诺，因为均未征求其他合伙人同意，根据《民法通则》第34条第1款规定，应属无效。

合伙人转让矿井开采权后收回全部投资款，对投资款收回后的分配，应由全体合伙人依出资比例分别退还。

在审查民事案件，尤其是合同纠纷时，要注意审查原判决、裁定对民事法律行为效力的定性是否正确，注意把握民事法律行为的成立、有效、无效以及部分无效的界限。

（案件来源：湖北省武汉市人民检察院；整理人：肖跃进，周家富）

［物权法篇］

七、合同的解除

◥ 争议焦点 ◤

余某单方解除售房合同的行为，是否导致合同被解除。

◥ 基本案情 ◤

2002 年 8 月 18 日，向某与余某签订租房协议，余某将位于 Z 小区 9 单元 304 号房屋（属单位所分房屋，当时尚未取得房屋所有权、土地使用权证）出租给向某，约定每年房租 4000 元，租期为两年，自 2002 年 8 月 18 日至 2004 年 8 月 18 日。2003 年 5 月 24 日，双方又签订了一份售房协议，约定余某将上述房屋卖给向某，从签订本协议之日起原租赁协议作废；从签订本协议之日起，至房屋权属过户之日止，每年房租 4000 元。若五年后仍不能办理过户，则租金从第六年开始减半，即每年 2000 元；在房屋权属过户当天，向某一次性交付房款 8 万元；余某从签订本协议之日起至房屋过户之日不再提高房屋售价。若一方违约，则按购房款的 20% 支付另一方 16000 元的违约金。余某的丈夫张某（第三人）知道该售房协议的签订情况。

2004 年 5 月 26 日，向某表示继续租住该房屋，并向余某交付了 2004 年 5 月 26 日至 2005 年 5 月 26 日的租金 4000 元，余某收取了租金。同年 8 月 25 日，余某取得该出租房屋的房屋产权证和土地使用证，但未告知向某。2005 年 5 月，余某提出解除售房协议，双方协商未果。2005 年 8 月，向某向区人民法院起诉，请求余某履行售房协议。

一审法院认定原、被告签订的售房协议有效，但由于原告未向被告缴纳购房款 80000 元，双方均未全面履行售房协议，并且协议约定有违约条款，考虑到实际履行售房协议涉及张某的权利及其履行不能的因素，加上目前本地区房地产行情变化较大，依照公平和等价有偿的原则，故对原告的诉讼请求不予支持。判决终止该售房协议；由被告余某于本判决生效之日支付原告向某违约金 16000 元，第三人负连带责任；驳回原告向某与被告余某的其他诉讼请求。

向某不服，提起上诉。二审法院审理后认为：双方签订的售房协议系双方真实意思表示，且未违反法律法规的强制规定，为合法、有效的合同。对双方当事人都具有约束力，双方均应按照合同规定享有权利、履行义务。鉴于余某已取得本案标的房屋权属证书以及向某实际居住使用本案房屋等情况，向某请求法院确认双方签订的售房协议有效、由余某履行协议、并配合向某办理过户手续的上诉请求，符合有关法律的规定。因双方签订的售房协议未约定解除条件，事后双方又未为解除该项协议协商一致，且不具备法律规定的解除协议事由，故余某请求法院判令解除双方的售房协议，缺乏约定和法定的依据，其反诉请求不予支持。判决撤销一审民事判决；双方签订的售房协议有效，双方依约履行；余某于本判决生效之日起 30 日内协助向某到相关部门办理位于 Z 小区 9 单元 304 号房屋的过户手续；驳回余某的反诉请求。

观点评析

两级法院对于当事人之间签订的售房协议是否合法解除的事实认定不一：一审法院认为余某已经解除售房协议，只需赔偿向某违约金；二审法院认为，余某应继续履行合同，协助向某办理房屋过户手续。在本案中，二审法院的裁判是正确的，其具体理由如下：

"合同必须遵守"是我国《合同法》规定的基本原则。依法成立的合同，只有在以下三种情况下可以解除：①出现了法定的解除事由；②协商解除（包括合同中约定了解除条件并且解除条件成就，合同履行期间届满前协商一致）；③一方构成违约，即我国《合同法》第 94 条第（二）、（三）、（四）项规定的情形。如果合同订立后可以因一方的随意改变而解除，就没有交易安全可言。

本案合同双方应当遵守合同。其一，不存在法定解除的原因，双方也没有约定解除的条件。协议第 5 条约定的"双方不得违约。若有一方违约，则须向另一方缴纳购房款的 20% 的违约金"，并不是作为解除条件来约定的，而是对违约责任的约定。其二，合同签订双方没有就解除协议协商一致。2005 年 5 月，虽然余某提出不卖，但是没有证据证明向某同意解除购房协议。其三，我国《合同法》第 94 条第（二）、（三）、（四）项规定是一方根本违约时，法

律赋予守约方选择解除合同或者坚持合同效力的救济手段，并非协商解除的规定。其中，"一方明确表示或者以自己的行为表明不履行合同的主要债务"，是根本违约的情形之一，如果守约方选择解除合同，则合同自通知到达对方时解除，如果守约方选择坚持合同的效力，则合同应当履行。本案中，向某一方不存在根本违约，余某不具备单方解除合同的条件和权利，因此，"售房协议"不因余某通知对方不卖就会发生解除的效力。综合协议内容来看，协议约定的合同履行条件是甲方取得所有权证和土地证；在过户条件成就之日，甲方应当通知乙方而没有通知，更没有协助办理两证的过户，因此，享有合同解除权的应当是乙方。

相关知识链接 ↘

一、相关法律法规

1.《物权法》第 9 条："不动产物权的设立、变更、转让和消灭，经依法登记，发生效力；未经登记，不发生效力，但法律另有规定的除外。依法属于国家所有的自然资源，所有权可以不登记。"

2.《物权法》第 10 条："不动产登记，由不动产所在地的登记机构办理。国家对不动产实行统一登记制度。统一登记的范围、登记机构和登记办法，由法律、行政法规规定。"

3.《合同法》第 94 条："有下列情形之一的，当事人可以解除合同：（一）因不可抗力致使不能实现合同目的；（二）在履行期限届满之前，当事人一方明确表示或者以自己的行为表明不履行主要债务；（三）当事人一方迟延履行主要债务，经催告后在合理期限内仍未履行；（四）当事人一方迟延履行债务或者有其他违约行为致使不能实现合同目的；（五）法律规定的其他情形。"

二、相关理论知识

附解除条件合同，指在合同条款中明确约定合同解除的条件，当条件成就时，合同即失去法律效力的合同。

解除条件，是限制民事法律行为效力的存续，使已经发生效力的民事法律行为在条件实现时终止的条件。解除条件的作用，在于使条件所附的已生效的民事法律行为归于消灭。条件作为意思表示的组成部分，当然具有意思表示的效力，对于当事人具有约束力。附解除条件的民事法律行为，条件成就时，就会使当事人一方丧失权利，他方则解除义务或者恢复权利。

（案件来源：湖北省人民检察院；整理人：田圣斌，周清华）

八、共有财产的处分

38000 元经济补偿金剩余款项的归属问题。

基本案情

原 J 织布厂系隶属于 T 乡人民政府的乡镇企业。原告王某、被告曾某等 4 人进厂前，均系 T 乡的农民，1995 年该厂停产，原、被告先后下岗分流。1999 年 4 月 7 日，原、被告及该厂的其他职工共 150 人以 T 乡政府未按《劳动法》给予安置及经济补偿为由，向区劳动争议仲裁委员会提出仲裁申请，并推举原告王某及被告曾某等 4 人作为代表处理仲裁事宜。在此期间，上述职工共集资 22450 元交给该 5 人作为仲裁的活动经费（每人集资额为 50 至 200 元不等）。1999 年 10 月 20 日，经区劳动争议仲裁委员会调解，双方达成调解协议："1. 申请人（即 J 织布厂 150 名职工，下同）自愿申请撤诉；2. 申请人缴纳的 7500 元仲裁费由被申请人（即 T 乡政府，下同）负担；3. 被申请人考虑到申请人都是 T 乡的农民，且经济承受能力有限，为了不让申请人受到损失，被申请人自愿负担申请人在申诉期间发生的费用，计人民币 30500 元；4. 申请人不得依此案再行申诉。"调解协议达成后的当日，4 被告在区仲裁委领走 T 乡政府支付的 38000 元，嗣后按照清单向职工退还集资款 20750 元，余款由 4 被告自行进行了分配。原告王某等 128 人得知此情况后，以该 38000 元系 T 乡政府给予全体 150 名申诉职工的仲裁经济补偿费，4 被告私自侵吞瓜分该款应予返还为由，向区人民法院起诉要求判令 4 被告返还该 38000 元并承担经济损失。一审期间，4 被告向法庭提供一份由乡政府原指派处理劳动争议的工作人员李 X 签名并加盖该乡政府经贸办公室公章的"情况说明"，以证明其所分的款项系乡政府给予申诉代表人的补偿。

根据我国《民事诉讼法》第 53 条及《民法通则》第 5 条的规定，区人民法院判决驳回原告王某等 128 人的诉讼请求。

王某等 128 人不服，于 2000 年 5 月 28 日向人民检察院提出申诉；经

抗诉，中级人民法院受理抗诉后，指令区人民法院对本案进行再审。区人民法院另行组成合议庭，经再审，判决：原审被告曾某等4人共同返还原审原告王某等128人人民币15744元（4被告互负连带责任）。

观点评析

本案涉及三个法律问题：

其一，区劳动争议仲裁委员会H劳调字（1999）第15号调解书是已经发生法律效力的法律文书，T乡人民政府所支付的38000元的所有权，原审判决应按该调解书的约定，确认为J织布厂参与仲裁的150名劳动争议申诉人所共有。

其二，李X以乡政府经贸办公室的名义出具证明的行为是无权代理，是受乡政府指派处理劳动争议的代理权终止后的行为，事后又未得到乡政府的追认，其行为无效。

其三，如果原审法院审理时确有理由不能确认调解协议与证明两份证据的效力，根据我国《民事诉讼法》第64条"人民法院认为审理案件需要的证据，人民法院应当调查收集"及《最高人民法院关于适用〈中华人民共和国民事诉讼法〉若干问题的意见》第73条"由人民法院负责调查收集的证据包括：⋯⋯（3）当事人提供的证据互相有矛盾，无法认定的"规定，面对上述两份证据之间的矛盾，法院应自行调查取证，查清事实后再予判决。一审判决在未经调查核实的情况下，采信了李X私自出具的虚假证明，其认定案件事实错误，导致判决错误。

相关知识链接

一、相关法律法规

1.《民事诉讼法》第53条："当事人一方或者双方为二人以上，其诉讼标的是共同的，或者诉讼标的是同一种类、人民法院认为可以合并审理并经当事人同意的，为共同诉讼。共同诉讼的一方当事人对诉讼标的有共同权利义务的，其中一人的诉讼行为经其他共同诉讼人承认，对其他共同诉讼人发生效力；对诉讼标的没有共同权利义务的，其中一人的诉讼行为对其他共同诉讼人不发生效力。"

2.《民法通则》第5条："公民、法人的合法的民事权益受法律保护，任何组织和个人不得侵犯。"

3.《物权法》第97条："处分共有的不动产或者动产以及对共有的不动产或者动产作重大修缮的，应当经占份额三分之二以上的按份共有人或者全体共同共有人同意，但共有人之间另有约定的除外。"

二、相关理论知识

处分权是财产所有人对其财产在法律规定的范围内最终处理的权利，即决定财产在事实上或法律上命运的权利，包括资产的转让、消费、出售、封存处理等方面的权利。处分权是所有权四项权能的核心，是财产所有人最基本的权利。

我国《物权法》第97条规定："处分共有的不动产或者动产以及对共有的不动产或者动产作重大修缮的，应当经占份额三分之二以上的按份共有人或者全体共同共有人同意，但共有人之间另有约定的除外。"《最高人民法院关于贯彻执行〈中华人民共和国民法通则〉若干问题的意见（试行）》第89条明确规定：共同共有人对共有财产享有共同的权利，承担共同的义务。在共同共有关系存续期间，部分共有人擅自处分共有财产的，一般认定无效。但第三人善意、有偿取得该项财产的，应当维护第三人的合法权益，对其他共有人的损失，由擅自处分共有财产的人赔偿。

（案件来源：湖北省武汉市人民检察院；整理人：田圣斌，肖跃进）

九、采矿权转让合同的成立与生效

◥ 争议焦点 ◤

采矿权转让合同是否生效？

◥ 基本案情 ◤

2003年2月20日，徐A之妻邹B以徐A的名义（简称甲方）与廖C之父廖X以廖C的名义（简称乙方）签订转让合同，合同约定：甲方将J县L乡Y煤矿转让给乙方开采经营，转让费40万元；合同签字后，乙方组织人员及机械设备进场，由乙方生产经营管理；乙方在甲方的采矿许可证下发时给甲方付款5万元；甲方为乙方办妥煤矿转让过户手续时，乙方给甲方付10万元，待乙方在该矿生产煤炭10万吨后，乙方按每万吨煤给甲方付款3万元，乙方付款总额不得超过40万元。如乙方在该煤矿不能生产煤炭10万吨，甲方应按每减少1万吨煤给乙方退回3万元；甲方应在2003

年6月以前为乙方办妥探矿权、采矿权、煤炭生产许可证、营业执照及该矿应当办理的各种证件和批准手续；若甲方不按合同规定为乙方办妥煤矿的转让过户批准手续和各种证件，擅自反悔合同，给乙方造成损失，应承担违约责任，按合同签订之日起每天赔偿乙方的损失500元，另外还应赔偿乙方为该矿所付出的前期费用，合同继续履行；若乙方不按合同规定的日期给甲方缴清转让费，擅自反悔合同，应承担违约责任，按合同规定的付款日期起至实际付清止，每天赔偿甲方损失500元，另外所欠款额按中国人民银行同期贷款利率计算。合同签订后，廖C即进入Y煤矿区进行整改生产，并于2003年4月19日给付徐A转让费2万元。截至2003年7月11日，廖C共付徐A转让费24480元。

2003年9月8日，徐A以合同未经过主管部门批准以及订立合同时廖C采用了欺诈手段为由向J县人民法院提起诉讼，要求确认合同无效，并要求廖C赔偿因破坏性开采给煤矿造成的损失255833.79元。廖C在答辩的同时提起反诉，要求徐A承担违约责任并赔偿相应损失。县人民法院认为Y煤矿转让合同是双方的真实意思表示，且双方已按约定实际履行，虽采矿权转让合同应当依法报主管部门批准才生效，但关于办理转让批准手续的问题，双方在转让合同中有明确规定，并未规避法律、法规，从遵循诚信原则出发，双方当事人应向矿产资源主管部门申请依法办理转让批准手续。故支持了廖C要求徐A为其办理采矿权及各种转让批准手续的反诉请求。对徐A的诉讼请求和廖C的其他诉讼请求不予支持。

徐A不服，提出上诉，中级人民法院判决：驳回上诉，维持原判。徐A向人民检察院申诉。

观点评析

本案中两级人民法院适用法律不当，判决均有错误，其理由如下：

（一）终审判决把该案本是无效合同错误地作为有效合同来处理，适用法律错误。依照我国《民法通则》和《合同法》的规定，合同成立后，只有在生效要件具备的情况下，才能在当事人之间产生相应的法律约束力。凡不符合生效要件的意思表示，即使已经由当事人达成了合意，亦不能按合同约定的权利和义务产生相应的法律效力。从本案来看，当事人之间签订的转让合同明显违反了我国法律、行政法规中的强行性规定，主要表现在徐A本身就无煤炭生产、销售经营证照，却擅自将其所有的煤矿转让给廖C开采经营，并约定合同签字后，乙方即组织人员及机械设备进场开采、生产经营，违反了我国

《矿产资源法》、《探矿权采矿权转让管理办法》和《关于进一步做好关闭整顿煤矿和煤矿安全生产工作的通知》等禁止性规定，该合同即因不具备适法性的合同生效要件而应归于无效，不受法律保护，无法律约束力。

（二）廖C实施了违法行为。乙方签订合同后即组织人员及机械设备进入矿区，非法开采、生产、销售煤炭达半年之久，其行为违反了我国《矿产资源法》、《煤炭法》、《安全生产法》及工商行政管理和税收法规的规定，危害了社会经济管理秩序。

相关知识链接

一、相关法律法规

1.《物权法》第123条："依法取得的探矿权、采矿权、取水权和使用水域、滩涂从事养殖、捕捞的权利受法律保护。"

2.《矿产资源法》第3条第3款："勘查、开采矿产资源，必须依法分别申请、经批准取得探矿权、采矿权，并办理登记；但是，已经依法申请取得采矿权的矿山企业在划定的矿区范围内为本企业的生产而进行的勘查除外。国家保护探矿权和采矿权不受侵犯，保障矿区和勘查作业区的生产秩序、工作秩序不受影响和破坏。"

3.《矿产资源法》第6条："除按下列规定可以转让外，探矿权、采矿权不得转让：（一）探矿权人有权在划定的勘查作业区内进行规定的勘查作业，有权优先取得勘查作业区内矿产资源的采矿权。探矿权人在完成规定的最低勘查投入后，经依法批准，可以将探矿权转让他人。（二）已取得采矿权的矿山企业，因企业合并、分立，与他人合资、合作经营，或者因企业资产出售以及有其他变更企业资产产权的情形而需要变更采矿权主体的，经依法批准可以将采矿权转让他人采矿。前款规定的具体办法和实施步骤由国务院规定。禁止将探矿权、采矿权倒卖牟利。"

二、相关理论知识

合同的成立，是指当事人经由要约、承诺，就合同的主要条款达成合意，即双方当事人意思表示一致而建立了合同关系，表明了合同订立过程的完结。合同的生效，是指已经成立的合同在当事人之间产生一定的法律拘束力。

在大多数情况下，合同成立时即具备了生效的要件，因而其成立和生效时间是一致的。有些合同，还须具备特殊要件方能生效。这些合同主要包括两种情形：一是附条件和附期限的合同。即当事人根据我国《合同法》第45条、第46条的规定所订立的合同，在所附条件成就时或所附生效时间到来时，合同才能生效。二是有些合同必须具备法律所要求的形式。我国《民法通则》

第56条规定："民事法律行为可以采用书面形式、口头形式或者其他形式。法律规定用特定形式的，应当依照法律规定。"我国《合同法》第44条规定："依法成立的合同，自成立时生效。法律、行政法规规定应当办理批准、登记等手续生效的，依照其规定。"即依照法律、行政法规规定应当办理批准、登记等手续生效的合同，在办理了批准、登记等手续后，合同才能生效。

（案件来源：湖北省人民检察院；整理人：田圣斌，李晓建）

十、房屋所有权的确认

◥ 争议焦点 ◣

毛某、帅某分别与五交化公司签订的购房合同，哪一个合同有效，哪一个合同无效的问题。

◥ 基本案情 ◣

1997年7月2日，五交化公司与毛某签订房屋买卖合同。该合同约定由五交化公司将仓库七间、门面房四间半与门面房中间场地以180000元卖给毛某；付款方式为签订合同时付定金60000元，当年8月31日前支付定金40000元，余款在当年农历腊月二十日前付清；1999年8月31日前毛某未按期支付定金，五交化公司有权易主卖房。毛某依约于同年7月2日交付定金60000元，但未能按约交付定金40000元。1999年9月14日和9月23日，毛某分别交付购房款20000元。2000年7月30日五交化公司与毛某对原购房合同的付款方式作了变更，约定在2001年的春节前后付清余款，原购房合同继续有效。2001年2月4日，毛某又交付购房款20000元。2002年9月3日，五交化公司与毛某对原购房屋的间数作了变动，将原来的四间半门面房屋改为三间，已付购房款120000元不找零，并约定2003年农历正月二十日办理交房手续。2003年2月18日，五交化公司与毛某第三次协商并签订一份新的协议，继续履行1999年7月2日双方签订的购房合同，将门面房四间半、仓库七间和全部场地卖给毛某，总价由180000元降至130000元，扣减已付的120000元，还欠10000元购房款。五交化公司将其房屋产权证和土地证交给了毛某。

2002 年 3 月 6 日，五交化公司与帅某签订了一份房屋转让合同，将卖给毛某的门面房屋中西边第二间及第三间以 40000 元的价格卖给帅某，并约定合同签订之日起一次性付清价款。帅某分别于 2002 年 3 月 8 日、3 月 27 日、5 月 11 日、12 月 19 日、2003 年 4 月 3 日，交付购房款 12000 元、15000 元、3000 元、1600 元、1000 元。2002 年 4 月 3 日、4 日，帅某分别向房产和土地部门申请办理所购房屋的过户手续，并已缴纳办证费用。2002 年 11 月 29 日，一审法院因另案查封了五交化公司所有的房屋。2003 年 10 月 22 日毛某以法院查封的房屋和场地中有部分是其于 1999 年 7 月 2 日从五交化公司购买为由提出异议，并请求法院予以解除查封。2003 年 10 月 24 日，法院将属于毛某购买的房产予以解封。2003 年 10 月 27 日，一审法院依帅某的申请，对毛某刚申请解封的房屋予以再次查封，并向房产部门送达了协助执行通知书，要求停止办理帅某与毛某争议房屋的过户手续。2003 年 10 月 29 日，H 县房产局向毛某颁发了房产证，但不包含帅某占有使用的两间房屋。2004 年 4 月 12 日，H 县房产局向毛某发出书面通知，要求收回争议房屋的房产证，如在接到通知后十五日内不交则对房产证予以注销。2003 年 10 月 21 日，H 县土地局对帅某与毛某争议房屋占有的土地进行了测量，并于同年 11 月 5 日向毛某颁发了争议房屋的土地证。2003 年 11 月 10 日，帅某以五交化公司为被告、毛某为第三人提起诉讼，请求判令五交化公司继续履行与自己签订的房屋买卖合同。

一审法院判决：五交化公司与帅某 2002 年 3 月 6 日签订的房屋买卖合同有效，五交化公司继续履行该房屋买卖合同。

毛某不服，提出上诉。中级人民法院认为，毛某享有诉争房屋占有、使用、收益和处分的权利。五交化公司应承担造成本案纠纷的责任，其与帅某签订的房屋买卖合同应属无效合同，所收取的出卖房屋价款应依法予以返还并赔偿利息损失。原判适用法律错误，实体处理不当。判决：1. 撤销县人民法院（2003）H 民初字第 164 号民事判决；2. 帅某与五交化公司签订的买卖合同无效；3. 由五交化公司将帅某所交购房款返还帅某并按银行同期贷款利率赔偿该款项的利息损失。

观点评析

一审法院的判决适用法律正确，判决公正；二审法院的民事判决适用法律错误。其理由如下：

（一）二审判决认定帅某与五交化公司签订的房屋买卖合同无效，其适用法律错误。在五交化公司与帅某签订房屋买卖合同时，五交化公司既有房产证，也有土地证，是房屋的所有权人，享有处分权。双方签订的合同是合法的真实意思表示。不能以毛某事后取得的土地证为由，认定帅某与五交化公司签订的房屋买卖合同无效。

（二）二审判决认定毛某对诉争房屋享有占有、使用、收益和处分权，其适用法律错误。

其一，毛某所取得的房屋所有权证书不含有帅某占有使用的两间房屋。

其二，我国《城市房地产管理法》第63条规定确定了已建房屋产权变动的"地随房走"的基本原则，即房屋产权证办理在先，并成为取得土地使用权证的必要前提。本案不能因为毛某取得了土地使用证，就认定毛某取得争议房屋的所有权，而判决其享有诉争房屋的占有、使用、收益和处分权。

其三，五交化公司已将诉争房屋交与帅某实际使用至今，帅某要求继续履行合同的诉讼请求应予支持。

二审判决违反了合同履行的经济原则和效率原则。

相关知识链接 ↘

一、相关法律法规

1.《物权法》第9条："不动产物权的设立、变更、转让和消灭，经依法登记，发生效力；未经登记，不发生效力，但法律另有规定的除外。依法属于国家所有的自然资源，所有权可以不登记。"

2.《城市房地产管理法》第63条："经省、自治区、直辖市人民政府确定，县级以上地方人民政府由一个部门统一负责房产管理和土地管理工作的，可以制作、颁发统一的房地产权证书，依照本法第六十一条的规定，将房屋的所有权和该房屋占用范围内的土地使用权的确认和变更，分别载入房地产权证书。"

二、相关理论知识

房地产权属登记，又称房地产登记，指由房地产管理部门依职权或应当事人请求，对土地所有权、土地使用权、房屋所有权和房地产他项权利等进行勘测、记录、核实、确认，并向权利人颁发权证的一系列活动。

房地产权属登记具有以下功能：①权利确认功能，指房地产登记确认房地产权利归属状态，经登记的房地产权利受国家强制力保护，可以对抗权利人以外的任何人。②权利公示功能，指房地产登记公开房地产权利变动状况，昭示利益关系人与社会公众，保障房地产交易的安全。③管理功能，指房地产登记实现国家的管理意向，一方面通过登记建立产籍资料，进行产籍管理；另一方面通过登记审查相关权利设立、变更、终止的合法性，进而取缔或处罚违法行为。

（案件来源：湖北省人民检察院；整理人：田圣斌，张驰）

十一、转让房屋的所有权

争论焦点

在没有房产证和未签订书面房屋转让合同的情况下，转让房屋的所有权问题。

基本案情

1997年7月，黄某与吴某、余某经协商达成协议，吴某、余某将尚未取得房屋所有权的位于X南院的房屋出租给黄某，由黄某代其向X集团缴纳购房款。1999年7月13日，黄某向X集团代交购房款6224元，X集团将购房款收据交给了黄某。2000年7月23日，黄某又以房改工龄优惠款的名义一次性付给吴某、余某2100元房租，并同时支付有线电视安装费100元。入住后，水电费和有线电视费也一直由黄某缴纳，2002年3月18日，吴某与X集团签订了《X集团员工购买成本价住房售房协议书》，并于2002年8月23日、12月17日取得该房屋的所有权证和土地使用证，并支付两证办证登记表170元。后因该房屋所在地段要进行房地产开发，吴某、余某与M商业广场拆迁还建办公室达成《拆迁协议》，由拆迁办按每平方米1250元给吴某、余某以合理补偿，并一次性补偿吴某、余某搬家费1200元。《拆迁协议》签订后，搬迁办向吴某、余某支付了52439元，黄某以其为该房屋的实际所有人为由，与吴某、余某及拆迁办协商拆迁补偿费归属问题无果，提出诉讼。

一审判决认为，吴某、余某在转让房屋时尚未取得房屋的权属证书，吴某、余某在取得房产证后，亦未向房地产管理部门申请登记，且双方未签订书面的房屋转让合同，违反我国《城市房地产管理法》的相关规定，故该房屋的转让关系不成立。

二审判决认为，黄某与吴某、余某协商房屋买卖事宜后，黄某直接向

X集团房管科缴纳了购房款，向吴某、余某支付工龄优惠款且对房屋进行了装修和居住使用，又缴纳有线电视安装费及水电费，上述证据足以证明双方之间的房屋买卖关系成立。

观点评析

根据《最高人民法院关于民事诉讼证据的若干规定》第5条的规定：在合同纠纷案件中，主张合同关系成立并生效的一方当事人对合同订立和生效的事实承担举证责任。黄某对其转让房屋的合同关系承担举证责任，黄某列举了其缴纳的购房款，支付吴某、余某的工龄优惠款，长期缴纳的水电费、电视安装费等，只能证明其使用了该房屋，不足以证明双方房屋买卖关系存在。其代交购房款的行为，只能是代理行为。

该房屋在办理所有权等相关权证之前，属于单位公管房，是针对本单位职工的福利房。这种类型的房屋不可能私下转让，因为，该房屋中有单位的权益。即使黄某同属于该单位职工，也不能私下转让取得该房屋，而只能通过单位有关部门办理相关手续后，才能拥有该房屋的权益。

相关知识链接

一、相关法律法规

1.《城市房地产管理法》第38条："下列房地产，不得转让：（一）以出让方式取得土地使用权的，不符合本法第三十九条规定的条件的；（二）司法机关和行政机关依法裁定、决定查封或者以其他形式限制房地产权利的；（三）依法收回土地使用权的；（四）共有房地产，未经其他共有人书面同意的；（五）权属有争议的；（六）未依法登记领取权属证书的；（七）法律、行政法规规定禁止转让的其他情形。"

2.《城市房地产管理法》第41条："房地产转让，应当签订书面转让合同，合同中应当载明土地使用权取得的方式。"

3.《物权法》第33条："因物权的归属、内容发生争议的，利害关系人可以请求确认权利。"

4.《物权法》第42条："为了公共利益的需要，依照法律规定的权限和程序可以征收集体所有的土地和单位、个人的房屋及其他不动产。征收集体所有的土地，应当依法足额支付土地补偿费、安置补助费、地上附着物和青苗的补偿费等费用，安排被征地农民的社会保障费用，保障被征地农民的生活，维护被征地农民的合法权益。征收单位、个人的房屋及其他不动产，应当依法给予拆迁补偿，维护被征收人的合法权益；征收个人住宅的，还应当保障被征收人的居住条件。任何单位和个人不得贪污、挪用、私分、截留、拖欠征收补偿费等费用。"

二、相关理论知识

根据民法的基本理论及世界各国关于不动产物权所有权转移的相关规定，一般认为不动产登记的法律效力主要有以下几种方式：

其一，登记对抗方式。指以登记作为不动产物权取得或变动的方法，相关的不动产物权变动合同或其他法律行为一经生效，则标的物所有权在当事人之间发生转移的法律效力，但如没经登记，不动产物权的变更不能对抗善意第三人。

其二，登记要件方式。指将登记作为不动产物权变动的要件，没经登记不但不能对抗第三人，即使在当事人之间也不能发生物权变动的效果。

其三，登记相对生效方式。综合来看，登记要件方式与登记对抗方式各有优劣。登记要件方式对不动产物权变动采取了严格公示的规定，有利于使物权变动的时间及归属关系清晰化，因而对第三人的保护较为有利，但其过于注重形式而缺乏必要的灵活性，且其成本过高易导致合同当事人恶意违约而使权利人的权利得不到保护有失公平。登记对抗方式则将登记与不动产物权变动生效与否分开，不以登记作为物权变动生效要件，使不动产交易较为便捷，但因不动产物权的变动缺乏明显易辨易查的公示形式，而可能使第三人利益受损。总之，前者侧重于交易秩序的稳定及维护，后者侧重于尊重当事人意思自治及交易的效率。

我国《物权法》对房屋所有权转移登记采用的是登记相对生效方式。

其一，我国《物权法》对不动产登记的对外效力基本上采用的是登记要件方式。我国《物权法》第9条、第14条和第20条的规定采用的是登记生效要件，如未经登记，除非法律另有规定，不能发生所有权变动的法律效力。如发生司法机关强制执行或行政强制措施时，所有权人的确定原则上应以登记公示为准。

其二，我国《物权法》对不动产登记在当事人间的效力采用的是非生效要件的方式。《物权法》第15条规定："当事人之间订立有关设立、变更、转让和消灭不动产物权的合同，除法律另有规定或者合同另有约定外，自合同成立时生效；未办理物权登记的，不影响合同效力。"在当事人之间，协议约定的所有权变动期间即为所有权变动发生法律效力的期间，其并不以登记为生效要件，如义务人不履行义务，权利人可以要求其协助办理相关过户手续。该规定之所以没把为动产登记作为生效要件，是基于防止义务人一房两卖等恶意违约行为发生等考虑，是为了保护契约自由并督促当事人认真订立和履行协议。

其三，我国《物权法》对善意第三人采取的是登记对抗方式。《物权法》第106条规定：无处分权人将不动产或者动产转让给受让人的，所有权人有权追回；除法律另有规定外，符合下列情形的，受让人取得该不动产或者动产的所有权：（一）受让人受让该不动产或者动产时是善意的；（二）以合理的价格转让；（三）转让的不动产或者动产依照法律规定应当登记的已经登记，不需要登记的已经交付给受让人。据此，如果第三人善意以合理的价格取得不动产，且已经登记，则应以登记为准，受让人依照前款规定取得不动产或者动产的所有权的，原所有权人有权向无处分权人请求赔偿损失。其意义在于强调物权变动经过公示之后即可取得法律上的公信力，当善意第三人出于对物权公示方法的信赖而依法进行交易时，不管是否实际存在与这种公示方法相应的权利，均应加以保护的法律原则。

（案例来源：湖北省人民检察院；整理人：周越男，何双凤）

十二、房屋所有权

争议焦点

土改时期政府没收房屋的所有权问题。

基本案情

邓某的外祖母付刘氏（1963年病故，生育一女付某于1989年病故）于20世纪40年代为其女儿付某招邓Ⅹ（1987年病故）为婿。土改时付刘氏被划为地主成分，其房产七间（1951年时门牌号为101号，现在为35号）在《Ｆ县第一区应没收之地主房屋登记册》中记为没收五间，保留二间，该清册共5页，被没收户数78户，付刘氏排列第66户，没收时间为1951年5月3日，1974年起该房屋由县电器厂租用。电器厂向县房管局交房租至1998年，自1999年歇业以后无力支付房租，县房管局对电器厂欠交的房租作挂账处理。1991年2月20日县房地产仲裁委员会作出（1991）第2号《关于对邓某要求落实其外祖母付刘氏保留房屋产权的裁决书》裁决，返还付刘氏在土改时保留的两间房屋（靠南铺面一间，铺后面一间），由邓某子女共同继承，邓某多占的房屋应退还房产部门经营管理。经邓某申请，1992年10月8日县房地产管理局给邓某颁发了两间房屋所有权证，面积33.34平方米。

2006年3月，县房管局工作人员在县城关镇北街勘察房屋时，发现电器厂租用的5间直管公房被邓某占用，与邓某协商未果，县房管局向县人民法院提起诉讼。

县人民法院审理后作出判决：1. 被告邓某返还占用的、付刘氏被没收的五自然间房屋给原告县房地产管理局（靠北侧铺面房向东一字形四自然间，靠南侧最东头一自然间，计71.26平方米）；2. 被告邓某返还归原告县房地产管理局管理的偏厦房两间（46.49平方米）。

邓某不服，提起上诉。中级人民法院审理认为，解放初期没收城镇地主房屋，国家规定程序上是严格的，须经公告，并盖有县人民政府的四方形印章方为有效。而本案付刘氏虽在没收地主房屋登记花名册之中，但该花名册没有具体经办人、负责人署名和留下相关部门印章，亦无相关证据证实该争议房屋被政府没收，更无相关证据证明该争议房屋属县房管局直管公房。且从1991年县房地产仲裁委员会对该争议房屋裁决，房管局于2006年起至今，始终未申请相关部门强制执行，相反该争议房屋始终在邓某的出租掌管之中。故邓某上诉称原判事实不清、证据不足及本案超过诉讼时效的上诉理由成立，予以支持。原审判决认定事实不清，证据不足，适用法律不当。判决：1. 撤销县人民法院（2007）F民一初字第369号民事判决；2. 驳回县房管局对邓某的诉讼请求。

观点评析

中级人民法院该民事判决认定的基本事实缺乏证据证明，适用法律错误。

（一）该判决认定"解放初期没收城镇地主房屋，国家规定程序上是严格的，须经公告，并盖有县人民政府的四方形印章方为有效"缺乏相应证据证明，缺乏相关的政策和法律依据。

（二）该判决认定"无相关证据证明该争议房屋属县房管局直管公房"，"该争议房屋始终在邓某的出租掌管之中"缺乏证据证明。邓某没有相关的证据证明该争议房没有被没收，同时也没有提供5间房屋的产权证。在没有提供产权证的情况下，不能确认房屋为邓某所有。根据《最高人民法院关于民事诉讼证据的若干规定》第70条和第72条的规定，一方当事人提出证据另一方没有足以反驳的相反证据证明的，人民法院应当依法认定登记册的证明力。

（三）该判决认定"本案已过诉讼时效"适用法律错误。

2006 年 3 月，县房管局工作人员在县城关镇北街勘察房屋时，发现电器厂租用的 5 间直管公房被邓某占有，在与邓某协商未果的情况下起诉。邓某的占有行为处于持续状态；对于邓某的占用行为，县房管局有权以房屋产权人身份随时向邓某主张返还房屋的权利。同时，诉争房屋也不能以邓某的长期占用作为房屋归属的判断标准。

相关知识链接

一、相关法律法规

1.《物权法》第 16 条："不动产登记簿是物权归属和内容的根据。不动产登记簿由登记机构管理。"

2.《物权法》第 17 条："不动产权属证书是权利人享有该不动产物权的证明。不动产权属证书记载的事项，应当与不动产登记簿一致；记载不一致的，除有证据证明不动产登记簿确有错误外，以不动产登记簿为准。"

3.《最高人民法院关于民事诉讼证据的若干规定》第 70 条："一方当事人提出的下列证据，对方当事人提出异议但没有足以反驳的相反证据的，人民法院应当确认其证明力：

（一）书证原件或者与书证原件核对无误的复印件、照片、副本、节录本；

（二）物证原物或者与物证原物核对无误的复制件、照片、录像资料等；

（三）有其他证据佐证并以合法手段取得的、无疑点的视听资料或者与视听资料核对无误的复制件；

（四）一方当事人申请人民法院依照法定程序制作的对物证或者现场的勘验笔录。"

4.《最高人民法院关于民事诉讼证据的若干规定》第 72 条："一方当事人提出的证据，另一方当事人认可或者提出的相反证据不足以反驳的，人民法院可以确认其证明力。

一方当事人提出的证据，另一方当事人有异议并提出反驳证据，对方当事人对反驳证据认可的，可以确认反驳证据的证明力。"

二、相关理论知识

占有指占有人对不动产或者动产的实际控制。占有人可以依法有权占有不动产或者动产，如根据租赁合同在租期内占有对方交付的租赁物；占有人也可能是无权占有他人的不动产或者动产，如借他人的物品，过期不还。占有人不知道自己是无权占有的，为善意占有；明知自己属于无权占有的，为恶意占有。

按不同标准对占有作了不同的分类，其中比较重要的有：

（1）完全占有和不完全占有。一般认为所有权人的占有是完全占有，他可以对占有物拥有完全的物权。非所有权人的占有则是不完全占有，如承租人对租用的房屋，不享有完全的物权。

（2）直接占有和间接占有。直接占有是指直接对物的控制，而不问权源如何。所有权人常常直接占有所有物；而在不少情况下，所有权人并不直接占有，而为地上权人、典权人、质权人、承租人、借用人、保管人、受托人、承运人等直接占有，但所有权人的所有权未变，依法或依约仍可请求返还，这种占有称为间接占有。直接占有也被称为实际占有；间接占有由于是从所有权推定的，因此又称为推定占有。

（3）合法占有和不法占有。或称正当占有和不正当占有。在非所有权人的占有中，有合法占有和不法占有两种情况。凡有法律依据，即依照法律规定、所有权人的意志、行政命令或法院裁判以及其他合法原因而实行的占有，叫做合法占有。反之为不法占有。另外，按照有无正当权源，可分为有权占有和无权占有，其含义和法律后果与合法占有、不法占有类似。

（4）善意占有和恶意占有。在不法占有或无权占有中，按照占有人是否知情，即是否已知或应知为不法占有，可区分为善意占有和恶意占有两类。如占有人知情或应当知情，就是恶意占有；如占有人不知情或不应知情，就是善意占有。

另外，占有还分为公然占有与隐秘占有、和平占有与暴力占有等，用以确定因占有时效而能否取得所有权。

（案件来源：湖北省人民检察院；整理人：田圣斌，张驰）

十三、赠与房产的所有权

◢ 争议焦点 ◣

在无房产证的前提下，受赠房屋的所有权归属问题。

◢ 基本案情 ◣

樊 A 与王 B 夫妻关系存续期间，共同拥有县农业银行购买的西单元 701 号 2 室 2 厅住房 1 套，经县城镇住房改制委员会办公室 2003 年 7 月 16

出具的《关于能否办理樊X（樊A之子）受赠住房产权过户手续的答复》
（简称《答复》）中证实，该房屋属于房改房，未曾办理房屋产权登记。后
樊A与王B感情破裂，于2000年5月25日协议离婚，并签订《离婚子女
抚养、财产分割协议》。该协议约定："双方在县农业银行购买的西单元
701号2室2厅住房1套，共同赠与儿子樊X，王B有终身居住使用权，但
不能转赠、转卖。"2001年12月30日，王B将该住房以45000元的价格
出售给宋C，并签订《房屋买卖协议》。樊A提出异议，认为该住房属于
房改房，在没有房产证的前提下，王B的买卖行为不受法律保护。樊A认
为王B擅自处分共有财产，侵犯了自己的合法权益，向县人民法院起诉，
要求恢复房屋原状，请求判决《住屋买卖协议》无效。

一审判决认为王B与宋C的房屋买卖关系不能成立，要求宋C返还该
住房，且王B返还宋C的购房款。二审判决撤销了一审判决，认为王B与
宋C的房屋买卖关系成立。

观点评析

（一）该住房属于房改房，未办理产权权属登记，其赠与行为也是在没有
房产证的前提下签订的，根据我国《民法通则》、《城市房地产管理法》、《合
同法》等相关规定，樊A和王B以赠与形式转让房屋的行为违反了国家法律
的强制性规定，是无效的民事法律行为，"无效的民事行为，从行为开始起就
没有法律约束力"，故该赠与行为是自始、当然的无效，因此，该赠与行为无
效，该房屋的所有权未发生转移，依然属于樊A、王B所有，樊X并不享有
该房屋的所有权。

（二）根据《最高人民法院关于贯彻执行〈中华人民共和国民法通则〉若
干问题的意见（试行）》第128条规定："公民之间赠与关系的成立，以赠与
物的交付为准。赠与房屋，如根据书面赠与合同办理了过户手续的，应当认定
赠与关系成立；未办理过户手续，但赠与人根据书面赠与合同已将产权证书交
与受赠人，受赠人根据赠与合同已占有、使用该房屋的，可以认定赠与有效，
但应令其补办过户手续。"本案中的赠与房屋属于房改房，没有房产证书，因
此该赠与合同是无效合同，建立在该赠与合同基础上的买卖合同当然无效。

相关知识链接

一、相关法律法规

1.《民法通则》第58条："下列民事行为无效：（一）无民事行为能力人
实施的；（二）限制民事行为能力人依法不能独立实施的；（三）一方以欺诈、

胁迫的手段或者乘人之危，使对方在违背真实意思的情况下所为的；（四）恶意串通，损害国家、集体或者第三人利益的；（五）违反法律或者社会公共利益的；（六）经济合同违反国家指令性计划的；（七）以合法形式掩盖非法目的的。无效的民事行为，从行为开始起就没有法律约束力。"

2. 《城市房地产管理法》第37条："房地产转让，是指房地产权利人通过买卖、赠与或者其他合法方式将其房地产转移给他人的行为。"

3. 《城市房地产管理法》第38条："下列房地产，不得转让：（一）以出让方式取得土地使用权的，不符合本法第三十九条规定的条件的；（二）司法机关和行政机关依法裁定、决定查封或者以其他形式限制房地产权利的；（三）依法收回土地使用权的；（四）共有房地产，未经其他共有人书面同意的；（五）权属有争议的；（六）未依法登记领取权属证书的；（七）法律、行政法规规定禁止转让的其他情形。"

4. 《合同法》第51条："无处分权的人处分他人财产，经权利人追认或者无处分权的人订立合同后取得处分权的，该合同有效。"

5. 《最高人民法院关于贯彻执行〈中华人民共和国民法通则〉若干问题的意见（试行）》第89条："共同共有人对共有财产享有共同的权利，承担共同的义务。在共同共有关系存续期间，部分共有人擅自处分共有财产的，一般认定无效。……"

6. 《物权法》第33条："因物权的归属、内容发生争议的，利害关系人可以请求确认权利。"

7. 《物权法》第95条："共同共有人对共有的不动产或者动产共同享有所有权。"

8. 《物权法》第96条："共有人按照约定管理共有的不动产或者动产；没有约定或者约定不明确的，各共有人都有管理的权利和义务。"

9. 《物权法》第106条："无处分权人将不动产或者动产转让给受让人的，所有权人有权追回；除法律另有规定外，符合下列情形的，受让人取得该不动产或者动产的所有权：（一）受让人受让该不动产或者动产时是善意的；（二）以合理的价格转让；（三）转让的不动产或者动产依照法律规定应当登记的已经登记，不需要登记的已经交付给受让人。受让人依照前款规定取得不动产或者动产的所有权的，原所有权人有权向无处分权人请求赔偿损失。当事人善意取得其他物权的，参照前两款规定。"

二、相关理论知识

1. 房地产转让，是指房地产权利人通过买卖、赠与或者其他合法方式将其房地产转移给他人的行为。

2. 夫妻共同财产，是指夫妻在婚姻关系存续期间所取得的财产，除双方另有约定外，均为夫妻共同所有，夫妻对共同所有的财产享有平等的占有、使用、收益和处分的财产制度。婚姻关系存续期间，夫妻双方或一方所得的财产，除法律另有规定或双方有约定外，均是共同财产。夫妻对共同所有的财产，平等享有占有、使用、收益和处分的权利。

（案例来源：湖北省人民检察院；整理人：周清华，高丹）

十四、自救行为与相邻权

◤ 争议焦点 ◢

相邻权的界定与私法上的自救行为的法律效力。

◤ 基本案情 ◢

2000 年元月原告叶 A 为经营眼镜生意，向 X 公司租赁 W 路一楼门店两间，并签订了租赁合同，同年 4 月按照出租人的要求自己出资设置广告牌经营至今。原告黄 B 所租赁的 W 路门店与叶 A 眼镜店右边紧邻，原承租人宋 C 于 2000 年租赁后，同年 4 月按出租人 X 公司要求自己出资设置广告牌，2004 年元月原告黄 B 租赁后接收了广告牌，将宋 C 设置的该广告牌更名为波司登并经营该系列产品至今。原告毛 D 所租赁 W 路门店与叶 A 眼镜店左边紧邻，于 2000 年元月分别以其女儿杨 E 和自己名义与出租人 X 公司签订租赁合同，同年 4 月按出租人要求自己出资设置广告牌，经营春竹系列产品至今。本案被告吴 F、赵 G 于 2002 年 3 月为从事摄影业向 X 公司租赁了与本案三原告相邻的二楼房屋，2006 年 7 月因经营需要对其所租二楼房屋进行装修，认为三原告的广告牌挡住二楼窗户影响通风、采光，找三原告交涉未果，于 2006 年 7 月 25 日向县人民法院提起诉讼，同年 8 月 16 日撤回起诉，8 月 18 日被告将三原告广告牌锯掉 1.1 米。三原告为维护其权益于 2006 年 8 月 21 日以被告侵权为由向法院提起诉讼，被告应诉后，于 8 月 26 日提出答辩称其是自救行为，并以三原告的广告牌影响了二楼的通风、采光、占用空间属侵犯相邻权为由提出反诉。

经县人民法院依法公开开庭审理查明：双方当事人与出租人 X 公司签

订的租赁合同第4条约定：承租方在承租期间要保护房屋及附属设施完好，保证建筑物及其设施上的搁置物、悬挂物不发生脱落、坠落。在使用中如发现险情与损坏应及时维护与排除，其费用由承租方自己负担；承租方搬迁时，应保证房屋和其他附属设施完好无损，如有损坏，由承租方照价赔偿。

据此，县人民法院依法判决：一、被告（反诉原告）吴F、赵G停止侵害，由原告（反诉被告）叶A、黄B、毛D按每间门店长3.5米、宽0.2米、高4米恢复各自广告牌的原状，其费用由被告（反诉原告）吴F、赵G负担；二、驳回本诉原告叶A、黄B、毛D要求本诉被告吴F、赵G赔偿营业损失2万元的诉讼请求；三、驳回被告（反诉原告）吴F、赵G的反诉请求。案件受理费3000元，反诉费3000元，计6000元，由被告吴F、赵G负担。

观点评析

（一）本诉三原告在出租人X公司统一要求下自己出资设置广告牌，是租赁合同双方对自己权利义务的合法处分，三原告对广告牌依法享有合法所有权，其广告牌的存在和财产所有权应受法律保护。

（二）本诉三原告诉请本诉被告吴F、赵G赔偿因广告牌损坏造成的营业损失2万元，由于本诉原告没有提供相应证据证实，不应支持。

（三）本诉被告吴F、赵G锯掉本诉三原告广告牌是自救行为的辩称，与其于2006年7月25日曾以本诉三原告侵犯相邻权向法院起诉后又撤诉的做法自相矛盾，因此，其将本诉三原告的广告牌锯掉的行为显然不能认定为自救行为。

（四）反诉原告吴F、赵G以三反诉被告的广告牌挡住所租二楼通风、采光、占用空间侵犯其相邻权为由提起的反诉请求，于法无据，因为反诉三被告的广告牌在反诉原告租赁时已客观存在，而且已经经过反诉原告所租用房屋的产权所有人认可，反诉原告应当承认租房时相邻关系的客观现状。

相关知识链接

一、相关法律法规

1.《民法通则》第75条："公民的个人财产，包括公民的合法收入、房屋、储蓄、生活用品、文物、图书资料、林木、牲畜和法律允许公民所有的生产资料以及其他合法财产。公民的合法财产受法律保护，禁止任何组织或者个人侵占、哄抢、破坏或者非法查封、扣押、冻结、没收。"

2. 《民法通则》第 117 条：“侵占国家的、集体的财产或者他人财产的，应当返还财产，不能返还财产的，应当折价赔偿。损坏国家的、集体的财产或者他人财产的，应当恢复原状或者折价赔偿。受害人因此遭受其他重大损失的，侵害人并应当赔偿损失。”

3. 《民法通则》第 134 条：“承担民事责任的方式主要有：（一）停止侵害；（二）排除妨碍；（三）消除危险；（四）返还财产；（五）恢复原状；（六）修理、重作、更换；（七）赔偿损失；（八）支付违约金；（九）消除影响、恢复名誉；（十）赔礼道歉。以上承担民事责任的方式，可以单独适用，也可以合并适用。人民法院审理民事案件，除适用上述规定外，还可以予以训诫、责令具结悔过、收缴进行非法活动的财物和非法所得，并可以依照法律规定处以罚款、拘留。”

二、相关理论知识

在法律上，相邻关系是指两个以上相互毗邻的不动产的所有人或者占有人、使用人，在占有、使用不动产的过程中形成的特殊权利和义务关系。在这种关系中，相邻各方应当彼此之间给予某种便利或者接受一定的限制。

相邻关系表现在许多方面，相邻环境关系是其中最为重要的组成部分，不少环境纠纷都表现为相邻环境纠纷，尤以采光、通风、排水、排气、噪声、恶臭、垃圾等纠纷为多。相邻环境关系直接涉及相邻各方的利害得失，是复杂而又敏感的社会关系。

我国《民法通则》第 83 条规定：“不动产的相邻各方，应当按照有利生产、方便生活、团结互助、公平合理的精神，正确处理截水、排水、通行、通风、采光等方面的相邻关系。给相邻方造成妨碍或者损失的，应当停止侵害，排除妨碍，赔偿损失。”

（一）《物权法》关于相邻权的规定

我国《物权法》明确了相邻关系主体之间的权利、义务，并以专章对“相邻关系”做出了规定，对原本一些相对原则、抽象的内容做了更为具体、细致和系统的规定。

《物权法》对相邻关系的规定有两个突出亮点：

第一，明确“不动产权利人不得违反国家规定弃置固体废物，排放大气污染物、水污染物、噪声、光、电磁波辐射等有害物质”。这为现实生活中越来越多的排气、排水、噪声、光、垃圾等相邻环境纠纷的解决提供了法律依据。

第二，明确“法律、法规对处理相邻关系有规定的，依照其规定；法律、法规没有规定的，可以按照当地习惯”。由于相邻关系的种类很多，法律很难对各种相邻关系都做出具体规定，这就需要人民法院在处理相邻关系纠纷时，应该从实际出发，进行深入的调查研究，兼顾各方面的利益，适当考虑历史情况和习惯，公平合理地处理纠纷。

根据《物权法》的规定，相邻关系将主要包括以下内容：

——通风、采光和日照关系。建造建筑物，不得违反国家有关工程建设标准，应当与相邻建筑物保持适当距离并适当限制其高度，不得妨碍相邻建筑物的通风、采光和日照。这不仅有助于减少传统的相邻通风、采光和日照纠纷，也有助于防止油烟污染、光污染等大量出现的新型相邻环境纠纷。

——自然降雨的排水关系。不动产权利人应当为相邻权利人用水、排水提供必要的便利。对自然流水的利用，应当在不动产的相邻权利人之间合理分配。这将有助于相邻各方正确处理自然降雨等排水关系。

——噪声、光等新型关系。不动产权利人不得违反国家规定弃置固体废物，排放大气污染物、水污染物、噪声、光、电磁波辐射等有害物质。这对于解决近年来不断出现的新型相邻环境纠纷，具有积极作用。

——管线铺设关系。不动产权利人因用水、排水、通行、铺设管线等利用相邻不动产的，应当尽量避免对相邻的不动产权利人造成损害；造成损害的，应当给予赔偿。

——相邻施工关系。不动产权利人挖掘土地、建造建筑物、铺设管线以及安装设备等，不得危及相邻不动产的正常使用和安全。不动产权利人对相邻权利人因通行等必须利用其土地的，应当提供必要的便利。相邻的不动产权利人有权要求施工的不动产权利人提供相应的担保。

在《物权法》的其他章节，还有一些具有相邻环境关系性质的规定，主要有：

——改变住宅用途的限制。将住宅改变为餐饮、娱乐等商业用房，或者将共有部分改变用途，这两种情形均应当经建筑物所有权人同意。在许多城镇，共用居民楼的一方擅自改变自家住房用途经营商业，并由此产生大量的油烟、噪声、振动等相邻环境污染纠纷。这一规定对有效防止和合理处理擅自改变用途而产生的相邻环境污染纠纷，将起到限制作用。

——避免妨碍他人生活环境的义务。对任意弃置垃圾、侵占通道、排放大气污染物、排放噪声等损害他人合法权益的行为，建筑物所有权人有权要求停止侵害、赔偿损失。综合我国环境立法体系分析，对于生产性、经营性活动中产生的废气、废水、噪声或者固体废物，国家已经制定了相关法律和标准。因此，《物权法》这一规定对于保护相邻生活环境，约束不动产相邻人在非生产性、非经营性的日常生活中可能产生的相邻生活环境妨碍行为，防范和避免相邻环境纠纷，构建和睦的相邻环境关系，具有很强的现实性和针对性。

（二）相邻环境关系的处理原则

按照相邻关系的要求，相邻人在对其不动产行使占有、使用、收益和处分权利时，不仅不能妨碍和损害相邻他方的利益，还应积极为相邻他方实现其合法权益提供必要的条件，给予一定的便利。根据《物权法》的规定，处理相邻环境关系应当遵循以下原则：

1. 有利生产、方便生活。在日常生产、生活中处理好相邻环境关系，就会有利于生产的发展和生活的方便，从而也有利于维护正常的社会生活秩序。既不能片面强调保护个人利益而妨碍合法的生产建设，也不能借口有利生产而任意损害相邻单位和个人的合法权益。

2. 团结互助、公平合理。正确处理相邻环境关系，还必须从团结、和睦出发，本着互谅、互让的精神，尽量通过相互协商，公平合理地解决纠纷。协商不成的，可以申请环保部门或者人民法院调解处理。环保部门和人民法院在调处相邻环境纠纷时，应当在查明事实、分清是非和责任的基础上，及时合理地调解纠纷。

（三）自救行为

自救行为，是指法益受到侵害的人，在通过法律程序、依靠国家机关不可能或者明显难以恢复的情况下，依靠自己的力量救济法益的行为。例如，盗窃罪的被害人，在盗窃犯即将毁损所盗物品或者逃往外地等场合，来不及通过司法机关挽回损失，使用暴力等手段迅速从盗窃犯手中夺回财物的，就是自救行为。

私力救济与人类社会相伴而生，在国家和法院出现之前，人们完全依靠私力救济解决纠纷。公力救济产生于私力救济的夹缝中，从私力救济到公力救济的演变是一个漫长而交错的过程，两者既相互对立，又交错互补。初民社会以私力救济为常态；在古代社会，如巴比伦，公力救济开始产生，但私力救济仍为纠纷解决的主要方式，且公力救济融汇了大量私力救济的因素。决斗在中世纪普遍采用，事实上它是印欧语系各民族的古老风俗，希腊已有决斗习尚，罗马以角斗闻名，当事人不服判决有时甚至还可与法官决斗。在恺撒和塔西佗时代，日耳曼人盛行决斗，后演变为一种诉讼制度。私力救济不仅是早期社会主导性的纠纷解决方式，也广泛存在于现代社会之中。且不论交涉这种和平的私力救济形式，即便使用强力的私力救济，在现代社会的国际关系、下层民众、青年人、囚犯中也极为盛行，私力救济可谓人们面对纠纷的典型反应。虽被视为不文明、落后的纠纷解决方式，却在文明国家存在、为文明人及文明机构利用了几千年，且在文明日益发达的今天，许多国家越来越大力弘扬通过非司法方式实现正义，私力救济的作用也不可忽视。

法律的成长总是伴随着国家对私力救济的控制或利用。公权力越强大，往往越趋向于不信任私人的行动；而在公权力较弱时，私人自治性的纠纷解决机构同样能令社会有效运作。尽管公力救济的产生以否定私力救济为起点，并不断地越过私力救济的领地，但在加强法制建设的背景下试图垄断一切司法纠纷的努力却经常是失败的，甚至可能导致许多原本简单的争执反而无法解决。事实上，不论过去、现在、抑或将来，私力救济对于纠纷解决的作用皆不可忽视。

笔者认为，自救行为必须符合以下条件：

1. 法益已经受到了违法侵害，不问该侵害是刚刚结束还是经过了一定时间。这是自救行为与正当防卫的关键区别。

2. 通过法律程序、依靠国家机关不可能或者明显难以恢复受侵害的法益。这表明，通过自救行为可以恢复受侵害的法益；如果不可能恢复受侵害的法益，则不能实施自救行为。

3. 救济行为的手段具有适当性，所造成的侵害与救济的法益具有相当性。

（案件来源：湖北省公安县人民法院；整理人：田圣斌，周家富）

十五、后合同义务的履行与所有权的保护

争议焦点

2004 年元月以后双方的租赁关系是否继续存在及 S 公司的行为是否侵犯了陈某的财产权。

基本案情

2002 年 12 月 30 日，下岗女工陈某与 S 有限公司分别签订了编号为023、056、057 的门店及仓库租赁合同三份，合同约定：S 公司将其所有的S 区江汉南路 29 号负 1 号门店、江汉南路负 11 号后仓库、S 区民主街 30号仓库租赁给陈某用于商业经营（经营小家电及童车），租赁期限自 2003年 1 月 1 日至 2003 年 12 月 31 日止。门店及仓库约定的年租金分别为13200 元、7200 元、13600 元。该合同还约定：S 公司如继续出租，陈某享

有优先权，但应提前三个月向 S 公司提出申请，待双方协商后重新订立租赁合同。2003 年 11 月，S 公司将所出租房屋大幅提高租金，门店每月租金从 1100 元提高到 1785 元，仓库每月租金分别从 600 元提高到 1060 元和从 1200 元提高到 1650 元，并通知了陈某。2003 年 11 月 18 日 S 公司向陈某发出通知，告知陈某如需继续租赁，须于 2003 年 12 月 1 日前到 S 公司办理相关手续，若逾期未办，S 公司将收回租赁物。陈某就租金提高难以接受，多次与 S 公司协商未果。2003 年 12 月 31 日前陈某与 S 公司仍未能达成新的租赁协议。

在双方未达成共识时，S 公司于 2004 年 1 月 9 日将陈某所租赁的门店、仓库用氧焊封死，造成陈某的货物无法取出，无法经营。陈某为争取继续租赁该房屋与 S 公司法人代表钟某协商并于 2004 年 1 月 15 日得到钟某的批条，其内容是按原议定租金标准"优惠 10% 签约"，即门店租金为 1606.5 元/月，仓库租金分别为 954 元/月、1485 元/月。第二天即 1 月 16 日陈某去签约时，S 公司以陈某未即时到公司签约为由，将陈某承租的标的物租赁给了杨某，租赁期限为 2004 年 1 月 15 日至 2004 年 12 月 31 日，门店租金为 1750 元/月，仓库租金为 1050 元/月。并与杨某特别约定：待春节过后，由杨某收回陈某承租的门店及仓库，S 公司与杨某之间不再办理此门店及仓库的交接手续。

2004 年 1 月 17 日，陈某以确认陈某与 S 公司的租赁关系和判令 S 公司停止侵权，启封门店及仓库，并赔偿经济损失等项诉求向 S 区人民法院提起诉讼。同年 4 月 23 日，区人民法院做出判决支持陈某的诉讼请求。

S 公司不服，提出上诉，中级人民法院裁定将案件发回重审。2005 年 4 月 6 日，S 区人民法院重审后认为"原告要求被告继续履行租赁合同的请求，无法律依据"，判决不予支持，同时认为 S 公司侵犯了原告财产权，应承担相应的赔偿责任。S 公司再次提起上诉，中级人民法院判决驳回。

观点评析

（一）合同到期后，双方的租赁关系终止。

陈某、S 公司双方签订的门店及仓库租赁合同于 2003 年 12 月 31 日租赁期限届满后，双方虽然协商过是否继续租赁事宜，但因租金等原因未能签订新的租赁合同，租赁合同到期，合同的权利义务随之终止。

（二）合同到期后，合同当事人之间的租赁权利义务终止，但是合同当事人仍应履行适当的通知义务，即应承担合同后义务。

（三）合同当事人终止合同后的不当行为，造成对方损失的，应予以赔偿。

陈某承租的门店及仓库因双方未能就是否续租达成一致意见，S 公司认为有理由解除与陈某的租赁关系，而采取了焊封门店及仓库大门的行为，造成陈某经济损失。

根据我国《合同法》第 92 条规定的后合同义务，合同的权利义务终止后，当事人应当履行通知义务。《合同法》第 122 条规定，因当事人一方的违约行为，侵害对方人身、财产权益的，受损害方有权选择要求其承担侵权责任。S 公司在合同到期后未履行法定的通知义务，并采取过激的行为使陈某无法妥善处理其财产，侵犯了陈某的财产权，违反了相关法律规定。法院应当对陈某的侵权赔偿请求予以支持。

相关知识链接

一、相关法律法规

1. 《物权法》第 4 条："国家、集体、私人的物权和其他权利人的物权受法律保护，任何单位和个人不得侵犯。"

2. 《物权法》第 37 条："侵害物权，造成权利人损害的，权利人可以请求损害赔偿，也可以请求承担其他民事责任。"

3. 《合同法》第 92 条："合同的权利义务终止后，当事人应当遵循诚实信用原则，根据交易习惯履行通知、协助、保密等义务。"

4. 《合同法》第 122 条："因当事人一方的违约行为，侵害对方人身、财产权益的，受损害方有权选择依照本法要求其承担违约责任或者依照其他法律要求其承担侵权责任。"

二、相关理论知识

后合同义务，指合同的权利义务终止后，当事人依照法律的规定，遵循诚实信用原则，根据交易习惯履行的义务。其具有以下特征：

1. 是合同的权利义务终止后产生的义务。合同成立前，当事人承担的是先合同义务；合同的权利义务未终止，当事人履行的是合同义务。

2. 是法律规定的义务。如果当事人在合同中约定履行某项义务，该义务为合同义务，不履行该义务，承担违反合同的责任。后合同义务主要是法定义务，违反后合同义务承担损害赔偿责任。

3. 是诚实信用原则派生的义务。诚实信用原则要求民事活动的当事人具有诚实、守信、善意的心理状况，不损人利己，不规避法律，在民事活动中维持双方的利益平衡，以及当事人利益与社会利益的平衡。合同的权利义务终止后，当事人应当履行哪些义务，并没有一定之规，依诚实信用原则应履行的义务，均应为后合同义务的范围。

4. 其内容根据交易习惯确定。合同的内容不同，后合同义务也不同，法律不可能针对个案确定后合同义务的内容，但按照交易习惯，某类合同终止后，当事人通常的行为准则，应作为后合同义务。所谓交易习惯，一方面指一般的民商事活动应遵循的习惯，另一方面指当事人双方长期交易关系中形成的习惯。

（案件来源：湖北省人民检察院；整理人：田圣斌，张卫东）

十六、小区业主享有的建筑物共有所有权

◤ 争议焦点 ◢

该四层空中休闲花园的所有权归属。

◤ 基本案情 ◢

世纪大厦是由 K 公司开发修建的高层商住楼。大厦的楼群为三层，四层除有设备用房、储藏室、风机房、电梯间、楼梯间外，另有 452.24 平方米的空中休闲花园。K 公司的销售广告宣传："真正的城市中心，黄金地段，5 分钟豪华半径生活，随时享受空中休闲花园。"2001 年至 2002 年间，先后有业主以每平米 2000—3000 余元的价格与 K 公司签订房屋买卖合同。该大厦共建自然户 138 户，已售 132 户。K 公司与部分业主（63 户）在先期签订的购房合同附件二中将空中休闲花园列入了公用房屋并分摊面积费用。后因接该市房地产部门通知精神于 2002 年 7 月间 K 公司退还了空中休闲花园面积的公摊费用，但对已签订的购房合同附件二中规定的空中休闲花园共用房屋没有取消或说明。业主们先后取得办理房屋所有权证的《商品房权属证明书》。K 公司开发该商住楼后将四层空中休闲花园面积 452.24 平方米，于 2002 年 4 月 8 日办理了《商品房权属证明书》。2003 年 4 月，世纪大厦业主委员会通过业主大会选举成立，并报该区房地局、市房地局物业管理部门同意备案。

2004 年 6 月，K 公司在大厦四楼架空层处改建房屋，业主委员会出面干涉，向市规划局等有关部门及媒体反映未果。2004 年 6 月 30 日，业主委员诉至该区人民法院，要求 K 公司停止侵害，恢复空中休闲花园的原状。

区法院于 2004 年 10 月 27 日做出民事判决，认为双方签订的房屋买卖合同是双方真实意思表示，符合法律规定，属有效合同，但该合同并未将休闲花园列入公摊面积，现该大楼四层空中休闲花园建筑面积计 452.24 平方米的所有权系 K 公司所有，K 公司享有占有、使用、处分的权利。K 公司建房，并未侵犯业主委员会的合法权益，故法院对于业主委员会要求 K 公司停止侵害、恢复空中休闲花园原状的诉讼请求不予支持。判决：驳回业主委员会的诉讼请求。

业主委员会不服提起上诉。中级人民法院判决：驳回上诉，维持原判。

业主委员会不服，向中级法院申请再审，中级法院认为售房广告和售房合同中约定该四楼为空中休闲花园，其应是公共建筑部分的问题，属另一法律关系，与本案无关，再审理由不成立，予以驳回。

业主委员会不服，向人民检察院申诉。

观点评析

本案涉及小区业主享有的建筑物共有所有权。小区业主享有的建筑物所有权包括三个方面，其一是专有部分所有权，其二是公共设施共有所有权，其三是成员权。专有所有权以房屋为标的物，称为房屋所有权。我国《合同法》及相关法律法规规定，买卖房屋要办理所有权登记。未经所有权转移登记的，房屋所有权不发生转移。共有所有权是指所有人依据法律和管理制度的规定，对共有部分所享有的占有、使用和收益的权利。

本案中，该四层空中休闲花园在性质上是架空层，对于架空层的权利归属，《商品房销售管理办法》、《商品房销售面积计算及公用建筑面积分摊规则》、《新商品房买卖合同示范文本》、《城市商品房预售管理办法》、《城市房地产开发经营管理条例》、《物业管理条例》等法规并无明确规定。架空层在商品房屋建设早期一般低于 2.2 米，早期的规划建审对架空层一般不计层数、不算容积率、不缴出让金。按相关规定，低于 2.2 米以下的架空层，不计建筑面积，也不会分摊到各产权单元中。随着公共开放空间的应用，其层高日趋增高，2.8 米至 8 米的架空层逐步增多。一般认为满足层高 2.2 米以上的计算建筑面积，分摊到各产权单元中。以上两种情况，无论是分摊还是不分摊均应属业主共有。本案架空层则与上述情况均不同，高于 2.2 米但又未实际分摊到各产权单元中，所以界定其权属就比较模糊，从有利于生活使用角度，可以将架空层作为共有部位、共用设施确权给业主。

但是，在目前尚无明确法律依据的情况下，开发商又确实持有了空中花园的《商品房权属证明书》，该证明书是国家行政管理机关依行政程序颁发的证照。在没有相关部门撤销或收回该权属证明书的前提下，其记载的内容应视为真实有效，故该空中花园属于 K 公司所有。

相关知识链接 ↘

一、相关法律法规

《物权法》第 6 条："不动产物权的设立、变更、转让和消灭，应当依照法律规定登记。动产物权的设立和转让，应当依照法律规定交付。"

二、相关理论知识

不动产所有权是指不动产所有人依法对其不动产享有的占有、使用、收益和处分的权利。不动产是性质上不能移动其位置，或非经破坏、变更则不能移动其位置的物。不动产一般指土地及其定着物（主要是房屋）。

综观各国立法，主要有 3 种：英美法国家多采取地券交付制度，即在初次登记不动产时，由登记机关依法确定不动产的权利状态并制成地券，不动产所有权移转时地券随当事人的让与证书一起交登记机关审查记载。从而第三人可直接从地券中明确不动产的权利状态。德国法采取的是登记要件制度，不动产所有权移转时除依当事人合意外，尚需到登记机关登记，否则不产生效力。法国等国则采用登记公示制度，不动产所有权的移转一般依当事人的合意而产生效力，但不经登记也可在当事人间产生效力，只是不能对抗第三人。

（案件来源：湖北省人民检察院；整理人：田圣斌，姜艳丽）

十七、农村集体土地征用补偿款的分配

【 争议焦点 】

未参与土地承包的村民是否享有土地征用后补偿款的分配权。

【 基本案情 】

1983 年，长江小区二组按照政策和上级要求对村里的土地进行了第一轮承包。当时长江小区二组在册村民 64 户共 262 人，耕地合计 395 亩。承包土地的共 45 户 193 人，而按当时村委会作出凡在村办企业或乡镇办企业工作的村民不参加耕地承包的决定，长江小区二组有 20 户 67 人（包括吴

A 等 63 人）均未承包土地。在此之后，作为长江小区二组村民均按人头缴纳了"三提五统"的费用，也承担了兴修水利、防汛、抢险的各项义务。随着市场经济的发展，原有的村办企业、镇办企业因管理落后等原因逐渐被淘汰，致使长江小区二组原来企业职工回家待业。近年来，长江二组小区的土地从 1991 年至今先后被 S 公司、D 公司、H 集团征用土地 202 亩。长江小区自 1983 年第一轮土地耕地承包截止到现在二组人员已增至 404 人共 103 户。在此期间，村民死亡、人口出生至成年、姑娘出嫁户口迁出、媳妇嫁入户口迁入，承包的土地均未作任何调整。

2004 年 11 月 28 日村民代表大会讨论决定按照"谁承包的土地就分给谁"的分配方案，致使没有承包土地的村民就无法享有分得征地补偿费、生活安置费的权利。吴 A 等 63 位没有分配土地补偿款的村民，起诉到区人民法院，请求按本村村民人口平均分配土地补偿款，并选派吴 A、吴 Y、吴 K 三位村民为诉讼代表人参与诉讼。

一审法院认为长江小区按《中华人民共和国村民委员会组织法》的相关规定，对于征用土地补偿款的分配属于村民委员会自治行为，法院不予调整。且该纠纷不属于民事纠纷，亦不属于人民法院调整范围，裁定驳回吴 A 等 63 人的起诉。

吴 A 等 63 人不服，提起上诉。中级人民法院根据《最高人民法院关于审理涉及农村土地承包纠纷案件适用法律问题的解释》第 1 条第 2 款规定，认为上诉人吴 A 等 63 人的上诉理由不能成立，原裁定认定事实清楚，裁定正确。

吴 A 等向人民检察院提起申诉。

观点评析

（一）吴 A 等 63 人具备长江小区二组的村民资格，依法应当享有本村土地征用补偿款的分配权。吴 A 等 63 人是长江小区二组登记在册的村民，根据《土地管理法》的规定，农村集体土地和土地被征用后的补偿费归农村集体经济组织所有，对于土地补偿费和安置补助费的分配，只要是具有该村村民资格的人，就依法享有分配权。我国《村民委员会组织法》第 20 条规定，村民代表讨论决定的事项不得与宪法、法律、法规和国家政策相抵触，不得侵犯村民的人身权利、民主权利和合法财产权利。长江小区村民委员会关于谁承包的土地就分给谁的补偿款分配方案，违反了我国《土地管理法实施条例》，该分配行为应属无效。吴 A 等人因合法财产权利被侵犯而请求保护，属于平等主体间的民事诉讼请求，属于人民法院的受案范围。

（二）吴 A 等人的诉讼请求是判令长江小区补发征地补偿款，不属于本案一、二审适用的《最高人民法院关于审理涉及农村土地承包纠纷案件适用法律问题的解释》第 1 条第 2 款、第 3 款规定的情形。人民法院应该适用该《解释》第 24 条"……征地补偿安置方案确定时已经具有本集体经济组织成员资格的人，请求支付相应份额的，应予支持。……"的规定，依法受理吴 A 等63 人的民事诉讼。

相关知识链接

一、相关法律法规

1.《物权法》第 58 条："集体所有的不动产和动产包括：（一）法律规定属于集体所有的土地和森林、山岭、草原、荒地、滩涂；（二）集体所有的建筑物、生产设施、农田水利设施；（三）集体所有的教育、科学、文化、卫生、体育等设施；（四）集体所有的其他不动产和动产。"

2.《物权法》第 59 条："农民集体所有的不动产和动产，属于本集体成员集体所有。下列事项应当依照法定程序经本集体成员决定：（一）土地承包方案以及将土地发包给本集体以外的单位或者个人承包；（二）个别土地承包经营权人之间承包地的调整；（三）土地补偿费等费用的使用、分配办法；（四）集体出资的企业的所有权变动等事项；（五）法律规定的其他事项。"

3.《最高人民法院〈关于审理涉及农村土地承包纠纷案件适用法律问题的解释〉》第 1 条："下列涉及农村土地承包民事纠纷，人民法院应当依法受理：（一）承包合同纠纷；（二）承包经营权侵权纠纷；（三）承包经营权流转纠纷；（四）承包地征收补偿费用分配纠纷；（五）承包经营权继承纠纷。集体经济组织成员因未实际取得土地承包经营权提起民事诉讼的，人民法院应当告知其向有关行政主管部门申请解决。集体经济组织成员就用于分配的土地补偿费数额提起民事诉讼的，人民法院不予受理。"

4.《最高人民法院〈关于审理涉及农村土地承包纠纷案件适用法律问题的解释〉》第 24 条："农村集体经济组织或者村民委员会、村民小组，可以依照法律规定的民主议定程序，决定在本集体经济组织内部分配已经收到的土地补偿费。征地补偿安置方案确定时已经具有本集体经济组织成员资格的人，请求支付相应份额的，应予支持。但已报全国人大常委会、国务院备案的地方性法规、自治条例和单行条例、地方政府规章对土地补偿费在农村集体经济组织内部的分配办法另有规定的除外。"

5.《土地管理法》第 49 条："被征地的农村集体经济组织应当将征收土

地的补偿费用的收支状况向本集体经济组织的成员公布，接受监督。"

二、相关理论知识

土地征用是指国家为了社会公共利益的需要，依据法律规定的程序和批准权限批准，并依法给予农村集体经济组织及农民补偿后，将农民集体所有土地变为国有土地的行政行为。国家行政机关有权依法征用公民、法人或者其他组织的财物、土地等。

行政征收与行政征用的区别主要是：行政征收取得的是财产所有权，而行政征用取得的是财产使用权。

土地征用作为一种行政行为，在法律关系上具有以下几个特征：（1）土地征用法律关系主体双方是特定的，征用方只能是国家，被征用方只能是所征土地的所有者，即农民集体；（2）征用土地具有强制性；（3）征用土地具有补偿性；（4）征用土地将发生土地所有权转移。

集体土地征用应遵循的原则包括：（1）十分珍惜，合理利用土地和切实保护耕地的原则。（2）保证国家建设用地的原则。（3）妥善安置被征地单位和农民的原则。（4）谁使用土地谁补偿的原则。

我国征用集体土地的补偿范围和标准包括：土地补偿费；安置补偿费；地上附着物和青苗补助费。

我国土地的所有形式包括两种：一是土地的国家所有制；二是土地的农村集体所有制。我国农村土地征用是发生在国家与农村集体之间所有权的转移，它是国家为了公共利益的需要，依照法律的规定，在给予了农村集体经济组织和农民个人相应的补偿后，将农村集体经济组织所有的土地转变为国家所有。

（案件来源：湖北省人民检察院；整理人：田圣斌，周清华）

十八、土地承包经营权的流转

争议焦点

土地承包经营权是否能够流转？

基本案情

1982年农村实行联产承包责任制，张 A（已故）、付 B 夫妇依法取得 S 街 N 村 25 组 3 亩土地承包经营权（承包经营权证因发洪水而丢失），并由原 H 县 S 人民公社下达农村承包制式合同书。1985 年付 B 因无力耕种该土地，经与应 L、应 K（已故）协商将 3 亩土地分别转让应 L 1.2 亩、应 H 之父应 K（已故，后由应 H 耕种）1.8 亩代为耕种。二人经营至 2004 年，并在经营期间对该土地承担各项税费指标。1998 年农村土地实行第二轮承包时，S 街 N 村未与应 L 及应 K 办理土地承包证，而与付 B 重新办理了对该 3 亩土地的承包经营权手续。付 B 一家曾搬迁到城镇居住（仍属农业户口），由付 B 承包的土地就由应 L 和应 K 两家分别耕种。双方转让土地是口头协议，小队没有开村民会议，也未上报给村委会。2004 年 7 月 7 日，付 B 携其子张 S、儿媳妇黄 H（均为农业户口）从城镇迁回 H 区 S 街 N 村 25 组 60 号，户主为付 B。

　　2004 年，付 B 与应 L、应 H 为该土地承包经营权的权属发生纠纷，向区人民法院提起诉讼，请求依法确认其对该 3 亩土地享有承包经营权。区人民法院审理后认为：付 B 于 1982 年依法取得了该土地的承包经营权后，因无力劳作而将承包的土地转给他人代为耕种，其承包经营权的性质并没有改变。应 L 与应 H 虽自 1985 年起在该土地上耕种，也按规定上缴各种税费指标，但其间并未办理法律意义上的承包经营权转移手续，所依据的仍然是与付 B 达成的口头协议。付 B 亦未放弃其承包经营权。故支持付 B 的诉讼请求。

　　应 L 与应 H 不服并上诉，中级人民法院判决：驳回上诉，维持原判。

观点评析

　　（一）1982 年，张 A、付 B 夫妇依法取得 S 街 N 村 25 组 3 亩土地承包经营权，虽经协商将 3 亩土地转让给他人代为耕种，但其承包经营权的性质并没有改变。应 L 与应 H 虽自 1985 年起在该土地上耕种，也按规定上缴各种税费指标，但其间并未办理法律意义上的承包经营权转移手续；付 B 亦未放弃其承包经营权，并且在 1998 年第二轮土地承包时，村委会也未与二申诉人签订对该土地的承包经营权手续，而为付 B 重新办理了土地承包经营权证。因此，该土地原有的承包经营关系未发生变化。

　　（二）80 年代中期，张 A、付 B 夫妇曾因故迁入城镇，但其仍为农业户口。根据我国《农村土地承包法》第 26 条第 2 款规定：“承包期内，承包方全家迁入小城镇落户的，应当按照承包方的意愿，保留其土地经营权或者允许其依法进行土地承包经营权的流转。”因此，张 A、付 B 夫妇迁入城镇并不必然导致其丧失了对该土地的承包经营权，付 B 依法有权保留其对土地的承包经营权。

相关知识链接

一、相关法律法规

1. 《物权法》第 127 条："土地承包经营权自土地承包经营权合同生效时设立。县级以上地方人民政府应当向土地承包经营权人发放土地承包经营权证、林权证、草原使用权证，并登记造册，确认土地承包经营权。"

2. 《物权法》第 128 条："土地承包经营权人依照农村土地承包法的规定，有权将土地承包经营权采取转包、互换、转让等方式流转。流转的期限不得超过承包期的剩余期限。未经依法批准，不得将承包地用于非农建设。"

3. 《物权法》第 131 条："承包期内发包人不得收回承包地。农村土地承包法等法律另有规定的，依照其规定。"

4. 《农村土地承包法》第 26 条第 2 款："承包期内，承包方全家迁入小城镇落户的，应当按照承包方的意愿，保留其土地经营权或者允许其依法进行土地承包经营权的流转。"

二、相关理论知识

农村土地承包经营权，是指农村土地承包人对其依法承包的土地享有占有、使用、收益和一定处分的权利。

承包期间，发包方不得收回土地，需要注意以下两种变化情况：（1）承包期间，承包方全家迁入小城镇落户的，应当按照承包方的意愿，保留其土地承包经营权或允许其依法进行土地承包经营权流转；（2）承包期间，承包方全家迁入设区的市，转为非农业户口的，应当将承包的耕地和草地交回发包方。

承包期内，发包方不得调整承包地，但是存在例外：因自然灾害严重毁损承包地等特殊情况，对个别农户之间承包的耕地和草地进行适当的调整，必须经本集体经济组织成员的村民会议 2/3 以上成员或者 2/3 以上的村民代表同意，并报乡镇人民政府和县级人民政府等行政主管部门批准。

（案件来源：湖北省人民检察院；整理人：田圣斌，李晓建）

十九、保证期限和保证责任

⟦ 争议焦点 ⟧

本案是否超过保证期限。

⟦ 基本案情 ⟧

2004 年 6 月 25 日，胡某与付某对双方以前的业务往来及所有欠款条据进行结算，付某给胡某出具欠款条据："欠到胡某现金壹万捌仟陆佰叁拾元整。2004 年 6 月 25 日以前的欠条再出现作废，还款时间 4 个月内还清。2004 年 6 月 25 号付某，连带责任担保人：黄某，张某。"同时付某将自己所有的一套细木板压制设备协议抵押给黄某、张某。在约定的还款期限过后，胡某找三被告索要欠款，三人与胡某协商将付某抵押给黄某、张某二人的细木板压制设备抵偿给胡某，后因故未果。

2005 年 6 月 1 日，胡某诉至县人民法院，请求判令付某、黄某、张某偿还现金 18630 元及利息。县人民法院审理认为：胡某与付某在 2004 年 6 月 25 日对双方以前的往来情况及欠款条据进行全面清点和结算后，在双方一致认可的基础上所得的清算结果，对双方均具有约束力。胡某持该欠据向付某追索欠款有理，予以支持。本案中另二位被告黄某、张某二人在付某出具的欠据上作担保人，且注明连带责任，故其二人应就付某的该笔债务向胡某承担连带清偿责任。依照我国《民法通则》第 108 条、《担保法》第 18 条、《最高人民法院关于贯彻执行〈民法通则〉若干问题的意见（试行）》第 123 条之规定，判决：一、付某在本判决生效后三日内向胡某偿付欠款 18630 元及逾期利息（利率应按人民银行同期同类贷款利率计算，从 2004 年 10 月 25 日起至本判决规定的还款之日止），逾期不履行，则按《中华人民共和国民事诉讼法》第二百三十二条之规定办理。二、黄某、张某二人对以上确定的付某所履行事项承担连带清偿责任。

付某不服，提起上诉。中级人民法院判决：驳回上诉，维持原判。

⟦ 观点评析 ⟧

根据我国《担保法》以及《最高人民法院关于适用〈中华人民共和国担

保法〉若干问题的解释》的有关规定，连带保证的债权人，须在保证期间内要求保证人承担保证责任，债权人未要求保证人承担保证责任的，保证人免除保证责任。

本案中，胡某虽在保证责任期满 36 天后才向法院提起诉讼，但该案在审理中查明，胡某在诉前曾找债务人和保证人索要欠款，并协商将付某抵押给黄某、张某二人的细木板压制设备抵偿给胡某，后因故未果。三人均对该事实无异议。该协商行为应视为债权人在保证期间内要求保证人承担责任。因此，胡某起诉，并未超过法定的诉讼时效。

相关知识链接 ↘

一、相关法律法规

1.《民法通则》第 108 条："债务应当清偿。暂时无力偿还的，经债权人同意或者人民法院裁决，可以由债务人分期偿还。有能力偿还拒不偿还的，由人民法院判决强制偿还。"

2.《担保法》第 18 条："当事人在保证合同中约定保证人与债务人对债务承担连带责任的，为连带责任保证。

连带责任保证的债务人在主合同规定的债务履行期届满没有履行债务的，债权人可以要求债务人履行债务，也可以要求保证人在其保证范围内承担保证责任。"

3.《担保法》第 26 条："连带责任保证的保证人与债权人未约定保证期间的，债权人有权自主债务履行期届满之日起六个月内要求保证人承担保证责任。

在合同约定的保证期间和前款规定的保证期间，债权人未要求保证人承担保证责任的，保证人免除保证责任。"

4.《最高人民法院关于贯彻执行〈中华人民共和国民法通则〉若干问题的意见（试行）》第 123 条："公民之间的无息借款，有约定偿还期限而借款人不按期偿还，或者未约定偿还期限但经出借人催告后，借款人仍不偿还的，出借人要求借款人偿付逾期利息，应当予以准许。"

5.《最高人民法院关于适用〈中华人民共和国担保法〉若干问题的解释》第 31 条："保证期间不因任何事由发生中断、中止、延长的法律后果。"

二、相关理论知识

一般保证的保证人与债权人未约定保证期间的，保证期间为主债务履行期届满之日起六个月。在合同约定的期间或者法律规定的上述保证期间，债权人未对债务人提起诉讼或者申请仲裁的，保证人免除保证责任；债权人已提起诉讼或申请仲裁的，保证期间适用诉讼时效中断的规定。

连带保证的保证人与债权人未约定保证期间的，债权人有权自主债务履行期届满之日起六个月内要求保证人承担保证责任。

在合同约定的保证期间或者法律规定的上述保证期间，债权人未要求保证人承担保证责任的，保证人免除保证责任。

最高额保证的保证人未约定保证期间的，保证人可以随时书面通知债权人终止保证合同，但保证人对于通知到债权人前所发生的债权，承担保证责任。

（案件来源：湖北省人民检察院；整理人：田圣斌）

二十、借贷关系中保证人的责任

争议焦点

T 投资公司是否应承担连带保证责任。

基本案情

1999 年 12 月 23 日，市工行下属原 E 城区支行与 H 公司签订一份《借款合同》和《借款借据》，约定市工行向 H 公司发放封闭贷款 200 万元；贷款期限为 9 个月（自 1999 年 12 月 23 日至 2000 年 9 月 23 日）；并对利息的计算进行了约定。借款的担保方式为保证，由 H 公司协助市工行与保证人 T 投资公司就本合同之具体担保事项签订担保合同。同年 12 月 24 日，工行 E 城区支行与 T 投资公司签订一份保证合同，双方在合同中约定，如借款人 H 公司未按主合同约定履行偿付借款本息和相应费用的义务，工行 E 城区支行可直接向 T 投资公司追索，T 投资公司承担连带保证责任；担保的范围包括 200 万元借款本金、利息、复利、罚息、违约金、赔偿金、实现债权的费用和所有其他应付费用；保证期间为主合同确定的借款到期之次日起两年。上述合同签订后，E 城区支行将 200 万元封闭贷款存入了 H 公司的封闭贷款账户（账号为 20702210118-584）。同年 12 月 30 日，H 公司经 E 城区支行同意从封闭账户转款 84 万元到 H 公司经营销售处账户（账号为 20702490020-559），同日又从该账户将 84 万元转到 H 公司账户为 207022100003-345 的账户（以下简称 345 账户），随后 E 城区支行从

345 账户上划拨 807090.10 元，用于收取 H 公司旧贷款的利息。同年 12 月 31 日，H 公司从封闭贷款账户中转款 16 万元到 H 公司结算中心，同日又从结算中心将 16 万元转到 H 科学技术委员会账户（账号为 825598-264-0590000516），用于偿还借款。上述 200 万元封闭贷款到期后，H 公司未还本付息。2000 年 11 月 15 日和 2002 年 10 月 18 日，在律师熊某的见证下，市工行两次向 T 投资公司递交了《督促履行保证责任通知书》。此外，市工行还分别于 2002 年 10 月 10 日和 2003 年 3 月 6 日向 T 投资公司递交了《督促履行保证责任通知书》。在此期间，2001 年 12 月 31 日，市工行从市土地储备中心的银行账户上分两笔共划转 80 万元，作为 H 公司偿付固定资产贷款利息。2002 年 6 月 30 日，H 公司向市工行偿还中长期普通贷款利息 20 万元。

2003 年 6 月，市工行向中级人民法院起诉，要求 T 投资公司履行保证人的连带责任，偿还借款人民币 200 万元及利息 486685.38 元，并承担案件一切诉讼及执行费用。中级人民法院审理后认为，1999 年 12 月 30 日，H 公司的 345 账户上同时有 84 万元封闭贷款的转入和现金 837859.29 元的存入，E 城区支行扣划的 807090.10 元来自当日存入的 837859.29 元，不存在以贷还贷的情况，故支持了市工行的诉讼请求。

观点评析

一审法院在认定事实及判决上均存在错误，具体如下：

（一）没有事实能够证明当日 345 账户上有 837859.29 元的现金存入。证人廖某、李某、吕某及 H 公司会计账原始凭证证实，1999 年 12 月 30 日 H 公司 345 账户上并没有 837859.29 元现金存入，只有转账的 84 万元，E 城区支行扣划的 807090.10 元利息实际是从当日转入的 84 万元封闭贷款中扣划的。根据《封闭贷款管理暂行办法》第 12 条"贷款人应为企业开立封闭贷款结算专户，实行专款专用，单独核算。贷款人对企业的贷款用途要逐笔审核，保证贷款用于产品当期生产的各项直接和合理间接支出"和第 14 条"贷款在封闭运行期间，贷款人不得从专户中扣划老的贷款和利息"，E 城区支行从 200 万元封闭贷款中扣划的 807090.10 元用于偿还旧贷款的利息，显然违反该规定，实际上损害了保证人 T 投资公司的合法权益。

（二）根据《最高人民法院关于适用〈中华人民共和国担保法〉若干问题的解释》第 39 条的规定："主合同当事人双方协议以新贷偿还旧贷，除保证人知道或应当知道的外，保证人不承担民事责任。新贷与旧贷系同一保证人

的，不适用前款的规定。"

本案中，T投资公司是新贷的保证人，与旧贷没有关系，且不知道也不应当知道以贷还贷的事实，因此判决保证人T投资公司承担全部保证责任不当。

相关知识链接↘

一、相关法律法规

1.《物权法》第173条："担保物权的担保范围包括主债权及其利息、违约金、损害赔偿金、保管担保财产和实现担保物权的费用。当事人另有约定的，按照约定。"

2.《担保法》第18条："当事人在保证合同中约定保证人与债务人对债务承担连带责任的，为连带责任保证。连带责任保证的债务人在主合同规定的债务履行期届满没有履行债务的，债权人可以要求债务人履行债务，也可以要求保证人在其保证范围内承担保证责任。"

3.《最高人民法院关于适用〈中华人民共和国担保法〉若干问题的解释》第39条："主合同当事人双方协议以新贷偿还旧贷，除保证人知道或者应当知道的外，保证人不承担民事责任。新贷与旧贷系同一保证人的，不适用前款的规定。"

二、相关理论知识

保证人分为一般责任保证人和连带责任保证人。一般保证的保证人在主合同纠纷未经审判或者仲裁，并就债务人财产依法强制执行仍不能履行债务前，对债权人可以拒绝承担保证责任。连带责任保证的债务人在主合同规定的债务履行期届满没有履行债务的，债权人可以要求债务人履行债务，也可以要求保证人在其保证范围内承担保证责任。

（案件来源：湖北省人民检察院；整理人：田圣斌，张卫东）

二十一、定金的履行

争议焦点

合同约定H公司向Z公司缴纳50000元"预定金"是否应认定为"定金"。

基本案情

H公司与Z公司系业务往来单位，2005年4月30日签订"Z对H销售合同"一份，由 Z 公司向 H 公司提供武钢热轧平板，约定预付定金50000 元（5 月 9 日进账），并对规格、数量、质量、价格、提货方式及履行期限等进行了约定。2005 年 5 月 9 日 H 公司依约以货款定金的用途向 Z 公司出具 50000 元银行转账支票一张，Z 公司签收该票据并进行委托收款。H 公司据此约定与 A 公司供应钢材，交货时间为 2005 年 5 月 25 日，并于2005 年 5 月 10 日收取 A 公司首付款 230000 元。H 公司与 Z 公司双方于2005 年 5 月 11 日补签工业品买卖合同一份，约定标的热板的规格型号和数量，价格为每吨 4930 元，产品总价款为人民币 1183200 元，结算方式为合同签订之日，H 公司缴纳 50000 元预定金，货到后，Z 公司书面通知 H 公司带全款提货，H 公司可分批量付款提货，但 5 月 25 日之前 H 公司需将货全部提完，逾期将由 Z 公司全权处理，并且预定金作为违约金不予退还。Z 公司于 2005 年 5 月 16 日供货 60 吨，H 公司于当日付货款 80000 元。经Z 公司开具提货单 3 份，H 公司实际提取钢材 57.581 吨。除定金 50000 元外，H 公司已付的货款尚剩 6125.67 元。2005 年 5 月 16 日 Z 公司向 H 公司提交了一份由 Z 公司以钢材大世界的名义发布的宣传单，该宣传单注明有钢材型号、吨数、提货地点、联系人及电话，当日 H 公司副经理黄某在宣传单上签名。其后，直至双方约定的最后履行期限的 5 月 25 日，Z 公司再未向 H 公司供货交付钢材。H 公司也没有向 Z 公司付款，同年 5 月，钢材价格走势低落。双方协商解决定金和剩余货款未果。2005 年 12 月 28 日，Z 公司书面通知 H 公司要求解除合同，H 公司将 Z 公司告上法庭。

2006 年 5 月 8 日区人民法院审理认为：H 公司与 Z 公司前后签订的"Z 对 H 销售合同"和"工业品买卖合同"，系双方真实意思表示，未违反有关法律、法规的禁止性规定，为合法有效合同，对双方当事人具有法律约束力，任何一方均应按照合同约定履行各自的义务。H 公司支付的50000 元，依双方合同的约定为定金以及违约不予返还，H 公司付款时注明为定金，故该款项系对合同履行的定金担保形式。Z 公司认为 H 公司交的是预付金的抗诉理由不能成立。H 公司在签订"Z 对 H 销售合同"之后，即依约定支付定金和货款；在签订"工业品买卖合同"以及被 Z 公司同意交货之时，H 公司再次支付货款，据此 H 公司实际履行了双方之间的约定。双方合同约定"书面通知 H 公司付款提货"，但 Z 公司未于 2005 年5 月 25 日之前通知 H 公司提货；庭审时，Z 公司未提供相关证据予以证实其已经履行通知提货的义务；至于其提交的宣传单，并非提货通知单，Z公司的行为构成违约，故 H 公司要求 Z 公司双倍返还定金共计 100000 元

的诉讼请求，本院依法予以支持。Z公司认为H拒不付款的主张，缺乏依据，其反诉H赔偿经济损失的诉讼请求，本院不予支持。Z公司收到H公司的第一次支付的货款，并未交货；尽管按"工业品买卖合同"的约定，仍未全面按货款数额交付货物，Z公司对未交付货物的剩余货款应予退还，故H公司要求Z公司返还6125.67元的诉讼请求，本院予以支持。至于作为实际损失的利息，因约定了定金，且H公司选择适用定金罚则，故对H公司要求Z公司支付返还剩余货款利息的诉讼请求，本院不予支持。据此，依照我国《合同法》第6条、第8条、第107条、第115条，《民事诉讼法》第128条规定，判决：1.Z公司向H公司双倍返还定金共计100000元。2.Z公司退还H公司货款6125.67元。3.驳回H公司的其他诉讼请求。4.驳回Z公司反诉的诉讼请求。

Z公司不服，提起上诉。中级人民法院认为：本案的争议焦点是谁违约，即到底是Z公司有货可供而H公司不提还是H公司要求提货而Z公司无货可供？依据双方合同第10条的规定，Z公司在货到后应当书面通知H公司带全款提取货物，由此应当认定Z未完全履行合同约定的供货义务而构成违约。Z公司以钢材大世界的宣传单作为其通知H公司的证据与合同约定不符，故Z公司应当向H公司承担未履行部分的违约责任。Z公司的上诉请求，无事实及法律依据，本院不予支持。关于合同中约定的H公司向Z公司缴纳50000元"预定金"如何认定的问题。从合同第10条"预定金作为乙方违约金甲方不予退还"的约定，以及H公司开出转账支票用途一栏为货款定金的填写，从原审庭审笔录中H公司陈述，该款项应当认定为定金。Z公司实际供货接近合同约定总量的四分之一，依照《最高人民法院关于适用〈中华人民共和国担保法〉若干问题的解释》第120条第2款"当事人一方不完全履行合同的，应当按照未履行部分所占合同约定内容的比例，适用定金罚则"的规定，只能对Z公司未供货部分适用定金罚则，原审判决Z公司双倍返还全部定金的处理有所不当。依照《中华人民共和国民事诉讼法》第153条第1款第1项的规定，判决：1.维持区人民法院民事判决主文第二、三、四项；2.变更区人民法院民事判决主文第一项为：Z公司向H公司退还已经履行部分的定金12500元，并双倍返还未履行部分的定金75000元。

◤ 观点评析 ◢

本案涉及买卖合同纠纷和定金的问题。

本案中，中级人民法院关于定金部分的改判是正确的，但是就总体而言，民事判决书认定事实不清且二审判决未对一审判决中未认定的钢材价格的涨跌及Z公司是否有货可供的重要事实作出任何判断和认定，影响了案件的正确判决，其理由如下：

本案中，Z公司提供了H公司经理黄某于2005年5月16日签字确认的"产品宣传单"。该产品宣传单上已明确了各种型号的钢材产品的到货信息。虽然从形式上说宣传单属于要约邀请不具备通知单的特性，但是黄某的身份除了名片上显示为H公司经理外，经工商部门确认其为H公司股东之一。因此，经过H公司经理黄某的签字，该宣传单已特定化，具备了通知单的意义，可以认定系H公司对Z公司通知的确认。且H公司于2005年5月16日即该宣传单送达当天提取了57.581吨钢材，H公司经理的签字和按约提货的行为足以证明Z公司已经履行了合同约定的通知义务。故二审法院认为Z公司以钢材大世界的宣传单作为通知H公司的证据与合同的约定的不符而认定Z公司未履行义务属事实认定错误。

另外，本案中关于钢材的价格和Z公司是否有货可供也是查明本案事实从而作出公正判决的重要依据。而二审法院对双方提供的有关钢材价格和库存的重要信息和证据未予审理和认定，亦属事实认定错误。

相关知识链接

一、相关法律法规

1.《合同法》第130条："买卖合同是出卖人转移标的物的所有权于买受人，买受人支付价款的合同。"

2.《最高人民法院关于适用〈中华人民共和国担保法〉若干问题的解释》第115条："当事人约定以交付定金作为订立主合同担保的，给付定金的一方拒绝订立主合同的，无权要求返还定金；收受定金的一方拒绝订立合同的，应当双倍返还定金。"

3.《最高人民法院关于适用〈中华人民共和国担保法〉若干问题的解释》第120条第2款："当事人一方不完全履行合同的，应当按照未履行部分所占合同约定内容的比例，适用定金罚则。"

二、相关理论知识

定金是指订立合同时，为了保证合同的履行，约定由当事人一方先行给付另一方的货币。

定金主要分为以下几种：

1. 立约定金：以交付定金作为订立主合同的担保。立约定金的生效是独立的，与主合同是否成立、生效无关。

2. 成约定金：以交付定金作为主合同成立或者生效要件。如果给付定金的一方未支付定金，而主合同已经履行或者已经履行主要部分的，不影响主合同的成立或者生效。

3. 解约定金：以交付定金为当事人不解除合同的担保。

4. 违约定金：以交付定金为当事人不违反合同的担保。

（案件来源：湖北省人民检察院；整理人：田圣斌）

二十二、债的担保

⌜ 争议焦点 ⌝

毛某是否为担保人。

⌜ 基本案情 ⌝

1985 年初，X 乡 J 养殖场管委会因购鱼种需要资金，让时任该养殖场出纳员的詹某负责办理贷款。詹某找到当时在信用社三分社工作的毛某帮助贷款，毛某又找到农行某营业所会计白某帮忙。同年 2 月 10 日，詹某通过毛某的关系，在县信用社立据贷款 5000 元（期限为 3 个月），J 养殖场管委会在借据上加盖印章，该款全部用于购买鱼种。贷款到期后未偿还。1985 年 7 月 30 日，信用社发出贷款催收通知书催讨未果。1988 年 12 月 30 日，当时毛某的堂弟毛 X 在做煤炭生意，有一笔货款转到农行营业所，在毛某为毛 X 取款时，被该营业所的白某得知，就将毛 X 的货款划走 7800 元（本金 5000 元，利息 2800 元）来偿还白某与毛某共同为 J 养殖场担保的 5000 元贷款。毛 X 知道此事后，就找毛某追讨被营业所划走的那 7800 元货款，毛某于 1989 年 1 月 7 日偿还毛 X 的 7800 元货款后，多次找负责贷款的詹某和 J 养殖场偿还该笔贷款，但均无结果。

后来毛某曾以詹某为唯一被告起诉后又撤回，2005 年 2 月 4 日，县人民法院民事裁定书裁定准许原告毛某撤回起诉。2005 年元月 7 日信用社出具书证"兹证明原我社职工毛某一九八五年三月十日在农行帮助詹某担保贷款 5000 元……"2005 年 8 月 11 日，镇长梁某在审判员吴某的询问笔录中也曾经谈到镇政府还是愿意将借款的本金5000元偿还。2005年2月28日，毛某又将詹某和镇人民政府同时列为被告诉至县人民法院，请求判令被告偿还原告代其偿还的逾期贷款本息计25000元，赔偿一切经济损失及承担诉讼费用。同年9月27日县人民法院作出裁定，认为在该借贷关系中，原告毛某既非借款人，又非担保人，也没有偿还此款。且其亦未与二被告确立新的借贷关系，虽然其在1992年9月6日被县信用合作联社停薪停职后，又重新立据贷款8630元，但此款系其在县信用社工作期间，于1989年1月7日将他人偿还贷款的5000元私自以詹某名义立据挪作他用，对此产生的后果应予自负。据此，原告毛某与二被告之间既没有形成借贷关系，也不具有承担义务后的追偿权，亦即原告与本案无直接的利害关系。依照《中华人民共和国民事诉讼法》第108条第1款第1项的规定，裁定驳回原告毛某的起诉。

毛某不服，提起上诉。2005年12月28日中级人民法院终审裁定驳回上诉。

观点评析

本案一审、二审裁定忽视了以下证据，认定毛某不是保证人的事实错误，导致裁判错误：

（一）毛某有证据证明其为担保人（2005年元月7日信用社出具书证"兹证明原我社职工毛某一九八五年三月十日在农行帮助詹某担保贷款5000元……"），另有还贷的相关银行凭证，共同担保该笔贷款的农行营业所会计白某的证明和相关调查笔录，足以证实毛某替该养殖场偿还贷款的事实。

（二）2005年8月11日，镇长梁某在审判员吴某的询问笔录中曾经谈到镇政府还是愿意将借款的本金5000元偿还给代为还贷的毛某。

相关知识链接

一、相关法律法规

1.《物权法》第172条第1款："设立担保物权，应当依照本法和其他法律的规定订立担保合同。……"

2.《担保法》第2条第1款："在借贷、买卖、货物运输、加工承揽等经济活动中，债权人需要以担保方式保障其债权实现的，可以依照本法规定设定担保。"

二、相关理论知识

所谓债的担保，是指依法律规定或当事人的约定，为确保债务履行、债权实现而采取的法律措施。一般分为一般担保和特殊担保。而我国《担保法》所称的担保是指特殊担保。担保的种类分为五种：保证、抵押、质押、留置和定金。

担保无效主要有以下几种情形：（1）国家机关、公益法人的保证人资格与物保的财产范围受到严格限制。（2）以法律、法规禁止流通、不可转让的财产设定的担保。

（案件来源：湖北省人民检察院；整理人：田圣斌）

二十三、抵押合同成立的条件

⚑ 争议焦点 ⚑

抵押担保借款合同是否实际履行及抵押是否成立。

⚑ 基本案情 ⚑

1998 年 11 月 16 日，Z 农村信用合作社（以下简称 Z 信用社）（贷款人）、J 汽车零件制造有限公司（以下简称 J 公司）（借款人）、T 实业（集团）有限公司（保证人）三方签订保证担保合同一份，合同主要约定：贷款种类为流动资金贷款，用途为流动周转，金额为 850 万元借款，期限自 1998 年 11 月 16 日至 1999 年 7 月 15 日，利率为 9.81‰。合同签订后，Z 信用社依合同约定向 J 公司发放 850 万元借款。1999 年 5 月 26 日 J 公司为启动其位于惠州市的房地产项目，向 Z 信用社提交贷款申请报告一份，内容为申请贷款 2000 万元，此 2000 万元包括：（1）为进一步落实债务、保证信贷资金的安全及规范信贷手续，而将原贷款中的 850 万元转变成房地产抵押贷款。（2）为保证利息而缴纳的利息保证金 650 万元。（3）办理产权证、抵押权证等相关费用 200 万元，工程启动资金 300 万元。根据该申请，2000 年 4 月 24 日，Z 信用社（贷款人）、J 公司（借款人）、H 汽车租赁（以下简称 H 公司）（抵押人）三方签订了抵押担保借款合同一份，合同主要约定：贷款种类为房地产抵押贷款，贷款用途为转贷及利息，金额为 2000 万元，期限为 1 年，利率为月息 8.25‰，抵押人（H 公司）以有权处分的财产，经评估后价值 4600 万元，作为抵押物为 J 公司提供担保。

该合同还约定"本合同经上级批准后方能生效"。同日，H 公司向 Z 信用社出具证明称：其自愿将 4600 万元的房产用于 J 公司在信用社 2000 万元贷款的抵押担保。后 J 公司为获得上述办证费 200 万元，又于 2000 年 4 月 27 日向 Z 信用社提交贷款申请报告一份，申请贷款 200 万元，用于办理产权证、抵押权证。同日，Z 信用社（贷款人）、J 公司（借款人）、M 石油燃气化工有限公司（保证人）三方签订保证担保借款合同一份，合同主要约定：贷款种类为保证担保贷款，用途为办理 J 公司抵押贷款房屋他项权证费用，金额 200 万元，期限为 1 个月，利率为 8.24‰。该保证担保借款合同中亦写明"此笔借款人民币贰佰万元即为 J 公司贰仟万元贷款合同 200 万元办证费用，办理 J 公司抵押贷款房屋他项权证费用"。2000 年 5 月 8 日，Z 信用社依合同约定将 200 万元发放给 J 公司。2000 年 5 月 15 日，H 公司与 Z 信用社到 H 市 H 区，将权属人为 H 公司的 H 大厦第一层商场办理了权利人为 Z 信用社的他项权证，并将该房屋产权证原件交给 Z 信用社。

2004 年，H 公司以 Z 信用社、J 公司返还财产纠纷为由起诉至中级人民法院。中级人民法院经审理认为，2000 年 4 月 24 日，Z 信用社、J 公司、H 公司三方在签订 2000 万元抵押担保借款合同时明知 2000 万元借款中有 1500 万元是 J 公司原贷款本息债务的转贷，而该 1500 万元 Z 信用社是不需要再支付的，H 公司仍提供其房产抵押担保，说明其愿为 J 公司该 1500 万元债务承担相应的法律后果。H 公司认为合同签订后 Z 信用社未按约定履行合同而要求解除合同，因该合同借款用途为转贷及利息，而转贷及利息并不需要实际支付，H 公司在提供担保时已明知此事实，虽然该合同未完全履行，但 H 公司仅限在未履行部分减轻其担保责任，故 H 公司要求解除合同不符合法定解除条件，其请求不予支持。

H 公司不服，提起上诉，Z 信用社在此期间提交了中国人民银行 W 分行营业管理部《关于农信联社办理贷款转期业务有关问题的复函》、《关于办理转贷业务有关问题的批复》以及《市农村信用社诉讼（仲裁）案件审核回复意见书》。高级人民法院审理认为，三方当事人签订的抵押担保借款合同未实际履行，案件所涉及的抵押不成立，因此判决撤销一审判决，Z 信用社返还 H 公司房地产权证。

◤ 观点评析 ◥

本案两级法院在认定主合同是否实际履行上存在着截然相反的观点。事实上，抵押担保合同已实际履行，抵押权成立，具体原因如下：

（一）2000 万元抵押担保借款合同的目的是 J 公司偿还 Z 信用社 850 万元旧贷款，系借新贷还旧贷。金融机构并不需要再行支付即可视为履行合同，故 Z 信用社并不需要再行支付该笔贷款。对于以贷还贷是否需要办理更换贷款凭证，现行法律、法规、规章均未规定。我国司法实践在认定以贷还贷上，一般查明客观上有以贷还贷的共同意思表示或者意思联络即可，而"更换贷款凭证"并非必要条件。

（二）根据三方签订的抵押担保借款合同约定，抵押人 H 公司以其有处分权的财产（H 大厦第一层商场）作为抵押物为 J 公司提供抵押担保，于 2005 年 5 月 15 日办理了权利人为 Z 信用社的他项权证，并将该房屋产权证原件交给 Z 信用社。抵押合同自登记之日起生效，抵押权也自登记之日起生效。

（三）本案中双方当事人签订的借款合同中附有"本合同经上级批准后方能生效"的生效条件。Z 信用社出具的《市农村信用社诉讼（仲裁）案件审核回复意见书》表明该借款合同已经上级批准，所附条件已经成就。

相关知识链接 ↘

一、相关法律法规

1.《物权法》第 9 条第 1 款："不动产物权的设立、变更、转让和消灭，经依法登记，发生效力；未经登记，不发生效力，但法律另有规定的除外。"

2.《物权法》第 172 条："设立担保物权，应当依照本法和其他法律的规定订立担保合同。担保合同是主债权债务合同的从合同。主债权债务合同无效，担保合同无效，但法律另有规定的除外。担保合同被确认无效后，债务人、担保人、债权人有过错的，应当根据其过错各自承担相应的民事责任。"

3.《最高人民法院关于适用〈中华人民共和国担保法〉若干问题的解释》第 39 条："主合同当事人双方协议以新贷偿还旧贷，除保证人知道或者应当知道的外，保证人不承担民事责任。新贷与旧贷系同一保证人的，不适用前款的规定。"

二、相关理论知识

"以贷还贷"指借款人在尚未还清银行前期贷款情况下，又与该银行签订借款合同，将新贷款用于归还前期到期贷款。在"以贷还贷"借款合同中，只要借贷双方在自愿、平等、诚信基础上对合同内容做出真实意思表示，应认定为有效。一般而言，借款合同有效，保证合同也有效。保证人在充分理解借款合同内容，应视为认可"以贷还贷"，但是在借款人与银行恶意串通骗取担保，转嫁风险时，即使主合同有效，保证合同可认定为无效。相反，借款合同无效，保证合同亦无效。因为担保合同具有从属性，主合同无效，从合同也无效，但保证人不一定不承担责任。如果前后两笔贷款合同保证人系同一人时，依据保证人的审查义务，如无相反证明，应推定保证人明知是"以贷还贷"，根据《担保法》规定，有过错的，承担相应民事责任；如果前后两笔贷款保证人不是同一人时，保证人如能证明不知道或不应当知道"以贷还贷"，可免除保证责任，反之，则应承担民事责任。

（案件来源：最高人民检察院；整理人：田圣斌，李汉清）

二十四、担保合同是否有效

⟪ 争议焦点 ⟫

W 猴王公司是否进行有效的担保行为，是否应当承担连带清偿责任。

⟪ 基本案情 ⟫

1994 年 12 月 7 日，富贸公司 W 分公司负责人周某以两台公爵王牌汽车作抵押，与 X 城市信用合作社（以下简称 X 信用社）签订了一份借款 70 万元的合同，期限为 3 个月，贷款月息为 10.98‰。借款到期后，周某无钱还贷，即要求 X 信用社续贷上述款项，该信用社要求周某找一个单位提供担保才能续贷。随后，周某以猴王公司愿意提供担保为由，并提供猴王公司盖章的担保文件，于 1995 年 2 月 6 日与 X 信用社办妥了续贷 70 万元的借款合同，期限为 5 个月，月息为 10.98‰。贷款又到期后，周某仍无钱还贷付息，X 信用社向区人民法院起诉。

区人民法院于 1996 年 6 月 12 日作出民事判决：由被告富贸公司 W 分公司偿还 X 信用社贷款 70 万元，利息 87108 元，逾期罚息 52500 元，三项合计 839608 元，由 W 猴王公司负连带清偿责任。

W 猴王公司不服，提出上诉。中级人民法院裁定发回重审。

区人民法院在重审中追加富贸公司为共同被告后，作出（1997）区经初字第 117 号民事判决：富贸公司 W 分公司欠 X 信用社借款本金 70 万元，利息 101968 元，罚息 195650，合计金额为 997618 元，由富贸公司自判决生效之日起十日内一次性付给 X 信用社，逾期由 W 猴王公司承担连带清偿责任。

W 猴王公司和富贸公司均不服，提出上诉。中级人民法院作出（1997）经终字第 860 号民事判决：1. 撤销区人民法院（1997）区经初字第 117 号民事判决；2. 富贸公司 W 分公司欠 X 信用社借款本金 70 万元，利息 101968 元，罚息 195650 元，由上诉人 W 猴王公司承担连带清偿责任；上诉人富贸公司在其分公司注册资金 30 万元内承担清偿责任。

◤ 观点评析 ◢

（一）法院认定"W 猴王公司为富贸公司 W 分公司提供担保的意思表示真实，愿承担担保责任"的事实错误。

W 猴王公司于 1994 年 12 月 12 日领取的营业执照，经工商行政管理部门核准登记注册的名称是"W 猴王公司"，使用的公章是"W 猴王公司"，不是"猴王公司"。1995 年 2 月 6 日，富贸公司 W 分公司与 X 城市信用合作社签订的借款合同担保单位栏加盖的印章是"猴王公司"。W 猴王公司法定代表人韩某证实，W 猴王公司没有为富贸公司 W 分公司提供任何形式的担保。X 城市信用合作社的信贷员张某证实，其仅通过电话核实了 W 猴王公司的经理是韩某，没有做进一步核实。1996 年 1 月 5 日，X 城市信用合作社送达的《催收到期借款函回执》，由 W 猴王公司员工蒋某签收，加盖的印章是"W 猴王公司"。

因此，W 猴王公司没有为该贷款提供担保，不应承担担保责任。

（二）法院认定"富贸公司 W 分公司已经歇业，其主管单位富贸公司在其注册资金范围内承担有限民事责任。判决富贸公司在其注册资金 30 万元范围内承担清偿责任"属适用法律错误。富贸公司 W 分公司于 1994 年 3 月开办，是分支机构。根据《中华人民共和国公司法》第 13 条的规定，富贸公司 W 分公司的民事责任由富贸公司承担。

（三）富贸公司 W 分公司与 X 信用社所签续贷合同合法有效，该合同约定的以两台公爵王汽车抵押贷款的方式在当时并未违反有关规定，系双方真实意思表示，应予认可，应以合同约定的两台公爵王汽车的抵押价款 102 万元抵偿其借款及利息。

相关知识链接 ↘

一、相关法律法规

1.《公司法》第 13 条："公司法定代表人依照公司章程的规定，由董事长、执行董事或者经理担任，并依法登记。公司法定代表人变更，应当办理变更登记。"

2.《民法通则》第 55 条:"民事法律行为应当具备下列条件:……(二)意思表示真实……"

二、相关理论知识

(一)担保定义

担保是一种承诺,是对担保人和被担保人行为的一种约束。担保一般发生在经济行为中,如被担保人到时不履行承诺,一般由担保人代被担保人先行履行承诺。担保一般有口头担保和书面担保,但只有书面担保才具有真正意义的法律效力。

在我们的生活中,还有一种是对一个人的人品上的担保,这种担保绝大多数是口头性质的。它的意义只是表明担保人对被担保人的一种信任和赞赏,没有太多的实际意义。有的只是担保人对被担保人的一种监督,但这种担保对双方的行为还是有一定的约束力。例如,"我用名誉担保这人绝对可靠"。

还有一种比较特殊的担保是移民担保,目前多数国家都采用这一政策。移民担保多数具有上述两种担保的性质。

(二)担保性质

1. 附属性:合同与担保之间的关系是从属关系,即担保附属于合同。

2. 选择性:我国合同法设立了担保制度,但并未规定当事人必须设立担保。

3. 保障性:保障合同的履行是担保的最根本的特征。

(三)担保方式

担保方式可分为保证、抵押、质押、留置、定金五种。

(四)担保合同的种类及形式

担保合同包括保证合同、抵押合同、质押合同、定金合同。行使留置权无须签订合同。担保合同可以是单独订立的书面合同(包括当事人之间具有担保性质的信函、传真等),也可以是主合同的担保条款。

(五)担保合同的内容

1. 保证合同内容:(1)被保证的主债权种类、数额;(2)债务人履行债务的期限;(3)保证的方式;(4)保证担保的范围;(5)保证的期间;(6)双方认为需要约定的其他事项。保证合同不完全具备前款规定内容的,可以补正。

2. 抵押合同内容:(1)被担保的主债权种类、数额;(2)债务人履行债务的期限;(3)抵押物的名称、数量、质量、状况、所在地、所有权权属或者使用权权属;(4)抵押担保的范围;(5)当事人认为需要约定的其他事项。抵押合同不完全具备前款规定内容的,可以补正。

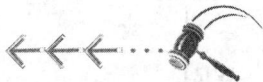

3. 质押合同内容：（1）被担保的主债权种类、数额；（2）债务人履行债务的期限；（3）质物的名称、数量、质量、状况；（4）质押担保的范围；（5）质物移交的时间性；（6）当事人认为需要约定的其他事项。质押合同不完全具备前款规定内容的，可以补正。

（六）担保范围

1. 保证担保范围：主债权及利息、违约金、损害赔偿金和实现债权的费用。保证合同另有约定的，按照约定。当事人对保证担保的范围没有约定或者约定不明确的，保证人应当对全部债务承担保证责任。

2. 抵押担保范围：主债权及利息、违约金、损害赔偿金和实现抵押权的费用。抵押合同另有约定的，按照约定。

3. 质押担保范围：主债权及利息、违约金、损害赔偿金、质物保管费用和实现质权的费用。质押合同另有约定的，按照约定。

4. 留置担保范围：主债权及利息、违约金、损害赔偿金、留置物保管费用和实现留置权的费用。

（七）担保合同生效的时间

1. 抵押合同中，必须办理抵押物登记的自抵押物登记之日起生效，自愿办理抵押物登记的自合同签订之日起生效。

2. 质押合同自质物移交于质权人占有时生效。

3. 定金合同自实际交付定金之日起生效。

（八）担保合同无效的原因

1. 主体违法：当事人是无行为能力人或限制行为能力人；保证人资格不合法；法律规定的其他情况。

2. 客体违法：抵押财产是担保法禁止的；抵押或质押财产是赃物或遗失物。

3. 内容违法：如债权人以欺诈、胁迫的手段或者乘人之危而使人在违背真实意思的情况下所作的担保无效。

（九）担保合同无效的法律后果

担保合同被确认无效后，债务人、担保人、债权人有过错的，应当根据其过错各自承担相应的民事责任。

（案件来源：湖北省人民检察院；整理人：田圣斌，陈佳）

二十五、连带担保责任

争论焦点

万 X 作为 H 公司的副董事长，以 H 公司的名义与 Z 行订立的担保合同是职务行为还是个人行为；H 公司是否提供了担保的真实意思表示，应否承担民事责任。

基本案情

1996 年 4 月 3 日，W 公司（经理为万 X，副经理为万 X 之子万 Y）与 Z 银行联系，要求以 W 公司的名义申请承兑汇票。经与 Z 行协商后，万 X（同时任 H 房地产开发有限公司副董事长）从 Z 行领取了《承兑协议》、《担保书》、《对保书》（简称三份格式合同书）。《承兑协议》载明由 Z 行作为承兑银行签发汇票六笔，合计金额 835 万，并约定以 280 万元的保证金作为承兑抵押，承兑手续按票面金额千分之零点五计算，在银行承兑时一次性付清。《担保书》载明："本担保人无条件承担偿还协议中银行垫付款承兑的款项及罚款的责任，你行即有权直接向本担保人索赔，而无须先行向申请人追偿或提出诉讼。"《对保书》载明："本公司愿为 W 公司与贵行 1996 年 4 月 3 日签订的 1996 年第 96059—96064 号借款合同项下人民币 835 万元贷款提供担保。为此，谨再确认，于 1996 年 4 月 3 日向贵行出具的'不可撤销担保书'是真实的，本担保人对担保书中所列条款负全部法律责任。"三份格式合同书的担保栏上盖有 H 房地产开发有限公司（H 公司后来变更名称为 F 公司）公章。

Z 行按《承兑协议》共签发承兑汇票六笔，承兑金额 835 万元。上述承兑汇票发出后，W 公司未按《承兑协议》约定向 Z 行实际交付票款备付；承兑到期后，Z 行除扣除 W 公司实际支付的保证金 188.5 万元外，余下金额 646.5 万元全部由该行垫付。此后，万 Y（时任 H 公司副总经理）以 H 公司的名义写给 Z 行一份《承诺函》，万 Y 自己签字，承诺 H 公司承担担保责任；1997 年 6 月 20 日 H 公司写给 Z 行便函，承诺督促 W 公司还款。1999 年 5 月 18 日、5 月 24 日 Z 行分别向 H、W 公司发出催款通知，万 Y 在 H 公司通知回执上签字同意代 W 公司偿还欠款本金 646.5 万元。索要还款未果后，Z 行起诉，要求 F 公司（即 H 公司变更名称后的公司）承担连带担保责任，偿还承兑汇票垫款 646.5 万元及逾期罚款，并承担诉讼费。

一审判决由 F 公司承担承兑汇票垫付款 646.5 万元及罚息，承担案件受理费 62750 元。2000 年 3 月和 12 月中级人民法院查封了 F 公司 16 套房产，因有 5 套房产已出售，遂将余下的 11 套房产过户给 Z 行。

2001 年 4 月，F 公司董事长、法定代表人徐某得知本公司的房产被法院强制执行后，向中级人民法院提出申诉，指出法院依据的三份格式合同书上 H 公司的印章是伪造，要求重新审理此案。Z 行在得知 F 公司申诉后，安排资产保全部职员闵某、汪某、曹某负责代理此案，闵某到工商部门调查了 H 公司的工商注册登记档案后，发现印章确实与工商备案印章不一致，遂找到万 X。万 X 承认公章系伪造，但表明其有一份盖有 H 公司真实印章的空白信函可以使用，闵某、汪某、曹某与万 Y 达成协议，于 2001 年 7 月 18 日商定了空白信函的内容：追认承兑协议、担保书、对保书上的公章是 H 公司临时用章，是有效的，H 公司愿为 W 公司的债务承担连带担保责任，并经曹某口述，万 Y 记录，信函落款日期倒签为 1996 年 4 月 30 日。

高级人民法院经二审，撤销一审的判决，判决 F 公司承担连带担保责任，偿还承兑汇票垫付款 646.5 万元及其相应利息，并承担一、二审案件受理费。

F 公司不服，向高级人民法院提出申诉。高级人民法院受理后，召开听证会，认为这份伪造的信函真实有效，驳回 F 公司的申诉。

F 公司向人民检察院申诉。

观点评析

（一）认定万 X 以 H 公司的名义签订的担保合同是职务内行为的主要证据不足。

尽管 H 公司的内部约定"法人代表为徐某、万 X，二人有同等的权利和义务"，但是也规定了"一切投资、开支、财产、盈亏等重大问题的责任统由二人承担。债权债务坚持谁签字谁负责的原则，二人签字公司负责的原则"，表明对万 X 的授权是有一定限制的，得不出万 X 有权私刻印章、公司有可能同时使用两套印章的结论。

公司章程第 20 条规定"董事长外出，由副董事长主持公司的全面工作"

中的"全面工作"仅指公司的日常管理性事务工作，不应当包括万 X 有权以公司的财产为自己的 W 公司的债务承担担保责任。

（二）Z 行在签订担保文书时未尽审慎注意义务。

身份特殊的万 X 在《担保书》、《对保书》上加盖的是伪造的 H 公司印章，意在将本应由个人承担的债务转嫁给 H 公司承担，违反了"谁签字谁负责，二人签字公司负责"的公司内部规定，此行为显系非职务行为，Z 行疏于审查，存在明显过错。

本案万 X 以 H 公司名义与 Z 行签订担保合同，但没有证据证明 H 公司曾授权万 X 提供担保；且万 X 使用的印章与 H 公司在工商部门登记的备案印章不一致，也没有证据证明 H 公司曾使用过该枚印章。

万 X 以其特殊身份（既是 H 公司的副董事长又是 W 公司的法定代表人）为其 W 公司提供担保时，Z 行却未谨慎地审查万 X 的担保行为是否获得授权，存在明显过错，而且 Z 行工作人员与万 Y 在诉讼中利用盖有 H 公司真实印章的空白信函伪造 H 公司追认担保行为的事实，可以进一步证实 H 公司没有担保的意思表示。

万 X 的上述行为既未获得 H 公司的事前授权，事后又未得到 H 公司的追认，其行为属于个人行为。H 公司在本案中没有提供担保的意思表示，本案担保合同不成立，H 公司（即后来变更名称后的 F 公司）不应承担民事责任。

相关知识链接 ↘

一、相关法律法规

1. 《担保法》第 18 条："当事人在保证合同中约定保证人与债务人对债务承担连带责任的，为连带责任保证。连带责任保证的债务人在主合同规定的债务履行期届满没有履行债务的，债权人可以要求债务人履行债务，也可以要求保证人在其保证范围内承担保证责任。"

2. 《担保法》第 31 条："保证人承担保证责任后，有权向债务人追偿。"

3. 《合同法》第 52 条："有下列情形之一的，合同无效：（一）一方以欺诈、胁迫的手段订立合同，损害国家利益；（二）恶意串通，损害国家、集体或者第三人利益；（三）以合法形式掩盖非法目的；（四）损害社会公共利益；（五）违反法律、行政法规的强制性规定。"

4. 《公司法》第 11 条："设立公司必须依法制定公司章程。公司章程对公司、股东、董事、监事、高级管理人员具有约束力。"

5. 《公司法》第 16 条："公司向其他企业投资或者为他人提供担保，依照公司章程的规定由董事会或者股东会、股东大会决议；公司章程对投资或者担保的总额及单项投资或者担保的数额有限额规定的，不得超过规定的限额。公司为公司股东或者实际控制人提供担保的，必须经股东会或者股东大会决议。前款规定的股东或者受前款规定的实际控制人支配的股东，不得参加前款规定事项的表决。该项表决由出席会议的其他股东所持表决权的过半数通过。"

6.《公司法》第 21 条："公司的控股股东、实际控制人、董事、监事、高级管理人员不得利用其关联关系损害公司利益。违反前款规定，给公司造成损失的，应当承担赔偿责任。"

7.《刑法》第 224 条："有下列情形之一，以非法占有为目的，在签订、履行合同过程中，骗取对方当事人财物，数额较大的，处三年以下有期徒刑或者拘役，并处或者单处罚金；数额巨大或者有其他严重情节的，处三年以上十年以下有期徒刑，并处罚金；数额特别巨大或者有其他特别严重情节的，处十年以上有期徒刑或者无期徒刑，并处罚金或者没收财产：（一）以虚构的单位或者冒用他人名义签订合同的；（二）以伪造、变造、作废的票据或者其他虚假的产权证明作担保的；（三）没有实际履行能力，以先履行小额合同或者部分履行合同的方法，诱骗对方当事人继续签订和履行合同的；（四）收受对方当事人给付的货物、货款、预付款或者担保财产后逃匿的；（五）以其他方法骗取对方当事人财物的。"

8.《物权法》第 38 条："本章规定的物权保护方式，可以单独适用，也可以根据权利被侵害的情形合并适用。侵害物权，除承担民事责任外，违反行政管理规定的，依法承担行政责任；构成犯罪的，依法追究刑事责任。"

9.《物权法》第 176 条："被担保的债权既有物的担保又有人的担保的，债务人不履行到期债务或者发生当事人约定的实现担保物权的情形，债权人应当按照约定实现债权；没有约定或者约定不明确，债务人自己提供物的担保的，债权人应当先就该物的担保实现债权；第三人提供物的担保的，债权人可以就物的担保实现债权，也可以要求保证人承担保证责任。提供担保的第三人承担担保责任后，有权向债务人追偿。"

10.《物权法》第 213 条："质权人有权收取质押财产的孳息，但合同另有约定的除外。"

二、相关理论知识

1. 连带担保，指保证人与主债务人对主合同债务承担连带责任的保证。当主合同债务人没有按约定履行债务时，债权人就可向债务人或保证人中的任何一个要求履行债务或承担债务的不履行责任。保证人没有先诉抗辩权。

2. 法定代表人，是指根据法律，其行为被视为法人的行为，其行为所产生的一切法律权利和义务由其所代表的法人享有和承担。

3. 意思表示，是指行为人把意欲设立、变更、终止民事权利义务关系的内心意思以一定方式表示于外部的行为。法律行为作为最重要的法律事实，是人的一种有意识的活动，是私人愿望的法律表达方式。意思表示是法律行为不可或缺的内容，是法律行为最基本的要素。意思表示的构成要素包括目的意思、效果意思和表示行为。目的意思是指明民事行为具体内容的意思要素，它是意思表示据以成立的基础。效果意思是指当事人欲使其目的意思发生法律上效力的意思要素。表示行为是指行为人将其内在的目的意思和效果意思以一定方式表现于外部，为行为相对人所了解的行为要素。

4. 合同诈骗，指以非法占有为目的，在签订、履行合同过程中，采取虚构事实或者隐瞒真相等欺骗手段，骗取对方当事人的财物，数额较大的行为。本罪的构成要件客观方面主要表现为在签订、履行合同过程中，以虚构事实或者隐瞒真相的方法，骗取对方当事人财物，数额较大的行为。本罪诈骗行为的表现方式通常有：以虚构单位或者冒用他人的名义签订合同的；以伪造、变造、作废的票据或者其他虚假的产权证明作担保的。这里所称的票据，主要指能作为担保凭证的金融票据，有汇票、本票和支票等五种表现方式，行为人只要实施上述一种诈骗行为，便可构成本罪。

（案例来源：最高人民检察院；整理人：田圣斌，刘阳）

二十六、担保合同的效力

争议焦点

W公司是否应当承担连带清偿责任。

基本案情

1995年3月1日，J信用社同L公司签订了一份借款合同书，合同规定，J信用社向L公司提供贷款45万元，期限为6个月，从1995年3月1日起至同年9月1日到期，贷款利息为月利率10.98‰。L公司以其两台汽车作为贷款抵押，该社提出还需担保单位，于是L公司总经理刘某找到当时任W公司办公室主任的吴某帮忙担保。吴某即利用自己掌握公章的职务之便，擅自在 L 公司与 J 信用社的借款合同上盖上了 W 公司的公章，同时还假冒 W 公司原经理明某的签字，在借款合同上签名，由 W 公司为借款提供保证：如 L 公司未归还贷款本息，由 W 公司为其偿还贷款本息和逾期罚息。合同签订后，J 信用社如期借给 L 公司 45 万元。L 公司仅于 1995 年 3 月 6 日和 12 月 31 日分别偿付借款利息 27054 元和 10000 元。之后，J 信用社为索讨借款本息等，向区人民法院起诉。

区人民法院一审判决认为，三方所签订的借款、担保合同有效，判决：（一）L 公司应偿还 J 合作社借款 45 万元，给付借款利息 92942 元（已扣除已付利息 37054 元），两款合计 542942 元，此款应在本判决生效后 30 日内付清；（二）L 公司逾期不付，由 W 公司承担连带清偿责任。

W 公司不服，以其工作人员擅自以所在单位名义对外提供担保，公司不应承担民事责任为由提起上诉。中级人民法院二审判决：驳回上诉，维持原判，二审案件受理费 13282 元由 W 公司负担。W 公司向人民检察院申诉。

观点评析

（一）该担保并非 W 公司真实意思表示，不具备法律上的真实性。我国《民法通则》第 55 条规定，民事法律行为有效要件之一便是意思表示真实，因此，W 公司提供的担保应为无效。加之吴某不具备代表单位为他人提供担保的职权，W 公司不能对其个人行为承担责任。因此，一、二审法院判决认定事实错误。

（二）吴某擅自动用 W 公司公章，在经济活动中为他人提供担保，根据《最高人民法院关于适用〈中华人民共和国民事诉讼法〉若干问题的意见》第 49 条的规定：冒用法人、其他组织名义进行民事活动，以直接责任人为当事人。吴某应是本案的当事人。我国《民法通则》第 66 条第 1 款规定："没有代理权、超越代理权或者代理权终止后的行为，只有经过被代理人的追认，被代理人才承担民事责任。未经追认的行为，由行为人承担民事责任。……"吴某在既未授予代理权亦未追认的情况下，代理超越权限，应由吴某个人承担相应责任。

（三）J 信用社也应承担相应的过错责任。吴某提供担保的整个过程中，J 信用社一直都没有同 W 公司接触，了解情况。如果 J 信用社按规定办事，考察核保，L 公司与吴某串通担保之事就会暴露，贷款也就不会发放，因此 J 信用社应承担相应的过错责任。

相关知识链接

一、相关法律法规

1.《担保法》第7条："具有代为清偿债务能力的法人、其他组织或者公民，可以作保证人。"

2.《担保法》第8条："国家机关不得为保证人，但经国务院批准为使用外国政府或者国际经济组织贷款进行转贷的除外。"

3.《担保法》第9条："学校、幼儿园、医院等以公益为目的的事业单位、社会团体不得为保证人。"

4.《担保法》第10条："企业法人的分支机构、职能部门不得为保证人。企业法人的分支机构有法人书面授权的，可以在授权范围内提供保证。"

5.《最高人民法院关于适用〈中华人民共和国民事诉讼法〉若干问题的意见》第49条："……或者他人冒用法人、其他组织名义进行民事活动……以直接责任人为当事人。"

6.《民法通则》第66条第1款："没有代理权、超越代理权或者代理权终止后的行为，只有经过被代理人的追认，被代理人才承担民事责任。未经追认的行为，由行为人承担民事责任。……"

二、相关理论知识

担保合同，从其含义上来说，是指为保障债权的实现，由当事人在平等、自愿、公平、诚实信用原则的基础上设立的合同。

从担保合同的法律关系构成看，包括主体、客体和内容三要素。

从担保合同的性质看，担保合同是从合同。担保合同的目的和作用在于担保主合同的实现，由此可见，若没有主合同的存在，就没有必要设立担保合同。担保合同必须以主债权债务合同的设立为其存在的前提条件，而且与之共始终。

担保合同效力的认定主要是从主合同是否成立有效、担保合同的主体、客体和内容是否合法妥当等几个方面予以考察。

第一，担保合同是从合同，即依附于主合同的存在而存在。当主合同无效时，担保合同作为主合同的从合同自然也无效。若当事人在担保合同中另有约定（比如约定为不得撤销的担保），则按当事人约定的内容来处理。

第二，担保合同的主体不合格导致担保合同无效。如无行为能力人或限制行为能力人独自担保合同应认定为无效；未经国务院批准的国家机关，学校、幼儿园、医院等以公益事业为目的事业单位、社会团体或者未经法人书面授权的法人分支机构、职能部门，订立保证合同，作为保证人，都应认定为无效。

第三，担保合同的客体若是违背国家法律、政策、公序良俗或有害社会利益也应认定为无效。例如，不能以人身为标的设立担保合同；不能以法律明确规定不能作为抵押物的财产作为担保合同的标的。

担保合同被确认无效后，其民事责任的承担应依据当事人各方的过错程度予以确定，如债务人、担保人、债权人都有过错的，应当根据其过错各自承担相应的民事责任。

（案件来源：湖北省武汉市人民检察院；整理人：田圣斌，肖跃进）

二十七、留置权的行使

◥ 争议焦点 ◤

合同风险的承担以及县剧场能否行使留置权问题。

◥ 基本案情 ◤

2007 年 1 月 22 日，经被告唐某介绍，原告夏某带着其表演团到某县剧场为被告刘某、熊某主办的"演唱会"做合作班底，刘某、熊某每场付劳务费 3000 元。演唱会进场时间为 1 月 22 日晚 7 时 30 分，开演时间为 8 时 30 分。截至 8 时 40 分，刘某、熊某仅卖出门票 80 张，每张 30 元，共计 2400 元。开演时间过后，原告与唐某、刘某、熊某就演出劳务费 3000 元付款时间问题发生纠纷，无法开演，观众起哄，为防止事态扩大，剧场代替被告刘某、熊某退票，演出未能举行。

经县人民法院查明：2007 年 1 月 18 日，熊某委托其兄熊 X 与该县剧场签订了剧场大厅租赁合同，租期一天，租金 1200 元。后因费用给付问题，剧场以表演团实际使用剧场为由，扣留了表演团的设备。另查明，刘某、熊某在剧场举办"演唱会"没有到相关部门办理相关手续。

县人民法院审理后认定刘某、熊某在县剧场举办"演唱会"行为违法，依法判决：（一）被告县剧场将扣留的表演团设备还给原告夏某；（二）被告刘某、熊某赔偿原告夏某经济损失 3400 元。案件受理费和诉讼其他费用由被告刘某、熊某负担。

◥ 观点评析 ◤

（一）原告夏某的损失应当由刘某、熊某承担赔偿责任。

被告刘某、熊某在演唱会合同纠纷中存在违约行为，原告的损失 3400 元应由被告刘某、熊某赔偿。

（二）被告县剧场无权扣留原告的设备。

县剧场因与刘某、熊某签订场租协议，同时代替刘某、熊某退票，其损失应向刘某、熊某追偿，其扣留原告的演出设备没有事实和法律依据，应返还给原告。

相关知识链接

一、相关法律法规

1. 《民法通则》第 75 条："公民的个人财产，包括公民的合法收入、房屋、储蓄、生活用品、文物、图书资料、林木、牲畜和法律允许公民所有的生产资料以及其他合法财产。公民的合法财产受法律保护，禁止任何组织或者个人侵占、哄抢、破坏或者非法查封、扣押、冻结、没收。"

2. 《民法通则》第 117 条："侵占国家的、集体的财产或者他人财产的，应当返还财产，不能返还财产的，应当折价赔偿。损坏国家的、集体的财产或者他人财产的，应当恢复原状或者折价赔偿。受害人因此遭受其他重大损失的，侵害人并应当赔偿损失。"

3. 《合同法》第 113 条："当事人一方不履行合同义务或者履行合同义务不符合约定，给对方造成损失的，损失赔偿额应当相当于因违约所造成的损失，包括合同履行后可以获得的利益，但不得超过违反合同一方订立合同时预见到或者应当预见到的因违反合同可能造成的损失。经营者对消费者提供商品或者服务有欺诈行为的，依照《中华人民共和国消费者权益保护法》的规定承担损害赔偿责任。"

二、相关理论知识

根据我国《物权法》的规定，留置权是指债务人不履行到期债务，债权人可以留置已经合法占有的债务人的动产，并有权就该动产优先受偿的权利。留置权是法律规定为了确保债务履行而设立的一种担保物权，当债务人不履行债务时，债权人依法留置已经合法占有的债务人的动产，并就该动产享有优先受偿的权利，是法律赋予的保障留置权人利益的一项权利。比如顾客不支付洗衣费，洗衣店依法有权留置该衣服，在法定期限内顾客还不支付洗衣费，洗衣店有权变卖该衣服以获取洗衣费。依法留置已经合法占有的债务人的动产，并有权就该动产优先受偿的债权人称为留置权人，占有的动产为留置财产。债权人留置的动产，应当与债权属于同一法律关系，但企业之间留置的除外。留置财产为可分物的，留置财产的价值应当相当于债务的金额。留置权人负有妥善保管留置财产的义务；因保管不善致使留置财产毁损、灭失的，应当承担赔偿责任。留置权人对留置财产丧失占有或者留置权人接受债务人另行提供担保的，留置权消灭。债务人也可以请求留置权人在债务履行期限届满后行使留置权；留置权人不行使的，债务人可以请求人民法院拍卖、变卖留置财产。

（案件来源：湖北省公安县人民法院；整理人：田圣斌）

［债 法 篇］

二十八、买卖合同标的物的质量瑕疵

修理费用的承担和其合理范围的认定。

⎡ 基本案情 ⎤

2001 年 3 月 28 日，曾某与市场开发中心经协商将其投资开发建设的 S 农贸市场，以 155 万元的价格整体卖给市场开发中心，且双方签订了《农贸市场购销合同》。随后，曾某如约将农贸市场交付给市场开发中心投入使用。2005 年 2 月 10 日凌晨，该市场钢棚顶部受积雪压盖，钢棚第 8 档两根和第 10 档一根拉力杆变形脱落，另有六根拉力杆存在不同程度变形，若降雪继续加大，荷载继续增重可能有垮塌危险。险情发生当天，县建筑工程质量监督站向市场开发中心发出整改农贸市场通知：S 农贸市场钢屋架下弦连接件产生断裂，变形，存在安全隐患，应停止使用，立即找有关技术部门对该屋架进行技术处理。市场开发中心在未将农贸市场钢棚出现质量问题的情况告知曾某的情况下，按建筑工程质量监督站的整改通知要求，与工程设计、监理、质检部门联系，制订了抢修方案，并分别于 2005 年 2 月 11 日和 2 月 13 日与张某签订了《市场主顶棚维修工程合同》和《市场主顶棚维修工程补充合同》，这两份合同的金额分别为 9800 元（其中材料费 3140 元，人工费 6660 元）和 11500 元，合计为 21300 元。工程于 2005 年 2 月 14 日完工，经验收合格后投入使用。

2005 年 4 月 18 日，市场开发中心就农贸市场的抢修费用诉至县法院，要求判令曾某赔偿农贸市场各项抢修费用，后期维修费用及停业维修的经营损失合计 481138 元，并承担本案的全部诉讼费用。县人民法院受案后，经审理认为，原、被告签订的《农贸市场购销合同》合法有效，依法应予以保护；该农贸市场的使用年限为 15 年，出现质量问题时，该农贸市场仅使用4年，在建筑物的合理使用寿命内，因建筑工程质量不合格受到损害的，原告有权向被告要求赔偿，被告辩解的本案诉讼时效二年期限已过的理由不能成立。被告未能向原告提交该农贸市场工程质量合格证书，亦未同时将被告对该农贸市场享有的保修权转让给原告，故该农贸市场的保修义务应由被告承担；该农贸市场出现问题后，原告虽未及时通知被告方，但在紧急情况下，为防止损失扩大，原告按照建筑工程质量监督管理部门的整改通知进行抢修，不属于单方行为，亦符合相关法律规定，该抢修支出的合理费用，应由被告方承担，原告因抢修而导致的费用损失，亦应由被告承担。依照我国《合同法》第107条、第111条、第119条，《建筑法》第60条、第61条、第62条、第80条，《民用建筑设计通则》第104条，《民事诉讼法》第128条规定，判决：①曾某应赔偿市场开发中心头期抢修费63438元，设计费、监理费、质检费等11000元，停业损失费25000元，后期维修费131500元，后期施工设计费、监理费、质检费10000元，合计240938元。②案件受理费9800元，其他诉讼费16000元，合计25800元，由原、被告各负担12900元。

　　曾某不服，提出上诉。中级人民法院经审理认为：上诉人曾某与被上诉人市场开发中心签订的《农贸市场购销合同》是双方真实意思表示，并未违反有关法律规定，应认定为合法有效。由于农贸市场属于公共建筑设施，不同于一般的商品，上诉人曾某应根据相关法律的规定在合理使用期限内对该建筑设施的质量承担担保责任。根据《民用建筑设计通则》的规定，该农贸市场的使用年限为15年，现在该农贸市场仅使用4年就出现质量问题，因此上诉人曾某提出本案已超过诉讼时效的主张没有事实和法律依据。被上诉人市场开发中心购买的农贸市场部分塌陷后，市场开发中心为防止损失进一步扩大及更大事故发生，进行抢修而支出的合理费用，理应由上诉人曾某承担。曾某的其他上诉理由没有事实依据和法律依据，应不予支持。曾某在建设农贸市场时未按设计图纸施工，该农贸市场存在质量瑕疵，依法应对该瑕疵承担修复义务，亦应承担后期维修费，以排除安全隐患。原审认定事实部分不清，实体处理部分不当，应予以纠正。依照我国《民事诉讼法》第153条第1款第1项、第3项之规定，判决：①维持县人民法院民事判决中"上诉人曾某给付被上诉人市场开发中心头期抢修费63438元、后期维修费131500元，合计194938元"判决。②撤销县人民法院民事判决中"上诉人曾某给付被上诉人停业损失费25000元，前期抢救设计费、监理费、质检费11000元，后期抢救设计费、监理费、质检费 10000 元"项。

观点评析

（一）修理费用应当由卖方承担。

该农贸市场在交付使用后的合理期限内，发生钢架断裂、变形等问题，造成使用方维修、停业等损失，卖方应当承担相应赔偿责任。

（二）卖方的赔偿责任应当限定在合理的范围内。

关于"头期抢修费 63438 元"和"后期维修费用 131500 元"等相关损失的认定，应当有相应证据证明。

市场开发中心为了证明其在抢修农贸市场时，共开支了头期抢修费用 63438 元，向法院提供了三份证据予以证实。这三份证据分别为：市场开发中心与张某签订的《市场主顶棚维修工程合同》、《市场主顶棚维修工程补充合同》、《市场主顶棚维修结算单》。但是，合同金额不等于工程实际发生额，工程费用的实际发生额往往与合同金额并不一致；真正能客观反映出工程实际发生额的应该是由双方当事人对工程进行核算后得出的金额。

关于后期维修费用，应当由有关权威部门在对该市场出现的问题进行鉴定后出具鉴定意见，作为判定的依据。

相关知识链接

一、相关法律法规

1.《合同法》第 107 条："当事人一方不履行合同义务或者履行合同义务不符合约定的，应当承担继续履行、采取补救措施或者赔偿损失等违约责任。"

2.《合同法》第 111 条："质量不符合约定的，应当按照当事人的约定承担违约责任。对违约责任没有约定或者约定不明确，依照本法第六十一条的规定仍不能确定的，受损害方根据标的的性质以及损失的大小，可以合理选择要求对方承担修理、更换、重作、退货、减少价款或者报酬等违约责任。"

3.《合同法》第 119 条："当事人一方违约后，对方应当采取适当措施防止损失的扩大；没有采取适当措施致使损失扩大的，不得就扩大的损失要求赔偿。当事人因防止损失扩大而支出的合理费用，由违约方承担。"

4.《合同法》第 130 条："买卖合同是出卖人转移标的物的所有权于买受人，买受人支付价款的合同。"

二、相关理论知识

合同的成立，是指合同订立过程的完成，即当事人经协商对合同的基本内容达成了一致意见。一般情况下，合同的成立必须具备以下两个要件：一是要有两个或两个以上的当事人；二是合同当事人的意思表示一致。除了合同的一般成立要件以外，基于合同的性质和内容的不同，还可以有其他成立要件，主要有三种情况：一是实践性合同（如保管合同）要以实际交付标的物为其成立要件；二是要式合同（如房屋买卖合同、保险合同）要以完成一定的形式为其成立要件；三是合同当事人可以约定合同成立的要件（如要求签订合同确认书）。

合同生效是指合同具有了一般的法律约束力，即合同约定的权利义务的发生。一般合同生效要件有以下三个：一是当事人具有相应的民事行为能力；二是意思表示真实；三是合同内容合法。另外对于特殊的合同有特别的生效要件：一是附生效条件或期限的合同，条件的成就或期限届满；二是法律法规规定应办理批准登记手续的合同，其批准手续完成。

由此可以看出，合同的生效有三种情况：一是在一般情况下，只要合同当事人具有相应的民事行为能力，且意思表示真实，合同内容不违反法律、行政法规的强制性规定及公序良俗，合同自成立时生效；二是合同当事人约定合同生效的条件或期限的，在约定的条件成就时，或约定的期限届满时生效；三是法律、行政法规规定应办理批准登记等手续生效的。

质量瑕疵担保责任属于违约责任，不仅适用于种类物，也适用于特定物，由于违约责任归责原则是无过错责任原则，故对买受人较为有利。我国《合同法》规定，出卖人交付的标的物不符合质量要求的，买受人可以依照买卖合同的约定要求出卖人承担违约责任；对违约责任没有约定或者约定不明确的，可以协议补充；不能达成补充协议的，按照合同有关条款或者交易习惯确定违约责任的内容；在根据上述方法仍不能确定的情况下，买受人根据标的物的性质以及损失的大小，可以合理选择要求出卖人承担修理、更换、重作、退货、减少价款等违约责任。

（案件来源：湖北省人民检察院；整理人：田圣斌）

二十九、借款合同的主体资格

争议焦点

H公司与S公司的借款合同是否有效，借款应由谁偿还。

基本案情

1995年2月22日，经市工商行政管理局核准成立S公司，颁发了企业法人营业执照，其性质为有限责任公司。该公司登记注册股东是郑某、王某、刘某、余某，注册资本500万（每人出资125万元，其中余某以汽车和办公设备折价125万元出资）。法院再审时调查证明，郑某、王某、刘某、余某的出资均不到位。

1995年4月11日，H公司与S公司签订了一份借款合同，由H公司借给S公司人民币100万元，期限6个月，S公司借款之日付清利息132000元。S公司以皇冠车两辆作抵押，但未办理相应抵押手续。H公司依约于1995年4月11日汇人民币100万元给S公司，S公司未按约定支付利息132000元。借款期限届满，S公司未向H公司偿还借款本金及利息。1995年6月2日，S公司召开董事会，参加人员有郑某、肖某、王某、刘某、罗某，会议议题主要研究退股事宜，并形成"关于郑某董事长收购其他董事股份的董事会决议"一份，其决议内容为："由于公司经营的实际需要，经过S公司董事会6月2日全体董事的友好商量，现决议：S公司董事长郑某收购其余董事的股份，即王某肆万元，肖某伍万元，刘某肆万元，罗某贰万元。S公司为郑某所拥有。以上决议董事会全体通过。"郑某、肖某、王某、刘某、罗某均在该决议上签名。该董事会决议附有"退股清单"一份，其内容为："公司筹办期间集资，郑某5万未到，肖某5万未到，王某4万，刘某4万，罗某2万，总计10万。"在由郑某接手期间，该公司参加了1996年、1997年的公司年检，并于1997年4月22日申请办理了公司经营范围的变更登记，但其至今未按规定向公司主管机关申请办理股权转让和股东变更登记，未将公司股东发生变动的决议向公司登记主管机关备案。1996年1月起，S公司完全停止经营活动。停业之后，该公司在未经清算和通知或公告债权人的情况下，也未到公司登记主管部门申请注销登记即自行解散。1998 年 4 月 20 日，S 公司及其法定代表人郑某以 S 公司的名义，发表了一份声明，该声明称："S 公司系于 1995 年经工商行政管理部门登记注册的私营有限责任公司，公司注册资本 500 万。1996 年元月始，公司已完全停止经营活动，停业后，公司未经清算亦未到登记部门申请注销登记便自动解散，公司虽经 1997 年工商执照年检，但此次年检系公司提供虚假资料所致。有鉴于此，特作如下郑重声明：鉴于 S 公司实际早已停业且无偿债能力，凡公司存续期间产生的债务均依国家有关规定处理。"同年 4 月 22 日，J 区公证处以（1998）A 证字第 855 号公证书对 S 公司的上述声明予以公证。

H 公司曾向中级人民法院提起诉讼，请求 S 公司返还 100 万元借款及利息，后申请撤诉；法院以（1997）W 民初字第 252 号裁定书，裁定准许 H 公司撤诉。1998 年 6 月 1 日，H 公司因该笔借款再次向法院起诉。同年 8 月 13 日，法院作出（1998）W 经初字第 313 号民事判决：一、S 公司于本判决生效后 10 日内返还 H 公司借款 100 万元，赔偿经济损失 365085 元，如逾期不付款按日万分之四支付逾期利息至还清之日止；二、驳回 H 公司对郑某、王某、余某、刘某的诉讼请求。

H 公司向该法院申诉，并申请追加肖某、罗某为本案被告。2001 年 12 月 11 日，中级人民法院做出（2001）W 经再字第 96 号判决，判决：一、撤销本院（1998）W 经初字第 313 号民事判决；二、由被告郑某、王某、余某、刘某、肖某、罗某于本判决生效之日起 10 日内向 H 公司返还 100 万元资金占用费（资金占用费比照中国人民银行同期贷款利率，从借款之日起至判决之日止）；三、由被告郑某、王某、余某、刘某、肖某、罗某对本判决第二项互负连带清偿责任。

观点评析

（一）本案因贷款主体不符合我国当时的相关法律规定，该借款合同无效。对于无效的民事行为，应当返还财产（即借款）给受损失的一方；有过错的，还应当承担相应的过错责任。

（二）关于返还借款的责任主体的认定，法院判决时存在认定事实错误的问题。

根据我国《公司法》第 3 条的规定：公司以其全部财产对公司的债务承担责任。有限责任公司的股东以其认缴的出资额为限对公司承担责任。该条款明确指出，股东只应在出资额范围内承担责任。本案法院并未查明肖某是否为股东及其具体出资额，仅因肖某以公司发起人和董事的身份参与了公司的决策管理及利益分配，且在公司解散时，均相应分得了公司的财产为由判决其与公司其他股东一起对公司存续期间的债务互相承担连带清偿责任，显然有悖法律规定。根据《公司法》第28条及相关司法解释规定，股东对公司债务在其出资差额的范围内承担连带清偿责任。另S公司的公司章程即公司登记资料均不能证实肖某是S公司的股东，以及其对公司的出资义务。肖某参与董事会与成为公司股东是不能等同的。判决推定肖某与股东共同对公司债务承担连带责任没有事实和法律依据。

在《公司法》中，"发起人"一概念只存在于设立股份有限公司的情形中，有限责任公司中并没有"发起人"这一概念。S公司属于有限责任公司，不存在公司发起人。判决认定肖某为S公司发起人没有事实依据。判决认定肖某参与了公司的利益分配且在公司解散时分得公司财产缺乏事实依据。S公司存续时间不长，只有三个月，并无赢利可言，不存在利益分配；另外，S公司所退给肖某的4.7万元不是分得公司财产，而是肖某借给S公司的办公用品及垫付房租等费用。判决推定肖某参与了公司的利益分配及分得了公司财产并无相关证据证实。

（三）法院再审时违反了相应的法律程序。

再审过程中，H公司申请追加被告和增加诉讼请求，法院将其与原案一并审理违法。由当事人申请再审启动再审程序的案件，再审案件的审理范围应确定在原审范围内。H公司在原审中并没有起诉要求肖某承担连带清偿责任，再审时增加该项诉讼请求，法院应告知H公司对追加的被告及增加的诉讼请求另行起诉。

相关知识链接

一、相关法律法规

1.《民法通则》第42条："企业法人应当在核准登记的经营范围内从事经营。"

2.《民法通则》第55条："民事法律行为应当具备下列条件：

（一）行为人具有相应的民事行为能力；

（二）意思表示真实；

（三）不违反法律或者社会公共利益。"

3.《民法通则》第61条第1款："民事行为被确认为无效或者被撤销后，当事人因该行为取得的财产，应当返还给受损失的一方。有过错的一方应当赔偿对方因此所受的损失，双方都有过错的，应当各自承担相应的责任。"

4.《公司法》第3条第2款："有限责任公司的股东以其认缴的出资额为限对公司承担责任……"

二、相关理论知识

依据贷款人不同，借款合同可以分为金融机构借款合同和民间借款合同。二者有重要区别：

1. 贷款人不同。前者贷款人是法定的金融机构，后者贷款人是公民。

2. 利息不同。前者是商业行为，是有偿贷款，要收取利息以求赢利，如果有约定按照约定；没有约定的，按照中国人民银行规定的利率上下限确定。当然，为执行国家计划或者政策而签订的合同一般是没有利息的。后者由当事人约定，在合同中没有约定或者约定不明确，应推定为无息。但是，最高不得超过银行同期贷款利率的4倍。

3. 合同成立的方式不同。前者是诺成合同，自双方当事人就合同主要条款达成合意时成立。后者是实践合同，贷款人向借款人交付借款时合同成立。

4. 合同管理不同。前者受国家严格监管。后者较少受到国家监管，不违法即可。但是，有偿借款不应该违反国家强制性规定。

（案发当时）我国只允许两类贷款人依法贷款——金融机构和自然人。金融机构是指在中国境内依法设立的经营贷款业务的中资金融机构，以及经过中国人民银行批准的外资金融机构。

《贷款通则》第2条第2款规定："本通则所称借款人，系指从经营贷款业务的中资金融机构取得贷款的法人、其他经济组织、个体工商户和自然人。"第61条规定："各级行政部门和企事业单位、供销合作社等合作经济组织、农村合作基金会和其他基金会，不得经营存贷款等金融业务。企业之间不得违反国家规定办理借贷或者变相借贷融资业务。"

从理论上看，主要是如下原因：

1. 规范企业的经营范围：企业应当在自己的经营范围内活动。

2. 维护国家的金融秩序：金融是国家的经济命脉，国家必须对其加以控制；否则，会给国民经济造成损失。

《合同法》第9条第1款规定："当事人订立合同，应当具有相应的民事权利能力和民事行为能力。"《民法通则》第42条规定："企业法人应当在核准登记的经营范围内从事经营。"可见，企业法人的民事权利能力是受其经营范围限制的。

综上所述，工商企业只能成为借款人而不能成为贷款人。

（案件来源：湖北省人民检察院；整理人：田圣斌）

三十、加工承揽合同货款纠纷

争议焦点

旗印厂是否于 2004 年 1 月 19 日两次以现金支票的形式向饶某支付款项 70000 元以清偿剩余的货款。

基本案情

2003 年 8 月 9 日，C 公司旗印厂与饶某签订一份协议书，约定：旗印厂委托饶某生产加工墙面旗杆架（含包装，不含旗面）6000 套，每套单价 35 元，合计货款 210000 元；交货时间为 2003 年 8 月底。同日，饶某向旗印厂提供了墙面旗杆架 6000 套，旗印厂也于当日入库并办理了物资入库手续。此后，旗印厂原任厂长李某证实，饶某又向旗印厂提供了墙面旗杆架 3500 套（未办理物资入库手续），每套单价 30 元，合计货款 105000 元。两次货款共计 315000 元。2004 年 1 月 10 日，旗印厂原任出纳员熊某以旗印厂名义向饶某出具欠条 1 张，内容为：今欠到饶某货款（墙面旗杆）玖万元整。李某在该欠条上加盖了公章。同年 1 月 17 日，旗印厂以转账支票的形式偿付了饶某货款 40000 元。2004 年 1 月 19 日，旗印厂两次以现金支票的形式向饶某支付了款项 70000 元。2004 年 2 月 26 日，李某在玖万元欠条上注明：此货款 3 月底归还（2004 年 3 月）。后双方就该欠款发生纠纷，饶某起诉旗印厂和 C 公司。

2005 年 6 月 27 日，区人民法院作出判决，认为：饶某与旗印厂之间的墙面旗杆买卖合同合法有效，应受法律保护。旗印厂作为买受人未按合同约定完全支付价款，截至 2004 年 1 月 10 日确认尚欠饶某货款 90000 元，并承诺于 2004 年 3 月底清偿。而旗印厂系 C 公司非法设立的分支机构，其权利义务应由 C 公司承担。判决：一、被告 C 公司于本判决书生效之日起五日内支付原告饶某人民币 90000 元，并支付逾期付款的利息损失。二、驳回原告饶某要求被告旗印厂承担民事责任的诉讼请求。

C 公司不服，提起上诉。中级人民法院经审理认为：旗印厂截至 2004 年 1 月 10 日尚欠饶某货款 90000 元，有旗印厂出具的欠条为证，且旗印厂

原任厂长李某在一、二审庭审均出庭证明该欠款属实。故原审判决认定旗印厂截至 2004 年 1 月 10 日尚欠饶某货款 90000 元是正确的，本院予以支持。C 公司提出饶某现持有的 90000 元欠条是虚假的以及饶某与旗印厂原任厂长李某之间存在相互勾结的嫌疑，但未提供充足证据予以证实，本院对于 C 公司的该项上诉理由不予支持。C 公司又提出饶某仅向旗印厂交付墙面旗杆 6000 套。但根据旗印厂原任厂长李某的证言，饶某确已向旗印厂提供了墙面旗杆 9500 套。且根据旗印厂原任出纳员熊某的证言，证明其在向饶某出具对账单和欠条时，均核对了旗印厂的财务账目，对账单和欠条所载明的欠款数额均属实。故该项上诉理由也不能成立，本院不予支持。根据 C 公司二审期间提供的证据，证实旗印厂已于 2004 年 1 月 17 日向饶某支付 40000 元。故 C 公司只对剩余的货款 50000 元承担清偿责任。C 公司提出旗印厂又于 2004 年 1 月 19 日向饶某支付 70000 元从而使双方的债权债务关系消灭，但 C 公司针对该 70000 元还款提供的现金支票存根中，付款用途存在明显改动或添加的痕迹，而 C 公司又未提供饶某收取该 70000 元货款时出具的收条予以印证，且旗印厂原任厂长李某的证言证明该 70000 元是用于偿还旗印厂向饶某的借款，而非本案争讼的货款。判决：

一、维持区人民法院民事判决书主文第二项，即驳回饶某要求旗印厂承担民事责任的诉讼请求。二、撤销区人民法院民事判决书主文第一项，即 C 公司于本判决书生效之日起五日内支付原告饶某货款 90000 元，并从 2004 年 4 月 1 日起支付逾期付款的利息损失。三、C 公司于本判决书送达之日起十日内支付原告饶某货款 50000 元，并从 2004 年 4 月 1 日起至判决确定给付之日止，按中国人民银行规定的同期付款利率标准计算逾期付款利息损失。四、驳回饶某的其他诉讼请求。

▷ 观点评析 ◁

本案一、二审法院认定事实存在错误：

首先，2004 年元月 17 日，旗印厂以转账支票的方式向饶某又支付货款 40000 元，饶某在该转账支票存根联上签名，并向旗印厂出具收条一张，内容为：今收到厂货款计肆万元整。因此，截至 2004 年 1 月 17 日，旗印厂只欠饶某货款 50000 元。

其次，在上述 2004 年 1 月 10 日熊某向饶某出具的"今欠到饶某货款（墙面旗杆）玖万元整"的欠条上，李某签了"此货款 3 月底归还（注：2004 年 3 月）"并签了名，落款时间为 2004 年 2 月 26 日。李某作为旗印厂当时管理日常经营事务的厂长，难道不知道旗印厂已于 2004 年元月 17 日还饶某 40000 元货款的情况？饶某与旗印厂原任厂长李某之间存在相互勾结的嫌疑。

最后，旗印厂原任厂长李某证实这 70000 元（2004 年 1 月 19 日旗印厂两次以现金支票的形式向饶某支付的款项）系还借款，但李某当时已被 C 公司除名并与 C 公司进行诉讼，与本案有利害关系，因此李某的证词并不可信。且本案除李某的证词外，无任何证据可以证明这 70000 元系还借款。因此二审法院认定该款项系还借款的证据不足。

相关知识链接

一、相关法律法规

1.《合同法》第 251 条："承揽合同是承揽人按照定作人的要求完成工作，交付工作成果，定作人给付报酬的合同。承揽包括加工、定作、修理、复制、测试、检验等工作。"

2.《合同法》第 263 条："定作人应当按照约定的期限支付报酬。对支付报酬的期限没有约定或者约定不明确，依照本法第六十一条的规定仍不能确定的，定作人应当在承揽人交付工作成果时支付；工作成果部分交付的，定作人应当相应支付。"

二、相关理论知识

（一）加工承揽合同。

承揽合同是承揽人按照定作人的要求完成一定的工作，并将工作成果交付给定作人，定作人接受该工作成果并按照约定向承揽人给付报酬的合同。承揽合同的主体是承揽人和定作人。承揽人就是按照定作人指示完成特定工作并向定作人交付该工作成果的人。定作人是要求承揽人完成承揽工作并接受承揽工作成果、支付报酬的人。承揽人和定作人可以是法人或者其他组织，也可以是自然人。这比经济合同法的主体范围扩大了，经济合同法中加工承揽合同的主体只是法人和其他经济组织等，不包括自然人。承揽合同的客体是完成特定的工作。承揽合同的对象为承揽标的，承揽标的是有体物的，合同的标的物又可以称为承揽物或者定作物。承揽工作具有特定性，如修理汽车、裁剪制作衣服。承揽人完成的承揽工作需有承揽工作成果，该工作成果可以是有形的，如加工的零部件、印刷的图书、录制的磁带、检验的结论，也可以是无形的，如测试仪器的运行。

承揽合同具有下列特征：

1. 承揽合同以完成一定工作为目的。

承揽合同中的承揽人必须按照定作人的要求完成一定的工作，定作人订立合同的目的是取得承揽人完成的一定工作成果。在承揽合同中，定作人所需要的不是承揽人的单纯劳务，而是其物化的劳务成果。也就是说，承揽人完成工作的劳务只有体现在其完成的工作成果上，只有与工作成果相结合，才能满足定作人的需要。

2. 承揽合同的标的具有特定性。

承揽合同的标的是定作人所要求的，由承揽人所完成工作成果。该工作成果既可以是体力劳动成果，也可以是脑力劳动成果；可以是物，也可以是其他财产。但其必须具有特定性，是按照定作人特定要求，只能由承揽人为满足定作人特殊需求通过自己与众不同的劳动技能而完成的。

3. 承揽合同的承揽人应以自己的风险独立完成工作。

承揽合同的定作人需要的是具有特定性的标的物。这种特定的标的物只能通过承揽人完成的工作来取得。因此，定作人是根据承揽人的条件认定承揽人能够完成工作来选择承揽人的，定作人注重的是特定承揽人的工作条件和技能，承揽人应当以自己的劳力、设备和技术，独立完成承揽工作，经定作人同意将承揽工作的一部分转由第三人完成的，承揽人对第三人的工作向定作人承担责任。承揽人应承担取得工作成果的风险，对工作成果的完成负全部责任。承揽人不能完成工作，就不能向定作人要求报酬。

定作人无正当理由不履行支付报酬等义务的，承揽人有权对完成的工作成果行使留置权。所谓留置权，是指债权人对按照合同约定占有债务人的财产，在债务人不按照合同约定的期限履行债务时，留置该财产以实现债权的权利。

根据《合同法》和其他法律的规定，付款期限届满时，定作人未向承揽人支付报酬或者材料等价款的，承揽人有权留置工作成果，并通知定作人在不少于两个月的期限内支付报酬以及其他应付价款，定作人逾期仍不履行的，承揽人可以与债务人协议将留置的工作成果折价，也可以依法拍卖、变卖该工作成果，以所得价款优先受偿。受偿的范围包括定作人未付的报酬及利息、承揽人提供材料的费用、工作成果的保管费、合同中约定的违约金以及承揽人的其他损失等。工作成果折价或者拍卖、变卖后，其价款超过定作人应付款额的，归定作人所有，不足部分由定作人清偿。

承揽人行使留置权应当符合以下两个前提条件：

第一，定作人无正当理由不履行支付报酬、材料费等费用。支付报酬是定作人的基本义务。由承揽人提供材料的，定作人在支付报酬外还应当向承揽人支付材料费。虽然承揽人享有工作成果的留置权，但只有在支付期限届满时，定作人仍未支付报酬、材料费等费用的，承揽人才能留置工作成果。承揽合同约定支付期限的，定作人应当在合同约定的期限内向承揽人支付报酬以及材料费等其他费用。合同未约定支付期限或者约定不明确的，当事人可以协议补充约定报酬支付期限，定作人按照补充约定的期限向承揽人支付报酬。当事人不能达成补充协议的，定作人按照合同有关条款或者交易习惯确定的支付期限，向承揽人支付报酬。如果合同对报酬支付期限未约定，按照合同有关条款或者交易习惯仍不能确定的，定作人应当在承揽人交付工作成果的同时支付，也就是承揽人将其完成的工作成果交给定作人占有的时间，为定作人支付报酬的时间。根据承揽合同性质，承揽工作无须特别交付的，例如粉刷一面墙，承揽人完成工作即为交付，完成工作的时间为交付时间，定作人在承揽人完成工作时，支付报酬。在上述期限内，定作人未履行支付报酬、材料费等费用的，承揽人可以留置该工作成果。

第二，承揽人合法占有本承揽合同的工作成果。根据我国《担保法》第82条规定，留置的财产是债权人按照合同约定占有债务人的动产，因此，承揽人留置的工作成果应当是根据本承揽合同而合法占有的定作人的动产。如果承揽人已经将工作成果交付给定作人，也就是说该工作成果已由定作人占有，承揽人就无法实现留置权。如果定作人同承揽人订有数个承揽合同，定作人未支付其中一个合同的报酬的，承揽人只能留置定作人未付报酬的那个合同的工作成果。如甲与乙服装店约定，由乙服装店为甲制作一套西装，之后甲又与乙约定，由乙再为甲制作一件风衣。如果甲支付了制作风衣的报酬而未支付乙制作西装的报酬，乙只能留置该西装而不能留置风衣。如果乙已经将西装交付给甲的，乙只能要求甲支付报酬而不能留置风衣。如果承揽人占有定作人的其他财产，当定作人无正当理由不支付报酬、材料费等费用的，承揽人不能留置该其他财产。如甲配件厂租用乙公司的汽车，乙和甲约定，由甲为乙加工一批汽车配件。如果乙未按照约定支付甲加工配件的报酬，甲只能留置汽车配件而不能留置汽车。

（二）分支机构的概念和特征。

分公司是与总公司或本公司相对应的一个概念。许多大型企业的业务分布于全国各地甚至许多国家，直接从事这些业务的是公司所设置的分支机构或附属机构，这些分支机构或附属机构就是所谓的分公司。而公司本身则称之为总公司或本公司。分公司是总公司下属的直接从事业务经营活动的分支机构或附属机构。虽然分公司有公司字样，但它不是真正意义上的公司。因为分公司不具有企业法人资格，不具有独立的法律地位，不独立承担民事责任。

分公司的特征具体表现为：①分公司没有自己的独立财产，其实际占有、使用的财产是总公司财产的一部分，列入总公司的资产负债表中。②分公司不独立承担民事责任。③分公司不是公司，它的设立不须依照公司设立程序，只要在履行简单的登记和营业手续后即可成立。④分公司没有自己的章程，没有董事会等形式的公司经营决策和业务执行机关。⑤分公司名称，只要在总公司名称后加上分公司字样即可。

（案件来源：湖北省人民检察院；整理人：田圣斌，姜艳丽）

三十一、商品房买卖合同纠纷

争议焦点

如何公平、对等地认定双方当事人的权利义务。

基本案情

1998 年 10 月 27 日，H 公司与肖某签订《商品房购销合同》一份，该合同约定：肖某购买 H 公司开发的位于 X 路 H 小区 4 栋 2 单元 201 号商品房一套（建筑面积 140 平方米），总房款为 221200 元；付款方式为：肖某将原有 H 小区 3 栋 3 单元 102 号房面积 98.17 平方米折抵 H 小区 4 栋 2 单元 201 号房同等面积，多余面积 41.83 平方米按每平方米 1580 元付款，合计付人民币 66091.40 元，即为付清 4 栋 2 单元 201 号房房款 221200 元，原 3 栋 3 单元 102 号由 H 公司收回自行处理。肖某于 1998 年 10 月 29 日前应付清全部房款。合同还约定：肖某办理《房屋产权证》、《土地使用权证》，有关费用按规定承担。合同签订后，肖某于 1998 年 10 月 29 日支付 H 公司房款 66091.40 元，并将 H 小区 3 栋 3 单元 102 号房交付 H 公司。H 公司于 2003 年 6 月 30 日以肖某的名字办理了 H 小区 4 栋 2 单元 201 号房的《房屋产权证》，其中载明的建筑面积为 148.31 平方米，因房屋的实际面积比合同中载明的面积多 8.31 平方米，因此 H 公司根据合同第 5 条关于多退少补的约定要求肖某补交 8.31 平方米的房款 13129.8 元。肖某拒绝补交。故 H 公司没有将"两证"交付给肖某。2004 年 2 月，肖某向区人民法院起诉，要求 H 公司为其办理并交付《房屋产权证》和《土地使用权证》，并支付违约金 111823.24 元。

区人民法院经审理于 2004 年 3 月作出（2004）H 民二初字第 120 号民事判决：H 公司于判决生效 30 日内将 H 小区 4 栋 2 单元 201 号房屋的《房

屋产权证》、《土地使用权证》交付给肖某，并支付违约金 111823.24 元。

H 公司不服，向人民检察院申诉。经抗诉，中级人民法院受理抗诉后，指令区人民法院对本案进行再审。

2004 年 7 月，区人民法院经再审作出 （2004） H 民再字第 9 号再审民事判决，判决：驳回原审原告肖某的诉讼请求。再审判决后，肖某不服，上诉至中级人民法院，中级人民法院维持原判。

观点评析

本案 H 公司并没有违反合同义务。根据合同规定，肖某在实际接收该商品房后，付清全部房款的 95% 之日起 60 天内委托 H 公司办理《房屋产权证》、《土地使用权证》，有关费用按规定承担。经审查，肖某没有付清全部房款的 95%。理由如下：

其一，合同约定付款方式为肖某将原有 H 小区 3 栋 3 单元 102 号房面积 98.17 平方米折抵 H 小区 4 栋 2 单元 201 号房同等面积。根据该约定和国家有关房屋买卖的规定，肖某不仅要将该房交付给 H 公司，而且要将该房屋的权属证书办理到 H 公司的名下，才能认为肖某用房屋折抵了购房款，履行了付款义务。本案中，肖某没有将其原有房屋的权属证书办理到 H 公司的名下，没有履行完其付款义务。

其二，该合同第 5 条规定房价款总金额按实际面积调整，多退少补。本案中，该房屋的实际面积比合同约定面积多出了 8.31 平方米，肖某应补房款 13129.8 元（占总房款的 5.6%），但肖某没有支付。可见，肖某并没有付清全部房款的 95%。

根据我国《合同法》第 5 条 "当事人应当遵循公平原则确定各方的权利和义务" 的规定，合同双方当事人的权利义务应当是公平、对等的，不应有差别性对待。本案肖某用房屋折抵购房款，对于如何进行 "折抵"，应当考虑到合同双方权利义务的平等，不应当回避肖某办证的义务，仅仅要求 H 公司有为肖某办证的义务，认为肖某将房屋交付给 H 公司，就认为其已经履行完毕其房款交付义务，对 H 公司是不公平的。同时，对于总房款的认定，也应当与事实相符，没有将扩大面积 8.31 平方米的应交房款认定在总房款中，不符合合同约定，致使双方的权利义务不对等。

相关知识链接

一、相关法律法规

1.《民法通则》第 88 条："合同的当事人应当按照合同的约定，全部履

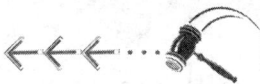

行自己的义务。

合同中有关质量、期限、地点或者价款约定不明确，按照合同有关条款内容不能确定，当事人又不能通过协商达成协议的，适用下列规定：

（一）质量要求不明确的，按照国家质量标准履行，没有国家质量标准的，按照通常标准履行。

（二）履行期限不明确的，债务人可以随时向债权人履行义务，债权人也可以随时要求债务人履行义务，但应当给对方必要的准备时间。

（三）履行地点不明确，给付货币的，在接受给付一方的所在地履行，其他标的在履行义务一方的所在地履行。

（四）价款约定不明确的，按照国家规定的价格履行；没有国家规定价格的，参照市场价格或者同类物品的价格或者同类劳务的报酬标准履行。

合同对专利申请权没有约定的，完成发明创造的当事人享有申请权。

合同对科技成果的使用权没有约定的，当事人都有使用的权利。"

2.《合同法》第5条："当事人应当遵循公平原则确定各方的权利和义务。"

二、相关理论知识

房屋买卖合同是双方合同，因此交易双方当事人享有一定的权利，同时也承担一定的义务。

作为买房人应承担的义务包括：

1. 按照合同约定的时间、地点及付款方式交付价金，这是买房人的基本义务。如果是分期付款的，应在合同内写明，否则应视为一次性付讫。交付地点如在合同中没有写明，应当根据《民法通则》第88条的规定，去买方所在地点交付。

2. 按合同规定的时间、方法接受房屋。买卖合同签订后，买房人就和卖房人去房管机关办理登记、过户手续，订立正式契约，并按期接收房屋。买房人没有按期接收房屋，亦应承担违约责任。如在拖延接收期间内该房产发生意外事件，如火灾、风暴、地震等使房屋毁坏的，卖房人不应承担责任。此外，双方都负有如实申报房屋价金、交纳契税和手续费的义务。

在私房买卖中，买房人长期不付清房款的，实际上最基本的义务没有履行完毕，在此情况下，卖房人为了维护自身的合法权益，除可以要求买房人付清拖欠房款之外，也有权要求买房人退还房屋。

作为卖房人应承担的义务包括：

1. 保证将所出卖的房屋所有权转移给买房人名下，并交付房屋，这是卖房人最主要、最基本的义务。为保留房屋所有权可以合法转移，其前提必须自己是该房屋的所有权或合法的代理人。当房屋所有权合法转移后，如果有第三人以其他人的名义向买房人提出产权异议，或承租人向买房人主张产权时，原卖房人有保障买房人免受追索的责任。而由此引起诉讼的，卖房人有参与诉讼及承担证明第三人、承租人没有理由主张权利的义务。

2. 按照合同规定的交付时间、交付方式交付房屋。交付方式有两个内容：一是证件的交付，即卖房人有义务将房屋所有权转移到买房人的名下，完成法律程序上的交付。二是实物的交付，即将房屋腾空后交给买房人实际占有使用。如果该房屋被出借，卖房人有义务按合同规定收回，并保证向买房人进行实物交付。

3. 按照合同所规定的质量（结构、使用状况）、附属设施以及数量交付房屋。交付时，卖房人不得隐瞒房屋缺陷；否则，卖房人就要承担违约责任，并负责进行修理。

（案件来源：湖北省武汉市人民检察院；整理人：田圣斌，肖跃进）

三十二、认定股权转移是否有效

争议焦点

J 公司的股权是否发生转移。

基本案情

W 电脑公司系王某、余某夫妇共同投资设立的有限公司，二人分别占公司股份的 92% 和 8%，公司法定代表人为王某。J 公司系余某、黄某共同投资成立，二人分别占公司股份的 60% 和 40%，公司的法定代表人为余某。

2003 年 10 月 18 日，王某与黄某订立《J 公司投资变更协议》。该协议内容是："J 公司两位股东余某、黄某于 2002 年 4 月 1 日组织资产清算小组对该公司资产进行了清算，截至 2002 年 4 月 1 日，黄某个人在该公司的投资金额为 422915.52 元，其中 25 万元为无形资产，172915.52 元为实际投资。为了公司的发展和便于管理，两股东经过协商后决定由余某出资422915.52 元收购黄某个人在公司的投资，自 2002 年 4 月 1 日起，J 公司为

余某的全资公司。"

同日，王某向黄某出具一份收据，并加盖了 W 电脑公司的合同专用章。该收据内容是："今收到黄某个人集资款人民币肆拾贰万贰仟玖佰壹拾伍元伍角贰分（422915.52 元）。其中 25 万元为无形资产，172915.52 元为实际投资，该集资款享受我公司年度 12% 的分红，于每年 3 月 1 日前将上年度分红金额汇入黄某个人账上。若上年 12 月 31 日前黄某负责 J 公司的应收款未收回，必须在前述应收款项目收回之后返款。该集资款可申请退款，退款要求提前六个月向我公司提出，并在黄某按公司财务制度要求清算完 J 公司账务后，实际投资全额退款，无形资产按第一年年底退款拾万元和第二年年底退款拾伍万元的方式分两年退清。"

2004 年 1 月 18 日 W 电脑公司仅通过汇款方式退还集资款 5 万元。黄某于 2005 年 10 月向区人民法院提起诉讼，要求 W 电脑公司退还集资款 37 万余元及利息。

区人民法院于 2006 年 3 月 24 日做出（2005）S 民初字第 870 号民事判决：被告 W 电脑公司在判决生效之日起三日内返还原告黄某集资款本金 372915.52 元，并从 2003 年 10 月 19 日起至返还之日止，按银行同期贷款利率支付利息。

W 电脑公司不服，提起上诉。中级人民法院判决：驳回上诉，维持原判。

观点评析

（一）本案公司股权是否已经实际转让，需要相关证据证实。

2003 年 10 月 18 日王某、黄某所签订的《投资更改协议》是黄某举证证明其股权已经转让至余某的唯一证据。但是，该《协议》系黄某和王某签订，而股权的转让、受让方分别是黄某和余某，王某和余某的特殊身份关系并不能当然地构成王某替代余某行使 J 公司股东权利的理由，也没有证据证明余某同意受让股权的任何意思表示。因此，该"协议"不具备证明效力；相反，J 公司 2004 年度《年度报告》，2004 年 12 月 21 日《股东会决议》以及 J 公司《公司变更登记申请书》等证据证明黄某仍然是 J 公司的股东，其股东身份没有发生变化，公司股权当然也未实际发生转让。

（二）中级人民法院拒绝 W 电脑公司要求将余某作为第三人参加诉讼的请求，程序违法。

J 公司股东黄某、余某之间是否实际发生投资转让，转让的事实是否成立，W 电脑公司是否已取得该特定转让款、返还集资款的条件是否成就等，只有股东余某参加诉讼才能查明。法院拒绝余某作为第三人参加诉讼，在程序上违法。

相关知识链接

一、相关法律法规

1. 《公司法》第 72 条："有限责任公司的股东之间可以相互转让其全部或者部分股权。股东向股东以外的人转让股权，应当经其他股东过半数同意。股东应就其股权转让事项书面通知其他股东征求同意，其他股东自接到书面通知之日起满三十日未答复的，视为同意转让。其他股东半数以上不同意转让的，不同意的股东应当购买该转让的股权；不购买的，视为同意转让。经股东同意转让的股权，在同等条件下，其他股东有优先购买权。两个以上股东主张行使优先购买权的，协商确定各自的购买比例；协商不成的，按照转让时各自的出资比例行使优先购买权。公司章程对股权转让另有规定的，从其规定。"

2. 《公司法》第 73 条："人民法院依照法律规定的强制执行程序转让股东的股权时，应当通知公司及全体股东，其他股东在同等条件下有优先购买权。其他股东自人民法院通知之日起满二十日不行使优先购买权的，视为放弃优先购买权。"

3. 《公司法》第 74 条："依照本法第七十二条、第七十三条转让股权后，公司应当注销原股东的出资证明书，向新股东签发出资证明书，并相应修改公司章程和股东名册中有关股东及其出资额的记载。对公司章程的该项修改不需再由股东会表决。"

4. 《公司法》第 75 条："有下列情形之一的，对股东会该项决议投反对票的股东可以请求公司按照合理的价格收购其股权：（一）公司连续五年不向股东分配利润，而公司该五年连续盈利，并且符合本法规定的分配利润条件的；（二）公司合并、分立、转让主要财产的；（三）公司章程规定的营业期限届满或者章程规定的其他解散事由出现，股东会会议通过决议修改章程使公司存续的。自股东会会议决议通过之日起六十日内，股东与公司不能达成股权收购协议的，股东可以自股东会会议决议通过之日起九十日内向人民法院提起诉讼。"

5. 《公司法》第 76 条："自然人股东死亡后，其合法继承人可以继承股东资格；但是，公司章程另有规定的除外。"

6. 《公司法》第 138 条："股东持有的股份可以依法转让。"

7. 《公司法》第 140 条："记名股票，由股东以背书方式或者法律、行政法规规定的其他方式转让；转让后由公司将受让人的姓名或者名称及住所记载于股东名册。股东大会召开前二十日内或者公司决定分配股利的基准日前五日内，不得进行前款规定的股东名册的变更登记。但是，法律对上市公司股东名册变更登记另有规定的，从其规定。"

8.《公司法》第141条："无记名股票的转让，由股东将该股票交付给受让人后即发生转让的效力。"

9.《公司法》第142条："发起人持有的本公司股份，自公司成立之日起一年内不得转让。公司公开发行股份前已发行的股份，自公司股票在证券交易所上市交易之日起一年内不得转让。公司董事、监事、高级管理人员应当向公司申报所持有的本公司的股份及其变动情况，在任职期间每年转让的股份不得超过其所持有本公司股份总数的百分之二十五；所持本公司股份自公司股票上市交易之日起一年内不得转让。上述人员离职后半年内，不得转让其所持有的本公司股份。公司章程可以对公司董事、监事、高级管理人员转让其所持有的本公司股份作出其他限制性规定。"

10.《公司法》第143条："公司不得收购本公司股份。但是，有下列情形之一的除外：（一）减少公司注册资本；（二）与持有本公司股份的其他公司合并；（三）将股份奖励给本公司职工；（四）股东因对股东大会作出的公司合并、分立决议持异议，要求公司收购其股份的。公司因前款第（一）项至第（三）项的原因收购本公司股份的，应当经股东大会决议。公司依照前款规定收购本公司股份后，属于第（一）项情形的，应当自收购之日起十日内注销；属于第（二）项、第（四）项情形的，应当在六个月内转让或者注销。公司依照第一款第（三）项规定收购的本公司股份，不得超过本公司已发行股份总额的百分之五；用于收购的资金应当从公司的税后利润中支出；所收购的股份应当在一年内转让给职工。公司不得接受本公司的股票作为质押权的标的。"

二、相关理论知识

对股权转让合同的效力，应当从以下几个方面进行认定：

1. 股权转让合同的主体是否符合法律规定。

订立股权转让合同的当事人不符合法律规定的股权转让的主体资格，会导致股权转让合同无效。存在以下情形之一的，应当认为股权转让合同主体不合法：

（1）公司没有依法成立。公司是股东的载体，公司未成立时，股份认购人尚不具备股东地位，当然也不具备股权转让的条件。

（2）出让方不具有公司股东资格。

（3）受让方不具备法律规定的特定身份。

2. 转让的标的要符合法律的规定。

股权转让合同约定转让的股份或者股权必须是依法可以转让的，如果转让的标的是法律禁止转让的，该股权转让行为就应当认定无效。比如说发起人在公司成立三年内其所持的股票不能转让。

3. 股权转让的方式要符合法律的规定。

如果是股票转让，要从股票转让的方式、法律规定的转让手续及转让条件等方面去考察；一般的股权转让应当注意均须采取书面合同的形式，有的应当公证或者经过上级主管部门批准。

4. 双方当事人是否构成欺诈、胁迫、恶意串通，损害国家集体或者第三人利益。

（案件来源：湖北省人民检察院；整理人：田圣斌）

三十三、合同是否有效（一）

争议焦点

双方签订的联合开发合同是否有效。

基本案情

1997 年 3 月 12 日，S 公司与某指挥部签订一份联合开发合同，约定双方联合开发 C 北区 Y 工程，该项目采取双方联合开发、分段实施、分别核算、自负盈亏的方式，由指挥部提供建设用地及全部前期手续至现场"三通一平"，S 公司负责工程项目的建设及销售。该项目前期费用按每平方米建筑面积450 元，由 S 公司支付给指挥部，该项目前期费用暂定为7014600元。S 公司于合同签订后三日内支付 200 万元，在 1997 年 4 月 20 日前付款至95％，余款5％在全部住宅竣工，指挥部移交产权手续和土地证时付清。双方还在合同中约定：根据该项目的核准面积，待办理产权手续时，根据办理产权的面积，按每平方米 450 元，由 S 公司核付给指挥部。合同签订后，S 公司按期支付指挥部第一笔款项 200 万元。经查明在合同履行过程中，指挥部在双方联合开发前，已于 1996 年 4 月 16 日将该项目土地使用权证在农行 H 支行抵押借款 350 万元。指挥部在双方签约时，并未将该情况告知 S 公司，直至 1998 年 8 月才告诉 S 公司，1998 年 8 月 4 日，由 S 公司代付未予还清的 133 万元银行贷款后，从银行直接取回该项目土地使用权证。S 公司至 1999 年 6 月 21 日止，已支付 729.9 万元。1999 年 9 月 21 日，经房地部门核发的产权证确认双方联合开发的房屋面积为 17664.9 平方米。指挥部至今仅向 S 公司移交了 13053.56 平方米房屋产权手续，尚余有 4611.34 平方米的产权未办移交手续，S 公司余款也未予结算。

1999 年 12 月 1 日、27 日双方又签订两份协议书，房屋交易登记所涉及的税费及综合服务费，指挥部应按 453 元／平方米的比例分担，上述款项由 S 公司垫付，从指挥部的项目款中扣除。其中营业税按此计算应约为 45 万元。

指挥部为追偿剩余款项，以 S 公司为被告向区人民法院起诉。

2000 年 12 月 5 日，区人民法院作出（2000）经初字第 0318 号民事判决，判决：1. 被告于判决生效后十日内向原告支付联合开发费 649258.5 元；2. 被告于本判决生效后十日内向原告支付违约金 558490 元。

S 公司不服，提出上诉。中级人民法院判决：1. 维持原审判决第一项，即被告于本判决生效后十日内向原告支付联合开发费 649258.5 元；2. 撤销原审判决第二项，即被告于本判决生效后十日内向原告支付违约金 558490 元；3. 上诉人 S 公司应于本判决生效后十日内支付被上诉人指挥部利息损失 396082.8 元；4. 驳回双方当事人的其他诉讼请求。

S 公司不服，向人民检察院申诉。经抗诉，高级人民法院受理抗诉后，指令中级人民法院再审。2002 年 9 月，中级人民法院再审判决撤销原终审判决，驳回指挥部的诉讼请求。

观点评析

（一）指挥部不具备联合开发的主体资格，其与 S 公司签订的合同应属无效。

《最高人民法院关于审理联营合同纠纷案件若干问题的解答》第 3 条"关于合同的主体资格认定问题"第 2 款第 2 项规定："党政机关和隶属党政机关编制序列的事业单位、军事机关、工会、共青团、妇联、文联、科协和各种协会、学会及民主党派等，不能成为联营合同的主体。"指挥部作为区人民政府为市政道路房屋拆迁改造而设立的临时机构，依据上述司法解释的规定不具有经营主体资格，不能作为联合开发的主体。根据我国《民法通则》第 55 条第

1 项："民事法律行为应当具备下列条件：（一）行为人具有相应的民事行为能力"之规定，指挥部与 S 公司所签订的联合开发 C 北区 Y 工程的合同，因一方主体不适格而无效。

（二）指挥部与 S 公司的合同内容违法。

经查，1996 年，指挥部因市政建设需要，以行政划拨方式，在 C 北区征用土地 9.09 亩。而联合开发合同明确约定：指挥部负责提供建设用地，并保证将合同所联合开发项目的全部产权、土地使用权转让并归 S 公司所有。该约定内容说明，双方名为联合开发，实为非法转让国有土地使用权，明显违反了国家行政法规的规定。故该联合开发合同无效，由此所致的联合开发行为亦为无效。

（三）对于合同无效，指挥部应承担主要过错责任；S 公司明知指挥部无权出让划拨取得的土地使用权，仍与其签订合同，也应承担一定的过错责任。

相关知识链接

一、相关法律法规

1. 《城市房地产管理法》第 39 条："以出让方式取得土地使用权的，转让房地产时，应当符合下列条件：（一）按照出让合同约定已经支付全部土地使用权出让金，并取得土地使用权证书；（二）按照出让合同约定进行投资开发，属于房屋建设工程的，完成开发投资总额的百分之二十五以上，属于成片开发土地的，形成工业用地或者其他建设用地条件。转让房地产时房屋已经建成的，还应当持有房屋所有权证书。"

2. 《合同法》第 52 条："有下列情形之一的，合同无效：（一）一方以欺诈、胁迫的手段订立合同，损害国家利益；（二）恶意串通，损害国家、集体或者第三人利益；（三）以合法形式掩盖非法目的；（四）损害社会公共利益；（五）违反法律、行政法规的强制性规定。"

3. 《民法通则》第 55 条："民事法律行为应当具备下列条件：

（一）行为人具有相应的民事行为能力；

（二）意思表示真实；

（三）不违反法律或者社会公共利益。"

4. 《最高人民法院关于审理联营合同纠纷案件若干问题的解答》第 3 条："关于联营合同的主体资格认定问题：

（一）联营合同的主体应当是实行独立核算，能够独立承担民事责任的企业法人和事业法人。

个体工商户、农村承包经营户、个人合伙，以及不具备法人资格的私营企业和其他经济组织与企业法人或者事业法人联营的，也可以成为联营合同的主体。

（二）企业法人、事业法人的分支机构不具备法人条件的，未经法人授权，不得以自己的名义对外签订联营合同；擅自以自己名义对外签订联营合同且未经法人追认的，应当确认无效。

党政机关和隶属党政机关编制序列的事业单位、军事机关、工会、共青团、妇联、文联、科协和各种协会、学会及民主党派等，不能成为联营合同的主体。"

二、相关理论知识

联营是指两个或两个以上的企业之间、企业与事业单位之间，在平等自愿基础上，为追求一定经济目的而实行联合经营的一种法律形式。

（一）联营的形式。

根据《民法通则》的规定，联营有以下三种形式：

1. 法人型联营，这是一种最紧密、最稳定的联合形式。它是指联营各方以财产、技术、劳务等出资组成新的经济实体，并由其独立承担民事责任的联营。《民法通则》第51条规定："企业之间或者企业、事业单位之间联营，组成新的经济实体，独立承担民事责任，具备法人条件的，经主管机关核准登记，取得法人资格。"根据这种联营所形成的联营企业为法人。它的设立、变更和终止以及权利能力、行为能力、责任范围等均适用企业法人的有关规定，联合各方的权利义务、利益分配、风险承担、管理机构的产生、成员的加入和退出等均由企业章程予以规定。

2. 合伙型联营，这是一种半紧密、较稳定的联合形式。它是指联营各方以财产、技术、劳务等出资，共同经营，由联营各方按照出资比例或者协议的约定，以各自所有的或经营管理的财产承担民事责任的联营。《民法通则》第52条规定："企业之间或者企业、事业单位之间联营，共同经营、不具备法人条件的，由联营各方按照出资比例或者协议的约定，以各自所有的或者经营管理的财产承担民事责任。依照法律的规定或者协议的约定负连带责任的，承担连带责任。"根据这种联营而组成的企业不具有法人条件，其财产属于共有性质，联营各方的责任是无限的连带责任。

3. 合同型联营，这是一种松散型、简易型的联合形式。它是指联营各方既不出资，也不组成新的经济组织，而是按照合同的约定相互协作，各自独立经营，各自承担民事责任的联营。《民法通则》第53条规定："企业之间或者企业、事业单位之间联营，按照合同的约定各自独立经营的，它的权利和义务由合同约定，各自承担民事责任。"这种联营形式只不过是联营各方之间的一种较为稳定的合同关系而已。

（二）联营纠纷案件的受理范围。

联营各方因联营合同的履行、变更、解除所发生的经济纠纷，如联营投资、盈余分配、违约责任、债务承担、资产清退等纠纷向人民法院起诉的，凡符合《民事诉讼法》规定的起诉条件的，人民法院应予受理。关于联营各方因联营体内部机构设置、人员组成等管理方面的问题发生纠纷向人民法院起诉的，人民法院不予受理。

（三）联营合同纠纷案件的管辖法院确定的原则。

联营合同纠纷案件的地域管辖，因不同的联营形式而有所区别：

（1）法人型联营合同纠纷案件，由法人型联营体的主要办事机构所在地人民法院管辖。

（2）合伙型联营合同纠纷案件，由合伙型联营体注册登记地人民法院管辖。

（3）协作型联营合同纠纷案件，由被告所在地人民法院管辖。

（四）对联营合同主体的认定。

联营合同的主体应当是实行独立核算，能够独立承担民事责任的企业法人和事业法人。

个体工商户、农村承包经营户、个人合伙，以及不具备法人资格的私营企业和其他经济组织与企业法人或者事业法人联营的，也可以成为联营合同的主体。

企业法人、事业法人的分支机构不具备法人条件的，未经法人授权，不得以自己的名义对外签订联营合同；擅自以自己名义对外签订联营合同且未经法人追认的，应当确认无效。

党政机关和隶属党政机关编制序列的事业单位、军事机关、工会、共青团、妇联、文联、科协和各种协会、学会及民主党派等，不能成为联营合同的主体。

（案件来源：湖北省人民检察院；整理人：田圣斌）

三十四、合同是否有效（二）

争议焦点

陈某与周某的售车合同是否有效。

案件事实

2003 年 1 月 9 日晚，车主胡某驾驶富康出租车（挂靠于某县 Z 汽车租赁有限公司 X 分公司）与同向前方一违章停放的三轮农用车相撞，导致两车起火燃烧，车主胡某受伤。Z 公司为减少损失，向该车的承保单位中国人民保险公司 X 市支公司申请保留出租车的经营权和车牌，对该车进行报废。保险公司考虑到保户的利益，对该车定损为全车报废，残值 800 元，付保险赔款 59339.40 元。2003 年 6 月，陈某购买该车及经营权，并对该车进行了大修。2003 年 10 月 9 日，经中间人张某介绍，陈某将该车卖给了周某。双方协商以 5.5 万元成交，并签订了售车协议一份。周某于当日付给陈某车款 4.4 万元，尚欠 1.1 万元，约定在陈某办好相关证件后全部付清。周某购得该车后，发现车辆存在问题，曾向陈某提出退车要求，陈某表示可以进行修理不愿退车。周某于 2004 年 1 月 7 日向县人民法院提起诉讼，请求法院确认双方签订的车辆买卖协议无效，要求陈某退还车款。

2004 年 9 月 28 日，县人民法院作出判决。依照《中华人民共和国民法通则》第 4 条、《中华人民共和国合同法》第 52 条第一款（四）项、第 58 条之规定，判决周某与陈某于 2003 年 10 月 9 日签订的售车协议无效，陈某返还周某购车款 44000 元，周某返还陈某该富康车。

陈某不服，提起上诉。在二审审理过程中，陈某又以服从原判为由，于 2005 年 4 月 5 日向法院申请撤回上诉。中级人民法院裁定准许陈某撤回上诉。

陈某向县人民法院申请再审，县人民法院经审理于 2005 年 10 月 26 日作出民事判决，认定再审查明的事实与一审基本相同，判决维持原民事判决。

陈某不服，提出上诉。中级人民法院判决：驳回上诉，维持原判。

陈某向人民检察院申诉。

观点评析

（一）从《汽车报废标准（1997 年修订）》（国经贸〔1997〕456 号）规定来看，国家对达到报废条件的民用汽车采取强制报废的管理手段，公安车辆管理部门为车辆检验法定机构，对于经检验达到报废条件的民用汽车，公安车辆管理部门将进行强制报废。国务院颁布的《报废汽车回收管理办法》（国务院第 307 号令）（2001 年 6 月 16 日发布）第 10 条规定："报废汽车拥有单位或者个人应当及时向公安机关办理机动车报废手续。公安机关应当于受理当日，向报废汽车拥有单位或者个人出具《机动车报废证明》，并告知其将报废汽车交售给报废汽车回收企业。"由此可知，认定车辆是否报废的法定机关是公安部门而非保险公司，公安交警部门出具的相关证明具有权威性。保险公司不是法定的车辆检验机构，周某提供的赔付记录该车损坏过，其定损是赔付的依据，而不是定案的法律依据。在一审再审期间，陈某为证明富康车为合格车辆，向县人民法院申请对该车进行鉴定，从市公安局交通警察支队调取的有关富康车的登记信息记载状态正常。此证据充分证明富康车为合格车辆，并非报废车辆。虽然检测时间是在出售该车之后的一个多月，但是并不影响其法定的证明效力，不能否定该车辆为质量合格的客观事实。富康车于 2003 年 1 月 9 日发生交通事故造成损坏，陈某取得该车后经过修复，已经达到了机动车国家安全技术标准。且周某在取得该车后一直使用收益的事实也证实该车辆质量是合格的，没有危害社会公共利益与第三人利益。因此，二审法院判决仅以保险赔付记录为依据认定陈某与周某之间交易的富康车为不合格车辆，显然是采信证据不当。

（二）《最高人民法院关于民事诉讼证据的若干规定》第 2 条规定："当事人对自己提出的诉讼请求所依据的事实或者反驳对方诉讼请求所依据的事实有责任提供证据加以证明。没有证据或者证据不足以证明当事人的事实主张的，由负有举证责任的当事人承担不利后果。"本案周某对主张合同无效负有相应的举证责任，但其所提出的保险公司赔付记录只能证明该车于 2003 年 1 月 9 日发生交通事故时的状况，并不足以证实陈某 2003 年 10 月 9 日卖给周某时的车辆是不合格的。因此，在原告无法举证证明该合同无效时，法院认定该合同无效属认定事实错误。

相关知识链接 ↘

一、相关法律法规

1.《民法通则》第 4 条："民事活动应当遵循自愿、公平、等价有偿、诚实信用的原则。"

2.《合同法》第 52 条："有下列情形之一的，合同无效：

（一）一方以欺诈、胁迫的手段订立合同，损害国家利益；

（二）恶意串通，损害国家、集体或者第三人利益；

（三）以合法形式掩盖非法目的；

（四）损害社会公共利益；

（五）违反法律、行政法规的强制性规定。"

3.《合同法》第 58 条："合同无效或者被撤销后，因该合同取得的财产，应当予以返还；不能返还或者没有必要返还的，应当折价补偿。有过错的一方应当赔偿对方因此所受到的损失，双方都有过错的，应当各自承担相应的责任。"

4.《最高人民法院关于民事诉讼证据的若干规定》第 2 条："当事人对自己提出的诉讼请求所依据的事实或者反驳对方诉讼请求所依据的事实有责任提供证据加以证明。没有证据或者证据不足以证明当事人的事实主张的，由负有举证责任的当事人承担不利后果。"

5. 国务院《报废汽车回收管理办法》（国务院第 307 号令）（2001 年 6 月 16 日发布）第 10 条："报废汽车拥有单位或者个人应当及时向公安机关办理机动车报废手续。公安机关应当于受理当日，向报废汽车拥有单位或者个人出具《机动车报废证明》，并告知其将报废汽车交售给报废汽车回收企业。"

二、相关理论知识

合同效力，是指依法成立的合同的约束力。对于合同效力的含义，应从以下三方面来理解：

第一，合同效力是合同本身的强制力，表现为对合同的自觉遵守和不履行合同义务应承担责任乃至制裁。合同的目的是通过履行而实现的。在履行中，当事人对合同义务的遵守，其根本动因不在于合同利益的驱使、诚实信用等道德因素，而在于合同的强制力；同时，不履行合同义务，一定会产生相应的责任，并因此承担不利的法律后果。

第二，合同效力是一种法律保护力，合同和合同权利是依靠法律的保护力维持的。依法成立的合同本身，不受任何单位和个人的非法干涉及非法侵害；合同和合同权利的实现，均受国家法律的保护。由此说来，不被法律保护的合同，不可能存在合同效力的问题。

第三，合同效力，实际上是合同的实效力。合同实效力，是实现合同目的的确定性。合同目的的实现，包括对合同遵守的必然性和对违反合同制裁的必然性。如果能够做到履行合同义务、实现合同权利，则说明该合同是有实效的。每个合同失去了实效力并不一定意味着失去效力。因此，我们认识和把握合同效力的含义，应当更多地从合同的实效力方面来理解，离开合同的实效力谈论合同效力，没有什么实际意义。

有效合同是指符合法律规定，所签订的条款对当事人各方具有法律约束力，并受国家法律强制力保护的合同。

依法成立的合同，自成立时生效。法律、行政法规规定应当办理批准登记等手续的，必须办理完有关手续合同才能生效。

（案件来源：湖北省人民检察院；整理人：田圣斌）

三十五、"以贷还贷"的借款合同的效力及保证责任

争议焦点

G公司对所述债务是否应当承担连带清偿责任。

基本案情

1997年6月25日，招商银行W分行（以下简称招行）与J公司签订《借款合同》，双方约定：招行借给J公司人民币298万元，利率为9.24‰，借款用途为收购机械产品，借款期限从1997年6月26日起至1998年6月25日。1997年6月26日，G公司为该笔借款向招行以编号1997年国字第026号提供《不可撤销担保书》。借款合同签订后，招行以借贷还贷的方式将J公司1997年6月前未归还的借款268万元及逾期贷款利息30万元转到了新合同的项下，未向J公司发放新贷款。借款合同到期后，J公司未履行还款义务，G公司也未履行担保责任。1998年6月25日，招行又与J公司签订了《借款合同展期协议书》，G公司在协议书上签字担保。1998年1月22日J公司偿还招行17万元，利息1675.52元。

1998年2月25日，招行又与J公司签订借款合同，约定由招行借给J公司人民币17万元用于收购出口商品，利率7.0125‰，借款期限从1998

年 2 月 25 日至 1998 年 6 月 25 日。同月，G 公司又为该笔借款担保。招行向 J 公司发放贷款 17 万元。借款合同到期后，J 公司未还款，G 公司也未履行担保责任。1998 年 6 月 25 日，招行又与 J 公司签订《借款合同展期协议书》，G 公司签字担保，将上述借款展期至 1998 年 9 月 25 日。

以上两笔借款本金 315 万元，J 公司于 1998 年 1 月 22 日偿还招行本金 17 万元，利息 1675.52 元。二笔贷款的利息从贷款之日至 1998 年 6 月 20 日已结清。借款到期后，J 公司未履行还款义务，G 公司亦未履行担保责任。为此，招行向中级人民法院提起诉讼。

1999 年 12 月，中级人民法院作出（1999）经初字第 569 号民事判决书，判决：1. 被告 J 公司偿还原告招行借款本金 281 万元，支付尚欠合同内利息 206950.18 元，支付逾期罚息（从 1999 年 5 月 25 日至 1999 年 6 月 9 日按日万分之三计算，从 1999 年 6 月 10 日至本判决生效之日止按日万分之二点一计算）。2. 被告 G 公司对上述债务承担连带清偿责任。3. 被告 J 公司偿还原告招行借款本金 17 万元，支付尚欠合同期内利息 3455.76 元，支付逾期罚息（从 1998 年 9 月 25 日至 1998 年 12 月 6 日按日万分之四计算，从 1998 年 12 月 7 日至 1999 年 6 月 9 日按日万分之三计算，从 1999 年 6 月 10 日至本判决生效之日止按日万分之二点一计算）。4. 被告 G 公司对上述债务承担连带清偿责任。

G 公司不服，向人民检察院申诉。经抗诉，高级人民法院受理抗诉后，指令中级人民法院对本案进行再审。

2002 年 1 月，中级人民法院经再审作出（2001）经再字第 95 号民事判决，判决：1. 维持本院（1999）经初字第 569 号民事判决的第一项，即 J 公司偿还招行借款本金 281 万元，支付合同期内利息 206950.18 元，支付逾期罚息（从 1999 年 5 月 25 日至 1999 年 6 月 9 日按日万分之三计算，从 1999 年 6 月 10 日至本判决生效之日止按日万分之二点一计算）；第三项，即 J 公司偿还招行借款本金 170000 元，支付合同期内利息 3455.76 元，支付逾期罚息（罚息计算标准同上）。2. 撤销本院（1999）经初字第 569 号民事判决第二项，即 G 公司对上述债务承担连带清偿责任。3. 变更本院（1999）经初字第 569 号民事判决第四项为：G 公司对上述 170000 元的债务承担连带清偿责任。

观点评析

本案是一起典型的以贷还贷的借款合同纠纷。以贷还贷是指债权人与债务人在旧贷款未清偿的情况下，签订新贷款合同，以新贷出的款项清偿旧贷款的行为。

本案招行与 J 公司签订借款合同的次日，招行就用银行特种转账借方传票将 J 公司原于 1995 年 10 月 26 日所贷 298 万元中余额 268 万元本金，从其贷款账户直接扣划逾期账户中，其余 30 万元利息同样也用特种转账借方传票直接从其贷款账户扣划到逾期账户中。其借款合同虽未注明是以贷还贷，但从以下三个方面分析：1. 此 298 万元款项根本没有贷出，只是更换贷款凭证。2. 此款项在极短的时间内即归还（25 日借出，26 日归还）。3. 新贷款 298 万元恰好是旧贷款本息（本金 268 万元、利息 30 万元）相加之和，可以推定此借款合同的用途并非"收购机械产品"，而是以贷还贷。

（一）"以贷还贷"的借款合同的效力问题，《担保法》中虽未明确予以规定，但《最高人民法院关于适用〈中华人民共和国担保法〉若干问题的解释》第 39 条规定："主合同当事人双方协议以新贷偿还旧贷，除保证人知道或者应当知道的外，保证人不承担民事责任。新贷与旧贷系同一保证人的，不适用前款的规定。"从该条的表述来看，司法解释未将保证人的责任表述为"无效民事责任"或"赔偿责任"，等于承认了主合同（"以贷还贷"的）效力。

（二）G 公司作为本案保证人，在不知晓招行与 J 公司为以贷还贷而签订虚假借款合同的情况下，为 J 公司提供担保，违背了其真实意思表示，所以不应承担担保责任。

本案借款合同注明的贷款用途为收购工具车等，并非贷新还旧，招行与 J 公司均未提供 G 公司在提供担保时是明知以贷还贷的有效证据，所以应认定 G 公司对本案争议的 298 万元是"以贷还贷"并不知情。但是否只要保证人不知情就一定不承担担保责任呢？应根据具体情况区别对待。《最高人民法院关于适用〈中华人民共和国担保法〉若干问题的解释》第 39 条规定："主合同当事人双方协议以新贷偿还旧贷，除保证人知道或者应当知道的外，保证人不承担民事责任。新贷与旧贷系同一保证人的，不适用前款的规定。"可见，在旧贷与新贷均有保证人，且保证人为同一人的情况下，保证人原则上应当承担保证责任。在旧贷没有担保或旧贷与新贷的保证人不是同一人的情况下，新贷的保证人如果不知道主合同双方当事人在搞"以贷还贷"的，应当按照《担保法》第 30 条第 1 项关于"主合同当事人双方串通，骗取保证人提供保证的，保证人不承担担保责任"的规定，免除保证人的保证责任。因为在这种情况下的"以贷还贷"，不仅是债权人与债务人串通实际变更主合同的贷款用途，未征得保证人的同意，而且保证人承担保证的可能是一笔死账，原本就不能收回了，还让保证人出具保证，明显对保证人不公。让保证人在这种情况下承担保证责任，有违民法上的公平原则。

相关知识链接

一、相关法律法规

1.《担保法》第30条："有下列情形之一的，保证人不承担民事责任：（一）主合同当事人双方串通，骗取保证人提供保证的；（二）主合同债权人采取欺诈、胁迫等手段，使保证人在违背真实意思的情况下提供保证的。"

2.《最高人民法院关于适用〈中华人民共和国担保法〉若干问题的解释》第39条："主合同当事人双方协议以新贷偿还旧贷，除保证人知道或者应当知道的外，保证人不承担民事责任。新贷与旧贷系同一保证人的，不适用前款的规定。"

二、相关理论知识

保证指债务人以外的第三人为债务人履行债务而向债权人所做的一种担保，是典型的人保、典型的约定担保。其在合同法上的定义，是指保证人和债权人约定，当债务人不履行债务时，保证人按照约定履行债务或者承担责任的行为。

保证人的特征和资格：①从属性；②相对独立性；③补充性。

（1）保证人的积极资格：①具有清偿能力；②可以是公民、法人和其他经济组织；

（2）保证人的消极资格：①国家机关和公益法人的担保人资格受到限制；②企业法人的分支机构只能在企业法人的书面授权范围内进行保证行为；③企业法人的职能部门不得担任保证人。

共同保证是指两个以上的民事主体担任同一债务的保证人的保证行为，共同保证分为按份共同保证和连带共同保证。按份共同保证是指两个以上的保证人按照约定的份额承担保证责任。连带共同保证是两个以上的保证人分别对全部债务承担保证责任的保证行为。

"以贷还贷"指借款人在旧贷款未清偿之情况下，与贷款人签订新的贷款合同，以新贷之款项清偿旧贷款的行为。构成"以贷还贷"需具备两个要件：（1）客观上有以新贷偿还旧贷之行为；（2）主观上需债权人与债务人有以新偿旧之共同意思表示。如果"以贷还贷"之意思于合同中载明不会产生歧义，但多数情况下并无明确的书面证据以资证明，应允许使用推定之方法认定之。

根据《最高人民法院关于适用〈中华人民共和国担保法〉若干问题的解释》第39条规定，可以将"以贷还贷"分为新旧贷保证人一致的"以贷还贷"，以及新旧贷保证人不一致的"以贷还贷"：

（1）新旧贷保证人一致的"以贷还贷"，是指新借款合同的保证人同时也是旧借款合同的保证人的情形。在该种情形下保证人保证责任不能因为"以贷还贷"而免除。应当注意的是，新旧贷保证人是否一致是依各个具体的保证人进行判断，并不要求新旧贷所有的保证人都一致。如旧的借款合同由 A、B、C 三人提供保证，新借款合同由 C、D 保证，则相对保证人 C 而言，属于新旧贷保证人一致的情形，C 的保证责任不能因此而免除。而 D 则属于新旧贷保证人不一致的情形，D 的保证责任可以因此而免除。在这种情形下，新的保证人是否知道或应当知道"以贷还贷"对其保证责任的承担不发生影响。

（2）新旧贷保证人不一致的"以贷还贷"，可分为两类：第一种为新保证人知悉或应当知悉"以贷还贷"的新旧保证人不一致的"以贷还贷"，此时，新保证人也不能以"以贷还贷"为由主张不承担保证责任；第二种为新保证人不知悉也不应当知悉"以贷还贷"的新旧保证人不一致的"以贷还贷"，此时，保证人可以"以贷还贷"为由主张不承担保证责任。

（案件来源：湖北省人民检察院；整理人：田圣斌）

三十六、合同主体与合同的效力

争议焦点

X 食品公司与 X 批发部签订的委托销售代理合同是否合法有效。

基本案情

1999 年 6 月 1 日，X 食品公司驻 W 市办事处与对方当事人 X 批发部签订协议书，约定：X 食品公司授权 X 批发部为 W 市 H 街总代理，同时划定 H 省周边各地县级市场归 X 批发部开发经营。如在 X 批发部区域内发生业务，应移交给 X 批发部，所结货款冲抵批发部应付款，如 X 食品公司违约，除冲抵 X 批发部应付款外，另赔偿 X 批发部市场开发费 5 万元。X 食品公司以最优惠的价格向 X 批发部供货，保证其利润在 20%，合同未约定履行期限。在此期间，X 批发部违约拖欠 X 食品公司部分货款，X 食品公司也没有保证 X 批发部的利润在 20%。2000 年 1 月，X 批发部与 X 食品公司又签订一份买卖合同。双方也未终止委托代理销售合同。在上述合同履行期间，X 食品公司另设经销点，并于 2000 年 9 月中旬，停止向 X 批发部供货。为此，X 批发部将 X 食品公司告上法庭，X 食品公司则以 X 批发部欠货款 83039.23 元为由，提出反诉。

X 批发部所持有的营业执照在工商机关登记的名称是 Q 区食品经营部，负责人张某，该当事人虽持有营业执照，但都以"X 食品批发部"的名称对外经营，包括上述合同的签订。

2001 年 2 月 6 日，区人民法院依照《中华人民共和国民法通则》第 106 条第 1 款、第 108 条、第 111 条、第 112 条的规定，判决：1. X 食品公司支付 X 批发部市场开发费 5 万元，并赔偿 X 批发部经济损失 4 万元，共计 9 万元；2. X 批发部偿付 X 食品公司货款 65687.07 元；3. 驳回 X 批发部和 X 食品公司的其他诉讼请求。

X 食品公司不服，向人民检察院申诉。经抗诉，中级人民法院受理抗诉后，指令区人民法院进行再审。区人民法院另行组成合议庭再审，根据《中华人民共和国民事诉讼法》第 108 条第 1 项、第 2 项的规定，裁定：1. 撤销区人民法院（2001）Q 经初字第 19 号民事判决书；2. 驳回原审原告 X 批发部起诉；3. 驳回原审被告 X 食品公司的反诉。

观点评析

（一）"X 批发部"未经工商机关注册，其与 X 食品公司签订的委托代理销售合同无效。

本案原告所持有的营业执照在工商机关登记注册的名称是 Q 区食品经营部，负责人张某。原审原告虽持有该营业执照，但却以"X 批发部"的名称对外经营。我国《企业法人登记管理条例》第 10 条第 1 款规定："企业法人只准使用一个名称。企业法人申请登记注册的名称由登记主管机关核定，经核准登记注册后在规定的范围内享有专用权。"我国《企业法人登记管理条例施行细则》第 37 条第 1 款规定："登记主管机关核发的《企业法人营业执照》，是企业取得法人资格和合法经营权的凭证。登记主管机关核发的《营业执照》是经营单位取得合法经营权的凭证。经营单位凭据《营业执照》可以刻制公章、开立银行账户、开展核准的经营范围以内的生产经营活动。"X 批发部因未经工商管理机关登记注册，其经营主体资格不合法。根据上述法律规定，X 批发部与 X 食品有限公司签订的委托代理销售协议应为无效。

（二）一审判决认定 X 批发部为诉讼主体，确有错误。

原审原告将所持有的 Q 区食品经营部营业执照伪造成"X 批发部"的营业执照，并以该名称参与诉讼。根据我国《民事诉讼法》第 49 条、《最高人民法院关于适用〈中华人民共和国民事诉讼法〉若干问题的意见》第 40 条的规定，"X 批发部"不具备诉讼主体资格。一审判决认定"X 批发部"为诉讼主体，属错列诉讼主体。

"X 批发部"不具备诉讼主体资格，因此，本诉、反诉均不能成立。

相关知识链接 ↘

一、相关法律法规

1.《民法通则》第 37 条："法人应当具备下列条件：（一）依法成立；（二）有必要的财产或者经费； （三）有自己的名称、组织机构和场所；（四）能够独立承担民事责任。"

2.《合同法》第 9 条："当事人订立合同，应当具有相应的民事权利能力和民事行为能力。当事人依法可以委托代理人订立合同。"

3.《民事诉讼法》第 49 条第 1 款："公民、法人和其他组织可以作为民事诉讼的当事人。"

4.《最高人民法院关于适用〈中华人民共和国民事诉讼法〉若干问题的意见》第 40 条："民事诉讼法第四十九条规定的其他组织是指合法成立、有一定的组织机构和财产，但又不具备法人资格的组织，包括：（1）依法登记领取营业执照的私营独资企业、合伙组织；（2）依法登记领取营业执照的合伙型联营企业；（3）依法登记领取我国营业执照的中外合作经营企业、外资企业；（4）经民政部门核准登记领取社会团体登记证的社会团体；（5）法人依法设立并领取营业执照的分支机构；（6）中国人民银行、各专业银行设在各地的分支机构；（7）中国人民保险公司设在各地的分支机构；（8）经核准登记领取营业执照的乡镇、街道、村办企业；（9）符合本条规定条件的其他组织。"

二、相关理论知识

合同成立，是指当事人达成协议而建立了合同关系。合同生效，则指具备有效要件的合同按其意思表示的内容产生了法律效力。在大多数的情况下，合同成立时具备了生效的要件，因而其成立和生效时间是一致的。

一般而言，合同成立要件有三：（1）当事人意思表示须一致，即合意，这是合同成立的根本要件。凡意思表示不一致，即虽经协议但未达合意者，合同不能成立。（2）合意则须有两个或两个以上的当事人。仅有一方当事人是

不可能产生合意的，因而也就不可能成立合同。（3）当事人的意思表示须以订立合同为目的。不以订立合同为目的的意思表示，即使达成合意，合同也不能成立。还有一些合同，如要式合同和实践合同，其成立除须上述三要件外，尚须特殊要件，即或依一定方式，或完成标的物的交付。否则，不能成立合同。

一般认为，合同生效的一般要件是：

（1）当事人在订立合同时必须具有相应的订立合同的行为能力。这实质上是法律对合同主体资格作出的一种规定。主体不合格，所订立的合同不能发生法律效力。合同主体，无非是自然人和非自然人两类。非自然人作为合同主体的情况，主要包括法人组织和非法人组织。这类合同主体一般都具有订立合同的行为能力。自然人作为合同主体，其合同行为能力的有无，应根据其民事行为能力的状况来确定。

（2）合同当事人的意思表示真实。这是合同有效的另一个要件。所谓意思表示真实，是指当事人在缔约过程所作的要约和承诺都是自己独立且真实意志的表现。在正常情况下，行为人的意志，就是与其外在的表现相符的。但是，由于某些主观上或客观上的原因，也可能发生两者不相符的情形。

（3）合同不违反法律或者社会公共利益。这是合同生效要件中最为重要的一个。合同欠缺合法性，没有补救的余地，只能归于完全无效。合同违反法律和社会公共利益，其所指包括合同的目的和内容两个方面，即合同的目的和内容都不得违反法律或社会公共利益。这里所说的"法律"，既包括现行法律、法规和行政规章中的强制性规定，也包括国家政策的禁止性规定和命令性规定。

按照我国《合同法》的规定，有下列情形之一的，合同无效：

第一，一方以欺诈、胁迫的手段订立合同。合同是双方的合意，这种合意必须是双方真实意思的表示。在受欺诈、胁迫时所做出的意思表示，从根本上违反了意思自治原则，因而是无效的。

第二，恶意串通，损害国家、集体或者第三人利益。这一无效的原因由主观和客观两个因素构成。主观因素为恶意串通，即当事人双方有共同的目的，希望通过订立合同损害国家、集体或者第三人的利益。

第三，以合法形式掩盖非法目的。合同必须合法才能生效。合法包括内容合法和目的合法两方面。以合法形式掩盖非法目的，在本质上仍是非法，所以是无效合同。

第四，损害社会公共利益。制定《合同法》的一个重要目的就是为了维护社会经济秩序。但是，在现实生活中，有极少数人为了满足一己私利，利用合同来达到不可告人的目的。这样的合同，不仅破坏了社会经济秩序，同时，也损害了社会公共利益。

第五，违反法律、行政法规中的强制性规定。这是指违反全国人民代表大会及其常务委员会通过的法律中的强制性规定，以及违反国务院颁布的行政法规中的强制性规定。

（案件来源：湖北省武汉市人民检察院；整理人：田圣斌）

三十七、合同无效与责任承担

『 争议焦点 』

原告对合同无效是否承担责任，X 公司应承担怎样的法律责任问题。

『 基本案情 』

1999 年 8 月 31 日，Z 实业公司以划拨方式取得了地号为 C05020001 的坐落 Q 区 Y1 号、使用面积为 6106.25 平方米的土地使用权，并领取了《中华人民共和国国有土地使用权证》。同年 9 月 15 日，Z 实业公司到有关部门将其名称变更为 Z 实业发展公司（以下简称 Z 公司）。Z 公司经有关部门批准在 Q 区 Y1 号新建了混合结构七层楼房一栋（建筑面积 4027.25 平方米），并于 2000 年 6 月领取了该栋房屋的产权证件。市住房制度改革委员会办公室于 2000 年 5 月 30 日同意将新建综合楼（共计 36 套），按建筑面积每平方米 800 元的成本价向职工（或住户）出售。职工（或住户）实际付款价按有关房改房政策规定计算。

Z 公司、X 公司 1999 年 8 月印发《购房须知》称：位于 Q 区 Y1 号的商品房由两公司共同开发。开工日期为 1998 年 12 月，1999 年 10 月竣工。同时两公司还向购房户散发了未加盖公章的《商品住宅质量保证书》、《商品住宅使用说明书》等宣传材料。1999 年 9 月至 11 月间，Z 公司、X 公司分别与申诉人邹某等二十四人签订了《商品房购销合同》。合同约定：Z 公司以划拨方式取得了位于 Q 区 Y1 号，编号为国用（1999）字第（C05020001）地块的土地使用权。邹某、徐某、李某等二十四人购买 Q 区 Y1 号商品房各一套，每平方米售价、总金额等相关事项。该合同 Z 公司、

X公司均加盖了公章。邹某、徐某、李某等二十四人按合同约定，交付了房款及相关费用，得到住房后，邹某等对各自的住房进行了装修，并搬入居住。2001年4月，Z公司通知邹某、徐某等二十四人领取房屋权属证书时，邹某等人发现该房地产权属证书不是商品房的权属证书，而是房改房地产权属证书，当即拒绝接受，要求退房，后诉至区人民法院。

区人民法院根据《合同法》第56条、第58条、《城市房地产管理法》第39条的规定，判决：1. 邹某等二十四人与Z公司、X公司关于Q区Y1号房屋的买卖无效；2. Z公司在本判决生效之日起五日内返还给邹某等二十四人购房款及相关费用；3. Z公司在本判决生效之日起五日内补偿给邹某等二十四人每人搬家费300元；4. 邹某等二十四人在取得上述款项后的五日内将位于Q区Y1号房屋返还给Z公司；5. Z公司在取得Q区Y1号房屋后的五日内赔偿给邹某等人房屋装修费用；6. 驳回邹某等二十四人的其他诉讼请求。案件受理费，Z公司、X公司、原告相应承担一部分。

观点评析

（一）原告邹某等二十四人不应承担民事责任。

本案该房屋土地使用权不论是以划拨的方式还是以出让的方式取得的，原告邹某等二十四人都不应承担民事责任；原告在本案中属于无过错一方，且未违反房屋购销合同，根据我国《民法通则》第106条的规定，不应承担民事责任。

（二）X公司不应免除民事责任。

本案Z公司在以划拨方式取得位于Q区Y1号的土地使用权兴建综合楼后，明知自己不具备房地产开发经营资格，而借用X公司公章与原告签订《商品房购销合同》，故该合同无效。加之，在签订合同时，Z公司并未告知原告所购房系房改房，且合同上也加盖了X公司的公章。因此，对该合同的无效，Z公司应负全部责任；Z公司不具有出售商品房的资质，正是由于X公司挂名参与销售该商品房，并出借公章给Z公司，才使原告等相信该房屋买卖的合法性，因此，X公司应对合同无效负连带责任。

相关知识链接

一、相关法律法规

1. 《合同法》第56条："无效的合同或者被撤销的合同自始没有法律约束力。合同部分无效，不影响其他部分效力的，其他部分仍然有效。"

2. 《合同法》第58条："合同无效或者被撤销后，因该合同取得的财产，应当予以返还；不能返还或者没有必要返还的，应当折价补偿。有过错的一方应当赔偿对方因此所受到的损失，双方都有过错的，应当各自承担相应的责任。"

3.《城市房地产管理法》第39条："以出让方式取得土地使用权的，转让房地产时，应当符合下列条件：（一）按照出让合同约定已经支付全部土地使用权出让金，并取得土地使用权证书；（二）按照出让合同约定进行投资开发，属于房屋建设工程的，完成开发投资总额的百分之二十五以上，属于成片开发土地的，形成工业用地或者其他建设用地条件。转让房地产时房屋已经建成的，还应当持有房屋所有权证书。"

4.《民法通则》第58条："下列民事行为无效：（一）无民事行为能力人实施的……（三）一方以欺诈、胁迫的手段或者乘人之危，使对方在违背真实意思的情况下所为的；（四）恶意串通，损害国家、集体或者第三人利益的；（五）违反法律或者社会公共利益的……"

二、相关理论知识

根据我国《合同法》的有关规定，合同的效力是法律对当事人合意进行评价的后果，当法律对于当事人合意予以肯定性评价时，发生当事人预期的法律后果，即合同生效；当法律对当事人合意给予全部否定性评价时，则发生合同无效的后果；当法律对于当事人合意给予相对否定性评价时，发生合同可撤销或效力待定的后果。也就是说，合同的成立是合同生效的前提条件，但合同成立并不一定必然有效。已经成立的合同，如符合法定生效条件，就会产生法律约束力，达到合同当事人的预期目的，如果违背或欠缺生效条件，则构成无效的合同、可撤销的合同或效力待定的合同。根据我国法律规定，无效合同的法律后果为：无效合同从合同订立时就无法律约束力，当事人之间的权利义务关系自始无效。合同尚未履行的，不得履行；正在履行的，立即终止履行。合同被确认无效后，当事人依据合同取得的财产应返还给对方，不能返还的，可用赔偿损失的办法赔偿。合同被确认无效后，有过错的一方应赔偿对方因此而受到的损失。双方都有过错的，各自承担相应的责任。

所谓无效合同是相对于有效合同而言的，是指合同虽然已经成立，但因其严重欠缺有效要件，因而绝对不许按当事人合意的内容赋予法律效果的情形。

无效合同的原因有几项：

第一，一方以欺诈、胁迫的手段订立合同，损害国家利益。

第二，恶意串通，损害国家、集体或者第三人利益。

第三，以合法形式掩盖非法目的。以合法形式掩盖非法目的，是指当事人订立的合同在形式上是合法的，但在缔约目的和内容上是非法的。

第四，违反法律、行政法规中的强制性规定。

第五，违反社会公共利益。

单位的业务介绍信、合同专用章和合同书是单位对外进行活动的重要凭证，不得借用，更不得借此非法牟利。对借用其他单位的业务介绍信、合同专用章或者盖有公章的空白合同书签订的经济合同，应当确认为无效合同。出借单位与借用人对无效合同的法律后果负连带责任。出借单位收取的"手续费"、"管理费"，应作为非法所得予以追缴，上缴国库。

借用人与出借单位有隶属关系或者承包关系，且借用人签订合同是进行正当的经营活动，则可不作为无效合同对待。但出借单位应当与借用人对合同的不履行或不完全履行负连带赔偿责任。

（案件来源：湖北省武汉市人民检察院；整理人：田圣斌，肖跃进）

三十八、合同的变更

争议焦点

X 商场的法定代表人雷某口头同意郭某等三人继续承包是否构成对原合同的变更。

基本案情

1999 年 12 月 24 日，X 商场与郭某、范某、韩某三人签订一份承包经营合同书，双方约定由 X 商场将商场交给郭某等三人承包经营，承包期内郭某等三人享有对商场的管理、经营权（含分配权、人事权、奖惩权），郭某全面负责，并享有 X 商场法定代表人委托人的资格，承包期限从 2000 年 1 月 1 日起至 2001 年 12 月 31 日止。上缴商场费用 46 万元（其中承包费 36 万元，国有资产占用费 10 万元），上缴时间 2000 年 4 月 30 日前缴 23 万元，同年 10 月 30 日前缴 23 万元。对于郭某等三人在承包期间发生的债权债务，由郭某等三人承担。合同签订后，X 商场将商场交由郭某等三人管理，郭某等三人也按期交纳了合同约定的费用。2001 年 12 月 31 日，X 商场法定代表人雷某与郭某等三人口头约定由郭某等三人 2002 年起继续承包经营。郭某等三人 2002 年后收取摊位出租费 100 余万元。

此次双方签订的承包经营合同是双方的第四轮合同，此前双方自1993年起签订了滚动式的承包经营合同共有三轮。1996年郭某等三人在承包经营期内在X商场北侧依附于X商场自主出资兴建了一铁棚，当时商场方面对修建此铁棚没有表示异议，并且也得到了当时有关部门的批准，属临时建筑，其用途为出租摊位，收取出租摊位的费用，2001年和2002年1月郭某等三人共收取铁棚摊位出租费13万余元。X商场房屋所有权单位Y商贸有限责任公司于2001年底实施企业改制，由G国有控股（集团）公司将其所持Y商贸有限责任公司160.24万国有股作价112.17万转让给自然人雷某，占Y公司总股本的71.57%。2002年1月29日，Y公司董事长雷某召开了第二次董事会，此次董事会的董事会纪要决定，从2002年1月1日起X商场的收入归Y公司所有。2002年4月18日，Y公司向工商部门申请设立"Y商贸有限责任公司X商场"。但市国有资产管理办公室在审核该国有股权转让过程中，认定此股权转让违法违规，并在2003年9月11日决定撤销上述国有股权的转让，责令G国有控股（集团）公司收回并持有其国有股权。因此Y商贸有限责任公司X商场未能领取营业执照。原X商场法定代表人王某一直未予变更，其目前事实上的法定代表人是雷某。2002年4月9日，雷某将X商场强行收回，收回郭某等三人于2002年以后所预收的摊位费595688.14元，余下418821元摊位费用，雷某以X商场名义起诉要求郭某等三人返还。

区人民法院认为：原、被告双方于1999年12月24日签订的承包合同是双方的真实意思表示，合同有效。该合同已明确三被告的承包期限。故三被告收取2001年12月31日以后的摊位费没有法律依据。被告范某、郭某辩称，原告X商场法定代表人雷某同意三被告在2001年12月31日后继续承包，因其未提供证据，辩称理由不成立，不予认定。被告郭某、范某提出原告X商场现任法定代表人任免问题及铁棚权属问题属另一法律关系，与本案承包纠纷无关，不予审理，现三被告仍坚持己见，拒不退还不应收取的摊位费，对此应付全部责任。原告X商场要求三被告退还收取的2001年12月31日以后摊位费的诉讼请求有理，予以支持。判决：由被告郭某、范某、韩某退还多收取的摊位费418821元给原告X商场，上述限被告郭某、范某、韩某在本判决书生效后十日内支付。

郭某等不服，提出上诉。中级人民法院终审判决：驳回上诉，维持原判。

观点评析

本案主要涉及合同的变更问题。双方所签承包经营合同的承包经营期限于2001 年 12 月 31 日届满，那么双方之间的承包经营关系理应终止，虽然在2001 年 12 月 31 日当时 X 商场法定代表人雷某口头同意郭某等三人继续承包经营，但在 2002 年 1 月 29 日，雷某参加 Y 商贸有限责任公司的董事会，并亲自在董事会纪要上签了字。该董事会纪要决定，自 2002 年 1 月 1 日起，X 商场的所有收入归 Y 公司所有，Y 公司作为 X 商场的上级单位，其董事会纪要就是对雷某与郭某等三申诉人口头协议的变更，况且该董事会纪要也得到了雷某的认可。即使双方的口头协议之前是有效的，但期限却是不定期的，出租方可以解除该口头协议，后来 Y 公司也作出了自 2002 年 1 月 1 日起 X 商场所有收入归公司所有的决定，Y 公司收回了 X 商场的经营权和承租权，同时 X 商场也解除了此前与郭某等三人的口头协议，故郭某等三人所收取 2002 年后的摊位出租费理应退还给 X 商场。本案中，Y 公司没有通知郭某等三人，就强行收回了 X 商场，其方式是错误的，没有尽到通知义务，法院对此没有进行审理和认定，确有不妥之处，但该错误并非认定本案主要事实和实体处理上的主要错误，所以法院的判决在实体处理上还是清楚的。

另外，在铁棚问题上，铁棚属添附物，基于铁棚的收益应按照一定的比例归双方所有，法院在此问题上认定基于铁棚的收益归 X 商场一方所有，确有不当之处。

相关知识链接 ↘

一、相关法律法规

1. 《合同法》第 77 条："当事人协商一致，可以变更合同。法律、行政法规规定变更合同应当办理批准、登记等手续的，依照其规定。"

2. 《合同法》第 94 条："有下列情形之一的，当事人可以解除合同：

（一）因不可抗力致使不能实现合同目的；

（二）在履行期限届满之前，当事人一方明确表示或者以自己的行为表明不履行主要债务；

（三）当事人一方迟延履行主要债务，经催告后在合理期限内仍未履行；

（四）当事人一方迟延履行债务或者有其他违约行为致使不能实现合同目的；

（五）法律规定的其他情形。"

3. 《合同法》第 98 条："合同的权利义务终止，不影响合同中结算和清理条款的效力。"

二、相关理论知识

合同的变更有广义和狭义之分。狭义的变更是指合同内容的某些变化，是在主体不变、标的不变、法律性质不变的条件下，在合同没有履行或没有完全履行之前，由于一定的原因，由当事人对合同约定的权利义务进行局部调整。广义的变更则还包含了主体的变更，实质上是合同的转让。合同变更的情形主要有以下几种：

第一，由合同性质和内容决定当事人一方可变更合同。有的合同是为当事人一方的利益而设立的；也有一些合同的某些条款是专为当事人一方利益约定的。由于在一般情况下，当事人可以放弃自己应得的利益，因此，对于这些合同，如果当事人一方在订立合同后根据客观情况的变化，不再需要合同为其带来利益，则可以变更合同。

第二，当事人双方经协商同意，并且不因此损害国家利益和社会公共利益。当事人双方在进行协商时，意思表示必须是明确的，而不能是模糊的；否则，当事人对合同变更的内容约定不明确的，推定为未变更。

第三，由于不可抗力致使合同的全部义务不能履行。不可抗力是指不能预见或者不能避免、不能克服的客观情况。发生不可抗力，造成合同不能履行或者不能完全履行时，允许当事人变更合同，使合同的履行成为可能。不可抗力必须达到使合同无法履行的程度，才能作为变更合同的理由。如发生不可抗力后，经义务人的努力，合同仍可履行，则不能作为合同变更的理由。

（案件来源：湖北省人民检察院；整理人：田圣斌，姜艳丽）

三十九、劳动合同的变更

争议焦点

2001年12月12日H公司职代会审议通过并经上级主管部门批准实施的"H公司产权制度改革人员分流安置实施办法"和H公司认可赵某在改变国有企业身份获得经济补偿后与H公司解除劳动关系的做法是否构成对原有《托管协议书》的主要内容实质上的变更。

基本案情

赵某于1973年到H公司工作，1999年4月，赵某与H公司及H公司所属的再就业服务中心签订了为期3年的《国有企业下岗职工托管协议书》，赵某领取基本生活费。该托管协议第10条规定：解除或终止托管协议，双方的劳动关系自行终止，2002年4月，托管期满。2001年12月12日，H公司职代会审议通过"H公司产权制度改革人员分流安置实施办法"，并于12月30日报其上级主管部门批准后实施。根据H公司改制的精神，赵某可在改变国有企业身份进行经济补偿后，与H公司解除劳动关系。

2002年8月，赵某已到失业保险机构领取失业救济金。嗣后，赵某与H公司协商解除劳动关系经济补偿金事宜未果。2003年2月13日，赵某向区劳动争议仲裁委员会申请仲裁，该仲裁委于2003年2月24日作出不予受理决定。赵某对该决定不服，于2003年3月24日提起诉讼。

2003年5月29日，区人民法院作出民事判决。该判决认为，原、被告双方经协商签订的托管协议是双方当事人的真实意思表示，是有效法律行为，应受法律保护。协议约定，解除或终止托管协议，双方的劳动关系自行解除。从2002年5月起，原告应知晓双方的劳动关系已解除，直至2003年2月才申请仲裁，其请求已超过诉讼时效，且又无不可抗力和其他正当理由，现原告要求被告支付解除劳动关系经济补偿金的诉讼请求本院不予支持；判决驳回其诉讼请求。

赵某不服，提出上诉。中级人民法院终审判决：驳回上诉，维持原判。

观点评析

本案涉及合同的变更问题。虽然1999年4月H公司及H公司所属的再就业服务中心与赵某签订的为期3年的《国有企业下岗职工托管协议书》是合法有效的，但是依据2001年12月12日H公司职代会审议通过并经上级主管部门批准实施的"H公司产权制度改革人员分流安置实施办法"，赵某可在改变国有企业身份进行经济补偿后与H公司解除劳动关系。事实上H公司也认可赵某在改变国有企业身份获得经济补偿后与H公司解除劳动关系。因此，双方对原有《托管协议书》的主要内容发生了实质上的变更。所以赵某应当在H公司改变国有企业身份进行经济补偿后与H公司解除劳动关系。解除劳动合同应当以书面的形式通知方为有效。然而H公司既没有提供有效的"国有企业改制解除劳动关系给付经济补偿协议书",也未出具"解除劳动合同通知书",故 H 公司与赵某尚未解除劳动合同,该案未超过《劳动法》规定的仲裁申请时效。

相关知识链接

一、相关法律法规

1.《合同法》第 77 条第 1 款:"当事人协商一致,可以变更合同。"

2.《劳动法》第 82 条:"提出仲裁要求的一方应当自劳动争议发生之日起 60 日内向劳动争议仲裁委员会提出书面申请。仲裁裁决一般应在收到仲裁申请的 60 日内作出。对仲裁裁决无异议的,当事人必须履行。"

3.《最高人民法院关于审理劳动争议案件适用法律若干问题的解释(二)》第 1 条:"人民法院审理劳动争议案件,对下列情形,视为劳动法第八十二条规定的'劳动争议发生之日':

(一)在劳动关系存续期间产生的支付工资争议,用人单位能够证明已经书面通知劳动者拒付工资的,书面通知送达之日为劳动争议发生之日。用人单位不能证明的,劳动者主张权利之日为劳动争议发生之日。

(二)因解除或者终止劳动关系产生的争议,用人单位不能证明劳动者收到解除或者终止劳动关系书面通知时间的,劳动者主张权利之日为劳动争议发生之日。

(三)劳动关系解除或者终止后产生的支付工资、经济补偿金、福利待遇等争议,劳动者能够证明用人单位承诺支付的时间为解除或者终止劳动关系后的具体日期的,用人单位承诺支付之日为劳动争议发生之日。劳动者不能证明的,解除或者终止劳动关系之日为劳动争议发生之日。"

4.《最高人民法院关于审理劳动争议案件适用法律若干问题的解释(二)》第 4 条:"用人单位和劳动者因劳动关系是否已经解除或者终止,以及应否支付解除或终止劳动关系经济补偿金产生的争议,经劳动争议仲裁委员会仲裁后,当事人依法起诉的,人民法院应予受理。"

二、相关理论知识

劳动合同是劳动者与用人单位确立劳动关系、明确双方权利和义务的协议。建立劳动关系应当订立劳动合同。订立和变更劳动合同,应当遵循平等自愿、协商一致的原则,不得违反法律、行政法规的规定。劳动合同依法订立即具有法律约束力,当事人必须履行劳动合同规定的义务。

用人单位确定劳动报酬、劳动合同管理、奖惩与裁员事项,应当事先与职工进行平等协商。双方还可以就以下事项进行平等协商:(1)劳动定额;

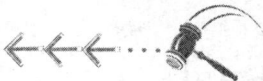

（2）工作时间；（3）休息休假；（4）劳动安全与卫生；（5）补充保险和福利；（6）女职工和未成年工特殊保护；（7）职业技能培训；（8）保守商业秘密；（9）涉及劳动关系的规章制度；（10）集体合同期限；（11）变更、解除集体合同的程序；（12）履行集体合同发生争议时的协商处理办法；（13）违反集体合同的责任；（14）双方认为应当协商的其他内容。

（案件来源：湖北省人民检察院；整理人：田圣斌）

四十、保险合同变更的告知义务

争议焦点

关于承保基础是否改变、保险标的危险程度是否增加的问题。

基本案情

H 保险公司内设职能部门 B 市营业部（甲方，以下简称营业部）与 S 公司于 1997 年 12 月签订一份《保险协议》，就保险标的、保险责任（购车人连续三个月未按分期付款购车合同履行分期付款义务的，保险人一次性向被保险人赔付购车人按分期付款购车合同当期应付款总额）和除外责任、保险期限等予以约定。

1998 年 4 月至 11 月期间，S 公司 B 分公司分 24 次向营业部投保分期付款购车保险。营业部相应地签发了 24 份保险单（保单号 BJ199850501080001—BJ199850501080025 号，不包括 BJ199850501080022 号保险单）。保险单上记载的投保人和被保险人均为 S 公司。抬头和备注栏内亦载明"根据投保人的要求，在投保人向本保险公司缴付约定的保险费后，本公司按照本保险单所载条款、附加条款以及所列项目，承担保险责任，特立本保单为凭"，"本保单按照保险人与被保险人之间分期付款《保险协议》执行；本保单对应于被保险人与购车人之间分期付款购销合同"。保险单记载的保险费率为 2%，免赔额为损失金额的 10%。

S 公司与购车人之间签订了 10 份购车合同（名称分别为分期付款购车合同或轿车购销合同），分别对应于 24 份保险单。其中，10 份购车合同中的 5 份对应于 15 份保险单（保单号：BJ199850501080001—BJ19985050108

0015 号），约定有车辆所有权保留内容，载明"在乙方（购车人，以下同）的付款义务全部履行完毕之前，甲方（S 公司，以下同）仍为轿车产权所有人，乙方对轿车仅有占有和用于该地区的出租车（租赁、自用）经营，而无权作出任何处分"。同时约定"在轿车交付以前，乙方向甲方指定的保险公司投保分期付款期限内的全部轿车基本险并承担保险费用，甲方为该保险的唯一受益人，并应持有保单正本"；"乙方违反合同项下任何义务的，甲方均有权提前终止本合同，并要求乙方立即偿还所欠全部款项，向甲方支付数额为余款 10% 的违约金"。10 份购车合同中的 3 份对应于 7 份保险单，约定有设立车辆抵押权的内容。载明"轿车自乙方取得所有权之时起抵押给甲方。一旦乙方逾期支付车款，甲方可以依法行使抵押权。乙方购买轿车机动车保险和盗抢险，其受益人应为甲方"，"在乙方违反本合同规定、甲方有证据证明乙方无履约能力或有欺诈行为等情况下，甲方有权终止合同，停止继续供货"。10 份购车合同中的 2 份对应于 2 份保险单（保单号：BJ199850501080018 号、BJ199850501080023 号），只约定有设定其他担保的内容，"为保证乙方全面、适当履行合同，乙方应提供经甲方认可的担保，并由担保单位与甲方签署担保合同"，"在乙方违反本合同规定、甲方有证据证明乙方无履约能力或有欺诈行为等情况下，甲方有权终止合同，停止继续供货"。

本案涉及的保险条款于 1998 年在原保险主管部门中国人民银行 B 市分行备案。

1999 年 8 月 4 日，H 保险公司营业总部（原 B 市营业部）就 S 公司的索赔申请致函 S 公司 B 分公司，表明由于出租率下降、无法上牌照等原因使各租赁公司无法按时还款，将会尽最大努力、督促各经销商按期还款。H 保险公司营业总部与 S 公司 B 分公司于 2000 年 3 月 2 日签订一份《会谈纪要》，其内容表明 S 公司要根据《保险协议》、保险条款和保险业务操作惯例向 H 保险公司提供有关材料，双方在该《会谈纪要》上签字盖章。

S 公司向购车人开具了增值税发票，未通过扣留车辆发票、车辆购置附加费凭证、车辆合格证、车辆基本险保险单等方式达到控制车辆转移的目的。至本案诉讼提起时，对 S 公司的数次索赔申请，H 保险公司未进行任何赔付。

2000 年 7 月 26 日，H 保险公司以 S 公司及其 B 分公司未按分期付款购车合同的约定保留车辆所有权或抵押权及其他担保权利，致使保险标的的危险程度增加，保险人承保基础改变为由，诉至高级人民法院，请求判令解除保险合同（保单号自 BJ199850501080001—25，没有 22 号，共 24份），其不承担 117653690 元保险金赔偿责任，并由被告承担诉讼费用。

S 公司和 B 分公司提交了其给 H 保险公司的落款日期为 1998 年 3 月 18日的《致 H 保险公司回复函》和落款日期为 1999 年 4 月 22 日的函件，试图表明 B 分公司曾以传真方式向 H 保险公司出具函件对保险条款提出修改意见，包括要求删除除外责任中的"所有权保留条款"，并告知其 B 市有关部门对车辆抵押登记不予办理。但对上述两份函件，H 保险公司不予认可，S 公司和 B 分公司未进一步举证证明上述函件送达到 H 保险公司。

一审法院就机动车辆买卖能否办理车辆所有权保留和抵押登记问题，走访了公安部车管局车管处。该处答复：车管部门只以发票上的买车人名字为准办理车辆所有权登记，不办理所有权保留登记；车管部门自 2001 年10 月 1 日起根据《中华人民共和国担保法》有关规定开始办理车辆抵押登记。B 市地区在此之前没有办理车辆所有权保留和抵押登记的相关规定。一审庭审后，H 保险公司于 2002 年 5 月 21 日向一审法院提交了一份关于退还保险费的意见，称退还保险费直接涉及保险合同实体责任处理，保险人同意在不再承担其他赔偿责任的情况下，退还全部保险单的保险费。该院依据《中华人民共和国保险法》第十五条，第十六条第一款、第二款、第三款、第四款，第三十六条的规定，判决：一、解除 H 保险公司出具的，S 公司为投保人和被保险人的 24 份付款购车保险单；二、H 保险公司对上述分期付款购车保险单解除前发生的保险事故不承担保险赔偿责任；三、H 保险公司退还给 S 公司该判决第一项所列 21 份分期付款购车保险单项下的保险费 2031501 元；四、驳回 H 保险公司其他诉讼请求。

S 公司上诉称：保险条款与《保险协议》约定的除外责任内容矛盾，原审判决认定两者的相关内容是并列、互为补充的关系是错误的。保险条款出具时间在《保险协议》签订之前，是保险人单方意思表示，保险条款与《保险协议》的约定不一致时，应以《保险协议》为准。一方面，保险人对未保留车辆所有权和未办理车辆抵押是明知的，未保留所有权和行使抵押权并未导致危险程度增加，另一方面保留所有权、设置抵押权的约定，因违反行政法规和《工矿产品购销合同条例》应为无效。

H 保险公司上诉称：一、针对 BJ199850501080018、BJ199850501080023两份保险合同，一审判决书认定购车人已经向我公司提供了符合要求的反担保，与事实不符。S 公司并未按购车合同的约定设定保证，保险人有权解除保险合同并不承担保险赔偿责任。二、一审判决书对部分关键事实认定失准,造成我公司损失。S公司在购车人未付清首付款前就发车,且在购车人未按期还款时,未采取终止合同措施并继续发车,导致购车人怠于还款,保险标的危险程度增加。

最高人民法院认为:根据《保险法》第13条规定,投保人与保险人签订保险合同,可以在保险单或者其他保险凭证上载明当事人双方约定的合同内容,也可以采取其他的形式订立。H保险公司与S公司先行签订的《保险协议》仅约定双方同意由S公司或者其购车人向H保险公司购买分期付款购车保险,并在每一份保险单中分别确定保险标的等条款,因无确定的保险合同主体和客体,故并未形成完整意义上的保险合同。H保险公司根据S公司的投保单,在明确了具体的投保人、被保险人以及保险标的后,分别向S公司出具的每一份保险单中均明确载明了双方当事人的权利义务,故每一份保险单上所载内容为保险合同的具体内容。保险单中明确载明H保险公司"按照保险单所载条款、附加条款以及所列项目承担保险责任",且在备注栏内标明"保单按照保险人与被保险人之间分期付款保险协议执行,保单对应于被保险人和购车人之间分期付款购车合同",故保险单所载明的条款、附加条款、所列项目以及保险协议、分期付款购车合同等均是保险合同的内容。

本案《保险条款》是否存在于保险单背面是认定H保险公司和S公司双方当事人具体权利义务的一个重要前提。但本案中S公司称其所持上述23份保险单正本原件已全部丢失,无法予以出示。现H保险公司以保险单抬头明确载明其根据保险单所载条款等承担保险责任;保监会B市办事处出具的《关于H保险公司分期付款购车保险合同有关问题意见的函》中明确载明H保险公司使用的分期付款购车合同保险条款已于1998年在原保险监管部门中国人民银行B市分行备案,且根据保险行业惯例,保险条款附在保险单正本背面,作为保险合同的重要组成部分,以约束保险合同双方当事人。鉴于S公司至今仍未举出有关证据证明其所持23份保险单正本背面没有保险条款,应由其承担举证不能的责任。

根据保险单所载明的内容,保险协议与保险单载明的其他条款共同构成了保险合同的内容。保险协议与保险条款所规定的内容是一种互为补充、相辅相成的关系,且即使出现冲突,因保险单形成在后,是对保险协议的具体化、确定化,也应以保险单所载条款为准。故上诉人S公司关于保险条款与保险协议约定的除外责任矛盾,应以保险协议为准的上诉理由,本院不予支持。

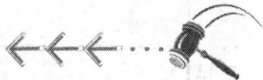

保险单明确载明保单对应于分期付款购车合同，且在保险条款中明确约定"被保险人应严格遵守分期付款购车合同中的责任和义务，分期付款购车合同如有变动，被保险人须事先得到保险人的书面同意"，故本案购车合同中关于S公司应保留车辆所有权、设定车辆抵押权以及设定其他担保的内容构成了S公司与H保险公司之间保险合同关系的重要组成部分，是H保险公司承保的前提和条件。

H保险公司和S公司在保险条款中关于被保险人在保险期限内将车辆所有权转交给购车人，H保险公司不承担赔偿责任的约定，以及S公司与购车人在分期付款购车合同中关于保留车辆所有权、设定车辆抵押权的约定，并不违反法律禁止性规定，虽客观上无法办理，但并不因此而无效，故上述约定对缔约各方当事人仍具有法律约束力。在保险合同签订后，如因客观原因不能办理车辆所有权保留或者车辆抵押的登记，S公司应及时告知H保险公司，并与其通过协商变更保险合同。现S公司无法举证证明其通知了H保险公司并与其协商一致变更了保险合同的有关条款，故S公司不能以此主张免责。

018、023号两保险单对应的购车合同约定购车人应提供S公司认可的担保，并由担保单位与S公司签署担保合同。现虽然S公司所举证据为担保书复印件，不能直接予以认定，但是，鉴于在该两份保险单对应的投保单中均明确载明了担保人名称，H保险公司根据该投保单出具了保险单，故应认定H保险公司当时对投保单上载明的内容是认可的，亦即对购车人根据购车合同提供的担保没有异议，故原审法院驳回H保险公司关于解除该两份保险合同的诉讼请求，本院予以维持。

因保险合同约定的保险标的是购车人付清首付款之后的分期付款义务，首付款是否按时足额交付，直接关系到承保人的保险范围，故原审法院认定保险合同标的是购车人分期付款义务，其不包括首付款是错误的。但鉴于H保险公司并未提供有关证据证明S公司在购车人首付款未到位时即发车，故对其关于购车人未付清首付款S公司就发车导致保险标的的危险程度增加，其不应承担赔偿责任的上诉主张，本院不予支持。判决驳回上诉，维持原判。

观点评析

（一）关于保险合同内容的问题。

根据投保单和保险单备注栏的载明情况，保险单按照保险人与被保险人之间的《保险协议》执行，因此保险单的内容当然包括《保险协议》的内容。但《保险协议》也不是 H 保险公司承担保险责任的唯一根据，还应包括保险单背面所附保险条款和保险单所列项目。在订立时间上，《保险协议》订立在前，保险单出具在后；两被告向法院提交的 1998 年 3 月 18 日函件的内容，表明 S 公司知道保险条款的存在；S 公司在投保和接受保险单时，未对投保单和保险单首部的内容提出异议；2000 年 3 月 2 日会谈纪要的内容表明 S 公司对保险条款的存在明知且无异议。对保险单中保险费率、免赔率等与《保险协议》的约定不一致的地方，S 公司亦未提出异议，保险费率已按保险单记载情况执行。S 公司对保险单记载内容，包括保险条款已经全部接受，应当认定保险条款是本案保险合同的一部分。关于保险条款与《保险协议》约定不一致而产生争议时，应以谁为准的问题。当保险条款与《保险协议》约定不一致而导致相关内容矛盾，且双方无法达成一致意见时，应以《保险协议》的约定为准。但是，如果保险条款与《保险协议》的约定只是内容宽泛程度上的不一致，相关内容并不矛盾时，则保险条款与《保险协议》的相关内容是一种并列的、互为补充的关系，《保险协议》与保险条款应该同时适用。

（二）关于购车合同在本案中地位的问题。

投保单和保险单备注栏明确载明，"本保单对应于被保险人与购车人之间的购销合同"。实际上，购车合同对《保险协议》中的有关条款进行了细化，约定了具体的购车人、购车数量、还款期限、担保方式等与保险事项密切相关的内容。同时，根据本案保险条款第 15 条的规定，购车合同如有变动，S 公司要事先得到 H 保险公司的书面同意。因此，购车合同是 H 保险公司判断和测算风险程度、决定是否承保、确定承保条件、出具保险单的直接和最终依据，其构成了 H 保险公司赖以承保的条件和基础。

（三）关于承保基础是否改变、保险标的危险程度是否增加的问题。

S 公司与购车人之间关于保留车辆所有权、设定抵押权及其他担保的约定，对 H 保险公司判断和测算保险标的危险程度、确定承保条件有着实质性的影响。本案保险合同的标的是购车人分期付款义务，其不包括首付款。因此即使被保险人 S 公司有放弃首付款的行为，也不增加保险人 H 保险公司的保险责任。购车合同约定，购车人不按期还款时，S 公司"有权终止合同，停止供货"，而不是"应当终止合同，停止供货"，H 保险公司出具保险单时，对此情况应该已经明知，对有关情况应该有所预见。因此，即使存在购车人不按期还款时，S 公司未终止合同、停止供货的情况，亦不构成保险标的危险程度增加、承保基础改变。

（四）关于承保基础改变、保险标的危险程度增加时，S 公司是否履行了

如实告知和及时通知义务的问题。

购车合同是 S 公司与购车人签订的，也是保险公司赖以承保的条件和基础。本案保险条款第 15 条的内容表明，保险合同双方约定了承保基础改变、危险程度增加时，被保险人 S 公司负有如实告知和及时通知义务。虽然客观上 B 市地区不能办理车辆所有权保留及抵押登记，但并不能因此免除 S 公司负有的如实告知和及时通知义务。

相关知识链接 ↘

一、相关法律法规（该案适用的 1995 年《保险法》现已修订，自 2009 年 10 月 1 日起施行新《保险法》，相关条款一并列出）

1. 《保险法》第 13 条："投保人提出保险要求，经保险人同意承保，并就合同的条款达成协议，保险合同成立。保险人应当及时向投保人签发保险单或者其他保险凭证，并在保险单或者其他保险凭证中载明当事人双方约定的合同内容。经投保人和保险人协商同意，也可以采取前款规定以外的其他书面协议形式订立保险合同。"（新《保险法》第 13 条："投保人提出保险要求，经保险人同意承保，保险合同成立。保险人应当及时向投保人签发保险单或者其他保险凭证。保险单或者其他保险凭证应当载明当事人双方约定的合同内容。当事人也可以约定采用其他书面形式载明合同内容。依法成立的保险合同，自成立时生效。投保人和保险人可以对合同的效力约定附条件或者附期限"）

2. 《保险法》第 16 条："除本法另有规定或者保险合同另有约定外，保险合同成立后，保险人不得解除保险合同。"（新《保险法》中规定："除本法另有规定或者保险合同另有约定外，保险合同成立后，投保人可以解除合同，保险人不得解除合同"）

3. 《保险法》第 17 条："订立保险合同，保险人应当向投保人说明保险合同的条款内容，并可以就保险标的或者被保险人的有关情况提出询问，投保人应当如实告知。投保人故意隐瞒事实，不履行如实告知义务的，或者因过失未履行如实告知义务，足以影响保险人决定是否同意承保或者提高保险费率的，保险人有权解除保险合同。投保人故意不履行如实告知义务的，保险人对于保险合同解除前发生的保险事故，不承担赔偿或者给付保险金的责任，并不退还保险费。投保人因过失未履行如实告知义务，对保险事故的发生有严重影响的，保险人对于保险合同解除前发生的保险事故，不承担赔偿或者给付保险金的责任，但可以退还保险费。保险事故是指保险合同约定的保险责任范围内的事故。"（新《保险法》规定："订立保险合同，保险人就保险标的或者被保险人的有关情况提出询问的，投保人应当如实告知。投保人故意或者因重大过失未履行前款规定的如实告知义务，足以影响保险人决定是否同意承保或者提高保险费率的，保险人有权解除合同。前款规定的合同解除权，自保险人知道有解除事由之日起，超过三十日不行使而消灭。自合同成立之日起超过二年的，保险人不得解除合同；发生保险事故的，保险人应当承担赔偿或者给付保险金的责任。投保人故意不履行如实告知义务的，保险人对于合同解除前发生的保险事故，不承担赔偿或者给付保险金的责任，并不退还保险费。投保人因重大过失未履行如实告知义务，对保险事故的发生有严重影响的，保险人对于合同解除前发生的保险事故，不承担赔偿或者给付保险金的责任，但应当退还保险费。保险人在合同订立时已经知道投保人未如实告知的情况的，保险人不得解除合同；发生保险事故的，保险人应当承担赔偿或者给付保险金的责任。保险事故是指保险合同约定的保险责任范围内的事故"）

4.《保险法》第18条："保险合同中规定有关于保险人责任免除条款的，保险人在订立保险合同时应当向投保人明确说明，未明确说明的，该条款不产生效力。"

5.《保险法》第37条："在合同有效期内，保险标的危险程度增加的，被保险人按照合同约定应当及时通知保险人，保险人有权要求增加保险费或者解除合同。被保险人未履行前款规定的通知义务的，因保险标的危险程度增加而发生的保险事故，保险人不承担赔偿责任。"

二、相关理论知识

保险合同变更，是指在不变更保险合同主体的情况下，对合同约定的内容进行修改或补充。基于合同自由原则，各国保险法都允许投保人和保险人在一定条件下对合同约定的事项进行变更。我国《保险法》第21条第1款规定："在保险合同有效期内，投保人和保险人经协商同意，可以变更保险合同的有关内容。"保险合同内容的变更，一般表现为保险标的的种类的变化、数量的增减、存放地点和用途、保险责任、保险期限、保险金额以及人身保险的被保险人职业变化、受益人变更等方面的变化。这些保险事项的变更与保险人承担的风险密切相关。实务中，保险合同的变更一般都是投保人根据主客观情况的变化，提出申请，经保险人审查同意，签发批单或对原保险单进行批注后，变更方为有效。保险合同的变更往往涉及保险费的增加或减少，因此有时还应增缴或减少保险费后，保险合同的变更行为才最后完成。值得注意的是，在我国，保险条款须经过中国保监会的审批或备案，根据有关保险监管规定，对保险条款的实质变更还应当经过重新审批或登记备案这一程序。

由于保险合同是最大诚信合同，该特征决定投保人在缔约（包括合同变更）时负有如实告知义务；而且与其他合同相比，投保人的告知义务对象的

范围更广、程序更深。如实告知义务是投保人的首要义务。关于投保人如实告知义务立法依据和理论基础归纳起来有以下几种主张：

1. 诚信说。该说认为保险合同是最大诚信合同，保险法基本原则之一就是最大诚信原则，故订约时，投保人应将有关危险的重要事项据实告知保险人。

2. 危险测定说。该说认为投保人履行如实告知义务是保险技术上要求。该说认为保险合同的成立，以能测定危险、计算保险费为条件，故告知制度是保险技术上所必需的。

3. 合意说。该说认为保险合同的成立，以双方当事人对合同内容的危险程度及其范围等的意思完全一致为必要。

4. 担保说。该说认为有偿合同的当事人须负瑕疵担保责任，保险合同即为有偿合同一种，如告知义务人不如实告知，即属隐匿其瑕疵，而应负责任。

我国《保险法》对投保人如实告知义务和保险人说明义务的规定主要表现在《保险法》第 17 条，但是存在过于原则和笼统、可操作性不强等缺陷，容易产生不同理解。保险纠纷审判实务中，因审判人员对《保险法》的不同理解和认识，出现较多的同样事实情节，在适用法律上迥然不同的现象，甚至一些审判人员机械适用法律条文，导致保险合同当事人利益明显失衡。我国《保险法》关于投保人告知义务、保险人说明义务及违反以上义务的法律后果的简单规定，已不能适应我国保险业的迅猛发展之势。因而，法官应在诚实信用原则的指引下，根据公平正义原则，遵循立法本意进行价值判断和利益衡量，正确使用自由裁量权，以弥补保险法立法缺陷与不足，公平合理地保护保险交易当事人的合法权益，促进我国保险市场诚信和谐地健康发展。

（案件来源：神龙汽车有限公司；整理人：喻昌运，周家富）

四十一、缺陷合同的补充

◤ 争议焦点 ◢

内容约定不明确的合同的效力问题以及对缺陷的合同进行补充的方式：当事人协商还是人民法院依职权裁决。

原告付某为经营手机于 2004 年 3 月 9 日向被告呙某租赁 W 路副食超市旁门面，并签订租赁合同，合同约定，租赁期为 2004 年 3 月 12 日起至 2009 年 3 月 12 日止。第一年租赁金为 5 万元，合同第 5 条约定被告须提供给原告长达 5 年的租用期；在租赁期间，租金随行就市，原、被告依据市场正规租金动态，双方协商合理调整租金。合同签订后双方各自履约，2004 年租赁价格 5 万元，2005 年租赁价格 5.4 万元，2006 年被告呙某要求租金增为 9 万元。原告付某认为被告滥涨房租，损害了原告利益，向县人民法院提起诉讼，要求合理确定该年租赁价格。

县人民法院于 2006 年 2 月 21 日立案受理，3 月 31 日依法公开审理，依照我国《合同法》第 62 条第 2 款规定，判决原告付某向被告呙某支付 2006 年房屋租赁金 8.2 万元，案件受理费 3200 元，由原、被告各负担 1600 元。

观点评析

（一）原、被告所签订的租赁合同，是当事人双方的真实意思表示，且符合国家法律规定，合法有效。双方应依合同履约。

（二）该租赁合同存在缺陷，即对合同履行过程中的租金变化没有约定明确的数额或者明确的计算方法，导致履行中双方产生分歧。

（三）对于合同约定不明的，双方可以协商补充协议或条款；协商不成，可以通过诉讼或仲裁方式解决。双方对"随行就市"的行情理解不一，法院根据庭审调查，结合本县租赁市场行情、该租赁房屋同地段的房屋租赁价格，确定该租赁房屋的租赁价格 8.2 万元。

相关知识链接

一、相关法律法规

1.《合同法》第 12 条："合同的内容由当事人约定，一般包括以下条款：

（一）当事人的名称或者姓名和住所；

（二）标的；

（三）数量；

（四）质量；

（五）价款或者报酬；

（六）履行期限、地点和方式；

（七）违约责任；

（八）解决争议的方法。

当事人可以参照各类合同的示范文本订立合同。"

2.《合同法》第 62 条："当事人就有关合同内容约定不明确，依照本法第六十一条的规定仍不能确定的，适用下列规定：（一）质量要求不明确的，按照国家标准、行业标准履行；没有国家标准、行业标准的，按照通常标准或者符合合同目的的特定标准履行。（二）价款或者报酬不明确的，按照订立合同时履行地的市场价格履行；依法应当执行政府定价或者政府指导价的，按照规定履行。（三）履行地点不明确，给付货币的，在接受货币一方所在地履行；交付不动产的，在不动产所在地履行；其他标的，在履行义务一方所在地履行。（四）履行期限不明确的，债务人可以随时履行，债权人也可以随时要求履行，但应当给对方必要的准备时间。（五）履行方式不明确的，按照有利于实现合同目的的方式履行。（六）履行费用的负担不明确的，由履行义务一方负担。"

二、相关理论知识

根据"契约必守"的法律原则，合同生效后，当事人必须依照约定履行合同，当事人就质量、价款或者报酬、履行地点等内容没有约定或者约定不明确的，可以协议补充；不能达成补充协议的，按照合同有关条款或者交易习惯确定。执行政府定价或者政府指导价的，在合同约定的交付期限内政府价格调整时，按照交付时的价格计价。逾期交付标的物的，遇价格上涨时，按照原价格执行；价格下降时，按照新价格执行。逾期提取标的物或者逾期付款的，遇价格上涨时，按照新价格执行；价格下降时，按照原价格执行。缺陷合同的补充既可以当事人双方协议补充，也可以诉诸法院，由法官按照公平原则合理确定履约条件。

按照民法原理，意思表示一经做出，即能产生法律上之效力，而当事人也受到其意思表示的约束，法律只是起到确认和保护的作用。但是，从社会学和经济学的角度来看，意思表示背后有着更深层次的原因。首先，当事人之所以要受自己意思表示的约束，除了法律的保护和救济效力之外，在更基础的意义上，其约束力来自于三个方面，第一，人处在社会或社区中的一种身份所带来的一种"行为互动"的意识和压力；第二，人作为"伦理人"的一种道德确信；第三，人作为"经济人"对于预期利益的期待。其次，法律之所以要确认意思表示能当然产生法律上的效力，是和民法的人文主义和自由主义品格相联系的。民法以人为中心，相信人行为和意思表示的理性，因而也就肯定意思自治原则和意思表示在法律上之当然效力。出于社会公平和正义之考虑，法律对意思表示效力予以例外地限制。但这种限制并非否认意思自治原则。

（案件来源：湖北省公安县人民法院；整理人：田圣斌，周家富）

四十二、合同履行中的先履行抗辩权

◥ 争议焦点 ◤

汪某的行为是否构成逾期违约。

◥ 基本案情 ◤

坐落于甲区解放路 286 号的门面房，建筑面积为 110 平方米，产权属 D 印刷厂。徐某于 1999 年 5 月 8 日将该门面房承租后，于同年 12 月 21 日与汪某签订了一份《房屋租赁合同》，即由徐某将承租的门面房右边（北侧）的 27 平方的房屋转租给汪某从事茶叶经营。该合同约定租赁期自 1999 年 12 月 22 日至 2002 年 6 月 21 日止，月租金为人民币 2800 元。

2002 年 3 月 13 日，D 印刷厂进行改制，与徐某签订了《房产交易合同》，将所出租的 110 平方门面房以每平方米 6000 元的价格转让给徐某，总计金额为 660000 元。该合同约定："除原已交房款总额 20% 保证金以外，此合同签订之日付款 40%，余款待房屋两证（房屋产权证、土地使用权证）办好后付清。"

当日，徐某与汪某签订《房产交易合同》，约定：一、现有面积 32 平方（包括等面积的楼上 2 楼），每平方 6000 元，总价 192000 元（待房产证办好后，再以房产证的面积多退少补）；二、乙方（指汪某）已交订金 5 万元，本合同签订时，需交齐总金额的 60%（115200 元），现应补交 65200 元；三、本合同签订时，乙方必须另交付给甲方（指徐某）转让费 55000 元（注：该转让费系徐某在续承租该房屋时，付给前期承租业主的改建费 165000 元中的一部分）；四、双方的交易合同是建立在甲方与 D 印刷厂房产交易合同的基础上同步进行的，如因故不能一次性将"两证"过户给乙方造成再次过户所产生的费用，甲乙双方各付交易费用的 50%；五、甲方有义务实现该合同的目的，为乙方顺利办好过户手续，取得所有权即房产证、土地证。乙方必须按时付清购房款，如逾期一日按每日万分之四交纳违约金……合同签订的当日，汪某按合同约定，向徐某交纳了购房款65200元及附加转让费55000元，取得购房资格。后汪某与徐某协商将原租用房屋面积27平方（为刀把形）靠右的隔墙拉直增加3.068平方（为长方形），同时，汪某同意将所购同等面积的楼上借给徐某使用。

2003年12月16日D印刷厂与徐某、欧某夫妇签订了《存量房买卖合同》，均再次约定：剩余尾款待"两证"交割完后，一次性付清。2003年12月24日、2004年4月27日D印刷厂先后为徐某、欧某夫妇办理了《房屋所有权证》和《土地使用权证》，徐某所购房的建筑面积为71.32平方，欧某所购房的建筑面积为52.63平方，其中欧某所购房屋面积包括应转让给汪某所购的32平方的房屋面积。在此之前，徐某要求汪某付清尾款。

2004年1月，由徐某、欧某单方面起草《协议》一份，注明："甲方同意将乙方现在的租赁位置转让给乙方，其面积以分隔后的产权证上的面积为准，具体分隔以现有的茶叶店和琴行相邻面的柱子中央为界垂直到顶……当甲方领到产权证后，便开始办理转让工作，但在产权证过户签字前，乙方需将购房余款及该分摊的费用一次性全部到位。否则，甲方将有权单方决定停止转让，延续租赁事实，乙方不得异议。"该《协议》另备有两个"附件"，其中"附件二"的基本内容为"由于政府强制性摊给X琴行14平方的公摊面积；其开门的部分分隔给汪某，而不能开门的部分则划分在欧某的产权证内；分割给汪某的部分，空间高度均可搭建合格的二层楼，而徐某所拥有的面积中，有一部分高度不合格。鉴于以上不平等的条件，汪某自愿同意补偿徐某、欧某的亏损肆万贰仟元整"。上述《协议》及"附件"，汪某认为不平等而拒签，双方发生争议，徐某于2004年5月25日向区人民法院提起诉讼。

2004年10月10日区人民法院作出民事判决，该判决认定："徐某与汪某所签房屋买卖合同系双方真实意思的表示，合法有效，因被告汪某已履行大部分的付款义务，故徐某要求解除购房合同的请求不予采纳。徐某在与印刷厂签订房屋买卖合同后，要求汪某补偿其损失的一半，因未在购房合同中约定，本院不予支持。汪某接到徐某要求付款请求时，应及时按合同约定，补交尾款。但被告汪某至今未予交付，因此，徐某要求汪某承担逾期付款按每日万分之四的违约金的请求，本院予以支持。徐某举证的租用房屋面积尺寸，汪某予以承认，本院予以认可。"判决：一、被告汪某于本判决生效之日起十日内，向原告徐某支付购房款76800元。二、汪某于判决生效后二十日内，一次性支付逾期给付款的违约金（以 76800 元 ×每日万分之四计算，从 2003 年 12 月 10 算至给付之日止）。三、原告徐某、第三人欧某于本判决书生效后一个月内，协助被告汪某办理房屋过户手续，其划分面积尺寸时按原租用面积长和宽划分，具体图纸尺寸附后。四、驳回原告徐某的其他诉讼请求。

汪某不服，提出上诉。2005 年 1 月 24 日，中级人民法院作出终审判决：驳回上诉，维持原判。

汪某仍不服，于 2005 年 2 月 1 日向中级人民法院提出再审申请。中级人民法院于 2005 年 11 月 30 日下达《驳回再审申请通知书》，以汪某申请再审的理由不能成立为由，予以驳回。

观点评析

本案涉及合同履行中先履行抗辩权的有关问题。

原审法院判令汪某从 2003 年 12 月 10 日起至给付之日止，按每日万分之四向徐某一次性支付逾期违约金，缺乏事实依据。徐某与汪某签订的《房产交易合同》中称"乙方（汪某）必须按时付清购房款"，却没有明确约定支付尾款的时间。依据双方合同第 5 条的约定，甲方有义务实现该合同的目的，为乙方顺利办好过户手续，取得所有权即房产证、土地证。乙方必须按时付清购房款，如逾期一日按每日万分之四交纳违约金。即只有待 D 印刷厂为徐某办好"两证"后，徐某方可要求汪某付清购房尾款。徐某在 2004 年 4 月 27 日 D 印刷厂为其办妥"两证"之前，向汪某催要购房尾款，违背了当事人双方同时履行合同的义务。

相关知识链接

一、相关法律法规

1. 《合同法》第 67 条："当事人互负债务，有先后履行顺序，先履行一方未履行的，后履行一方有权拒绝其履行要求。先履行一方履行债务不符合约定的，后履行一方有权拒绝其相应的履行要求。"

2. 《合同法》第 68 条："应当先履行债务的当事人，有确切证据证明对方有下列情形之一的，可以中止履行：

（一）经营状况严重恶化；

（二）转移财产、抽逃资金，以逃避债务；

（三）丧失商业信誉；

（四）有丧失或者可能丧失履行债务能力的其他情形。

当事人没有确切证据中止履行的，应当承担违约责任。"

3.《合同法》第 69 条："当事人依照本法第六十八条的规定中止履行的，应当及时通知对方。对方提供适当担保时，应当恢复履行。中止履行后，对方在合理期限内未恢复履行能力并且未提供适当担保的，中止履行的一方可以解除合同。"

二、相关理论知识

先履行抗辩权是双务合同的后履行义务人针对先履行义务人的先期违约的抗辩。

构成先履行抗辩权须符合以下要件：

1. 须双方当事人互负债务。关于互负债务是指两个债务处于互为对待给付的地位。

2. 两个债务须有先后履行顺序。至于该顺序是当事人约定的还是法律直接规定的，在所不问。如果两个对立的债务无先后履行顺序，就适用同时履行抗辩权而不成立先履行抗辩权。

3. 先履行一方未履行或其履行不合债的本旨。先履行一方未履行，既包括先履行一方在履行期限届至或届满前未予履行的状态，又包含先履行一方于履行期限届满时尚未履行的现象。先履行一方的履行不符合债的本旨，是指先履行一方虽然履行了债务，但其履行不符合当事人约定或法定的标准、要求，即违约了。《合同法》第 67 条仅规定了履行债务不符合约定，漏掉了履行债务不符合法定的要求，应予补充。履行债务不符合债的本旨，在这里指迟延履行、不完全履行（包括加害给付）、部分履行和不能履行等形态。

（案件来源：湖北省人民检察院；整理人：田圣斌）

四十三、房屋买卖合同的无效

争议焦点

造成合同无效的责任归属问题。

基本案情

1998 年 4 月 26 日，钟某与吴某协商，将其坐落在 H 街道 L 村的两间二层半砖混结构楼房一栋卖给吴某，并签订了房屋买卖《协议书》，协议约定：房价为 65000 元，钟某出售房屋的一切手续由吴某办理，一切税费由吴某承担。吴某在办理购房手续时，钟某向吴某提供《国有土地使用证》、《房屋产权证》等方便条件。协议签订后，吴某先后给付钟某人民币共计 106500 元，钟某出具了收条。钟某为吴某办理了户名为吴某的 X 国用字（1993）第 190204035 号《国有土地使用证》（填发日期 1993.3.10），X 房私字第 1085259－1 号《房屋所有权证》（填发日期 1993.4.5）。钟某所出卖给吴某的房屋，在 1994 年 7 月 20 日因贷款已抵押于区信用合作社，并办有 X 房抵字第 0393 号《房屋他项权证》。吴某发现钟某所提供的"两证"填发时间均在购房之前，认为该证不真实，要求钟某提供合法有效的《国有土地使用证》、《房屋产权证》，为此，吴某于 2002 年 9 月 26 日向区人民法院提起诉讼。

2003 年 3 月 17 日，区人民法院作出（2002）X 民初字第 154 号民事判决，判决驳回原告吴某的诉讼请求。

吴某不服，向人民检察院申诉。经抗诉，中级人民法院受理抗诉后，指令区人民法院对本案进行再审。

2004 年 8 月 13 日，区人民法院经再审，作出（2003）X 民再字第 3 号民事判决：一、撤销本院（2002）X 民初字第 154 号民事判决，即撤销驳回原告吴某的诉讼请求；二、原审原告吴某与原审被告钟某签订的买卖《协议书》无效；三、原审原告吴某返还诉争房屋给原审被告钟某；原审被告钟某返还购房款及办证费用合计 106500 元给原审原告吴某。此项限于本判决生效后十日内相互履行完结；四、原审被告钟某赔偿原审原告吴某经济损失 3839.08 元。此款限于本判决生效后十日内付清。五、驳回原审原告吴某的其他诉讼请求。

观点评析

（一）本案双方所签订的房屋买卖合同是无效的。因为本案的双方当事人，在未办理相关私房交易手续、未经房屋所在地的房管机关同意的情况下，签订私房买卖协议书，进行私房交易，其民事行为违反了国务院《城市私有房屋管理条例》规定的房产交易程序，该房屋买卖《协议书》未履行法定交易程序，因此买卖合同应为无效。

（二）一审判决对造成合同无效的责任认定不当。原审被告钟某对造成合同无效存在主要过错。因钟某将已抵押的房屋转卖给原审原告吴某，既未通知抵押权人，亦未告知购房人吴某，其房屋转卖行为违反了我国《担保法》的

有关规定，转让行为应为无效。本案纠纷的发生，因原审被告钟某存在规避法律的行为，应承担主要责任。一审判决关于"原、被告双方在房屋买卖活动中均有过错，各自应当承担由此而引起的民事责任"的认定错误。

（三）一审判决适用法律错误，导致判决不公正。我国《民法通则》第61条和《合同法》第58条的规定，一审判决既然认定双方所签订的房屋买卖合同无效，就应该依法判决双方互相返还财产，并应当判决有过错的责任人钟某承担赔偿责任。原审判决只认定民事行为无效，不依法对无效的后果作出实体处理，该判决不公正。

相关知识链接 ↘

一、相关法律法规

1. 《合同法》第58条："合同无效或者被撤销后，因该合同取得的财产，应当予以返还；不能返还或者没有必要返还的，应当折价补偿。有过错的一方应当赔偿对方因此所受到的损失，双方都有过错的，应当各自承担相应的责任。"

2. 《民法通则》第61条第1款："民事行为被确认为无效或者被撤销后，当事人因该行为取得的财产，应当返还给受损失的一方，有过错的一方应当赔偿对方因此所受的损失；双方都有过错的，应当各自承担相应的责任。"

3. 《担保法》第5条："担保合同是主合同的从合同，主合同无效，担保合同无效。担保合同另有约定的，按照约定。担保合同被确认无效后，债务人、担保人、债权人有过错的，应当根据其过错各自承担相应的民事责任。"

二、相关理论知识

合同效力，是指依法成立的合同的约束力。对于合同效力的含义，应从以下三方面来理解：

第一，合同效力是合同本身的强制力，表现为对合同的自觉遵守和不履行合同义务应承担责任乃至制裁。合同的目的是通过履行而实现的。在履行中，当事人对合同义务的遵守，其根本动因不在于合同利益的驱使、诚实信用等道德因素，而在于合同的强制力；同时，不履行合同义务，一定会产生相应的责任，并因此承担不利的法律后果。

第二，合同效力是一种法律保护力，合同和合同权利是依靠法律的保护力维持的。依法成立的合同本身，不受任何单位和个人的非法干涉及非法侵害；合同和合同权利的实现，均受国家法律的保护。由此说来，不被法律保护的合同，不可能存在合同效力的问题。

第三，合同效力，实际上是合同的实效力。合同实效力，是实现合同目的的确定性。合同目的实现，包括对合同遵守的必然性和对违反合同制裁的必然性。如果能够做到履行合同义务、实现合同权利，则说明该合同是有实效的。每个合同失去了实效力并不一定意味着失去效力。因此，我们认识和把握合同效力的含义，应当更多地从合同的实效力方面来理解，离开合同的实效力谈论合同效力，没有什么实际意义。

所谓无效合同是相对于有效合同而言的，是指合同虽然已经成立，但因其严重欠缺有效要件，因而绝对不许按当事人合意的内容赋予法律效果的情形。

无效合同的原因有5项：

第一，一方以欺诈、胁迫的手段订立合同，损害国家利益。

第二，恶意串通，损害国家、集体或者第三人利益。

第三，以合法形式掩盖非法目的。以合法形式掩盖非法目的，是指当事人订立的合同在形式上是合法的，但在缔约目的和内容上是非法的。

第四，违反法律、行政法规中的强制性规定。

第五，违反社会公共利益。

根据我国相关法律规定，对于无效合同的处理，因该合同取得的财产应当予以返还；不能返还或者没有必要返还的，应当折价补偿。有过错的一方应当赔偿对方因此所受到的损失，双方都有过错的，应当各自承担相应的责任。

（案件来源：湖北省武汉市人民检察院；整理人：田圣斌，肖跃进）

四十四、合同的履行

◥ 争议焦点 ◤

陈某转让其股权的转让金30万元应由谁承担。

◥ 基本案情 ◤

2004年2月21日G公司召开第一次股东会及第二次股东会，会议决议：因公司自有资金不足，又由于融资工作失误，导致公司目前面临严重债务危机，其中X银行2月28日2000万贷款即将到期，为解决银行的贷款危机，必须引入新的资本。新股东谢某同意以土地实物出资解决X银行危机，同时取得相应的1750万股G公司股权。

次日，G公司起草三份股本转让协议，分别将1750万股转给谢某（谢某系C公司法定代表人），其中包括陈某的30万股。陈某为甲方，与乙方（C公司）签订股本转让协议，约定，甲方将其在G公司拥有的全部股权（共30万股，占注册资本的1%）转让给乙方，乙方应在本协议生效当日将足值（人民币30万元）的实物资产投入G公司，由变更后的G公司在2004年3月31日前向甲方支付转让费30万元；甲方自转让之日起不再承担G公司任何经济责任和法律责任；本协议经甲、乙双方签字生效，自转让之日起三天内由乙方在工商行政部门办理相关的手续。且在协议中注明"本协议一式五份，甲、乙双方各持一份，G公司留存三份。"

2004年2月27日，G公司有关股权在工商管理部门办理了变更手续，陈某不再为G公司股东，不拥有该公司股权，变更后新增的法人股东为C公司，公司的股东结构也发生了相应的变化，由原8名自然人股东变更为4名自然人股东，1名法人股东。C公司受让G公司的股权后，以位于该市经济开发区的K公司的土地使用权，为G公司在X银行的贷款展期设定抵押担保，该土地的使用权未转移至G公司名下。

在上述转让之前，陈某之妻刘某于2003年4月4日向G公司出具一份收条，收到人民币30万元，G公司财务经办人员用铅笔在收条上注明"陈部长退股"。另外，C公司现已将所持有的G公司1750万股依法转给A公司（该公司法定代表人郭某）。A公司偿还完X银行的贷款后，C公司现已收回其设定抵押担保的土地使用权证。

陈某以未取得相应的股权转让款人民币30万元为由，诉至区人民法院。一审中，G公司出示刘某的收条以此证明陈某已抽回其投资的30万元。陈某辩称这是他与G公司的私人借贷并在其后的二审庭审中提供了两份借贷单据和一份证人证言。

2004年11月30日，区人民法院作出民事判决，认为：原告陈某向第三人G公司出资30万元，合法持有该公司的30万股权，经G公司过半数股东同意，陈某可向股东之外的其他人转让其股权。原告陈某与C公司之间的股权转让协议合法有效。C公司作为股权的受让方，依法负有向转让方陈某支付股权转让款30万元的义务。C公司辩称，已向G公司进行实物出资，不负有向陈某支付股权转让款的义务。根据原、被告签订的股权转让协议约定，股权的受让方应在协议签字生效当日将足值（即人民币30万元）的实物资产投入G公司，再由G公司向陈某支付股权转让款30万元。该约定对G公司不具约束力，且C公司并未对G公司进行实物出资。其陈述：以土地使用权为 G 公司贷款设定抵押担保，认为应为其对 G 公司的出资。但根据我国《公司法》第 25 条规定，以实物、工业产权、非专利技术或土地使用权出资的，应当依法办理其财产所有权转移手续。C 公司所陈述的出资的方式不符合法律规定。对 C 公司的辩称意见不予采信。G 公司不应承担向原告支付股权转让金的连带责任；谢某与陈某签订股本转让协议的行为，是履行 C 公司的职务行为，由此产生的法律后果应由 C 公司承担，谢某不应承担连带责任。对 G 公司提出陈某已退股，因 G 公司所提交的证据不足以证明陈某已退股，对 G 公司的该陈述意见不予采信。陈某要求 C 公司支付股权转让款 30 万元的诉讼请求合法、有理，应予支持，其要求谢某、G 公司承担连带责任，没有法律依据，不予支持。判决：一、由被告 C 公司支付原告陈某股本转让金人民币 30 万元。此款限于判决生效后十五日内付清。二、驳回原告陈某要求第三人谢某、G 公司承担连带清偿责任的诉讼请求。案件受理费 7010 元，由被告 C 公司负担；保全费 3500 元，由原告陈某负担 500 元，被告 C 公司负担 3000 元。

C 公司不服，提出上诉。中级人民法院终审判决：驳回上诉，维持原判。

观点评析

本案主要涉及合同的履行及其约束力的问题。本案的焦点在于陈某转让其股权的转让金 30 万元应由谁承担。G 公司原股东陈某 30 万股转给谢某（谢某系 C 公司法定代表人）的股本转让协议明确约定：由变更后的 G 公司在 2004 年 3 月 31 日前向甲方（即陈某）支付转让费 30 万元。一、二审法院均认定该协议合法有效，且陈某的股份转让在签订协议之前已经过了 G 公司的股东大会通过，股份转让协议也是由 G 公司起草并留存三份协议文本。按该协议约定，G 公司应该履行合同义务，支付陈某股本转让金 30 万元。

至于 C 公司取得陈某在 G 公司的股权后，对 G 公司进行实物出资不到位，属另一法律关系，不影响 G 公司履行向陈某支付 30 万股本转让金的义务。

相关知识链接

一、相关法律法规

《合同法》第 8 条："依法成立的合同，对当事人具有法律约束力。当事人应当按照约定履行自己的义务，不得擅自变更或者解除合同。"

二、相关理论知识

合同的履行，指的是合同规定义务的执行。任何合同规定义务的执行，都

是合同的履行行为；相应地，凡是不执行合同规定义务的行为，都是合同的不履行。因此，合同的履行，表现为当事人执行合同义务的行为。当合同义务执行完毕时，合同也就履行完毕。执行合同义务的当事人，一般情况下是合同双方当事人，但在特殊情况下也可以是当事人以外的第三人。执行合同义务的行为一般情况下都表现为当事人的积极行为，如执行合同规定的交付，完成合同规定的工作等。但在特殊情况下，消极的不作为也是合同的履行，如保密义务的执行即是。执行合同的义务，按合同订立的要求，须是全部合同义务都应执行，这是合同的完全履行。但是，合同义务的执行有时间上的先后顺序，允许一项一项地执行，这是合同的部分履行；合同存在的客观环境不同，有可能合同的部分义务无法执行，这是合同的不履行；合同当事人的主观认识并非一致，实际中有的当事人不执行合同规定的义务，这也是合同的不履行。

对于合同履行的概念，大陆法系和英美法系均规定为完成合同的行为，或当事人实现合同内容的行为。从合同成立的目的来看，任何当事人订立合同，都是为了能够实现合同的内容。而合同内容的实现，有赖于合同义务的执行。当合同规定的义务被执行时，就是合同当事人正在履行合同；当合同规定的全部义务都被执行完毕时，当事人订立合同的目的也就得以实现，合同也就因目的实现而消灭。因此，合同的履行是合同目的实现的根本条件，也是合同关系消灭的最正常的原因。由此可见，合同的履行是合同制度的中心内容，是合同法及其他一切制度的最终归宿或延伸。

合同履行的原则，是指法律规定的所有种类合同的当事人在履行合同的整个过程中所必须遵循的一般准则。根据我国合同立法及司法实践，合同的履行除应遵守平等、公平、诚实信用等民法基本原则外，还应遵循以下合同履行的特有原则，即适当履行原则、协作履行原则、经济合理原则和情势变更原则。

合同履行主要包括下列特征：

1. 合同履行是合同效力最基本的体现。
2. 合同履行是合同当事人履行合同约定的标的的行为。
3. 合同履行是合同当事人全面、正确完成其合同义务的行为。
4. 合同履行是合同当事人完成其合同义务的全过程。
5. 合同履行是合同债权债务关系消灭的主要原因。

（案件来源：湖北省人民检察院；整理人：田圣斌）

四十五、合同履行的标的

争议焦点

在合同的履行中交付的标的物是否符合合同的约定。

基本案情

余某为了履行与X集团职工住宅楼工程客厅、厨房和卫生间实心木门的供货合同，于2005年3月23日向劳某购买实心木门，要求按云南古林木业图片样供货，当日下订单一张，约定：按古林图片样供木门544块，单价93元，合计应收50592元整，应收预付款壹万元整，余款提货付清。2005年3月31日，劳某按余某提供的图片交付实心木门544块，余某付清货款50592元。2005年4月10日，余某、劳某签订了《实木门供货合同书》一份，合同约定劳某按照余某提供的样品生产加工，实心木门必须90%以上为实心，产品由乙方（劳某）负责装车并安全准时到达目的地，若出现损失由乙方负责，保质期为一年，保质期内出现任何问题由劳某负责。该合同签订后，劳某又向余某交付实心木门1448块，前后共交付实心木门1992块，余某付清全部货款185256元。余某将所购的木门全部安装到X集团职工住宅楼上。2005年4月30日，因一场大风致使所购木门部分损坏。X集团职工住房建设项目部认为余某所供木门达不到质量标准，存在严重质量问题，于2005年5月15日与余某签订木门质量问题处理意见，约定：1992樘木门全部退货更换质量合格的实木门，对进入施工现场已安装的实木门按每樘安装费15元、油漆人工费5元、油漆材料费10元计算，由余某予以赔偿。更换门所发生的费用由余某承担。2005年7月8日，X集团职工住房建设项目部向余某发出通知，称将从余的工程款余款15万元中扣除59760元，用于支付损失赔偿。之后，余某又重新在别处购买质量合格的实心木门将劳某所供实心木门全部换下，并租用仓库存放。2005年5月8日，余某向市工商行政管理局某分局提出申诉，并于2005年5月13日共同委托省质量监督检验所对劳某所供木门进行抽样质量检验，确认劳某所提供的实心木门的实心率分别为20%和38%，达不到合同

要求。

余某要求退掉所购木门，赔偿相应损失。经调解未果，于 2005 年 6 月 16 日向区法院提起民事诉讼，要求劳某返还购门款 185256 元，并赔偿因此而实际发生的存放更换木门的仓库租金、下车力资费、人工费、运费、检验费、工时材料费、修理费、差旅费等费用共计 82950 元。

区法院经审理认定，余某于 2005 年 3 月 23 日向劳某购买木门，双方口头约定木门的实心率为 90% 以上，劳某按余某提供的图片交付木门 544 块，余某付货款 50592 元，2005 年 4 月 10 日，余某与劳某补充签订《实木门供货合同书》，合同约定劳某按照余某提供的门样生产加工，实心木门必须 90% 以上为实心，保质期为一年。后劳某又向余某交付木门 1448 块，共交付木门 1992 块。该院认为：由于劳某未按约定质量交付产品，交付时又未向余某明示，构成违约。余某因自身疏忽，未对木门予以严格的检验，即交付使用，对因木门质量不合格造成的损失应承担一定的责任。判决：1. 劳某于本判决生效之日起十日内退还余某购门款 185256 元。2. 劳某于本判决生效之日起十日内赔偿余某因更换木门造成的仓库租金、下车力资费、人工费、运费、检验费、材料费、修理费等损失 50000 元。3. 余某其他损失自担。

劳某不服，提起上诉。中级人民法院经审理认为，余某与劳某签订的《实木门供货合同书》及实木门订单等，是双方当事人真实意思表示，应确认合法有效，该合同书是签订的补充合同，是对口头合同的实木门质量的进一步约定。该院还认为，劳某提供的实心木门的质量只是达不到双方合同约定的标准，而没有被认定为伪劣商品，仍有一定使用价值，应退还给劳某。原审对余某更换木门的仓库租金、人工费、运费、检验费、工时材料费、修理费、差旅费等费用共计 82950 元，未核实其真实性，也未经庭审质证认定而判决劳某赔偿其中的 50000 元损失，应属不当，但因劳某对余某提交的各项损失也未提出相反证据，原审判决劳某承担主要责任并无不当。判决：1. 维持区人民法院民事判决的第一、二项；2. 变更区人民法院民事判决第三项为：驳回余某的其他诉讼请求；3. 由余某于本判决生效之日起十日内返还所购劳某实心木门 1992 块，如不能返还，则按每块木门 93 元的原价格赔偿损失。

观点评析

（一）劳某所供木门 1992 块是否不符合合同约定的质量要求？

1. 余某前后共向劳某购买木门 1992 块，其中 2005 年 3 月 23 日以订单形式约定购门 544 块，单价 93 元，总价 50592 元，订单中未就质量作出具体约定。劳某随后交付该批木门，余某付清货款。

2. 在该批货物交结完毕后，余某与劳某又于 2005 年 4 月 10 日签订一份《实木门供货合同》。在该合同签订后，劳某又分两批向余某交付实心木门 1448 块。在前后共 1992 块木门的交付过程中，余某对货物均予以接收，并未就质量问题提出异议。

3. 从双方当事人 2005 年 4 月 10 日签订的《实木门供应合同》的内容来看，缺少数量、价款、履行时间与地点等买卖合同必备条款，难以确认余某与劳某之间历次交易的货物系该合同项下之货物，也难以进一步认定余某与劳某之间的所有交易行为应受该合同约定之拘束。且该合同内容中并未以任何文字明示此合同是双方口头协议的补充，也无法从合同条款中推导出类似结论，据此余某于 2005 年 3 月 23 日下订单订购木门 544 块的交易已于 2005 年 3 月 31 日履行完毕，其供货质量标准则不应适用该笔交易之后的 4 月 10 日双方签订的书面合同的约定。

故二审法院在认定劳某所供木门并非伪劣商品的前提下，认定劳某于 2005 年 3 月至 4 月向余某所出售的木门 1992 块均达不到合同约定的质量要求，显属认定事实不清，证据不足。

（二）二审法院判令劳某赔偿余某 50000 元的损失，认定事实的主要证据不足。

在一审审理过程中，余某主张其因劳某违约遭受各项损失共计 82950 元，并提供了收条、检测票据、差旅费票据等证据，拟证明其为维修、更换木门而支出仓库房租、下车力资费、人工费、运费、检测费、差旅费等各项费用，但以上证据均只能证明余某费用支出情况，却不能证明其费用支出与本案所涉法律关系的因果联系，缺乏关联性，难以证明其真实的损失情况。对于余某该权利的主张的请求，根据"谁主张谁举证"的原则，余某应负有对其主张权利的证明责任，但余某所举之证不能证明其主张，在此情况下，劳某不负有提出相反证据的证明责任。在此情况下，二审判决以劳某未能对余某提交的各项损失提出相反证据为由，判令劳某赔偿余某 50000 元的损失，属举证责任分配不当，适用法律错误，导致实体处理有误。

相关知识链接

一、相关法律法规

1.《合同法》第 153 条："出卖人应当按照约定的质量要求交付标的物。

出卖人提供有关标的物质量说明的，交付的标的物应当符合该说明的质量要求。"

2.《合同法》第155条："出卖人交付的标的物不符合质量要求的，买受人可以依照本法第一百一十一条的规定要求承担违约责任。"

二、相关理论知识

合同的履行，是指合同依法成立并生效后，双方当事人按照合同约定的各项条款全面履行自己的义务，实现合同规定的权利，以使双方当事人的合同目的得以实现的行为。合同的履行，是实现双方当事人体现在合同中的目的的重要环节，当事人只有全面地、正确地履行合同，承担自己应尽的义务，实现自己应有的权利，才能保证正常的经济秩序，保证企业的正常生产经营活动。合同的履行原则，是指当事人双方在完成合同规定的义务全过程中，必须遵守的共同原则。

1. 适当履行原则

适当履行原则，又称正确履行原则或全面履行原则，是指当事人按照合同规定的标的及其质量、数量，由适当的主体在适当的履行期限、履行地点以适当的方式，全面完成合同义务的履行原则。《合同法》第60条第1款规定："当事人应当按照约定全面履行自己的义务。"全面履行原则和实际履行原则既有联系又有区别。实际履行原则强调债务人按照合同的约定交付标的物或者提供服务，至于交付标的物或提供的服务是否适当，则无力顾及。因此，适当履行必然是实际履行，而实际履行未必是适当履行。

2. 协作履行原则

协作履行原则，是指当事人不仅适当履行自己的合同义务，而且应基于诚实信用原则要求对方当事人协助其履行债务的履行原则。它一般包括以下内容：（1）债务人履行合同债务，债权人应适当受领给付。（2）债务人履行债务，时常要求债权人创造必要的条件，提供方便。（3）因故不能履行或不能完全履行时，应积极采取措施避免或减少损失，否则还要就扩大的损失自负其责。（4）发生合同纠纷时，应各自主动承担责任，不得推诿。

3. 经济合理原则

经济合理原则要求在履行合同时，讲求经济效益，付出最小的成本，取得最佳的合同利益。如债务人选择最经济合理的运输方式，选择合理期限履行合同，选择设备体现经济合理原则，变更合同、对违约进行补救体现经济合理原则。

4. 情事变更原则

情事变更原则，是指合同依法成立后，因不可归责于双方当事人的原因发生了不可预见的情事变更，致使合同的基础丧失或动摇，若继续维护合同原有效力则显失公平，允许变更或解除合同的原则。

情事变更原则有其存在的合理性和生命力，我国最高人民法院的司法解释已经承认了该原则，在我国《合同法》草案征求意见稿中也有规定，但该法在最后通过时删除了情事变更原则。

情事变更原则的适用条件包括：（1）须有情事变更原则的事实。（2）情事变更须发生在合同成立以后，履行完毕以前。（3）须情事变更的发生不可归责于双方当事人。（4）须情事变更是当事人不可预见的。（5）须情事变更使履行原合同显失公平。

（案件来源：湖北省人民检察院；整理人：田圣斌）

四十六、违约责任的承担

争议焦点

部分履行的违约责任承担。

基本案情

1997 年 12 月 19 日，D 公司与 Q 总公司 D 专营公司（下称专营公司）签订了一份 1998 年度汽车产品销售合同，约定 D 公司向专营公司提供载重车计 270 辆，价格执行合同价，付款方式为现付，验交货地点为 D 公司销售部。合同签订后，D 公司即从 1998 年初开始按合同约定向专营公司供货，同时向专营公司开出托收承付。专营公司收到货物后，向 D 公司支付了部分车款，截至 2000 年 5 月 16 日，专营公司尚欠该合同项下汽车款 3383522.31 元。

1998 年度，专营公司为开拓市场及为完成市政府下达的抗洪救灾、重建家园的任务，向 D 公司销售部申请增加"挂账车"及用于周转的"老旧车"数量。经 D 公司销售部有关领导同意，专营公司在 D 公司开票后提走了部分"周转车"及"老旧车"。截至 2000 年 5 月 16 日，专营公司尚欠 D 公司"周转车"及"老旧车"款 4492835.10 元。

2001 年 9 月 20 日，D 公司依法将专营公司诉至中级人民法院，法院判决：一、专营公司向 D 公司偿还货款 7876357.41 元及逾期付款违约金。

二、驳回 D 公司其他诉讼请求。案件受理费 49392 元由专营公司负担。

观点评析

（一）D 公司与专营公司之间签订的汽车产品购销合同系当事人真实意思表示，内容合法，为有效合同。

（二）D 公司已按约提供了汽车，专营公司在收到车辆后，仅支付了部分车款，应对其未付货款及利息承担偿付责任。

（三）值得探讨的是，专营公司为开拓市场及为完成市政府下达的抗洪救灾、重建家园的任务，而向 D 公司销售部申请增加"挂账车"及用于周转的"老旧车"数量的行为是否能够构成减轻违约责任的理由。笔者认为，企业为了履行社会责任而产生的债务应由其自身承担，因为"动机不影响合同的成立"，动机是个人内心的活动和行为的目的，与合同的相对方无关。

相关知识链接

一、相关法律法规

1.《民法通则》第 106 条："公民、法人违反合同或者不履行其他义务的，应当承担民事责任。公民、法人由于过错侵害国家的、集体的财产，侵害他人财产、人身的，应当承担民事责任。没有过错，但法律规定应当承担民事责任的，应当承担民事责任。"

2.《民法通则》第 108 条："债务应当清偿。暂时无力偿还的，经债权人同意或者人民法院裁决，可以由债务人分期偿还。有能力偿还拒不偿还的，由人民法院判决强制偿还。"

二、相关理论知识

违约责任，又称违反合同的民事责任，是指合同当事人因违反合同所应承担的责任。合同债务是违约责任的前提，没有合同债务也就不存在违约责任；同时，违约责任制度的设立又是保障债务履行以及保护、救济债权人合法权益的有效手段。违约责任的形态分为：不履行合同义务（简称不履行）和履行合同义务不符合约定（简称不适当履行）两种。不履行合同义务是指合同当事人不能履行或拒绝履行合同义务。不能履行是指债务人由于某种情形，事实上已经不可能再履行债务；拒绝履行是指债务人能够履行而拒不履行。这种情形下债务人必然要承担违约责任。履行合同义务不符合约定的含义很广，包括不履行以外的一切违反合同义务的情况，包括履行迟延和不完全履行。

违约责任的特点：（1）违约责任的产生是以合同当事人不履行合同义务为条件的。（2）违约责任具有相对性。（3）违约责任具有补偿性。（4）违约责任可由当事人约定。（5）违约责任是民事责任的一种形式。我国民法理论通说认为，承担违约赔偿责任一是要有违约行为，即不履行或不适当履行合同的行为；二是要有过错，即当事人不履行或不适当履行合同是出于主观上的故意或过失；三是要有财产上的损害事实；四是当事人不履行或者不完全履行合同的行为与损害结果之间有因果关系，即内在的、必然的联系。

（案件来源：湖北松之盛律师事务所；整理人：田圣斌，周家富）

四十七、转移债权的形式和主体资格

争议焦点

本案的焦点是蔡某转移债权的民事行为是否有效。

基本案情

1994 年 5 月，在库 Y 与 L 山庄总经理蔡某之子恋爱期间，库 Y 的叔父库某因承包养鱼塘，需要资金投入，向蔡某借得人民币 5000 元，并向蔡出具借条一张，双方未约定还款时间。借款前后，蔡曾多次对库某讲明："我这 5000 元钱你不要还了，如果你实在要还，就拖 5000 元钱的红砖给你哥嫂（指库 Y 的父母）改建房屋用。"次年 5 月，因库 Y 与蔡某之子解除了恋爱关系，蔡某出于同情，将库某的借条交给库 Y，要库 Y 向其叔父库某索要该款。1996 年 10 月，库某按蔡某的意旨，购买了红砖 3.5 万块（计款 5950 元）运送到其兄库 X 家，库 X 将砖收下。1997 年上半年，库 Y 明知其叔父库某早已用红砖抵还了蔡某的 5000 元债务，却对蔡某谎称："库某既不还钱，又未给砖。"蔡某在不知真相的情况下，在原借条后背书，要库某将该款给库 Y，库 Y 持蔡某的借条向库某要款时，库某认为已用红砖抵还。后库 Y 以其帮蔡某打工、蔡某未付工资将债权转移给她为由，要求库某清偿借款。于 1998 年 5 月 18 日向县人民法院提起诉讼。县人民法院于 1998 年 7 月 10 日以（1998）民初字第 161 号民事判决书判决：被告库某偿付原告欠款 5000 元。

库某不服，于 1999 年 5 月 26 日向人民检察院提出申诉。经抗诉，中级人民法院受理抗诉后，指令区人民法院另行组成合议庭进行再审。区人民法院经再审判决：1. 撤销原审判决；2. 驳回原审原告诉讼请求。

观点评析

（一）不能忽视本案债权转移的主体资格。蔡某将库某5000元的借条赠与库Y，事先并没有取得库某的同意；且在1997年上半年蔡某在原始借条后背书之前，库某早已按蔡某的意旨将5000元债务用3.5万块红砖偿还完毕。原审原告库Y的行为，属于一方以欺诈、胁迫的手段致使蔡某在违背真实意思的情况下所作出的转让行为无效。

（二）蔡某无偿地将债权转移给原审原告库Y之前，蔡某已告知原审被告库某可通过购买红砖给库Y的父母改建房屋的方式来履行债务，后库某按此要求履行了债务。故库Y与蔡某之间的债权债务关系应归于消灭。蔡某将债权又转让给原审原告库Y的行为，应属于无效民事行为。

（三）库某与库Y之间没有形成债务与债权关系，库Y也就不具备诉讼主体资格。

相关知识链接

一、相关法律法规

1.《合同法》第80条："债权人转让权利的，应当通知债务人。未经通知，该转让对债务人不发生效力。"

2.《最高人民法院关于适用〈中华人民共和国合同法〉若干问题的解释（一）》第27条："债权人转让合同权利后，债务人与受让人之间因履行合同发生纠纷诉至人民法院，债务人对债权人的权利提出抗辩的，可以将债权人列为第三人。"

二、相关理论知识

所谓债权转让，是指合同债权人通过协议将其债权全部或部分地转让给第三人的行为。债权人转让债权是其法定的权利，是否行使该项权利，完全取决于权利人自己的意志和自由，但权利人行使权利要以合法为原则。合法原则就是对权利人行使权利的限制。

1. 关于债权转让的限制性规定。我国相关法律没有对转让主体进行限制。合同内容有特别约定不得转让的合同权利，不得转让。依照法律规定应由国家批准的合同，债权人在转让权利时，必须经过原批准机关批准。原批准机关对债权的转让不予批准的，转让无效。

2. 关于债权转让的有效条件。

第一，债权转让须有有效的合同存在。债权的有效存在是债权转让的根本前提。以无效的债权转让他人，或者以已经消灭的债权转让他人，就是转让的标的不能。

第二，转让的债权须有可让与性。按照《合同法》第79条的规定，有四种合同权利不得转让。第一类是依债权性质不得转让的，包括基于个人信任关系而发生的债权、以特定身份关系继承的债权；第二类是属于从权利的债权，从权利依主权利的移转而移转；第三类是依合同当事人约定不得转让的债权；第四类是依法律规定不得转让的债权。

第三，债权人与受让人须达成债权转让协议。债权转让是一种处分行为，必须符合民事行为的生效条件。

第四，债权转让必须通知债务人。合同权利的转让，是否以征得债务人的同意为要件，各国的立法有三种不同的规定：一是自由主义，德国民法典主张债权原则上可以自由转让，不以取得债务人同意或通知为必要要件；二是通知主义，我国《合同法》第80条规定："债权人转让权利的，应当通知债务人。未经通知，该转让对债务人不发生效力。"三是债务人同意主义，法国民法典主张债权转让以通知债务人或经债务人承诺为必要条件。

第五，债权转让必须遵守一定程序。《合同法》第87条规定："法律、行政法规规定转让权利或者转移义务应当办理批准、登记等手续的，依照其规定。"依照《民法通则》第91条规定，债权转让如果系法律规定应由国家批准的合同，须经原批准机关批准。法律规定办理债权转让必须经过批准、登记手续的，如果不履行相应手续，债权转让无效。

（案件来源：湖北省武汉市人民检察院；整理人：田圣斌，肖跃进）

四十八、债务转移的效力认定

争议焦点

《委托联系函》涉及债务转移的效力认定问题。

基本案情

1998年6月10日，X公司与Z公司签订一份购销水泥合同，约定：X公司供给Z公司525号水泥1000吨，单价每吨385元，结算方式为供方垫底500吨后，每200吨结算一次。合同签订后，X公司在1998年供给Z公司水泥 1455.46 吨，总价值 539500.40 元。Z 公司于 1998 年 11 月 27 日付款 39500 元，欠款 50 万元。S 公司欠 Z 公司货款，X 公司、Z 公司与 S 公司第四分公司达成口头协议，由 S 公司第四分公司向 X 公司偿付 50 万元。后三方又签订一份《委托联系函》，委托香港 L 集团 W 分公司从支付 S 公司第四分公司的工程质保金款中扣除工程质保金 50 万元，支付给 X 公司，抵销该公司供应 Z 公司的水泥款，由 Z 公司冲销 S 公司 L 还建项目部欠款，三方签字盖章生效。

由于 X 公司在与香港 L 集团 W 分公司在具体抵债方式上没有达成共识，且香港 L 集团 W 分公司未在《委托联系函》上签字，2000 年 5 月，X 公司以 Z 公司欠其货款为由诉至区人民法院，被判决败诉。

X 公司以委托联系函未生效，应由 Z 公司承担 50 万元的付款责任为由提起上诉。中级人民法院二审认为：委托联系函未送达香港 L 集团 W 分公司，该委托联系函无效，判决"Z 公司"给付"X 公司"水泥款及利息。

Z 公司不服二审判决，向人民检察院申诉。经抗诉，高级人民法院受理抗诉后，指令中级人民法院对本案进行再审。

2001 年 7 月 6 日，中级人民法院经再审作出（2001）经再字第 50 号民事判决书，依照《民法通则》第 84 条、第 91 条的规定，判决：S 公司在本判决生效之日起十日内偿付 X 公司水泥款人民币 50 万元，以 50 万元按日万分之四计算偿付 X 公司的经济损失，从 2000 年 5 月 29 日起至执行完毕之日止。

观点评析

（一）《委托联系函》的效力问题。该《联系函》经三方当事人签字盖章，应当是三方的真实意思表示，是合法有效的。

（二）债务转移的效力问题。本案三方当事人已签署债务转让协议，即《委托联系函》，其约定符合我国《民法通则》第 91 条规定合同义务及债务转移的形式要件，该协议一经债权人 X 公司同意即发生法律效力，足以认定 X 公司明示同意了该债务转移行为，故三方当事人之间的债务转移业已完成，原债务人 Z 公司脱离了债的关系，S 公司第四分公司取代了 Z 公司的债务人地位，债权人 X 公司可径行向 S 公司提出权利请求，Z 公司对该委托联系函项下的 50 万元货款应免除承担付款义务。L 集团是否同意不影响 Z 公司将债务转移给 S 公司。至于 S 公司将债务再转移给 L 集团是否成立，则属另一法律关系，与 Z 公司无关。

相关知识链接

一、相关法律法规

1.《民法通则》第 84 条："债是按照合同约定或者依照法律的规定，在当事人之间产生的特定的权利和义务关系。享有权利的人是债权人，负有义务的人是债务人。债权人有权要求债务人按照合同的约定或者依照法律的规定履行义务。"

2.《民法通则》第 91 条："合同一方将合同的权利、义务全部或者部分转让给第三人，应当取得合同另一方的同意，并不得牟利。依照法律规定应当由国家批准的合同，需经原批准机关批准。但是，法律另有规定或者原合同另有约定的除外。"

3.《合同法》第 99 条："当事人互负到期债务，该债务的标的物种类、品质相同的，任何一方可以将自己的债务与对方的债务抵销，但依照法律规定或者按照合同性质不得抵销的除外。当事人主张抵销的，应当通知对方。通知自到达对方时生效。抵销不得附条件或者附期限。"

4.《合同法》第 100 条："当事人互负债务，标的物种类、品质不相同的，经双方协商一致，也可以抵销。"

二、相关理论知识

1. 债权转移

债权转移合同生效的条件有：

（1）须有有效存在的债权，且债权的转移不会改变债权的内容。

（2）债权的权利人与债权移转接受人必须就债权转移有关事项及问题达成合意。

（3）所转移的债权必须具有可转移性。

（4）债权的转移必须经债务人同意，或通知债务人，始对其产生效力。

（5）债权的移转必须合乎法律和符合社会公德，根据我国《民法通则》第 91 条规定，禁止利用债权的转移来牟取暴利。

债权转移的内部效力表现在：

（1）债权由原债权人让与第三人后，原债权人脱离与原债的关系，第三人取代而转为债权人。

（2）当债权发生转移时，附从于其的权利如抵押权、留置权、利息债权、违约金债权及损害赔偿请求权等也一并转移。

（3）原债权人应把有关债权的全部证明转交给新债权人，债权证明文件包括债务人出具的借据、票据、合同文书、往来电话书信等。

（4）原债权人对债权的瑕疵，负担保的责任。

债权转让不需要债务人的承诺，只要尽到对债务人的通知义务即可生效；但是债务转移必须要取得债权人同意，否则不得对抗债权人。这是因为合同双方之间存在的信赖关系是合同得以成立的因素之一，合同一方当事人之所以选择另一方作为交易伙伴，就是出于对其履行能力的信任，如果另一方把债务转移给第三人，那么第三人的资信情况和清偿能力，将直接影响到债务能否得以履行。如果债务人在未征得债权人同意的情况下，擅自转移债务，势必会使债权人承担无法实现债权的风险。所以，从诚信原则和保护债权人利益的角度出发，我国《合同法》第84条明确规定，债务转移应当经债权人同意。债权人的同意方式既可以是明示的，即明确表示同意债务转移，一般采用书面形式或口头形式；也可以是默示的，即通过行为或者表现根据交易习惯判断债权人有同意的意思，该行为一般为积极的作为，缄默或者消极的不作为不能视为默示。

2. 抵销

所谓抵销是双方当事人互负债务时，一方通知对方以其债权充当债务的清偿者双方协商以债权充当债务的清偿，以使双方的债务在对等数额内消灭的行为。抵销分为法定抵销与合意抵销。

抵销之所以在各国民法中成为债的一种消灭原因，主要是基于对其功能的认识。因为，抵销一方面可免去双方交互给付的麻烦，节省履行费用，降低交易成本；另一方面，抵销可确保债权的效力，以免先为清偿的债务人有蒙受损害的危险。尤其在破产程序中，债权人可主张抵销，直接免去自己的对等给付，从而使自己处于优先受偿的地位。

在法定抵销中，必须具备的条件有：

（1）须二人互负债务，互享债权。（2）须双方债的标的种类相同。适于抵销者，以金钱和种类物居多。（3）须双方债务均届清偿期。抵销具有相互清偿的作用，自应双方债务均届清偿期，始得为抵销。（4）双方债务须均非不能抵销的债务。

根据我国《合同法》规定，在法定抵销时当事人主张抵销的，应当通知对方。通知自到达对方时生效。抵销的通知不得附条件或者附期限。

在约定抵销时，双方通过抵销合同约定。

（案件来源：湖北省武汉市人民检察院；整理人：田圣斌）

四十九、合同的转让

被告 Z 公司是否应支付原告 C 公司工程转让款 1060000 元。

⤡ 基本案情 ⤢

1998 年 8 月 10 日，C 公司与 T 委员会签订《关于对 3—5 号房屋旧城改造联合开发的协议》，协议约定：甲方（T 委员会）提供 3—5 号房屋及用地由乙方（C 公司）实施开发；乙方以甲方的名义办理该项目的有关手续；房屋竣工后，乙方可以以甲方的名义销售房屋产权；项目所需费用由乙方承担，甲方不承担任何费用；在正式签约之日，乙方向甲方支付 5 万元保证金，并在签约的一个月内补偿甲方全新富康轿车一辆等条款。协议签订后，C 公司履行了部分义务，但未对所开发的项目动工。2000 年 1 月 30 日，C 公司在未征得 T 委员会同意的情况下与 Z 公司签订《关于 T 委员会房屋工程转让协议书》，协议约定：甲方（C 公司）将工程全权转让给乙方（Z 公司）；转让后，工程项目隶属关系不变，以后，此项目有关费用及手续费全部由乙方承担。协议签订后甲方应向乙方提供如下资料：1. 与 T 委员会签订的合同正本；2. 规划局批准的方案图；3. T 委员会的立项报告及批文；4. 地质勘测报告；5. 减免规费的批文；6. 设计图、施工图；7. 规划局的拆迁表；8. 2000/1 的红线图。付款金额和付款办法为：经甲乙双方协商，工程前期费用 130 万元，乙方分三次付给甲方，即协议签订时，乙方及时付甲方 15 万元；三通一平做完后付给甲方 25 万元，余款今年 5 月底逐步付清。该协议签订后，Z 公司向 C 公司支付了 15 万元首期款。C 公司未向 Z 公司提供协议约定的资料。

2000 年 5 月 19 日，T 委员会致函 C 公司，内容为："鉴于双方 1998 年 8 月 10 日签订的关于 3—5 号危房改造工程协议，得知贵公司无能力承担此项工程及私下转让该项目。为了确保该项目能顺利进行，特公函告知贵公司：1. 我会即日起宣布双方 1998 年 8 月 10 日签订的《危房改造工程协议》作废，并由贵公司承担一切违约责任；2. 贵公司应在 5 月 22 日前，移交有关危改工程的一切相关资料，由我会验收；3. 我会保留追究该项目的一切法律责任。"C公司收到公函后，与T委员会进行协商，双方于2000年5月23日签订《关于废除3—5号房屋旧城改造联合开发的协议》，协议约定："甲方（T委员会）同意乙方（C公司）将该项目转交给Z公司，乙方与Z公司的债权债务与甲方无关。"同日Z公司向C公司出具《工程转让费用承诺书》一份，记载："关于C公司房屋改造工程，经T委员会同意，转让给Z公司，经C公司、Z公司、T委员会三方测算协商，C公司前期费用包干计费121万元，该费用由我Z公司承担，已付15万元，欠付106万元。付款办法：1. 本项目土建完成四层付款30万元；2. 商品房在进行销售时逐步付清。"Z公司未在该"承诺书"上加盖印章，但其法定代表人李某在该"承诺书"上签名。庭审中，T委员会认可在其与C公司签订《关于废除3—5号房屋旧城改造联合开发的协议》后，又与Z公司签订了《联合开发3—5号房屋的协议》的事实，并确认联合开发的房屋已于2003年7月竣工，还建安置36户，除2773平方米的房屋产权属于T委员会外，其余房屋产权均为Z公司所有。

　　另查明，该项目是T委员会申请有关部门批准的旧城改造项目，该项目危房改造的性质和新建房屋所有权名义上仍属T委员会所有（除综合楼第二层楼及B栋楼外的房屋）。被告Z公司于2000年1月24日经省工商行政管理局核准成立，法定代表人为李某，经营范围含房地产开发、土木工程施工等。2001年2月19日，被告Z公司经省工商行政管理局核准，变更法定代表人为谭某。2005年7月21日，被告Z公司经核准再次变更法定代表人为李某。2004年10月，中国人民银行公布金融机构人民币一至三年的贷款月利率为4.8‰。

　　2005年，C公司状告Z公司和T委员会拖欠工程款项。2005年8月20日区人民法院依照我国《合同法》第60条、第62条第1款第4项、第88条、第107条之规定，判决：一、被告Z公司向原告C公司支付工程转让款1060000元，赔偿原告C公司经济损失94368元（300000元×25个月×4.8‰＋760000元×16个月×4.8‰），上列款项于本判决生效后十日内履行完毕；二、驳回原告C公司的其他诉讼请求。

　　Z公司不服，提出上诉。2006年2月27日，中级人民法院判决：一、维持区人民法院民事判决第二项。二、变更区人民法院民事判决第一项为Z公司在本判决生效之日起十日内向C公司支付工程转让款1060000元，并赔偿迟延给付转让款300000元的经济损失（按中国人民银行公布的同期银行活期存款利率从 2003 年 8 月起至付清时止）。

观点评析

（一）施工合同转让的效力问题。在与 T 委员会签订危房改建协议后，C 公司与 Z 公司签订《关于 T 委员会危房工程转让协议书》，是将其前一合同义务转让给第三方的行为。实践中，工程转包转让的情况特别多。如果该转让不违反前一合同的约定和法律的规定，该转让行为有效。

（二）C 公司违约，无权主张工程转让款。其与 Z 公司《关于 T 委员会危房工程转让协议书》协议明确约定，C 公司应当向 Z 公司提供协议约定的资料。但 C 公司并未提供证据证明其履行了该义务，而 Z 公司则有证据证明其办理了这些手续、资料，并支付了大量费用。而《转让协议》约定 Z 公司向 C 公司支付的 121 万元工程转让费主要是 C 公司办理"约定的资料"所投入的包干费用，C 公司未履行双方约定的"提供手续、资料"的义务，其违约在先，C 公司应承担违约责任。

相关知识链接

一、相关法律法规

1.《合同法》第 60 条："当事人应当按照约定全面履行自己的义务。当事人应当遵循诚实信用原则，根据合同的性质、目的和交易习惯履行通知、协助、保密等义务。"

2.《合同法》第 62 条："当事人就有关合同内容约定不明确，依照本法第六十一条的规定仍不能确定的，适用下列规定：（一）质量要求不明确的，按照国家标准、行业标准履行。没有国家标准、行业标准的，按照通常标准或者符合合同目的的特定标准履行。（二）价款或者报酬不明确的，按照订立合同时履行地的市场价格履行；依法应当执行政府定价或者政府指导价的，按照规定履行。（三）履行地点不明确，给付货币的，在接受货币一方所在地履行；交付不动产的，在不动产所在地履行；其他标的，在履行义务一方所在地履行。（四）履行期限不明确的，债务人可以随时履行，债权人也可以随时要求履行，但应当给对方必要的准备时间。（五）履行方式不明确的，按照有利于实现合同目的的方式履行。（六）履行费用的负担不明确的，由履行义务一方负担。"

3.《合同法》第 88 条："当事人一方经对方同意，可以将自己在合同中的权利和义务一并转让给第三人。"

4.《合同法》第 107 条："当事人一方不履行合同义务或者履行合同义务

不符合约定的，应当承担继续履行、采取补救措施或者赔偿损失等违约责任。"

二、相关理论知识

合同转让，是指合同权利、义务的转让，即当事人一方将合同的权利或义务全部或部分转让给第三人的行为。转让可以是全部，也可以是部分，因为转让的内容有所差异，其条件和效力也有所不同。债务承担制度同样也经历了由不承认至一定条件下允许的演变历程，我国民法也承认合同转让。合同权利义务一旦转让，就会在转让方与受让方以及相对人之间发生一定的法律效力，一方面就转让方与受让方而言，在全部转让的情况下，受让方将成为新的合同主体，或取得转让方的权利，或承担转让方的义务，或兼而有之，而转让方将脱离合同关系，由受让方代其位；在部分转让的情况下，受让方与转让方或一同成为债权人，或一同成为债务人。值得一提的是，部分转让不可能适用于合同权利义务的概括移转，因为在概括移转的两种主要情形中，无论是"合同的承受，还是企业的合并"，都是全部转让。另一方面就转让方与相对人而言，在合同权利义务转让以后，相对人不得再向转让人即原合同当事人主张权利，请求履行，而应当向新的合同当事人作出履行。如果相对人仍向转让方履行债务，则不构成合同的履行，更不应导致合同终止。

在我国民法上，债权让与系事实行为，为债权让与合同生效的结果，它是债权让与合同的效力表现。债权让与合同的有效条件是：1. 须存在有效的债权；2. 被转让的债权须具有可转让性。

依据我国《合同法》规定，当事人双方的合意是构成合同转让的必要条件，学术界对合同相对人的同意存在着两种观点：一种观点认为债务人同意是合同权利转让的成立要件，因为概括移转在性质上为多方法律行为，合同的另一方当事人自然也是概括移转的当事人之一。合同既然是自由意志的体现，如果未经相对方同意，就不能体现出契约之本质。另一种观点认为，相对人同意并不是概括转让合同成立的要件，而是概括转让对债务人生效的条件，概括转让涉及两种不同的法律关系，即转让合同关系和债权人与债务人之间的原合同关系，但是就转让合同关系而言，仅在转让人和第三人之间发生效力，相对人并非合同当事人，因此转让不是多方法律行为，相对人是否同意并不成为合同成立的构成要件。

（案件来源：湖北省人民检察院；整理人：田圣斌）

五十、合伙人个人债务与合伙债务的区分

争议焦点

本案借款是刘某的个人借款，还是刘某与岳某合伙承包工程的共同借款。

基本案情

1996年11月，岳某、刘某合伙承包X建筑装饰装潢实业有限公司承接的Y血防站宿舍的部分建筑工程，两人约定：岳某负责工地上的管理，刘某负责筹集流动资金。同年11月6日和12月10日，刘某先后向其妹夫王某借款2万和9000元，约定月利率3.5%，并约定了还款期限。借款到期后，未能还款，为此，王某向县人民法院起诉，要求刘、岳偿还借款及利息。

1998年11月，县人民法院作出（1998）民初字第311号民事判决，判决：刘某、岳某共同偿还王某借款29000元及利息。两被告互负连带清偿责任。

岳某不服，提起上诉。中级人民法院判决：驳回上诉，维持原判。

岳某不服，向人民检察院申诉。经抗诉，省高级人民法院受理抗诉后，指令中级人民法院对本案进行再审。

2001年8月28日，中级人民法院经再审判决：1. 撤销县人民法院（1998）民初字第311号民事判决及本院（1999）民终字第213号民事判决；2. 原审被告刘某于本判决生效之日起十日内偿还原审原告王某借款人民币29000元及利息。案件受理费1500元由刘某负担。

观点评析

（一）该借款是个人借款。刘某向王某借款，虽系在原审被告刘某、岳某合伙承包工程期间，但该债务不是以合伙人的名义共同所借，且该借款用于工程建设没有证据证实，因而不能认定为合伙之债。

（二）在证据采信方面，本案刘某向其妹夫王某借款，只有自己签字认可并没有岳某的签字，而且岳某不认可，刘某也提供不出该款项用于合伙承包的工程的证据。根据最高人民法院的相关规定，2.9万元借款即使属实，也应由

刘某本人偿还。岳某不承担连带清偿责任。

相关知识链接 ↘

一、相关法律法规

1.《关于人民法院审理借贷案件的若干意见》第 15 条："合伙经营期间，个人以合伙组织的名义借款，用于合伙经营的，由合伙人共同偿还；借款人不能证明借款用于合伙经营的，由借款人偿还。"

2.《最高人民法院关于民事经济审判方式改革问题的若干规定》（法释〔1998〕14 号）第 21 条："当事人对自己的主张，只有本人陈述而不能提出其他相关证据的，除对方当事人认可外，其主张不予支持。"

3.《最高人民法院关于民事经济审判方式改革问题的若干规定》第 27 条第 2 款："证人提供的对与其有亲属关系或者其他密切关系的一方当事人有利的证言，其证明力低于其他证人证言。"

二、相关理论知识

个人债务是一方与共同事业无关或依法约定为个人所担的债务。虽然合伙人对合伙承担无限连带责任，合伙人之间在诸多方面利益密切不可分，但是，合伙人一方作为人格独立的个人，他们仍可以从事与合伙无关的个人利益与责任。要注意的是，合伙事务代理所带来的债务是以合伙人一方个人名义所负债务，事实上是为合伙团体谋取利益时所负的债务，这种债务在本质上属于合伙共同债务，应由合伙各方承担连带清偿责任，以避免合伙人之间利用个人信用逃避责任。

担保是以一定民事主体的资信为他人的债务提供担保，或者以某一特定的财产作为债务履行的保障，使债权人对该财产享有了一种优先受偿的权利，实际就是债务人的全部财产之外，又附加了相关人的一般财产作为债权实现的总担保。作为人的担保，就是用担保人的名义、地位、信用、相应的资产，取得债权人的信任，其法律目的，就是促使债务人履行其债务，保障债权人的债权能够顺利实现。而合伙人个人在法律上具有独立人格，能够以其独立的人格从事与合伙无关的活动。合伙人的个人信用我们不能画等号，不能说认可了某一合伙人的信用，也就认可了其他合伙人的信用，更不可以说合伙人之间的信用存在必然连带关系。根据民法原理，合伙人之间的财产关系有连带关系，也有彼此独立的部分，连带的部分其连接点（连接因素）就是共同事业。如果是为了共同事业，即便是合伙团体假借某一合伙人的名义借款，我们也应当根据具体情况考虑将其认定为共同之债，而不是仅仅从形式上进行责任分配。

（案件来源：湖北省人民检察院；整理人：田圣斌，陈佳）

五十一、个人之债与共同之债

该借款及利息是个人之债，还是砖厂合伙人共同之债。

1995 年 12 月 23 日，占某、王 X、王 L、罗某、黄某五人合伙承包 D 村砖瓦厂，黄某以合伙人的法定代表身份与 D 村签订《D 砖瓦厂承包经营协议书》。协议书约定了发包、承包双方权利义务。协议签订后合伙五人每人投资 5 万元到位后，开始经营 D 砖厂。25 万元投资到合伙人账户后，用于交纳 D 村承包费 10 万元，购置用于砖厂推土机新、旧 2 台，用款 13 万元，余款 2 万元用于购置砖厂其他设备。1996 年 4 月，砖厂向王 D 借款 5000 元，当年予以偿还，但 1876 元利息尚未偿还，转入合伙人下年度会计的账上。1996 年 12 月，黄某退出合伙。1997 年 5 月和 7 月，占某、王 X 先后退出合伙，砖厂仍由王 L、罗某承包。上述三人退出合伙时只退每人 4 万元投资款，另 1 万元作为合伙期间的亏损。1997 年 11 月，罗某去世，砖厂由王 L 承包经营至今。1997 年 2 月，在合伙经营期间，因流动资金不足，合伙人共同口头商定向王 D 再次借款，同年 3 月 30 日占某、王 X 二人向王 D 借款 5000 元，并以两人的名义向王 D 出具了借条。同年 5 月 1 日罗某、王 X 二人又向王 D 借款 1 万元，也以二人的名义向王 D 出具了借条。两次借款 1.5 万元均入了砖厂会计、出纳的账上，用于合伙承包的砖厂。王 D 多次催还借款，但占某、王 X、罗某三人及砖厂未予偿还。为此，王 D 向区人民法院起诉占某、王 X、罗某和王 L，要求偿还借款及利息。

2000 年 5 月 27 日，区人民法院判决：1. 被告占某、王 X、王 L 所欠原告王 D 16876 元及利息（按月 3% 计算自 1997 年 3 月起至还清之日止）在判决生效之日付清。2. 占某、王 X、王 L 对前款负连带责任。王 L 不服，提出上诉。中级人民法院 2000 年 7 月 30 日判决：1. 撤销一审判决；2. 占某、王 X 共同偿还王 D 16876 元及利息（月息 3% 从 1997 年 3 月起至还清之日止）。

占某、王 X 不服，向人民检察院提出申诉。经抗诉，省高级人民法院受理抗诉后，指令中级人民法院再审。中级人民法院经再审判决：1. 撤销本院（2000）经终字第 754 号民事判决；2. 原审上诉人王 L 偿还所欠原审被上诉人王 D 借款人民币 16876 元及利息（按月息 3% 计算自 1997 年 3 月起至还清之日止）；3. 驳回王 D 的其他诉讼请求。本案原一、二审诉讼费共计 1600 元均由王 L 负担。

观点评析

（一）本案两次借款的事实成立。王 D 有权要求偿还借款并支付利息。

（二）该两次借款入了砖厂的财务账，用于砖厂经营，均属砖厂集体债务，而不是个人借款。因此，该债务是占某、王 X、罗某、王 L 合伙承包砖厂期间所借之债，理应共同承担偿还责任。一审判决认定为该债是合伙之债，其款项全部用于砖厂，判令王 X、占某、王 L 三人共同偿还（罗某已去世，一审法院未判决其承担责任）。二审法院认定两笔借款及砖厂原欠下王 D 的利息是王 X 和占某个人债务，王 L 不是借款人，不承担还款责任，明显属认定事实不清，判决错误。

（三）占某、王 X 等已先后退出该厂，现该厂实际承包人为王 L 独自经营，该厂原欠债务理应由王 L 进行清偿。如果该厂财产不足以清偿，才能由已退出承包经营的占某、王 X 等个人来承担责任。

相关知识链接

一、相关法律法规

1. 《民法通则》第 35 条："合伙的债务，由合伙人按照出资比例或者协议的约定，以各自的财产承担清偿责任。

合伙人对合伙的债务承担连带责任，法律另有规定的除外。偿还合伙债务超过自己应当承担数额的合伙人，有权向其他合伙人追偿。"

2. 原《合伙企业法》第 32 条："合伙企业的利润和亏损，由合伙人依照合伙协议约定的比例分配和分担；合伙协议未约定利润分配和亏损分担比例的，由各合伙人平均分配和分担。

合伙协议不得约定将全部利润分配给部分合伙人或者由部分合伙人承担全部亏损。"

3. 原《合伙企业法》第 39 条："合伙企业对其债务，应先以其全部财产进行清偿。合伙企业财产不足清偿到期债务的，各合伙人应当承担无限连带清偿责任。"

4. 原《合伙企业法》第40条："以合伙企业财产清偿合伙企业债务时，其不足的部分，由各合伙人按照本法第三十二条第一款规定的比例，用其在合伙企业出资以外的财产承担清偿责任。"

5. 《最高人民法院关于人民法院审理借贷案件的若干意见》第15条："合伙经营期间，个人以合伙组织的名义借款，用于合伙经营的，由合伙人共同偿还；借款人不能证明借款用于合伙经营的，由借款人偿还。"

二、相关理论知识

在债务承担问题上，合伙企业与个人合伙所适用的规定是不同的。

《民法通则》规定：合伙的债务，由合伙人按照出资比例或者协议约定，以各自的财产承担清偿责任，合伙人对合伙的债务承担连带责任。

《合伙企业法》规定：合伙企业对其债务，应先以其全部财产进行清偿；合伙企业财产不足清偿到期债务的，各合伙人应当承担无限连带清偿责任。根据上述规定，合伙人对合伙债务的清偿责任的性质属于补充性责任，合伙债务的债权人应当先向合伙财产求偿；只有该合伙财产不足清偿时，才应向各合伙人求偿。

无论是合伙企业还是个人合伙，对外（即对合伙的债权人）承担的是无限连带责任。"无限"即承担责任不以出资额为限；"连带"则意味着每个合伙人均须对全部合伙债务负责，债权人可以依其选择，请求全体、部分或者个别合伙人清偿，被请求的合伙人即须清偿全部的合伙债务，不得以自己承担的份额为由拒绝。

无论是合伙企业还是个人合伙，对内（即合伙人之间）则是按份之债，某个合伙人由于承担连带责任所清偿债务数额超过其应当承担的数额时，有权向其他合伙人（按份）追偿。

（案件来源：湖北省人民检察院；整理人：田圣斌）

五十二、连带清偿责任的承担

争议焦点

M中心和李某是否为E公司分公司提供购货担保和应对货款承担连带清偿责任。

基本案情

1994 年 8 月中旬，李某找到 M 中心原业务员王某（已于 1994 年 7 月调至医药（集团）股份有限公司 W 公司搞筹建），称其表哥陈 Z（E 公司分公司负责人）欲赊购一批口服液，因 T 公司对新客户和散户为现款现货，而 M 中心作为 T 分公司的老客户，可以先货后款，故欲让王某以 M 中心名义购出一批口服液，然后转卖给陈 Z。王某答应了这一要求。尔后，李某于 1994 年 8 月 29 日和 8 月 31 日分两次从 T 分公司提出总价额为 666860.81 元的口服液，经王某在李某出具的增值税专用发票和送货回单上加盖 M 中心旧 3 号合同专用章（该合同章已于 1993 年年底经 M 中心声明作废，但一直留存在王某手中）后，由 E 公司分公司将该口服液提走。随后，王某又分别于同年 8 月 29 日和 9 月 1 日各起草一份李某保证于 1994 年 9 月 18 日前付清货款的还款协议，李某在两份协议上签名予以认可。然而，E 公司分公司支付 3 万元货款后，再无消息，李某亦未履行其担保责任。1994 年年底，T 分公司查账时发现该交易，因向 M 中心索款未果，起诉至区人民法院，要求 M 中心偿付 636860.81 元货款，并赔偿逾期利息损失。

区人民法院受理后，将李某、E 公司追加为第三人，判决：M 中心偿付 T 分公司货款及经济损失 665901.61 元；E 公司偿付 M 中心货款及经济损失 665901.61 元；李某对 E 公司 636860.81 元货款承担代为清偿责任。

M 中心不服，提起上诉。中级人民法院审理后，撤销原判，判令 E 公司偿付 T 分公司货款及经济损失 782542.7 元，M 中心和李某承担连带清偿责任。

M 中心仍不服，申诉至人民检察院。经抗诉，省高级人民法院受理抗诉后，将此案交由中级人民法院再审。中级人民法院经再审，裁定撤销一、二审判决；驳回 T 分公司起诉；将本案移送公安机关处理。

观点评析

（一）王某的行为是个人行为。其已于交易前调离 M 中心，且所使用的是 M 中心已作废的 3 号合同专用章，故不能认定王某有代理 M 中心资格。依据我国《民法通则》第 66 条第 1 款之规定，应由王某个人承担由此所致民事责任。

（二）本案不是连带责任，而是刑事诈骗。E 公司分公司未经工商部门注册，不具有经营资格；李某则在明知该公司无偿付能力的情况下，将其介绍给王某，并在购销业务中开具出 T 分公司的增值税专用发票和送货回单及在产品出仓单的"提货人"处签字；王某在该交易的送货回单上加盖 M 中心已作废的 3 号合同专用章；E 公司分公司提货后未能偿还货款，以上事实表明此三者有合谋诈骗嫌疑。

相关知识链接

一、相关法律法规

1. 《民法通则》第 66 条："没有代理权、超越代理权或者代理权终止后的行为，只有经过被代理人的追认，被代理人才承担民事责任。未经追认的行为，由行为人承担民事责任。本人知道他人以本人名义实施民事行为而不作否认表示的，视为同意。代理人不履行职责而给被代理人造成损害的，应当承担民事责任。代理人和第三人串通，损害被代理人的利益的，由代理人和第三人负连带责任。第三人知道行为人没有代理权、超越代理权或者代理权已终止还与行为人实施民事行为给他人造成损害的，由第三人和行为人负连带责任。"

2. 《民事诉讼法》（1991 年）第 153 条："第二审人民法院对上诉案件，经过审理，按照下列情形，分别处理：（一）原判决认定事实清楚，适用法律正确的，判决驳回上诉，维持原判决；（二）原判决适用法律错误的，依法改判；（三）原判决认定事实错误，或者原判决认定事实不清，证据不足，裁定撤销原判决，发回原审人民法院重审，或者查清事实后改判；（四）原判决违反法定程序，可能影响案件正确判决的，裁定撤销原判决，发回原审人民法院重审。当事人对重审案件的判决、裁定，可以上诉。"

二、相关理论知识

连带责任是按份责任的对称，指两个以上的债务人，共同负责履行清偿同一债务的行为。债权人有权要求负连带债务的人中的全体、部分或任何一个人清偿全部或部分债务。负有连带责任的每一个债务人，都负有清偿全部责任的义务。履行了义务的人，有权要求其他负有连带责任的人偿付他应承担的份额。债务人的连带责任，使债权人的权益得到保障，它是保证债务履行的一种手段。

除了当事人之间的有效约定外，有关法律和司法解释对连带责任的适用条件分别作了规定，这些规定是人民法院在审判实践中认定当事人是否承担连带责任的法律依据。具体来讲，法律明确规定的连带责任有以下几种：

1. 因保证而承担的连带责任

根据《担保法》的有关规定，保证是指保证人和债权人约定，当债务人不履行债务时，保证人按照约定履行债务或者承担责任的行为。保证的方式有一般保证和连带责任保证。当事人在保证合同中约定保证人与债务人对债务承担连带责任的，为连带责任保证。连带责任保证的债务人在主合同规定的债务履行期届满没有履行债务的，债权人可以要求债务人履行债务，也可以要求保证人在其保证范围内承担保证责任。保证人承担保证责任后，有权向债务人追偿。

2. 合伙（包括合伙型联营）中的连带责任

《民法通则》第35条第2款规定："合伙人对合伙的债务承担连带责任，法律另有规定的除外。偿还合伙债务超过自己应当承担数额的合伙人，有权向其他合伙人追偿。"可见，这种连带责任是针对合伙人与债权人这一外部关系而言，至于合伙内部仍是一种按份的责任。

3. 因代理而承担连带责任

根据《民法通则》第65条、第66条以及《最高人民法院关于贯彻执行〈中华人民共和国民法通则〉若干问题的意见（试行）》第81条的规定，因代理而承担连带责任的有以下几种情况：（1）委托书授权不明的，被代理人应当向第三人承担民事责任，代理人负连带责任。（2）代理人和第三人串通，损害被代理人利益的，由代理人和第三人负连带责任；第三人知道行为人没有代理权、超越代理权或代理权已终止还与行为人实施民事行为给他人造成损害的，由第三人和行为人负连带责任。（3）委托代理人转托他人代理，因其转托不明，给第三人造成损失的，第三人可以直接要求被代理人赔偿损失，被代理人承担民事责任后，可以要求委托代理人赔偿损失，转托代理人有过错的，应当负连带责任。

4. 因共同侵权而承担的连带责任

二人以上共同侵权造成他人损害的，应当承担连带责任。教唆、帮助他人实施侵权行为的人，为共同侵权人，同样应当承担连带民事责任。权利被侵害人可以向任何一个侵权人提出赔偿损失的要求，共同侵权人承担连带赔偿的责任。对此，《民法通则》第130条及有关司法解释有明确规定。

5. 因共同债务而承担的连带责任

根据《民法通则》第87条的规定，债务人一方人数为两人以上的，依照法律规定或当事人约定，负有连带义务的每个债务人，都负有清偿全部债务的义务，履行了义务的人，有权要求其他负有连带义务的人偿付他应当承担的份额。

6. 因产品不合格造成损害，产品的生产者、销售者承担的连带责任

根据《产品质量法》第43条的规定，因产品存在缺陷造成人身、财产损

害的，受害人可以向产品的生产者要求赔偿，也可以向产品的销售者要求赔偿；属于产品的生产者的责任，产品的销售者赔偿的，产品的销售者有权向产品的生产者追偿。属于产品的销售者的责任，产品的生产者赔偿的，产品的生产者有权向产品的销售者追偿。可见，因产品不合格造成损害，产品的生产者与销售者承担的是一种连带赔偿责任。

7. 因出借业务介绍信、合同专用章或盖有公章的空白合同而承担连带责任

根据《最高人民法院关于在审理经济合同纠纷案件中具体适用经济合同法的若干问题的解答》中的有关规定：（1）合同签订人持有委托单位出具的介绍信签订合同的，应视为委托单位授予代理权。介绍信中对代理事项、授权范围表达不明的，委托单位对该项合同应当承担责任，合同签订人应负连带责任。（2）借用其他单位的业务介绍信、合同专用章或者盖有公章的空白合同书签订的经济合同，应当确认为无效合同，出借单位和借用人对无效合同的法律后果负连带责任。（3）借用人与出借单位有隶属关系或者承包关系，且借用人签订合同是进行正当的经营活动，则可不作为无效合同对待。但出借单位应当与借用人对合同的不履行或不完全履行负连带赔偿责任。

8. 企业法人分立后对原有债务的承担以及开办企业有过错而产生的连带责任

根据《民法通则》第 44 条的规定，企业法人分立，其原债务由变更后的法人来承担。分立后的数个法人承担的是连带责任。《公司法》规定，公司分立应对原有债务的承担达成协议，否则不得分立。若该协议对原有债务的承担明确到每个分立后的公司，则每个公司依协议各自承担责任；若协议仅确定了原有债务的分担比例，那么，分立后的公司对原有债务则应承担连带清偿责任。根据《最高人民法院（研）复（1987）33 号批复》的规定，企业单位开办的分支企业倒闭后，如果该分支企业不具备独立法人资格，那么，应由开办该分支企业的单位负连带责任。

（案件来源：湖北省人民检察院；整理人：田圣斌）

五十三、融资租赁合同关系的审查

争议焦点

D 公司是否应当返还 S 租赁公司的汽车并支付租金。

基本案情

S 租赁公司与 D 公司（两公司的法定代表人为同一人，租赁公司系 D 公司的控股公司）签订租赁合同，以融资租赁的形式将 5 辆轿运车租赁给 D 公司使用。合同约定：租赁物由 D 公司自行选定，由 S 租赁公司与供货方签订购货合同，并向供货方支付货款，在 D 公司未全部付清租金以及其他费用前，租赁物所有权属于 S 租赁公司，D 公司对租赁物只有使用权；非经 S 租赁公司书面确认，D 公司不得将租赁物进行销售、转让、转租、出借、抵押给第三方或将租赁物用作资产投资。合同中，双方对租金的计算与支付亦作了明确约定。合同签订后，S 租赁公司履行了合同义务，D 公司拖欠租金 1099862.96 元。

2000 年 8 月 12 日，D 公司与第三人鲁某签订租赁经营合同书，合同约定，D 公司将经营权租赁给第三人鲁某经营，租赁经营期为 1 年。D 公司实际交付给第三人鲁某的经营车辆有轿运车 12 辆。2001 年 9 月，D 公司将交第三人经营的车号为鄂 A53016、鄂 A53022、鄂 A53024 的三辆轿车过户给第三人鲁某，车号为鄂 A53023、鄂 A53890 的过户给朱某，车号为鄂 A53891 的轿车过户给李某。所过户的车辆中鄂 A53890、鄂 A53891 经 S 租赁公司同意。

2001 年 9 月 18 日，S 租赁公司以 D 公司拖欠其租金 1099862.96 元、非法转移其车辆为由向区人民法院起诉，鲁某被列为该案第三人。2002 年 7 月 26 日，区人民法院依照我国《合同法》第 107 条、第 121 条、第 237 条、第 247 条、第 248 条、第 242 条规定，作出（2001）区民初字第 452 号民事判决：1. 终止原告 S 租赁公司与被告 D 公司所签订的（汽 1997）鄂租字第 2 号合同。2. 被告 D 公司于本判决书生效之日起十日内返还未经原告同意而转移的车辆（车号分别为鄂 A53016、鄂 A53022、鄂 A53024），在上述车辆过户时第三人鲁某应予协助。3. 被告 D 公司于本判决生效之日起十日内向原告支付到期租金 1099862.96 元及利息（按同期银行贷款利率计算，自 2001 年 9 月 19 日起至租金给付完毕之日止）。

第三人鲁某不服，向人民检察院申诉。经抗诉，中级人民法院指令区人民法院另行组成合议庭进行再审。再审法院依照我国《民事诉讼法》第 64 条、《最高人民法院关于民事诉讼证据的若干规定》第 2 条、《最高人民法院关于适用〈中华人民共和国民事诉讼法〉若干问题的意见》第 201 条第 1 项的规定，经该院审判委员会讨论决定，撤销该院（2001）区民初字第 452 号民事判决；驳回原审原告 S 租赁公司的诉讼请求。

观点评析

（一）区人民法院认为，原告 S 租赁公司与被告 D 公司的合同合法有效。被告长期拖欠租金并在未经原告许可的情况下，将部分租赁物转让至他人名下，侵害了原告的合法权益，应负违约责任，对所欠原告租金应予清偿，对所转移原告车辆应恢复原状。第三人鲁某在租赁经营被告 D 公司汽车期间，不应在未经原告同意的情况下，转移归原告所有的车辆的所有权，应承担一定责任；但第三人与被告间的租赁经营关系与原、被告间的租赁关系系两个法律关系，第三人与被告的租赁经营纠纷应另案处理。在本案审理过程中，原告未向朱某、李某主张权利，故本院对转移至朱某、李某名下的车辆不予处理。

（二）人民检察院认为，本案原、被告的法定代表人同为一人，违背了民事诉讼法的基本原则，可能损害第三人的利益。

法人的意志是通过其法定代表人来实现的。由于原、被告的法定代表人同为一人，这将使本案原、被告的意思表示产生混同，且本案存在有利害关系的第三人，可能损害第三人的合法权益，使民事诉讼的基础不复存在。人民法院应驳回原告的起诉。

相关知识链接

一、相关法律法规

《民事诉讼法》第 49 条："公民、法人和其他组织可以作为民事诉讼的当事人。法人由其法定代表人进行诉讼。其他组织由其主要负责人进行诉讼。"

二、相关理论知识

融资租赁合同是出租人根据承租人对出卖人、租赁物的选择，向出卖人购买租赁物，提供给承租人使用，承租人支付租金的合同。融资租赁合同的内容包括租赁物名称、数量、规格、技术性能、检验方法、租赁期限、租金构成及

其支付期限和方式、币种、租赁期间届满租赁物的归属等条款。

融资租赁合同包含了三个方面的含义：

其一，出租人按照承租人的要求出资购买租赁物，这是融资租赁合同不同于租赁合同的一个显著的特点。在租赁合同中出租人是将自己现存的租赁物出租给承租人进行使用、收益，由承租人支付租金。但在融资租赁合同中，出租人是根据承租人对租赁物的选择去购买租赁物，然后将其出租给承租人使用。所以在这个意义上说，这种合同为承租人起到了融资的功能，使其仅仅以支付比较少的租金的代价就可以获得自己需要的租赁物的使用权。

其二，出租人须将购买的租赁物交付给承租人使用、收益。在融资租赁合同中，出租人花费了较大的代价购买了承租人指定的租赁物并非为了自己使用，而是为了将其出租给承租人进行使用、收益，所以该合同虽然涉及买卖，但买卖的最直接目的就是为了出租，这是不同于普通买卖合同之处。

其三，承租人必须向出租人支付租金。租金是承租人使用租赁物的代价，在融资租赁合同中，承租人必须支付租金才能取得对租赁物的使用权，这也是该合同的"租赁"特性。

融资租赁合同与借款合同有着共同点和区别：其共同特征都是为了满足承租人或者借款人融资的需求；但融资租赁合同的内容更加复杂，其不仅具有租赁合同的特性，同时还具有买卖合同的特性。

（案件来源：湖北省人民检察院；整理人：田圣斌）

五十四、保管合同和无因管理

争议焦点

保管人的行为是否构成无因管理。

基本案情

2004 年 11 月至 2005 年年底，教师住宅小区由县教育局与 S 建筑公司签订协议，由该公司对小区进行物业管理，洪某受该公司委托负责该小区看门、垃圾清运和车棚看管等工作，收取的看车费作为工资的一定弥补。自 2005 年 5 月 11 日起，该小区邹某新购的一辆二轮摩托车就停放在该小区车棚内，由洪某看管，但未交纳停车费。2005 年 12 月，由于该小区建筑施工，安全隐患增加，洪某多次向建筑施工方和有关领导讲明不再看管车棚，并先后多次在小区宣传栏和车棚告示板上书写通知：自 2006 年元旦起不看车棚，并催收 2005 年度停车欠费。2006 年 1 月 21 日，邹某向洪某妻子交纳 2005 年 5 月至 12 月份停车费 100 元。同日，邹某又将车子停放于该小区车棚并回家过年。后洪某妻子见该车几天无人骑动就在该车前轮加了把链子锁。2006 年 1 月 25 日该车被盗。2006 年 2 月 27 日，邹某找洪某要求补写 2005 年停车费收条，洪某出具了收条。2006 年 4 月，邹某诉至法院，要求洪某赔偿损失。

2006 年 7 月 28 日法院一审认为，邹某将摩托车存放于洪某看管的车棚内并交纳停车费，双方形成财物保管合同关系，洪某未履行保管合同义务，导致该摩托车丢失，应承担民事赔偿责任。而洪某辩称其看管摩托车是履行职务行为或代理行为未能提供证据证实，且该车停车费由其私人收取，故其辩称应由物业管理公司承担责任的理由不能成立。洪某未通知邹某解除双方之间财物保管合同关系，使邹某有理由相信合同一直在履行之中，故洪某应承担民事赔偿责任。遂判决由洪某赔偿邹某经济损失 6405 元。

洪某不服，提出上诉。2006 年 10 月 31 日，中级人民法院二审认为，邹某将其摩托车一直存放在洪某看管的车棚内，洪某以其个人名义收取了看管费，并在摩托车上加锁，双方当事人之间形成了事实财物保管合同关系，故洪某对摩托车丢失应承担民事赔偿责任。邹某于摩托车丢失前 4 天又向洪某交纳上年度的看管费，洪某亦未告知邹某解除看管关系，使邹某有理由相信双方一直履行看管合同。故洪某上诉称因其考虑到未看到邹某而帮其摩托车加锁不是法定义务的理由不能成立。洪某称看管摩托车是履行职务行为或代理行为，县教育局物业管理机构和 S 建筑公司应是本案承担民事赔偿责任主体的上诉理由，证据不足，不予支持。判决：撤销原判，改判由洪某赔偿邹某摩托车损失 5296 元。

洪某不服，向人民检察院申诉。

观点评析

本案主要涉及合同中的保管合同和无因管理等法律问题。

中级人民法院终审民事判决认为，双方当事人之间形成了事实上的财物保管合同关系，应由洪某对摩托车丢失承担民事赔偿责任。该判决认定事实错

误，适用法律不当，其理由如下：

（一）本案的焦点在于双方当事人之间是否形成财物保管合同关系。洪某于 2005 年 12 月至 2006 年 1 月间多次在公告栏告示：自 2006 年元旦起不再看管车棚，并催收 2005 年度停车欠费。这是前一年保管合同，双方已履行完毕。2006 年 1 月 23 日邹某又将车子停放于该小区车棚，但未告知洪某及其妻子保管该物，洪某及妻子也未承诺保管该物。此时，双方并未达成合意，新的保管合同尚未成立。邹某 2006 年 1 月 23 日补交 2005 年停车费的行为只能说明是对 2005 年保管合同的履约行为，并不当然导致 2006 年新的保管合同的成立或保管合同的延续。邹某补交 2005 年停车费的行为，恰恰证明邹某看到了洪某通知中的自 2006 年元旦起不再看管车棚的内容。

（二）洪某妻子在摩托车前轮上加链子锁的行为，按我国《民法通则》第 93 条规定，没有法定的或者约定的义务，为避免他人利益受损失进行管理或服务的，构成无因管理。洪某的妻子帮邹某的摩托车加锁，并在摩托车丢失后通知了他，是无因管理行为，不应承担摩托车丢失的赔偿责任。

相关知识链接 ↘

一、相关法律法规

1. 《合同法》第 367 条："保管合同自保管物交付时成立，但当事人另有约定的除外。"

2. 《合同法》第 368 条："寄宿人向保管人交付保管物的，保管人应当给付保管凭证，但另有交易习惯的除外。"

3. 《民法通则》第 93 条："没有法定的或者约定的义务，为避免他人利益受损失进行管理或者服务的，有权要求受益人偿付由此而支付的必要费用。"

二、相关理论知识

保管合同是保管人保管寄存人交付的保管物，并返还该物的合同。保管合同又称为寄托合同、寄宿合同。

无因管理是指没有法定的或者约定的义务，为避免他人利益受到损害而进行管理或者服务的行为。

无因管理的构成要件：

1. 主观要件：无因管理的构成在主观上须管理人有为他人管理的意思。

2. 客观要件：（1）管理他人事务；（2）无法律上的义务。

（案件来源：湖北省人民检察院；整理人：田圣斌，张驰）

［侵权责任篇］

五十五、确定道路交通事故赔偿的主体

⟨ 争议焦点 ⟩

原告追加被告杨某所在单位 G 公司为共同被告是否合法。

⟨ 基本案情 ⟩

1999 年 6 月 8 日下午 4 时许，侯某骑自行车从 Q 路口左转弯向厂前方向行进，杨某驾驶的一辆微型小货车从厂前方向朝 W 剧院方向行驶，行至 Q 路口时与侯某发生碰撞，导致侯某受伤，经 W 医院收治诊断，侯某左股骨中断骨折，左内踝撕脱性骨折，左髋臼骨折，左侧 6、7、8 肋骨骨折，左股骨粗隆间撕脱性骨折。1999 年 9 月 3 日，经市道路交通事故伤残评定委员会鉴定，结论是：侯某所受损伤属Ⅸ级伤残。1999 年 10 月 16 日，经区交通大队主持调解，侯某与杨某达成协议，两人各承担 50% 的事故责任，由杨某赔付侯某 15400 元。1999 年 10 月 19 日，侯、杨二人对 15400 元的赔偿标的在区公证处进行了公证。后因杨某未按公证协议履行支付赔偿金，2000 年 6 月 26 日，侯某向区人民法院起诉，请求判令杨某支付赔偿金，并判令杨某的单位 G 公司承担先行垫付赔偿金的民事责任。

区人民法院经审理，作出（2000）Q 民初字第 177 号民事裁定：驳回原告侯某的起诉，本案诉讼费 300 元由原告侯某承担。

侯某不服，向人民检察院提出申诉。经抗诉，中级人民法院受理抗诉后，指令区人民法院对本案进行再审。区人民法院再审判决：1. 撤销本院（2000）Q 民初字第 177 号民事裁定；2. G 公司承担先行垫付的义务。

⟨ 观点评析 ⟩

（一）区人民法院初审裁定认为：原、被告之间的赔偿，经由区交通大队调解解决，被告杨某已向所在单位 G 公司取走单位向保险公司的索赔款 13356

元，公证机关已发有债权文书，已经发生法律效力，故原告应持公证机关签发的债权文书申请执行，不应再起诉。

（二）人民检察院经审查认为：（1）该裁定认定"杨某取走了 G 公司向保险公司索赔回的 13356 元赔偿金"与本案事实不符。据杨某及 G 公司人员证实，保险公司支付的 13356 元赔偿金被 G 公司扣留，冲抵了杨某的各项欠款，并未用于赔付受害人侯某，因而杨某实质上仍然无力偿付赔偿金给侯某。（2）侯某因未取得赔偿金，依据我国《民法通则》第 5 条，《民事诉讼法》第 13 条、第 108 条的规定，诉请法院维护自己的合法权益，法院理应受理。该裁定驳回侯某的起诉，属适用法律错误。本案侯某在向杨某追索赔偿金未果的情况下，依法诉请追加车主 G 公司为本案被告，由其承担杨某无能力偿还的事故赔偿金的先行垫付的民事责任，这一主张符合我国《道路交通事故处理办法》第 31 条的规定，即"承担赔偿责任的机动车驾驶员暂时无力赔偿的，由驾驶员所在单位或者机动车的所有人负责垫付"。此案虽有公证机关签发的公证文书，但并不能因此免除 G 公司应承担的先行垫付的义务。

（三）区人民法院经再审认为：原审被告杨某所驾驶的货车将原审原告侯某撞伤的事实清楚，证据充分。虽然侯某与杨某达成了和解协议，但杨某未能按协议履行义务，侯某在未完全得到赔偿金的情况下，请求车辆权属单位 G 公司承担垫付责任，符合有关交通事故处理的规定，原审裁定驳回侯某的起诉不当，应予纠正。

相关知识链接 ↘

一、相关法律法规

1.《民法通则》第 5 条："公民、法人的合法的民事权益受法律保护，任何组织和个人不得侵犯。"

2.《民事诉讼法》第 13 条："当事人有权在法律规定的范围内处分自己的民事权利和诉讼权利。"

3.《民事诉讼法》第 108 条："起诉必须符合下列条件：

（一）原告是与本案有直接利害关系的公民、法人和其他组织；

（二）有明确的被告；

（三）有具体的诉讼请求和事实、理由；

（四）属于人民法院受理民事诉讼的范围和受诉人民法院管辖。"

4.《道路交通事故处理办法》第 31 条："交通事故责任者对交通事故造成的损失，应当承担赔偿责任。承担赔偿责任的机动车驾驶员暂时无力赔偿的，由驾驶员所在单位或者机动车的所有人负责垫付。……"

二、相关理论知识

道路交通事故赔偿案件，是损害赔偿案件中的一种常见案件。如何确定道路交通事故赔偿主体，合法使用他人机动车，如借用、租用等，发生交通事故，应由谁承担责任，是一个比较复杂的问题。司法实践中，确定赔偿责任主体，取决于机动车辆运行支配与运行收益的归属。本案肇事人杨某承担赔偿责任毫无疑问。G公司是否应承担先行垫付的责任，回答是肯定的，理由有两点：

其一，G公司对租用人的选任、运行有支配力；

其二，肇事车辆的权属单位为G公司。我国《道路交通事故处理办法》第31条规定："交通事故责任者对交通事故造成的损失，应当承担赔偿责任。承担赔偿责任的机动车驾驶员暂时无力赔偿的，由驾驶员所在单位或者机动车的所有人负责垫付。"驾驶员肇事人杨某无力偿付赔偿金时，按照上述规定，G公司理应承担先行垫付责任。

（案件来源：湖北省武汉市人民检察院；整理人：田圣斌，肖跃进）

五十六、交通事故人身损害赔偿的请求权

【 争议焦点 】

人身损害赔偿责任及范围的认定问题。

【 基本案情 】

2006年1月27日，熊某驾驶二轮摩托车沿B公路往N镇方向行驶，13时许行至B村七组路段，熊某驾车超越前方同向行驶的摩托车时，与对向行驶的张某驾驶的摩托车（无证无牌）相撞，造成张某、熊某二人受伤，后熊某经医院抢救无效死亡。经县公安局交通警察大队认定：张某、熊某承担此次事故的同等责任。

2006年5月，熊某的母亲、妻子、儿子、女儿将张某交通肇事损害赔偿一案诉至县人民法院。请求判令被告张某赔偿原告丧葬费、死亡赔偿金、被扶养人生活费、精神损害抚慰金等共计人民币42780元，并承担本案诉讼费。

县人民法院依法审理，判决被告张某赔偿原告熊某母亲等人损失总额85560元的50%即42780元，并承担案件受理费1600元。

观点评析

（一）熊某已死亡，其亲属有权作为原告向法院主张赔偿的权利。

（二）本案肇事双方均有过错。被告张某在没有按国家法律规定取得机动车驾驶证的情况下，驾驶无牌摩托车在道路上行驶，违反了我国《道路交通安全法》第8条、第19条相关规定，对该交通事故负有一定的责任，应承担相应的法律后果；死者熊某应在左边道路畅通无障碍的情况下超越车辆，其违反《道路交通安全法》第43条第2款的规定，对该交通事故亦负有责任。

（三）死者熊某的亲属要求被告张某赔偿损失的范围符合我国相关法律规定，应予以支持。其中包括：死亡赔偿28900元（2890×20×50%）、安葬费2963元（5927×50%）、被扶养人熊某母亲生活费1740元（2089×10×1/6×50%，注：死者熊某有兄弟姐妹5人）、熊某儿子生活费1566元（2089×3×1/2×50%）、其女儿生活费2611元（2089×5×1/2×50%）、精神抚慰金5000元，共42780元。

相关知识链接

一、相关法律法规

1.《道路交通安全法》第8条："国家对机动车实行登记制度。机动车经公安机关交通管理部门登记后，方可上道路行驶。尚未登记的机动车，需要临时上道路行驶的，应当取得临时通行牌证。"

2.《道路交通安全法》第19条："驾驶机动车，应当依法取得机动车驾驶证。申请机动车驾驶证，应当符合国务院公安部门规定的驾驶许可条件；经考试合格后，由公安机关交通管理部门发给相应类别的机动车驾驶证。持有境外机动车驾驶证的人，符合国务院公安部门规定的驾驶许可条件，经公安机关交通管理部门考核合格的，可以发给中国的机动车驾驶证。驾驶人应当按照驾驶证载明的准驾车型驾驶机动车；驾驶机动车时，应当随身携带机动车驾驶证。公安机关交通管理部门以外的任何单位或者个人，不得收缴、扣留机动车驾驶证。"

3.《道路交通安全法》第43条："同车道行驶的机动车，后车应当与前车保持足以采取紧急制动措施的安全距离。有下列情形之一的，不得超车：

（一）前车正在左转弯、掉头、超车的；

（二）与对面来车有会车可能的；

（三）前车为执行紧急任务的警车、消防车、救护车、工程救险车的；

（四）行经铁路道口、交叉路口、窄桥、弯道、陡坡、隧道、人行横道、市区交通流量大的路段等没有超车条件的。"

4.《最高人民法院关于审理人身损害赔偿案件适用法律若干问题的解释》第17条："受害人遭受人身损害，因就医治疗支出的各项费用以及因误工减少的收入，包括医疗费、误工费、护理费、交通费、住宿费、住院伙食补助费、必要的营养费，赔偿义务人应当予以赔偿。受害人因伤致残的，其因增加生活上需要所支出的必要费用以及因丧失劳动能力导致的收入损失，包括残疾赔偿金、残疾辅助器具费、被扶养人生活费，以及因康复护理、继续治疗实际发生的必要的康复费、护理费、后续治疗费，赔偿义务人也应当予以赔偿。受害人死亡的，赔偿义务人除应当根据抢救治疗情况赔偿本条第一款规定的相关费用外，还应当赔偿丧葬费、被扶养人生活费、死亡补偿费以及受害人亲属办理丧葬事宜支出的交通费、住宿费和误工损失等其他合理费用。"

5.《最高人民法院关于审理人身损害赔偿案件适用法律若干问题的解释》第18条："受害人或者死者近亲属遭受精神损害，赔偿权利人向人民法院请求赔偿精神损害抚慰金的，适用《最高人民法院关于确定民事侵权精神损害赔偿责任若干问题的解释》予以确定。精神损害抚慰金的请求权，不得让与或者继承。但赔偿义务人已经以书面方式承诺给予金钱赔偿，或者赔偿权利人已经向人民法院起诉的除外。"

二、相关理论知识

自然人的人身遭受侵害导致其死亡时，加害人应对被害人及其近亲属做出赔偿，其主要内容可区分为财产上的利益及非财产上的利益。然而，由于被害人已经死亡，因此如何考虑人身伤害赔偿中的请求权之产生，以及其与继承关系的整合性，将成为人身损害赔偿理论中的核心问题。民法传统理论中，生命权是自然人最基本的人格权。当该权利受到不当侵害时，无疑将对被害人及其近亲属造成财产上的损失，其中既包括已支出的费用，譬如医疗费、丧葬费等，还应考虑被害人倘若健康生存而能获得的收入性财产。此外，被害人的近亲属由于被害人的死亡而失去的扶养利益，也应得到补偿。

20世纪80年代后，我国有关人身损害赔偿的司法实践与立法，经历了一个由粗到细、由简至详的过程，具体而言，大致可以分为两个阶段：

第一个阶段可以认为是萌芽阶段。"文化大革命"之后，最早出现的涉及人身损害赔偿具体问题的，是最高人民法院于1984年8月30日做出的《关于贯彻执行民事政策法律若干问题的意见》。尽管《意见》中未对致人死亡的情形做出具体规定，然而从有关人身损害赔偿条文的数量上可以看出，最高司法机关对该问题极为关注。这与当时司法实践所反映的人身损害赔偿案件的出现频度密切相关。在此基础上，具有我国人身损害赔偿制度里程碑性质的《民法通则》（以下简称《通则》）公布实施。《通则》第119条不仅规定了身体遭受伤害而产生的赔偿范围，而且对被害人死亡情况下的损害也明确了其赔偿内容，此外，《通则》第120条，对基于姓名权、肖像权、名誉权、荣誉权，即精神性人格权受侵害而产生的损害也做出了规定，从某种意义上说，《民法通则》首次确定了精神损害赔偿的制度。然而，《通则》虽然对1984年的《意见》做了补充与完善，但其仍存在一定的弊端：首先，对于非财产上的损害赔偿，《通则》第120条并没有规定被害人死亡情况下的精神损害赔偿；其次，对于财产上的损害赔偿，倘若基于第119条的规定，会造成被害人残废时的损害赔偿数额远高于被害人死亡时的赔偿数额的结果，这与生命理论背道而驰。为了弥补《民法通则》的不足，最高人民法院审判委员会于1988年1月26日讨论通过了《关于贯彻执行〈中华人民共和国民法通则〉若干问题的意见（试行）》，尽管该规定的民事责任一节的第142条至第147条，对人身侵害中的各项赔偿内容做了进一步详细的解释，但仍未能解决被害人死亡时补偿金额不足的问题。不仅如此，该规定也未能对被害人死亡时的精神损害赔偿做出补充。

　　第二个阶段可以认为是结果阶段。在这一阶段中，各种部门法、行政法规以及司法解释大量出台，具体有：1991年9月22日国务院颁布的《道路交通事故处理办法》，不仅确定了各项补偿金额的算定标准，还首次对被害人死亡时的损害赔偿内容进行了扩大，在赔偿内容中增加了死亡补偿费。1993年，立法机关继续通过《产品质量法》及《消费者权益保护法》。《产品质量法》的特点在于，在立法中第一次提出了抚恤费的概念（然而，2000年立法机关在对《产品质量法》进行大幅修改时，删除了关于抚恤费的规定，而在第44条中加入了死亡赔偿金的概念）。同年通过的《消费者权益保护法》第42条并未出现抚恤金的概念，而是首次使用了死亡赔偿金的概念。既然立法做出了如此变动，那么抚恤费与死亡赔偿金是否同一概念呢？如果两者一致，立法究竟是承认了财产上的损害赔偿还是非财产上的损害赔偿呢？如果认为两者性质完全不同，从字面上理解，这是否就意味着立法拟将财产上的损害赔偿替代非财产上的损害赔偿呢？这一系列的问题，值得探讨。1994年，《国家赔偿法》通过，该法在继续沿用死亡赔偿金概念的基础上，对被害人死亡时的赔偿办法做出了具体规定，使赔偿金额有了一定的可预见性。

　　在司法解释方面，出现了一些仅仅适用于特殊领域的司法解释，包括1991年制定的《关于审理涉外海上人身伤亡案件损害赔偿的具体规定（试行）》及

2001 年施行的《关于审理触电人身损害赔偿案件若干问题的解释》。前者的第 4 条提及了对死者近亲属精神赔偿性质的安抚费以及死者收入损失的具体计算公式，后者则在第 4 条第 8 项中使用了死亡补偿费这一概念。虽然上述两部司法解释在赔偿范围及计算公式上能给予实务某些借鉴，但其适用仍具有相当的局限性。

在司法实践中，最具适用性的两部司法解释应该是 2001 年 3 月公布的《最高人民法院关于确定民事侵权精神损害赔偿责任若干问题的解释》，以及 2003 年 12 月的《关于审理人身损害赔偿案件适用法律若干问题的解释》（以下简称《人身损害赔偿解释》）。前一部司法解释主要目的在于解决精神损害赔偿的理论与司法的混乱状况，因此不仅对相关请求权的主体、客体进行了确定，还通过第 9 条对法律中频频出现而又未获得精确诠释的术语做了相关定义。譬如，其明确规定了死亡赔偿金为精神损害抚慰金，即属于精神损害赔偿的范畴。《人身损害赔偿解释》可以理解为我国近期对人身损害赔偿制度研究的集大成之作。关于被害人死亡时的损害赔偿，就字面理解，该解释明确地将财产上的损失与非财产上的损失进行了区分。比如，第 17 条规定了财产上的损失，并导入了死亡补偿费的概念，第 18 条对非财产上的损失进行了确定。值得注意的是，与《关于确定民事侵权精神损害赔偿责任若干问题的解释》相比，《人身损害赔偿解释》中新增了被害人死亡时的本人即直接被害人的精神损害赔偿请求权，并否定了精神损害抚慰金请求权的继承性。将财产上的与非财产上的损害赔偿进行分离，以及将直接被害人与间接被害人的精神损害赔偿区分考虑，是比较法上的通例，在司法解释中能够导入如此相关条文，可谓是我国民法理论研究逐步深入、成熟的体现。

虽然我国的立法，尤其是司法解释对人身赔偿法律制度做了补充，但从法律的整合性而言，仍然有许多问题亟待讨论与完善，主要体现在以下几个方面：（1）法律与司法解释的矛盾；（2）法律术语的不统一性；（3）与继承关系相联系的讨论的欠缺。总之，在考虑人身损害赔偿的问题时，立法者不应该对各项损害赔偿请求权单独地进行考虑，而是应该在注重各项请求权的作用及其关联性、整合性的基础上，做出具有宏观性的价值判断。在人身损害赔偿的算定方法上，兼顾运用个别算定方式和概括算定方式。所谓个别算定方式，是指将损害分类并分别计算后进行累加。所谓概括性算定方式，是指不对损害内容进行分解而是直接对整体的损害赔偿金额进行概括性计算。至于采取何种算定方式，主要应由原告根据案件的性质进行选择。由被害人的死亡而产生的死者财产上的损害内容，一般可以分为积极的损害和逸失利益。

积极的损害，是指现实中被害人已经支付的费用，主要包括医疗费用、丧

葬费用以及交通费等。这些损害的赔偿同样得到了《人身损害赔偿解释》的承认。关于医疗费用、交通费，由于这些费用的支出是因侵害人身权利而产生的，即使被害人死亡，也应该认为相关的请求权在被害人身上产生，随后由死者的继承人依照继承关系主张行使。所谓逸失利益，则是指被害人因受到不法侵害而死亡时，失去的今后可能得到的利益。按照民法一般原理，对逸失利益的赔偿请求权必须由被害人取得而确定，因此，关于是否应该承认由死亡衍生出的逸失利益的赔偿请求权，有学者认为，被害人既然已经死亡，那么其权利能力当然消灭，因此应该归属于死者的损害赔偿请求权不复存在。然而，对该问题主要存在着以下不同的理解：首先，有学者认为，伤害与死亡之间必定存在着一定的时间上的间隔，在这一段时间内，或者极端地说在被害人受到致命伤害的瞬间，其赔偿请求权已经产生（时间间隔说）。其次，另有观点认为，死亡是人身伤害的极端结果，生命侵害可谓是人身伤害的极限概念，因此对于死亡时的赔偿请求权应该与对身体受伤害时产生的损害请求权做出同样考虑，承认请求权的存在（极限概念说）。上述两种观点均有一定说服力，倘若从均衡论的角度分析，被害人在受到伤害时遭受的损失不可能超过被害人死亡时所遭受的损失。从计算上看，对由重度伤害而产生的逸失利益，只要计算时间上被延长至被害人的平均寿命时，即可认为这就是死者的逸失利益。出于对被害人亲属救济的考虑，上述死者的逸失利益可以通过继承关系由死者的继承人获得。

（案件来源：湖北省公安县人民法院；整理人：田圣斌）

五十七、承担侵权责任的主体

争议焦点

职务行为引发的侵权责任承担主体问题。

基本案情

2005 年 7 月 15 日上午 8 时左右，原告上班途经 J 大酒店，遭该酒店保安曾某、陈某以拳脚、警棍殴打半小时之久，导致原告头、耳、腰、肩等多处大面积青紫，左腕尺桡关节脱臼，右内踝撕脱性骨折。经过公安局刑科所 H 鉴定所在对原告的损伤程度鉴定后，认定：原告所受伤属轻伤。被告曾某、陈某于 2005 年 11 月被区法院以故意伤害罪各判处有期徒刑一年。原告受伤后先后在多家医院治疗，原告单位多次代表原告向被告要求赔礼道歉并赔偿损失，均遭拒绝。2006 年 11 月 30 日，原告依法诉至区人民法院要求判令：1. 被告（被告 J 大酒店，被告 Y 商贸有限责任公司，被告曾某、陈某）赔偿原告经济损失和精神损失（包括医药费、精神损失费、误工费、护理费、交通费、后续治疗费用等），共计 68451 元；2. 被告赔礼道歉；3. 被告承担本案诉讼费用。

法院依照我国《民法通则》第 119 条、121 条，《公司法》第 14 条以及《民事诉讼法》第 130 条之规定，判决被告 Y 商贸有限责任公司和被告 Y 商贸有限责任公司 J 大酒店承担赔偿原告医疗费、误工费等经济损失的责任。

◤ 观点评析 ◥

（一）本案相关事实已经有法院生效的刑事判决书认定，被告曾某、陈某伤害原告属实。

（二）被告曾某、陈某的伤害行为属于职务行为。

被告曾某等均系 J 大酒店聘请的保安，且造成原告身体损害是在工作期间，其行为属于职务行为，后果应由被告 J 大酒店承担。

（三）因 J 大酒店系 Y 商贸有限责任公司设立的分公司，根据我国《公司法》相关规定，被告 J 大酒店应承担的民事责任应由被告 Y 商贸有限责任公司承担。

相关知识链接 ◢

一、相关法律法规

1.《民法通则》第 106 条第 2、3 款规定："公民、法人由于过错侵害国家的、集体的财产，侵害他人财产、人身的，应当承担民事责任。没有过错，但法律规定应当承担民事责任的，应当承担民事责任。"

2.《民法通则》第 119 条："侵害公民身体造成伤害的，应当赔偿医疗费、因误工减少的收入、残废者生活补助费等费用；造成死亡的，并应当支付丧葬费、死者生前扶养的人必要的生活费等费用。"

3.《公司法》第 14 条："公司可以设立分公司。设立分公司，应当向公司登记机关申请登记，领取营业执照。分公司不具有法人资格，其民事责任由公司承担。公司可以设立子公司，子公司具有法人资格，依法独立承担民事责任。"

二、相关理论知识

侵权行为就是行为人由于过错侵害他人的财产和人身，依法应当承担民事责任的行为，以及依法律特别规定应当承担民事责任的其他损害行为。

侵权行为法上的自己责任原则是最早的责任分配原则，至今仍是主导性原则。这一原则的内容是任何人对自己的行为都要承担后果。过错责任原则昭示了"无过错即无责任"的基本机理，反过来的理解即任何人不对非因自己的行为所产生的后果负责。依此理论，雇工在从事雇佣活动中致人损害系雇工自己的行为，理应由自己承担损害赔偿责任。

但这仅仅是最低层次上的侵权责任，现实生活绝非如此简单，于是雇主责任问题应运而生。雇工的从属性决定了雇主应当承担替代责任。雇主责任的理论依据存在"危险说"、"报偿说"、"伦理说"以及"危险分担说"等多种意见。"危险说"为维持社会一般人的安全而科雇主以责任，促使其用人时谨慎注意；"报偿说"即雇主既然借雇工活动而受益，则雇工之损害当归属雇主承担，以及"伦理说"、"危险分担说"等均为雇主承担替代责任的理论依据。因此，只有在雇工责任成立的基础上，雇主方得替代之。普通法系一般认为适用的是无过错责任原则，就是说雇主对于雇员从事雇佣期间因侵权致人损害的，应当承担赔偿责任，不能以选任或监督雇员已经尽到相当注意义务而主张免责。即使雇主在选任或监督雇员的过程中没有任何过错，他仍然应当承担雇员致人损害的赔偿责任。而大陆法系国家多主张适用过错责任原则，认为根据自己责任原则，雇主仅应对雇员的选任、监督没有尽到必要的注意义务时才承担赔偿责任。

我国现行相关法律规定主要表现在《最高人民法院关于贯彻执行〈中华人民共和国民法通则〉若干问题的意见（试行）》第58条的规定："企业法人的法定代表人和其他工作人员，以法人名义从事的经营活动，给他人造成经济损失的，企业法人应当承担民事责任。"第152条规定："国家机关工作人员在执行职务中，给公民、法人的合法权益造成损害的，国家机关应当承担民事责任。"所谓的"职务行为"，就是行为人在执行职务过程中产生的责任，由派遣人承担相应的责任，其中的责任包括积极方面的后果和消极方面的责任。从广义上讲，企业法人的法定代表人及其工作人员可以称为企业法人的雇员，国家机关工作人员也可以称为国家雇员或政府雇员。从这个层面上讲，雇主责任与职务行为相类似——由雇主对雇工在从事雇佣工作期间产生的后果承担责任。《人身损害赔偿解释》第9条规定："雇员在从事雇佣活动中致人损害的，雇主应当承担赔偿责任；雇员因故意或者重大过失致人损害的，应当与雇主承担连带赔偿责任。雇主承担连带赔偿责任的，可以向雇员追偿。前款所称

'从事雇佣活动'，是指从事雇主授权或者指示范围内的生产经营活动或者其他劳务活动。雇员的行为超出授权范围，但其表现形式是履行职务或者与履行职务有内在联系的，应当认定为'从事雇佣活动'。"

（案件来源：湖北松之盛律师事务所；整理人：田圣斌）

五十八、相邻关系引起的侵权赔偿

◥ 争议焦点 ◤

房屋装修质量问题引起的侵权责任主体问题。

◥ 基本案情 ◤

原告 H 和被告 L 系楼上楼下的相邻关系，2003 年 10 月 13 日晚，原告 H 发现自己家卫生间、走道有漏水现象，随后发展到客厅及天花板等处，致使原告房屋装修的墙体等受损。经物业管理公司调查发现原告家漏水系被告家埋在墙内的热水管漏水所致。据此原告诉至区人民法院请求被告停止侵害并赔礼道歉，赔偿经济损失 9629 元，并承担本案诉讼费。

区人民法院依法审理，并经司法鉴定所鉴定评估，认定原告住宅遭受渗水浸泡的损失为 2326.4 元。法院认为，该损失被告应承担责任，依照我国《民法通则》第 106 条、第 117 条规定，判决被告赔偿原告经济损失 2326.4 元、鉴定费 1000 元，案件受理费由被告承担。

◥ 观点评析 ◤

（一）原告家装修等受损属实，且其损失价值有司法鉴定结论，应予认定。

（二）由于房屋的所有人事实上也是房屋的管理人，其对于为了自身便利而给他人造成的损害理应承担责任。

相关知识链接 ◥

一、相关法律法规

1.《民法通则》第 83 条："不动产的相邻各方，应当按照有利生产、方

便生活、团结互助、公平合理的精神，正确处理截水、排水、通行、通风、采光等方面的相邻关系。给相邻方造成妨碍或者损失的，应当停止侵害，排除妨碍，赔偿损失。"

2. 《民法通则》第 106 条："公民、法人违反合同或者不履行其他义务的，应当承担民事责任。公民、法人由于过错侵害国家的、集体的财产，侵害他人财产、人身的，应当承担民事责任。没有过错，但法律规定应当承担民事责任的，应当承担民事责任。"

3. 《民法通则》第 117 条："侵占国家的、集体的财产或者他人财产的，应当返还财产，不能返还财产的，应当折价赔偿。损坏国家的、集体的财产或者他人财产的，应当恢复原状或者折价赔偿。受害人因此遭受其他重大损失的，侵害人并应当赔偿损失。"

4. 《民法通则》第 134 条："承担民事责任的方式主要有：（一）停止侵害；（二）排除妨碍；（三）消除危险；（四）返还财产；（五）恢复原状；（六）修理、重作、更换；（七）赔偿损失；（八）支付违约金；（九）消除影响、恢复名誉；（十）赔礼道歉。以上承担民事责任的方式，可以单独适用，也可以合并适用。人民法院审理民事案件，除适用上述规定外，还可以予以训诫、责令具结悔过，收缴进行非法活动的财物和非法所得，并可以依照法律规定处以罚款、拘留。"

5. 《物权法》第 84 条："不动产的相邻权利人应当按照有利生产、方便生活、团结互助、公平合理的原则，正确处理相邻关系。"

6. 《物权法》第 92 条："不动产权利人因用水、排水、通行、铺设管线等利用相邻不动产的，应当尽量避免对相邻的不动产权利人造成损害；造成损害的，应当给予赔偿。"

二、相关理论知识

相邻关系制度下，不动产权利人承担的损害赔偿责任产生于两种情况：一是违反法律的规定；二是为自己的便利而给相邻人造成损害（行政审批客观上并不影响损害是否存在的事实）。换言之，即使开发商的房地产开发行为在并未违背法律法规相关规定的情况下，仍然可能产生损害赔偿责任，因其为自己的便利给相邻人造成了损害。我国《民法通则》第 83 条也规定了"给相邻方造成妨碍或者损失的，应当停止侵害，排除妨碍，赔偿损失"，为损害赔偿留下了空间。

在建筑物区分所有权理论下，城镇住宅小区内存在的相邻关系不仅体现在开发商对业主的责任上，同时也体现在不动产权利人的相互责任上。业主对共有部分的使用也被纳入相邻关系调整的范畴之内。此外，经济生活的日益丰富与发展，"相邻"的含义扩及"权利的相邻"，使得更广泛的潜在相邻人被吸收进来。现实生活中不动产权利人随意弃置废弃物、污染物、噪声扰民、磁辐射引发的纠纷频频发生，不动产权利人因对相邻人不动产的利用而引发的损失赔偿纠纷也屡见不鲜，权利人的权益受损后，往往因为找不到明确的法律依据而无法得到及时、合理的救济。我国《物权法》列明了可能出现的情况，并对利用相邻不动产的情况做出了兜底性的规定，肯定了其向利用人（不动产相关权利人）请求损害赔偿的法律依据。

（案件来源：湖北松之盛律师事务所；整理人：田圣斌）

五十九、高度危险作业致人损害的侵权纠纷

🞀 争议焦点 🞂

李某是否构成特殊侵权行为并应当为此承担责任。

🞀 基本案情 🞂

2005年8月，左某、严某与万某约定采取包工不包料的形式为万某在G村建房一栋，工程款9600元；同年8月20日由左某作为代表与万某签订了协议书。施工过程中，由于所建房屋滴水距李某所经营的粮食加工厂的10kV高压线水平距离仅1.69米，左某等人向房主万某多次提出要求停电施工，以确保安全。由于涉及费用问题，该段线路的产权人李某未向供电部门办理停电手续。2005年9月18日早晨7时许，左某手拖一根9米的圆钢到三楼准备架模时，圆钢与高压线接触导致其当场触电身亡。孟某（左某妻）诉至县人民法院，诉请被告李某（该电力设施产权人）、县供电公司和雇主万某承担赔偿责任。

县人民法院认为，根据《最高人民法院关于审理触电人身损害赔偿案件若干问题的解释》的规定，作为高压线路产权人的李某未向法庭提出法定免责事由的证据，其所经营的粮食加工厂的10kV高压线的设立虽经过了电力管理部门的审批，其相关技术指标亦符合国家技术标准，但其未按照规定设立警示标志，且在房屋施工过程中经施工人员及房主多次要求停电施工后，其以供电部门要收费为由仍不办理相关停电手续，未履行用电

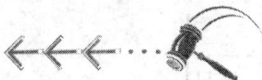

安全保障义务，存在重大过错，应当对左某的死亡承担主要的民事责任。作为在建房的房主万某虽然所建房屋经过了城建部门的审批，手续合法，且根据《电力设施保护条例实施细则》第5条关于在村庄等人口密集地区10kV导线并垂直于地面各水平向外延伸的1.5米之内属于架空电力线路保护区范围的规定，其房屋的施工建造也在该电力线路保护区之外，但聘用无建筑资格的左某等人进行施工，且在房屋施工过程中，不履行安全协议，亦存在一定的过错，应当承担相应的民事责任。作为施工人员的左某，未按照规定取得建筑资格证书，在施工过程中，明知存在高压电的危险而忽视安全仍进行施工，且未尽到安全注意义务，存在重大过失，应当减轻两赔偿义务人的赔偿责任。县供电公司既非所发事故电力线路的产权人及维护管理人，也未有充分证据证明其在本案中存在过错，被告县供电公司不承担民事责任。判决：李某应承担60%的责任，即赔偿经济损失47977.20元（扣除已付的5000元，还应赔偿42977.20元）；万某承担10%的责任，即7996元（扣除已付的3482元，还应支付4514元）；其他损失由左某自己承担。

李某不服上诉，中级人民法院判决：驳回上诉。李某向人民检察院申诉。

观点评析

本案属于高度危险作业致人损害的侵权行为，属于特殊侵权的一种。

（一）万某房屋的施工建造违反了《电力设施保护条例》的相关规定。

根据《电力设施保护条例》第10条第1项规定"架空电力线路保护区：导线边线向外侧延伸所形成的两平行线内的区域，在一般地区各级电压导线的边线延伸距离如下：1—10千伏　5米……"因此，万某房屋在10kV架空电力线路保护区内。该《保护条例》第15条第3项规定"任何单位或个人在架空电力线路保护区内，不得兴建建筑物"。万某房屋的施工建造显然违反了上述禁止性规定。《最高人民法院关于审理触电人身损害赔偿案件若干问题的解释》第3条规定："因高压电造成他人人身损害有下列情形之一的，电力设施产权人不承担民事责任：……（四）受害人在电力设施保护区从事法律、行政法规所禁止的行为。"因此，本案的法律后果应由万某承担，李某不应承担民事责任。

（二）李某不负有对该段电力线路保护区设立警示标志的法定义务。

根据我国《电力法》第53条和《电力设施保护条例实施细则》第9条规

定，对电力设施保护区设立警示标志的义务人是电力管理部门，而非线路产权人。

（三）对万某房屋的施工建造办理相关停电手续也非线路人法定义务或李某的行为产生的义务，且与左某触电死亡没有法律上的因果关系。

我国《电力法》第54条明确了在保护区内作业人应当经电力管理部门批准并采取安全措施后，方可进行作业；并未规定办理相关停电手续系产权人的法定义务。同时，万某的房屋建造属于法律禁止性行为，李某也不负有对万某建造房屋的行为办理相关停电手续的义务，且与左某触电死亡没有法律上的因果关系。因此，李某不应当承担法律责任。

相关知识链接

一、相关法律法规

1. 《民法通则》第123条："从事高空、高压、易燃、易爆、剧毒、放射性、高速运输工具等对周围环境有高度危险的作业造成他人损害的，应当承担民事责任；如果能够证明损害是由受害人故意造成的，不承担民事责任。"

2. 《电力法》第53条第1款："电力管理部门应当按照国务院有关电力设施保护的规定，对电力设施保护区设立标志。"

3. 《电力法》第54条："任何单位和个人需要在依法划定的电力设施保护区内进行可能危及电力设施安全的作业时，应当经电力管理部门批准并采取安全措施后，方可进行作业。"

4. 《电力设施保护条例实施细则》第9条："电力管理部门应在下列地点设置安全标志：（一）架空电力线路穿越的人口密集地段；（二）架空电力线路穿越的人员活动频繁的地区……"

二、相关理论知识

侵权行为，是指不法侵害他人合法权益，给他人造成损害，应当承担责任的行为。侵权行为人与受损人之间产生侵权行为之债。

对于一般侵权，实行"过错责任原则"，"谁主张，谁举证"；在特殊侵权行为中，产品责任、高度危险作业的损害责任、环境污染的损害赔偿责任、动物致人损害的责任、监护责任实行"无过错责任原则"，但工作物致人损害、地面施工致人损害实行过错推定。对于造成的损害，在双方当事人均无过错、法律又未规定实行无过错责任的情况下，根据社会公平观念，可适用"公平责任原则"。

（案件来源：湖北省人民检察院；整理人：田圣斌）

六十、人身损害赔偿及侵权行为的证明

争议焦点

周某的右手是在推门的过程中，门扇上的玻璃脱落将手致伤，还是用拳头击打玻璃时致伤。

基本案情

周某原系县实验中学初三（8）班学生。2003 年 3 月 15 日晚，当晚自习预备铃响起时，周某等人从教室外的走廊向教室后门走去，周某行至教室后门，右手推门时被教室门扇上的玻璃掉下将手划伤，玻璃损坏。周某伤后到县医疗中心进行治疗。2004 年 4 月 30 日，周某的伤经县公安局法医鉴定为右手外伤，3、4、5 指肌腱断裂，伤残等级属十级。周某受伤后，多次找县实验中学及其主管部门协商处理未果。2004 年 6 月，周某向县人民法院提起诉讼。

2004 年 7 月 9 日，县人民法院在对脱落玻璃门扇进行现场勘验时记录：玻璃脱落前，"玻璃小一点，钉子长一点，没有用油灰泥住，推门的时候还听得见玻璃（活动）的响声"。2004 年 7 月 29 日，法院在开庭审理该案中，对申诉人提供的事故发生后玻璃脱落门扇的照片及说明进行了质证，该照片表明，门扇所安装的玻璃未用压条固定，也未使用油灰泥，门扇上的玻璃处于不固定状态；证人董某证实，该脱落玻璃是自己安装上去的，周围只钉了几个小钉子，既未使用油泥灰，也未用木条加固。

2005 年 3 月 23 日，县人民法院经审理认为，此案双方当事人争议的焦点是周某右手之伤是门扇玻璃脱落划伤还是周某用拳头击打门扇玻璃被划伤。从门的安全性看，该教室门系半截玻璃门，设计符合建筑规范，在周某此次受伤前，玻璃刚由董某等人更换不久，未有破损，外侧木镶条也未有损坏，整个门扇符合安全规范。从自然规律和日常生活经验法则看，在外侧木镶条未缺损，门扇玻璃未破损且玻璃有自身重力，又没有外力作用的情况下，镶在门扇上方中间的玻璃下缘不能越过比它高的外侧下缘木镶条而自然脱落，周某自己也认为从门内向外推门扇上的玻璃"大概不能从里面往外推掉"。从双方所举的证据看，县实验中学的证人田某当庭作证时，证实听见响声，抬头看见周某"把手从门架上缩回来"，并强调是亲眼所见，证实了周某受伤的过程。周某提供的董某等人的证言虽然证实周某的伤是推门时被玻璃脱落划伤，但均无法解释玻璃如何从木镶条的固定中脱落出来，因此实验中学所举证据的真实性和证明力大于周某提供的证据。同时，双方当事人所提供的证据也排除了事发当天其他人击打或损坏玻璃划伤周某右手的可能性。按照优势证明力的原则，根据自然规律和日常生活经验法则，可以认定周某右手的伤是其用拳头击打玻璃时所致，是其自身的不当行为造成的，县实验中学作为教室门的所有人和管理人，提供的证据能够形成证据链，证实该教室门没有安全隐患，门扇上的玻璃在没有外力作用的情况下不可能自然脱落，因此，县实验中学在本案中无过错，不应承担民事赔偿责任。该案经县人民法院合议庭评议并报审判委员会讨论决定，依照我国《民法通则》第 126 条和《最高人民法院关于民事诉讼证据的若干规定》第 4 条第 1 款第 4 项和第 9 条之规定，判决驳回周某要求县实验中学赔偿损失的诉讼请求。

周某不服，提出上诉。中级人民法院判决：驳回上诉。周某向人民检察院申诉。

观点评析

本案主要涉及侵权行为证明问题。

（一）原审法院认定玻璃脱落系周某从教学门外侧击打玻璃所致的证据不足。其一，原审法院认定玻璃是从教室内侧安装上去的，且在内侧用钉子固定、外侧装有木镶条与事实不符，同县人民法院在对脱落玻璃门扇进行现场勘验的记录相差甚远。

其二，证人田某是该校学生，且系未成年人，虽然在庭上作证时证实看见周某把手从门框上缩回来，但该证据无其他证据印证，随后田某又对该证据予以否认，因此，该证据的证明力较低。

其三，根据自然法则，玻璃受外力击打，其碎片应散落在门内，但庭审调查表明，玻璃碎片主要散落在门外，与周某陈述系推门时玻璃脱落划伤相吻合。

（二）县公安局刑事科学技术鉴定书和鉴定分析意见书对周某的伤情进行了鉴定和说明，该鉴定和说明经过质证，法院不予采信不当。根据县公安局鉴定结论，周某右手背损伤属划裂创，该创的形成不是拳击所致。拳击所形成的自身损伤部位大多位于掌指关节背侧及第一至第五指背侧，且大多呈多发性损伤，其裂伤也不规则，拳击易碎物品时，其创腔内大多有异物残留。但周某手背的损伤位于手掌指关节与腕关节之间，且基本在同一平面，相对呈一直线。上述鉴定结论说明周某右手背损伤并非其击打玻璃所致，应是门扇上的玻璃脱落划伤所致。

相关知识链接 ↘

一、相关法律法规

1. 《民法通则》第126条："建筑物或者其他设施以及建筑物上的搁置物、悬挂物发生倒塌、脱落、坠落造成他人损害的，它的所有人或者管理人应当承担民事责任，但能够证明自己没有过错的除外。"

2. 《最高人民法院关于民事诉讼证据的若干规定》第4条："下列侵权诉讼，按照以下规定承担举证责任：……（四）建筑物或者其他设施以及建筑物上的搁置物、悬挂物发生倒塌、脱落、坠落致人损害的侵权诉讼，由所有人或者管理人对其无过错承担举证责任；

（五）饲养动物致人损害的侵权诉讼，由动物饲养人或者管理人就受害人有过错或者第三人有过错承担举证责任；

（六）因缺陷产品致人损害的侵权诉讼，由产品的生产者就法律规定的免责事由承担举证责任；

（七）因共同危险行为致人损害的侵权诉讼，由实施危险行为的人就其行为与损害结果之间不存在因果关系承担举证责任；

（八）因医疗行为引起的侵权诉讼，由医疗机构就医疗行为与损害结果之间不存在因果关系及不存在医疗过错承担举证责任。

有关法律对侵权诉讼的举证责任有特殊规定的，从其规定。"

二、相关理论知识

侵权行为，是指不法侵害他人合法权益，给他人造成损害，应当承担责任的行为。侵权行为人与受损人之间产生侵权行为之债。

一般情况下，构成侵权行为必须具备四个因素，包括：加害行为、损害事实的存在、加害行为与损害事实之间有因果关系、行为人主观上有过错四个方面。只有同时具备这些因素，侵权行为才能成立。

加害行为又称致害行为，是指行为人做出的致他人民事权利受到损害的行为。从表现形式上看，加害行为可以是作为，也可以是不作为，以不作为构成加害行为的，一般以行为人负有特定的义务为前提。

损害事实，是指因一定的行为或事件对他人的财产或人身造成的不利影响。损害事实依其性质和内容，可分为财产损害、人身伤害和精神损害三种。

因果关系，是指社会现象之间的一种客观联系，即一种现象在一定条件下必然引起另一种现象的发生，则该种现象为原因，后一种现象为结果，这两种现象之间的联系，就称因果关系。侵权行为只有在加害行为与损害事实之间存在因果关系时，才能构成。如果加害人有加害行为，他人也有民事权益受损害的事实，但二者毫不相干，则侵权行为仍不能构成。

过错，是行为人决定其行动的一种心理状态。行为人是否有过错直接关系到对其行为性质的认定。过错包括故意和过失两种形式。行为人明知自己的行为会发生损害他人民事权利的结果，并且希望或放任该结果发生的，为故意。行为人应当预见自己的行为可能损害他人的民事权利，但因为疏忽大意而没有预见，或者虽然已经预见但轻信能够避免，结果导致他人的民事权利受到损害的，为过失。

（案件来源：湖北省人民检察院；整理人：田圣斌，吴瑞生）

［金融证券篇］

六十一、证券机构的严格审查义务

证券机构是否负有严格审查"三证"（身份证、股东卡、股东资金账户）的义务。

1994年5月16日，原告朱某持身份证、股东卡和中国人民建设银行存折与被告A证券部签订了一份"证券交易协议"，该协议书上留存了原告的身份证号码及深圳、上海股东卡号码等。此后原告在股票交易的过程中认识了股民杨某。杨某偷看了原告的个人资料，伪造原告的身份证和上海、深圳股东卡，于同年7月26日到D银行开设了一本银行存折，以原告名义与被告A证券部签订一份"证券交易协议"，并办理了电话委托项目。1994年7月28日下午1时46分，杨某用假身份证、股东卡将原告的保证金129000元转入其冒名开设的D银行账户，分两次将该款提走。2时左右，原告下单给A证券部的工作人员准备买入股票时，被告知保证金只剩下800多元，方知出了问题。2时8分至2时10分，杨某用电话委托又将原告辽房天15000股、川长钢8900股、粤富华3500股三只深圳股票盗卖，用回笼资金买入界龙实业3100股；2时38分，杨某又将该3100股界龙实业及原告原有的5000股重庆万里卖出。案发当日，A证券部向公安机关报案。次日，杨某再去提款时，被公安人员抓获，追回被杨某提走的保证金129000元和抛售股票所得款143230元，共272230元。1994年10月27日，公安局将上述款交还原告。案发后，深圳、上海股票综合指数不断攀升，由1994年7月28日的96点、339点升至9月13日最高点225点、1033点，退还款的10月27日回落至159点、703点。原告的身份证、股东卡与杨某伪造的假身份证、股东卡的照片、地址、有效期、签发日期、代码位数、电话号码位数等均有不同。被告 A 证券部是经中国人民银行 C 分行批准，具有独立财产、能承担民事责任的主体，被告中国人民建设银行 C 市信托投资公司是其上级。

原告起诉，诉称：由于被告的过错，致使其保证金被他人转走。发现问题后，其当即向 A 证券部请求马上把余款和股票冻结，但该部没有采取冻结措施，致使其所有股票在中国股市最低潮的时候被盗卖，蒙受了巨大的损失。要求二被告按 1994 年 7 月 28 日被盗卖股票价和 1994 年 9 月 13 日股票升至最高价之间的平均价减去已退回的盗卖款，以及因保证金被转走不能下单买进股票而造成的损失，共计赔偿人民币 239141 元。

区人民法院认为：案犯杨某多次利用与原告留存的资料和有明显漏洞的假证买入卖出股票，从不同的开户行提款，并利用与身份证照片不同的其他人去签协议等，被告 A 证券部均无发现，说明其对"三证"（身份证、股东卡、股东资金账户）的审查是不严谨的。A 证券部在发现原告的保证金账户和股票出现异常后，亦未依职责立即向登记公司或交易结算中心提出冻结要求，工作上存在一定的疏忽大意和过失。但其在事后能准确判断，对及时破案追回款项起到积极作用，挽回了不必要的损失。鉴于案发后股票指数不断上升，就原告而言，确存在一定的预期收益，而原告在股票交易过程中，不注意保密个人资料，给了罪犯可乘之机，亦有一定的过错，故被告 A 证券部应就自己过错造成的原告的损失部分给予适当的补偿。A 证券部是能独立承担民事责任的主体，所产生的后果由其自行承担。于1995 年 10 月 12 日判决：一、本判决生效之日起 10 日内，被告 A 证券部支付 4 万元给原告作损失补偿。二、驳回原告的其他诉讼请求。

A 证券部不服，向中级人民法院上诉称：证券商仅登记客户的身份证号码、股东卡号码及签名，其他家庭住址、电话号码、领息代码等资料均不是必要记载事项，也不是法定审查事项。因此，其无法根据这些内容进行审查。被上诉人发现保证金被转走时，其三只深圳股票正在委托卖出，处在"买卖冻结"状态，无法进行"事故冻结"，故其不存在疏忽和过失。被上诉人向案犯泄露关键资料，也有过失。原判决判令赔偿 4 万元，缺乏依据。

中级人民法院进一步查明：案涉买入卖出辽房天、川长钢、粤富华、界龙实业、重庆万里的佣金、印花税、过户费合计 2510.61 元，129000 元保证金从被盗提至发回日止的利息 3870 元，全部损失共计 6380.61 元。1996 年 7 月 17 日判决：一、维持原审判决主文第二项；二、变更原审判决

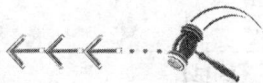

主文第一项为：接到本判决之日起10日内，上诉人支付6380.61元给被上诉人作损失补偿。

观点评析

（一）客户的身份证是开设股东账户的重要凭证，身份证、股东卡是客户进行证券买卖操作的重要资料；身份证号码、股东代码、资金账号等从事股票交易必不可少的个人资料，证券公司应当负有严格审查的义务；同时，证券公司负有保证客户信息保密、资金安全的责任和义务。

（二）证券公司对犯罪人所持假证件审查不严，导致原告资金被冒取，股票被盗卖，对由此造成的损失负有相应的责任，应予赔偿。

（三）中级人民法院仅判决被告承担直接损失，未考虑因股票价格波动而造成原告的间接损失，与客观现实不符，该判决不当。

相关知识链接

一、相关法律法规

1.《民法通则》第92条："没有合法根据，取得不当利益，造成他人损失的，应当将取得的不当利益返还受损失的人。"

2.《民法通则》第121条："国家机关或者国家机关工作人员在执行职务中，侵犯公民、法人的合法权益造成损害的，应当承担民事责任。"

二、相关理论知识

股票交易是一种充满投机性和风险的行业，它往往受企业经营状况、经济、市场等方面的影响，股票价格时涨时落，瞬息万变。正是由于股票交易的特殊性、波动性，在该类案件中，不宜也无法预定其可得利益。

证券公司作为一个专门代理股民从事股票交易的行业机构，其成立经过专门机构的审批，拥有训练有素的专业工作人员，必须谨慎行事，任何疏忽都可能给股民带来损失。

股民对本人的个人资料、证券交易部对股民的个人资料，依双方合约及股票交易要求，各自均负有保密的义务。不论是谁的故意或疏忽大意造成泄密，均属违背其义务要求的行为，并应依其过错承担一定的民事责任。但个人资料的泄露，只是给了第三人可乘之机，不一定就能造成损害后果，其结果是或然性的。交易为证券交易部所操纵进行，证券交易部负有严格按规章制度审查"三证"，以保证交易的有秩序、安全进行的单方义务。获知股民这些个人资料的第三人要实现自己的非法目的，只有通过伪造从事股票交易必不可少的相关证件冒充失密股民的手段，利用证券交易部的审证不严的漏洞，才能最终实现盗卖、盗提的目的。所以，证券交易部在此阶段的有违义务要求的行为，是造成盗卖、盗提的后果发生的直接原因，证券交易部应对损害后果承担民事责任，而不能仅以股民个人泄密为由推卸其责任。

（案件来源：法律教育网 www.chinalawedu.com；整理人：田圣斌）

六十二、因证券公司过失引起的不当得利返还

⟪ 争议焦点 ⟫

证券公司对于因自身的过错引起的客户得利是否有权要求返还。

⟪ 基本案情 ⟫

投资人王某在 S 证券公司开户，进行证券买卖。其同时办理了该证券公司和 Y 银行联合推出的"银券通"业务。王某通过证券交易平台进行证券买卖，由系统自动完成交易资金在客户银行储蓄账户上的划转。2003 年 9 月 30 日至 10 月初，证券公司清算数据时发生错误，致使王某的账户中比其应有的资金多出了 6364.09 元。证券公司发现问题后，及时通知王某并多次与其交涉，请求王某返还该笔差错资金。此时，证券公司并没有及时冻结王某的账户资金。王某接到通知后，不仅没返还该笔差错资金，还将账户内的存款及该笔差错资金全部取出。

证券公司在交涉未果的情况下，将王某诉至法院，请求王某返还该款及利息，并承担诉讼费用。在法院审理过程中，王某对上述事实没有异议。法院经审理认为，王某的账户中多出的 6364.09 元资金属于不当得利，因此判决王某返还不当得利款 6364.09 及不当得利款的利息（按照中国人民银行同期活期存款利率计算，自 2003 年 9 月 30 日起至返还不当得利款之日止）；案件受理费 265 元，由被告王某承担。

⟪ 观点评析 ⟫

（一）证券公司有权要求客户返还不当得利。

所谓不当得利是指无法律上或合同上的根据，使他人财产受到损失而获得利益。不当得利的成立必须具备四个法律条件：首先，受益人取得财产上的利

益；其次，致他人受损失；再次，受益人取得之利益与受损人所受损失间有因果关系；最后，受益人取得财产上的利益没有法律上或合同上的根据。因证券公司的系统差错，王某取得了 6364.09 元利益，致使证券公司受到等额的损失，在投资人王某与 S 证券公司之间形成了不当得利之债权债务法律关系。

（二）王某负有返还不当得利的义务。

根据我国《民法通则》第 92 条规定，王某接到证券公司通知后，明知该 6364.09 元之利益无任何法律上或合同上的根据，仍将账户内的该笔差错资金全部取出，符合不当得利的成立要件。因此，王某负有不当得利之返还义务。

相关知识链接 ↘

一、相关法律法规

1.《民法通则》第 92 条："没有合法根据，取得不当利益，造成他人损失的，应当将取得的不当利益返还受损失的人。"

2.《最高人民法院关于贯彻执行〈中华人民共和国民法通则〉若干问题的意见（试行）》第 131 条："返还的不当利益，应当包括原物和原物所生的孳息。利用不当得利所取得的其他利益，扣除劳务管理费用后，应当予以收缴。"

二、相关理论知识

不当得利，是指没有合法根据，或事后丧失了合法根据而被确认为致他人遭受损失而获得的利益，如售货时多收货款，拾得遗失物据为己有等。

不当得利是指没有合法根据使他人受到损失，而自己获得利益的行为引起的一种事实状态，因不当得利而产生的当事人之间的权利义务关系，就是不当得利之债，其中取得不当利益的人叫受益人，是不当得利之债的债务人，负有返还不当得利的债务。财产受损失的叫受害人，是不当得利之债的债权人，享有请求受益人返还不当利益的债权。不当得利是引起债权债务关系发生的一种法律事实，因其引起此债完全是基于法律的规定，而不是基于当事人的意思表示，所以不当得利作为债的发生根据之一只能是事件而不是民事法律行为。不当得利的取得，不是由于受益人针对受害人而为的违法行为，而是由于受害人或第三人的疏忽、误解或过错所造成的。因不当得利而产生的当事人之间的权利义务关系，就是不当得利之债，受益人与受害人之间形成债的关系，受益人为债务人，受害人为债权人。

不当得利的特征是：① 双方当事人必须一方为受益人，他方为受害人。②受益人取得利益与受害人遭受损害之间必须有因果关系。③受益人取得利益没有合法根据，即既没有法律上，也没有合同上的根据，或曾有合法根据，但后来丧失了这一合法根据。

在不当得利案件中，"失利"一方无法就"得利"一方无法定或者约定的理由这一消极事实承担举证责任，应由"得利"一方就其"得利"有法定或者约定的事由承担举证责任。

受益人在得知自己的受益没有合法根据或得知合法根据已经丧失后，有义务将已得的不当利益返还受害人。返还不当得利的方法有二：①原物返还，即当原物尚存时，应返还原物；②作价返还，即如果原物已不存在，则可作价偿还。返还不当得利，除返还原来所取得的利益外，由此利益所产生的孳息也应一并返还。

（案件来源：法律教育网 www.chinalawedu.com；整理人：田圣斌，周家富）

六十三、证券公司的安全保障义务

⬔ 争议焦点 ⬕

清密、出卖股票和提取资金是否为原告王某所为。

⬔ 基本案情 ⬕

1996年11月18日，周某、王某夫妇在甲地A证券营业部填写了开户登记表，开办了Q证券账户和W证券账户。同日，A证券营业部通过与王某签订指定交易协议书，成为王某的证券指定交易代理商。王某取得了自助式磁卡MAC，开始进行股票交易。截至1999年8月5日，王某的股票账户上尚有丰乐种业500股、吉发股份1210股、国投原宜400股、格力电器3200股。

同年8月7日至29日，王某赴乙地出差，29日返回甲地。8月30日，王某到A证券营业部的综合柜台，称其在乙地出差期间用磁卡划卡要操作自己的账户时，电脑总提示密码错误，要求查询。经综合柜台查询，王某的账户密码已于8月6日被清密，账上的所有股票也于同日被全部卖出，成交金额84090.60元；同日，有人以王某的名义填写了一份大额取款预约单，预约取款8万元；同月9日，有人从王某的账户内取走现金8.3万元。

经查，大额取款预约单和取款凭条上填写的姓名是王某本人，填写的

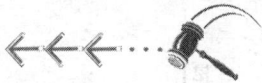

身份证号和证券账户也都是王某所使用的，但字迹不是王某夫妇书写。

王某以 A 证券营业部违规操作致其遭受财产损失为由，要求 A 证券营业部赔偿损失。A 证券营业部则以每一笔业务都是严格按照规程操作，8.3 万元是王某自己取走的为由，拒绝赔偿。双方酿成纠纷，王某提起诉讼。

观点评析

（一）客户委托证券公司代为进行证券买卖，双方形成委托代理关系。证券公司应承担忠实义务和妥善保管义务，严格按照投资者的委托买卖指令或其他要求进行活动，并要求投资者承担相应的法律后果。

（二）从笔迹上看，预约单和取款凭条上的签名不是王某的，而且，王某出差在外地，清密、出卖股票和提取资金不是王某所为。

（三）证券公司在接受客户买卖证券的委托后，对客户交付的资金和证券便负有妥善保管的义务。

在本案中，签名人不是王某本人，证券公司没有记录代理人名称，更没有查验被代理人的授权委托书，没有尽到其查验和妥善保管的责任，对造成的损失，应当承担赔偿责任。

相关知识链接

一、相关法律法规

1.《民法通则》第 111 条："当事人一方不履行合同义务或者履行合同义务不符合约定条件的，另一方有权要求履行或者采取补救措施，并有权要求赔偿损失。"

2.《民法通则》第 112 条："当事人一方违反合同的赔偿责任，应当相当于另一方因此所受到的损失。当事人可以在合同中约定，一方违反合同时，向另一方支付一定数额的违约金；也可以在合同中约定对于违反合同而产生的损失赔偿额的计算方法。"

二、相关理论知识

（一）证券公司的查验义务。

证券公司有义务查验投资者的股东账户卡、资金卡、身份证。证监会《关于健全查验制度防范股票盗卖的通知》中明确规定："证券经营机构在接受投资者委托时应当仔细查验其身份证、股东账户卡等证件，一旦发现伪造的证件或有冒领的情况应立即停办有关手续、冻结资金账户并迅速通知证券主管机关和证券交易所。"还规定，"证券经营机构在办理投资者提款手续时应当认真核对身份证、股东账户卡和资金卡，原则上要求由本人提取，并在核对其账户后，由提款人在取款凭证上签名，对大额提款应由证券经营机构的业务负责人签字后方可提取"。

（二）证券公司的安全保障义务。

证券公司在接受客户买卖证券的委托后，对客户交付的资金和证券便负有妥善保管的义务。我国《证券公司内部控制指引》第 4 条规定：证券公司应该保障客户及证券公司资产的安全、完整；第 9 条规定：证券公司应采取切实有效的措施杜绝挪用客户交易结算资金、客户委托管理的资产及客户托管的证券等行为，确保客户资产的安全完整。

证券公司因疏于履行安全保障义务，要承担第三人行为导致客户损失的赔偿责任。在某些特定的法律关系中，一方当事人对另一方当事人的人身、财产之安全负有关照和采取积极措施加以保护的义务，这种义务即安全保障义务。其目的在于避免他人的人身、财产遭受损害，所以安全保障义务也可以界定为避免他人遭受损害的义务。安全保障义务主要出现在一些交易关系或者准交易关系的当事人之间。在这样的交易关系或者准交易关系中，一方当事人对对方的人身、财产安全负有保障安全的义务。比如，银行营业场所应当配备一定的保安人员；旅店对旅客的人身安全负有保障义务；游泳场馆应当配备救生员等。双方当事人可以在其合同中对安全保障义务加以约定；即使没有约定也不能否认其存在；在格式合同条款中免除该类安全保障义务的，相应条款无效。安全保障义务应当被作为法定义务对待。

《证券法》还规定证券公司违背客户的委托买卖证券、办理交易事项，以及其他违背客户真实意思表示、办理交易以外的其他事项，给客户造成损失的，依法承担赔偿责任，并处以一万元以上十万元以下的罚款。《民法通则》也规定未履行义务而造成的损失应该赔偿。可见，因证券公司的过错或没有尽其义务给投资人造成的损失，证券公司应当赔偿。

（案件来源：法律教育网 www.chinalawedu.com；整理人：田圣斌，周家富）

六十四、票据背书的正确理解

争议焦点

1. 该票据背书是否连续，银行解汇是否有过错？
2. 如何认定损失？

3. 宋某的诉讼请求是否超过诉讼时效？

基本案情

1996 年 12 月 27 日，原告宋某以需方 C 市 Z 公司的名义与供方 P 公司在 C 市签订了价值为 132 万元的 200 吨国家二级菜油购销合同。合同签订后，宋某于 1997 年 1 月 6 日在 C 市 S 支行办理一张 46 万元银行汇票，次日持票抵达 B 地。1 月 8 日中午，雷某以鉴定银行汇票真假为由将 46 万元银行汇票以出具借条借出后，将该汇票交给农行 B 市 C 支行一储蓄所时任副主任的洪某，问洪某如何将宋某的汇票解汇进账。洪某说：需要宋某的身份证和私章形成背书转让后才能进账。随后，雷、洪二人找到宋某，由洪某出面以查验持票人宋某与汇票上的收款人名字是否相符为由，要宋某出示身份证，洪某借机将宋某的身份证号码和地址抄写在烟盒纸上。1 月 9 日，雷某、洪某在持票人宋某未到场、未经宋某同意的情况下，私刻宋某私章，由洪某在收款人（持票人）宋某 46 万元银行汇票背面第一背书栏内盖上了私刻的宋某私章，在第一背书栏内盖了雷某的私章和 P 公司的公章。按照《票据法》的规定，这属于第二次背书，但在第二背书栏内没有受让人（空白）。在"持票人向银行提示付款签章"处，盖了雷某的私章和 P 公司的公章；"身份证件名称"处，填写的是宋某的名字（应该填写"身份证"）；"号码"处填写的是宋某的身份证号码；"发证机关"处填写的是 C 市 D 县 Q 乡（应该填写某某公安局）。

背书完毕后，二人将宋某的 46 万元银行汇票拿到 C 支行营业部解汇。营业部的工作人员问：持票人的身份证呢？洪某讲：已经看过了。46 万元银行汇票解汇后，将款进到雷某在 B 市 C 支行一储蓄所临时设立的 01010045619 账号上。当天下午雷某取出部分现金给公司谭某到 L 省购进 116560 元的廉价劣质油（此油人不能食用）运抵 B 市，1 月 10 日安排吕某在 B 市油脂公司购进 117537 元的菜油。1 月 11 日晚，雷某将从 L 省购进的劣质油连同 B 市油脂公司购进的菜油一同发往 C 市。雷某从 1997 年 1 月 9 日至 12 日先后十次将 46 万元支取一空。

事发后，原告宋某于 1997 年 1 月 23 日向 K 市公安局报案，2000 年 4 月 21 日雷某被判刑 5 年。2002 年 1 月 18 日，宋某再次起诉本案所有被告，诉称，其与 P 公司签订购销菜油合同，带 46 万元银行汇票到 B 市提货。B 市农行在其未到场的情况下违规解汇，造成其汇票本金损失 307678 元，后因索款又实际支出 8228 元。B 市国税局违法开办企业，利用合同诈骗，造成其经济损失 207021 元，请求法院判令被告赔偿，并承担利息损失和索款的实际支出以及诉讼费。

被告 B 市农行辩称，银行汇票解汇根据《票据法》第 57 条规定，只要审查背书的连续，并审查提示付款人的合法身份证明或有效证件就可以解汇。其行在办理者其汇票解汇解算时履行了上述法律规定的审查义务。因此，其行在解汇过程中没有违规，原告将其行列为被告是不恰当的。原告将汇票交给雷某，是双方履行购销合同将汇票转让的一个正常行为，其损害结果只能认定是原告失误造成的，并非其行解汇造成。本案诉讼时效已超过法律规定，人民法院不应保护。

被告洪某辩称，其当时是农行的一般工作人员，原告将汇票给其解汇，其只是依据原告当时提供的合法证件履行了票据信誉的中介功能，从中没有实施不法行为。因此其不具备被告的主体资格。

被告 B 市国税局辩称，本案是一起自然人合同诈骗案，原告起诉它属错列被告。其理由是雷某在同原告签订购销合同时除用了 P 公司的合同专用章外，其他均是雷某以其个人身份实施，所造成的后果应由雷某个人承担，与其不发生任何关系。本案诉讼请求已超过法定的诉讼时效，法院不应保护。

B 市人民法院认为，被告 B 市农行辩称自己没有违规解汇和汇票背面的背书是连续的，可是 46 万元银行汇款从 C 市 S 支行出票，出票行已明确记载收款人是宋某一个人，也就是说只有宋某才有权背书，而在汇票背面的第一背书栏内出现两个背书人，一个是宋某，另一个是法人 P 公司，这是背书中的第一个问题。在第二背书人栏内有雷某和 P 公司的背书，但没有记载被背书人的名称（空白），这是背书出现的第二个问题。因此不能说背书是连续的。B 市农行在权利人尚不能确定即向背书的债务人（雷某）付款，不能说自己在解汇时没有违规。既然在"持票人向银行提示付款签章"处是雷某和 P 公司的印章，"身份证件名称"处又为何要填写宋某的名字，此处的这些填写均已明显违背了《票据法》有关签章和记载的规定，特别是在解汇工作人员问持票人的身份证时仅凭洪某说的"已经看过了"而解汇付款，不是坚持实时查看其真正持票人的身份证，不能说农行在解汇过程中没有过错行为。B 市农行还称在第二背书栏内的背书是失误背书而没有真正的实施转让。这个辩称属票据举证或票外解释，以达到推翻票上解释，这样就违背了《票据法》第 4 条第 3 款"其他票据债务人在票据上签章按照票据所记载的事项承担票据责任"的规定。综上所述，被告 B 市农行在这起汇票解汇过程中既有过错又有违规，对原告的损失应承担赔偿责任。被告洪某系被告 B 市农行的工作人员，时任副主任职务，在办理此笔银行汇票业务中属职务行为，其行为的结果应由其单位 B 市农行承担责任。事发后，原告宋某于 1997 年 1 月 23 日向公安局报案，并主张了其权利，其起诉没有超过诉讼时效。原告宋某在本案的部分诉讼请求符合法律规定，依法予以支持。

判决：被告 B 市农行因违规解汇给原告宋某造成汇票本金损失 307678 元，负担利息损失 183590 元（从 1997 年 1 月 9 日起至 2002 年 9 月 9 日止，按年利率 10.53% 计算），负担索款期间的实际支出 8228 元，合计 499496 元由被告 B 市农行于本判决生效后立即付清。案件受理费 10239 元，其他诉讼费 4850 元，合计 15089 元由被告 B 市农行负担。

B 市农行不服上诉，中级人民法院判决：B 市农行赔偿其违规解付给宋某造成的汇票本金损失 225903 元，利息损失 73033.40 元，共计 298936.40 元，其他损失由宋某自行承担。

观点评析

（一）票据背书问题。

笔者认为，该汇票背书不连续，B 市农行属违规解付。

票据背书的连续应同时具备三个条件：（1）第一背书人应当是票据正面记载的收款人；（2）前背书的被背书人与其后背书人应当为同一人；（3）最后背书人的被背书人与票据最后持票人应当为同一人。

本案汇票背书缺少第三个要件，其理由是：（1）最后背书为空白背书，未记载被背书人。（2）补记的被背书人不可能是本次背书的背书人。根据我国《票据法》第 27 条规定，应理解为转让背书是将票据权利"转让他人"，即背书人是债务人，被背书人是债权人，同一背书中，债权人、债务人不能是同一人，否则背书就失去意义。本案票据背书中，第二背书的背书人是 P 公司，说明 P 公司是该票据的债务人，因此即便是补签，第二背书人的被背书人即债权人一定不能是 P 公司。（3）该汇票背书记载最后持票人为 P 公司及雷某，根据《最高人民法院关于审理票据纠纷案件若干问题的规定》第 50 条规定："……最后的票据持有人应当是最后一次背书的被背书人。"而本案汇票最后背书的待补充被背书人就不应与背书人是同一人。在最后背书栏内，背书人是 P 公司及法定代表人雷某，被背书人自然应是除 P 公司及雷某以外的其他人。正因为最后被背书人与持票人非同一人，即构成了背书中断。

除了背书不能连续外，银行解付在操作上还有其他错误。即便最后持票人是 P 公司，按银行《支付结算办法》规定，汇票解付时资金只能进入 P 公司的账户，而 B 市农行是将解付资金直接进入雷某私人账户；其次，解付时应审查提示付款人的合法身份，而 B 市农行未审查提示付款人雷某和 P 公司的身份，而去审查宋某的身份，B 市农行至今不能提供证明法人解付不需要审查身份的证据。

《最高人民法院关于审理票据纠纷案件若干问题的规定》第 46 条与本案并不矛盾，该条款是指签名无效不影响其他效力的认定，本案第一背书人是完善的，并没有认定第一背书无效，也没有否认汇票本身的效力，只是第二背书"被背书人"栏空白，导致该汇票背书不连续。

（二）如何认定损失。

该案因买卖合同纠纷引起，逐步发展为合同纠纷和票据纠纷。买卖合同纠纷中，P 公司供给了宋某部分菜油，并接受了宋某部分货款。若认定票据背书不连续，银行解付造成的损失只能以 P 公司尚未履行买卖合同部分作为损失依据，该票据本金虽为 46 万元，但其中 234097 元用于履行合同（雷某的刑事判决已认定），未履行部分资金为 225903 元，B 市农行只应对因违规解付后未履行部分即 225903 元的损失承担责任。至于用于购油资金 234097 元所提供的油是否符合合同约定的质量要求，是否按合同约定的价格结算，宋某应以合同纠纷提起诉讼。关于上诉人宋某的索赔费用，考虑到宋某将解讫凭证和汇票一并交付给了雷某，其本身存在明显过错，其索赔费用应自行承担。

（三）宋某诉请是否超过诉讼时效。

宋某发现所持汇票被违规解付后，一直在向有关单位、个人主张权利。虽然未向 B 市农行主张权利，主要是其不明白 B 市农行侵害了其权利，直到 2000 年 4 月雷某以合同诈骗罪被判处有期徒刑后，才知晓 B 市农行存在侵权。依照《民事诉讼法》的有关规定，当事人不清楚其权益受到侵害的，从其知道权益受到侵害之日起计算。宋某向 B 市农行主张权利不能视为已超过诉讼时效。

相关知识链接

一、相关法律法规

1.《票据法》第 31 条："以背书转让的汇票，背书应当连续。持票人以背书的连续，证明其汇票权利；非经背书转让，而以其他合法方式取得汇票的，依法举证，证明其汇票权利。

前款所称背书连续，是指在票据转让中，转让汇票的背书人与受让汇票的被背书人在汇票上的签章依次前后衔接。"

2. 《票据法》第57条:"付款人及其代理付款人付款时,应当审查汇票背书的连续,并审查提示付款人的合法身份证明或者有效证件。

付款人及其代理付款人以恶意或者有重大过失付款的,应当自行承担责任。"

3. 《最高人民法院关于审理票据纠纷若干问题的规定》第46条:"票据的背书人、承兑人、保证人在票据上的签章不符合票据法及《票据管理实施办法》规定的,或者无民事行为能力人、限制民事行为能力人在票据上签章的,其签章无效,但不影响人民法院对票据上其他签章效力的认定。"

4. 《支付结算办法》第67条:"未在银行开立存款账户的个人得票人,可以向选择的任何一家银行机构提示付款。提示付款时,应在汇票背面'持票人向银行提示付款签章'处签章,并填明本人身份证件名称、号码及发证机关。由其本人向银行提交身份证件及其复印件。银行审核无误后,将其身份证件复印件留存备查,并以持票人的姓名开立应解汇款及临时存款账户,该账户只付不收,付完清户,不计付利息。转账支付的,应由原持票人向银行填制支款凭证,并由本人交验其身份证件办理支付款项。该账户的款项只能转入单位或个体工商户的存款账户,严禁转入储蓄和信用卡账户。支取现金的,银行汇票上必须有出票银行按规定填明的'现金'字样,才能办理。未填明'现金'字样,需要支取现金的,由银行按照国家现金管理规定审查支付。持票人对填明'现金'字样的银行汇票,需要委托他人向银行提示付款的,应在银行汇票背面背书栏签章,记载'委托收款'字样、被委托人姓名和背书日期以及委托人身份证件名称、号码、发证机关。被委托人向银行提示付款时,也应在银行汇票背面'持票人向银行提示付款签章'处签章,记载证件名称、号码及发证机关,并同时向银行交验委托人和被委托人的身份证件及其复印件。"

二、相关理论知识

背书是指在票据背面或者粘单上记载有关事项并签章的票据行为。背书由背书人签章并记载背书日期。背书未记载日期的,视为在汇票到期日前背书。汇票以背书转让或者以背书将一定的汇票权利授予他人行使时,必须记载被背书人名称。以背书转让的汇票,背书应当连续。持票人以背书的连续,证明其汇票权利;非经背书转让,而以其他合法方式取得汇票的,依法举证证明其汇票权利。以背书转让的汇票,后手应当对其直接前手背书的真实性负责。背书不得附有条件,背书时附有条件的,所附条件不具有汇票上的效力。将汇票金额的一部分转让的背书或者将汇票金额分别转让给二人以上的背书无效。背人在汇票上记载"不得转让"字样，其后手再背书转让的，原背书人对后手的被背书人不承担保证责任。汇票被拒绝承兑、被拒绝付款或者超过付款提示期限的，不得背书转让；背书转让的，背书人应当承担汇票责任。背书记载"委托收款"字样的，被背书人有权代背书人行使被委托的汇票权利。但是，被背书人不得再以背书转让汇票权利。

（案件来源：湖北省人民检察院；整理人：田圣斌）

六十五、汇票转让的法定方式和银行解汇时的审查责任

◤ 争议焦点 ◢

背书人不适格是否对票据效力产生影响。

◤ 基本案情 ◢

1993 年 3 月 15 日，B 市 K 公司与 A 市 S 公司签订购销汽车套件合同一份，合同约定需方 K 公司带汇票给供方 S 公司看后办货，货到解汇。K 公司向中国工商银行 B 市 Q 办事处申请办理银行汇票，Q 办事处于同年 3 月 20 日签发 02300926 号和 02300920 号银行汇票，汇款金额分别为 200 万元和 120 万元，收款人均为 K 公司业务员邢某，兑付行均为 M 支行，两张汇票由邢某持往 A 市，于同年 3 月 25 日依合同约定交给 S 公司经理陈某（真名谭某）让其验款。邢某既未支款也未背书转让该汇票。同年 3 月 29 日，S 公司持该汇票到 M 支行支取该款项，S 公司交给 M 支行的两张银行汇票背面"收款人盖章"处没有盖章却填写了一个地址，"发证机关"处填写的是"邢某"的名字，应由背书人填写的"被背书人"栏未填写被背书人名称，"背书"栏没有汇票收款人签章，却多了一个 S 公司公章，背书日期空白，应由被背书人签章的"被背书人"栏只盖有陈某和黄某印章。M 支行未认真审查该两张汇票填写是否符合规定，背书是否成立，即让 S 公司作为被背书人将票款 300 万元支取并转入该公司在 M 城市信用社开立的账户。银行汇票背面填写的邢某身份证号为 130103521004187，邢某身份证号实为 130103511206153。经鉴定，两张汇票背面"邢某某"三字并非邢某笔迹。

　　K 公司起诉，中级人民法院认为：Q 办事处按规定给 K 公司办理汇票手续，与汇票被错付无关。M 支行作为兑付行，不认真审查取款人的身份证件或当地有关单位出具的足以证实其身份的证明，在收款人邢某未作背书转让的情况下，仅凭伪造的邢某签名将款转给他人，致使原告 K 公司遭受重大损失，应承担民事责任。判决：M 支行赔偿 K 公司货款 300 万元及该款的银行利息；驳回 K 公司要求工行 Q 办事处退款的诉讼请求。

　　M 支行上诉称：上诉人兑付的 02300926、02300920 两张汇票上已有与收款人邢某相同的签名，其身份证号亦与本人相符，已构成背书，兑付行的职责限于审查汇票的真实性及汇票上的收款人或被背书人名称是否为该收款人，与进账单的户名是否相符。银行对汇票背书的真实性无审查义务。上诉人依法转款并无过失；被上诉人将银行汇票及解讫通知交给第三者是其过失，其损失应由其自负。

　　省高级人民法院判决：驳回上诉，维持原判。

⦗ 观点评析 ⦘

　　（一）本案汇票背书不符合要求，按照规定，银行应当拒绝兑付。银行疏于审查而兑付，应当承担赔偿责任。

　　（二）上诉人的上诉理由不成立，法院判决认定事实清楚，适用法律正确，其理由在于：上诉人作为兑付行在接到 S 公司交来的两张汇票和解讫通知办理结算时，应按照《银行结算办法》和《银行结算会计核算手册》的规定，首先，要审查汇票的要素是否齐全、手续是否完备，以决定汇票本身的效力；其次，看一看汇票的背书是否连续，背书的内容是否符合票据法的规定，背书人、被背书人是否签章；此外，付款人还负有注意的义务，即主观上没有恶意或重大过失。没有被背书人名称的空白背书，明显缺乏形式要件。M 支行作为付款人，没有认真履行审查义务，主观上具有重大过失，致使汇票错付，依法应向 K 公司承担赔偿责任。

　　（三）被上诉人将两张汇票连同解讫通知交给 S 公司验款的行为与票款被错付没有因果关系。

　　（四）Q 办事处是两张银行汇票的出票人，与 K 公司之间存在票据的资金关系。Q 办事处在取得资金后签发汇票并办理有关手续的行为没有违反规定，与汇票被错付无关，不应承担责任。

相关知识链接

一、相关法律法规

1.《票据法》第29条："背书由背书人签章并记载背书日期。背书未记载日期的，视为在汇票到期日前背书。"

2.《票据法》第30条："汇票以背书转让或者以背书将一定的汇票权利授予他人行使时，必须记载被背书人名称。"

3.《票据法》第31条："以背书转让的汇票，背书应当连续。持票人以背书的连续，证明其汇票权利；非经背书转让，而以其他合法方式取得汇票的，依法举证，证明其汇票权利。前款所称背书连续，是指在票据转让中，转让汇票的背书人与受让汇票的被背书人在汇票上的签章依次前后衔接。"

4.《票据法》第32条："以背书转让的汇票，后手应当对其直接前手背书的真实性负责。后手是指在票据签章人之后签章的其他票据债务人。"

5.《票据法》第33条："背书不得附有条件。背书时附有条件的，所附条件不具有汇票上的效力。将汇票金额的一部分转让的背书或者将汇票金额分别转让给二人以上的背书无效。"

6.《票据法》第34条："背书人在汇票上记'不得转让'字样，其后手再背书转让的，原背书人对后手的被背书人不承担保证责任。"

7.《票据法》第57条："付款人及其代理付款人付款时，应当审查汇票背书的连续，并审查提示付款人的合法身份证明或者有效证件。付款人及其代理付款人以恶意或者有重大过失付款的，应当自行承担责任。"

二、相关理论知识

1. 背书是汇票法定的转让方式

在市场经济条件下，票据的各种职能是通过其流通来体现的，而票据流通的前提即转让票据。根据票据上是否载有"收款人名称"，将票据分为无记名式票据和记名式票据，相应地，票据的转让方式也不同。无记名票据的转让一般采用单纯交付的方式，即持票人将票据交与他人占有即可产生转让票据权利的法律后果，无须在票据上作任何记载。这种转让方式很方便，但不安全，实践中很少采用。记名式票据的转让一般采用背书的方式，即持票人在票据背面或者粘单上记载有关事项并签章的票据行为。在我国，背书是汇票唯一合法的转让方式。

2. 本案银行汇票未经有效转让

既然背书是我国汇票唯一合法的转让方式，那么解决这一问题的关键是确定两张银行汇票是否构成了有效的转让背书。

（1）转让背书的含义与种类

持票人仅以转让票据权利为目的，在票据背面或者其粘单上所为的一种附属票据行为，为转让背书。

以记载的方式为标准，转让背书可分为完全背书和空白背书。完全背书又叫记名背书或正式背书，是转让背书中最正规的一种，是指背书人在票据背面或粘单上签单并记载被背书人名称的背书。因此，完全背书应记载的事项有：①背书人签名或盖章；②被背书人姓名或名称。空白背书又称为不记名背书、略式背书或不完全背书，是指不记载被背书人名称的背书。也就是说，空白背书的必须记载事项只有一个，即背书人签名或盖章。

（2）我国法律只承认完全背书的效力

两种背书都是转让票据权利的方式而且都经过背书人签盖，但二者除了在记载内容上有所不同外，在票据的再转让上也有所体现。经完全背书取得汇票的持票人若要再转让票据，必须仍以背书的方式进行，不能以交付的方式进行。而经空白背书取得汇票的持票人可以仅依交付而再转让，也就是说，空白背书的持票人可以不在汇票上作任何记载，而将汇票交付与他人便可达到转让票据权利的目的；由于持票人转让时没有签名，所以他不负担保付款的责任。由此可见，空白背书的汇票与无记名汇票有相同之处，使用起来方便但不安全。

我国《票据法》不承认空白背书的效力，背书人签章与被背书人名称同为票据背书的绝对记载事项，缺少其中一项就会导致背书无效（背书日期为相对记载事项，不影响背书的效力）。

3. 两点启示

（1）持票人（收款人）随便将汇票与解讫通知同时交给他人，是很不安全的行为。汇票是流通性很强的票据，稍一疏忽，就很容易给他人提供伪造的机会，从而给自己造成不可挽回的损失。

（2）作为票据的付款人，应依法履行审查义务。

（案件来源：法律教育网 www.chinalawedu.com；整理人：田圣斌，周家富）

[知识产权篇]

六十六、专利侵权的成立要件

◥ 争议焦点 ◤

被控侵权产品中的限位装置与专利技术的导向板是否属于等同技术的替代。

◥ 基本案情 ◤

1995年7月1日，Y厂获得了中国专利局授予的"机芯奏鸣装置音板的成键方法及其设备"发明专利权，专利号为92102458.4，并于1995年8月9日公告。该发明专利的独立权利要求是：一种机械奏鸣装置音板成键加工设备，它包括在平板型金属盲板上切割出梳状缝隙的割刀和将被加工的金属盲板夹持的固定装置，其特征在于：a. 所述的割刀是由多片圆形薄片状磨轮按半径自小到大的顺序平行同心地组成一塔状的割刀组；b. 所述的盲板固定装置是一个开有梳缝的导向板，它是一块厚实而耐磨的块板，其作为导向槽的每条梳缝相互平行、均布、等宽；c. 所述的塔状割刀组，其相邻刀片之间的间距距离与所述导向板相邻梳缝之间的导向板厚度大体相等；d. 所述的塔状割刀组的磨轮按其半径排列的梯度等于音板的音键按其长短排列的梯度。

一种机械奏鸣装置音板的成键方法，它是采用由片状磨轮对盲板相对运动进行磨割、加工出规定割深的音键，其特征在于：在整个磨割过程中塔状割刀组的每片磨轮始终嵌入所述导向板的相应梳缝内并在其内往复运动，盲板被准备定位并夹固在所述的导向板上。该发明的目的在于推出一种纯机械的导切法的加工方法和专用设备，使盲板的成键加工变得十分简单，设备和加工成本降低，但音板的质量却得以提高。

另外，该专利的说明书中还表明："在加工时由于盲板不是呈悬臂状腾空地接受旋转刀片的割入加工的，而是背贴在厚实的导向板上，被压块固定，由于导向板质量大，所以，在加工时盲板不发生哪怕是微小的振动。所以，用本发明的设备和方法加工出的音板其音齿成形质量好，而且生产效率高。"

被控侵权产品也是生产机械奏鸣装置的设备，与专利技术相比，缺少金属盲板被夹持在开有梳缝的导向板上的技术特征，它的盲板没有被夹持在开有梳缝的与专利技术中形式结构相同的限位装置上，换言之，它的限位装置不是在盲板下，而是位于磨轮一侧。

由于缺少这一技术特征，导致限位装置与导向板在分别与其他部件的结合使用过程中产生不同的结果：

1. 作用不同。专利技术中导向板的作用一是固定音板，使其在切割过程中不发生振动，二是给磨轮限位，防止其在运转时发生晃动飘移。被控侵权产品中的限位装置只给磨轮限位，没有固定盲板的作用。

2. 切割方法不同。专利技术在切割时，每片磨轮始终嵌入导向板的相应梳缝内并在其内往复运动，盲板被准确定位并夹固在导向板上。被控侵权产品在切割时，盲板呈悬臂状腾空地接受旋转刀片的割入加工，没有被准确定位并夹固在其限位装置上。

3. 效果不同。专利技术在切割过程中由于导向板将盲板固定住，不发生振动，而被控侵权产品切割时盲板易产生振动，达不到该专利在效果上的目的。

1994 年 6 月，Y 厂将其 92102458.4 号专利许可给 S 股份公司实施，生产音片，双方签订了专利实施许可合同。S 公司使用该专利技术所生产的音片，其出口产品出厂报价为每片 0.16 美元，国内销售价格为每片 1.33 元人民币，有该公司 1997 年 4 月 6 日的报价单和 1997 年 3 月 19 日编号为 00644545 的《增值税专用发票》为证。1998 年 10 月 23 日，M 审计事务所对该公司 1997 年度生产的机芯、音片的利润情况进行了专项审计，审计结果为：每片音片的生产成本 0.473 元，应负担税金 0.0041 元，三项费用 0.1116 元，单位利润 0.545 元。

A 公司从 1995 年至 1998 年 10 月，共生产鸣金片（即音片）720 万片。

Y 厂起诉侵权，中级人民法院一审认为：A 公司生产音板的设备上没有导向板装置，缺少专利保护范围中的必要技术特征，不构成侵权。依照原《专利法》第 59 条规定，判决：驳回 Y 厂的诉讼请求。该案诉讼费 15010 元，诉讼保全费 5520 元，由 Y 厂承担。

Y 厂不服，提起上诉。省高级人民法院二审判决：驳回上诉，维持原判。二审案件受理费 15010 元由 Y 厂负担。

Y 厂申请再审。经双方当事人协商同意，法院委托中国科技法学会专家评价委员会组织有关专业技术人员和法律专家对本案所涉及的专业技术问题进行鉴定。即通过对本案被控侵权产品的技术特征与专利权利要求记载的必要技术特征的异同及其功能、效果进行比较，特别是对（1）被控侵权产品中的限位装置与专利权利要求书记载的导向板，和（2）被控侵权产品中的盲板固定方式与专利权利要求书记载的盲板固定方式的异同及其功能、效果进行比较，提出二者在技术特征上的不同点是否属于等同物替换的意见。

中国科技法学会专家评价委员会根据法院委托，组织由王某（Q 大学精密仪器与机械学系教授、博士生导师）、邓某（P 大学自动化学院教授、博士生导师）、郑某（C 大学机械自动化学院高级工程师）、郑某（Z 大学知识产权学院教授、博士生导师）、张某（R 专利局专利复审委员会原副主任、研究员）5 人组成的鉴定专家组，经过阅卷和勘验被控侵权产品实物，于 2000 年 11 月 27 日出具鉴定结论：Y 厂专利与 A 公司装置在工作原理、方法上是一样的，在具体结构上，分别采用了导向板和防震限位板，这两个重要零件在加工中起的主要作用是：磨轮导向、防震、定位，二者的主要功能是基本一致的。导向板与防震限位板的主要工作面的结构形状是相似的，呈梳缝状。在 Y 厂专利中导向板具有工件（盲板）支承功能，有利于削弱工件的加工振动，提高加工质量。A 公司装置中，工件安装在工件拖板上，与 Y 厂专利比较，很难看出 A 公司装置有明显技术进步。二是技术特征的不同之处，对具有机械专业知识的普通技术人员而言，无须创造性的劳动就能实现。

人民法院终审判决：A 公司立即停止侵犯 Y 厂 92102458.4 号专利权的行为，包括制造专利设备，使用专利方法，以及销售使用该专利设备和方法生产的音片；A 公司赔偿因侵犯 Y 厂专利权而给该厂造成的损失 100 万元，自本判决生效之日起 10 日内付清。

观点评析

（一）关于如何确定本案专利权的保护范围。根据我国《专利法》第 56 条第 1 款的规定，发明或者实用新型专利权的保护范围以其权利要求书的内容为准，说明书和附图可以用于解释权利要求。这里所说的权利要求，是指权利要求书中的独立权利要求，即从整体上反映发明或者实用新型的技术方案，记

载为实现发明或者实用新型目的的必要技术特征的权利要求。

在确定专利权的保护范围时，既不能将专利权保护范围仅限于权利要求书严格的字面含义上，也不能将权利要求书作为一种可以随意发挥的技术指导。确定专利权的保护范围，应当以权利要求书的实质内容为基准，在权利要求书不清楚时，可以借助说明书和附图予以澄清，对专利权的保护可以延伸到本领域普通技术人员在阅读了专利说明书和附图后，无须要经过创造性劳动即能联想到的等同特征的范围。既要明确受保护的专利技术方案，又要明确社会公众可以自由利用技术进行发明创造的空间，把对专利权人提供合理的保护和对社会公众提供足够的法律确定性结合起来。

根据这一原则，发明或者实用新型专利权的保护范围不仅包括权利要求书中明确记载的必要技术特征所确定的范围，而且也包括与该必要技术特征相等同的特征所确定的范围，即某一特征与权利要求中的相应技术特征相比，以基本相同的手段，实现基本相同的功能，达到基本相同的效果，对于本领域的普通技术人员来说无须经过创造性的劳动就能联想到的。对此，《最高人民法院关于审理专利纠纷案件适用法律问题的若干规定》第17条专门作出了解释。

本案所涉及的"机械奏鸣装置音板成键方法及其设备"的发明专利，系属一个总的发明构思的两项发明，即机械奏鸣装置音板的成键方法和为实现该方法而专门设计的设备。在该发明专利的权利要求书中分别记载了两项独立权利要求：权利要求1为实现机械奏鸣装置音板成键方法设备的独立权利要求；权利要求9为机械奏鸣装置音板成键方法的独立权利要求。

根据专利权利要求1，成键加工设备的必要技术特征可以分解为五个：

1. 一种机械奏鸣装置音板成键加工设备，它包括在平板型金属盲板上切割出梳状缝隙的割刀和将被加工的金属盲板夹持的固定装置；

2. 所述的割刀是由多片圆形薄片状磨轮按半径自小到大的顺序平行同心地组成一塔状的割刀组；

3. 所述的盲板固定装置是一个开有梳缝的导向板，它是一块厚实而耐磨的块板，其作为导向槽的每条梳缝相互平行、均布、等宽；

4. 所述的塔状割刀组，其相邻刀片之间的间距距离与所述导向板相邻梳缝之间的导向板厚度大体相等；

5. 所述的塔状割刀组的磨轮按其半径排列的梯度等于音板的音键按其长短排列的梯度。

根据专利权利要求9，成键方法的必要技术特征可以分解为三个：

1. 采用由片状磨轮对盲板相对运动进行磨割、加工出规定割深的音键；

2. 在整个磨割过程中塔状割刀组的每片磨轮始终嵌入所述导向板的相应

梳缝内并在其内往复运动；

3. 盲板被准确定位并夹固在所述的导向板上。

只要被控侵权人所使用的机械奏鸣装置音板的成键方法或者所制造的实现该成键方法的设备覆盖了专利权利要求 1 或者权利要求 9 所记载的必要技术特征，或者属于它们的等同物，即落入专利权的保护范围，构成侵犯专利权。

（二）关于被控侵权产品和方法是否与专利技术等同，构成等同侵权。被控侵权产品和方法是否与专利技术等同，涉及专业技术问题，需要借助本领域专业技术人员的判断。本案法院委托有关专业人员对本案所涉及的专业技术问题进行鉴定。在鉴定机构、鉴定人员的选择上，事先经过了双方当事人的同意，且鉴定人员出具的鉴定意见也经过当庭质证。鉴定意见除对专利与被控侵权装置在工作原理上进行比较之外，也对技术方案进行了比较，并明确指出，"两者技术特征的不同之处"，对具有机械专业知识的普通技术人员而言，无须创造性的劳动就能实现。

事实上，A 公司是将专利中固定盲板和与导向为一体的导向板分解成分别起固定盲板和导向作用的工件拖板和防震限位板两个部件，如果将工件拖板和防震限位板作为一个整体看，其功能与专利中的导向板并无不同。鉴定人员分析指出，被控侵权产品无明显技术进步，不仅没有改进，反而不如专利技术效果好。

相关知识链接

一、相关法律法规

1. 《专利法》第 11 条："发明和实用新型专利权被授予后，除本法另有规定的以外，任何单位或者个人未经专利权人许可，都不得实施其专利，即不得为生产经营目的制造、使用、许诺销售、销售、进口其专利产品，或者使用其专利方法以及使用、许诺销售、销售、进口依照该专利方法直接获得的产品。外观设计专利权被授予后，任何单位或者个人未经专利权人许可，都不得实施其专利，即不得为生产经营目的制造、销售、进口其外观设计专利产品。"

2. 《专利法》（2000 年）第 56 条："发明或者实用新型专利权的保护范围以其权利要求的内容为准，说明书及附图可以用于解释权利要求。外观设计专利权的保护范围以表示在图片或者照片中的该外观设计专利产品为准。"

3. 《专利法》（2000 年）第 57 条："未经专利权人许可，实施其专利，即侵犯其专利权，引起纠纷的，由当事人协商解决；不愿协商或者协商不成的，专利权人或者利害关系人可以向人民法院起诉，也可以请求管理专利工作的部门处理。管理专利工作的部门处理时，认定侵权行为成立的，可以责令侵权人立即停止侵权行为，当事人不服的，可以自收到处理通知之日起十五日内依照《中华人民共和国行政诉讼法》向人民法院起诉；侵权人期满不起诉又不停止侵权行为的，管理专利工作的部门可以申请人民法院强制执行。进行处理的管理专利工作的部门应当事人的请求，可以就侵犯专利权的赔偿数额进行调解；调解不成的，当事人可以依照《中华人民共和国民事诉讼法》向人民法院起诉。专利侵权纠纷涉及新产品制造方法的发明专利的，制造同样产品的单位或者个人应当提供其产品制造方法不同于专利方法的证明；涉及实用新型专利的，人民法院或者管理专利工作的部门可以要求专利权人出具由国务院专利行政部门作出的检索报告。"

4.《民事诉讼法》第 177 条："各级人民法院院长对本院已经发生法律效力的判决、裁定，发现确有错误，认为需要再审的，应当提交审判委员会讨论决定。最高人民法院对地方各级人民法院已经发生法律效力的判决、裁定，上级人民法院对下级人民法院已经发生法律效力的判决、裁定，发现确有错误的，有权提审或者指令下级人民法院再审。"

5.《民事诉讼法》（1991 年）第 184 条："人民法院按照审判监督程序再审的案件，发生法律效力的判决、裁定是由第一审法院作出的，按照第一审程序审理，所作的判决、裁定，当事人可以上诉；发生法律效力的判决、裁定是由第二审法院作出的，按照第二审程序审理，所作的判决、裁定，是发生法律效力的判决、裁定；上级人民法院按照审判监督程序提审的，按照第二审程序审理，所作的判决、裁定是发生法律效力的判决、裁定。人民法院审理再审案件，应当另行组成合议庭。"

6.《最高人民法院关于审理专利纠纷案件适用法律问题的若干规定》第 17 条："专利法第五十六条第一款所称的'发明或者实用新型专利权的保护范围以其权利要求的内容为准，说明书及附图可以用于解释权利要求'，是指专利权的保护范围应当以权利要求书中明确记载的必要技术特征所确定的范围为准，也包括与该必要技术特征相等同的特征所确定的范围。等同特征是指与所记载的技术特征以基本相同的手段，实现基本相同的功能，达到基本相同的效果，并且本领域的普通技术人员无需经过创造性劳动就能够联想到的特征。"

7.《最高人民法院关于审理专利纠纷案件适用法律问题的若干规定》第 20 条："人民法院依照专利法第五十七条第一款的规定追究侵权人的赔偿责任时，可以根据权利人的请求，按照权利人因被侵权所受到的损失或者侵权人因侵权所获得的利益确定赔偿数额。权利人因被侵权所受到的损失可以根据专利权人的专利产品因侵权所造成销售量减少的总数乘以每件专利产品的合理利润所得之积计算。权利人销售量减少的总数难以确定的，侵权产品在市场上销售的总数乘以每件专利产品的合理利润所得之积可以视为权利人因被侵权所受到的损失。侵权人因侵权所获得的利益可以根据该侵权产品在市场上销售的总数乘以每件侵权产品的合理利润所得之积计算。侵权人因侵权所获得的利益一般按照侵权人的营业利润计算，对于完全以侵权为业的侵权人，可以按照销售利润计算。"

二、相关理论知识

按照传统民事侵权理论，侵权行为是指行为人由于过错侵害他人的财产权或者人身权，依法应当承担民事责任的行为。侵权行为的归责原则主要为过错原则，部分情况下实行推定过错或者无过错原则。侵权行为的构成要件包括行为人主观上存在过错、客观上有违法行为、违法行为造成了损害、损害与违法行为之间存在因果关系。

所谓侵害专利权的行为，根据我国《专利法》第57条的规定，是指在专利权有效期内，行为人未经专利权人许可，以营利为目的实施他人专利的行为。专利侵权行为的构成要件包括：被侵权的专利为合法有效的专利；侵权人未经专利权人许可；侵权人为达到生产经营的目的；侵权人实施了制造、使用、许诺销售、销售和进口等行为；侵权人的产品特征落入专利保护范围。

在包括专利在内的知识产权领域，一般认为，侵权行为的归责原则实行无过错或者推定过错原则，即只要存在侵害事实，无须考虑行为人的主观过错，即可认定构成侵权。例如，有人在一项专利的申请日之后独立地研究开发出相同的发明，并在专利申请公开之前予以实施，在授予专利权之后，除非获得专利权人的许可，实施者就不能继续进行实施行为，否则就构成了侵犯专利权的行为。

等同理论，又称等同侵权或依据等同理论的侵权，系相对于字面侵权而言。所谓字面侵权是指：以被控侵权的产品或方法与某一专利的权利要求书相比，被控侵权产品或方法具备了权利要求书中的每一个技术要素；或者说权利要求书里的每一个技术要素都可以在被控侵权的产品或方法中找到。所谓等同侵权是指：被控侵权产品或方法中的一个或几个技术要素虽然与权利要求书中的技术要素不一样，但二者只有非实质性的区别；或者说，在专利法看来，被控侵权产品或方法中的那一个或几个技术要素等同于权利要求书中的某一个或某几个技术要素。字面侵权和等同侵权都属于直接侵权。

从表面上看来，等同理论与权利要求书应当清楚表述专利保护范围的要求是不一致的。按照专利法的要求，申请人应当在权利要求书中清楚而准确地界定受保护发明创造的范围。而按照等同理论，法院在判定侵权的时候，又可以把权利要求中不存在的但又与权利要求实质上相同的东西纳入受保护的范围。

因此，适用等同理论可以说是专利侵权判定中的非正常方式。对此，美国第二巡回上诉法院的法官汉德（Learned Hand）曾在 1948 年的"皇家打字机公司"一案中说："在所有的辅助解释方式都穷尽以后，而且在权利要求也被扩展到了字面所允许的最大范围以后，法庭在适当场合会使它们覆盖更为广泛的含义。如果它们极其僵硬地适用法律（它们从来不这样做），就会将专利权人推到重新授予专利权的方式上。它们确实经常诉诸重新授予专利权的方式。但并不总是如此，因为它们有时诉诸等同理论，以调和严厉的逻辑并防止侵权者偷取发明的好处。毫无疑问，严格说来这是非正常的。但这又是法庭几乎从一开始就坦率面对和予以接受的。"

等同理论与权利要求的撰写密切相关。撰写权利要求是一个非常复杂的过程。它涉及撰写人是否已经清楚了解应受保护的发明及受保护的范围，并且能否在此基础上清楚而准确地表述受保护的范围。如果考虑到权利要求书往往是由专利代理人代为撰写或帮助撰写，这一点尤为明显。撰写权利要求书还涉及现有的文字语言能否足够地用来描述一个前所未有的发明创造。相对于人类丰富而多彩的思想观念和发明创意来说，人类的语言是贫乏的。相对于一项崭新的和开拓性的发明创造来说，甚至难以找出适当的文字语言对之加以足够的描述。除此之外，由现有技术水平所限定，发明人和撰写人可能还没有完全弄清有关发明创造的范围，更无法预料随着技术发展本来应当纳入受保护范围的某些东西。

一方面是专利法关于权利要求书应当清楚而准确地表述专利保护范围的要求；另一方面又是权利要求书不可能完全达到这一要求的现实。因此，由法院重新解释权利要求书，适用等同理论，理所当然成为缓解上述矛盾的一种方法。

（案件来源：中国法院网；整理人：田圣斌，周家富）

六十七、公知技术不构成专利侵权

⫷ 争议焦点 ⫸

被告使用的技术是否是公知技术。

⫷ 基本案情 ⫸

原告 S 就其发明的"人工挖孔桩地下连续墙及其施工方法"于 1997

年 3 月 19 日向国家知识产权局申请发明专利，该专利申请于 1998 年 9 月 22 日公开，2004 年 2 月 18 日，国家知识产权局授予原告 ZL97108856.X 专利权，并予以授权公告。原告按期缴纳了专利年费，该专利处于授权状态。其独立权利要求为权利要求 1 和权利要求 10，权利要求 1 技术特征：一种人工挖孔桩地下连续墙，其特点在于，由多个可与其他结构件连接的人工挖孔桩组成，各个人工挖孔桩彼此紧密相接，任意两个相邻的人工挖孔桩之间设有止水件，组成所述连续墙的人工挖孔桩中的部分或全部，至少包括一个与其他构件连接的连续装置。其权利要求 10 的施工方法的特点在于，包括以下步骤：在适当位置施工人工挖孔桩，在已施工人工挖孔桩一侧或两个 I ~ mAm 挖孔桩之间施工邻接人工挖孔桩；所述施工人工挖孔桩的步骤包括挖孔、做护壁、扎钢筋及浇混凝土；其特征在于：还包括在浇混凝土前，在人工挖孔桩内与其他结构件连接位置预埋连接装置的步骤；在相邻人工挖孔桩之间采用板材止水件时，在先施工的人工挖孔桩做护壁的同时预埋止水件；在相邻人工挖孔桩之间采用化学物质止水条时，在施工邻接人工挖孔桩浇混凝土前，将化学物质止水条设置在与已施工人工挖孔桩的接缝处。利用本发明提供的人工挖孔桩地下连续墙及其施工方法，既可以作为基坑开挖的挡土支护结构，又可直接做地下室的连续墙，使地下室工程的成本大幅度降低。

1998 年 10 月 15 日，被告 D 公司与 A 设计院签订《地铁一期工程设计总承包合同》，该合同包括了地铁一期工程车站设计。同日，A 设计院与 B 设计院签订《工程设计分包合同》，该合同包括了地铁一期工程车站设计。2001 年 2 月 19 日，D 公司与某集团有限公司签订《地铁一期工程 5 标段土建工程施工协议书》。

原告认为上列被告设计并实施的"地铁站工程施工图"所使用的施工方法落入了原告 ZL97108856.X 发明专利的保护范围，构成专利侵权，因此提起诉讼，要求被告 D 公司承担赔偿 500 万元人民币的责任。法院受理后，追加后三个被告为本案共同被告。法院认定被告在"地铁站"主体围护结构所显现的特征与原告 ZL97108856.X 发明专利权利要求书 1 技术特征相同，落入该专利权装置的保护范围；被告设计并实施的被控施工方法与原告 ZL97108856.X 发明专利权利要求书 10 技术特征不同，未落入该专利权方法的保护范围。被告以使用公知技术进行抗辩。被告主张公知技术抗辩证据为施工设计图纸和公开发表的文章等，均是在本案专利申请日之前就已经公开发表或使用，符合公知技术要素。

　　法院认定，地铁站使用的技术为公知技术，不构成对原告专利权侵权。原告主张上列被告侵犯其本案专利权，证据不充分，应予以驳回。依照《专利法》第 56 条第 1 款、《民事诉讼法》第 64 条第 1 款和《最高人民法院关于民事诉讼证据的若干规定》第 2 条的规定，判决：驳回原告 S 的诉讼请求。案件受理费人民币 35010 元，由原告 S 负担。

观点评析

　　（一）专利的新颖性和创造性。

　　根据我国《专利法》的规定，专利应当具有新颖性和创造性。不具备新颖性和缺乏创造性的发明申请，不能被授予专利权，不受我国《专利法》保护。即使获得了专利权，也有可能被申请撤销。

　　（二）使用公知技术不构成侵权。

　　本案被告向法庭提交了大量证据，如有关已经发表的论文，专利申请日以前类似工程中使用该技术的资料等，足以证明其使用的技术是"公知技术"，因此不构成对原告专利权的侵犯。

相关知识链接

一、相关法律法规

　　1.《专利法》（2000 年）第 56 条第 1 款："发明或者实用新型专利权的保护范围以其权利要求的内容为准，说明书及附图可以用于解释权利要求。"

　　2.《专利法》（2000 年）第 22 条："授予专利权的发明和实用新型，应当具备新颖性、创造性和实用性。

　　新颖性，是指在申请日以前没有同样的发明或者实用新型在国内外出版物上公开发表过、在国内公开使用过或者以其他方式为公众所知，也没有同样的发明或者实用新型由他人向国务院专利行政部门提出过申请并且记载在申请日以后公布的专利申请文件中。

　　创造性，是指同申请日以前已有的技术相比，该发明有突出的实质性特点和显著的进步，该实用新型有实质性特点和进步。

　　实用性，是指该发明或者实用新型能够制造或者使用，并且能够产生积极效果。"

　　3.《专利法实施细则》第 30 条："专利法第二十二条第三款所称已有的技术，是指申请日（有优先权的，指优先权日）前在国内外出版物上公开发表、在国内公开使用或者以其他方式为公众所知的技术，即现有技术。"

　　4.《民事诉讼法》第 64 条第 1 款："当事人对自己提出的主张，有责任提供证据。"

5.《最高人民法院关于民事诉讼证据的若干规定》第 2 条:"当事人对自己提出的诉讼请求所依据的事实或者反驳对方诉讼请求所依据的事实有责任提供证据加以证明。没有证据或者证据不足以证明当事人的事实主张的,由负有举证责任的当事人承担不利后果。"

二、相关理论知识

"公知技术"在我国《专利法实施细则》第 30 条中有明确的定义,即"指专利申请日以前在国内外出版物上公开发表过、在国内公开使用过或者以其他方式为公众所知的技术"。公知技术也称现有技术或已有技术。

公知技术抗辩原则"仅适用于等同性范畴专利侵权,而不适用于相同专利侵权的情况"。如果被告在专利侵权诉讼中欲提出公知技术抗辩,其前提是先搞清楚是等同专利侵权还是相同专利侵权。如果是相同专利侵权,则被告不得运用公知技术来抗辩。

在专利侵权诉讼中,法官要做的工作是将被控侵权物(产品或方法)与专利的权利要求书或者外观设计的图片、照片相比较,得出是否侵权的结论,其依据的是《专利法》(2000 年)第 56 条的规定,即发明或者实用新型专利权的保护范围以其权利要求的内容为准,外观设计专利权的保护范围以表示在图片或者照片中的该外观设计专利产品为准。将被控侵权物(产品或方法)与专利的权利要求书或者外观设计的图片、照片相比较,不论是对法官来说,还是对原被告来说,都不是一件轻松的事情。尤其是在不构成相同侵权的情况下,还要运用专利法意义上的等同原则进一步判断是否为等同侵权,更是一件难事,往往需要借助于专业技术鉴定等手段。

在专利侵权诉讼中,如果被告提出了公知技术抗辩,则优先进行公知技术抗辩,即公知技术抗辩优先适用。被告在提出公知技术抗辩后,是否又向专利复审委员会提出宣告专利权无效的请求,完全凭当事人的意思自治,人民法院无权干涉;并且,人民法院都应该对公知技术抗辩的主张予以审查。况且,即使被告向专利复审委员会提出宣告专利权无效的请求,法院一般倾向于不中止专利侵权诉讼程序,当事人仍要面对当前的诉讼程序。因为专利无效程序属于专利行政程序,没有审限的限制,往往不能在专利侵权诉讼之前及时审结。

专利侵权诉讼是一种有着自身特殊性的民事诉讼,相对于专利权人来说,被告的诉讼权利更值得关注,以体现诉讼权利平等的原则。对被告进行公知技术抗辩不作额外限制,体现了当事人权利平等的理念。

公知技术抗辩一般应具备以下条件:

第一，必须是在被控侵权物与专利权利要求所记载的专利技术方案等同的情况下适用。

第二，必须是可自由使用的公知技术。

第三，必须是非组合而成的公知技术。用于抗辩的公知技术，不应当是组合而成的公知技术，因为基于特定发明目的对已有公知技术的组合，往往本身就是一项新的发明创造，而非公知技术，作为抗辩他人专利的公知技术，应当掌握一比一的原则，即用一项已有公知技术去比他人的一项专利技术，切忌将分散的公知技术加以综合或组合后去作为抗辩的公知技术。

第四，必须是极为近似或完全相同的公知技术。只有当该技术极为近似或完全相同时，才应考虑作为抗辩成立的依据，所谓极为近似，一般是指仅存在一些枝节上的不同；或实质上相同，但文字的描述不同；或只有某些细微的不同。

在专利侵权诉讼中，被告利用公知技术进行抗辩，已经成为一项世界大多数国家均接受的原则。在我国，公知技术抗辩经历了从不接受到有条件接受的过程。我国《专利法》（2000 年）第 63 条第 1 款规定，在专利申请日前已经制造相同产品、使用相同方法或者已经作好制造、使用的必要准备，并且仅在原有范围内继续制造、使用的不视为侵权。严格地讲，在先使用本身不是一种单独存在的权利，而是一种对抗专利权的先使用行为。保护在先使用立法的本意是要保护在先使用人的权益。因为不仅专利权人的权益要保护，其他人的合法权益同样要保护。现实中，不同的发明人分别完成相同的发明创造的情况时有发生，其既可以采用申报专利的途径取得保护，也可以采用技术秘密的保密方案等非专利途径自行保护。

（案件来源：中铁集团第四勘探设计有限公司；整理人：田圣斌，蒋恺中）

六十八、毁坏商誉行为的构成要件

争议焦点

W 外加剂厂的行为是否构成毁坏商誉。

基本案情

W 外加剂有限公司系陈某一人投资开办的，从 1996 年 4 月起个人经营至今。因当时政策限制，该公司表面上由 W 外加剂厂、Q 贸易公司、陈某三方组建，实际上前两家厂、公司都没有投资，也没有参与经营。1998 年 4 月 1 日陈某在被公安机关关押期间，蔡某与 W 外加剂厂串通，将 W 外加剂有限公司的资金 67.1 万元划给 W 外加剂厂账户。W 外加剂厂为了占有 W 外加剂有限公司资金和业务，向 W 外加剂有限公司的业务单位发送信函，大肆毁坏 W 外加剂有限公司的声誉，企图将 W 外加剂有限公司的货款收归他有，其行为严重扰乱 W 外加剂有限公司的正常经营，造成声誉等各方面重大损失达 150 万元。后经有关司法部门澄清事实真相，认为陈某犯职务侵占罪证据不足，于 1999 年 2 月 19 日对其作出不起诉的决定。

W 外加剂有限公司根据《民法通则》第 117 条、第 134 条之规定，于 2000 年 6 月 10 日将 W 外加剂厂诉至区人民法院：1. 请求判令被告停止毁坏商誉的行为；2. 请求判令被告返还 67.1 万元，并赔偿经济损失 150 万元；3. 请求判令被告承担本案诉讼费、律师费。

观点评析

（一）虽然囿于当时政策规定，W 外加剂有限公司表面上由 W 外加剂厂、Q 贸易公司、陈某三方组建，实际上前两家厂、公司都没有投资。并且 W 外加剂有限公司与名义上投资组建的 W 外加剂厂系各自独立的法人。

（二）W 外加剂厂为了占有 W 外加剂有限公司资金，向 W 外加剂有限公司的业务单位发送信函，大肆毁坏 W 外加剂有限公司的声誉，企图非法收取 W 外加剂有限公司的货款，其行为严重扰乱了 W 外加剂有限公司的正常经营活动，造成 W 外加剂有限公司重大的经济损失，是严重破坏他人商誉的行为。

（三）该行为是侵权行为，侵权人应当承担赔偿相应经济损失。

相关知识链接
一、相关法律法规

1.《民法通则》第 117 条："侵占国家的、集体的财产或者他人财产的，应当返还财产，不能返还财产的，应当折价赔偿。损坏国家的、集体的财产或者他人财产的，应当恢复原状或者折价赔偿。受害人因此遭受其他重大损失的，侵害人并应当赔偿损失。"

2.《民法通则》第 134 条："承担民事责任的方式主要有：（一）停止侵害；（二）排除妨碍；（三）消除危险；（四）返还财产；（五）恢复原状；（六）修理、重作、更换；（七）赔偿损失；（八）支付违约金；（九）消除影响、恢复名誉；（十）赔礼道歉。以上承担民事责任的方式，可以单独适用，也可以合

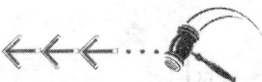

并适用。人民法院审理民事案件，除适用上述规定外，还可以予以训诫、责令具结悔过，收缴进行非法活动的财物和非法所得，并可以依照法律规定处以罚款、拘留。"

3.《反不正当竞争法》第 14 条："经营者不得捏造、散布虚伪事实，损害竞争对手的商业信誉、商品声誉。"

二、相关理论知识

在现代市场经济条件下，商誉是经营者良好信誉的体现，意味着无限的商机和丰厚的市场回报，既是企业的财富和荣誉，也是企业立足市场进行竞争的无形资本，对企业生存和发展起着至关重要的作用。商誉作为一种无形财产，属于知识产权法律范畴。商誉权是民事主体对其在工商业活动中所创造的商誉享有利益而不受他人非法侵害的权利。

关于商誉权之法律属性，有以下两种学说：其一，人格权说。该理论将商誉权归类为人格权，以区别于具有经济内容的财产权。主张这一理论的学者又有两种不同观点：（1）单一人格权说，认为商誉属于法人名誉内容的一部分，法人的名誉与法人的商誉在本质上没有什么差异，商誉权即属于法人名誉权的重要组成部分。法人名誉权就其实质而言，是一种间接的财产性质的权利或者间接具有财产内容的权利。如果说商誉权与名誉权有何区别的话，仅是因加害人及侵害方式的不同而由不同的法律加以调整。"当一个企业的名誉被一般人（即非竞争对手）侵害时，其所侵害的是名誉权；当一个企业的名誉被其竞争对手以反不正当竞争法等规范的手段侵害时，其所侵害的是商誉权"。（2）特别人格权说，认为商誉权虽然存在无形财产权性质，但财产性只是其非本质属性，只有人格权才是它的本质属性。商誉权的客体包括精神利益与财产利益，但后者不是直接的财产利益，而是含于商誉利益之中。因此，商誉权是一种有别于相关权利的特殊人格权。其二，复合权说。该种理论一般承认商誉权具有财产权与人格权的双重内容，但学者们对商誉权的归类仍有不同意见。有的主张"知识产权兼人格权说"，认为商誉权兼具人身性（即人格权）和财产性（即知识产权），侵害商誉权的行为不仅侵犯了权利主体的知识产权，同时也侵犯了其人格权。这种侵权行为是一种竞合侵权，其侵犯的客体有两个：一是商品，表现为侵犯商品声誉；二是商誉主体，表现为侵犯商业信誉。当侵犯的客体主要是商业信誉，而竞合侵犯商品声誉时，则商誉权表现为一种人格权。在这种情况下，商誉侵权视为名誉侵权。反之，商誉权表现为知识产权。有的主张"知识产权说"，认为商誉权应归类于知识产权，它具有人身性和财产性双重属性，与专利权、商标权、版权相似。其理由在于商誉是人的脑力、智力的创造物，与各种各样的信息有关，而且这些信息与各种有形物质相结合，因此符合知识产权的固有特征。这两种观点，虽然前者将知识产权视为单一的财产权，后者将知识产权看做是"一体两权"，但都认为商誉权是一种兼具人身性与财产性的复合性权利。

"人格权说"的理论缺陷在于忽视以至否认该种权利的财产性。"单一人格权说"否认法人名誉权与商誉权的本质差异，其理由很难成立。商誉作为商法人经济能力的社会评价，已演化为具有价值形态的财产利益，因而从表现为一般人身利益的名誉中分离出来，并受到法律的特别保护。这种新型的民事权利显然有别于人身权范畴中的名誉权。"特别人格权说"，将商誉权归类于人格权，虽然承认但却淡化了商誉权的财产内容。商誉权虽然具有人格权的某些属性，但它并非是该项权利的本质属性。就商誉权客体而言，其商誉利益包含有精神利益和财产利益，但财产利益是商誉利益的主要成分。商誉权是财产权，已为经济界、法律界的相关文件所肯定。在国际会计界，无形资产作为虚拟的、无实体形态的资产，其范围即包括传统的知识产权和与知识产权相关的其他无形财产权，如特许经营权、商誉权。在国际多边投资协议中，商誉与版权、专利、商标都是可以用于投资的资产形式。这说明，商誉权的财产性是不容置疑的。"复合权说"承认商誉权具有财产权与人格权的双重内容，其主张无疑是正确的，但其具体观点的表述却难以令人满意。"人格权兼知识产权说"的缺陷在于：一是关于人格权与知识产权的基本分类缺乏理论与法律根据，在民事权利体系中，财产权与非财产权（或人身权）是最基本的分类，而知识产权是一种混合型权利。知识产权范畴中的著作权、商号权即是"一体两权"。从知识产权公约到相关国内立法所规定的权利内容来看，其权项具有人格（如著作权中的署名权、修改权，商号权中的名称设定权、变更权）和财产（如著作权中的复制权、修改权，商号权中的名称使用权、转让权）的双重属性，商誉权即属此类。二是关于侵犯商誉权是竞合侵权的观点，在理论与实践中难以成立。作为权利客体的商誉利益，其内涵十分宽泛，包括但不限于商业信誉和商品声誉，它们都来源于有关特定主体的积极性、综合性的社会评价，因此不能将其简单分割而规定以不同的属性。同时应该看到，在商誉利益的构成中，商业信誉不等于是精神利益，财产利益也不仅是商品声誉，这样，在所谓商誉权的"竞合侵权"中就难以判断什么是侵犯人格权，什么是侵犯知识产权。"知识产权说"关于商誉权的法律属性分析与范畴归类是正确的。

对这一学说需要补充说明的是，从权利本体的内容来看，商誉权具有人身性和财产性双重属性。人身性表明商誉与特定主体相联系而存在，是企业特殊人格形象的表现；财产性说明商誉区别于一般的名誉与荣誉，具有相当的财产意义。而知识产权范畴的多数类型如专利权、商标权等，仅具有单一的财产权属性。因此"一体两权"并不是各种知识产权的共同特征。从权利客体的产生来看，商誉的形成在于企业在生产经营、服务态度、技术创新、员工素质、商业文化、管理经验等方面所形成的良好能力，并由此获得社会公众的普遍认可和积极评价。这种经营管理中的资信，有些属于人的智力劳动的创造物，但多数却是来自企业生产经营活动的能力。可见，智力成果不是知识产权的唯一保护对象。换言之，将商誉权归类于知识产权，关键在于其无形财产权属性，或者说其客体（即商誉）的非物质性。在这个意义上，我们才能说商誉权符合知识产权的固有特征。

（案件来源：湖北松之盛律师事务所；整理人：田圣斌，周家富）

六十九、不正当竞争行为

争议焦点

Z 出版社的行为是侵犯了 X 杂志社的名誉权与名称权，还是构成了不正当竞争。

基本案情

2000 年 3 月，Z 出版社在经报 H 省新闻出版局批准后，取得《男生女生》等出版物的名称使用权，向市场发行《男生女生》、《男生与女生》等出版物。因 R 市学生家长反映 Z 出版社出版物有早恋的内容，从而提出批评意见。Z 出版社相关出版物停止出版发行。2000 年 7 月，X 杂志社经国家新闻出版总署同意，将其原出版物更名为《男生女生》。该刊物出版发行在时间上要比 Z 出版社的出版物晚半年之久。但该杂志社为了起诉 Z 出版社恶意索赔，还特地将《男生女生》申请了商标权，并以毫无关系的 A 市 C 书店为第二被告起诉（该书店开庭时未到庭、未答辩，X 杂志社开庭时也未对其行为举证），以达到其在本地诉讼求得地方保护之目的。在诉状和庭审过程中，X 杂志社起诉 Z 出版社侵犯了其名誉权和名称权，要求停止侵害、消除影响、赔偿损失。一审中级人民法院以 X 杂志社只字未提的反不正当竞争为由判决 Z 出版社赔偿。

Z 出版社不服，提起上诉，认为该判决违背了我国《民事诉讼法》

"不告不理"的原则和《最高人民法院关于适用〈中华人民共和国民事诉讼法〉若干问题的意见》第181条第2项之规定，违反了法定的民事审判程序；并且根据一审判决引用的《反不正当竞争法》第5条第2项之规定，不正当竞争行为应当是知名商品的名称、包装、装潢的混淆使用。知名商品是指商品名称是独创的名称，因此，如果出版物的名称有独创性的话，Z出版社出版物经合法批准使用在先，该名称是Z出版社首创、独创。有关部门不应当再批准其他任何单位或个人使用该名称，而X杂志社就无从获得批准使用该名称。Z出版社坚持认为自己根本不存在不正当竞争行为。

高级人民法院二审作出（2002）知终字第11号民事判决书，维持原判。

高级人民法院二审法院主审法官孙某主持了该案的开庭审理、送达以及所有的诉讼活动，但是从相关法律文书上反映，孙某竟然不是合议庭成员；合议庭成员无一人参加庭审，却在判决书上写着"本院依法组成合议庭审理了本案"。这一做法根本违反了我国《民事诉讼法》第9条、第41条、第43条、第115条、第116条、第152条的规定以及合议制的诉讼原则，严重违反了法定程序。Z出版社于2002年8月12日向最高人民法院递交了《申诉状》，请求最高人民法院依法撤销该错误判决，驳回X杂志社的无理之诉。

观点评析

（一）本案Z出版社的出版物先于X杂志社出版，没有侵害X杂志社的名誉权与名称权。出版物的名称是经过国家新闻出版管理部门审批而准许的，不需要申请注册商标。出版社经过新闻出版管理部门批准，合法取得该出版物的名称使用权，而且使用在先，不存在侵犯他人权益的行为。

（二）由于出版物审查程序和公告范围等问题，出版物的审批和有关产品商标权方面存在诸多问题有待规范和完善。

（三）国家针对出版物名称审批的特殊性，笔者认为，出版物无须申请注册商标。本案不能以侵犯他人注册商标为由，认定出版社的行为是不正当竞争。否则，与国家对新闻出版物的审批相冲突。

（四）根据我国民事诉讼不告不理的基本原则，一、二审法院以X杂志社只字未提的反不正当竞争为由判决Z出版社赔偿的行为都是不正确的。法院的地方保护主义做法，严重损害了我国法律的权威，破坏了社会秩序的稳定。

相关知识链接 ↘

一、相关法律法规

1. 《民法通则》第 101 条："公民、法人享有名誉权，公民的人格尊严受法律保护，禁止用侮辱、诽谤等方式损害公民、法人的名誉。"

2. 《反不正当竞争法》第 5 条："经营者不得采用下列不正当手段从事市场交易，损害竞争对手：（一）假冒他人的注册商标；（二）擅自使用知名商品特有的名称、包装、装潢，或者使用与知名商品近似的名称、包装、装潢，造成和他人的知名商品相混淆，使购买者误认为是该知名商品；（三）擅自使用他人的企业名称或者姓名，引人误认为是他人的商品；（四）在商品上伪造或者冒用认证标志、名优标志等质量标志，伪造产地，对商品质量作引人误解的虚假表示。"

3. 《反不正当竞争法》第 14 条："经营者不得捏造、散布虚伪事实，损害竞争对手的商业信誉、商品声誉。"

4. 《国家工商行政管理局关于禁止仿冒知名商品特有的名称、包装、装潢的不正当竞争行为的若干规定》第 2 条："仿冒知名商品特有的名称、包装、装潢的不正当竞争行为，是指违反《反不正当竞争法》第五条第（二）项规定，擅自将他人知名商品特有的商品名称、包装、装潢作相同或者近似使用，造成与他人的知名商品相混淆，使购买者误认为是该知名商品的行为。前款所称使购买者误认为是该知名商品，包括足以使购买者误认为是该知名商品。"

5. 《国家工商行政管理局关于禁止仿冒知名商品特有的名称、包装、装潢的不正当竞争行为的若干规定》第 3 条："本规定所称知名商品，是指在市场上具有一定知名度，为相关公众所知悉的商品。本规定所称特有，是指商品名称、包装、装潢非为相关商品所通用，并具有显著的区别性特征。本规定所称知名商品特有的名称，是指知名商品独有的与通用名称有显著区别的商品名称。但该名称已经作为商标注册的除外。本规定所称包装，是指为识别商品以及方便携带、储运而使用在商品上的辅助物和容器。本规定所称装潢，是指为识别与美化商品而在商品或者其包装上附加的文字、图案、色彩及其排列组合。"

6. 《国家工商行政管理局关于禁止仿冒知名商品特有的名称、包装、装潢的不正当竞争行为的若干规定》第 4 条："商品的名称、包装、装潢被他人擅自作相同或者近似使用，足以造成购买者误认的，该商品即可认定为知名商品。特有的商品名称、包装、装潢应当依照使用在先的原则予以认定。"

二、相关理论知识

不正当竞争，是指经营者违反《反不正当竞争法》的规定，损害其他经营者的合法权益，扰乱社会经济秩序的行为。不正当竞争行为有如下特征：

1. 不正当竞争行为主体是经营者。所谓经营者，是指从事商品经营或营利性服务的法人、其他经济组织和个人。非经营者不是竞争行为主体，不能成为不正当竞争行为的主体。但是在有些情况下，非经营者的某些行为会妨害经营者的正当经营活动，侵害经营者的合法权益，这种行为也是《反不正当竞争法》的规制对象，政府及其所属部门滥用行政权利妨害经营者的正当竞争行为即属此类。

2. 不正当竞争行为是违法行为。不正当竞争行为的违法性，主要表现在违反了《反不正当竞争法》的规定，既包括违反了第二章关于禁止各种不正当竞争行为的具体规定，也包括违反了该法第 2 条的原则规定。经营者的某些行为虽然表面上难以确认为该法明确规定的不正当竞争行为，但是只要违反了自愿、平等、公平、诚实信用原则或违反了公认的商业道德，损害了其他经营者的合法权益，扰乱了社会经济秩序，也应认定为不正当竞争行为。

3. 不正当竞争行为侵害的客体是其他经营者的合法权益和正常的社会经济秩序。不正当竞争行为的破坏性主要体现在：危害公平竞争的市场秩序；阻碍技术进步和社会生产力的发展；损害其他经营者的正常经营和合法权益，使守法经营者蒙受物质上和精神上的双重损害。有些不正当竞争行为，如虚假广告和欺骗性有奖销售，还可能损害广大消费者的合法权益；另外，不正当竞争行为还有可能给我国的对外开放政策带来消极影响，严重损害国家利益。

不正当竞争是对正当竞争行为的违反和侵害。根据《反不正当竞争法》的规定，下列 15 项行为属于不正当竞争行为：

1. 假冒他人的注册商标。

2. 擅自使用知名商品特有的名称、包装、装潢，或者使用与知名商品近似的名称、包装、装潢，造成和他人的知名商品相混淆，使购买者误认为是该知名商品。

3. 擅自使用他人的企业名称或者姓名，引人误认为是他人的商品。

4. 在商品上伪造或者冒用认证标志、名优标志等质量标志，伪造产地，对商品质量作引人误解的虚假表示。

5. 经营者不得采用不正当手段从事市场交易，损害竞争对手利益。

6. 公用企业或者其他依法具有独占地位的经营者，不得限定他人购买其指定的经营者的商品，以排挤其他经营者的公平竞争。

7. 政府及其所属部门不得滥用行政权力，限定他人购买其指定的经营者的商品，限制其他经营者正当的经营活动。政府及其所属部门不得滥用行政权力，限制外地商品进入本地市场，或者本地商品流向外地市场。

8. 经营者不得采用财物或者其他手段进行贿赂以销售或者购买商品。在账外暗中给予对方单位或者个人回扣的，以行贿论处；对方单位或者个人在账外暗中收受回扣的，以受贿论处。经营者销售或者购买商品，可以以明示方式给对方折扣，可以给中间人佣金。经营者给对方折扣、给中间人佣金的，必须如实入账。接受折扣、佣金的经营者必须如实入账。

9. 经营者不得利用广告或者其他方法，对商品的质量、制作成分、性能、用途、生产者、有效期限、产地等作引人误解的虚假宣传。广告的经营者不得在明知或者应知的情况下，代理、设计、制作、发布虚假广告。

10. 经营者不得采用下列手段侵犯商业秘密：（1）以盗窃、利诱、胁迫或者其他不正当手段获取权利人的商业秘密；（2）披露、使用或者允许他人使用以前项手段获取权利人的商业秘密；（3）违反约定或者违反权利人有关保守商业秘密的要求，披露、使用或者允许他人使用其所掌握的商业秘密。本条所称的秘密，是指不为公众所知悉、能为权利人带来经济利益、具有实用性并经权利人采取保密措施的技术信息和经营信息。

11. 经营者不得以排挤对手为目的，以低于成本的价格销售商品。有下列情形之一的，不属于不正当行为：（1）销售鲜活商品；（2）处理有效期限即将到期的商品或者其他积压的商品；（3）季节性降价；（4）因清偿债务、转产、歇业降价销售商品。

12. 经营者销售商品，不得违背购买者的意愿搭售商品或者附加其他不合理的条件。

13. 经营者不得从事下列有奖销售：（1）采用谎称有奖或者故意让内定人员中奖的欺骗方式进行有奖销售；（2）利用有奖销售的手段推销质次价高的商品；（3）抽奖式的有奖销售，最高奖的金额不超过五千元。

14. 经营者不得捏造、散布虚伪事实，损害竞争对手的商业信誉、商品声誉。

15. 投标者不得串通投标，抬高标价或者压低标价。投标者和招标者不得相互勾结，以排挤竞争对手的公平竞争。

（案件来源：湖北松之盛律师事务所；整理人：田圣斌，周家富）

［劳动法篇］

七十、认定劳动关系是否存在

⟪ 争议焦点 ⟫

芦某与该物资局之间是否存在劳动关系。

⟪ 基本案情 ⟫

原告芦某与被告 G 集团 S 有限公司退休待遇纠纷一案。原告芦某诉称，其于 1951 年 4 月入伍，1958 年转业到一农场当正式农工，同年下半年调到市工程局，1971 年初其自带档案调入 A 工程局工作，于 1983 年承包该局理发室。现要求被告为其办理退休手续，理由是：自己在全民所有制企业工作，并享受劳保福利，每月工资 65 元，性质是国家职工；在被告单位工作期间，被告曾将公房分配给其住，后又将公房卖给自己。同时要求被告：1. 报销自己的住院费 1000 元；2. 补发 1996 年 4 月退休至今的退休工资；3. 享受 45 年工龄购房优惠权。原告芦某对其主张出示了下列证据：

1. 转业军人证明书；

2. H 省公安局及证人张某的证明；

3. 证人杨某等人的证明；

4. H 省国营 Z 农场劳动人事科的证明。

被告 S 有限公司辩称：原、被告双方没有形成劳动法律关系，原告起诉没有事实依据，也没有证据证明原告是被告的职工。至于被告将公房出售给原告是因为原告之子是被告所在单位的职工及相关法律文件的规定。被告同时认为：1. 原告医疗费没有提供证据，请求法院不予支持；2. 原告请求从 1996 年 4 月开始补发退休工资没有依据；3. 关于"买房子的工龄优惠"，因超过诉讼时效，且原告不是单位职工，不具备享受优惠的条件，故请求法院驳回原告的请求。

法院审理查明，原告于 1951 年参军，1958 年退伍，转业到 Z 农场当

正式农工，同年下半年调到工程局，先后由工程局基建分局、铁路运输段等单位给原告提供房屋，为职工家属理发。1971 年，原告到 A 指挥部（后更名为 A 工程局、G 工程局、G 集团公司）一分部后勤部所在地理发，后又转到 A 指挥部总后勤部（后更名为物资局、物资公司，现合并入被告单位）理发，并由物资局提供公有住房一套，供原告作理发室和居住用。1984 年 6 月 27 日，物资局行管科"会议纪要"记载：理发室实行独立核算制；停发芦某有关费用。1994 年，G 工程局进行住房改革，物资局根据有关房改文件规定，将提供给原告理发经营并居住的房屋售给原告（70%产权），但双方购房合同及申请表中无关于原告工龄的记载，也没有给予原告工龄优惠。

1996 年、1998 年，芦某两次向市劳动仲裁委提出仲裁申请，要求按正式职工办理退休，市劳动仲裁员会裁决不予支持。1998 年 9 月，芦某不服裁决，提出诉讼。法院审理核实相关档案，没有被告单位对原告发放诸如工资、福利待遇、奖金等项的记录，从而判决芦某与物资局不存在劳动关系。

◤ 观点评析 ◢

物资局行管科 1984 年 6 月 27 日的"会议纪要"证明不了"芦某自 1983 年以后即与物资局脱离工作关系"，芦某与物资局的劳动关系并未解除。其理由有：

（一）"会议纪要"产生的基础是 G 工程局下发的 G 财字（1983）第 50 号文件，该文件明确规定"工程局决定各单位的理发室、洗澡堂实行内部经济核算，原则上以收抵支……福利设施实行经济核算，各单位应加强管理……"。该文件要求 G 工程局下属各单位对理发室实行的是内部经济核算，理发室仍然属于各单位的福利设施。据此，"会议纪要"的具体规定应视为物资局为贯彻落实该文件精神而对其经营管理方式进行的一种改变，即对其下属的理发室实行承包经营和内部经济核算，以其收益抵作应由物资局支付的工资和福利待遇，其性质属于企业的内部承包经营。物资局在"会议纪要"中对芦某理发的收费标准这一对经营活动有重要影响的事项作出规定，以及芦某1983 年以后一直未办理理发室营业执照等事实印证芦某 1983 年以后并不是作为一个与物资局脱离了关系的独立的市场主体"自己从事理发"。同时，"会议纪要"中的"物资局职工、家属理发每人按二角收费，由芦某收取现金"的叙述表明芦某在"会议纪要"后仍然要为物资局提供理发这种劳动。

（二）物资局停发芦某的工资、补贴，改由芦某按照物资局规定的收费标准收费，实际上只是改变了对芦某工资、福利的支付方式而已，并不能导致芦某自1983年7月以后即与物资局脱离了工作关系。

相关知识链接

一、相关法律法规

1.《劳动法》第16条："劳动合同是劳动者与用人单位确立劳动关系、明确双方权利和义务的协议。建立劳动关系应当订立劳动合同。"

2.《劳动合同法》第10条第1款："建立劳动关系，应当订立书面劳动合同。"

3.《劳动合同法》第82条："用人单位自用工之日起超过一个月不满一年未与劳动者订立书面劳动合同的，应当向劳动者每月支付二倍的工资。

用人单位违反本法规定不与劳动者订立无固定期限劳动合同的，自应当订立无固定期限劳动合同之日起向劳动者每月支付二倍的工资。"

二、相关理论知识

1. 劳动法律关系的特点

（1）它的主体双方具有平等性和隶属性。劳动法律关系主体一方是劳动者，另一方是用人单位。在劳动法律关系建立前，劳动者与用人单位是平等的主体，双方是否建立劳动关系以及建立劳动关系的条件由其按照平等自愿、协商一致的原则依法确定。劳动法律关系建立后，劳动者是用人单位的职工，处于提供劳动力的被领导地位；用人单位处于管理劳动者的领导地位，双方形成领导与被领导的隶属关系。劳动法律关系的这一特征与民事法律关系主体间具有平等性、行政法律关系主体具有隶属性相区别。

（2）它具有国家意志为主导、当事人意志为主体的属性。劳动法律关系是按照劳动法律规范规定和劳动合同约定形式形成的，既体现了国家意志，又体现了双方当事人的共同意志。劳动法律关系具有较强的国家干预性质，当事人双方的意志虽为劳动法律关系体现的主体意志，但它必须符合国家意志并以国家意志为指导，国家意志居于主导地位。这与民事法律关系具有平等性、反映双方当事人的意志，行政法律关系具有隶属性的法律关系、具有国家强制性相区别。

（3）它具有在社会劳动过程中形成和实现的特征。劳动法律关系的基础是劳动关系。只有劳动者同用人单位提供的生产资料相结合，在实现社会劳动过程中，才能在劳动者与用人单位之间形成劳动法律关系。实现社会劳动过程，也就是劳动法律关系得以实现的过程。劳动过程形成和实现劳动法律关

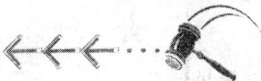

系，与流通过程中形成和实现的民事法律关系有着明显区别。

2. 劳动法律关系的形式：书面合同形式和口头形式

对于书面合同形式的劳动法律关系，认定上不存在问题；对于口头形式即事实上的劳动关系，在劳动争议发生后，用人单位往往以双方没有签订书面劳动合同为由，否认双方之间存在劳动关系，不同意承担其义务。正确认定事实劳动关系与其他劳动关系的区别，对保护新的劳动用工制度下劳动者的合法利益，具有非常重要的现实意义。

3. 关于事实劳动关系的认定

尽管 2008 年 1 月 1 日生效的《劳动合同法》明确规定了用人单位不与劳动者签订劳动合同的法律责任，但仍不能完全解决实践中存在的事实劳动关系问题。事实劳动关系，就是用人单位与劳动者虽然没有订立书面劳动合同，但双方实际履行了《劳动法》所规定的劳动权利义务而形成的劳动关系。事实上的劳动关系仅仅欠缺书面合同这一形式要件，但这并不影响劳动关系的成立。

事实劳动关系也是我国《劳动法》规定的劳动关系的一个方面。在事实劳动关系中，就事实劳动关系双方当事人的意思表示来看，双方当事人虽然没有订立书面的劳动合同，但双方当事人的意思已通过各自的行为作了表示，双方就建立劳动关系已达成一致，劳动关系就已经存在。劳动者只要能够证明双方就劳动关系达成协议，有劳动者已成为用人单位的成员，并为其提供有偿劳动的证据，符合我国《劳动法》规定的劳动关系成立的实质要件的，即可证明劳动关系的存在。

我国《劳动法》第 16 条明确规定，建立劳动关系应当订立劳动合同。劳动合同是劳动者与用人单位确立劳动关系，明确双方权利和义务的协议。该法第 19 条规定，劳动合同应当以书面形式订立。劳动合同是建立劳动关系的法律形式，书面形式是劳动合同的法定形式。但是，根据原劳动部 1995 年 8 月 4 日《关于贯彻执行〈中华人民共和国劳动法〉若干问题的意见》第 2 条："中国境内的企业、个体经济组织与劳动者之间，只要形成劳动关系，即劳动者事实上已成为企业、个体经济组织的成员，并为其提供有偿劳动，适用劳动法。"该条规定，只要劳动关系的双方事实上已经形成，就受到我国《劳动法》的保护，也就是说双方的劳动关系依法成立。

（案件来源：湖北省人民检察院；整理人：田圣斌，姜艳丽）

七十一、事实劳动关系的认定

争议焦点

合同期限届满后的休假是否构成事实劳动关系。

基本案情

原告 R 1992 年参加工作，于 1996 年 7 月 1 日与被告 J 公司签订了为期 10 年的劳动合同（1996 年 7 月 1 日—2006 年 7 月 1 日）。合同期满后，原告不同意续签，但自 2006 年 6 月 30 日起到 2006 年 9 月 1 日被告同意原告享受了补休换休及年休，并同时办理工作移交手续。2007 年 2 月 26 日原告从被告处实际领取生活补助费 6780 元。2008 年 4 月 28 日，原告以 2006 年 6 月 30 日合同期满后，原被告之间形成事实劳动关系为由申诉至劳动仲裁委员会，劳动仲裁委员会以超过仲裁申请时效为由，作出劳仲不字 (08) 第 39 号不予受理案件通知书。原告不服，于 2008 年 5 月 22 日诉至法院：1. 请求被告支付原告 2006 年年度奖金 23333 元及无故拖欠原告 2006 年年度奖金额的经济补偿金 11666 元；2. 请求被告支付终止劳动合同生活补助费差额 15220 元；3. 请求被告支付经济补偿金 11410 元（2001 年 10 月至 2006 年 9 月期间）及额外 50% 经济补偿金 5705 元。

原告诉称：2006 年 6 月 30 日合同期满后，原被告之间形成事实劳动关系，2006 年 9 月 1 日原被告之间系协商解除劳动关系，而不是终止劳动关系。根据被告以手册形式发布执行的文件中的规定：薪酬结构是由基薪＋季度绩效薪金＋年度奖励构成，因此年终奖金是职工报酬组成部分。因原告提供劳动服务，被告应当支付相应的年度奖金，是否支付年度奖金与是否离职没有关联性。而关于生活补助费问题，原告解除合同时领取的生活费是按所谓档案工资作为标准工资来计算的，根据劳办发〔1996〕243 号文《劳动部办公厅关于终止劳动合同支付经济补偿金有关问题的复函》中第 2 条的规定，标准工资是指企业与劳动者在劳动合同中约定的劳动者所在岗位（职务）相对应的工资标准。原被告之间的劳动合同约定原告的工资待遇按其工资分配制定执行，并且工资标准可以调整，这就明确标准

工资是原告解除劳动合同前所对应的岗位（职务）的工资标准，而非所谓的档案工资标准。

被告辩称：1. 从 2008 年 2 月 29 日被告作出批复告知原告不予发放年终奖之时起，劳动争议就已经发生，仲裁申请时限就应当计算，至原告起诉时止，原告的请求已经超过仲裁申请时效；2.《劳动法》中没有关于年终奖的规定，奖金是用人单位根据企业效益为嘉奖突出的贡献和业绩而发放的特殊的薪资。奖金发放属于用人单位的自主权，单位可以自行决定发不发奖金以及发放奖金的条件和标准，而年终奖是单位对员工考核后发放的，如果单位对其考核不符合发放奖金的条件，自然可以不发放奖金；3. 2007 年 2 月 26 日原告实际领取其生活补助费的行为表明其对公司的计算标准是认可的，其后亦未在法定期限内申请仲裁，已过时效，不受法律保护；4. 原被告的劳动合同关系是因为原告不同意续约而导致到期终止的，不属于当事人协商一致，被告不应当支付原告经济补偿金；5. 原告在劳动合同到期后，从 8 月到 9 月的休假行为是对原被告双方之前劳动合同的附随义务，不属于事实劳动关系。

法院审理认为：2008 年 2 月 29 日被告作出批复告知原告不予发放年终奖之时起，劳动争议就已经发生，至原告 2008 年 4 月 28 日申诉至劳动仲裁委员会止，并没有超过劳动争议的诉讼时效。原告不服仲裁决定，在 15 天的有效诉讼时间内诉至本院，因此本院对此案有管辖权。2006 年 6 月 30 日，因为原告不同意续约，原被告协商一致，终止劳动合同关系的行为有效。原告自 2006 年 6 月 30 日起到 2006 年 9 月 1 日在被告同意后享受补休换休及年休，因其未接受用人单位的劳动管理，提供职业性的劳动，依法不享有获取报酬的权利，故认定原告主张的事实劳动关系不成立，其主张被告应当支付相应的年度奖金，本院不予支持。对于原告主张的工资标准应该根据其与被告约定的"基薪＋季度绩效薪金＋年度奖励薪酬"的职工报酬结构予以计算，从我国劳动法律法规对于书面劳动合同规定的本意来看，法律认可的"工资标准"系档案工资，而非原告的实际职务工资，而且年度奖励薪酬系属公司内部管理事务，法院无权介入，故对原告此项请求亦不予支持。

◤ 观点评析 ◢

原告以被告同意其自 2006 年 6 月 30 日起到 2006 年 9 月 1 日享受补休换休及年休为依据，请求认定其与用人单位存在事实劳动关系是站不住脚的。事实劳动关系的关键点是要有劳动，劳动者有为用人单位工作的行为。本案原告既未从事用人单位安排的有报酬的职业性的劳动，又没有接受用人单位的劳动管理，更没有提供作为用人单位业务组成部分的劳动。其合同期限届满后休假的根据是以前的劳动合同，是其与用人单位对以前劳动合同的一种清算，不是劳动法意义上的劳动。因此，合同期限届满后的休假不构成事实劳动关系。

相关知识链接

一、相关法律法规

1. 《劳动部办公厅关于终止劳动合同支付经济补偿金有关问题的复函》（劳办发〔1996〕243号）：

（1）关于"生活补助费"与"经济补偿金"的含义问题。"国有企业职工在终止劳动合同时，企业发给的生活补助费是依据目前仍然有效的《国营企业实行劳动合同制暂行规定》（国发〔1986〕77号）中的有关规定作出的；而'经济补偿金'是指在劳动合同解除时，企业按照《劳动法》及其配套规章《违反和解除劳动合同的经济补偿办法》（劳部发〔1994〕481号）的规定支付职工一定数额的补偿金。二者不是同一概念。"

（2）关于"标准工资"的含义问题。"'标准工资'是指企业与劳动者在劳动合同中约定的劳动者所在岗位（职务）相对应的工资标准。"

（3）关于生活补助费的支付标准问题。"下岗人员终止劳动合同，其生活补助费的支付标准也应按照《国营企业实行劳动合同制暂行规定》中第二十三条的规定执行，即'企业应当按照其在本企业工作年限，每满一年发给相当于本人标准工资一个月的生活补助费；但是，最多不超过12个月的本人标准工资'。"

2. 《关于贯彻执行〈中华人民共和国劳动法〉若干问题的意见》（劳部发〔1995〕309号）第17条："用人单位与劳动者之间形成了事实劳动关系，而用人单位故意拖延不订立劳动合同，劳动行政部门应予以纠正。用人单位因此给劳动者造成损害的，应按劳动部《违反〈劳动法〉有关劳动合同规定的赔偿办法》（劳部发〔1995〕223号）的规定进行赔偿。"

3. 《工伤保险条例》第61条："本条例所称职工，是指与用人单位存在劳动关系（包括事实劳动关系）的各种用工形式、各种用工期限的劳动者。本条例所称工资总额，是指用人单位直接支付给本单位全部职工的劳动报酬总额。本条例所称本人工资，是指工伤职工因工作遭受事故伤害或者患职业病前12个月平均月缴费工资。本人工资高于统筹地区职工平均工资300%的，按照统筹地区职工平均工资的300%计算；本人工资低于统筹地区职工平均工

60%的，按照统筹地区职工平均工资的 60% 计算。"

4.《最高人民法院关于审理劳动争议案件适用法律若干问题的解释》（法释〔2001〕14 号）第 16 条第 1 款："劳动合同期满后，劳动者仍在原用人单位工作，原用人单位未表示异议的，视为双方同意以原条件继续履行劳动合同。一方提出终止劳动关系的，人民法院应当支持。"

5.《最高人民法院关于审理劳动争议案件适用法律若干问题的解释》第 13 条："因用人单位作出的开除、除名、辞退、解除劳动合同、减少劳动报酬、计算劳动者工作年限等决定而发生的劳动争议，用人单位负举证责任。"

6.《最高人民法院关于审理劳动争议案件适用法律若干问题的解释》第 19 条："用人单位根据《劳动法》第四条之规定，通过民主程序制定的规章制度，不违反国家法律、行政法规及政策规定，并已向劳动者公示的，可以作为人民法院审理劳动争议案件的依据。"

二、相关理论知识

1. 对于事实劳动关系的认定

事实劳动关系，指的是用人单位招用劳动者后不按规定订立书面劳动合同，或者用人单位与劳动者以前签订过书面劳动合同，但是劳动合同到期后用人单位同意劳动者继续在本单位工作却没有与其及时续订劳动合同，但双方实际履行了劳动法所规定的劳动权利义务而形成的劳动关系。事实劳动关系是劳动争议处理和工伤认定工作中经常被用到的概念，原劳动部《关于贯彻执行〈中华人民共和国劳动法〉若干问题的意见》第 17 条第一次在立法中使用了"事实劳动关系"这一概念，《工伤保险条例》第 18 条、第 61 条规定：劳动关系包括事实劳动关系，进一步明确了事实劳动关系作为劳动关系的存在。《最高人民法院关于审理劳动争议案件适用法律若干问题的解释》（法释〔2001〕14 号）第 16 条规定："劳动合同期满后，劳动者仍在原用人单位工作，原用人单位未表示异议的，视为双方同意以原条件继续履行劳动合同。"表明对于用人单位与劳动者以前签订过劳动合同，劳动合同到期后形成的事实劳动关系，用人单位与劳动者均继续享有原劳动合同约定的权利，并应履行原劳动合同约定的义务。

认定事实劳动关系应把握如下四点：

第一，用人单位和劳动者符合法律、法规规定的主体资格。包括劳动法规定的"在中华人民共和国境内的企业、个体经济组织（以下统称用人单位）"，原劳动部《关于贯彻执行〈中华人民共和国劳动法〉若干问题的意见》第 1 条规定的"一般雇工在七人以下的个体工商户等个体经济组织"，第 2 条规定的"实行劳动合同制度的以及按规定应实行劳动合同制度的国家机关、事业组织、社会团体，实行企业化管理的事业组织"。根据我国劳动法的规定，具体而言，事实劳动者则为：（1）是从年满16周岁开始的。《劳动法》第15条规定，禁止用人单位招用未满十六周岁的未成年人。（2）由本人依法行使。（3）某些工种如井下工作、繁重体力劳动等对未成年劳动者和妇女有所限制。

第二，用人单位依法制定的各项劳动规章制度适用于劳动者，劳动者受用人单位的劳动管理。按照《最高人民法院关于审理劳动争议案件适用法律若干问题的解释》第19条的规定即是指"用人单位根据《劳动法》第四条之规定，通过民主程序制定的规章制度，不违反国家法律、行政法规及政策规定，并已向劳动者公示的，可以作为人民法院审理劳动争议案件的依据"。

第三，从事用人单位安排的有报酬的劳动。劳动法上的劳动关系，是指用人单位向劳动者给付劳动报酬，而由劳动者提供职业性的劳动所形成的法律关系。劳动法律关系的特点表现为：主体双方地位平等，劳动者为单位提供劳动，用人单位必须支付工资报酬。否则就不成其为劳动关系，如果发生纠纷，属于民法调整的范围。

第四，劳动者提供的劳动是用人单位业务的组成部分。即用人单位与劳动者之间是长久的合作关系。

与其他劳动关系相比，事实劳动关系仅仅欠缺了书面合同这一形式要件，并不影响劳动关系的成立。从立法沿革来看，法律上赋予"事实劳动关系"合法地位，更多的是维护劳动者的合法权益，进而维护整个社会的稳定。存在事实劳动关系的劳动者在劳动保障权益受到用人单位侵害时，同签订劳动合同的劳动者一样，可以通过劳动保障监察、劳动争议仲裁、向人民法院起诉等途径，依法维护自身的合法权益。但是司法实践中对于什么是事实劳动关系、事实劳动关系的特征、事实劳动关系有哪些情形缺乏明确的规范，从司法实践的惯例来看，事实劳动关系主要包括以下几种情形：（1）应签而未签劳动合同；（2）以口头协议代替书面劳动合同；（3）以其他合同形式代替劳动合同，即在承包合同、租赁合同、兼并合同其他合同中规定职工的使用、安置和待遇等权利义务条款，作为事实劳动关系存在的依据；（4）劳动合同期满没有终止也没有续签而形成的事实延续的劳动关系；（5）劳动合同构成要件或者相关条款缺乏或者违法，事实上成为无效合同，但是双方依照这一合同规定已经建立劳动关系。

认定用人单位与劳动者存在事实劳动关系主要参照以下凭证：工资支付凭证或记录（职工工资发放花名册）、缴纳各项社会保险费的记录；用人单位向劳动者发放的"工作证"、"服务证"等能够证明身份的证件；劳动者填写的用人单位招工招聘"登记表"、"报名表"等招用记录；考勤记录；其他劳者的证言等。其中，按照《最高人民法院关于审理劳动争议案件适用法律若干问题的解释》第 13 条的规定："因用人单位作出的开除、除名、辞退、解除劳动合同、减少劳动报酬、计算劳动者工作年限等决定而发生的劳动争议，用人单位负举证责任。"即工资支付凭证、社保记录、招工招聘"登记表"、"报名表"、考勤记录是由用人单位负举证责任。举证责任倒置在事实劳动关系中的运用体现了劳动争议案件的特殊性，加强了对劳动者的保护。

2. "标准工资"的含义问题

根据《中华人民共和国劳动部办公厅关于终止劳动合同支付经济补偿金有关问题的复函》的定义，"标准工资"是指企业与劳动者在劳动合同中约定的劳动者所在岗位（职务）相对应的工资标准。问题的关键就在于劳动者所在岗位（职务）相对应的工资标准是指档案工资，还是指劳动者获得的实际岗位工资。这在实践中往往是两个不同的工资标准。根据劳动法律法规要求用人单位必须与劳动者签订劳动合同的本意来看，从便利举证的角度，劳动者所在岗位（职务）相对应的工资标准即是指档案工资更具有合理性。但是实践中约定的基薪＋奖金的工资结构往往容易导致纠纷的产生，本案就是一个典型。

启示及建议 ↘

2008 年 1 月 1 日《劳动合同法》的生效实施，对于公司与员工之间签订劳动合同提出了更加严格的要求。加强劳动合同的风险防范，明确约定公司和员工之间的权利义务，减少公司因为合同约定不明确和员工之间发生不必要的纠纷，对于维护公司形象，凝聚公司和员工之间的感情非常必要。对于公司的每一个员工来说，公司就是员工的家，营造一个充满温馨的工作环境，提高员工的工作积极性，不但能够提升公司的形象，增强公司的凝聚力，更是一个良好的企业文化的重要组成部分。同自己的员工发生劳动纠纷，不但耗费公司的人力、物力、财力，更对公司在员工心目中的形象造成了消极影响，最终影响企业员工对于公司的忠诚度。从本案中，我们至少应该得到如下启示：

1. 为了营造良好的企业文化，公司应该注重对于员工利益的保护，最主要的体现就是依法和员工订立书面劳动合同，并在劳动合同中对劳资双方的权利义务进行明确的约定，尤其是对于劳动纠纷的解决方式更是应该明确。

2. 员工辞职之后，公司应该及时和员工办理离职手续，避免因为手续延误而导致的劳动关系纠纷，虽然本案公司作为被告最终依据《劳动法》对于事实劳动关系的界定获得了胜诉。但是由此带来的人力、物力、财力的损失却是本来可以避免的，尤其是公司因此项诉讼而在公司员工心目中造成的不顾员工利益的印象，对于公司来说是一笔不可预料的无形损失。而且根据《劳动合同法》第50条规定"用人单位应当在解除或者终止劳动合同时出具解除或者终止劳动合同的证明，并在十五日内为劳动者办理档案和社会保险关系转移手续"，如果公司拖延办理员工离职手续已属违法了。因此，公司应该加强对于员工离职手续及其档案工作的管理，避免因管理漏洞产生的法律纠纷给公司带来负面的影响。

3. 对于补休换休及年休等员工福利，公司应该及时安排，在员工明确要求辞职时，应注意避免因此产生的员工主张事实劳动关系进行诉讼的可能性。

4. 公司在与员工签订劳动合同时，应该对工资标准进行明确约定，对于年终奖金的支付条件应该进行明确界定，避免劳动法律法规对于"标准工资"界定的模糊性而产生纠纷。

（案件来源：中建三局二公司法律事务部；整理人：田圣斌，周家富）

七十二、仲裁时效和工亡待遇标准

争议焦点

李×等人申请仲裁是否超过时效。

基本案情

被告李×之子李某于2002年2月17日到原告H公司L电站四号隧洞施工。2002年3月11日凌晨二时左右，李某在四号隧洞给点炮工照瓦斯灯时，被已点燃的土炮炸成重伤，在送往医院抢救的途中死亡。次日，县公安局派出所召集张某（李某之妻）及其本村村干部和L电站的程某、邓某，就民事赔偿问题组织双方在L电站进行调解，达成如下协议：被告H公司赔偿李某死亡补偿费12500元，李×、邹某被抚养人生活费均按每天5元计算，计9000元（其中李×5年，邹某10年，计27000元，由李×三个子女分担，即赔偿9000元），安葬费3500元，运尸费2800元，交通费200元，合计28000元。协议达成后，H公司于当日向张某付清赔偿款。事后被告了解到该赔偿标准明显低于有关法律、法规规定的标准，被告李×、邹某、张某以原告身份于2002年4月26日向县人民法院起诉，要求被告 H 公司再赔偿 44245 元。同年 5 月 20 日，H 公司以劳动争议纠纷"先裁后诉"为由，请求县人民法院裁定驳回李×等三人的起诉。同日，李×、邹某、张某提出撤诉申请，县人民法院裁定准予撤诉。次日，李×等向县劳动局安全监察部门申报工亡认定。2002 年 7 月 30 日，县劳动安全监察部门做出了（2002）F 劳工认字 08 号工亡认定书，认定"2002 年 3 月 11 日事故中受伤害人李某属于工亡"。李×等于 2002 年 8 月 7 日向县劳动争议仲裁委员会申请仲裁，2002 年 9 月 15 日，县劳动争议仲裁委员会做出了 F 劳仲（2002）裁字第 05 号裁决书，认定李某因工死亡后的丧葬补助金 3624 元，死亡补助金 28992 元，供养直系亲属生活补助费 40588 元，其他费用 3150 元（其中运尸费 2800 元、交通补助费 200 元，认定工伤鉴定费 150 元）。扣减 H 公司已支付的 28000 元，实际应支付 48354 元。H 公司于 2002 年 9 月 29 日收到该裁定书后不服，于 2002 年 10 月 11 日向县人民法院起诉。

观点评析

（一）关于仲裁时效。本案争议的工亡待遇纠纷属劳动争议范畴。虽然我国《劳动法》第 82 条规定仲裁申请时效为 60 日，但是因为工亡家属一直在主张权利，其申请劳动部门工亡的做法就是主张权利的最好证明。司法实践中一些人认为类似本案的情况已经丧失仲裁时效的观点，是错误的。实际上，如果不申请劳动部门的工亡鉴定，劳动仲裁委员会又不受理，如果申请工亡，又需要等待好几个月的时间。申请工亡鉴定应当是时效中断的事由。

（二）关于工亡待遇标准，我国《工伤保险条例》第 37 条有明确的规定。但是本案公安派出所的人员调解时，欺负工亡家属不懂法，故意压低赔偿金数额，事后又拖延诉讼，这种做法是不可取的。

相关知识链接

一、相关法律法规

1. 《劳动法》第 73 条第 2 款："劳动者死亡后，其遗属依法享受遗属津贴。劳动者享受社会保险待遇的条件和标准由法律、法规规定。劳动者享受的社会保险金必须按时足额支付。"

2. 《劳动法》第 82 条："提出仲裁要求的一方应当自劳动争议发生之日起六十日内向劳动争议仲裁委员会提出书面申请。仲裁裁决一般应在收到仲裁申请的六十日内作出。对仲裁裁决无异议的，当事人必须履行。"

3. 《劳动法》第 83 条："劳动争议当事人对仲裁裁决不服的，可以自收到仲裁裁决书之日起十五日内向人民法院提起诉讼。一方当事人在法定期限内不起诉又不履行仲裁裁决的，另一方当事人可以申请人民法院强制执行。"

4. 《企业劳动争议处理条例》第23条："当事人应当从知道或者应当知道其权利被侵害之日起六个月内，以书面形式向仲裁委员会申请仲裁。当事人因不可抗力或者有其他正当理由超过前款规定的申请仲裁时效的，仲裁委员会应当受理。"

5. 《最高人民法院关于审理劳动争议案件适用法律若干问题的解释（二）》第13条："当事人能够证明在申请仲裁期间内具有下列情形之一的，人民法院应当认定申请仲裁期间中断：（一）向对方当事人主张权利；（二）向有关部门请求权利救济；（三）对方当事人同意履行义务。申请仲裁期间中断的，从对方当事人明确拒绝履行义务，或者有关部门作出处理决定或明确表示不予处理时起，申请仲裁期间重新计算。"

6. 《劳动争议调解仲裁法》（2008年5月1日起施行）第27条："劳动争议申请仲裁的时效期间为一年。仲裁时效期间从当事人知道或者应当知道其权利被侵害之日起计算。

"前款规定的仲裁时效，因当事人一方向对方当事人主张权利，或者向有关部门请求权利救济，或者对方当事人同意履行义务而中断。从中断时起，仲裁时效期间重新计算。

"因不可抗力或者有其他正当理由，当事人不能在本条第一款规定的仲裁时效期间申请仲裁的，仲裁时效中止。从中止时效的原因消除之日起，仲裁时效期间继续计算。

"劳动关系存续期间因拖欠劳动报酬发生争议的，劳动者申请仲裁不受本条第一款规定的仲裁时效期间的限制；但是，劳动关系终止的，应当自劳动关系终止之日起一年内提出。"

7. 《工伤保险条例》第37条："职工因工死亡，其直系亲属按照下列规定从工伤保险基金领取丧葬补助金、供养亲属抚恤金和一次性工亡补助金：

"（一）丧葬补助金为6个月的统筹地区上年度职工月平均工资；

"（二）供养亲属抚恤金按照职工本人工资的一定比例发给由因工死亡职工生前提供主要生活来源、无劳动能力的亲属。标准为：配偶每月40%，其他亲属每人每月30%，孤寡老人或者孤儿每人每月在上述标准的基础上增加10%。核定的各供养亲属的抚恤金之和不应高于因工死亡职工生前的工资。供养亲属的具体范围由国务院劳动保障行政部门规定；

"（三）一次性工亡补助金标准为48个月至60个月的统筹地区上年度职工月平均工资。具体标准由统筹地区的人民政府根据当地经济、社会发展状况

规定，报省、自治区、直辖市人民政府备案。

"伤残职工在停工留薪期内因工伤导致死亡的，其直系亲属享受本条第一款规定的待遇。

"一级至四级伤残职工在停工留薪期满后死亡的，其直系亲属可以享受本条第一款第（一）项、第（二）项规定的待遇。"

二、相关理论知识

1. 关于仲裁时效问题

《劳动法》第82条与《企业劳动争议处理条例》第23条、最高人民法院的相关司法解释、新的《劳动争议仲裁法》等不一致，究竟应当依据哪一条来确定仲裁时效？笔者认为，应当按照特别法优于普通法，新法优于旧法的原则，依据新的规定来确定仲裁时效。这也符合立法意图。因为《劳动法》是1994年颁布的，很多规定只能是原则性的，如该法就没有规定时效中止或中断的问题。在司法实践中，特别要考虑到时效中断的问题，有效保障当事人的合法权益。

2. 关于工伤工亡待遇标准问题

在司法实践中，工伤工亡和人身损害赔偿常常混淆，一些受害者往往以人身损害赔偿起诉。人身损害赔偿一般按照《民法通则》和交通事故处理办法的相关规定，参照交通事故的赔偿标准。而工伤工亡按照《工伤保险条例》规定的标准。二者比较，后者的赔偿对受害者更为有利。

（1）工伤医疗待遇：包括治疗费用，康复性治疗费用；伤残辅助工具费用；误工损失费用；护理费等。

（2）伤残待遇：经过鉴定劳动能力障碍等级的，按照伤残等级的不同，享受不同的伤残待遇：

①一级至四级的伤残待遇：因工致残被鉴定为一级至四级伤残的，保留劳动关系，退出工作岗位，享受以下待遇：

第一，一次性伤残补助。从工伤保险基金按伤残等级支付一次性伤残补助金，标准为：一级伤残为24个月的本人工资，二级伤残为22个月的本人工资，三级伤残为20个月的本人工资，四级伤残为18个月的本人工资。

第二，伤残津贴。从工伤保险基金按月支付伤残津贴，标准为：一级伤残为本人工资的90%，二级伤残为本人工资的85%，三级伤残为本人工资的80%，四级伤残为本人工资的75%。伤残津贴实际金额低于当地最低工资标准的，由工伤保险基金补足差额。

②五级、六级伤残的待遇：

第一，一次性伤残补助金。从工伤保险基金按伤残等级支付一次性伤残补助金，标准为：五级伤残为 16 个月的本人工资，六级伤残为 14 个月的本人工资。

第二，安排适当工作或伤残津贴。保留与用人单位的劳动关系，由用人单位安排适当工作。难以安排工作的，由用人单位按月发给伤残津贴，标准为：五级伤残为本人工资的 70%，六级伤残为本人工资的 60%，并由用人单位按照规定为其缴纳应缴纳的各项社会保险费。伤残津贴实际金额低于当地最低工资标准的，由用人单位补足差额。

经工伤劳动者提出，可以与用人单位解除或者终止劳动关系，由用人单位支付一次性工伤医疗补助金和伤残就业补助金。具体标准由省、自治区、直辖市人民政府规定。

③七级至十级的伤残待遇：

第一，一次性伤残补助金。从工伤保险基金按伤残等级支付一次性伤残补助金，标准为：七级伤残为 12 个月的本人工资，八级伤残为 10 个月的本人工资，九级伤残为 8 个月的本人工资，十级伤残为 6 个月的本人工资。

第二，一次性工伤医疗补助金和伤残就业补助金。劳动合同期满终止，或者本人提出解除劳动合同的，由用人单位支付一次性工伤医疗补助金和伤残就业补助金。具体标准由省、自治区、直辖市人民政府规定。

（3）工伤复发和再次发生工伤的待遇：包括治疗待遇、伤残辅助工具和护理等待遇。再次发生工伤，根据规定应当享受伤残津贴的，按照新认定的伤残等级享受伤残津贴待遇。

（4）工亡待遇：劳动者因工死亡，其直系亲属按照规定从工伤保险基金领取丧葬补助金、供养亲属抚恤金和一次性工亡补助金：

①丧葬补助金。丧葬补助金为 6 个月的统筹地区上年度职工月平均工资。

②供养亲属抚恤金。供养亲属抚恤金按照职工本人工资的一定比例发给由因工死亡职工生前提供主要生活来源、无劳动能力的亲属。

③一次性工亡补助金。一次性工亡补助金标准为 48 个月至 60 个月的统筹地区上年度职工月平均工资。具体标准由统筹地区的人民政府根据当地经济、社会发展状况规定。

（5）因公外出或者抢险救灾中下落不明的待遇：劳动者被人民法院宣告死亡的，按照因工死亡的规定处理。

另外，《职工基本养老保险个人账户管理暂行办法》第 27 条规定，职工在职期间死亡时，其个人账户储存额可以继承，其继承额为其死亡时个人账户全部储存额中的个人缴费部分本息。《劳动部办公厅对〈关于实行劳动合同制有关问题处理意见的报告〉的复函》规定，职工供养的直系亲属享受的医疗待遇，由省级人民政府有关部门作出规定。对于住房及其他待遇目前还没有明确的具有针对性的规范性文件出台。

3. 劳动者与用人单位已就工伤工亡待遇协商达成赔偿协议，如果劳动者在签订协议书后觉得显失公平，可以在仲裁时效内申请劳动争议仲裁委员会仲裁，劳动争议仲裁委员会可依照《工伤保险条例》规定的标准，审查双方协议的合法性、合理性，依法裁决补足工伤工亡的待遇差额。

（案件来源：湖北省人民检察院；整理人：田圣斌）

七十三、事业单位的劳动争议

争议焦点

双方当事人之间的纠纷是否属于劳动争议纠纷，人民法院是否应当受理。

基本案情

1993 年 2 月，申诉人刘某经人事局同意由该市高级中学调入市工商银行工作，工资待遇与其他工作人员大致相同，但双方一直未签订劳动合同。1997 年 3 月，被申诉人以申诉人系由自行招工未经省分行批准进入为由，将申诉人定为表外用工人员，确定其月工资为 350 元。此后，申诉人一直按此标准领工资，并就用工性质及待遇问题多次与被申诉人协商。2001 年 2 月 1 日，申诉人向被申诉人提出辞职，被申诉人同意后，按表外用工标准，给予一次性经济补偿 14245 元。刘某领取一次性补偿后，次日以要求被申诉人自 1997 年起，按同档次省编人员的工资标准补发 14400 元工资和 53100 元经济补偿费为由，向市劳动仲裁委员会申请仲裁。2002 年 1 月 8 日，市劳动争议仲裁委员会作出劳仲裁字（2002）第 001 号仲裁裁决书，认为刘某补发工资和经济补偿费的主张已超过了仲裁时效，难以支持。刘某起诉至法院。

2002 年 6 月 7 日，市人民法院（注：基层法院）做出了（2002）C 民初字第 162 号民事判决书，驳回原告刘某的诉讼请求。

刘某不服，提起上诉。中级人民法院经审理，于 2002 年 11 月 28 日做出（2002）X 民终字第 162 号民事裁定书。该裁定认为，C 市工行在中国工商银行转为国有商业银行的转制过程中，为贯彻执行上级银行制定的企业改革制度，对本单位职工的用工种类实行了新的工资执行标准，造成本单位不同种类的职工工资福利的档次差异，这是中国工商银行系统在制度改革和劳动用工制度改革中出现的特殊现象，不是履行劳动合同问题，由此引起的纠纷，刘某应当向有关部门申请解决，本案不属于劳动争议案件，不属于人民法院受理范围，裁定：一、撤销 C 市人民法院（2002）C 民初字第 162 号民事判决；二、驳回刘某的起诉。

刘某不服，申请再审。中级人民法院驳回申诉。后刘某向人民检察院申诉。

观点评析

（一）关于劳动关系问题。1993 年 2 月，申诉人刘某经人事局同意由该市高级中学调入市工行工作，但一直未签订劳动合同，双方已形成事实劳动关系，对此申诉人已举出相关证据证明，原法院也予以认定并记录在卷。

（二）省工行的内部文件不是行政法规，且与我国《劳动法》的规定有明显抵触，不具有合法性，不能作为定案依据。我国《劳动法》第 17 条规定："订立和变更劳动合同，应当遵循平等自愿、协商一致的原则，不得违反法律、行政法规的规定。……"；该法第 46 条规定："工资分配应当遵循按劳分配原则，实行同工同酬。……"而省工行 1996 年下发的《中国工商银行湖北省分行人员分流暂行规定》及《清理表外用工的几点意见》，与上述法律规定相抵触，不具有合法性，法院不应予以采信。

因此，本案属于劳动争议纠纷，法院应当受理。

相关知识链接
一、相关法律法规

1.《劳动法》第 2 条第 1 款："在中华人民共和国境内的企业、个体经济组织（以下统称用人单位）和与之形成劳动关系的劳动者，适用本法。"

2.《最高人民法院关于审理劳动争议案件适用法律若干问题的解释》（法释〔2001〕14 号）第 1 条："劳动者与用人单位之间发生的下列纠纷，属于《中华人民共和国劳动法》第二条规定的劳动争议，当事人不服劳动争议仲裁委员会作出的仲裁，依法向人民法院起诉的，人民法院应当受理：（一）劳动者与用人单位在履行劳动合同过程中发生的纠纷；（二）劳动者与用人单位之间没有订立书面劳动合同，但已形成劳动关系后发生的纠纷；（三）劳动者退休后，与尚未参加社会保险统筹的原用人单位因追索养老金、医疗费、工伤保险待遇和其他社会保险费而发生的纠纷。"

3. 《最高人民法院关于审理劳动争议案件适用法律若干问题的解释》（法释〔2001〕14 号）第 13 条："因用人单位作出的开除、除名、辞退、解除劳动合同、减少劳动报酬、计算劳动者工作年限等决定而发生的劳动争议，用人单位负举证责任。"

二、相关理论知识

对于用人单位与劳动者之间因确认劳动关系，订立、履行、变更、解除和终止劳动合同，因除名、辞退和辞职、离职，因工作时间、休息休假、社会保险、福利、培训以及劳动保护，因劳动报酬、工伤医疗费、经济补偿或者赔偿金等发生的争议，属于劳动争议。

劳动争议当事人，可以采取以下四种方式和程序解决其争议：

1. 协商解决。劳动争议发生后，当事人就争议事项进行商量，使双方消除矛盾，找出解决争议的方法。

2. 企业调解。劳动争议发生后，当事人可以向本单位劳动争议调解委员会申请调解，企业调解达成协议的，制作调解书，双方当事人应自觉履行（该协议不具有法律约束力）；如果自劳动争议调解组织收到调解申请之日起 15 日内未达成调解协议的，当事人可以依法申请仲裁；另外，当事人不愿调解或调解达成协议后反悔的，也可直接向劳动争议仲裁委员会申请仲裁。

3. 劳动仲裁。劳动争议由劳动合同履行地或者用人单位所在地的劳动争议仲裁委员会管辖。双方当事人分别向劳动合同履行地和用人单位所在地的劳动争议仲裁委员会申请仲裁的，由劳动合同履行地的劳动争议仲裁委员会管辖。

4. 法院判决。当事人不服劳动争议仲裁委员会裁决向人民法院起诉的，法院将按照民事诉讼法的有关程序进行。

（案件来源：湖北省人民检察院；整理人：田圣斌）

七十四、应否缴纳社会保险

争议焦点

Y 环卫所是否要为李某补缴养老保险金和支付经济补偿金。

基本案情

李某于 1995 年 10 月到 Y 环卫所从事清运垃圾工作，系农民工，双方未签订劳动合同，辞职前月工资为 520 元。2003 年春节期间，李某加班三天，环卫所支付李某加班工资人民币 60 元。2003 年 2 月 9 日，李某向环卫所递交辞职书，载明："Y 环卫所因对临时工工资待遇不平等，本人带家小无法生活的情况下，特申请单位领导审批辞工，请尽快办理为盼。"环卫所法定代表人李某于当月 12 日批示：同意辞工，请财务给予结算工资和加班工资。李某以工作待遇低，环卫所未依法为其办理社会保险，延长劳动时间，增大劳动强度，不给加班工资，法定节假日加班工资未按法律规定支付等为由，申请区劳动争议仲裁委员会仲裁。该委认为申诉人要求补发参加工作以来到 2003 年 1 月与固定工的工资差额部分没有法律依据，并且已经超过法律规定的时效；要求支付参加工作以来的加班费证据不足，于 2003 年 3 月 25 日以劳仲裁（2003）第 2 号仲裁裁决书裁决："Y 环卫所支付李某加班工资 163.70 元；环卫所为李某缴纳养老保险金，时间为 2002 年 5 月至 2003 年 2 月；双方当事人的劳动关系从本裁决书生效之日起终止；驳回李某其他诉讼请求。"

李某不服该裁决，于 2003 年 4 月 10 日向区人民法院起诉。2003 年 6 月 25 日，区人民法院做出（2003）民初字第 871 号民事判决：一、原告李某与被告 Y 环卫所劳动关系于 2003 年 2 月解除。二、Y 环卫所于本判决生效之日起十日内一次性支付所欠原告李某加班费人民币 163.70 元。三、Y 环卫所于本判决生效之日起三十日内，按社会保险经办机构的规定为原告李某办理 1998 年 7 月至 2003 年 2 月期间的社会养老保险手续。四、驳回原告李某的其他诉讼请求。

原、被告均不服，提出上诉。中级人民法院做出（2003）W 民终字第 1354 号民事判决书：一、维持区人民法院（2003）民初字第 871 号民事判决第二、四项；二、撤销区人民法院（2003）民初字第 871 号民事判决第一项；三、变更区人民法院（2003）民初字第 871 号民事判决第三项为 Y 环卫所于本判决生效之日起三十日内按社会保险经办机构的规定为李某办理 1998 年 10 月至 2003 年 2 月期间的社会养老保险手续，并按社会保险经办机构的规定为李某缴纳其应当缴纳的社保费用。李某不服向人民检察院申诉。

观点评析

（一）区法院认为，原告于 1995 年 10 月到被告处工作，双方未签订劳动合同，但事实上的劳动关系存在。原告于 2003 年春节期间加班三天属实，被

告根据劳社部发（2000）8 号文《关于职工月平均工作时间和工资折算问题的通知》之规定，月平均劳动天数 20.92 天，原告每天工资为 24.86 元，原告春节期间每天的加班费应为 74.58 元，扣除已支付的 60 元，被告应支付原告春节期间加班费 163.70 元。原告要求被告补办养老保险符合有关法律规定，被告应为原告办理自 1998 年 7 月至 2003 年 2 月期间的社会养老保险手续。原告要求被告支付 8 年间各类加班费、补足 8 年间与固定工的工资差额缺乏依据，且已超过了法定的诉讼时效，对此本院不予支持。对于原告要求被告办理失业保险及其他保险缺乏法律依据，本院不予支持。关于原告要求被告按规定支付原告经济损失赔偿金的请求，根据我国《劳动法》第 24 条的规定，经劳动合同当事人协商一致，劳动合同可以解除。劳部发（1996）354 号《关于实行劳动合同制度若干问题的通知》第 20 条规定，劳动者主动提出解除劳动合同的，用人单位可以不支付经济补偿金。故对原告的这一诉讼请求，本院不予支持。

（二）中级人民法院认为，李某要求补办失业保险的上诉请求，根据国务院第 258 号文《失业保险条例》和《省失业保险实施办法》关于单位已履行交费义务、非本人意愿中断就业的，才能享受失业保险待遇的规定，本案属于因本人意愿中断就业，不应予以支持。关于李某上诉主张补办医疗保险的请求，因其在原审中未主张，二审增加此请求，依照《最高人民法院关于适用〈中华人民共和国民事诉讼法〉若干问题的意见》第 184 条规定，其应另案起诉。李某的其他诉讼请求，在二审中无新的证据证实，且原审认定事实清楚，适用法律正确，判决并无不当，故应当予以维持。上诉人 Y 环卫所上诉主张改判养老保险的起始时间，因其与李某的事实劳动关系具有企业用工性质，故李某应享受企业职工的福利待遇。根据《市城镇企业职工基本养老保险暂行办法》的规定，原审判决起始时间正确，应当予以支持。但原审判决 Y 环卫所只为李某办理养老保险手续，不为其按规定缴纳应缴纳的保险费欠妥，应予以改判。另外，原审认定李某与 Y 环卫所已经解除劳动合同关系，其判决适用法律不当，应予以纠正。

（三）人民检察院认为，中级人民法院（2003）W 民终字第 1354 号民事判决适用法律不当，判决不公，应予以改判。理由：第一，本案申诉人李某属于养老保险对象范围；第二，被申诉人应当根据申诉人的意愿，补缴自申诉人在 Y 环卫所工作之日即 1995 年 10 月以来的养老保险金，并按照劳社办〔2002〕29 号文件要求，为其办理保险接续手续。

相关知识链接

一、相关法律法规

1.《劳动法》第 72 条："……用人单位和劳动者必须依法参加社会保险，缴纳社会保险费。"

2.《国务院〈全民所有制企业招用农民合同制工人的规定〉》（国务院 1991 年 7 月 25 日国务院令第 87 号）第 25 条："企业招用农民工，实行养老保险制度。"

3.《湖北省深化企业职工养老保险制度改革实施方案》（鄂政发〔1995〕111 号）规定："凡属本省境内的企业、个体经济组织和与之形成劳动关系的劳动者都应参加社会养老保险。"

4. 湖北省劳动争议仲裁委员会《关于劳动争议处理中几个疑难问题的复函》指出："这里的劳动者包括原固定工、合同制职工、集体职工、季节工及一个月以上的临时工。如何确定上述人员补缴其养老保险金的起始时间问题，在我国尚未明确规定之前，暂按如下办法处理：即裁决用人单位和劳动社会统筹之日起补缴基本养老保险金；对于在当地实行社会统筹之日补缴基本养老保险金；在当地实行统筹之后参加工作的，则自参加工作之日起补缴基本养老金；对于在当地实行社会统筹之前即已参加工作的职工，若其实行社会统筹之前的参加工作年限不能视为缴费年限，应自职工参加本单位工作之日起补缴基本养老保险金。若其上述人员属农业户口，用人单位又未参加养老保险统筹，暂可以比照鄂政发〔1995〕111 号文件的有关规定办理：即按该职工在本单位的工作年限每满 1 年由用人单位发给职工相当于两个月当地职工平均工资的养老补偿金，一次性付清。"

5. 湖北省《关于职工与用人单位解除或终止劳动合同后社会保险关系连续有关问题的通知》（鄂劳社办〔2002〕29 号）规定："用人单位与职工解除或终止劳动合同时，应清算和补缴各种社会保险费，并将这部分职工名册报送社会保险经办机构。社会保险经办保险机构分险种制作一式三份的接续社会保险关系通知单……企业给职工发放了通知单后，方能办理与职工解除或终止劳动合同的手续。"

二、相关理论知识

长期以来，我国社会保险制度的实施与管理，基本上是由企业承担的，社会保险变成了"企业负担"，实际上是强制企业承担政府的职责。这种"政企不分"、本末倒置的做法，大大加重了企业的负担，压抑了企业的活力。为了解脱企业不应有的社会负担，政府必须转变职能，强化服务，按照社会分工的要求，把本属于政府职责的社会保险管理工作承担起来，以解决企业办社会的

问题，真正为企业转换经营机制创造外部条件。

我国现行的社会保险管理体制是在特定的历史条件下形成的，存在严重的多头管理、政出多门、互相掣肘的弊病。根据社会主义经济体制改革的基本要求和社会保险制度发展的基本规律，社会保险管理体制改革应把各类法定的社会保险项目统一管理起来，建立起政策统一、险种协调、基金统筹运作的社会化管理体制。政策统一，就是要在社会保险的目标、水平、覆盖面、基金征集及运作、保险费发放等各个方面和各个环节，做到由同一机构制定、发布政策，监督完善政策；基本险种协调，就是要在建立不同险种的同时，做好各险种规划、政策、管理和运作等方面的协调工作，防止不同险种之间发生相互冲突的情况；基金统筹运作，就是要在尽可能宽的范围内统一筹集和运作保险基金，做到增进保值增值，调剂丰欠余缺，实现风险互补。

（案件来源：湖北省人民检察院；整理人：田圣斌、周家富）

七十五、社会保险的缴纳年限

◤ 争议焦点 ◥

玲、英等 5 人社会保险费缴纳年限的认定。

◤ 基本案情 ◥

玲、英、莲、芝、陈分别于 1993 年 2 月、1993 年 1 月、1999 年 2 月、2000 年 3 月、2000 年 3 月经人介绍进入原 H 厂劳动服务公司从事配料工作（给锅炉上焦炭），按吨数发放工资，双方未签订劳动合同。1999 年 H 厂成立了 D 实业有限公司，该厂劳动服务公司直接划入该公司管理，公司具有独立法人资格。五人在 H 厂工作期间，该单位未为其缴纳社会保险金。2005 年 4 月 8 日，玲、陈、芝、莲四人下班时，将厂里废旧金属带出厂，被保安发现后，公司将四人清退，并扣发四人 2005 年 3 月、4 月全额工资。2005 年 7 月，五人离岗后要求 D 公司为其补缴社保金及支付工资、经济补偿，申请劳动仲裁，劳动争议仲裁委员会裁决 D 公司分别为五人补缴养老保险金，并补发扣发的 2005 年 3 月、4 月工资。

D 公司不服，向县人民法院提起诉讼。

经审理，县人民法院作出民事判决，认定：玲、英、莲、芝、陈与D公司尽管未签订书面劳动合同，但双方业已形成事实上的劳动关系，故玲、英、莲、芝、陈依法享有社会保险的权利。遂判决：1. D实业有限公司分别为玲从1996年1月、英从1996年1月、莲从1999年2月、芝从2000年3月、陈从2000年3月起至2005年4月补缴养老保险金（具体数额由县社保经办机构核定为准，其中个人应缴部分由被告本人缴纳）。2. D实业有限公司分别为玲、英从1999年1月，莲从1999年2月，芝、陈从2000年3月起至2005年4月补缴失业保险金（具体数额由县社会保险经办机构核定为准，其中个人应缴部分由被告本人缴纳）。

D公司不服上诉。中级人民法院作出终审判决，认定：五被上诉人在工作期间虽然未与用人单位签订书面劳动合同，但双方已形成了事实上的劳动关系，故五被上诉人依法享有社会保险的权利，D公司有依法为五被上诉人缴纳社会保险的义务。作为劳动者的五被上诉人请求用人单位即上诉人D公司补缴社会保险费，应当从劳动者要求用人单位为其缴纳社会保险费之日起算；但从劳动者知道或应当知道用人单位没有为其缴纳保险费之日起最长不能超过二年。五被上诉人自己没有缴纳社会保险费，其用人单位即上诉人D公司也没有为其缴纳社会保险费，五被上诉人一直未主张自己的权利，直至与其解除劳动关系时才主张自己的权利，故其二年之前部分的诉讼请求早已超过诉讼时效，依法只能保护其最后二年的诉讼请求。遂判决：1. 撤销县人民法院民事判决。2. 上诉人D公司补缴玲、英、莲、芝、陈自2003年5月起至2005年4月止的养老保险金和失业保险金（具体数额由县社保经办机构核定为准，其中个人应缴部分由其本人缴纳），于本判决生效之日起一个月内履行完毕，逾期履行的，按相关的法律规定执行。3. 驳回五被上诉人的其他诉讼请求。

观点评析

本案主要涉及社会保险费的有关问题。社会保险费的缴纳是用人单位在劳动关系存续期间为劳动者办理社会保险的法定义务。社会保险费的缴纳不因当事人是否主张得以减免，不受诉讼时效限制。

对于社会保险费的缴纳，《劳动法》第72条规定了用人单位和劳动者必须依法参加社会保险，缴纳社会保险费。同时，国务院令第259号《社会保险费征缴暂行条例》第12条规定了社会保险费不得减免。第13条规定：缴费单位未按规定代扣代缴社会保险费的，由劳动保障行政部门或者税务机关责令限期缴纳；逾期仍不缴纳的，除补缴欠缴数额外，从欠缴之日起按日加收0.2%的滞纳金。根据上述法律规定，社会保险费的缴纳不仅是用人单位的法定义务而且具有强制性，不因劳动者是否主张而得以减免。因此，社会保险费的缴纳不因当事人放弃或诉讼时效产生变化。

法院判决将劳动争议的仲裁时效期间等同于用人单位应为劳动者缴纳社会保险费的年限确有错误，两者是完全不同的概念。

判决认定 D 公司为玲、英、莲、芝、陈缴纳 2003 年 5 月至 2005 年 4 月期间的社会保险费。"劳动争议发生之日"是针对仲裁时效所作出的，不能等同于用人单位为劳动者缴纳社会保险费的年限。而仲裁时效与用人单位为劳动者缴纳社会保险费的期限是两个不同的概念，前者决定当事人的胜诉权；后者则是劳动者权益的实体权利。

相关知识链接 ↘

一、相关法律法规

1. 《劳动法》第 72 条："……用人单位和劳动者必须依法参加社会保险，缴纳社会保险费。"

2. 国务院令第 259 号《社会保险费征缴暂行条例》第 12 条："社会保险费不得减免。"

3. 《社会保险费征缴暂行条例》第 13 条："缴费单位未按规定代扣代缴社会保险费的，由劳动保障行政部门或者税务机关责令限期缴纳；逾期仍不缴纳的，除补缴欠缴数额外，从欠缴之日起按日加收 0.2% 的滞纳金。"

二、相关理论知识

社会保险是指国家通过立法强制实行的，由劳动者、企业（雇主）或社区、以及国家三方共同筹资，建立保险基金，对劳动者因年老、工伤、疾病、生育、残废、失业、死亡等原因丧失劳动能力或暂时失去工作时，给予劳动者本人或供养直系亲属物质帮助的一种社会保障制度。它具有保障劳动者基本生活、维护社会安定和促进经济发展的作用。社会保险包括养老保险、医疗保险、失业保险、工伤保险和生育保险五个项目。

1. 养老保险：社会统筹与个人账户相结合的基本养老保险制度是我国在世界上首创的一种新型的基本养老保险制度。这个制度在基本养老保险基金的筹集上采用传统型的基本养老保险费用的筹集模式，即由国家、单位和个人共同负担；基本养老保险基金实行社会互济；在基本养老金的计发上采用结构式的计发办法，强调个人账户养老金的激励因素和劳动贡献差别。因此，该制度既吸收了传统型的养老保险制度的优点，又借鉴了个人账户模式的长处；既体现了传统意义上的社会保险的社会互济、分散风险、保障性强的特点，又强调了职工的自我保障意识和激励机制。随着该制度在中国实践中的不断完善，必将对世界养老保险发展史产生深远的影响。

2. 医疗保险：医疗保险就是当人们生病或受到伤害后，由国家或社会给予的一种物质帮助，即提供医疗服务或经济补偿的一种社会保障制度。它是国家社会保障制度的重要组成部分，也是社会保险的重要项目之一。医疗保险具有社会保险的强制性、互济性、社会性等基本特征。医疗保险制度通常由国家立法，强制实施，建立基金制度，费用由用人单位和个人共同缴纳，医疗保险费由医疗保险机构支付，以解决劳动者因患病或受伤害带来的医疗风险。

3. 失业保险：失业保险是指国家通过立法强制实行的，由社会集中建立基金，对因失业而暂时中断生活来源的劳动者提供物质帮助的制度。失业保险具有如下几个主要特点：一是普遍性。它主要是为了保障有工资收入的劳动者失业后的基本生活而建立的，其覆盖范围包括劳动力队伍中的大部分成员。因此，在确定适用范围时，参保单位应不分部门和行业，不分所有制性质，其职工应不分用工形式，不分家居城镇、农村，解除或终止劳动关系后，只要本人符合条件，都有享受失业保险待遇的权利。二是强制性。它是通过国家制定法律、法规来强制实施的。按照规定，在失业保险制度覆盖范围内的单位及其职工必须参加失业保险并履行缴费义务。根据有关规定，不履行缴费义务的单位和个人都应当承担相应的法律责任。三是互济性。失业保险基金主要来源于社会筹集，由单位、个人和国家三方共同负担，缴费比例、缴费方式相对稳定，筹集的失业保险费，不分来源渠道，不分缴费单位的性质，全部并入失业保险基金，在统筹地区内统一调度使用以发挥互济功能。

4. 工伤保险：工伤保险是指国家和社会为在生产、工作中遭受事故伤害和患职业性疾病的劳动者及亲属提供医疗救治、生活保障、经济补偿、医疗和职业康复等物质帮助的一种社会保障制度。工伤即职业伤害所造成的直接后果是伤害到职工生命健康，并由此造成职工及家庭成员的精神痛苦和经济损失。在劳动过程中，用人单位除支付劳动者工资待遇外，如果不幸发生了事故，造成劳动者的伤残、死亡或患职业病，劳动者具有享受工伤保险的权利。

5. 生育保险：生育保险是通过国家立法规定，在劳动者因生育子女而导致劳动力暂时中断时，由国家和社会及时给予物质帮助的一项社会保险制度。

我国生育保险待遇主要包括两项。一是生育津贴，用于保障女职工产假期间的基本生活需要；二是生育医疗待遇，用于保障女职工怀孕、分娩期间以及职工实施节育手术时的基本医疗保健需要。

（案件来源：湖北省人民检察院；整理人：田圣斌）

七十六、社会保险费用的办理及缴纳

争议焦点

区文化馆是否有义务为孙某办理基本养老、失业和基本医疗保险。

基本案情

1991年9月孙某经A市区劳动局办理调动手续，由区棉纺厂调入原区文化局下属的区文化馆工作。1994年7月孙某经局领导安排在局下属的艺术装饰公司工作。1998年装饰公司解散后，孙某一直未能上班。在此期间，孙某曾多次找局领导要求重新安排工作，同时还向区政府信访办反映情况，但均未得到合理答复及妥善安置。2002年7月，区文化馆开始为孙某发放基本生活费每月150元，后涨为每月200元。2004年5月24日，孙某再次向区文化馆申请安排工作，该馆答复："因文化局经费困难，岗位有限，目前暂不能安排工作，等待事业单位机构改革以后，按政策酌情安排。"2004年7月14日，孙某向区人事争议仲裁委员会提交仲裁申请书，人事争议仲裁委员会以申诉日期超过法定期限为由决定不予受理。为此，孙某向法院起诉，要求确认与文化馆之间的用工关系；判令按同工龄、同岗位员工标准核定工资、补发1998年3月1日至2004年7月27日期间所欠的工资和加发所欠工资25%的经济补偿；依据政府和文化系统的规定，为其缴纳养老、失业、医疗保险，独生子女费，住房公积金及住房补贴等待遇。

2004年11月，区人民法院审理认为，原告孙某以其是财政全额拨款的被告单位在编人员为由向本院起诉，要求按此享受各项待遇，而在庭审举证、质证中，原告未提供任何证据证明其属于财政拨款的在编人员，且被告对原告主张的事实予以否认，但承认原告系本单位职工并每月发放基本生活费。因此本案涉及原告身份关系问题，而界定其身份关系属于人事争议，不是民事法律关系，亦不属于民法调整范围，原告可寻求其他途径解决。按照《最高人民法院关于民事诉讼证据的若干规定》第2条第1款、第2款之规定，判决：驳回孙某的诉讼请求。

孙某不服上诉。2005 年 4 月 13 日，中级人民法院终审判决：驳回上诉，维持原判。后孙某向人民检察院申诉。

观点评析

（一）孙某与区文化馆之间存在劳动关系。孙某属于该市区文化馆的正式职工，区文化局、区文化馆对此予以承认。

（二）法院判决以"区文化系统均没有为职工办理养老、失业、医疗保险的统筹手续"为由，驳回孙某要求区文化局、区文化馆为其补缴社会保险费和办理相关手续的诉讼请求，明显缺乏法律依据。根据《劳动法》第 73 条以及国务院《社会保险费征缴暂行条例》第 3 条第 1 款、第 2 款、第 3 款及第 4 条第 1 款的规定，区文化馆有义务为孙某办理基本养老、失业和基本医疗保险。

相关知识链接

一、相关法律法规

1. 《劳动法》第 72 条："社会保险基金按照保险类型确定资金来源，逐步实行社会统筹。用人单位和劳动者必须依法参加社会保险，缴纳社会保险费。"

2. 《劳动法》第 73 条："劳动者在下列情形下，依法享受社会保险待遇：

"（一）退休；（二）患病、负伤；（三）因工伤残或者患职业病；（四）失业；（五）生育。

"劳动者死亡后，其遗属依法享受遗属津贴。

"劳动者享受社会保险待遇的条件和标准由法律、法规规定。

"劳动者享受的社会保险金必须按时足额支付。"

3. 国务院《社会保险费征缴暂行条例》第 3 条："基本养老保险费的征缴范围：国有企业、城镇集体企业、外商投资企业、城镇私营企业和其他城镇企业及其职工，实行企业化管理的事业单位及其职工。

"基本医疗保险费的征缴范围：国有企业、城镇集体企业、外商投资企业、城镇私营企业和其他城镇企业及其职工，国家机关及其工作人员，事业单位及其职工，民办非企业单位及其职工，社会团体及其专职人员。

"失业保险费的征缴范围：国有企业、城镇集体企业、外商投资企业、城镇私营企业和其他城镇企业及其职工，事业单位及其职工。

"省、自治区、直辖市人民政府根据当地实际情况，可以规定将城镇个体工商户纳入基本养老保险、基本医疗保险的范围，并可以规定将社会团体及其

专职人员、民办非企业单位及其职工以及有雇工的城镇个体工商户及其雇工纳入失业保险的范围。

"社会保险费的费基、费率依照有关法律、行政法规和国务院的规定执行。"

4. 国务院《社会保险费征缴暂行条例》第 4 条："缴费单位、缴费个人应当按时足额缴纳社会保险费。"

二、相关理论知识

劳动保障是指劳动者因为各种原因不能继续从事劳动或暂时中断劳动，从国家和社会获得物质帮助的一种社会保障制度。许多国家称之为社会保险。在中国，根据劳动保险制度规定，职工在发生老、病、伤残、生育、死亡等情况下，可以按照一定的条件和标准，享受以下待遇：

1. 职工退休待遇，国家和社会为年老不能劳动和丧失劳动能力的职工提供的生活保障，主要是退休金；

2. 职工退职待遇，国家和社会为因病和非因工（公）伤残完全丧失劳动能力而不具备退休条件的职工提供的生活保障，对退职职工按规定发给生活费；

3. 职工公费医疗，国家为了保护职工身体健康对职工病伤时给予的免费医疗；

4. 职工因工伤残待遇，职工因执行工作任务或其他公务而负伤时，所需的一切医疗费用由本人所在工作单位支付；

5. 职工病假待遇，国家机关工作人员、企事业单位职工因病停止工作期间，由国家或企业给予物质帮助以减轻他们的生活困难等。

（案件来源：湖北省人民检察院；整理人：田圣斌，姜艳丽）

七十七、劳动合同的解除

争议焦点

市公共汽车公司是否有权解除张某的劳动合同，其解除行为是否有效。

基本案情

张某原系市公共汽车公司正式职工，国营企业实行全员劳动合同制后，

1995 年 12 月 20 日，张某与该公司签订长期劳动合同一份。2000 年 1 月 14 日，张某书面向公司申请，要求补休假 90 天，经公司审核后，同意补休假 56 天，假期从 2000 年 2 月 15 日至同年 4 月 10 日止。同年 4 月 10 日，张某向公司递交了一张医院出具的"休息治疗半月"的病休证明单，病休期间，张某因故到外地，遂委托其妻向该公司请事假一周，时间为 2000 年 4 月 22 日至 4 月 28 日。该请假条经其所在车队领导批准后，未经该公司劳动人事部门办理审批手续，该公司认定张某 2000 年 4 月 24 日起至 5 月 10 日止，连续旷工 10 天（扣除 7 天法定节假日）。张某对其旷工 10 天的事实也认可。

2000 年 4 月 30 日，市公共汽车公司以张某连续旷工 10 天为由，对其作出辞退处理决定。张某不服，于 2000 年 10 月 12 日向市劳动争议仲裁委员会申请劳动仲裁，仲裁委员会以申请已过法定时效为由，决定不予受理。2000 年 10 月 22 日，张某向所在地的区人民法院提起诉讼，要求撤销该公司对其作出的辞退处理决定，补发辞退后的工资及赔偿精神损失赔偿。2000 年 12 月 22 日，区人民法院认为，该公司作为用人单位，其员工违反了规章制度后，应先对原告进行批评教育或行政处分。径直对原告作出辞退处理决定，违反了《国营企业辞退违纪职工暂行规定》第 2 条和《企业职工奖惩条例》之规定，判决：一、撤销市公共汽车公司对张某作出的辞退处理决定；二、市公共汽车公司补发张某 2000 年 6 月至 12 月的基本工资。

2001 年 1 月 10 日，市公共汽车公司仍以同一事实，解除与张某所签的劳动合同。张某不服，于 2001 年 3 月 5 日再次向市劳动争议仲裁委员会申请劳动仲裁，仲裁委员会裁决认为：张某违反公司制定的有关事假管理的规章制度，在所请事假未获得有效批准及未请假的情况下，连续旷工 10 天，公交公司对其予以解除劳动合同，符合法律规定和劳动合同相关约定，本委予以支持，张某要求撤销公司做出的解除劳动合同决定，本委不予支持。张某不服，于 2001 年 5 月 25 日向区人民法院提起诉讼，要求：1. 撤销解除劳动合同的决定；2. 被告支付其 2000 年 6 月至 2001 年 4 月工资，历年的加班费，用于申诉的交通费及经济补偿金；'3. 重新议定劳动关系。

经审理，区法院一审认为：原告理应守约并严格遵守被告单位的劳动纪律和规章制度，原告在所请事假未获有效批准的情况下，连续旷工 10 天，严重违反劳动纪律，被告据此与原告解除劳动合同关系符合法律规定和合同相关约定。原告要求被告补偿和赔偿 1991 年至 1999 年期间的加班

工资，因其已超过法定诉讼时效，不予保护。依照我国《劳动法》第 25 条第 2 项、第 82 条之规定，判决驳回原告张某的诉讼请求。

观点评析

（一）公交公司辞退张某的依据，不符合国务院有关条例的规定。公交公司依据其内部规定，即"一年内连旷十天或累计旷工二十天以上的，给予辞退"，作出辞退张某的决定。而该内部规定与国务院《企业职工奖惩条例》相冲突，该条例第 18 条规定："职工无正当理由经常旷工，经批评教育无效，连续旷工时间超过 15 天，或者一年以内累计旷工时间超过 30 天的，企业有权除名。"公交公司作为国有企业，其内部规定不得与国家法律、规定相冲突。公交公司关于"旷工十日予以辞退"的规定显然违反了《企业职工奖惩条例》，应属无效。因此张某连续旷工十天的行为，并没有达到十五天以上除名的法定条件，公交公司辞退张某于法无据。

（二）区人民法院就同一事实作出相反判决，程序上明显存在错误。2000 年 4 月 22 日，市公交公司对张某作出的辞退决定，已被区人民法院民事判决书撤销，该判决已生效。但公交公司仍以同一事实及理由辞退张某。张某于 2001 年 5 月 25 日以同一事由再次向区人民法院提起诉讼，区人民法院对同一事实作出相反的民事判决书，认定"解除劳动合同关系符合法律规定和合同相关约定"。在没有新的事实、新的证据补充的条件下，该判决书与前一份已经生效的判决书前后矛盾。

相关知识链接

一、相关法律法规

1.《劳动法》第 25 条："劳动者有下列情形之一的，用人单位可以解除劳动合同：（一）在试用期间被证明不符合录用条件的；（二）严重违反劳动纪律或者用人单位规章制度的；（三）严重失职，营私舞弊，对用人单位利益造成重大损害的；（四）被依法追究刑事责任的。"

2.《劳动法》第 26 条："有下列情形之一的，用人单位可以解除劳动合同，但是应当提前三十日以书面形式通知劳动者本人：（一）劳动者患病或者非因工负伤，医疗期满后，不能从事原工作也不能从事由用人单位另行安排的工作的；（二）劳动者不能胜任工作，经过培训或者调整工作岗位，仍不能胜任工作的；（三）劳动合同订立时所依据的客观情况发生重大变化，致使原劳动合同无法履行，经当事人协商不能就变更劳动合同达成协议的。"

3.《劳动法》第 27 条："用人单位濒临破产进行法定整顿期间或者生产

经营状况发生严重困难，确需裁减人员的，应当提前三十日向工会或者全体职工说明情况，听取工会或者职工的意见，经向劳动行政部门报告后，可以裁减人员。"

4. 国务院《企业职工奖惩条例》第 18 条："职工无正当理由经常旷工，经批评教育无效，连续旷工时间超过十五天，或者一年以内累计旷工时间超过三十天的，企业有权予以除名。"

二、相关理论知识

劳动合同解除是指劳动合同有效成立以后，当具备一定条件时，因一方或双方当事人的意思表示而使合同关系消灭的法律行为，包括法定解除、协商解除和约定解除。

1. 法定解除。法定解除指在履行合同过程中出现法定解除合同的情形，当事人有权解除合同。《劳动法》等法律法规规定的劳动者可以依法解除合同的情形主要有：

（1）劳动者的辞职。我国《劳动法》第 31 条规定："劳动者解除劳动合同，应当提前三十日以书面形式通知用人单位。"原劳动部办公厅《关于劳动者解除劳动合同有关问题的复函》（劳办发〔1995〕324 号）规定："劳动者提前 30 日以书面形式通知用人单位，既是解除劳动合同的程序，也是解除劳动合同的条件。劳动者提前 30 日以书面形式通知用人单位，解除劳动合同，无需征得用人单位的同意。超过 30 日，劳动者向用人单位提出办理解除劳动合同的手续，用人单位应予以办理。"

（2）劳动者可以无条件随时解除劳动合同的情形。《劳动法》第 32 条规定："有下列情形之一的，劳动者可以随时通知用人单位解除劳动合同：（一）在试用期内的；（二）用人单位以暴力、威胁或者非法限制人身自由的手段强迫劳动的；（三）用人单位未按照劳动合同约定支付劳动报酬或者提供劳动条件的。"《最高人民法院关于审理劳动争议案件适用法律若干问题的解释》第 15 条规定："用人单位有下列情形之一，迫使劳动者提出解除劳动合同的，用人单位应当支付劳动者的劳动报酬和经济补偿，并可支付赔偿金：（一）以暴力、威胁或者非法限制人身自由的手段强迫劳动的；（二）未按照劳动合同约定支付劳动报酬或者提供劳动条件的；（三）克扣或者无故拖欠劳动者工资的；（四）拒不支付劳动者延长工作时间工资报酬的；（五）低于当地最低工资标准支付劳动者工资的。"

（3）因为不可抗力导致劳动合同的解除。我国《合同法》对不可抗力解除劳动合同有明确规定。所谓因不可抗力解除合同，是指因不能遇见、不能避免、不能克服的自然灾害或客观事件，例如水灾、火灾、地震、火山爆发等自然事件，或战争、罢工等社会事件以及法律、政令的变化等，导致合同继续履行已不可能而解除。

（4）用人单位的解除权。《劳动法》第25条、第26条、第27条规定了用人单位解除劳动合同的情形。

2. 约定解除。约定解除是指在合同中约定解除合同的事项，待约定的事由出现时，当事人有权解除合同。

3. 协商解除。协商解除是指劳动合同履行过程中，当事人经协商一致同意解除合同。《劳动法》第24条规定："经劳动合同当事人协商一致，劳动合同可以解除。"《合同法》第93条第1款规定："当事人协商一致，可以解除合同。"

（案件来源：湖北省人民检察院；整理人：田圣斌）

七十八、解除劳动合同的有效途径

争议焦点

S信用社与曾某的劳动合同是否继续有效。

基本案情

1998年3月，曾某被市劳动局录用为合同制工人，分配到S信用社从事储蓄工作，同年3月31日，S信用社与曾某签订了1998年3月31日至2001年3月31日的劳动合同。同年11月9日，该社制作"关于解聘曾某的通知"。该通知未说明解聘原因，也未送达给曾某，但停发其工资。曾某自此未上班。停发工资后，曾某及其丈夫多次找中国人民银行H市中心支行领导及该社领导，要求恢复工作，未果，后向市劳动争议仲裁委员会申请仲裁。劳动争议仲裁委员会裁决：S信用社为曾某恢复工作、补发工资。S信用社不服，向区法院提起诉讼。

另查明，曾某在工作期间，该社未为其缴纳养老、医疗保险费。

区法院认为，曾某与S信用社签订的劳动合同系双方真实意思表示，符合法律规定，其合同有效。S信用社在合同期内做出解聘曾某的决定，既未说明理由，也未将通知送达给曾某，就停发工资，于法无据，原告

"关于解聘曾某的通知"无效。曾某工资被停发后，曾某多次找主管部门及S信用社领导要求恢复工作，从未放弃其主张。S信用社认为时效已过，请求驳回曾某安排工作、补发工资、补缴养老及医疗保险费的主张，不予支持。鉴于曾某离岗未上班，S信用社应按基本生活费标准发放生活费，并依法缴纳社会养老保险金。

信用社上诉。中级人民法院审理后认为，曾某在知道其权利受损后，从未间断要求S信用社及其上级单位领导解决相关问题，故S信用社称曾某申请仲裁的时效已过的理由不能成立。该劳动合同真实有效，应受法律保护。该社在无法定情由下单方做出解聘决定，侵害了曾某的合法权益，应按劳动法的有关规定予以赔偿。该社与曾某签订的系有固定期限的劳动合同，且该期限已满，该合同即行终止。是否续签合同，由双方协商解决。原判虽认定事实清楚，但适用法律错误。判决：判令S信用社支付曾某的工资9425元（29个月×25%）、医疗费580元（29个月×20元）、申报补缴曾某1998年3月至2001年2月期间的社会养老保险费。

观点评析

（一）该劳动合同没有终止，应当继续有效。劳部发〔1996〕354号《关于实行劳动合同制度若干问题的通知》第15条规定："在劳动者履行了有关义务终止、解除劳动合同时，用人单位应当出具终止、解除劳动合同证明书，作为该劳动者按规定享受失业保险待遇和失业登记、求职登记的凭证。"湖北省劳办〔1999〕190号《关于规范解除、终止劳动合同手续的通知》第2、3、4条规定，"凡劳动合同被依法解除或终止的，用人单位应及时办理解除或终止劳动合同手续"；"《解除劳动合同证明书》和《终止劳动合同证明书》是用人单位与劳动者解除、终止劳动合同的凭证"；"用人单位或劳动者未依法解除或终止劳动合同，以及解除或终止劳动合同后用人单位未及时办理解除或终止劳动合同手续并出具有关证明文书，而给对方造成经济损失的，应当承担赔偿责任"。由于S信用社违反法律规定解除其与曾某的劳动合同，但又未与曾某办理解除或终止劳动合同手续，也未出具相关的证明文书，双方之间的劳动关系并未解除，应继续有效。

（二）因违法解除劳动合同给曾某造成的相应损失，S信用社应当负责赔偿。

相关知识链接 ↘

一、相关法律法规

1. 《劳动法》第 98 条："用人单位违反本法规定的条件解除劳动合同或者故意拖延不订立劳动合同的，由劳动行政部门责令改正；对劳动者造成损害的，应当承担赔偿责任。"

2. 《劳动法》第 91 条："用人单位有下列侵害劳动者合法权益情形之一的，由劳动行政部门责令支付劳动者的工资报酬、经济补偿，并可以责令支付赔偿金：（一）克扣或者无故拖欠劳动者工资的；（二）拒不支付劳动者延长工作时间工资报酬的；（三）低于当地最低工资标准支付劳动者工资的；（四）解除劳动合同后，未按照本法规定给予劳动者经济补偿的。"

3. 劳部发〔1996〕354 号《关于实行劳动合同制度若干问题的通知》第 15 条第 1 款："在劳动者履行了有关义务终止、解除劳动合同时，用人单位应当出具终止、解除劳动合同证明书，作为该劳动者按规定享受失业保险待遇和失业登记、求职登记的凭证。"

4. 湖北省劳办〔1999〕190 号《关于规范解除、终止劳动合同手续的通知》第 2 条："凡劳动合同被依法解除或终止的，用人单位应及时办理解除或终止劳动合同手续。"

5. 湖北省劳办〔1999〕190 号《关于规范解除、终止劳动合同手续的通知》第 3 条："《解除劳动合同证明书》和《终止劳动合同证明书》是用人单位与劳动者解除、终止劳动合同的凭证。"

6. 湖北省劳办〔1999〕190 号《关于规范解除、终止劳动合同手续的通知》第 4 条："用人单位或劳动者未依法解除或终止劳动合同，以及解除或终止劳动合同后用人单位未及时办理解除或终止劳动合同手续并出具有关证明文书，而给对方造成经济损失的，应当承担赔偿责任。"

二、相关理论知识

解除劳动合同，是指劳动合同签订以后，未履行完毕之前，由于某种因素导致当事人双方提前终止合同效力的法律行为。劳动合同的解除分为法定解除和约定解除两种。法定解除是指出现国家法律规定的情况时，不需双方一致同意，合同的效力可以自然或单方提出终止。但无论哪一方提出解除劳动合同，都必须履行和办理解除劳动合同的手续。

1. 解除劳动合同的条件

解除劳动合同，涉及合同当事人双方的利益，因此，《劳动法》对单方面提出解除劳动合同规定了必须具备的条件。

（1）用人单位可以单方面解除劳动合同的条件

用人单位遇有下列情况之一的，可以提出与劳动者解除劳动合同：

①在试用期内，经发现不符合录用条件的；

②劳动者患病或非因工负伤，医疗期满后不能从事原工作的；

③按照《国营企业辞退违纪职工暂行规定》，属于应予辞退的；

④用人单位宣告破产，或者濒临破产处于法定整顿期间的；

⑤劳动者被开除、除名、劳动教养以及被判刑的。

（2）劳动者可以单方面解除劳动合同的条件

劳动者遇有下列情况之一时，可以提出与用人单位解除劳动合同：

①经国家有关部门确认，劳动条件、卫生条件恶劣，严重危害劳动者身体健康的；

②用人单位不能按照劳动合同规定支付劳动报酬的；

③用人单位不履行劳动合同或者违反国家政策、法规，侵害劳动者合法权益的；

④因生产、工作需要，按照国家有关规定，需要跨地区转移工作单位的。

2. 解除劳动合同的程序和要求

具备解除劳动合同的条件，并不意味着当事人便可擅自解除合同或者不辞而别。解除劳动合同在条件具备的情况下，还要按照法定的程序和要求履行有关手续：

（1）除试用期内发现不符合录用条件而解除劳动合同外，双方当事人任何一方要求解除劳动合同都必须提前一个月通知对方，方可办理解除劳动合同的手续；

（2）用人单位提出解除与劳动者的劳动合同，应当征求本单位工会组织的意见；

（3）解除劳动合同，用人单位应当报请上级主管部门和当地劳动行政主管部门备案；

（4）解除劳动合同时，除因被辞退或除名、开除、劳动教养以及被判刑而解除劳动合同的外，用人单位应当按照劳动者在本单位工作的年限发给本人标准工资一定比例的生活补助费；

（5）根据解除劳动合同的不同情况，分别按有关规定办理解除劳动合同的手续和填写《劳动手册》，交由本人办理待业登记手续。

3. 解除劳动合同的法律后果

按照《劳动法》第31条、第32条和原劳动部办公厅《关于劳动者解除劳动合同有关问题的复函》（劳办发〔1995〕324号）的规定，劳动者提前30

日以书面形式通知用人单位，既是解除劳动合同的程序，也是解除劳动合同的条件。劳动者提前 30 日以书面形式通知用人单位解除劳动合同，无须征得用人单位的同意；超过 30 日，劳动者向用人单位提出办理解除劳动合同的手续，用人单位应予以办理。但由于劳动者违反劳动合同有关约定而给用人单位造成经济损失的，应依据有关法律、法规、规章的规定和劳动合同的约定，由劳动者承担赔偿责任。劳动者违反提前 30 日以书面形式通知用人单位的规定，而要求解除劳动合同的，用人单位可以不予办理。

用人单位依据《劳动法》第 24 条、第 26 条、第 27 条的规定解除劳动合同，应当按照《违反和解除劳动合同的经济补偿办法》（劳部发〔1994〕481号）支付劳动者经济补偿金。

劳动合同的解除，只对未履行的部分发生效力，不涉及已履行的部分。

（案件来源：湖北省人民检察院；整理人：田圣斌）

七十九、行政事业单位的劳动关系解除方式

争议焦点

张某与家电办之间的劳动关系是否已经解除。

基本案情

1993 年 10 月 5 日，张某调入市家电办公室工作，并上编制。1994 年 8 月，市电子工业办公室决定对市家电办进行暂停整顿。张某与市家电办签订《市家电办暂停整顿有关遗留问题的处理意见》的协议，约定：由张某全面负责该市全国家电联保维修定点站的工作，独立核算，自负盈亏。张某的人事编制仍留在市家电办，工资额度按现行工调核定，张某的工资从 1995 年 1 月 1 日起由定点站发放。后张某以全国家电联保维修定点站的名义对外从事家电维修。1995 年 2 月 22 日，市家电办在市日报上刊登《通告》，《通告》第三项声明：经上级决定张某不再负责市家电办工作，张某此后开展的一切活动与市家电办无关。张某看见《通告》后，即要求市家电办及市经济贸易委员会安排工作，未果。1998 年 11 月，市委机构编制委员会下发市编（1998）46 号文件，将市家电办划归市机械工业局管理。

市经济贸易委员会与市机械工业局在办理市家电办整体移交时，市机械工业局没有接收张某的档案，并于 1998 年 12 月 11 日从市委机构编制委员会下掉张某的事业编制，注明去向为"自动离职"。市机械工业局及市家电办均未通知张某办理解除劳动关系手续。

2001 年 4 月 10 日张某向市劳动争议仲裁委员会申请仲裁，市劳动争议仲裁委员会以市经济贸易委员会系行政事业单位，双方争议不属于其处理范围为由，裁定不予受理。张某不服，向区人民法院提起诉讼。

2001 年 8 月 6 日区人民法院驳回张某的诉讼请求。张某不服，向中级人民法院提起上诉。中级人民法院裁定发回重审。

2002 年 1 月 15 日区人民法院仍驳回张某的诉讼请求。张某不服，再次向中级人民法院提起上诉。

2002 年 5 月 10 日，中级人民法院驳回了张某的上诉。

随后，张某向市劳动争议仲裁委员会申请仲裁。

2002 年 9 月 20 日，市劳动争议仲裁委员会作出仲裁，张某不服仲裁，向市二区人民法院提起诉讼。

2003 年 4 月 26 日，市二区人民法院作出判决，市家电办不服，提出上诉。

2003 年 8 月 25 日，中级人民法院裁定发回重审。

2004 年 2 月 3 日，市二区人民法院作出判决，市家电办不服，提出上诉。

2004 年 9 月 28 日，中级人民法院裁定双方之间的争议属于人事争议，该争议未经人事仲裁前置程序，人民法院不予受理，撤销市二区人民法院的判决，驳回张某的诉讼请求。

2005 年 2 月 21 日市人事争议仲裁委员会作出仲裁，张某不服。2005 年 2 月 28 日张某将市家电办诉至市二区人民法院。

2005 年 10 月 20 日市二区人民法院作出判决认为：一、被告市家电维修行业管理办公室自成立之日起即具有独立法人资格，在机构改革中，被告的主管部门虽然发生过变更，但是被告作为一个独立的事业法人一直存在，故其依法具有独立承担民事责任的能力。鉴于当时事业单位尚未采取聘用制或合同制，1993 年 10 月 5 日，原告张某经人事调动进入被告市家电办工作后，双方即使未签订书面协议，原被告事实上也存在人事、劳动关系。1994 年 8 月，被告整顿期间，原告被安排负责"全国家电联保维修市定点站"的工作，因该定点站属被告行业管理的内设服务机构，不具有

独立主体资格，故原被告之间的人事、劳动关系并没有发生变化，原告作为劳动者的合法权利应受到保护。二、鉴于人事关系和劳动关系是可分的，主管部门和被告均未通知张某本人下编事宜，且未办理解除人事、劳动关系的相关手续，因此原被告之间的劳动关系不能因事业编制的下掉而解除。三、根据劳动法规定，用人单位及劳动者必须依法按时缴纳社会保险费用，故享受社会保险是法律赋予劳动者的合法权益。市事业单位从 1996 年开始参加社会养老保险，既然原被告双方从 1993 年 10 月 5 日起已建立劳动关系，双方至今尚未依法解除，故原告张某要求办理从 1996 年至今的社会养老保险符合法律规定。2002 年市事业单位的医疗统筹才开始实行，鉴于相关部门答复医疗统筹不能补办，故原告张某要求被告家电办为其办理从 1996 年至今的医疗统筹，本院不予支持。但被告应从与原告恢复劳动关系之时，及时为原告张某办理医疗统筹。市家电办不服，向中级人民法院提起上诉。

2006 年 3 月 21 日，中级人民法院作出判决：撤销市二区人民法院（2005）初字第 146 号民事判决，驳回张某的诉讼请求。张某向人民检察院申诉。

◤ 观点评析 ◢

（一）张某与家电办之间存在劳动关系。

被告市家电维修行业管理办公室自成立之日起即具有独立法人资格，在机构改革中，被告的主管部门虽然发生过变更，但是被告作为一个独立的事业法人一直存在，故其依法具有独立承担民事责任的能力。鉴于当时事业单位尚未采取聘用制或合同制，1993 年 10 月 5 日，原告张某经人事调动进入被告市家电办工作后，双方即使未签订书面协议，原被告事实上也存在人事、劳动关系。

1994 年 8 月，被告家电办整顿期间，原告被安排负责"全国家电联保维修市定点站"的工作，因该定点站属被告行业管理的内设服务机构，不具有独立主体资格，故原被告之间的人事、劳动关系并没有发生变化，原告作为劳动者的合法权利应受到保护。

（二）鉴于人事关系和劳动关系是可分的，主管部门和被告均未通知张某本人下编事宜，且未办理解除人事、劳动关系的相关手续，因此原被告之间的劳动关系不能因事业编制的下掉而解除。

相关知识链接

一、相关法律法规

1. 《最高人民法院关于适用〈中华人民共和国民事诉讼法〉若干问题的意见》第40条："《民事诉讼法》第四十九条规定的其他组织是指合法成立、有一定的组织机构和财产，但又不具备法人资格的组织，包括：（1）依法登记领取营业执照的私营独资企业、合伙组织；（2）依法登记领取营业执照的合伙型联营企业；（3）依法登记领取我国营业执照的中外合作经营企业、外资企业；（4）经民政部门核准登记领取社会团体登记证的社会团体；（5）法人依法设立并领取营业执照的分支机构；（6）中国人民银行、各专业银行设在各地的分支机构；（7）中国人民保险公司设在各地的分支机构；（8）经核准登记领取营业执照的乡镇、街道、村办企业；（9）符合本条规定条件的其他组织。"

2. 《劳动法》第17条："订立和变更劳动合同，应当遵循平等自愿、协商一致的原则，不得违反法律、行政法规的规定。劳动合同依法订立即具有法律约束力，当事人必须履行劳动合同规定的义务。"

3. 《劳动法》第26条："有下列情形之一的，用人单位可以解除劳动合同，但是应当提前三十日以书面形式通知劳动者本人：（一）劳动者患病或者非因工负伤，医疗期满后，不能从事原工作也不能从事由用人单位另行安排的工作的；（二）劳动者不能胜任工作，经过培训或者调整工作岗位，仍不能胜任工作的；（三）劳动合同订立时所依据的客观情况发生重大变化，致使原劳动合同无法履行，经当事人协商不能就变更劳动合同达成协议的。"

4. 《劳动法》第27条："用人单位濒临破产进行法定整顿期间或者生产经营状况发生严重困难，确需裁减人员的，应当提前三十日向工会或者全体职工说明情况，听取工会或者职工的意见，经向劳动行政部门报告后，可以裁减人员。用人单位依据本条规定裁减人员，在六个月内录用人员的，应当优先录用被裁减的人员。"

5. 《劳动法》第72条："社会保险基金按照保险类型确定资金来源，逐步实行社会统筹。用人单位和劳动者必须依法参加社会保险，缴纳社会保险费。"

6. 《最高人民法院关于审理劳动争议案件适用法律若干问题的解释（二）》第1条："人民法院审理劳动争议案件，对下列情形，视为劳动法第八十二条规定的'劳动争议发生之日'：（一）在劳动关系存续期间产生的支付工资争议，用人单位能够证明已经书面通知劳动者拒付工资的，书面通知送达之日为劳动争议发生之日。用人单位不能证明的，劳动者主张权利之日为劳动

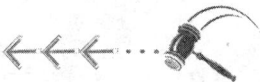

争议发生之日。（二）因解除或者终止劳动关系产生的争议，用人单位不能证明劳动者收到解除或者终止劳动关系书面通知时间的，劳动者主张权利之日为劳动争议发生之日。（三）劳动关系解除或者终止后产生的支付工资、经济补偿金、福利待遇等争议，劳动者能够证明用人单位承诺支付的时间为解除或者终止劳动关系后的具体日期的，用人单位承诺支付之日为劳动争议发生之日。劳动者不能证明的，解除或者终止劳动关系之日为劳动争议发生之日。劳动者不能证明的，解除或者终止劳动关系之日为劳动争议发生之日。"

7.《最高人民法院关于审理劳动争议案件适用法律若干问题的解释（二）》第13条："当事人能够证明在申请仲裁期间内具有下列情形之一的，人民法院应当认定申请仲裁期间中断：（一）向对方当事人主张权利；（二）向有关部门请求权利救济；（三）对方当事人同意履行义务。申请仲裁期间中断的，从对方当事人明确拒绝履行义务，或者有关部门作出处理决定或明确表示不予处理时起，申请仲裁期间重新计算。"

二、相关理论知识

事业单位是指国家为了社会公益目的，由国家机关举办或者其他组织利用国有资产举办的，从事教育、科研、文化、卫生等活动的社会服务组织。

新中国成立后，建立的干部人事制度这种制度架构使得人事关系与劳动关系一直被看做两个不同的概念，前者反映的是干部与用人单位的关系，后者反映的则是工人与用人单位的关系。长期以来，我国事业单位的人事关系，是按照干部管理或者比照公务员管理，与企业和劳动者之间劳动关系的管理分开，人事关系由人事部门管理，劳动关系由劳动部门管理。随着经济体制的改革，企业全面推行的劳动合同制使企业内部的干部、工人的身份界限被打破，政府职能的转变催生了公务员制度，原来笼统的干部人事制度已经分化，且不复完整存在。在这个大背景下，事业单位的人事制度改革，使事业单位的劳动关系性质发生了根本的变化。2000年中共中央组织部、人事部会同科学技术部、卫生部、教育部发布了一系列推进科研事业单位、卫生事业单位和高等学校人事制度改革的实施意见。2002年7月6日，国务院批准国家人事部《关于在事业单位试行人员聘用制度的意见》（国办发〔2002〕35号）。该意见打破了事业单位工作人员的"铁饭碗"，在事业单位全面推行聘用合同制度和公开招聘制度，通过聘用合同明确权利义务，建立和完善考核制度以及规范的解聘制度。

从劳动法理论上分析，改革后的事业单位的人事关系性质实际上已从原来的行政法律关系趋同于劳动法律关系，聘用合同与劳动合同并无本质区别。具体表现在：

第一，人事关系的建立与劳动关系相同。改革后的事业单位人事关系的建立，是在平等自愿、协商一致的基础上，通过签订聘用合同，明确权利义务。

第二，人事关系的性质与劳动关系相同。改革后的事业单位拥有工资分配自主权，对其工作人员具有解聘等管理权，单位与工作人员之间存在从属关系。

第三，人事关系与劳动关系的内容相同。事业单位的聘用合同内容包括：聘用合同期限、岗位及职责要求、岗位纪律、岗位工作条件、工资待遇、聘用合同变更和终止的条件、违反聘用合同的责任。这些内容与劳动合同的内容完全一致。

第四，人事关系与劳动关系的解除相同。事业单位与劳动者实行了聘用制，而聘用制的最大特点是打破了终身制，双方当事人都拥有单方解除权。

第五，争议处理的程序趋于一致。事业单位的人事关系争议由专门的仲裁机构按照人事争议仲裁程序处理，实质上与劳动争议仲裁的性质相同。2003年《最高人民法院关于人民法院审理事业单位人事争议案件若干问题的规定》（法释〔2003〕13号）规定"事业单位与其工作人员之间因辞职、辞退及履行聘用合同所发生的争议，适用《中华人民共和国劳动法》"。今后人事争议与劳动争议在处理程序上将趋于统一。

从改革的发展脉络和趋势分析，劳动人事一体化已成趋势。我国《劳动合同法》第2条规定："中华人民共和国境内的企业、个体经济组织、民办非企业单位等组织（以下称用人单位）与劳动者建立劳动关系，订立、履行、变更、解除或者终止劳动合同，适用本法。国家机关、事业单位、社会团体和与其建立劳动关系的劳动者，订立、履行、变更、解除或者终止劳动合同，依照本法执行。"因此，行政事业单位的劳动合同解除，也应当依据《劳动法》的相关规定办理。

（案件来源：湖北省人民检察院；整理人：田圣斌）

八十、劳动报酬与合同之债的关系

争议焦点

劳动争议纠纷的解决与劳动报酬合同之债的关系问题。

基本案情

2004年3月20日，原告陈某因故向被告W公司递交辞职书，要求辞去董事长职务。同年 3 月 22 日经股东会议通过，并选举被告云某为新的法定代表人，股东由被告云某、王某、金某组成，其中被告云某占股 39.4%，王某占股 32%，金某占股 28.6%。同年 3 月 23 日被告云某给原告陈某出具借条，其内容为"今借到陈某人民币叁拾万元整，起借日期以原农行借贷日期为准，还款日期在 2004 年 7 月 30 日前归还全部金额，此款由 W 公司财务支付，W 公司上半年在银行所借金额达三百万元以上务必先还陈某人民币三十万元，利息跟还贷本金一起付"。被告 W 公司在借条上加盖了公司公章，被告王某、金某在借条上签名（被告云某代被告王某签名，事后被告王某对被告云某代其签名的事实没有追认），另查明，原告陈某在被告 W 公司任职期间至辞职后，原告陈某与该公司进行工资结算时，由于被告 W 公司资金周转困难，经双方协商，由被告 W 公司于 2004 年 4 月 20 日出具欠原告陈某工资 30796 元欠条一张。因索款未果，陈某向法院起诉。

2006 年 9 月 6 日，县人民法院作出（2006）民初字第 378 号民事判决。被告王某、金某不服，提出上诉。中级人民法院于 2007 年 3 月 7 日以（2007）民终字第 3 号民事裁定撤销县人民法院（2006）民初字第 378 号民事判决，发回重审。

2007 年 5 月 15 日，县人民法院依法组成合议庭重新审理，判决：一、被告 W 公司、云某、金某在判决生效后三日内连带偿还原告陈某欠款 30 万元。并从 2004 年 3 月 23 日起至实际清偿完毕之日止，按银行贷款利率承担利息。二、被告 W 公司在判决生效三日内给付陈某工资 30796 元。上列被告如果未按本判决指定的期间履行给付金钱义务，应当依照《民事诉讼法》第 232 条之规定，加倍支付迟延履行期间的债务利息。案件受理费 7472 元，其他诉讼费用 12000 元，共计 19472 元由被告 W 公司、云某、金某共同负担。

观点评析

被告 W 公司辩称：一、原告陈某起诉的所谓借款 30 万元，实属作为股东时投入的股金。二、原告陈某的股金不能作为借款由公司偿还，2004 年 3 月 23 日的借条是无效的民事行为。三、原告陈某要求支付工资欠款 30796 元属于劳动报酬纠纷，依法应进行劳动仲裁，原告陈某直接向法院起诉，程序违法，请求法院驳回原告陈某的诉讼请求。

笔者认为：被告 W 公司的辩解理由不能成立，其理由有两点：

（一）原被告之间的借款关系明确，被告应当承担还款责任。

原告陈某所持借据系被告云某亲笔所书，被告 W 公司加盖了公章，被告王某、金某签名认可，原告与几被告的借贷关系已经明确，其债务应由被告W 公司、王某、云某、金某共同承担。关于借条上王某的签名系云某代签，由于王某事前没有委托云某代其签名之行为，事后也未对云某代其签名的行为予以追认，被告王某不承担该债务的法律后果，因此被告王某不承担民事责任。

所谓股金一说，无任何证据证明陈某进入公司时有入股，不能认定为股金。

（二）原告陈某诉请被告 W 公司给付工资 30796 元之请求，无须经过劳动仲裁程序。

被告 W 公司辩称，该请求属于劳动争议案件，应通过劳动仲裁，法院直接受理程序违法。原告陈某主张工资给付的依据是被告方出具的工资欠据，对工资的结算内容双方没有争议。该主张系因工资拖欠产生的债务纠纷，不需进行劳动仲裁，原告持借条以债务内容向法院起诉，程序合法。

相关知识链接 ↘

一、相关法律法规

1.《民法通则》第 108 条："债务应当清偿。暂时无力偿还的，经债权人同意或者人民法院裁决，可以由债务人分期偿还。有能力偿还拒不偿还的，由人民法院判决强制偿还。"

2.《民事诉讼法》（1991 年）第 130 条："被告经传票传唤，无正当理由拒不到庭的，或者未经法庭许可中途退庭的，可以缺席判决。"

3.《民事诉讼法》（1991 年）第 232 条："被执行人未按判决、裁定和其他法律文书指定的期间履行给付金钱义务的，应当加倍支付迟延履行期间的债务利息。被执行人未按判决、裁定和其他法律文书指定的期间履行其他义务的，应当支付迟延履行金。"

4.《诉讼费用交纳办法》（2006 年）第 13 条："案件受理费分别按照下列标准交纳：

（一）财产案件根据诉讼请求的金额或者价额，按照下列比例分段累计交纳：

1. 不超过 1 万元的，每件交纳 50 元；

2. 超过 1 万元至 10 万元的部分，按照 2.5% 交纳；

3. 超过 10 万元至 20 万元的部分，按照 2% 交纳；

4. 超过 20 万元至 50 万元的部分，按照 1.5% 交纳；

5. 超过 50 万元至 100 万元的部分，按照 1% 交纳；

6. 超过 100 万元至 200 万元的部分，按照 0.9% 交纳；

7. 超过 200 万元至 500 万元的部分，按照 0.8% 交纳；

8. 超过 500 万元至 1000 万元的部分，按照 0.7% 交纳；

9. 超过 1000 万元至 2000 万元的部分，按照 0.6% 交纳；

10. 超过 2000 万元的部分，按照 0.5% 交纳。

（二）非财产案件按照下列标准交纳：

1. 离婚案件每件交纳 50 元至 300 元。涉及财产分割，财产总额不超过 20 万元的，不另行交纳；超过 20 万元的部分，按照 0.5% 交纳。

2. 侵害姓名权、名称权、肖像权、名誉权、荣誉权以及其他人格权的案件，每件交纳 100 元至 500 元。涉及损害赔偿，赔偿金额不超过 5 万元的，不另行交纳；超过 5 万元至 10 万元的部分，按照 1% 交纳；超过 10 万元的部分，按照 0.5% 交纳。

3. 其他非财产案件每件交纳 50 元至 100 元。

……

（六）当事人提出案件管辖权异议，异议不成立的，每件交纳 50 元至 100 元。

省、自治区、直辖市人民政府可以结合本地实际情况在本条第（二）项、第（三）项、第（六）项规定的幅度内制定具体交纳标准。"

二、相关理论知识

受合同字眼的影响，人们很容易将劳动法上的合同与民法上的劳动合同混淆起来。其实两者属于不同性质的法律部门，第一，民法属于私法范畴，强调当事人的意思自治原则，民法上的合同虽然也可以是法定的，但总是以约定、协商为主；而劳动法属于公法范畴，劳动法上的合同主要以法定为主。第二，民法上的合同责任往往是由于一方当事人违约，而由法律规定，另一方受到侵害的当事人有权进行补救，一般强调过错责任；而劳动法上的合同责任则不尽然，在某些情况下如企业经济性裁减人员，即使劳动者不存在任何的主观过错，用人单位也可以依法单方违约，而不需承担违约责任。第三，民法的合同往往强调形式上的平等，合同任何一方当事人无权单独解除合同；而劳动法上的合同则强调实质上的平等，用人单位只有在具备法定解除条件和遵循法定程序后方可以解除劳动合同，而劳动者只要具备法定条件时就可以解除劳动合同。

当劳动者和用人单位发生劳动纠纷之后，劳动者以用人单位的工资欠条为证据直接向人民法院起诉，诉讼请求不涉及劳动关系其他争议的，视为拖欠劳动报酬争议，按照普通民事纠纷受理。当事人在劳动争议调解委员会主持下仅就劳动报酬争议达成调解协议，用人单位不履行调解协议确定的给付义务，劳动者直接向人民法院起诉的，人民法院可以按照普通民事纠纷受理。

必须明确下列纠纷不属于劳动争议：（一）劳动者请求社会保险经办机构发放社会保险金的纠纷；（二）劳动者与用人单位因住房制度改革产生的公有住房转让纠纷；（三）劳动者对劳动能力鉴定委员会的伤残等级鉴定结论或者对职业病诊断鉴定委员会的职业病诊断鉴定结论的异议纠纷；（四）家庭或者个人与家政服务人员之间的纠纷；（五）个体工匠与帮工、学徒之间的纠纷；（六）农村承包经营户与受雇人之间的纠纷。

（案件来源：湖北省公安县人民法院；整理人：田圣斌，周家富）

第二部分

民事程序法案例

DIERBUFEN MINSHICHENGXUFAANLI

［证据制度篇］

八十一、劳动争议举证责任分配

争议焦点

法律适用的理解和举证责任的分配问题。

基本案情

1984 年 10 月至 1990 年 5 月，陈某在 S 市 C 粮食加工厂从事电焊、粮食加工等工作。1992 年 8 月，因 C 粮管所、Y 粮管所、B 粮管所合并为购销公司，陈某到购销公司（系国有企业）从事粮食收储和仓储保管。2000 年 7 月 22 日，购销公司进行用工制度改革，陈某与购销公司办理解除劳动合同的手续，领取一次性买断工龄款 17286.99 元。之后，陈某仍在购销公司工作。2004 年 5 月 11 日，陈某与购销公司的法人代表签订劳动合同书，双方约定："合同期限为 2004 年 4 月 1 日至 2005 年 3 月 31 日；工作岗位：从事保管工作；工资报酬，每月预发 300 元。" 2004 年 1 月 5 日，S 市疾病预防控制中心给陈某出具诊断证明，诊断意见为 III（一）上肺阳，建议休息治疗 6 个月，治疗期间定期复查肝功能。同年 7 月 27 日，市卫生防疫站出具诊断书，认定陈某为 I 期肺功能轻度损伤。2004 年 10 月 21 日，S 市劳动和社会保障局做出劳动工伤认定〔2004〕9 号工伤认定书，认定陈某为工伤。2004 年 11 月 21 日，经市劳动能力鉴定委员会鉴定，陈某构成四级伤残。陈某 2003 年 7 月至 2004 年 6 月间每月领取工资为 300 元。2004 年度实际领取工资 6500 元。2004 年度购销公司财务情况说明书表明，经营人员工资及福利 20.68 万元，管理人员工资及福利 15.55 万元，合计 36.23 万元。2005 年 9 月 5 日，S 市统计局出具证明，其内容为：2003 年度和 2004 年度 S 市在岗职工平均工资分别为 8670 元、8918 元。其中企业在岗职工平均工资 6928 元、7670 元。2005 年 8 月 22 日，购销公司出具关于 2004 年一般员工劳动保险基金的情况说明，其内容为 "2003 年一般员工的月工资确定为300元，但一般员工的五项保险费基数按全市平均工资标准的60%确定为460元"，S市粮食局、劳动和社会保障局在该情况说明上加盖了单位公章。之后，购销公司填报陈某一次性伤残补助金审批表和企业职工伤残离岗修养待遇审批表。陈某已在购销公司领取一次性伤残补助金8280元，并从2005年1月起每月领取伤残津贴345元，与购销公司保留劳动关系。2004年1月5日、3月4日、4月28日，陈某先后三次在S市疾病预防控制中心治疗，花去医疗费121.6元。2004年1月25日、6月24日，陈某在S市第二人民医院两次检查支出费用42元。同时查明，1994年6月12日，陈某因收购小麦押运时，不慎摔伤。2002年5月，经S市劳动鉴定委员会鉴定构成九级伤残。2005年6月7日，陈某向S市劳动争议委员会申请仲裁，要求按照工伤和职业病相关待遇标准补发2004年度各项费用1453.60元，提高伤残津贴标准，补发2005年1月以来的伤残津贴，缴纳全部养老保险和医疗保险费。同年7月13日，劳动争议仲裁委员会作出裁决书。陈某对仲裁裁决不服，2005年7月6日，向S市人民法院（注：基层法院）提起诉讼。S市人民法院判决：一、S市购销公司赔偿陈某的医疗费163.6元。二、驳回陈某的其他诉讼请求，案件受理费300元，由S市购销公司负担65元，陈某负担235元。陈某不服一审判决，向中级人民法院提起上诉。中级人民法院维持原判，后陈某向人民检察院申诉。

观点评析

（一）S市人民法院（注：基层法院）认为，2004年，陈某被诊断为Ⅰ期肺功能轻度损伤并被认定为工伤。陈某应获得相应的工伤保险待遇，其医疗费请求应予以支持。关于住院伙食补助费、护理费的请求，因陈某并未提出住院治疗的证据，故不予支持。陈某认为每月领取的伤残津贴和一次性伤残补助金应按1162元标准计算，因为1162元不是陈某患职业病前12个月的平均工资，故陈某请求购销公司支付少发的伤残津贴和一次性伤残补助金，依据不足，不予采信。另请求补发2004年少领的工资7450元未提出相应证据，对该请求不予支持。因购销公司已为陈某缴纳了2004年度的社会保险费，陈某认为被告购销公司未按其工资基数缴纳社会保险费，要求补缴2004年度社会保险费的请求，不予支持，关于陈某请求给付股金1500元因不属于劳动争议范围，属于另一民事法律关系，本案不宜一并处理。关于购销公司要求陈某返还已付给买断工龄款17286.99元，因购销公司未缴反诉费，视为放弃反诉要求。

（二）中级人民法院认为，购销公司已支付陈某就其工伤一次性伤残补偿

金3000元，该争议已实际解决；陈某上诉称因S市疾病预防控制中心尚不具备住院条件，所以，对其采取家庭病床式治疗，因陈某提交的2004年1月5日S市疾病预防控制中心诊断证明和门诊诊断记录，没有住院治疗或需护理诊断结论，陈某主张住院生活补助费和护理费的诉讼请求不能成立，应予驳回。2004年，陈某已领取6500元，对此事双方没有争议。依据陈某与购销公司签订的劳动合同的明确约定，即每月预发工资300元，年终兑现后再按每月200元补发。据此计算，购销公司已实际超额支付了合同约定工资，不存在未足额发放工资的情形。另陈某以2004年度财务情况说明书，证明购销公司不按职工实际工资总额向社会保险经办机构申报缴纳社会保险基数，致其缴费基数下降，获得工伤待遇减少，要求补偿。因社会保险费基数和标准确定，系行政部门职能范围，不属于民事案件受理范围，一审不予处理是正确的。

（三）人民检察院认为，两级法院认定事实存在错误，导致判决不当：

1. 认定"陈某以2004年度财务情况说明书，证明购销公司不按职工实际工资总额向社会保险经办机构申报缴纳社会保险基数，致其缴费基数下降，获得工伤待遇减少，要求补偿。因社会保险费基数和标准的确定，系行政部门职能范围，不属于民事案件受理范围"，而驳回陈某的诉讼请求，属适用法律错误。陈某主张的因购销公司少缴了社会保险费，致使其工伤待遇减少，要求购销公司赔偿。《最高人民法院关于审理劳动争议案件适用法律若干问题的解释》第20条第2款规定："对于追索劳动报酬、养老金、医疗费以及工伤保险待遇、经济补偿金、培训费及其他相关费用等案件，给付数额不当的，人民法院可以予以变更。"根据这一规定，因用人单位瞒报缴费基数，导致给付工伤保险待遇不当，要求据实际给付工伤保险待遇的诉讼请求应属于民事案件的受案范围。

2. 关于"2004年，陈某已领取6500元，对此事双方没有争议。依据陈某与购销公司签订的劳动合同的明确约定，即每月预发工资300元，年终兑现后再按每月200元补发。据此计算，购销公司已实际超额支付了合同约定工资，不存在未足额发放工资的情形"，该事实认定的依据不足。陈某2004年5月与购销公司签订的劳动合同书表明，该合同书仅仅只约定了工资报酬是每月预付300元，并没有年终兑现后再按每月200元补发的约定。案件材料中购销公司2004年度财务情况说明书表明，该公司经营人员工资及福利费为20.68万元，管理人员工资及福利费为15.55万元。据此计算，该公司人均年收入过万元。法院认定购销公司已实际超额支付了合同约定工资不存在未足额发放工资的证据不足。

3. 一审人民法院认为陈某"请求补发2004年少领工资7450元因未提供

相应证据，对该请求不予支持"的判决错误。《最高人民法院关于审理劳动争议案件适用法律若干问题的解释》第 13 条规定："因用人单位作出的开除、除名、辞退、解除劳动合同、减少劳动报酬、计算劳动者工作年限等决定而发生的劳动争议，用人单位负举证责任。"根据该规定，陈某主张补发工资的举证责任应由用人单位即 S 市购销公司承担。

相关知识链接

一、相关法律法规

1.《最高人民法院关于审理劳动争议案件适用法律若干问题的解释》第 13 条："因用人单位作出的开除、除名、辞退、解除劳动合同、减少劳动报酬、计算劳动者工作年限等决定而发生的劳动争议，用人单位负举证责任。"

2.《最高人民法院关于审理劳动争议案件适用法律若干问题的解释》第 20 条第 2 款："对于追索劳动报酬、养老金、医疗费以及工伤保险待遇、经济补偿金、培训费及其他相关费用等案件，给付数额不当的，人民法院可以予以变更。"

二、相关理论知识

我国民事诉讼法学界对举证责任的研究较晚，大约始于 20 世纪 80 年代，且受大陆法系学者的影响较大，归纳起来，主要有以下几种观点：

1. 行为责任说。即从当事人提供证据及用证据证明其主张这两方面行为来说明举证责任；从行为的内容不同，具体又可分为"提证责任说"和"证明责任说"。"提证责任说"，认为举证责任就是当事人对自己提出的主张或对自己的主张所依据的事实所负有的提供证据的责任。"证明责任说"，侧重从证明的角度来说明举证责任。"证明责任说"认为：举证责任，是指民事诉讼当事人对自己提出的主张，加以证明的责任。"证明责任说"与"提证责任说"的一个重要区别在于"证明责任说"中的证明不仅包含向法庭提供证据的行为，而且还包括用其提供的证据向法庭证明、解释其主张或主张的事实成立这一行为。"证明责任说"相当于英美法系的提证责任和说服责任的统一。

2. 结果责任说。认为举证责任是指当诉讼上无法确定某种事实的存在时，对当事人产生的不利后果。也有称为"危险负担"的，也就是大陆法系的客观责任。

3. 双层含义说。又称为提证责任与结果责任统一说，认为举证责任既包括由谁提供证据来证明案件事实的责任内容，又包括由谁承担不能提供证据证明案件事实的法律后果的内容。

4. 三层含义说。该观点认为：举证责任应当包括三层含义：第一，是指当事人对自己主张的事实，应当提供证据；第二，是指当事人所提供的证据，应当能够证明其主张具有真实性；第三，是指当事人对其主张不能提供证据，或所提供证据不能证明其主张的事实具有真实性时，可能承担不利的裁判结果。

以上对举证责任含义的不同理解，直接影响了我国学者对举证责任的研究和司法实践。最高人民法院 2001 年 12 月 6 日通过的《关于民事诉讼证据的若干规定》，是我国证据立法中第一部关于证据方面系统的规范解释。该规定对于举证责任的内涵基本采用了上述第四种观点，即三层含义说，同时又规定了证据提出的时间效力。从我国《民事诉讼法》规定的内容来看，我国民事诉讼中举证责任应是指当事人在规定时间内对自己提出的主张或反驳对方的主张，有提供证据加以证明的责任。这一概念体现在我国《民事诉讼法》第 64 条的规定中，即"当事人对自己的主张，有责任提供证据"。《最高人民法院关于民事诉讼证据的若干规定》第 2 条、第 33 条、第 34 条也对上述定义作了阐述。

（案件来源：湖北省人民检察院；整理人：田圣斌）

八十二、举证责任

〔 争议焦点 〕

工程材料丢失责任承担及抵扣款问题。

〔 基本案情 〕

2002 年 12 月 16 日，X 公司与蔡某签订电网建设（改造）工程施工合同，约定 X 公司将供电所共 40 个台区的低压台区网络建设（改造）工程承包给蔡某施工，在该合同第 4 条"工程材料"中明确约定：乙方蔡某必须按计划和要求领取材料，并接受甲方 X 公司对工程材料的全程监督，必须按要求收回工程余料及所拆除的旧料，若发现丢失、损坏等材料短缺现象，应照价赔偿。

2003 年 2 月 27 日，蔡某收取徐某农网改造施工质量安全押金 5000 元，次日，与徐某签订《农网改造合作协议书》，约定蔡某将其承包的 M 镇 G

村四个台区的工程承包给徐某，工程材料、工程质量、工程验收按照 X 公司与蔡某签订的合同执行，该工程由徐某的合伙人魏某负责具体施工，魏某负责材料。施工中，徐某借支工程款 3720 元；魏某在 X 村网改时借支现金 800 元，维修摩托车、出租摩托车、购物品和购买充值卡共计欠账 495 元；X 公司出具的 M 镇 G 村四个台区的工程材料丢失扣款 5590.91 元。2003 年 7 月 28 日，该工程完工后，蔡某给魏某出具了一份证明，证明其所施工的工程款为 10500 元，并在该证明中注明"结账时扣借支款和违章扣款"。后魏某于 2003 年 8 月 20 日收取工程款 2000 元，徐某收取工程款 3000 元。徐某向蔡某索要工程余款及押金未果，起诉至县人民法院。

县人民法院作出民事判决：被告蔡某支付徐某施工费、退还押金、差旅费共计 8867 元。蔡某不服一审判决向中级人民法院提出上诉。

中级人民法院驳回上诉，维持原判。后蔡某向人民检察院申诉。

观点评析

（一）县人民法院认定：原、被告达成的农网改造合作协议书合法有效。应按约定履行各自的义务，原告的施工应对被告方负责，被告理应对原告的施工进行检验验收。被告在原告施工完成后即出具给原告施工费为 10500 元的证明，即标志着被告对原告出具的是施工验收合格后的结算依据，之前收取的质量安全押金应予退还，依据结算依据所形成的债权、债务关系，应予清偿。

（二）中级人民法院认为：原审认定的基本事实属实。蔡某与徐某之间签订的《农网改造合作协议书》有效，2003 年 7 月 28 日，双方进行了结算，蔡某出具了结算证明，该证明应当作为双方结算依据，蔡某所承包的工程是否经发包人验收合格，不影响对其本人签字认可的人工费的结算。蔡某称魏某支款或消费行为应由徐某承担法律后果，蔡某对此主张应当举证证明属徐某的授权行为，蔡某未能举证证明，举证不能的法律后果由蔡某承担。

（三）笔者认为，中级人民法院民事判决认定由蔡某承担工程材料丢失扣款 5590.91 元及魏某出具的领条计款 2000 元的事实不清，实体处理不当；判决认定由蔡某承担 M 镇 G 村四个台区工程的材料丢失扣款 5590.91 元的事实不清。

在蔡某与徐某签订的《农网改造合作协议书》第 2 条中约定，蔡某将承包 M 镇 G 村四个台区的工程承包给徐某，工程材料按照 X 公司与蔡某签订的合同执行，即徐某必须按计划和要求领取材料，并接受蔡某对工程材料的全程监督，徐某必须按要求收回工程余料及所拆除的旧料，若发现丢失、损坏等材

料短缺现象应照价赔偿。因此，按合同的约定，在施工完成后，徐某负有收回工程余料及所拆除的旧料交给蔡某的义务。徐某诉称，在 2003 年 7 月 28 日该工程结算完毕，自 2003 年 7 月 29 日至 2005 年 7 月 5 日两条线路已交蔡某管理。根据我国《民事诉讼法》第 64 条第 1 款"当事人对自己提出的主张，有责任提供证据"的规定，徐某应举出将收回工程余料及所拆除的旧料交与蔡某的相关证据，以支持自己的主张。但其未提供出与蔡某进行材料交接的相关证据，不能证明材料存在丢失、损坏、短缺等现象在何时发生，或看管材料的责任已转移给蔡某。在此情况下，徐某应承担材料丢失扣款的责任。

相关知识链接 ↘

一、相关法律法规

1. 《民事诉讼法》第 64 条："当事人对自己提出的主张，有责任提供证据。当事人及其诉讼代理人因客观原因不能自行收集的证据，或者人民法院认为审理案件需要的证据，人民法院应当调查收集。人民法院应当按照法定程序，全面地、客观地审查核实证据。"

2. 《最高人民法院关于民事诉讼证据的若干规定》第 2 条："当事人对自己提出的诉讼请求所依据的事实或者反驳对方诉讼请求所依据的事实有责任提供证据加以证明。没有证据或者证据不足以证明当事人的事实主张的，由负有举证责任的当事人承担不利后果。"

二、相关理论知识

本案涉及诉讼证据的举证问题。民事诉讼中的举证责任，又称证明责任，是指当作为裁判基础的法律要件事实在诉讼中处于真伪不明的状态时，当事人一方因法院不能认定这一事实而承受不利裁判的危险。

我国民事诉讼理论对举证责任含义的解说经历了行为责任说——双重含义说——危险责任说的变化。这一变化反映了对举证责任这一复杂问题认识的不断深化。"行为责任说"把举证责任理解为当事人在诉讼中就自己所主张的事实向人民法院提供证据的责任；"双重含义说"认为举证责任一方面是指当事人对所主张的事实有责任提供证据证明，另一方面是不尽举证责任应承受的裁判上的不利后果；"危险责任说"则认为举证责任是当事人在诉讼中承担的案件事实真伪不明的风险。

理解举证责任的含义应注意下列问题：

第一，举证责任与作为裁判基础的法律要件事实处于真伪不明状态具有紧密联系，是法律要件事实处于真伪不明状态时引起的诉讼上的风险。当事人负担举证责任，实际上是负担这一诉讼上的风险。有争议的法律要件事实经过举证活动后会呈现出三种状态：其一是该事实已被证明为真；其二是该事实被证明为假；其三是该事实真伪均未获得证明。前两种状态均与举证责任无关，因为法院是依据已查明的事实作出裁判的。唯有第三种状态，才涉及举证责任问题。在现代诉讼中，即使当事人主张的法律要件事实在诉讼终结前仍处于真伪不明的状态，为了实现解决纠纷的目的，法院也不得因此而拒绝裁判。在法律要件事实真伪不明时，法院必须将真伪不明引起的不利诉讼结果判归对该法律要件事实负举证责任的一方当事人。

第二，举证责任是在作为裁判基础的法律要件事实处于真伪不明状态时发挥裁判依据作用的。

第三，举证责任只能由一方当事人负担，而不能由双方当事人对同一事实负担举证责任。此外，法院在诉讼中是不承担举证责任的。

第四，举证责任在民事诉讼中的主要作用是引导法院在事实真伪不明状态下来作出裁判。

（案件来源：湖北省人民检察院；整理人：田圣斌）

八十三、证据的真实性、可采性、合法性

争议焦点

王某是否已偿清货款 38270 元。

基本案情

1999 年底，王某与刘某口头约定建立供销牛皮业务关系，由刘某向王某提供其屠宰的牛皮，王某向刘某交付订购牛皮的押金人民币 60000 元，押金款总结算时结清，收购牛皮价格随行就市，10 天一结算。按此约定，双方一直经营到 2001 年 6 月 20 日止，王某于 2001 年 12 月 22 日出具"收到刘老板牛皮折价款 10390 元"收条一张给刘某。2002 年 2 月 9 日，王某在刘某处拿牛肉折合人民币 1600 元，同年 3 月 25 日刘某向王某支付现金 1000 元，当年 7 月 23 日，刘某以王某欠牛皮款 48660 元为由向区人民法院起诉，要求王某偿付货款。

2003 年 1 月，区人民法院作出（2002）H 民初字第 550 号民事判决

书，依照我国《民法通则》第 84 条、第 106 条、第 108 条之规定，判决：1. 被告王某于判决生效后十日内付清原告刘某货款 38270 元；2. 驳回原告刘某其他诉讼请求；案件受理费 1960 元，原告刘某负担 100 元，被告王某负担 1860 元。

王某不服，向人民检察院申诉；经抗诉，中级人民法院指令区人民法院对本案进行再审。

区人民法院再审，于 2003 年 12 月 15 日作出（2003）H 民再审字第 4 号民事判决书，根据我国《民法通则》第 108 条之规定，判决：撤销（2002）H 民初字第 550 号民事判决；驳回原审原告刘某的诉讼请求；原审案件诉讼费 1960 元，由原审原告刘某承担。

观点评析

（一）区人民法院一审认为：原告于 2001 年 6 月 21 日至 11 月 20 日，向被告供应牛皮大、中、小号共计 137 张，经查属实。该货款为 48660 元，被告除以一份"收刘老板牛皮折价款 10390 元"的收条（从抵押金中扣除）证明其支付了该部分货款外，余款 38270 元被告仅有其自记账目及证人证言证明款已结清，缺乏足以采信的证据，故不予认定。

（二）人民检察院审查认为：一审判决认定事实不清，主要证据不足，判决有误。理由如下：

王某与刘某货款纠纷一案所争议标的是双方发生业务关系期间（即 2001 年 6 月 21 日至 11 月 20 日）交易的 137 张牛皮款 48660 元，该案定案的依据就是交易 137 张牛皮时记录的 41 张收据。而"41 张收据存根所记载的事项已全部结清的事实"已为发生法律效力的其他民事判决书所认定，故王某与刘某之间发生交易的 41 张收据即 137 张牛皮货款应当认为已全部结清。区人民法院（2002）H 民初字第 550 号民事判决缺乏足以采信的证明力，该判决不当。

（三）区人民法院再审认为：原审原告刘某以原审被告王某认可结清的收据作为证据进行起诉，其诉讼的理由不具有客观性，其提供的证据不具有真实性。原审原告提供的证据材料不能采信，故原审原告的诉讼请求不能成立。现有本院再审认定的证据证明原审原告提供的 41 张红票已结清，原审认定的 41 张红票货款未结清与本院再审查明的事实不符，原审认定事实错误，应予以纠正，对检察机关的抗诉意见予以采纳。

相关知识链接

一、相关法律法规

1.《民法通则》第 84 条："债是按照合同的约定或者依照法律的规定，在当事人之间产生的特定的权利和义务的关系。享有权利的人是债权人，负有义务的人是债务人。债权人有权要求债务人按照合同的约定或者依照法律的规定履行义务。"

2.《民法通则》第 106 条："公民、法人违反合同或者不履行其他义务的，应当承担民事责任。公民、法人由于过错侵害国家的、集体的财产，侵害他人财产、人身的，应当承担民事责任。没有过错，但法律规定应当承担民事责任的，应当承担民事责任。"

3.《民法通则》第 108 条："债务应当清偿。暂时无力偿还的，经债权人同意或者人民法院裁决，可以由债务人分期偿还。有能力偿还拒不偿还的，由人民法院判决强制偿还。"

4.《民事诉讼法》第 64 条第 1 款："当事人对自己提出的主张，有责任提供证据。"

5.《民事诉讼法》第 66 条："证据应当在法庭上出示，并由当事人互相质证……"

二、相关理论知识

正确认定案件事实是裁判的基础，认定事实的依据就是证据。在审判活动中，法官的职责就是正确运用证据规则，合理分析判断证据材料，并在确定定案证据的基础上最终认定法律事实，以维护当事人的合法权益。

证据的客观性是指证据是客观存在的事实，而不是主观臆断的产物。证据的相关性，亦称关联性，是指作为证据的事实必须和刑事案件事实相关联，是对证明案情有实际意义的事实。证据的合法性是证据内容真实的必要保证，它是指证据是由合法的程序收集，以合法的形式表现出来的。合法性包括两种含义：一是证据来源合法；二是证据的表现形式合法。审查证据有无合法性，就是要将这两方面结合起来，证据的来源和形式一项不合法，该证据就不能作为定案的根据。对证据的合法性审查应分别从两个方面进行：

1. 审查证据来源的合法性。其审查的重点是：（1）取证的主体是否合法；（2）取证的方法是否正确；（3）取证的程序是否合法；（4）取证的时间和地点是否合法。

2. 审查证据形式的合法性。审查证据材料是否符合诉讼法所规定的形式，即物证、书证、证人证言、鉴定结论等。

（案件来源：湖北省武汉市人民检察院；整理人：田圣斌，肖跃进）

八十四、司法鉴定结论的证据效力

争议焦点

科技事务司法鉴定所作出的司法鉴定是否具有法律效力。

基本案情

2004年10月30日，程某在卢某处购买了由A厂生产的祥鸽牌BQJ－12A型楼板切割机，约定"三包"期间为产品售出之日起三个月，但在产品铭牌上厂家未注明生产日期及产品编号。程某在使用该产品过程中，未按产品使用说明正常保养维护，且未按产品要求在开关处按规范正常接地，并在设备正对电机电源接线盒的外壳处开一方孔，2005年7月13日，程某使用该机时因设备漏电而死亡。

祥鸽商标系A厂申请注册，由国家工商行政管理局商标局于2000年2月核定在楼板切割机等7类商品上使用。2001年A厂制定的Q/LTJ005－2001的BQJ－12型混凝土空心板专用切割机企业标准，经该厂所在的县技术监督局确认并发放《企业产品执行标准注册证书》，以该企业标准生产的BQJ－12型切割机，2002年4月经该县质量技术监督检验中心检验属合格产品。经质量技术监督局许可后，A厂以上述同一企业标准生产的BQJ－12A型混凝土空心板专用切割机，经检验亦为合格产品。

死者程某的妻子潘某、父亲程×向区法院申请对A厂生产、导致程某死亡的BQJ－12A型楼板切割机进行鉴定。法庭委托该院司法鉴定处进行鉴定，其后，该司法鉴定处委托市科技事务司法鉴定所对该切割机的质量进行鉴定。检验结果为：切割机电机接线盒内接线柱固定螺丝脱落，使接线柱与接线盒金属壳体发生接触是造成整机外壳带电、导致用户触电的主要原因，用户自行加工的外壳开口方孔不是造成电机接线盒内接线柱固定螺丝脱落的直接原因。科技事务司法鉴定所依据其检验结果作出司法鉴定书，鉴定结论为：1. 切割机电机接线盒内接线柱固定螺丝脱落，使接线柱与接线盒金属壳体发生接触是造成整机外壳带电，导致用户触电的主要原因。2. 用户自行加工的外壳开口方孔不是造成电机接线盒内接线柱固定螺丝脱落的直接原因。

另外，经查从事鉴定的李某不是科技事务司法鉴定所的司法鉴定人员，张某未依法取得《司法鉴定人员执业证》，而王某和杨某也没有产品质量司法鉴定的执业资格。

经查，省司法厅于 2005 年 9 月 29 日、10 月 22 日、12 月 20 日分三批进行公告，具有鉴定资质的单位名单中有市科学技术咨询服务中心。2006 年 6 月 2 日，省司法鉴定委员会办公室出具证明："经审核批准，市科学技术咨询服务中心（原名为科技事务司法鉴定所）于 2002 年 8 月 14 日取得了《司法鉴定许可证》。2005 年 11 月 30 日，经重新审核，机构名称由'科技事务司法鉴定所'变更登记为'市科学技术咨询服务中心'，鉴定业务范围为科技事务（水利、环保、交通运输、机械设备、计算机、五金、化工、轻工）司法鉴定。"

而市司法局司法鉴定管理处于 2006 年 10 月 24 日出具证明：市科学技术咨询服务中心与科技事务司法鉴定所是同一个单位，司法鉴定专用章统一模式之后的启用时间为 2006 年 7 月 1 日，在名称变更期间，批准该单位一直使用"科技事务司法鉴定所"章至 2006 年 6 月 30 日。2006 年 6 月 6 日，省质量技术监督局出具证明：科技事务司法鉴定所和市科学技术咨询服务中心没有通过省质量技术监督局的审查验收认可。

2005 年 8 月 1 日，潘某、程×向区法院起诉，要求卢某、A 厂共同赔偿 150550.80 元。区人民法院于 2005 年 11 月 19 日作出民事判决：驳回原告潘某、程×的诉讼请求。潘某、程×不服上诉。中级人民法院于 2006 年 5 月 24 日，依照《中华人民共和国民事诉讼法》第 153 条第 1 款第 3 项的规定，判决：一、撤销区人民法院民事判决书；二、A 厂、卢某于本判决生效之日起三日内连带赔偿潘某、程×因程某死亡的死亡赔偿金 57800 元（2890 元×20 年）、丧葬费 1445 元（2890 元/12 月×6 月）、精神抚慰金 30000 元、事故处理及交通费 740 元、文印费 219 元，总计 90204 元；三、驳回潘某、程×的其他诉讼请求。

观点评析

（一）区人民法院认为：根据《消费者权益保护法》第 2 条"消费者为生活消费需要购买、使用商品或者接受服务，其权益受本法保护"的规定，程某系为生产经营而非生活消费购买的产品，故本案争议应为产品质量侵权赔偿纠纷。我国《民法通则》第 122 条规定，因产品质量不合格造成他人财产、人身损害的，产品制造者、销售者应当依法承担民事责任。《产品质量法》第41条第1款规定，因产品存在缺陷造成人身、缺陷产品以外的其他财产损害的，生产者应当承担赔偿责任。产品质量不合格，是指产品存在缺陷，存在危及人身、他人财产安全的不合理危险；产品有保障人体健康，人身、财产安全的国家标准、行业标准的，是指不符合该标准。A厂生产的BQJ－12型、BQJ－12A型混凝土空心板专用切割机的生产标准，经当地县以上质量技术监督部门确认，同时依该企业标准生产的上述产品经质检中心检验，均为合格产品，且经国家工商局商标局核准使用祥鸽牌商标，根据我国《产品质量法》第26条"生产者应当对其生产的产品质量负责。产品质量应当符合下列要求：（一）不存在危及人身、财产安全的不合理的危险，有保障人体健康和人身、财产安全的国家标准、行业标准的，应当符合该标准"。A厂生产的BQJ－12A型切割机，并不存在产品质量不合格造成人身损害赔偿的问题。同时卢某将设备交付程某后已使用达9个月之久，使用中程某未进行维护保养，且擅自改动设备，未按产品说明要求正常接地，故不能认定A厂生产的产品存在缺陷，潘某、程×要求赔偿损失的诉讼请求理由不成立。其认为A厂生产的该切割机铭牌上无产品编号、生产日期的问题，依据《民法通则》、《产品质量法》规定的产品责任，是指产品缺陷造成人身、财产损失的赔偿责任。对生产者的生产经营行为，在生产经营的过程中是否应履行上述相应义务，可由有关工商行政管理部门及产品质量监督部门进行管理，本案不予审理。

（二）中级人民法院认为：A厂生产的、由卢某销售的BQJ－12A型楼板专用切割机，虽经当地县以上质量技术监督部门确认为合格产品，且经工商局商标局核准使用祥鸽牌商标，但并不能排除该切割机在使用过程中出现的其他情况。从鉴定结论看，切割机电机盒内接线柱固定螺丝脱落，使接线柱与接线盒金属壳体发生接触造成整个外壳带电是造成程某死亡的直接原因，而程某在切割机外壳自行加工开口不是造成电机接线盒内接线柱固定螺丝脱落的直接原因，因此可以确定该切割机属缺陷产品，根据《民法通则》第122条规定："因产品质量不合格造成他人财产、人身损害的，产品制造者、销售者应当依法承担民事责任。"《产品质量法》第43条规定："因产品存在缺陷造成人身、他人财产损害的，受害人可以向产品的生产者要求赔偿，也可以向产品的销售者要求赔偿。属于产品的生产者的责任，产品的销售者赔偿的，产品的销售者有权向产品的生产者追偿。属于产品的销售者的责任，产品的生产者赔偿的，产品的生产者有权向产品的销售者追偿。"因此，A厂、卢某对程某死亡所造成的经济损失应承担连带赔偿责任。现潘某、程×请求赔偿各项经济损失159938.50元，其中符合法律规定的合理部分，本院予以支持，部分赔偿请求因无法律依据，本院不予支持。

（三）笔者认为，中级人民法院民事判决主要采信科技事务司法鉴定所的司法鉴定，认定 A 厂生产的切割机属缺陷产品，是造成程某触电死亡的直接原因。该判决认定事实错误。

1. 关于该科技事务司法鉴定所的产品质量司法鉴定资质问题

根据我国《产品质量法》的有关规定，该科技事务司法鉴定所不属于质检局质检部门或其授权部门；而且，省质量技术监督局于 2006 年 6 月 6 日出具证明证实：该科技事务司法鉴定所和市科学技术咨询服务中心没有依照我国《产品质量法》第 19 条的规定，通过省质量技术监督局的审查认可（验收），并证明该科技事务司法鉴定所未办理计量认证合格证书。因此，该科技事务司法鉴定所和市科学技术咨询服务中心依法不具有产品质量司法鉴定资质。

2. 关于司法鉴定人的合法性问题

在该司法鉴定书中签字的鉴定人有李某、张某、王某和杨某。根据《司法鉴定机构登记管理办法》第 31 条，"司法机关和公民、组织可以委托列入司法鉴定人和司法鉴定机构名册的司法鉴定机构及司法鉴定人进行鉴定……"又根据该办法第 3 条"……司法鉴定人应当在一个司法鉴定机构中执业"。而李某不是该科技事务司法鉴定所的司法鉴定人员，张某未依法取得《司法鉴定人员执业证》，而王某和杨某也没有产品质量司法鉴定的执业资格，且杨某没有到现场参加鉴定。因此，该司法鉴定中的司法鉴定人没有法定产品质量司法鉴定资格。

科技事务司法鉴定所没有产品质量司法鉴定资质、司法鉴定人没有法定司法鉴定资格，其作出的该司法鉴定没有法律效力。中级人民法院在 A 厂对鉴定主体资格和程序提出异议的情况下，仍然依据该司法鉴定作出民事判决，该判决不当。

相关知识链接

一、相关法律法规

1. 《产品质量法》第 48 条："仲裁机构或者人民法院可以委托本法第十九条规定的产品质量检验机构，对有关产品质量进行检验。"

2. 《产品质量法》第 19 条："产品质量检验机构必须具备相应的检测条件和能力，经省级以上人民政府产品质量监督部门或者其授权的部门考核合格后，方可承担产品质量检验工作。法律、行政法规对产品质量检验机构另有规定的，依照有关法律、行政法规的规定执行。"

二、相关理论知识

本案涉及产品质量的司法鉴定的有关问题。

产品质量鉴定是指省级以上质量技术监督行政部门指定的鉴定组织单位，根据申请人的委托要求，组织专家对有质量争议的产品进行调查、分析、判定，出具质量鉴定报告的过程。

质量鉴定有以下几个特征：

一是只有省级和国家质量技术监督行政部门可以接受质量鉴定申请。质量鉴定由上述质量技术监督行政部门指定鉴定组织单位组织实施。

二是质量鉴定是针对争议产品而言，没有争议的产品质量鉴定，本办法不适用。

三是质量鉴定的产品状况多是已经磨损、损坏、失去使用性能的产品。因此，将鉴定产品的内在质量状况与合同或产品标准要求比较，不能说明产品的质量问题是什么原因、由谁造成的，故产品质量鉴定是一项对产品质量问题的"诊断"工作，它区别于仲裁检验。

四是由于上述特征，质量鉴定的技术工作由质量鉴定单位组织技术专家进行，由专家组对产品进行调查、分析、判定，出具质量鉴定报告。

（案件来源：湖北省人民检察院；整理人：田圣斌）

八十五、鉴定结论的效力

⌜ 争议焦点 ⌟

1. 原、被告在履行建筑施工合同中签订的补充协议是否有效；
2. 鉴定结论的效力。

⌜ 基本案情 ⌟

1997 年 3 月 15 日，Y 公司（被告）与建安公司（原告）签订了《综合楼建筑安装施工合同》，约定由原告承建被告的综合楼一栋，共六层，从正负零开始施工，工期 180 天。按实际建筑面积每平方米 428 元的价格结算工程款，新增项目按九四定额据实结算。二层盖板时付 10 万元，三层以上按形象进度款的 70% 付款，余款在工程完工后两个月内付清。乙方（原告）向甲方（被告）付信誉金 4 万元，甲方于四楼盖板后退还。合同签订后，被告于同年 3 月 18 日通知原告进场施工。原告遂组织人员、设备进场施工，并于同年 3 月 26 日向被告交纳信誉金 4 万元。同年 4 月 10 日，双方又签订了一份补充协议，约定甲方（被告）应按工程进度付款，如在十日内未能及时支付，乙方（原告）有权停工，并可将已做完工程留置抵押，工期顺延，停工损失由甲方承担。协议签订后，原告依约施工至第三楼主体完工。由于被告仍未支付工程款，原告于同年 7 月 9 日停工并向被告发出请求停止通知书，但被告书面答复不同意停工。同年 10 月 8 日，经协商，双方又签订了一份协议书，约定：乙方（原告）带资做完四楼，被告尽量支付现金 18 万元；乙方取得一定的资金后进行一至四楼装修的全部工程；交付使用前，甲方不能支付工程款的 50%，则乙方可变卖房产抵付工程款。同时，甲方提供 D 公司 700 平方米的土地证、房产证和城市规划许可证作为工程保证。同年 11 月 8 日，原告收到 D 公司以刘某名义办理的 700 平方米的土地证一份、市城市规划许可证一份、已办理的 D 楼房产证一份。但因被告没有资金支付，双方又于同年 11 月 5 日签订了用该工程抵付工程款的协议，约定该工程做到三层封顶完工，产权归乙方所有，乙方付给 Y 公司正负零以下工程款 20 万元。该协议双方未履行，后纠纷未决而诉至法院。

中级人民法院开庭审理查明，自 1996 年 3 月至 1997 年 10 月，原告向被告交纳信誉金 4 万元，垫付工程款 9000 元，垫付砖款 6550 元，为 Y 公司提供水泥折价 1200 元，垫付餐费 3923 元。上述款项均有被告出具的单据为证，并经当庭质证认可。1998 年 1 月至 6 月，原告取得被告五套房屋抵付工程款 318364.42 元，并到房产管理部门办理了房屋产权证。被告综合楼由原告所完成部分的工程造价为 517921.6 元，原告停工至 1997 年 11 月 5 日的经济损失为 175312 元。被告所建综合楼所占土地是第三人 W 公司以吴 X、吴 Y、刘 X 三人名义于 1995 年 2 月 16 日从 Z 私营经济园征用，并以该三人的名义发放了用地通知书。以上事实被告 Y 公司和第三人 W 公司均表示认可，并有 Z 私营经济园管委会的证明。吴 Y 对上述事实表示确认，他们个人没有出资购买土地。因该工程仅完工一部分，且 Y 公司提出工程质量有问题，无法按该标准计算工程造价，法院司法技术处联合市建筑工程审价事务所对已完工程造价、工程质量及对停工期间损失作出鉴定结论，工程款按实际完成的工程量依据国家有关规定据实结算。

中级人民法院民事判决书认为：原、被告之间于 1997 年 3 月 15 日签订的建筑承包合同和同年 4 月 10 日签订的补充协议是双方真实的意思表示，且内容合法，属有效合同。而其他补充协议因内容违反国家有关规定及被告超越权限等原因应认定无效。被告在合同履行过程中，长期不依约向原告支付工程款，造成原告停工，在原告发出请求停工的通知后又不同意原告停工，造成原告人工、机械闲置，损失进一步加大，被告的违约行为给原告造成的经济损失依法应予赔偿；现鉴于被告无资金继续履行合同所规定的义务，双方所签订的施工合同应终止履行。原告已完成的工程造价因原合同中约定的每平方米428元是整个工程完工后的平均单价，现工程仅完工一部分，无法按该标准计算工程造价，因而应按实际完成的工程量依据国家有关规定据实结算。本院司法技术处联合市建筑工程审价事务所对已完工程造价的鉴定结论及对停工期间损失的鉴定结论应予认定。被告所收取的信誉金及原告垫付的款项依法应由被告返还。被告Y公司所建综合楼占用的土地是第三人D公司提供的，双方的行为应视为共建关系，因此第三人D公司应与被告Y公司共同承担该工程款的支付责任及对所造成的损失的赔偿责任。第三人吴X、吴Y、刘X与本案没有利害关系，不应承担相应责任。原告已收取了五套房屋的使用权，应按取得时房屋的市场评估价折抵工程款，剩余的款项视为拖欠的工程款，应按人民银行发布的同期贷款利率计算利息损失。

2000年12月5日，中级人民法院判决：原、被告之间签订的建筑施工合同和补充协议终止履行，由Y公司和第三人W公司共同支付建安公司拖欠工程款及赔偿损失共计435542元。

观点评析

该民事判决书认定部分事实不清，适用法律错误，其理由是：

（一）该判决认为"其他补充协议因内容违反国家有关规定及被告超越权限等原因应认定无效"，该认定没有法律依据。双方签订的合同及补充协议是双方真实意思表示，且并未违反法律和行政法规的规定，因此不具备构成合同无效的要件，应认定其有效。

（二）关于该判决所采信的司法鉴定书是否具有法律效力的问题，本案中涉及的鉴定部门虽然不具有国家认可的鉴定资质，但当事人并未要求重新鉴定，因此法院对其鉴定结论予以采信并无不当。

相关知识链接

一、相关法律法规

1.《合同法》第3条："合同当事人的法律地位平等，一方不得将自己的意志强加给另一方。"

2.《合同法》第 4 条:"当事人依法享有自愿订立合同的权利,任何单位和个人不得非法干预。"

3.《合同法》第 5 条: "当事人应当遵循公平原则确定各方的权利和义务。"

二、相关理论知识

在审判实践中,对于鉴定结论的证明力问题存在诸多认识上的误区,导致有些法官对鉴定结论盲目采信或重复鉴定等问题。

1. 鉴定人对待证事实中有关法律性问题所作的定论,一般不具有证明力

人民法院在审理案件过程中,如果案件中的法律事实所涉专门性知识问题超出了法官的认识范围,法官对该问题很难作出正确的认识和判断。为了弥补法官在专门性知识方面的空缺,查明案件事实,依据有关法律规定,可以委托或指定有关鉴定机构进行鉴定。鉴定结论是一种法定证据形式,是为证明案件真实情况服务的。所以,鉴定人应围绕着证明待证法律事实进行鉴定活动,有关待证法律事实通过鉴定得到确认后,将引起何种民事法律后果(即民事法律关系、民事法律责任),需要法院依据全案情况、其他证据和相关法律规定等予以确认。故鉴定人只要就待证法律事实中涉及的某些专门性知识问题作出鉴别和判断,就完成了其鉴定使命,无须也无权就案件中的法律性问题作出定论。否则,将本末倒置,鉴定人将成为实际的裁判者。

这将违背设立鉴定制度的初衷,所以,鉴定结论对有关法律性问题作出的结论性意见,只能作为参考,对法院裁判不具有约束力。但对某些特殊知识领域的问题,法院要求鉴定机构对待证事实的有关法律性问题作出结论性意见,当事人又不能提出有效证据或充分的理由反驳的除外。如前述案件中,大楼开裂的原因是一个事实判断问题,鉴定人对此所作的结论性意见应属于证据范畴,而对于当事人是否有过错、责任如何划分则是一个法律判断问题,不属于证据的范畴。鉴定人对此作出鉴定意见就超出了其职能范围,法官裁判时应不受其约束。

2. 级别高的鉴定机构所作出的鉴定结论的证明力,不一定强于级别低的鉴定机构所作的鉴定结论

目前,在我国鉴定机构的设置中,虽存在部属、省级、地市级设立的鉴定机构,但它们之间没有隶属关系,既不是领导与被领导关系,也不是指导监督的关系。当事人对级别低的鉴定机构作出的鉴定结论不服,不可以向级别高的鉴定机构申请复议或复查等。因为鉴定结论是一种法定证据,类似于证人证言,而作出该"证人证言"的证人即鉴定人地位是相同的,并无等级之分。

鉴定结论能作为证据是依据其鉴定内容的客观性、可靠性和准确性来决定的。故不能以鉴定机构的级别高低来确定鉴定结论的客观性、可靠性与准确性，更不能按照鉴定机构的等级来给鉴定结论在其证明力上划分等级或确立强弱。但在审判实践中存在一些误解，认为有部级、省级、地市级设立的鉴定机构，就应有上下级之分。既然有上下级之分，当然下级应当服从上级。导致有些法官在当事人对鉴定结论不服时，即盲目委托级别高的鉴定机构进行重新鉴定，继而无条件地将所得鉴定结论作为裁判依据；当若干个鉴定机构所出具的鉴定结论相互矛盾时，即采用级别较高的鉴定机构所出具的鉴定结论。这种做法不符合确定证据的客观实际标准，于法无据。所有鉴定结论必须进行质询、质证，经过审查、核实、综合分析，才能确定其证明力，才能作为证据使用。

3. 鉴定结论的证明力并不当然优于其他证据的证明力

鉴定结论在证据种类中具有其特殊性，有些人认为鉴定结论的证明力当然优于其他证据的证据力。其实不然，各种形式的证据尽管种类不同，但是，它们都在其运用的范围内发挥着不可替代的作用。鉴定结论不过是认定案件事实的证据之一，而不是唯一的证据，必须与案件中其他证据联系起来进行对照分析，才能对待证事实作出正确判断。鉴定结论在形成过程中有时会因为鉴定人的主观或客观的原因产生一些偏差，如鉴定所采用的方法以及使用的仪器、设备、物质材料是否正确可靠，鉴定过程中是否违反检验所必须遵循的程序和原理。如果有偏差，则对鉴定结论影响极大，有时甚至会导致错误的鉴定结论；如果鉴定人查阅案卷材料以及询问当事人、证人等一旦出现偏差或失误，也可能导致错误结论的产生；在鉴定活动中，鉴定人如果受到了来自外界的压力、情感的困扰、物质或金钱的诱惑等干扰，对其认识能力的发挥与运用，往往会起到导向作用，并对鉴定的认识过程和结果产生负面影响。而鉴定机构设置混乱，没有形成体系，在立法上对鉴定机构出具错误的鉴定结论，缺乏有效的制衡机制。

4. 审查鉴定结论的证明力应重视适用专家辅助人制度

目前，在司法实践中对鉴定结论的审查一般采取以下方式：1. 审查鉴定机构和鉴定人员是否具有鉴定资格和鉴定能力，鉴定人员是否存在《民事诉讼法》所规定的应回避的情形；2. 审查检材、样本或与鉴定对象有关的其他鉴定材料是否符合鉴定条件；3. 审查鉴定结论的论据是否充分，推理是否合理，论据与结论之间是否存在矛盾；4. 审查鉴定人所适用的技术设备是否先进，采取的方法和程序是否规范、实用，技术手段是否有效、可靠；5. 审查鉴定人在鉴定过程中涉及检验、试验的程序规范或者在检验方法上是否符合有关行业标准化的要求。但是，由于当事人及其诉讼代理人对有关专门性知识认识能力的欠缺，上述审查其实只能是对鉴定结论作了形式上的审查。但仅作形式上的审查，很难对鉴定结论的证明力作出正确的评估。

我国《民事诉讼法》规定，证据必须经过法庭质证才能作为定案根据，应该说这是对鉴定结论作实质审查的一种措施。但在司法实践中，鉴定人几乎不出庭，当事人对鉴定结论的质疑几乎不起作用；即使鉴定人出庭接受质询，由于当事人及其委托代理人对专门性知识的缺乏，很难切中要害提出支持自己主张的反驳理由。鉴定人明显处于优势地位，往往是鉴定人说了算，对鉴定结论的质证流于形式。法官很难通过质证对鉴定结论有新的认识，为了避免承担责任常采取重新鉴定的措施。但重新鉴定并不是进一步查明有关待证事实的有效手段，重新鉴定并不能完全排除鉴定过程中存在的弊端。

笔者认为，专家辅助人制度的适用应是最有效的审查鉴定结论证明力的机制。如果当事人聘请具有相关专业知识的专家出庭，就可以在当事人及鉴定人之间就专门性知识问题确立一种对抗性机制。认为鉴定结论对其不利的一方当事人，通过其聘请的专家，对鉴定人的资格、经验、送检材料，采用的设备、仪器，采用的鉴定方法、鉴定程序以及遵循的原理等诸方面提出质疑；而作为对抗方的另一方当事人，认为鉴定结论对其有利时，则尽量援引有关可靠的信息来增加鉴定结论的可信度。专家证人还可以对鉴定人员进行交叉询问。法官借助专家们对鉴定事项的攻击与反攻击，就能对鉴定结论有一个客观的了解，在此基础上再对鉴定人及专家证人进行补充性询问，就能使鉴定结论的证据力充分显现出来。专家辅助人制度的适用，将给鉴定人形成一种压力，能促使鉴定人提高责任心。

（案件来源：湖北省人民检察院；整理人：田圣斌）

八十六、鉴定结论的审查和其证明力

争议焦点

1. 对鉴定结论的审查以及鉴定结论能否直接作为定案证据的问题。

2. 叶某主张权利是在"1998 年 4 月 30 日"，还是在"1998 年 4 月之前"，关系到诉讼时效的认定。

基本案情

申诉人（原审原告）叶某供应西服给对方当事人（原审被告）柳某、李某至1998年初。柳某、李某欠叶某西服货款，叶某多次催要未果，1998年4月到市公安局水上分局报案，称柳某、李某诈骗其西服货款17万元，水上分局进行审查后认为是经济纠纷而未立案。在此期间，柳某、李某在一张1998年4月30日书写的欠叶某西服款17万元的欠条上签名并捺了手印。2000年4月24日，叶某起诉至区人民法院，要求柳某、李某给付该货款及利息。

区人民法院委托中级人民法院诉讼证据鉴定所对该欠条上的书写时间进行了鉴定，鉴定结论为：欠条上的书写时间"1998年4月30日"中"4"字由"2"改写形成。据此，确认该欠条是在1998年4月之前由柳某、李某出具。

区人民法院2000年10月20日作出（2000）J经初字第353号民事判决，依据《中华人民共和国民法通则》第135条的规定，判决驳回原告的诉讼请求。

叶某不服，向人民检察院申诉。经抗诉，中级人民法院指令J区人民法院再审。

区人民法院再审，依据《中华人民共和国民法通则》第106条第1款、第140条，《中华人民共和国民事诉讼法》第128条的规定，于2001年9月4日作出（2001）J经再字第4号民事判决：1. 撤销J区人民法院（2000）J经初字第353号判决；2. 原审二被告支付原审原告货款17万元，于判决生效后十日内支付给原审原告；3. 原审二被告支付原审原告利息（利息按拖欠货款17万元，以同期银行贷款利息计算，从1998年5月1日起算至给付之日止），于判决生效后十日内支付给原审原告。

观点评析

（一）人民法院一审认为：原、被告间的购销关系成立，原告供货，被告应及时给付货款，但原告供货后未及时收款，原告也无证据证实在其起诉前的二年诉讼时效期内主张了权利，故原告的起诉已超过了诉讼时效，原告的诉讼请求应予驳回。原告主张欠条确系被告于1998年4月30日由被告所出具，因证据不足，本院不予支持。

（二）人民检察院经审查认为，区人民法院对本案的一审判决有以下错误：

1. 认定申诉人叶某的诉讼请求超过诉讼时效错误。申诉人叶某为追回对方当事人柳某所欠的西服款，在 1998 年 4 月份到市公安局水上分局报案，当时承办该案的警员董某某、骆某某均能够证实。柳某当时所在辖区派出所干警王某某也证实：1998 年 5 月上旬柳某向他反映因经济纠纷被市公安局水上分局传唤，从市公安局水上分局出来后，被叶某等人逼着写了一张 17 万元的欠条。从以上证据可以看出欠条上的时间应是 4 月而不是 2 月。

2. 欠条的时间是 1998 年 4 月 30 日，如果是 2 月则不可能有 30 日。这是众所周知的事实。

（三）区人民法院经再审认为：原审被告欠原审原告的货款 17 万元未及时给付属实，欠条上的书写时间应为 1998 年 4 月 30 日，原审判决所依据的鉴定结论错误，况且原审原告叶某于 1998 年 4 月向市公安局水上分局报案，证明叶某已主张自己的权利，诉讼时效中断，故叶某的诉讼请求没有超过二年的诉讼时效。原判认定诉讼时效错误。

鉴定结论作为民事诉讼证据的种类之一，必须要有其他证据来相互印证，来确定是否是案件事实的客观反映，从而作为认定事实的依据。叶某于 1998 年 4 月向市公安局水上分局举报柳某、李某诈骗货款，证明叶某未放弃权利，故其诉讼时效中断。柳某、李某写的欠条是从市公安局水上分局出来后写出的，书写日期 1998 年 4 月 30 日中的 "4" 字虽有涂改迹象，但原审中，原、被告提供的二个公安部门的证明，均将写欠条的时间指向 "4" 月份。原审仅以欠条上书写日期中的 "4" 字是由 "2" 改写形成的这一笔迹鉴定结论，而认定原审原告诉讼时效超过二年，且未将本案的其他证据进行综合分析，是片面认定事实的错误。

相关知识链接

一、相关法律法规

1.《民法通则》第 106 条第 1 款："公民、法人违反合同或者不履行其他义务的，应当承担民事责任。公民、法人由于过错侵害国家的、集体的财产，侵害他人财产、人身的，应当承担民事责任。"

2.《民法通则》第 140 条："诉讼时效因提起诉讼、当事人一方提出要求或者同意履行义务而中断。从中断时起，诉讼时效期间重新计算。"

3.《民事诉讼法》第 128 条："法庭辩论终结，应当依法作出判决。判决前能够调解的，还可以进行调解，调解不成的，应当及时判决。"

二、相关理论知识

由于司法鉴定结论在定案中的特殊地位，加之我国没有统一的法律、法规规范司法鉴定机构的设置、运行机制等问题，使得司法实践中一案所争议的焦点有数份司法鉴定结论成为司空见惯。

一案出现数份司法鉴定结论，不仅加大了诉讼成本，使办案时间迟延，影响了案件的审结效率，尤其影响了法律的权威性和严肃性，影响了法院在公众心目中的形象。

2002 年底，全国人大常委会审议了《关于司法鉴定管理问题的决定（草案）》，但是该决定（草案）只规定了国家对司法鉴定人员和鉴定机构的管理，不涉及诉讼问题。各鉴定机构之间没有隶属关系，鉴定人和鉴定机构接受委托从事鉴定活动，不受地域范围的限制，这使鉴定结论的无序性得到法律的认可，也使审判中一案数份鉴定结论导致其效力认定难的问题更加严重。

（案件来源：湖北省武汉市人民检察院；整理人：田圣斌，肖跃进）

八十七、医疗事故鉴定结论的证明力

争议焦点

医疗事故鉴定结论是否具有证明力？

基本案情

2001 年 5 月 4 日，杨某因交通事故致左骨骨颈、股骨干骨折，入住 A 医院治疗。同年 5 月 10 日，A 医院对杨某进行"左骨骨颈、股骨干开放复位＋内固定术"。术后两个月，经拍 X 片诊断为：部分骨质吸收、螺钉退出，需请专家教授会诊。2001 年 7 月 21 日，A 医院请 X 医院骨科主任 X 教授会诊，诊断为：股骨颈骨折不愈合，股骨颈吸收，骨折移位，并于次日对杨某进行"股骨颈骨陈旧性骨折复位＋固定术＋带蒂骨块移植手术"。术后于 7 月 27 日拍 X 片显示：左股骨骨颈陈旧性骨折行钢钉内固定术后，片示诊断端对位线尚可，股骨颈短缩，沈通氏线欠佳，少许骨痂，伴轻度骨折疏松症。2002 年 12 月 18 日，杨某到市中心医院进行 X 线检查，诊断为"左侧创作性髋关节炎，左骨骨颈骨折合并左股骨头坏死，建议切除内固定及人工髋关节置换术"。2003 年 1 月 16 日，杨某所在的市卫生局委托市医学会对杨某病案进行了医疗事故鉴定，该医学会于 2003 年 11 月 21 日作出鉴定结论，认为本病案不属于医疗事故；杨某不服，市卫生局又委托省医学会对此病案进行鉴定。经市卫生局证明，两次申请均系患方向市卫生局提出申请，并由患方提交了市中心医院 X 线检查报告单复印件及诊断证明复印件三份，A 医院提交了患方病历原件。杨某以 A 医院所提交鉴定的材料中缺少八张 X 线片，与 A 医院对鉴定所依据的材料未达成一致意见，省医学会于 2005 年 6 月 1 日作出了中止医疗事故技术鉴定程序的决定，并告知自收到该决定之日起 90 日内若中止因素不能消除，鉴定程序自动转为终止。2005 年 9 月 12 日，杨某诉至法院要求 A 医院赔偿医疗费34324.40 元、鉴定费 2400 元、交通费 865.60 元、打印费 100 元、营养费11700 元、二次手术费 60000 元、函授学费 2150 元，共计 145285 元。法院审理过程中，杨某于 2005 年 12 月 22 日在 X 医院行"左人工髋关节置换术＋左股骨钢板固定取出术"，于 2006 年 1 月 6 日出院，该院建议其术后休息半年。杨某向法院申请变更诉讼请求，要求对此手术中支付的医疗费69173.81 元、购药费 598.50 元、救护车费 300 元、进餐费 75 元、交通费140 元予以支持。

另外，法院查明：杨某在 A 医院住院治疗期间的医疗费为 25313.90元，已支付 19100 元，尚欠 6213.90 元未支付。

一审判决：一、A 医院赔偿杨某医疗费 69173.81 元、购药费 8603.50元、鉴定费 2400 元、交通费 1005.60 元、救护车费 800 元、打印费 100 元、进具费 605 元，共计 82687.91 元；二、驳回杨某的其他诉讼请求；三、杨某支付 A 医院医疗费 6213.90 元。上述第一、三项相冲抵后，A 医院支付杨某 76474.01 元。于判决生效后十日内付清。

杨某及 A 医院均不服，提出上诉。中级人民法院依照《中华人民共和国民事诉讼法》第 153 条第 1 款第 1、2 项、《医疗事故处理条例》第 50 条之规定，判决：（一）A 医院赔偿杨某医疗费 69173.81 元、购药费 8603.50 元、鉴定费 2400 元、交通费 1005.60 元、救护车费 800 元、打印费 100 元、进具费605 元，共计 82687.91 元；（二）维持一审判决第二、三项；（三）医院赔偿杨某医疗费 69173.81 元、护理费 12000 元、住院伙食补助费 10800 元、购药费 8603.50 元、鉴定费 2400 元、交通费 1005.60 元、救护车费 800 元、打印费 100 元、进具费 605 元，共计 105487.91 元；与杨某未支付 A 医院的6213.90 元医疗费相冲抵后，A 医院支付杨某 99274.01 元，于判决生效后十日内付清。

观点评析

（一）一审法院认为：杨某因伤入住 A 医院，医院对其术后两个月，发现用于内固定的两枚螺钉退出，又进行二次手术，其后又发现杨某左骨头缺血性坏死。经市医学会鉴定认为不属于医疗事故，但在鉴定时医院所提交的鉴定材料缺少八张 X 片，对此鉴定结论法院不予采信。A 医院应承担举证不能的法律后果，推定其在对杨某的治疗过程中存在过错，应承担相应的责任。对于杨某请求 A 医院的与本案有关的、提供了充分证据证明的费用予以支持。A 医院反诉杨某偿付拖欠的医药费的诉讼请求，应予支持。

（二）中级人民法院认为，杨某因伤入住医院，经过一段时间的治疗后，出现了左侧创作性髋关节炎，左股骨胫骨折合并左股骨头坏死。医院未能举出充分证据证明其在诊疗过程中无过错，以及诊疗行为与损害后果之间无因果关系，即应当承担举证不能的不利后果，赔偿因其诊疗不当给杨某造成的经济损失。医院提出，缺少 X 光片不影响医疗事故鉴定，原判不采信市医学会的医疗事故技术鉴定，而推定其在过程中存在过错不当的上诉理由与事实不符，不予采信。杨某上诉提出，原判决未支持其误工费、护理费、营养费不当，请求二审改判赔偿其误工费、护理费、营养费（住院伙食补助费），因医院诊疗不当，导致杨某长期住院治疗，医院应赔偿相应的护理费和伙食补助费。因无证据证明其存在误工损失，本院对其要求赔偿误工费的主张不予支持。综上，原审判决认定事实清楚，证据确定，审判程序合法，但未判决赔偿杨某的护理费和营养费不当。

（三）笔者认为，中级人民法院在没有查明案件事实的情况下就直接推定医院举证不能并判决其承担全部责任不当。

其一，医院已举证证明其对杨某的治疗并无过错。2003 年 1 月 16 日，经杨某申请，市卫生局委托市医学会对该病案进行了医疗事故鉴定，该鉴定结论认为本案不属于医疗事故。杨某后来向省医学会提出鉴定申请，省医学会终止鉴定程序不是由于缺少 X 光片不能做出鉴定，而是由于双方未达成一致意见所致，其终止决定不能认定为医院举证不能。

其二，本案具有极强的专业性，应由国家专门机构予以认定。本案杨某的伤情是多方因素综合作用的结果，既有医疗技术水平方面的原因，也与其自身身体条件以及在交通事故中所受创伤较重有关，因此需要有明确的鉴定结论来作为定案的依据。本案医疗事故技术鉴定书虽作出了不构成医疗事故的鉴定结论，但未对缺少的 X 光片是否影响鉴定结论作出回答。依据《最高人民法院关于民事诉讼证据的若干规定》第 27 条的规定，对于有缺陷的鉴定结论，可以通过补充鉴定、重新质证或者补充质证等方法解决。因鉴定结论直接影响到案件结果，中级人民法院应依据该规定对有缺陷的鉴定结论进行补充鉴定。

相关知识链接

一、相关法律法规

1.《最高人民法院关于民事诉讼证据的若干规定》第 27 条："当事人对人民法院委托的鉴定部门作出的鉴定结论有异议申请重新鉴定，提出证据证明存在下列情形之一的，人民法院应予准许：

（一）鉴定机构或者鉴定人员不具备相关的鉴定资格的；

（二）鉴定程序严重违法的；

（三）鉴定结论明显依据不足的；

（四）经过质证认定不能作为证据使用的其他情形。

对有缺陷的鉴定结论，可以通过补充鉴定、重新质证或者补充质证等方法解决的，不予重新鉴定。"

2.《最高人民法院关于民事诉讼证据的若干规定》第 28 条："一方当事人自行委托有关部门作出的鉴定结论，另一方当事人有证据足以反驳并申请重新鉴定的，人民法院应予准许。"

二、相关理论知识

鉴定结论是鉴定人依据科学知识对案件中的有关专门性问题所作的分析、鉴别和判断，是表述判断意见而不是陈述事实情况，其证据力的产生所依据的是科学技术方法而不是对有关情况的回忆。

我国常用的刑事技术鉴定主要有：

（1）法医鉴定。即运用法医专门知识，对尸体与活体及其分泌物、排泄物等有关问题所作的鉴别与判断。其中包括基因鉴定、死因鉴定、伤害鉴定、血型鉴定等。

（2）司法精神鉴定。即确定被鉴定人是否患有精神病及其程度，从而确定鉴定对象的责任能力和行为能力。

（3）痕迹鉴定。即对与案件有关的指纹、脚印、交通工具印痕、犯罪工具破坏痕迹、弹头及枪支膛线等，与嫌疑人和嫌疑物的相应部位进行对比，作出是否同一的鉴定结论，以确定犯罪人和作案工具等。

（4）笔迹鉴定。即运用笔迹检验的专门知识，将证据材料的有关笔迹与嫌疑人的笔迹进行对照，作出笔迹是否涂改、伪造或是否同一的结论，以确定作案人及其作案手段。

（5）司法会计鉴定。即对与案件收支是否平衡以及资金的流转等进行鉴定，以帮助司法人员查明是否有经济犯罪情况等。

（6）毒物和司法化学鉴定。即通过对可疑物质、药品、毒物进行分析化验，认定被检验物的成分、含量、作用等。

（7）一般技术鉴定。即对案件中涉及工业、农业、交通运输、航空、建筑等各种专门技术问题进行鉴定，以确定事故以及其他特定事件发生的性质、原因与后果等，为确定责任事故以及其他违法犯罪行为提供依据。

对鉴定结论的判断和使用应当注意两点：

其一，鉴定结论不能因其所具有的科技性而获得预定的证明效力。由于主客观原因的影响和限制，鉴定结论不排除出错的可能。所以还需要对其进行质证。

其二，鉴定结论只应回答专业技术问题，不能回答法律问题。

（案件来源：湖北省人民检察院；整理人：田圣斌）

八十八、交通事故责任认定书的证明效力

◤ 争议焦点 ◥

交通事故责任认定书的证据效力问题及人民法院认定其效力的程序问题。

◤ 基本案情 ◥

2006 年 9 月 12 日上午，何某驾驶畜力马车由 N 镇拉"蜂窝煤"返回 M 村，行至 H 村路段，雷某驾驶无牌、无证手扶拖拉机由 N 镇返回 J 村，从后面同向行驶超越畜力马车的时候，突然向道路右侧行驶，致使手扶拖拉机的机头撞向何某的马车，造成何某在两车之间被挤而当场死亡。县交警大队以 20060074 号事故责任认定书认定何某承担事故主要责任，雷某承担次要责任。2006 年 10 月 10 日，何某的子女何 X 等人诉至县人民法院，请求人身损害赔偿。同年 11 月 18 日，县人民法院公开审理，依法作出〔2006〕G 民初字第 1010 号判决：被告雷某赔偿何 X 等人人民币 56942 元，减除已支付的 5000 元，实际应给付 51942 元；案件受理费 2310 元，诉讼其他费用 500 元，计 2810 元由被告雷某承担。

观点评析

（一）本案交通事故责任认定错误，雷某应当负全责。

国家对机动车辆实行登记制度，机动车经公安交通管理部门登记后，方可上路行驶。尚未登记的机动车需要临时上道路行驶的，应当取得临时通行牌证。机动车驾驶人应依法取得机动车驾驶证。本案被告在未取得驾驶资格的情况下，违法驾驶无牌证机动车上路，在超越畜力马车时与之相撞，酿成车祸，导致事故发生，依法应当承担事故的全部责任，全额赔偿造成何某死亡的损害后果。

（二）人民法院审理本案时，该交通事故责任认定书只是1个证据材料，在与其他事实不一致的情况下，该认定书不能作为认定案件的依据。

相关知识链接

一、相关法律法规

1.《道路交通安全法》第76条第1款："机动车发生交通事故造成人身伤亡、财产损失的，由保险公司在机动车第三者责任强制保险责任限额范围内予以赔偿。超过责任限额的部分，按照下列方式承担赔偿责任：（一）机动车之间发生交通事故的，由有过错的一方承担责任；双方都有过错的，按照各自过错的比例分担责任。（二）机动车与非机动车驾驶人、行人之间发生交通事故的，由机动车一方承担责任；但是，有证据证明非机动车驾驶人、行人违反道路交通安全法律、法规，机动车驾驶人已经采取必要处置措施的，减轻机动车一方的责任。交通事故的损失是由非机动车驾驶人、行人故意造成的，机动车一方不承担责任。"

2.《最高人民法院关于审理人身损害赔偿案件适用法律若干问题的解释》第17条第2款："受害人因伤致残的，其因增加生活上需要所支出的必要费用以及因丧失劳动能力导致的收入损失，包括残疾赔偿金、残疾辅助器具费、被扶养人生活费，以及因康复护理、继续治疗实际发生的必要的康复费、护理费、后续治疗费，赔偿义务人也应当予以赔偿。"

二、相关理论知识

人民法院在各类诉讼案件的审理中，常遇到与案件相关的作为证据出现的具体行政行为的证据效力审查认定问题，如刑事诉讼中由公安机关出具的被告人年龄证明的证据效力问题，涉及房地产的民事纠纷中行政机关颁发的房地产权属证的证据效力问题，认为颁发房产证侵权的行政诉讼案件中的土地使用权证及建设规划许可证的证据效力问题等。有的学者将之称为证据性或事实性行政附属问题，以与行政立法类的法律性行政附属问题相区别。在审判实践中，许多法官基于具体行政行为均具有公定力，及对其合法性审查属于行政审判范畴的偏颇观念，往往中止本诉案件的审理，建议当事人通过行政诉讼先行解决附属行政问题，或不加鉴别地依该具体行政行为作为裁判的依据。这种习惯性处理方式，与理论上对该问题认识不够及诉讼法上对该问题处理制度欠缺有一定关系。其弊端十分明显：一是易造成诉累，增加不必要的诉讼成本，影响本诉案件裁判效率；二是易形成裁判不公和裁判既判力的不稳定。作为证据出现的具体行政行为之所以形成附属问题，可归结为以下两点：（1）其直接成因是具体行政行为与法院正在审理的本诉案件相关，即其证据效力如何将影响到本诉案件的裁判；（2）其实质成因是具体行政行为具有公定力，一经成立，即具有被推定为合法而要求所有机关、组织或个人予以尊重的法律效力，及人民法院内部对具体行政行为合法性审查的分工和适用特别诉讼程序。从附属证据性行政问题的实质成因看，该问题的实质就是具体行政行为公定力和证据效力的关系问题。

具体行政行为的公定力指具体行政行为一经作出，不论其是否真正合法，即具有被推定为合法而要求所有机关、组织、个人予以尊重的法律效力，除非经法定程序予以撤销或变更。但是，具体行政行为具有公定力，并不意味着其本身真正合法有效，而仅仅是法律上的推定。法律为何赋予具体行政行为公定力，也即具体行政行为公定力来源问题，我国行政法学者与大陆法系行政法学者认识基本一致：其法律根据是法律上关于具体行政行为撤销之诉排他性管辖，即撤销一个具体行政行为必须经相关法定程序；至于设定排他性管辖制度的缘由，大致可概括为该制度合理、科学的特定功能；其实质根据在于国家利益和公共利益至上，保障行政目的早日实现和行政法律关系的安定性。关于具体行政行为的撤销程序，我国法律上规定了行政复议、行政诉讼及申诉和仲裁等；关于具体行政行为公定力的实质根据，在我国法律上亦有一定体现，如我国《行政复议法》第21条、《行政诉讼法》第44条分别规定在复议和诉讼期间不停止具体行政行为执行的原则。明确了具体行政公定力的来源，对于界定公定力的范围，从而顺利解决附属问题，有十分重要意义。

（案件来源：湖北省公安县人民法院；整理人：田圣斌）

八十九、遗产继承和公证效力

争议焦点

房屋产权归属问题。

基本案情

J区C街32号一栋私房系刘Q、刘Z夫妇于解放前自建（二刘先后于1968年、1970年死亡），原为木板结构二层楼房，建筑面积91.6平方米。1956年刘Q将该房的3/4面积出租给曹F一家居住至今。1968年7月，二刘的养子刘Y将该房的1/4（楼下前房一间）典押给朱某居住（另案当事人），典押期三年，押金200元人民币，1980年10月朱某因单位分配了住房，遂将房屋转押给曹F，押金130元。1991年因该房年久失修，出现危险，曹F一家自费维修改建成砖木结构。

1992年5月，李B同其母李Y编造李B祖母李Q（1980年死亡）是刘Q的妻子，并通过C街居委会干部熊J出具证明，骗取J区公证处的公证，J区公证处在1992年6月27日一连出具五个公证书（5014—5018号），从第一个公证证明"本市C街32号木板结构两层楼房一栋产权归刘Q、李Q所有"开始，按照继承财产的顺序依次出具公证书，到最后一个公证书的结论为："被继承人的房屋遗产应由其（注：李Q的儿媳李Y）女儿李B一人继承。"李B凭上述五个继承公证书向J区房地产管理局申办了该房的产权证和土地使用权证。骗得"两证"后，便要求原居住人曹F一家腾退房屋。曹F不服，认为该房根本不是李B祖上遗留下来，二刘现有后代。于是，曹F在1993年6月向J区法院Q法庭主张产权，状告李B。

1993年7月1日，法庭审判员徐某调查，刘J、刘I两人均证明刘Q妻子姓刘，刘Q养子叫刘Y，没听说李G（李B之父）这个人。同年7月6日，徐某在Q法庭调查徐F、刘U，徐F一再声称公公是刘Q，婆婆是刘Z，丈夫刘Y是刘Q的养子，没有叫李G的儿子。徐某便将真相告诉李B，并说光有公证书不行，还需要有过硬书证如档案材料之类。李B在徐某的暗示下，于同年7月16日到E汽渡管理处通过熟人借出其父李G的档案材料，把档案中无任何东西能证明其父与刘 Q 有关系的情况告诉徐某，并将原始档案材料交给徐某看，徐暗示李 B 篡改档案材料。嗣后，李 B 将档案中的履历表家庭成员栏遮盖复印，使之成为空白，后将"继父潘 H"写成"养父刘 Q、养母刘 Z"，又编造李 G 自传 1 份（系复印材料），并交给徐某看。徐某说："字体跟原来不一样，怎么做证据用？"因为，上世纪 50 年代档案用的是繁体字，伪造的档案材料则是简体字。同年 8 月 5 日，李 B 派车和徐某等一道到 E 汽渡管理处，取回了"证据"即上面几份假档案材料。8 月 30 日开庭，曹 F 在庭上一再陈述刘 Q 的妻子叫刘 Z，养子叫刘 Y，不认识李 G。11 月 5 日，曹 F 的代理律师还将记载继父潘 H、母亲李 Q 的李 G 档案材料交给徐某。承办人徐某审查认为曹 F 不具备原告主体资格，动员曹撤诉，并于 11 月 29 日裁定撤诉。诉讼期间，李 B 从新加坡回来，途经香港买了一套价值 1200 多港元的高级西服送给了徐某。

李 B 自知 1992 年公证证明李 Q 乃刘 Q 配偶材料站不住脚，便多次要求刘 Q 的后代徐 F 及 5 个子女"自愿"放弃继承，承认二刘生前收养了两个养子，一个是刘 Y，另一个是李 B 之父李 G，并答应给 1.6 万元人民币作为补偿。徐 F 及其子女在收了李 B 的 1.6 万元钱后，按李的意见出具证词。1994 年 8 月，李 B 又向 J 区公证处重新办了两个公证，即（94）J 证字 5014、5015 号，并撤销了 1992 年骗取的五个公证书，证明刘 Y、李 G 均系二刘的养子，刘 Y 遗有配偶及子女，李 G 遗有配偶及两个儿子均自愿放弃继承权，故 C 街 32 号房屋由李 B 一人继承。

1994 年 9 月 8 日，李 B 向 J 区人民法院 Q 法庭起诉曹 F、杨 W、吴 L、杨 G、吴 J，请求判令曹 F 等人立即腾退 C 街 32 号房屋。

1995 年 11 月 1 日，朱某向 J 区人民法院 Q 法庭起诉李 B。朱某认为自己曾典押 C 街 32 号房屋 3 年，已逾期 10 年，房主未回赎，应视为绝卖，因此主张产权归其所有，要求判令李 B 返还财产。12 月，J 区人民法院以（1995）J 法 Q 民初字第 385 号民事判决书（该案非审判员徐某主审）判决：驳回原告朱某的诉讼请求，C 街 32 号房屋产权归李 B 所有。判决后，朱某不服，提出上诉。1996 年 2 月，中级人民法院以（1996）W 民终字第 53 号民事判决书判决：驳回上诉，维持原判。

审判员徐某主审李 B 诉曹 F、杨 W、吴 L、杨 G、吴 J 腾退房屋纠纷案。根据《中华人民共和国民法通则》第 6 条之规定，于 1994 年 11 月 6 日以（1994）J 民初字第 323 号民事判决书判决：曹 F 等被告于本判决生效之日起 6 个月内腾出该房，交由李 B 营业使用。曹 F 等人不服，向中级人民法院提出上诉。

中级人民法院经审理，于1996年3月作出（1996）W民终字第332号民事判决：驳回上诉，维持原判。

曹F等不服二审判决，向人民检察院申诉。经抗诉，中级人民法院进行再审。

中级人民法院再审朱某诉李B房屋产权纠纷案后查明：坐落于本市C街32号房屋系刘Q、刘Z夫妻共有房产，刘Q于1968年1月死亡，同年7月21日，其子刘Y与朱订立"押房协议书"，将楼下前房一间押给朱，押期3年，从1968年7月21日至1971年7月21日，押金200元。双方未到房管部门办理典押手续。刘Z于1970年死亡。1980年10月，朱搬出该房，其配偶刘S写下收条"收到曹某转押费130元"，双方仍未到房管部门办理任何手续，该房一直由曹F居住至今，李B编造虚假证据证实其父李G为刘Q的养子，并通过公证继承了本市C街32号房屋产权。因朱于1996年3月17日死亡，再审期间，该院依法追加朱某之子朱H参加诉讼。依照《中华人民共和国民事诉讼法》第153条第1款第3项的规定，该院于1997年7月以（1997）W民再字第22号民事判决书判决：撤销本院（1996）W民终字第53号民事判决和本市J区人民法院（1995）J法Q民初字第385号民事判决；驳回原审上诉人朱H的诉讼请求。本案一、二审案件受理费各1900元由朱H负担。

中级人民法院再审李B诉曹F等5人房屋腾退纠纷案后查明：关于该房屋产权纠纷一案，本院于1997年7月作出（1997）W民再字第22号民事判决，撤销了J区人民法院（1995）J法Q民初字第385号民事判决及本院（1996）W民终字第53号民事判决，李B对本市C街32号房屋不享有所有权。同时认定：李B无充足证据证实本市J区C街32号砖木结构二层楼房系自己依法继承所得，其要求曹F等人腾退的诉讼请求，本院不予支持。依照《中华人民共和国民事诉讼法》第153条第1款第3项的规定，该院于1997年8月以（1997）W民再字第24号民事判决书判决：撤销本院（1995）W民一终字第332号民事判决及本市J区人民法院（1994）Q民初字第323号民事判决；驳回原审被上诉人李B的诉讼请求。一、二审案件受理费各100元由李B承担。

徐某因涉嫌徇私舞弊罪，人民检察院于1996年12月23日依法对其提起公诉；因其行为已构成徇私舞弊罪，判处有期徒刑1年6个月。另外，人民检察院于1996年7月17日以伪证罪将李B逮捕。

观点评析

（一）公证处违法公证，其公证书依法应被撤销。

公证处进行公证，应当核查待证事项，确认无误后方能出具公证文书。本案公证人员不仅未审核待证事项真伪，其一连出具 5 份公证书的行为，就说明其具有虚假公证的故意。事后又依据李 B 的要求，对同一事项作出另外的公证，其行为已经违反了我国公证的相关法律规定，该公证书应当被撤销。因其公证所证明的事实与其他真实的、可相互印证的事实证据不符，该公证书不能被作为认定案件事实的依据。

（二）被申诉人李 B 虚构事实，制造假证据，骗取遗产继承公证，非法取得房屋所有权证和土地使用权证，其行为已经构成伪证罪；该伪证不得作为判定房屋继承权的依据，因此，原审判决错误。

（三）审判员徐某明知李 B 提供假证，还参与甚至指使制造假证据，并故意违背事实和法律，枉法裁判，其行为已构成徇私舞弊罪。

相关知识链接

一、相关法律法规

1. 《继承法》第 7 条："继承人有下列行为之一的，丧失继承权：（一）故意杀害被继承人的；（二）为争夺遗产而杀害其他继承人的；（三）遗弃被继承人的，或者虐待被继承人情节严重的；（四）伪造、篡改或者销毁遗嘱，情节严重的。"

2. 《继承法》第 10 条："遗产按照下列顺序继承：第一顺序：配偶、子女、父母。第二顺序：兄弟姐妹、祖父母、外祖父母。继承开始后，由第一顺序继承人继承，第二顺序继承人不继承。没有第一顺序继承人继承的，由第二顺序继承人继承。本法所说的子女，包括婚生子女、非婚生子女、养子女和有扶养关系的继子女。本法所说的父母，包括生父母、养父母和有扶养关系的继父母。本法所说的兄弟姐妹，包括同父母的兄弟姐妹、同父异母或者同母异父的兄弟姐妹、养兄弟姐妹、有扶养关系的继兄弟姐妹。"

3. 《继承法》第 20 条："遗嘱人可以撤销、变更自己所立的遗嘱。立有数份遗嘱，内容相抵触的，以最后的遗嘱为准。自书、代书、录音、口头遗嘱，不得撤销、变更公证遗嘱。"

4. 《最高人民法院关于贯彻执行〈中华人民共和国继承法〉若干问题的意见》第 42 条："遗嘱人以不同形式立有数份内容相抵触的遗嘱，其中有公证遗嘱的，以最后所立公证遗嘱为准；没有公证遗嘱的，以最后所立的遗嘱为准。"

二、相关理论知识

遗嘱是自然人所作的于死亡时发生法律效力的处分其遗产的一种民事法律行为，遗嘱是一种特殊的民事法律行为，与其他民事法律行为相比较，有以下特征：

1. 遗嘱是一种单方民事法律行为。单方民事法律行为是基于单方意思表示即能产生民事后果的法律行为，遗嘱的成立只要基于遗嘱人单方的意思表示。遗嘱又是一种特殊的单方民事法律行为，与委托、接受委托等单方民事法律行为不同。遗嘱是一种纯粹的单方行为，与继承法律相对应，以改变法律的适用（由法定继承转为遗嘱继承）。遗嘱要达到主体的行为目的，要与死亡事实、《继承法》的规定相配套。

2. 遗嘱是一种发生在生前却在死后才发生效力的民事法律行为。法律对于自然人的权利能力的规定时间是起于出生止于死亡；死亡之后自然人的行为能力也终止，生前作出的法律行为的法律效力也应截止，如各种债权、债务都应当由继承人来处理，即使合同继续履行也是继承人履行。然而遗嘱是人生前的行为对死后的财产进行处理，这是民事权利在死后的延续，是法律上的一种特殊状态。

3. 遗嘱是一种要式民事法律行为。要式法律行为是指构成民事法律行为的意思表示须采取特定形式或履行特定程序方可成立的法律行为。我国《继承法》第17条规定，遗嘱有公证遗嘱、自书遗嘱、代书遗嘱、口头遗嘱、录音遗嘱等5种形式，每种遗嘱形式都有特别规定。对于法律行为，无论是行为内容还是形式都基于当事人的意愿，只要不违反法律的强制性规定和公共利益。民法规定要式行为实际上是国家对私法领域的干预，不符合要式行为规定的即为无效民事行为，不产生法律上的效果。遗嘱采取要式行为，体现了国家对遗嘱行为的干预。遗嘱继承，是指定继承，相比于法定继承的一种特殊状态，可以说它剥夺了一部分法定继承人的继承权。

遗嘱公证，是根据申请人的意愿代书遗嘱，告知相关的法律规定包括所产生的法律后果，并给遗嘱的行为的合法性予以确认即出具公证书。遗嘱的真实是其合法性的基础。办理遗嘱公证需审查：遗嘱人身份和行为能力、遗嘱形式和内容。

有关遗嘱公证，应注意以下几个问题：

（1）共同遗嘱问题。共同遗嘱是财产共有人对同一财产作共同的遗嘱处分行为。合立遗嘱会产生大量法律问题，如遗嘱的生效、是否成立、能否更改等问题。

（2）遗嘱内容：①遗嘱处分的内容必须在《继承法》第3条、第4条关于遗产的规定范围内，也包括司法解释关于这两条的扩展。对于其他内容，如家庭问题的处理，遗体处理问题都不能给予办理遗嘱公证。②对于财产的处分方式问题，只能是"由某某继承"，而不能出现"房产出卖后，价款由某某继承"或"如果发生……由某某继承"等。③概括遗嘱的公证，如当事人要求办理"我所有的财产归某某继承"的遗嘱公证。因为人死亡时间的不确定性及财产的变动性，写此类遗嘱也有缘由，应当可以办理公证。但是，基于公证预防纠纷的需要，首先必须要求申请人列明立遗嘱所有的财产，并加上"在死亡时，其他财产，也由某某继承"。仅写"本人所有的财产"，有可能产生歧义。

（3）遗嘱公证证据问题。公证遗嘱有高于其他形式遗嘱的效力，其效力来自于法律规定，更来源于法律对公证的要求。首先要有证明行为能力的证据，这证据首先来源于身份证、户口簿；对于行为能力的审查应当从谈话笔录中反映出来，尤其对于老年人，要从谈话的过程中显示出立遗嘱人是一个行为能力正常的人。审查的判断标准在于普通人的标准，只要能在谈话笔录中显示审查过程，一方面能为同样是普通人的法官所认同，另一方面公证员尽了审查义务，不存在过错。如有过错，应当承担法律上的责任。

（案件来源：湖北省武汉市人民检察院；整理人：田圣斌）

九十、举证责任的法律适用

⏴ 争议焦点 ⏵

王某挪用公司资金的民事责任应由王某承担？还是应该由王某与其妻子艾某二人共同承担？由谁承担举证责任？

⏴ 基本案情 ⏵

1999年7月21日，R公司经工商部门注册登记成立，法定代表人为闵某。王某（系艾某之夫）为该公司经理，负责管理公司资金。1999年8月至11月期间，王某利用职务便利，违反管理规定，采取自收自支不记账的手段，挪用公司资金218000元，其中85000元用于个人还债，余款挥霍。

王某在挪用公司的资金一事暴露后于 1999 年 12 月 25 日向该公司法定代表人闵某书面承诺由个人偿还挪用公司的资金。2000 年 1 月 14 日，王某向闵某出具所欠公司 218000 元的还款计划。之后，王某未按承诺和还款计划履行。R 公司于 2000 年 11 月 22 日以王某挪用公司资金向公安机关报案。2001 年 12 月 25 日区人民法院作出 (2001) C 区刑初字第 562 号刑事判决，以挪用资金罪判处王某有期徒刑七年。但其挪用的 218000 元未能追缴。1999 年 12 月 27 日，王某与艾某经区人民法院以 (2000) C 区 Z 民初字第 14 号民事调解书调解离婚，婚生女由艾某抚养，家庭财产双方分割完毕，坐落于 C 区青石桥 60 号住房一套由艾某居住使用。2002 年 2 月 7 日，R 公司以王某挪用公司资金 218000 元，用于偿还家庭债务和家庭生活，造成公司经济损失为由，向区人民法院提起诉讼，请求法院判令王某、艾某共同返还欠款 218000 元，赔偿损失 20000 元。

区人民法院于 2002 年 10 月 31 日作出 (2002) C 区民初字第 254 号民事判决：1. 被告王某、被告艾某共同偿付所欠原告 R 公司人民币 218000 元。2. 被告王某、被告艾某按照规定的金融机构的同期贷款利率向原告 R 公司支付自 1999 年 8 月到本判决生效时止的利息。

艾某不服，向人民检察院申诉。经抗诉，中级人民法院受理抗诉后，指令 C 区人民法院对本案进行再审。

区人民法院经再审，依照我国《公司法》第 60 条第 1 款、第 63 条，《民法通则》第 106 条，《民事诉讼法》第 64 条、第 128 条，《最高人民法院关于适用〈中华人民共和国民事诉讼法〉若干问题的意见》第 201 条第 1 项的规定，判决：1. 撤销本院 (2002) C 区民初字第 254 号民事判决；2. 原审被告王某应赔偿原审原告 R 公司挪用资金 218000 元；3. 原审被告王某应支付原审原告 R 公司占用资金损失 (利息从 1999 年 8 月 12 日起至本判决生效确定给付之日止，按中国人民银行规定的同期活期存款利率计算)；4. 驳回原审原告 R 公司其他的诉讼请求。原审案件受理费 6080 元、差旅费 1000 元，由原审被告王某负担。

观点评析

要正确确定民事责任的承担，一是要查清本案的全部事实，即王某挪用的 218000 元资金，是否全部或部分用于夫妻家庭共同生活和偿还夫妻共同债务；二是要正确适用法律。

（一）区人民法院认为：被告王某在原告 R 公司任职期间挪用公司资金

218000 元，事实清楚，被告王某虽已为此受到刑事追究，但原告 R 公司因被告非法处置公司财产致使原告遭受的物质损失并未得到弥补，原告要求被告赔偿 20000 元的经济损失的请求，符合法律的有关规定。该 218000 元被王某挪用后是否用于家庭生活，根据举证责任的分配原则，其证明责任在两被告，现两被告的证据不能证明该款未用于夫妻生活，故应认定为共同债务，须共同偿还。

（二）人民检察院经审查认为：区人民法院（2002）C 区民初字第 254 号民事判决认定事实不清，判决有误。

1. 该判决将艾某列为本案被告不当。

根据《最高人民法院关于刑事附带民事诉讼范围问题的规定》第 5 条第 1 款关于"犯罪分子非法占有、处置被害人财产而使其遭受物质损失的，人民法院应当予以追缴或者令其退赔，被追缴、退赔的情况，人民法院可以作为量刑情节予以考虑。经过追缴或者退赔仍不能弥补损失，被害人向人民法院民事审判庭另行提起民事诉讼的，人民法院可以受理"的规定，R 公司可向人民法院提起民事诉讼，请求判令王某承担偿还欠款 218000 元的责任，但不应将艾某列为被告，要求其共同偿还债务。经查，艾某虽在王某利用职务之便挪用公司资金时系其妻，但艾某没有参与王某的犯罪活动，不是共同致害人。王某挪用公司资金 218000 元的去向，区人民法院（2001）C 区刑初字第 562 号刑事判决书中已认定 85000 元，王某用于偿还其与他人合伙经营期间所欠债务，余款予以挥霍，并没有用于家庭生活和偿还家庭债务。原审法院认定王某将挪用公司 218000 元全部用于家庭生活的依据不足。根据《最高人民法院关于人民法院审理离婚案件处理财产分割问题的若干具体意见》第 17 条"夫妻为共同生活或为履行抚养、赡养义务等所负债务，应认定为夫妻共同债务，离婚时应当以夫妻共同财产清偿"的规定，王某所造成 R 公司 218000 元的损失，用于其偿还个人的债务和挥霍，没有用于偿还夫妻关系存续期间为履行抚养、赡养义务等所欠的债务。王某对 R 公司造成 218000 元的经济损失，不应属于夫妻共同债务。原审法院将王某挪用公司 218000 元款认定为夫妻共同债务，并将艾某列为本案被告，违反法定程序。判决艾某与王某共同承担偿还债务 218000 元，显属不当。

2. 该判决认定事实不清，证据不足。

关于 218000 元的去向，已经生效的区人民法院（2001）C 区刑初字第 562 号刑事判决书已经作了认定，法院民事判决却认为 218000 元全部用于家庭生活，属认定事实不清，证据不足。

3. 认定由艾某、王某承担 218000 元未用于家庭生活的举证责任，属适用举证责任分配原则不当。

（三）区人民法院再审认为，王某在 R 公司任经理期间挪用公司资金尚有 218000 元未被追缴退赔的事实清楚，证据确实。虽王某为此已受到刑事追究，但 R 公司因王某非法处置公司财产致使 R 公司遭受的物资损失并未得到弥补。现 R 公司要求王某偿还挪用款 218000 元及利息损失的请求，本院予以支持，但 R 公司对该挪用款用于王某与艾某夫妻关系存续期间家庭共同生活和偿还夫妻共同债务的事实主张，未提供证据加以证明，对此应确认 R 公司要求艾某承担相应民事责任的事实主张为举证不能，该诉讼请求本院不予支持。原审判决认定事实的主要证据不足，适用法律确有错误，应予撤销改判。人民检察院抗诉理由成立。

相关知识链接

一、相关法律法规

1. 《民法通则》第 106 条："公民、法人违反合同或者不履行其他义务的，应当承担民事责任。公民、法人由于过错侵害国家的、集体的财产，侵害他人财产、人身的，应当承担民事责任。没有过错，但法律规定应当承担民事责任的，应当承担民事责任。"

2. 《民事诉讼法》第 64 条："当事人对自己提出的主张，有责任提供证据。当事人及其诉讼代理人因客观原因不能自行收集的证据，或者人民法院认为审理案件需要的证据，人民法院应当调查收集。人民法院应当按照法定程序，全面地、客观地审查核实证据。"

3. 《最高人民法院关于民事经济审判方式改革问题的若干规定》第 21 条："当事人对自己的主张，只有本人陈述而不能提出其他相关证据的，除对方当事人认可外，其主张不予支持。"

4. 《最高人民法院关于刑事附带民事诉讼范围问题的规定》第 5 条第 1 款："犯罪分子非法占有、处置被害人财产而使其遭受物质损失的，人民法院应当依法予以追缴或者责令退赔。被追缴、退赔的情况，人民法院可以作为量刑情节予以考虑。经过追缴或者退赔仍不能弥补损失，被害人向人民法院民事审判庭另行提起民事诉讼的，人民法院可以受理。"

5. 《公司法》第 60 条："一人有限责任公司应当在公司登记中注明自然人独资或者法人独资，并在公司营业执照中载明。"

6. 《公司法》第 63 条："一人有限责任公司应当在每一会计年度终了时编制财务会计报告，并经会计师事务所审计。"

7. 《最高人民法院关于民事诉讼证据的若干规定》（法释〔2001〕33 号）

第 4 条："下列侵权诉讼，按照以下规定承担举证责任：

（一）因新产品制造方法发明专利引起的专利侵权诉讼，由制造同样产品的单位或者个人对其产品制造方法不同于专利方法承担举证责任；

（二）高度危险作业致人损害的侵权诉讼，由加害人就受害人故意造成损害的事实承担举证责任；

（三）因环境污染引起的损害赔偿诉讼，由加害人就法律规定的免责事由及其行为与损害结果之间不存在因果关系承担举证责任；

（四）建筑物或者其他设施以及建筑物上的搁置物、悬挂物发生倒塌、脱落、坠落致人损害的侵权诉讼，由所有人或者管理人对其无过错承担举证责任；

（五）饲养动物致人损害的侵权诉讼，由动物饲养人或者管理人就受害人有过错或者第三人有过错承担举证责任；

（六）因缺陷产品致人损害的侵权诉讼，由产品的生产者就法律规定的免责事由承担举证责任；

（七）因共同危险行为致人损害的侵权诉讼，由实施危险行为的人就其行为与损害结果之间不存在因果关系承担举证责任；

（八）因医疗行为引起的侵权诉讼，由医疗机构就医疗行为与损害结果之间不存在因果关系及不存在医疗过错承担举证责任。

有关法律对侵权诉讼的举证责任有特殊规定的，从其规定。"

8. 《最高人民法院关于民事诉讼证据的若干规定》（法释〔2001〕33 号）第 7 条："在法律没有具体规定，依本规定及其他司法解释无法确定举证责任承担时，人民法院可以根据公平原则和诚实信用原则，综合当事人举证能力等因素确定举证责任的承担。"

二、相关理论知识

举证责任，亦称举证的负担、证明责任，其作为一个法学术语，最早见于古巴比伦王国的《汉穆拉比法典》。后来，罗马法确立了举证责任的两条重要原则：一是无论哪方当事人，对其陈述所主张的事实，都有提出证据证明的义务，即"谁主张、谁举证"；二是"双方当事人都提不出证据的，负举证责任的一方败诉"，即"举证不能时的后果自负"。这两个简单的规则，成就了现代举证责任分配理论的基石。

1. 举证责任的观点之争

由于对举证责任性质认识的不统一以及对分配问题的不同主张，在我国诉讼法理论界及司法实践中形成了不同的学说与观点。这些都不同程度地影响法官在案件审理过程中的法律适用，继而直接影响裁判结果。对举证责任法律属性的不同认识，较为突出的有以下几种：

（1）行为责任说。该种学说认为：举证责任，就是当事人要求法院就其主张作出裁判时，对自己主张的事实所应承担的提供证据的责任。

（2）结果责任说。此种学说认为：法律预先对怎样承担败诉责任作出规定，在诉争事实难以确定的情况下，由法律明确规定由哪一方当事人承担败诉的风险及举证不利的后果。

（3）双重含义说。此种学说兼顾行为与结果两方面的责任，既对自己主张的事实负有提供证据加以证明的责任，又由于法律的预先设定而在诉争事实真伪不明时，由主张该事实的当事人承担法定的不利后果。

根据最高人民法院的司法解释对"当事人举证"内容的有关规定，结合我国《民事诉讼法》的立法宗旨以及现代举证责任制度的发展，"双重含义说"比较符合我国关于举证责任性质的完整表述。举证责任不仅是诉讼当事人的行为责任，而且是其行使诉讼权利、履行诉讼义务所应负的结果责任，是二者不可分割的统一体，片面强调任何一方面的责任效果都是不完全、不确切的。

所谓举证责任分配，即举证责任的分担，是指在诉讼过程中的主张或事实应由哪一方当事人承担举证责任。我国在《民事诉讼法》及《最高人民法院关于民事诉讼证据的若干问题的规定》（以下简称《证据规定》）中，分别以法律和司法解释的形式明确当事人举证责任分配的一般原则与特殊情形，并赋予法官一定情形下的"分配权"。通常状况下，根据《民事诉讼法》第 64 条第 1 款和《证据规定》第 2 条即可依主张方举证的原则确定举证责任在争议当事人之间如何分配。这也是理论界与司法实践中普遍认定的举证责任分配的一般原则。

相对于"一般"而言的特殊，便是举证责任的"倒置"，即由主张方举证改为由反驳方就一定的特殊法律要件事实的不存在负担举证的责任。其在《最高人民法院关于适用〈中华人民共和国民事诉讼法〉若干问题的意见》第74 条与《证据规定》第 4 条里有所表述，特别是《证据规定》的阐释更为明确具体。

2. 举证责任分配的特殊原则

（1）举证责任倒置原则

该原则主要适用于特殊的侵权诉讼当中，如因医疗行为引起的侵权诉讼，由医疗机构就医疗行为与损害结果之间不存在因果关系及不存在医疗过错承担举证责任。依一般分配原则，负有举证责任的主张方恰恰是受特殊侵权行为所损害的弱势一方当事人，其被损害的"被动性"决定了由其举证的不客观性和结果的显失公平。因此，法律对此类案件举证责任的分配做了反向规定，使受损的主张方从举证不能将要承担不利后果的窘境中摆脱出来。

（2）法官自由裁量原则

依据《证据规定》第7条的规定，赋予法官一定幅度内的自由裁量权，使法官得以根据公平与诚信的原则合理运用"分配权"来解决举证责任的负担无法确定的问题。

3. 举证责任的法律适用

（1）举证责任的转换

举证责任的分配无论依据一般原则，还是依据举证责任倒置的特殊原则，都是对诉辩当事人举证责任的静态划分，是法律针对一定的案件事实预先设定，并在对抗当事人之间的法定分配。举证责任的转换是以一方当事人的举证已经达到一定的"完成"标准，而对方予以反驳为前提的动态活动，体现了当事人之间证据的对抗过程，其动态的转换与举证责任的静态分配有着本质的不同。虽然，对于举证责任的倒置分配多表现为由被告承担举证责任，这和将举证责任转换为被告承担的结果表面上看来是一致的。但是，举证责任的转换是一方当事人的举证达到一定"完成"标准，且对方予以反驳时的转换，因此，这个"转换"的过程除非原告不再反驳，否则不会停留在被告方举证这一结果上，而是会在满足条件后继续转换。举证责任的转换需要法官对当事人证明的程度予以考量，针对每一争议事实判断其是否达到了相应的证明标准，避免在实践中的错误运用导致不公正的判决结果。

（2）法官对当事人举证责任的裁量权

法官对当事人举证责任的裁量权体现在两个方面：一是在法律、司法解释对举证责任的承担有明确规定的情况下，对负有举证责任的一方当事人所举证据进行审查，对其是否达到相应的证明标准进行考量裁断。二是在法律、司法解释对举证责任的承担没有明确规定的情况下，法官可以根据公平原则和诚实信用原则，综合当事人举证能力等因素确定举证责任的承担主体。

举证责任的法律适用问题，特别是举证责任如何在对抗当事人之间分配是实践中常会遇到的难题。无论法律、司法解释对分配原则有无规定，无论适用一般还是特殊的分配原则，都要求法官从追求公平、正义的角度出发，切实维护法的价值与当事人的合法权益。

（案件来源：湖北省武汉市人民检察院；整理人：田圣斌）

九十一、认定证据和还款行为是否合法有效

争议焦点

当事人当庭陈述的效力认定及还款行为是否合法有效。

基本案情

1996 年 10 月，Q 宾馆为偿还 W 公司的债务，请邓 Y 联系借款。邓 Y 通过在 S 公司任法定代表人的弟弟邓 X 向 S 公司（邓 Y 是 S 公司的股东之一）借款给 Q 宾馆。S 公司向区工商联互助会贷款 30 万元。1996 年 10 月 14 日，邓 Y 经手在区工商联互助会领取直接开给 W 公司的金额 291735.75 元（已扣除利息）转账支票一张，交 Q 宾馆会计转给 W 公司。1997 年 1 月 7 日，邓 Y 向 Q 宾馆催要还款，Q 宾馆开出一张金额 10 万元的支票给 S 公司，后按邓 Y 的要求转账给装饰工程服务部，装饰服务部开出收据，由邓 Y 交给 Q 宾馆。同年 1 月 27 日，邓 Y 再次催要欠款未果时，便要 Q 宾馆补开了"收到邓 Y 借款 291735.75 元"的借款收据一张。同年 2 月 5 日，Q 宾馆还款 6 万元，并按邓 Y 的要求将该款转账给工商联互助会，邓 Y 再次出具装饰服务部的收据。同年 10 月 10 日，Q 宾馆又按邓 Y 的要求还款 11 万元给 S 公司，S 公司出具收款收据。另外，邓 Y 在 Q 宾馆进餐消费 36568.50 元。

1999 年 10 月，S 公司以 Q 宾馆 1996 年 10 月向其借款 291735.75 元，仅还款 11 万元，余款未还为由向区人民法院提起诉讼。同年 12 月 6 日，S 公司以 Q 宾馆同意还款为由撤诉。2001 年 11 月，S 公司再次以 Q 宾馆未还款诉至法院。

区人民法院作出（2001）H 区经初字第 383 号民事判决：被告 Q 宾馆返还原告 S 公司借款人民币 181735.75 元。

Q 宾馆不服，向人民检察院申诉。经抗诉，中级人民法院指令区人民法院对本案进行再审。区人民法院另行组成合议庭，经再审于 2002 年 12 月 17 日作出（2002）H 区经再字第 2 号民事判决：1. 撤销本院（2001）H 区经初字第 383 号民事判决；2. 驳回原审原告 S 公司的诉讼请求。

S 公司不服，提起上诉，中级人民法院判决：驳回上诉，维持原判。

观点评析

（一）区人民法院一审认为：1997 年 1 月 27 日，被告 Q 宾馆向原告 S 公司借款人民币 291735.75 元，并向原告出具了收据，1997 年 10 月 10 日被告向原告偿还借款 11 万元后，未再还款。被告 Q 宾馆向装饰服务部的两次还款，不能证实与被告间的借款有必然的联系。

（二）本案涉及的法律问题有两点：

一是如何认定证据。Q 宾馆对区工商联互助会和装饰服务部的两次还款，S 公司在庭审调查和质证时均认可，虽然该公司此后反悔，但提不出相应的证据。根据《最高人民法院关于民事经济审判方式改革问题的若干规定》第 25 条 "当事人在庭审质证时对证据表示认可，庭审后又反悔，但提不出相应证据的，不能推翻已认定的证据" 的规定，应对庭审调查和质证时认可的证据予以采信。

二是还款行为是否合法有效。根据我国《合同法》第 80 条的规定：债权人转让权利的，应当通知债务人。Q 宾馆还款时是根据债权人 S 公司经办人邓 Y 的通知还款给区工商联互助会和装饰服务部的。因此，根据上述法律规定，其行为合法有效，应视为向 S 公司履行了还款义务。

相关知识链接

一、相关法律法规

1. 《最高人民法院关于民事经济审判方式改革问题的若干规定》第 25 条："当事人在庭审质证时对证据表示认可，庭审后又反悔，但提不出相应证据的，不能推翻已认定的证据。"

2. 《合同法》第 80 条："债权人转让权利的，应当通知债务人。未经通知，该转让对债务人不发生效力。债权人转让权利的通知不得撤销，但经受让人同意的除外。"

二、相关理论知识

言词证据，是指当事人或证人以言词陈述为形式提交给法庭的证据，它包括民事诉讼中的当事人陈述及证人证言和刑事诉讼中的受害人陈述、被告人供述及证人证言。因为这类证据都是由陈述人在案件审理过程中将自己的记忆用语言陈述出来，有很强的主观因素掺杂其中，与其他客观性较强的诸如物证、鉴定结论等证据比较，具有一定的特殊性。

该类证据的客观性不强，如证人证言的主观成分太多，虚假的盖然性太大。其作为证据，必须要审查该证人与诉讼当事人之间是否存在一定的亲密关系，是否有虚假作证的可能。按照我国证据规则的要求，证人证言需要和其他证据相印证，并且在法庭上经过双方询问和质证、辩论后才能作为定案的根据；仅有一份证人证言，即孤证，是不能被采信作为定案的根据的。

1. 关于证人证言

我国《民事诉讼法》及《刑事诉讼法》均将证人证言列为法定证据种类之一，相关司法解释规定，证人必须出庭作证，其证言要经双方质证，才可认定其证据效力。民事诉讼中的证人，一般都与诉讼当事人存在一定的亲密关系，毫无关系的自然人之间因没有利益的驱动，很少会愿意出庭作证。对于证词的真实性，应通过双方的质证来确认，而绝不应由审理者凭主观臆断而肆意否认。

2. 关于当事人陈述

事实上，很多民事纠纷，当事人陈述是唯一的直接证据。因为利益追求，当事人有作出虚假陈述的动机，但我们绝不应该因为这种动机的存在就不加分析和辨别地彻底否认它的证据效力，可以结合其他证据来认定当事人陈述的效力。当事人对对方举证当庭予以认可的，可以认定该证据合法有效。

言词证据具有客观性不强、经常处于真伪难辨的状态等特点，司法实践中应当结合其他证据认真审查其真实性和合法性。

（案件来源：湖北省武汉市人民检察院；整理人：田圣斌）

［诉讼制度篇］

九十二、两审终审原则和起诉制度

争议焦点

原告是否有权再次起诉。

基本案情

　　梅 X 与梅 Y 系亲兄弟关系。原城乡建筑公司与建设发展公司均系区建委（后改称建设局）下属单位，自 1998 年起至 2000 年 8 月，两公司法定代表人由丁某兼任。1998 年 5 月 22 日，梅 X 与城乡建筑公司签订《挂靠经营协议》，约定由梅 X 以该公司名义对外承接工程，实行独立核算、自负盈亏，梅 X 向该公司交纳一定管理费用和代扣税款。丁某与梅 X 均在合同上签字。

　　1999 年，区建委下属部门区房地产开发办公室经区建委授权负责 H 花园工程项目的前期筹建工作。1999 年 10 月 18 日，房地产开发办公室与城乡建筑工程公司签订了《建筑工程承包合同》，该合同约定由城乡建筑公司承包 H 花园围墙工程。合同签订后，梅 X 与梅 Y 具体负责该工程施工。1999 年 11 月 20 日，区房地产开发办公室与城乡建筑公司就该工程办理了决算。

　　2000 年 3 月 8 日，城乡发展公司与建筑公司三工区签订一份《建筑工程承包合同》，约定由城乡建设发展公司将 H 花园围墙二期工程交由城乡建筑公司三工区施工，合同上盖有两公司印章，夏某、梅 Y 分别代表建设方和施工方在合同上签字。该合同未明确约定工程总价款。合同签订后梅 X、梅 Y 二人组织人员进行了施工。工程完工后的 2000 年 4 月 16 日，梅 X、梅 Y 即以城乡建筑公司三工区的名义向城乡建设发展公司呈报建筑安装工程预（决）算书，2000 年 4 月 23 日，时任城乡建筑公司技术部门负责人的夏某在建筑安装工程预（决）算书首页上写明："H 花园二期围墙工程经本公司审核工程属实，二期围墙工程正负零以下部分，由原 H 公司技术人员审核及负责人确认，参照一期价格 193 元/m 执行，基础部分审定价为 92.78 元/m，计围墙单价为 285.78 元/m，实际丈量围墙长度为 715.60m，合计 204504 元，大写人民币贰拾万肆仟伍佰零肆圆整。"同日，丁某亦在首页上写明："同意工程部审核意见。根据请示建委主要领导，要求同原有关验收资料，报有关部门予以结算。"

2000 年 4 月 17 日，原城乡建设发展公司经请示区建设国有资产经营公司，进行股份制改造；同时向区体制改革委员会请示对公司的企业产权实行整体出售。区体制改革委员会批复同意，并组建 D 房地产开发有限责任公司。2000 年 8 月 18 日，原城乡建设发展公司正式改制为 D 公司，丁某为法定代表人。2000 年 8 月 29 日，区建设国有资产经营公司同意将原城乡建筑公司剥离债权债务后，企业资产为零，将企业无形资产不作价，以潘某为代表进行股份制改造，组建民营有限责任公司 F 公司。

2000 年 8 月 16 日，经区建委决策，市 H 置业发展有限责任公司正式成立，直接负责 H 花园项目的经营管理。区房地产开发办公室不再负责该项目工作。H 公司接收了 H 花园围墙工程，但对该围墙二期工程决算书未予认可，重新组织人员对该工程进行了审核。2002 年 3 月 19 日，H 公司作出一份工程结算审核书，该审核书内容为：建设单位为 H 置业发展有限责任公司，施工单位为城乡建筑工程公司，工程造价为 142247 元。梅 X、梅 Y 参加了审核过程但不同意审核结论。因 D 公司在改制过程中已接受了原城乡建筑工程公司的债权债务，H 公司就该围墙工程对 D 公司办理了结算，数额为 142247 元，D 公司未提出异议。梅 X、梅 Y 认为 H 花园围墙工程款应为 204504 元，原发展公司与改制后的 D 公司以借支的形式已陆续向其付款 141461.38 元，扣除税金和管理费后尚余 41000 元未付，要求 D 公司付款，D 公司未按二人要求付款。

2004 年 7 月 21 日，梅 X、梅 Y 向区法院起诉 D 公司，请求判令 D 公司向其支付 H 花园围墙工程款 41000 元。法院于 2005 年 4 月 1 日作出民事裁定书，以梅 X、梅 Y 作为原告的主体不适格为由，裁定驳回其起诉。

梅 X、梅 Y 不服上诉，但随即撤回上诉。中级人民法院于 2005 年 5 月 31 日作出民事裁定书，裁定准许撤回上诉。

2005 年 6 月 29 日，梅 X、梅 Y 再次就 H 花园围墙工程纠纷向法院起诉 D 公司、F 公司和区建设局。在审理中，梅 X、梅 Y 只要求 D 公司支付工程款，不要求 F 公司、区建设局承担法律责任。

区法院判决：D 房地产开发有限责任公司于本判决生效之日起五日内向梅 X、梅 Y 支付工程款 41000 元。

D 公司不服，提起上诉。中级人民法院判决：驳回上诉，维持原判。

观点评析

本案主要涉及我国有关诉讼制度中两审终审原则和起诉制度的有关问题。本案前后经过两次诉讼，诉讼标的、诉的理由、诉讼请求全部相同，第二次诉讼在诉讼主体上略有不同，即被告增加为 D 公司、F 公司、区建设局三家。但是，该次诉讼一经法院立案审理，原告随即撤回对 F 公司、区建设局的诉讼请求，被告仍然为 D 公司一家。因此，前后两次诉讼在"诉的要素"方面实质上完全相同，应属同一案件。由于梅 X、梅 Y 与 D 公司建筑工程施工合同纠纷一案已经区人民法院裁定驳回起诉，该裁定已发生法律效力，依照《民事诉讼法》第 111 条第 5 项之规定，原告只能按照申诉处理；法院对梅 X、梅 Y 就同一纠纷的再次起诉，予以受理并作出判决，违背了"一事不再理"原则，违反了法定程序。

相关知识链接

一、相关法律法规

《民事诉讼法》第 111 条："人民法院对符合本法第一百零八条的起诉，必须受理；对下列起诉，分别情形，予以处理：（一）依照行政诉讼法的规定，属于行政诉讼受案范围的，告知原告提起行政诉讼；（二）依照法律规定，双方当事人对合同纠纷自愿达成书面仲裁协议向仲裁机构申请仲裁、不得向人民法院起诉的，告知原告向仲裁机构申请仲裁；（三）依照法律规定，应当由其他机关处理的争议，告知原告向有关机关申请解决；（四）对不属于本院管辖的案件，告知原告向有管辖权的人民法院起诉；（五）对判决、裁定已经发生法律效力的案件，当事人又起诉的，告知原告按照申诉处理，但人民法院准许撤诉的裁定除外；（六）依照法律规定，在一定期限内不得起诉的案件，在不得起诉的期限内起诉的，不予受理；（七）判决不准离婚和调解和好的离婚案件，判决、调解维持收养关系的案件，没有新情况、新理由，原告在六个月内又起诉的，不予受理。"

二、相关理论知识

所谓两审终审制度是指一个民事案件经过两级法院的审判，案件的审判即宣告终结的制度。不适用两审终审制度的案件包括：最高人民法院直接受理和审判的民事案件；依照特别程序审理的案件；依照督促程序、公示催告程序和企业法人破产还债程序审理的案件。

由于人的认识的局限性和社会阅历、文化的不同而导致认识错误，上诉和二审就成为一种必要的制度。两审终审程序的设立，有利于纠正审判中的实体和程序上的认识错误，有效保护当事人的合法权利，维护社会秩序。

有的学者提出，对两审终审制度进行改革，实行法律审的三审终审，为当事人提供更多的权利救济渠道，更好地纠正司法偏差，为判决效力的实现提供更充分的公正性资源。

还有观点认为，现在我国法院上下级之间分工混乱，都有权审理一审案件；而且如果由最高人民法院作为一审，则案件就只能是一审终审；这样就与审级原则相违背；限制当事人的上诉权行使。有的学者建议所有一审案件分别由基层人民法院和中级人民法院按照级别管辖原则分工审理，高级人民法院是上诉法院，负责审理中级法院一审后的上诉案件和本辖区内所有的再审案件，最高人民法院是终审法院，负责审理死刑案件和全国的再审案件。

在当今司法改革的大背景下，研究如何克服两审终审制度的弊端，完善我国各级人民法院业务分工制度，有利于提高司法效率，促进司法公正，有效树立司法权威，增强人们对法律的敬畏和信仰。让所有公民更好地服从法律，尊重法律，那么法律就达到了有效控制社会秩序的目的；法律的适用有利于人们所期望的方向，那么人们就信仰法律。正如法谚所言："法律必须被信仰，否则就会形同虚设。"

（案件来源：湖北省人民检察院；整理人：田圣斌，周家富）

九十三、律师参与诉讼权利的依据

争议焦点

1. 律师的代理是否有正当的授权？
2. 律师自认的效力。

基本案情

原告卢某发明创造了一种具有技术先进、使用便捷的检测卡片，2003年5月15日向国家专利局申请实用新型专利，国家专利局于2004年4月14日颁布了实用新型专利证书，正式授予卢某对该检测卡片的实用新型专

利。原告卢某将该实用新型专利与原告 G 研究中心签订了排他许可使用合同，原告 G 研究中心使用该专利技术，生产了"F 牌"专利产品，在全国范围内销售。被告 T 公司在与有关科研机构合作的基础上，生产销售名为"T 牌"速测卡，该产品的技术方法和产品构造设计与原告卢某的专利的权利要求完全相同。2007 年 9 月，D 仪器有限公司代表 T 公司，以总价额 40.2 万元的价格中标 Q 市速测卡采购项目。原告卢某和 G 研究中心于 2007 年 10 月 12 日以专利侵权为由将被告 T 公司等诉至 Q 市中级人民法院，要求被告 T 公司立即停止侵犯原告专利的行为，被告 D 仪器有限公司立即停止销售"T 牌"速测卡，并要求两被告赔偿两原告经济损失 40.2 万元，本案公证费 5000 元及诉讼费用由被告承担。

法院审理过程中，被告 T 公司、D 仪器有限公司认为原告提交的民事诉状、变更诉讼请求申请书以及 G 研究中心与卢某签订的专利实施许可合同等 3 份文件中的"卢某"的签名明显不一致，当庭提出鉴定申请，要求鉴定其真伪，从而确定该案原告代理人是否真正获得原告卢某的授权，否则，案件无法进一步审理。经法院对原告代理人的调查核实，该代理人承认上述三个签名并非均由卢某本人签署，其中诉状和变更申请上卢某的签名系其委托律师代签。法院依照《中华人民共和国民事诉讼法》第 108 条第 1 项的规定，裁定驳回本案起诉。

观点评析

（一）律师作为代理人，应当有明确的授权。

按照我国相关诉讼法和《律师法》的规定，律师代理应当有明确的授权。我国《民法通则》也规定代理制度以及越权代理的后果。本案所谓"原告"律师假借"原告"名义，在没有其明确授权的情况下，冒用他人名义起诉，是一种越权代理行为，在法律上是无效的。因此，本案根本无真正原告的起诉，只是一场法庭的闹剧。法院立案时未认真审查所谓"原告"的主体资格，导致闹剧的上演和被告人力物力的无谓耗费，应当是严重的失职。按照我国《律师法》的相关规定，该闹剧的主角即代人提刀的败类律师应当受到最为严厉的处罚，包括吊销律师资格的行政处罚乃至刑事责任。

（二）在被告 T 公司、D 仪器有限公司要求鉴定的情况下，法院应当依法及时委托鉴定"卢某"签名的真实性。法院通过对原告代理人的调查核实，确认上述三个签名并非均由卢某本人签署，符合当事人自认无须举证的诉讼原则。

相关知识链接

一、相关法律法规

1.《民事诉讼法》第 108 条：“起诉必须符合下列条件：（一）原告是与本案有直接利害关系的公民、法人和其他组织；（二）有明确的被告；（三）有具体的诉讼请求和事实、理由；（四）属于人民法院受理民事诉讼的范围和受诉人民法院管辖。”

2.《律师法》（2007 年 10 月 28 日修正）第 3 条：“律师执业必须遵守宪法和法律，恪守律师职业道德和执业纪律。律师执业必须以事实为根据，以法律为准绳。”

3.《律师法》第 40 条：“律师在执业活动中不得有下列行为：……（六）故意提供虚假证据或者威胁、利诱他人提供虚假证据，妨碍对方当事人合法取得证据……”

4.《律师法》第 49 条：“律师有下列行为之一的，由设区的市级或者直辖市的区人民政府司法行政部门给予停止执业六个月以上一年以下的处罚，可以处五万元以下的罚款；有违法所得的，没收违法所得；情节严重的，由省、自治区、直辖市人民政府司法行政部门吊销其律师执业证书；构成犯罪的，依法追究刑事责任：……（四）故意提供虚假证据或者威胁、利诱他人提供虚假证据，妨碍对方当事人合法取得证据的……律师因故意犯罪受到刑事处罚的，由省、自治区、直辖市人民政府司法行政部门吊销其律师执业证书。”

二、相关理论知识

现代诉讼制度是实行证据裁判主义，法院须依证据认定有争议的案件事实，当事人对所主张的有利于自己的案件事实负举证责任。但是从诉讼经济的角度出发，也允许当事人对于不利于己方的证据进行确认，从而减轻对方的举证责任，是为“当事人自认”。“当事人自认”一般可分为诉讼上的自认和诉讼外的自认。诉讼上的自认，是指在诉讼过程中，一方当事人或其代理人就对方当事人不利于自己的主张（包括对案件事实和诉讼请求的主张），在庭审前的准备程序或庭审中，通过有关诉讼文书或言词的形式予以承认。诉讼上的自认具有拘束当事人和法院的效力，可以免除另一方当事人对自认部分的举证责任，同时排除法院另行作其他的认定，即法院不仅不必审查其真实性，而且也不允许作出与此相反的事实认定。对诉讼请求的自认，可以免除对方当事人对该诉讼请求承担相应的举证责任，自认者不得提出与其所承认的诉讼请求相反的主张，法院可以据此直接作出已经得到自认的诉讼请求成立的裁判。当然，当事人自认的效力并不是绝对的，如果当事人自认的事实涉及身份关系，或者涉及法院应依职权调查的事项，并不发生自认的法律效力。

　　在民事诉讼中，由委托代理人出庭参加诉讼是很普遍的现象。认定委托代理人的自认应该如何把握？笔者认为须注意以下7点：

　　第一，特别授权的委托代理人的自认适用当事人自认的所有规定，产生当事人自认的效力，包括诉讼上自认和拟制自认。

　　第二，一般代理的委托代理人自认，如果直接导致承认对方诉讼请求的无效，该种承认不产生自认的法律后果。实践中，很容易忽视代理人的代理权限与自认的效力关系，以至产生自认的错误认识，应引起重视。

　　第三，一般代理人的自认，如果当事人在场不作否认表示的，无论自认的事实是否涉及承认对方诉讼请求，都产生当事人自认的效力。笔者建议：在这种情况下，应当向当事人阐明后果，明确征求其意见。因为许多当事人不知晓证据规定，可能会让代理人牵着鼻子走，对代理人具有强烈的依赖性。

　　第四，当事人可否撤回代理人的自认。依诉讼的亲临性原则和直接优于间接的原理，当事人是诉讼的直接利害关系人，诉讼结果与其有直接责任关系，其处分诉讼行为是理所当然的。对代理人的自认行为，当事人应该有权将其无条件撤回。但依证据规则中关于代理人自认的效力和自认撤回条件的规定及禁反言原则，代理人的自认，当事人不得随意撤回，只可以有条件撤回。由于诉讼与当事人利益息息相关，代理权也是依当事人授权而产生，因此，如果当事人对其代理人自认表示反对的，应当允许其撤回。

　　第五，自认事实与直接证明事实相矛盾的处理。依据自认的效力及于法院的作用，可以拘束法院，法院应以自认的事实作为裁判基础，不得作出相反的认定。但自认仅仅是一种举证方式，一种证据行为，当其自认的事实与其他证据证明的事实相左时，不能以自认优先，而应依据最高人民法院《证据规定》第77条，以证明力大小进行取舍，使证明更接近于客观真实。

　　第六，诉讼上自认的效力范围问题。这个问题提出的主旨是讨论自认是否具有辐射力。应该强调：诉讼上的自认只能针对本案，对其他案件不产生诉讼上自认的效力，不能免除举证责任。相对另一案件而言，本案的诉讼上自认也就成为诉讼外自认了，只能作为证据材料使用。

　　第七，诉讼上自认的撤回问题：（1）可撤回的时间：法庭辩论终结前；（2）可撤回的条件：①对方同意的；②有充分证据证明自认是在受胁迫或重大误解且与真实情况不符的。具备其中任何一条均可撤回。

　　本案还涉及另一个问题，就是律师的权限问题。根据诉讼法原理，律师的诉讼权限来源于当事人授权，没有当事人的授权，律师参与诉讼就丧失了最起码的依据。因此，代替当事人签名启动诉讼，是严重违反我国法律规定的行为，是违反律师职业道德的行为。

（案件来源：湖北松之盛律师事务所；整理人：田圣斌）

九十四、确认人民法院的受案范围

争议焦点

本案是否属于民事诉讼的范围。

基本案情

电影发行放映公司（以下简称电影公司）员工李 A、杨某、袁某、李 B 分别于 1990 年 1 月、1993 年 5 月、1994 年 2 月和 1995 年 8 月退休。电影公司依政策为 4 人办理了增加档案工资的手续。至 2003 年 10 月，电影公司全员投保时，4 人发现档案退休费与市发退休费差额为 183207.94 元，其中欠李 A 47992 元，欠李 B 40165.7 元，欠袁某 45368.5 元，欠杨某 49681.74 元。4 人多次与电影公司交涉未果，向市人事争议仲裁委提请仲裁。该仲裁委 2004 年 12 月 13 日作出裁决，裁决电影公司将拖欠 4 人的挂账退休费合计金额 38028.5 元，在单位改制时变现资产逐步兑现给个人。另外，4 人反映的档案退休费与市发退休费差额总计 145179.44 元由主管部门牵头，单位自主解决。4 人不服，诉至人民法院。

一审人民法院以该纠纷不属于人民法院受理的民事诉讼的范围为由，裁定驳回起诉。4 人不服，提起上诉。中级法院裁定：驳回上诉，维持原裁定。当事人向人民检察院申诉。

观点评析

（一）一审法院认为，电影公司从 1990 年起改制为企业化管理的事业单位，经费来源中不再有财政拨款，这种对事业单位断绝财政供给的行为，应视为政府主导下的企业改制行为，由此引起的纠纷不属于法院受理民事诉讼的范围。

（二）二审认为，电影公司从 1990 年改制后单位性质已发生改变。上诉人要求按原档案工资享受退休待遇，双方发生争议的根本原因在于企业改制行为，政府主导下的企业改制引起的纠纷不属于法院受理民事诉讼的范围。

（三）人民检察院认为：首先，电影公司从 1990 年起改制为企业化管理的事业单位，经费来源中不再有财政拨款，实行自主经营、自负盈亏，这种单位性质的改革并不涉及企业产权变更，因而不属于企业改制行为；其次，本案案卷中"机关事业单位退休人员离退休费审批表"载明：电影公司依据B人薪〔1993〕10号文件给李A、杨某增加工资，于1993年元月开始实行，依据B人〔1995〕18号文件给袁某增加档案工资，从1994年3月开始执行；凭据政发〔1996〕42号文件给李B增加档案工资，从1995年10月开始执行。电影公司的营业执照显示，电影公司从1990年7月开始，单位性质改变为全民所有制的企业法人。四申诉人增加档案工资均在电影公司改变为企业法人之后，该纠纷不是由企业改制引起的纠纷，而是企业员工因追索退休费而引起的纠纷。

相关知识链接

一、相关法律法规

《最高人民法院关于审理与企业改制相关的民事纠纷案件若干问题的规定》第1条："人民法院受理以下平等民事主体间在企业产权制度改造中发生的民事纠纷案件：（一）企业公司制改造中发生的民事纠纷；（二）企业股份合作制改造中发生的民事纠纷；（三）企业分立中发生的民事纠纷；（四）企业债权转股权纠纷；（五）企业出售合同纠纷；（六）企业兼并合同纠纷；（七）与企业改制相关的其他民事纠纷。"

二、相关理论知识

民事案件受案范围主要有三类：第一类是由受《民法》调整的民事主体间的财产关系和人身关系所引起的纠纷；第二类是由受《劳动法》调整的劳动关系所引起的依法应适用《民事诉讼法》审理的劳动争议纠纷；第三类是法律规定的适用《民事诉讼法》审理的其他纠纷或事项。

1. 第一类纠纷范围

（1）婚姻家庭纠纷。包括离婚及离婚的财产纠纷、解除非法同居关系纠纷、恋爱引起的财产纠纷、抚养和赡养纠纷、解除收养关系纠纷等。

（2）继承遗产纠纷。包括继承权、遗嘱继承、遗赠抚养协议、分割遗产份额等纠纷。

（3）土地纠纷。包括宅基地、侵犯土地使用权等纠纷。

（4）房屋纠纷。包括房屋确权纠纷，房屋买卖、使用、租赁、代管、典当、拆迁、调换等纠纷。

（5）各种物权纠纷。包括所有权、用益物权、担保物权等纠纷。

（6）相邻关系纠纷。包括相邻采光、通风、通行、排水、滴水、噪声、防险等纠纷。

（7）涉及人身权纠纷。包括侵害他人身体的侵权纠纷，医疗事故纠纷，产品质量不合格造成他人损害的纠纷，被动物致伤造成的纠纷，侵犯他人姓名权、肖像权、名誉权、隐私权等引起的纠纷。

（8）债务纠纷。包括合同、代理、追索不当得利、无因管理索赔等纠纷。

（9）知识产权纠纷。包括著作权、商标权、侵犯他人商业秘密、发明发现权纠纷，工业产权转让、使用许可等纠纷。

（10）各种票据纠纷。包括股票纠纷、债券纠纷、彩票纠纷等。

2. 第二类纠纷范围

（1）劳动合同争议纠纷。

（2）除名、辞退或开除争议纠纷。

（3）对企业作出的其他处理或处分决定不服争议纠纷。

（4）关于是否工伤的认定争议纠纷。

（5）其他。

这类纠纷或争议必须先由相关劳动争议管理部门仲裁，当事人对仲裁结论不服才可以去法院打官司，未经仲裁不能直接向法院提起诉讼。

3. 第三类纠纷范围

第三类纠纷是指上述纠纷种类尚不能包括进去的其他纠纷或非纠纷。如选民不服选举委员会对选民资格的申诉所作的处理决定而引起的纠纷，申请宣告死亡、失踪，申请认定公民无民事行为能力或限制行为能力，申请认定财产无主等非纠纷。

（案件来源：湖北省人民检察院；整理人：田圣斌）

九十五、民事诉讼的范围

争议焦点

本案是否属于人民法院的受案范围？

基本案情

2000年11月10日，区国有企业改革领导小组办公室下发《关于同意市X工业公司改制方案的批复》文件，对X工业公司进行企业改制。2001年2月9日，区经济体制改革委员会下发《关于同意市X工业公司改组为

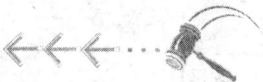

有限责任公司的批复》文件，其内容主要是：国有经济变更为有限责任公司，公司注册资本 98 万元，其中个人股 56 万元，占 57.1%，出资人为张某等 37 人；社团法人股 42 万元，占 42.9%，出资人为职工持股会。2001年 2 月，X 工业公司完成企业改制，改制后更名为 B 工贸有限责任公司（以下简称 B 公司）。袁某原系 X 公司职工，在公司企业改制中以买断工龄金与其他共 31 人组成持股会参股 B 公司，由持股会代表股东，并行使股东权利。2005 年 5 月 24 日，袁某因要求 B 公司签发股东出资证明书未果而诉至法院。

2005 年 6 月 7 日，区人民法院作出民事裁定：对袁某诉被告张某、B公司确认股东出资证明纠纷一案的起诉，不予受理。

袁某不服，提起上诉。同年 7 月 12 日，中级人民法院裁定：驳回上诉。当事人向人民检察院申诉。

观点评析

（一）区人民法院认为，袁某诉被告张某、B 公司要求该公司签发股东出资证明书纠纷是企业改制中出现的特殊现象。按照高级人民法院《关于审理劳动争议案件若干问题的意见（试行）》规定，不应以民事案件立案。

（二）中级人民法院认为：上诉人要求 B 公司出具股东出资证明书的诉讼请求，系因企业制度改革而引发的纠纷，应由有关部门按照企业改制的政策规定予以解决。故上诉人的起诉不符合我国《民事诉讼法》规定的起诉条件，不属于人民法院受理范围。

（三）本案 B 公司是 2001 年通过企业改制而成立的有限责任公司。在 B公司改制中袁某以自己工龄买断金向公司入股，取得了股东身份，袁某以股东身份要求该公司出具股东出资证明书，是股东的权利之一，在此基础上产生的纠纷是平等民事主体之间的纠纷，并非企业改制中产生的纠纷，应属人民法院受理民事诉讼的范围。

本案不属于《最高人民法院关于审理与企业改制相关的民事纠纷案件若干问题的规定》第 3 条规定的范围。因此，认定本案不属于人民法院受理民事诉讼的范围的两个裁定都是错误的。

相关知识链接

一、相关法律法规

1.《民事诉讼法》第 3 条："人民法院受理公民之间、法人之间、其他组织之间以及他们相互之间因财产关系和人身关系提起的民事诉讼，适用本法的规定。"

2. 《最高人民法院关于审理与企业改制相关民事纠纷案件若干问题的规定》第1条："人民法院受理以下平等民事主体间在企业产权制度改造中发生的民事纠纷案件：（一）企业公司制改造中发生的民事纠纷；（二）企业股份合作制改造中发生的民事纠纷；（三）企业分立中发生的民事纠纷；（四）企业债权转股权纠纷；（五）企业出售合同纠纷；（六）企业兼并合同纠纷；（七）与企业改制相关的其他民事纠纷。"

3. 《最高人民法院关于审理与企业改制相关的民事纠纷案件若干问题的规定》第2条："当事人起诉符合本规定第一条所列情形，并符合民事诉讼法第一百零八条规定的起诉条件的，人民法院应当予以受理。"

4. 《最高人民法院关于审理与企业改制相关的民事纠纷案件若干问题的规定》第3条："政府主管部门在对企业国有资产进行行政性调整、划转过程中发生的纠纷，当事人向人民法院提起民事诉讼的，人民法院不予受理。"

二、相关理论知识

民事诉讼是指人民法院审理民事案件、当事人进行诉讼活动中，人民法院、当事人和其他诉讼参与人为解决民事纠纷，保护合法权益而依法进行的全部诉讼活动以及在这些活动中所产生各种诉讼法律关系的总和。我国《民事诉讼法》第3条明确规定了民事诉讼的受案范围，即"公民之间、法人之间、其他组织之间以及他们相互之间因财产关系和人身关系提起的民事诉讼"，《最高人民法院关于审理与企业改制相关的民事纠纷案件若干问题的规定》则就企业制度改革而引发的纠纷是否受理作了明确的界定，只是规定"政府主管部门在对企业国有资产进行行政性调整、划转过程中发生的纠纷"，不属于人民法院受理民事诉讼的范围。一些法院错误理解该规定，拒绝受理应当由人民法院受理的民事纠纷案件的做法，是错误的。

（案件来源：湖北省人民检察院；整理人：田圣斌，姜艳丽）

九十六、案件事实的认定和法律适用

◤ 争议焦点 ◢

M宾馆对蒋某被杀害是否存在主、客观上的过错？是否应当承担赔偿责任？

基本案情

2000年2月28日，蒋某（系陈某之夫，蒋A、蒋B之父）登记住宿在M宾馆618号客房。犯罪嫌疑人王某同日上午登记住宿在该宾馆611号客房，二人所住房间房门相对。王某因炒股欠下大量债务，便产生抢劫他人财物之念。2000年2月29日上午9时左右，王某给蒋某打电话，谎称自己是公安人员，要检查身份证，蒋某将自己的房门打开让王某进房，王某趁蒋某转身拿身份证之机，用所带的铁锤朝蒋某的头部猛击数下，致其当场死亡。当日下午1时30分，宾馆服务员祝某等在做卫生时发现蒋某被杀害。祝某亦承认当日9时30分至10时30分不在岗。案发后，王某被公安机关抓获，并于2001年1月19日被中级人民法院判处死刑。陈某、蒋A、蒋B三人提出刑事附带民事诉讼，要求王某承担赔偿责任。因王某无赔偿能力，中级人民法院刑事附带民事判决不予赔偿。

三人诉至C区人民法院，要求M宾馆赔偿经济损失533866.71元。

2001年6月，C区人民法院作出（2001）C区民初字371号民事判决：驳回诉讼请求。

陈某、蒋A、蒋B不服，提出上诉。2001年12月，中级人民法院作出（2001）W民终字第1773号民事判决：驳回上诉，维持原判。

三人不服，向人民检察院申诉。经抗诉，高级人民法院指令中级人民法院再审。经再审，依照我国《合同法》第60条、第107条，《民事诉讼法》第153条第1款第2项、第3项、第158条的规定，判决：1. 撤销本院（2001）W民终字第1773号民事判决和本市C区人民法院（2001）C区民初字第371号民事判决；2. M宾馆于本判决生效之日起十五日内赔偿陈某、蒋A、蒋B经济损失人民币30000元整；3. 驳回陈某、蒋A、蒋B其他诉讼请求。

观点评析

（一）认为M宾馆不承担赔偿责任的理由：被害人系王某杀害，王某应当承担相应责任，并因此伏诛。M宾馆对蒋某的死亡结果在主、客观上均没有过错，故不应承担赔偿责任。

（二）认为M宾馆应当承担赔偿责任的理由：

1. 依据我国《民法通则》第85条和《合同法》第60条的规定，蒋某登记住宿在 M 宾馆即与之形成了住宿服务合同关系。M 宾馆除应提供相应的房间设备及其服务的义务以外，同时根据诚实信用原则及住宿合同的法律性质，还负有保护蒋某的人身财产安全不受侵犯的附随义务。

2. 宾馆没有全面、认真地履行合同义务。三楼的服务员祝某在蒋某被害时不在工作岗位；案发当时，宾馆服务人员亦听到喊叫声而未引起警觉，暴露出宾馆服务员安全防范意识较差；在本案审理过程中，宾馆一直未能提供其内部的管理规章制度和旅客须知等书面证据，不能证实宾馆的管理和安全防范保卫措施规范到位。M 宾馆在履行住宿服务合同中，未能在自己的能力所及范围内，认真履行最谨慎之注意义务，应承担相应的违约责任。对违约造成的损失，应予以适当赔偿。

相关知识链接 ⬊

一、相关法律法规

1. 《合同法》第 60 条："当事人应当按照约定全面履行自己的义务。当事人应当遵循诚实信用原则，根据合同的性质、目的和交易习惯履行通知、协助、保密等义务。"

2. 《合同法》第 107 条："当事人一方不履行合同义务或者履行合同义务不符合约定的，应当承担继续履行、采取补救措施或者赔偿损失等违约责任。"

二、相关理论知识

从本质上讲，法官审理案件，一是认定事实，二是适用法律。客观或比较客观地认定案件事实是准确适用法律的前提，而借以认定事实的根据则是证据。大家知道，诉讼所涉及或争议的事实，是过去已发生的客观事实。审理该案件的法官不可能事先介入或见证（如果法官事先介入或见证该案件，该法官就成为该案件的当事人或证人，不能参加该案件的审理工作），更不得事后凭空推断，只能而且必须凭借能够证明当时客观事实的一切证据（包括书证、物证、视听资料、证人证言、勘验笔录、鉴定结论、当事人的陈述等）来认定事实。

法官查清案件事实的过程，实际上就是听取当事人举证、质证和发现、收集、审查、判断证据资料的过程。证据决定事实，事实决定法律适用，法律适用决定裁判；证据及有关制度对于认定案件事实乃至裁判极为重要，"证据乃诉讼之王"。可以设想，如果允许并承认法官在没有证据的情况下可以判令公民、法人或其他组织承担某义务，那么势必导致司法专横和司法腐败，势必导致社会陷入混乱。查清"客观事实"，以"客观事实"作为裁判案件的根据，是我国法律和法官追求的最高目标。但是，"客观事实"在诉讼证明中是高不可攀的。因为，所谓"客观事实"早已发生，要通过遗留的证据材料完全恢复"客观事实"的原貌，即要求证据对已经过去了的案件事实的证明达到"客观事实"的标准，是不合理的。坚持"以证据为基础"作为审理案件的司法原则之一，意味着我们既坚持将"客观事实"作为诉讼活动的最高追求，又从实际出发，将收集的证据所能够证明的"法律事实"作为裁判案件的根据。这样就可以解除传统观念的束缚，实事求是地推动诉讼制度的改革；就可以区别情况，分别建立和完善刑事、民事、行政诉讼的证明标准，更加合理地处理"公正与效率"、"社会效果与法律效果"的关系，最大可能地实现司法的公平正义。

坚持"以证据为基础"，通过普及证据法知识，使广大群众知法、用法、学会保存、收集证据资料，运用证据促使法官采纳和支持自己的主张，而不能一味依赖法官的调查取证。

（案件来源：湖北省武汉市人民检察院；整理人：田圣斌）

九十七、对法律的正确理解和适用

◣ 争议焦点 ◥

梅某等人与 D 区城管局之间的劳动关系是否成立？该局是否应对梅某等人进行安置，并为其补缴养老保险金？

◣ 基本案情 ◥

梅某等 8 人原系 D 区城管局工作人员，后被调入该局下属企业 S 装饰装潢公司工作，由于该企业经营不善，1999 年后陆续回家待岗。因 S 公司拖欠职工工资、生活费，不为职工缴纳养老保险金，梅某等人与公司发生争议，于 2001 年向区劳动争议仲裁委员会提出仲裁申请，将区城管局列为第一被申请人，S 装饰装潢公司为第二被申请人，要求补发工资、生活费，补缴养老保险金。区劳动仲裁委员会于 2001 年 11 月 26 日作出 D 劳仲（2001）裁字第 98 号裁决书，裁决 S 装饰装潢公司为申请人补缴所欠的全部养老保险金，自裁决书生效之日起逐月发给申请人生活费 160 元整。该裁决作出之后，S公司不服，向区人民法院提起诉讼。在区法院受理该案后，S公司经理黄某在未经D区城管局同意、未经清算的情况下，擅自于2002年4月3日在D区工商管理局办理了S公司的注销登记。D区法院随即以原告已不存在为由裁定终结诉讼。因S公司注销，梅某等人为保障自身权利，以S公司的主管单位区城管局、原S公司经理黄某为被告，向区人民法院提起诉讼，要求确认其与被告的劳动关系，由被告为其补缴养老保险金，补发工资，安排工作。

D区人民法院于2002年11月5日作出民事判决，认定梅某等人与D区城管局之间劳动关系成立，由该局对梅某等人进行安置，并为其补缴养老保险金。D区城管局不服上诉，中级人民法院以该案一审中违反法律程序为由，撤销原判，发回重审。

D区人民法院经审理，依照《中华人民共和国民事诉讼法》第111条第5项的规定，作出（2003）D民初字第027号民事裁定：驳回原告梅某等8人的起诉。

梅某等人不服该裁定，向人民检察院提出申诉。经抗诉，中级人民法院受理抗诉后，指令D区人民法院对本案再审。

2005年9月22日，区人民法院再审分别作出8份再审民事判决书，依照《中华人民共和国劳动法》第72条、国务院《社会保险费征缴暂行条例》第2条和第3条，国务院《失业保险条例》第17条和《市劳动和社会保障局关于失业人员享受失业保险待遇有关问题的处理意见》第1条的规定，判决：一、被告D区城管局于本判决生效之日起五日内为原告梅某、李某等8人按有关规定向区劳动与社会保障局缴纳1993年4月至2002年4月期间的养老保险金中单位认缴部分，个人应缴部分由原告梅某、李某等人自己承担；如被告区城管局逾期不向区劳动与社会保障局补缴原告梅某、李某等8人的养老保险金，则由被告区城管局以货币形式补偿原告梅某、李某等8人养老保险金共计41398元（各人数额不等，其中最低2318元，最高9025元）。二、给付原告梅某、李某等8人待岗期间的生活费共计46415元（各人数额不等，其中最低2160元，最高12195元）。三、补偿原告梅某、李某、刘某、杨某等4人失业保险金共计20916元（其中刘某、杨某各4788元，李某5292元，梅某6048元）。

观点评析

（一）区人民法院认为，在区劳动争议仲裁委员会申请仲裁裁决后，因S

公司不服仲裁裁决向法院起诉,在诉讼期间,该公司向区工商局申请并核准注销登记,其诉讼主体消亡,本院已作出民事裁定终结诉讼。原告梅某不应重新起诉,只能按其他程序行使权利。

(二)人民检察院认为:S 公司在诉讼期间向 D 区工商局申请注销,该案被法院裁定终结诉讼。但是,该劳动争议实际上并未经法律程序进行实体审理。这一情形并不符合《民事诉讼法》第 111 条第 5 项所规定的情形。

S 公司作为一个法人单位注销后,其债权债务应当依法进行清算。由于梅某等人与 S 公司的劳动关系和补发工资等债权债务关系并未依法清算,故梅某等人依法享有向原 S 公司的财产继受人或原主管单位进行清偿的权利。虽然本次诉讼与前一次诉讼所涉及的法律关系都是债权债务关系,但两次诉讼所涉及的法律关系非同一法律关系。一方面 S 公司已经消亡,另一方面原 S 公司经理黄某作为自然人参加诉讼。债权债务关系的法律主体已经发生变化。因此从法律角度看两次诉讼涉及的是不同的法律关系,故本案不符合"一事不再理"原则的适用条件,原审法院适用《民事诉讼法》第 111 条第 5 项规定,裁定驳回原告起诉显属适用法律错误。

(三)区人民法院再审认为:本院裁定终结原 S 公司诉梅某等人劳动争议纠纷案后,梅某等人向本院提起的诉讼针对的是不同的当事人、不同的争议,诉讼请求亦不相同,法院应对双方的争议进行实体上的审理,以恰当地保护当事人诉讼权利。其驳回梅某等人的起诉不当。

相关知识链接 ↘

一、相关法律法规

《民事诉讼法》第 111 条第 5 项:"对判决、裁定已经发生法律效力的案件,当事人又起诉的,告知原告按照申诉处理,但人民法院准许撤诉的裁定除外。"

二、相关理论知识

在诉讼过程中,公司未进行清算而擅自在工商部门办理了该公司的注销登记,这一行为实质上存在明显的规避债务的嫌疑。从形式上看,经过国家工商部门核准,完成了法定注销程序,公司从法律意义而言不复存在。但公司未经过清算,其债权债务依法应当由其开办或主管单位或承受该公司原有的债权债务的单位承担。

"一事不再理"原则的运用应基于当事人就同一法律关系重复起诉的事实。而就本案的具体情况来看,并不符合"一事不再理"原则的适用条件。前一个诉讼中,发放生活费、补缴养老保险金的诉讼主体分别为 S 公司和梅某等公司职工；后一个诉讼中，梅某等人以 D 区城管局为被告提起诉讼，要求确认其与城管局之间的劳动关系，并由城管局为其补缴养老保险金，补发工资、生活费，重新安排工作。前后两个诉讼所涉及的法律关系中，主体、争议内容和诉讼请求均有所不同，尽管两者存在一定联系，但不宜认定为是同一法律关系。

法律规定"一事不再理"原则的初衷在于诉讼经济的考虑，避免对已作出处理的民事纠纷重复处理。而本案中由于 S 公司规避法律，导致原诉讼程序被裁定终结，实际上使得当事人的权利义务并未在诉讼程序中得到实体处理，梅某等人为维护自身权益，另行以 D 区城管局为被告提起诉讼，而法院却以案件已经处理为由，驳回其起诉，显然是对"一事不再理"原则的曲解，实际上剥夺了当事人的诉讼权利，损害了当事人的合法利益。

（案件来源：湖北省武汉市人民检察院；整理人：田圣斌，肖跃进）

九十八、诉讼时效和社会保险金缴纳

〖 争议焦点 〗

D 公司是否应当为潘某补缴社会保险金，被告的主张是否超过诉讼时效。

〖 基本案情 〗

潘某于 1988 年 4 月经人介绍到合金厂劳动服务公司，在该公司冶炼二车间做临时工，实行计件工资，没有签订劳动合同。1999 年 6 月，该厂成立了 D 公司，公司具备独立法人资格，原合金厂劳动服务公司划归 D 公司管理。之后潘某继续在冶炼二车间做配料工，双方仍未签订劳动合同。2001 年 6 月，冶炼二车间因停产放假，潘某被公司告知开炉后等通知。同年 7 月 24 日，冶炼二车间开炉生产，恰逢该市沿江路拆迁，潘某所居住的房屋属拆迁范围需立即搬迁，潘某找到公司领导请好事假。2001 年 10 月，潘某到公司要求安排工作，被告知现在没有岗位，后多次找公司要求上班均被拒绝。次年 10 月 16 日，潘某向市劳动争议仲裁委员会申请仲裁，要求 D 公司为其安排工作岗位并依法为其缴纳 1988 年至今的社会保险金。2002 年 12 月 24 日，劳动争议仲裁委员会作出了调解书，调解内容为 D 公司给潘某安排工作岗位，双方签订劳动合同。潘某重新上岗后，D公司仍未与之签订劳动合同，亦未为其缴纳养老保险金。2005年4月初，潘某因达到退休年龄，多次要求公司为其补缴养老保险金遭拒绝，于同年9月就养老保险争议申请劳动仲裁。市劳动争议仲裁委员会及时作出了裁决书，裁决双方解除劳动关系并由D公司一次性支付潘某养老补偿金29920元。D公司不服，向区人民法院提起诉讼。

区人民法院依法判决：D公司一次性付清潘某养老补偿金29920元。D公司不服该判决，以被上诉人的部分权利已超过诉讼时效为由，上诉至中级人民法院。

中级人民法院作出终审民事判决，判决：1. 撤销区人民法院的民事判决。2. D公司在本判决生效后一个月内给潘某补缴2003年9月至2005年9月的养老金（其中单位和个人应缴数额以社保经办机构规定为准，个人应缴部分由潘某个人缴纳）。

◥ 观点评析 ◤

（一）区人民法院认定：潘某与D公司尽管未签订书面劳动合同，但双方业已形成事实劳动关系，潘某依法享有社会保险的权利。因D公司未为潘某缴纳社会保险，导致潘某达到法定退休年龄却不能享受退休待遇，过错在于D公司，因而D公司应给潘某发放一次性养老保险金。潘某因养老保险金事宜曾多次要求D公司解决，证明潘某在主张权利，故对D公司主张潘某的养老保险金已超过诉讼时效的诉讼请求，不予支持。

（二）中级人民法院作出终审民事判决，认定：潘某与D公司虽然未签订书面劳动合同，但双方已形成了事实上的劳动关系，按照《劳动法》的规定，用人单位和劳动者必须依法参加社会保险，劳动者依法享有社会保险的权利。作为劳动者的潘某来讲，在依法享有权利的同时，明知公司未为其缴纳社会保险，且在2002年与D公司在市劳动仲裁委员会达成调解，应视为对权利的放弃。因此，D公司应为潘某缴纳2003年9月至2005年9月期间的社会保险。

（三）中级人民法院判决将劳动争议的仲裁时效期间等同于用人单位为劳动者缴纳社会保险费的年限确有错误。

该判决认定D公司为潘某缴纳2003年9月至2005年9月期间的社会保险费，是依据其仲裁时效而作出的，其中对"劳动争议发生之日"属于对劳动争议仲裁时效的扩充性解释。同时"劳动争议发生之日"是针对仲裁时效所作出的，不能等同于用人单位为劳动者缴纳社会保险费的年限。而仲裁时效与用人单位为劳动者缴纳社会保险费的期限是两个不同的概念，前者决定当事人的胜诉权；后者则是劳动者的实体权利。

根据我国《劳动法》第 72 条和国务院令第 259 号《社会保险费征缴暂行条例》第 12 条、第 13 条的规定，社会保险费的缴纳不仅是用人单位的法定义务，而且具有强制性，不因劳动者是否主张而得以减免。因此，社会保险费的缴纳不因当事人放弃或诉讼时效而产生变化。

相关知识链接

一、相关法律法规

1.《民法通则》第 135 条："向人民法院请求保护民事权利的诉讼时效期间为二年，法律另有规定的除外。"

2.《民法通则》第 136 条："下列的诉讼时效期间为一年：（一）身体受到伤害要求赔偿的；（二）出售质量不合格的商品未声明的；（三）延付或者拒付租金的；（四）寄存财物被丢失或者损毁的。"

3.《民法通则》第 137 条："诉讼时效期间从知道或者应当知道权利被侵害时起计算。但是，从权利被侵害之日起超过二十年的，人民法院不予保护。有特殊情况的，人民法院可以延长诉讼时效期间。"

4.《民法通则》第 138 条："超过诉讼时效期间，当事人自愿履行的，不受诉讼时效限制。"

5.《民法通则》第 139 条："在诉讼时效期间的最后六个月内，因不可抗力或者其他障碍不能行使请求权的，诉讼时效中止。从中止时效的原因消除之日起，诉讼时效期间继续计算。"

6.《民法通则》第 140 条："诉讼时效因提起诉讼、当事人一方提出要求或者同意履行义务而中断。从中断时起，诉讼时效期间重新计算。"

7.《劳动法》第 72 条："用人单位和劳动者必须依法参加社会保险，缴纳社会保险费。"

8.《社会保险费征缴暂行条例》第 12 条："缴费单位和缴费个人应当以货币形式全额缴纳社会保险费。缴费个人应当缴纳的社会保险费，由所在单位从其本人工资中代扣代缴。社会保险费不得减免。"

9.《社会保险费征缴暂行条例》第 13 条："缴费单位未按规定缴纳和代扣代缴社会保险费的，由劳动保障行政部门或者税务机关责令限期缴纳；逾期仍不缴纳的，除补缴欠缴数额外，从欠缴之日起，按日加收千分之二的滞纳金。滞纳金并入社会保险基金。"

二、相关理论知识

社会保险即通常说的"五险一金"，具体来讲，五险即：养老保险、医疗保险、失业保险、生育保险和工伤保险；一金即：住房公积金。"五险"方面，按照职工工资，单位和个人各自承担一定的比例。我国《社会保险法》在反复酝酿草案过程中，现在一般各地规定不一。在我国一些城市，自由职业者也可以缴纳"两金"；如果民营企业老板不给员工缴纳保险金，劳动者可以向劳动仲裁机构申请仲裁。

目前，我国社会保险运行过程中确实存在很多不足，主要是制度不完善和管理过程中的问题。制度带来的不完善问题根本在于体系之间割裂，比如农村的人流动到城市就业，城市的人流动到农村就业，分别参加城镇养老保险和农村养老保险。管理上的不足在于，过去就业的信息和社会保险的信息没有完全联成一体，如有的人一面领取失业保险金，一面按自由职业者缴费。

（案件来源：湖北省人民检察院；整理人：田圣斌）

九十九、诉讼主体资格

▏ 争议焦点 ▏

H 装饰工程公司是否具备诉讼主体资格？

▏ 基本案情 ▏

2003 年，张某在 J 园购二室一厅住房一套；4 月 20 日，张某与 H 装饰工程公司徐某签订装饰合同之后，预付工程款 4000 元，出具 3000 元欠条一张给范某、徐某。同年 4 月 22 日，范某、徐某组织人员进场施工。其间，张某发现装修工程存在诸多质量问题而引起纠纷，同年 7 月 28 日，向区人民法院提起诉讼，请求解除装饰合同，返还工程款 4000 元及欠条，恢复室内原状，赔偿损失 1000 元。

2003 年 9 月 8 日，区人民法院以（2003）D 民初字第 45 号民事裁定书裁定驳回张某的起诉。

张某不服，向人民检察院申诉。经抗诉，中级人民法院受理抗诉案件后，指令区人民法院对本案进行再审。区人民法院另行组成合议庭再审认为：检察机关的抗诉理由成立，应予支持。判决：1. 撤销本院（2003）D 民初字第 45 号民事裁定；2. 驳回张某对原审被告 H 装饰工程公司的起诉；

3. 原审原告张某与原审被告徐某签订的住房装饰合同无效；4. 原审被告范某、徐某于判决生效之次日起 5 日内共同返还张某预付的工程款人民币 4000 元、房屋钥匙 2 枚及人民币 3000 元的欠条 1 张（该欠条若不能返还，即失效），范某、徐某承担连带返还责任；5. 原审被告范某、徐某于判决生效之次日起 5 日内共同赔偿原审原告张某的损失人民币 1144 元，原审被告范某、徐某承担连带赔偿责任；6. 原审被告范某、徐某于判决生效之次日起 5 日内自行拆除遗留在原审原告张某位于 J 园房屋中的装修材料（拆除时不得有损房屋），逾期不拆除由原审原告张某自行处置；7. 驳回原审原告张某的其他诉讼请求。

观点评析

（一）区人民法院一审认为：张某将 "H 装饰工程公司" 作为被告起诉，未能提供该单位法定代表人的姓名及其身份状况、公司住所地等公司基本情况，也未提交公司是否以工商登记合法成立及经营资质状况的充分证据，所诉 "H 装饰工程公司" 系不明确的诉讼主体，其主体资格不适格，不符合起诉的必备条件。

（二）人民检察院审查认为：张某在向原审法院起诉中明确将范某、徐某列为第二、三被告。《最高人民法院关于适用〈中华人民共和国民事诉讼法〉若干问题的意见》第 49 条规定："法人或者其他组织应登记而未登记即以法人或者其他组织名义进行民事活动，或者他人冒用法人、其他组织名义进行民事活动，或者法人或者其他组织依法终止后仍以其名义进行民事活动的，以直接责任人为当事人。"本案中的装饰合同是徐某代表 H 装饰工程公司签字，并代表公司收取张某给付的装修工程款，且装修工程由范某、徐某具体组织实施。因此，范某、徐某是本案合同签订及履行的直接责任人。根据上述法律规定，张某同时以范某、徐某为被告提起诉讼，符合法定起诉条件。所以，原审裁定驳回起诉，显属适用法律不当，裁定错误。

（三）本案的关键是诉讼主体资格问题。我国《民事诉讼法》第 108 条规定："起诉必须符合下列条件：（一）原告是与本案有直接利害关系的公民、法人和其他组织；（二）有明确的被告；（三）有具体的诉讼请求和事实、理由；（四）属于人民法院受理民事诉讼的范围和受诉人民法院管辖。"本案张某在起诉中不仅将 H 装饰工程公司列为第一被告，也将范某、徐某同时列为第二、第三被告一并起诉。虽然 H 装饰工程公司未经工商行政管理部门登记成立，不符合诉讼主体资格，但徐某以 H 装饰工程公司的名义与张某签订住房装饰合同并收取工程款，范某具体负责组织实施该合同项目的装修工程。根据《最高人民法院关于适用〈中华人民共和国民事诉讼法〉若干问题的意见》第49条的规定，张某以范某、徐某为本案合同的签订及履行的直接责任人提起诉讼，符合法定条件。

相关知识链接 ↘

一、相关法律法规

1. 《最高人民法院关于适用〈中华人民共和国民事诉讼法〉若干问题的意见》（以下简称《民诉意见》）第49条："法人或者其他组织应登记而未登记即以法人或者其他组织名义进行民事活动，或者他人冒用法人、其他组织名义进行民事活动，或者法人或者其他组织依法终止后仍以其名义进行民事活动的，以直接责任人为当事人。"

2. 《民事诉讼法》第108条："起诉必须符合下列条件：（一）原告是与本案有直接利害关系的公民、法人和其他组织；（二）有明确的被告；（三）有具体的诉讼请求和事实、理由；（四）属于人民法院受理民事诉讼的范围和受诉人民法院管辖。"

二、相关理论知识

民事主体，即民事法律关系的主体，依我国法律，包括公民、法人及其他组织，以及个别情形下的国家（如国家成为无主财产的所有人）。

诉讼主体，专指民事诉讼主体，是民事诉讼法律关系的主体，其范围与民事主体既有区别，又有联系。

民事诉讼主体体系：

民事诉讼主体 ┤ 自然人／法人／非法人组织（具体内容参见《民诉意见》第40条）／国家

责任承担者，专指民事主体与诉讼主体不一致时，民事诉讼判决中的民事实体法律责任的承担人。以上3个概念是学习民法的基础。

（案件来源：湖北省武汉市人民检察院；整理人：肖跃进，田圣斌）

一百、抚养关系、抚养费

抚养关系认定、抚养费承担及诉讼时效的认定。

1985 年 9 月，李某告知丁某其已经将女儿（指邓某）丢弃在短途汽车站门口。丁某闻讯后即到该处将小孩抱回。同年 10 月，丁某将小孩送还李某，李某说已有两个女儿了，还是想生个儿子，麻烦丁某帮忙找人收养，李某的丈夫赵 Y 当时写下遗弃书，主要内容是："此女孩生于 1985 年 3 月 25 日，由于家庭人口多，被迫遗弃，希望收养者以好心对待，必有好报之德。"此后，由于丁某没有找到收养人，便将小孩留在自家抚养，取名邓某，未到有关部门办理法定收养手续。1991 年 9 月，邓某从同她在一个学校读书的李某大女儿赵 X 处得知身世后，便不安心在丁某家生活。1998 年 12 月邓某主动回到李某家。1999 年 5 月 17 日，丁某及其丈夫邓 X 向法院起诉，要求解除与邓某的收养关系，并判令对方当事人补偿其抚养邓某期间所支付的生活、教育等各项费用 66000 元。

2000 年 10 月 13 日，区人民法院作出（2000）H 民初字第 245 号民事判决书，根据我国《民法通则》第 135 条之规定，驳回丁某、邓 X 追索抚养费的请求，案件受理费 1820 元由丁某、邓 X 负担。

丁某、邓 X 不服，向人民检察院申诉。经过抗诉，区人民法院对本案进行再审。区法院再审判决：1. 撤销本院（2000）H 民初字第 245 号民事判决书；2. 解除原审原告丁某、邓 X 与邓某的收养关系，由原审被告赵 Y、李某抚养邓某至其独立生活；3. 由原审被告赵 Y、李某补偿原审原告丁某、邓 X 抚养邓某的费用人民币 16822 元，此款于判决书生效后三日内付清。原审案件受理费人民币 1820 元，由原审被告赵 Y、李某负担。

本案涉及追索抚养费、抚养关系认定和诉讼时效的问题。

（一）抚养关系认定：本案虽然没有正式的民政部门办理的抚养手续，但已经构成事实上的抚养关系。一审判决对此予以认定，但该判决认为事实上已解除了收养关系的观点是错误的。收养或解除收养关系是一种涉及身份权利的比较重大的民事行为，根据《收养法》第 26 条、第 28 条之规定，送养人、收养人应达成解除收养关系的协议，并到民政部门登记。本案双方当事人既未达成协议，又未到民政部门登记，一审认定已解除收养关系于法无据。

原告 1985 年收养邓某，根据《最高人民法院关于学习、宣传、贯彻执行〈中华人民共和国收养法〉的通知》第 2 条关于"对于收养法施行前成立的收养关系，收养法施行后当事人诉请解除收养关系的，应适用收养法"的规定，丁某、邓 X 二人与邓某之间解除收养关系应适用《收养法》。

（二）抚养费问题：本案原告抚养被告之女十余年，为其支出生活、教育等费用。该费用应当由作为亲生父母的被告承担。

（三）诉讼时效的问题。根据我国《民法通则》的规定，向人民法院请求保护民事权利的诉讼时效期间为 2 年；诉讼时效期间从知道或者应当知道权利被侵害时计算。一审认定原告追索抚养费的诉讼请求超过了法律规定的诉讼时效是有悖于事实的。

我国《民法通则》第 61 条第 1 款规定："民事行为被撤销后，有过错的一方应当赔偿对方因此所受的损失，双方都有过错的，应当各自承担相应的责任。"本案赵 Y、李某二人有能力抚养自己的女儿，却不尽抚养义务，将其送与他人后又不保守秘密，将送养之事告知自己的大女儿，从而导致送养之事泄露，收养人与被收养人之间关系恶化。因此，赵 Y、李某二人应承担引起纠纷的主要过错责任，并应依法补偿收养人丁某、邓 X 二人抚养邓某的费用。

相关知识链接 ↘

一、相关法律法规

1. 《最高人民法院关于学习、宣传、贯彻执行〈中华人民共和国收养法〉的通知》第 2 条："对于收养法施行前成立的收养关系，收养法施行后当事人诉请解除收养关系的，应适用收养法。"

2. 《收养法》第 26 条："送养人、收养人应达成解除收养关系的协议，并到民政部门登记。"

3. 《收养法》第 28 条："收养人在被收养人成年以前，不得解除收养关系，但收养人、送养人双方协议解除的除外，养子女年满十周岁以上的，应当征得本人同意。收养人不履行抚养义务，有虐待、遗弃等侵害未成年养子女合法权益行为的，送养人有权要求解除养父母与养子女间的收养关系。送养人、收养人不能达成解除收养关系协议的，可以向人民法院起诉。"

4.《收养法》第30条："收养关系解除后，经养父母抚养的成年养子女，对缺乏劳动能力又缺乏生活来源的养父母，应当给付生活费。因养子女成年后虐待、遗弃养父母而解除收养关系的，养父母可以要求养子女补偿收养期间支出的生活费和教育费。生父母要求解除收养关系的，养父母可以要求生父母适当补偿收养期间支出的生活费和教育费，但因养父母虐待、遗弃养子女而解除收养关系的除外。"

5.《民法通则》第4条："民事活动应当遵循自愿、公平、等价有偿、诚实信用的原则。"

6.《民法通则》第61条第1款："民事行为被确认为无效或者被撤销后，当事人因该行为取得的财产，应当返还给受损失的一方。有过错的一方应当赔偿对方因此所受的损失，双方都有过错的，应当各自承担相应的责任。"

二、相关理论知识

1. 抚养关系

抚养关系是指因婚姻家庭关系、非婚姻关系和拟制血亲家庭关系而产生的对未成年子女的养育、教育义务（含祖父母、外祖父母）。

我国《婚姻法》规定，父母对子女有抚养教育的义务；非婚生子女享有与婚生子女同等的权利，任何人不得加以危害和歧视。不直接抚养非婚生子女的生父或生母，应当负担子女的生活费和教育费，直至子女能独立生活为止。养父母和继父母对养子女和继子女的抚养义务适用《婚姻法》有关对父母子女的关系的规定。

《婚姻法》还规定：有负担能力的祖父母、外祖父母，对于父母死亡或无力抚养的未成年的孙子女、外孙子女有抚养义务。

2. 抚养费

抚养费，包括子女生活费、教育费、医疗费等费用。尚在校接受高中及以下学历教育的教育费应当负担，但是因为上收费较贵的私立学校、贵族学校所多支付的择校费用，或者是因考分不够而产生的赞助费，不应当属于抚养费。

关于子女抚育费的数额，主要考虑三个方面：①子女的实际需要；② 父母双方的负担能力；③当地的实际生活水平。

离婚后，不和子女一起生活的父/母一方，根据收入状况分为：

① 有固定收入的，抚育费数目一般可按其月总收入的20%—30%。负担两个以上子女抚育费的，比例可适当提高，但一般不得超过月收入的50%。（"月总收入"指工资总额，包括工资、奖金等）

② 无固定收入的，抚育费的数目可依当年的收入或同行业的年平均收入，

参照①确定。一般参照《道路交通事故赔偿项目参照标准》确定的年均人收入、年平均生活费来作为依据。

③ 有特殊情况的，如子女长期患有重大疾病或子女残疾的，可适当增加。

抚养费以必要为限，子女购买电脑、手机，外出旅游的费用、购买商业保险的费用等，这些费用的支出没有法律依据，父母可以拒绝支付。

子女大病及绝症的医疗费，以社会医疗保险能报销的为限，如子女因患有肾功能衰竭需要换肾的费用、子女患有白血病需要骨髓移植的费用等都不属于抚养费之列，父母只有道义上承担该费用的责任。

（案件来源：湖北省武汉市人民检察院；整理人：田圣斌）

一百零一、是否超过诉讼时效的审查

争议焦点

本案是否超过诉讼时效。

基本案情

1974 年 9 月 17 日，县林业局将邹某招为农勤工性质的"亦农亦工"林业工人，享受支援国家建设民工待遇，月工资 37.5 元。同年 9 月，邹某被安排到 Y 林业站工作。1976 年调往 C 林场当伐木工人。1978 年 1 月 2 日邹某在滑木时从高空滑丝上连人带木头摔下，当场受伤。后经县医院诊断为：左上肢骨折，左眼球损伤，住院三个月后作摘除左眼球手术。1986 年，邹某被调往 D 林场，从事修路做饭工作。1987 年 4—5 月，邹某请假 20 天回家收麦，此后一直未到该林场上班。1987 年 6 月，同场职工彭某为其代领最后一个月的工资 30 元。1987 年 12 月，D 林场以邹请假期满后未续假，旷工达六个月为由，按鄂政发（1987）141 号文件规定，予以清退。并委托彭将邹参加工作的补助（一年补助一个月工资 45 元，10 年共计 450元），及伤残补助金 150 元，合计 600 元带给邹某。1999 年 1 月 15 日，邹某的伤残程度经县劳动鉴定委员会鉴定为五级伤残。

后查明，1987 年邹某被清退后，与他同期的亦工亦农人员均先后被县林业局转为正式员工。1994 年 11 月 28 日，邹某向县民政局、县城关镇人民政府申请办理残疾证，县林业局在其申请书上加盖公章予以确认。1999年邹某被鉴定为五级伤残后，经县劳动局与县林业局协商，林业局愿就邹某的伤残等级按国有企业职工伤残标准补偿3000元，邹某认为补偿未依法定标准，且数额太低，双方未达成协议。2000年12月2日，邹某以劳动合同纠纷向县劳动仲裁委员会申请仲裁，县劳动仲裁委员会以该申诉超过仲裁时效为由，不予受理。邹某不服向人民法院起诉被判决败诉。邹某不服，提出上诉。中级人民法院维持一审判决。邹某向人民检察院申诉。

观点评析

（一）林业局清退邹某违反了国家有关规定。国务院《国营企业实行劳动合同制暂行规定》第14条规定："劳动合同制工人在下列情况下，企业不得解除劳动合同……（二）患有职业病或因工负伤并经劳动鉴定委员会确认的……"

（二）我国《民法通则》第138条规定："超过诉讼时效期间，当事人自愿履行的，不受诉讼时效限制。"本案县林业局愿意履行补偿义务，不受诉讼时效限制。

相关知识链接

一、相关法律法规

1.《民法通则》第138条："超过诉讼时效期间，当事人自愿履行的，不受诉讼时效限制。"

2.《劳动法》第82条："提出仲裁要求的一方应当自劳动争议发生之日起六十日内向劳动争议仲裁委员会提出书面申请。仲裁裁决一般应在收到仲裁申请的六十日内作出。对仲裁裁决无异议的，当事人必须履行。"

3.《劳动法》第83条："劳动争议当事人对仲裁裁决不服的，可以自收到仲裁裁决书之日起十五日内向人民法院提起诉讼。一方当事人在法定期限内不起诉又不履行仲裁裁决的，另一方当事人可以申请强制执行。"

二、相关理论知识

诉讼时效是指民事权利受到侵害的权利人在法定的时效期间内不行使权利，当时效期间届满时，即丧失了请求人民法院依诉讼程序强制义务人履行义务的权利的制度。在法律规定的诉讼时效期间内，权利人提出请求的，人民法院就强制义务人履行所承担的义务。而在法定的诉讼时效期间届满之后，权利人行使请求权的，人民法院就不再予以保护。它包含两层意思，一是权利人在此时间内享有依诉讼程序请求人民法院予以保护的权利；二是这一权利在此时

间内连续不行使即归于消灭。

诉讼时效依据时间的长短和适用范围分为一般诉讼时效和特殊诉讼时效。

一般诉讼时效，指在一般情况下普遍适用的时效，这类时效不是针对某一特殊情况规定的，而是普遍适用的，如我国《民法通则》第135条规定的："向人民法院请求保护民事权利的诉讼时效期间为二年，法律另有规定的除外。"这表明，我国民事诉讼的一般诉讼时效为二年。

特别诉讼时效，指针对某些特定的民事法律关系而规定的诉讼时效。特殊时效优于普通时效，也就是说，凡有特殊时效规定的，适用特殊时效，我国《民法通则》第141条规定："法律对诉讼时效另有规定的，依照法律规定。"

特殊时效可分为以下三种：

1. 短期时效。短期时效指诉讼时效不满两年的时效。我国《民法通则》第136条规定："下列诉讼的时效期间为一年：（一）身体受到伤害要求赔偿的；（二）出售质量不合格的商品未声明的；（三）延付或者拒付租金的；（四）寄存财物被丢失或者损毁的。"

2. 长期诉讼时效。长期诉讼时效是指诉讼时效在两年以上二十年以下的诉讼时效。

我国《环境保护法》第42条规定："因环境污染损害赔偿提起诉讼的时效期间为3年，从当事人知道或者应当知道受到污染损害起时计算。"《海商法》第265条规定："有关船舶发生油污损害的请求权，时效期间为三年，自损害发生之日起计算；但是，在任何情况下时效期间不得超过从造成损害的事故发生之日起六年。"

《合同法》第129条规定："因国际货物买卖合同和技术进出口合同争议提起诉讼或者申请仲裁的期限为四年，自当事人知道或者应当知道其权利受到侵害之日起计算。因其他合同争议提起诉讼或者申请仲裁的期限，依照有关法律的规定。"

3. 最长诉讼时效。最长诉讼时效为二十年。

根据我国《民法通则》第137条的规定，从权利被侵害之日起超过二十年，人民法院不予保护。根据这一规定，最长的诉讼时效的期间是从权利被侵害之日起计算，权利享有人不知道自己的权利被侵害，时效最长也是二十年，超过二十年，人民法院不予保护。

时效具有强制性，任何时效都由法律、法规强制规定，任何单位或个人对时效的延长、缩短、放弃等约定都是无效的。

诉讼时效的中断是指在诉讼时效期间进行中，因发生一定的法定事由，致使已经经过的时效期间统归无效，待时效中断的事由消除后，诉讼时效期间重新起算。

（案件来源：湖北省人民检察院；整理人：田圣斌）

一百零二、对诉讼时效何时起算的理解

争议焦点

罗某的仲裁申请是否超过时效。

基本案情

罗某于 1973 年到 H 公司工作，1999 年 4 月，罗某与 H 公司及 H 公司所属的再就业服务中心签订了为期 3 年的《国有企业下岗职工托管协议书》，罗某领取基本生活费。该托管协议第 10 条规定：解除或终止托管协议，双方的劳动关系自动解除。2002 年 4 月，托管期满。2001 年 12 月 12 日，H 公司职代会审议通过"H 公司产权制度改革人员分流安置实施办法"，并于 12 月 30 日报其上级主管部门批准后实施。根据 H 公司改制的精神，罗某可在改变国有企业职工身份进行经济补偿后，与 H 公司解除劳动关系。

2002 年 8 月，罗某已到失业保险机构领取失业救济金。嗣后，罗某与 H 公司协商解除劳动关系经济补偿金事宜未果。次年 2 月 13 日，罗某向区劳动争议仲裁委员会申请仲裁，该仲裁委于 2003 年 2 月 24 日以劳仲不第 27 号不予受理通知书作出不予受理决定。罗某不服，2003 年 3 月 24 日提起诉讼。

2003 年 5 月 29 日，区法院判决：驳回罗某的诉讼请求。罗某不服提出上诉。

观点评析

虽然 1999 年 4 月 H 公司及 H 公司所属的再就业服务中心与罗某签订的为期三年的《国有企业下岗职工托管协议书》是合法有效的，但是依据 2001 年 12 月 12 日 H 公司职代会审议通过并经上级主管部门批准实施的"H 公司产权

制度改革人员分流安置实施办法"，罗某可在改变国有企业身份进行经济补偿后与 H 公司解除劳动关系。事实上 H 公司也认可罗某在改变国有企业身份进行经济补偿后与 H 公司解除劳动关系，双方对《托管协议书》的主要内容进行了实质上的变更。因此其与 H 公司解除劳动关系的时间不应按双方签订的《托管协议书》第 10 条规定，而应从 H 公司按企业改制的程序与罗某签《国有企业改制解除劳动关系给付经济补偿协议书》支付经济补偿金时计算。而 H 公司既未与罗某签订《国有企业改制解除劳动关系给付经济补偿协议书》，也未向罗某出具《解除劳动合同通知书》，更未向罗支付经济补偿金，因而 H 公司与罗某尚未解除劳动合同关系，该案未超过我国《劳动法》规定的仲裁申请时效。

相关知识链接 ↘

一、相关法律法规

1.《劳动法》第 82 条："提出仲裁要求的一方应当自劳动争议发生之日起六十日内向劳动争议仲裁委员会提出书面申请。仲裁裁决一般应在收到仲裁申请的六十日内作出。对仲裁裁决无异议的，当事人必须履行。"

2.《劳动法》第 83 条："劳动争议当事人对仲裁裁决不服的，可以自收到仲裁裁决书之日起十五日内向人民法院提起诉讼。一方当事人在法定期限内不起诉又不履行仲裁裁决的，另一方当事人可以申请强制执行。"

二、相关理论知识

由于诉讼时效的法律后果是消灭权利人请求人民法院保护的权利。故诉讼时效期间的开始时间就直接关系到权利人的切身权益。我国《民法通则》第 137 条明确规定了诉讼时效的起算时间是"从知道或者应当知道权利被侵害时起计算"。因为诉讼时效的适用是以权利人能够行使请求人民法院保护其权利为前提的。一般来讲，权利人在侵权行为发生之时便得知或应当知道其民事权利遭受侵害的事实，则自此即能够行使请求权。但是，在某些情况下，权利人在侵权行为实施之后的一段时间才知道其民事权利遭受到侵害，那么，权利人只能从这时才能够行使请求权，所以，诉讼时效期间应从权利人知道或者应当知道权利被侵害时起算。

其具体根据包括：

1. 权利人实际上已经知道其民事权利被侵害。

2. 权利人应当知道其民事权利被侵害，这是一种法律上的推定。根据客观情况，权利人有知道的条件和可能的，就应当知道，而不管当事人是否实际知道。

由此可见，在尚未发生侵犯民事权利的事实和权利人不知或不应当知道权利被侵害事实的情况下，诉讼时效不得开始计算。前者因为未产生请求人民法院强制义务人履行义务的请求权，如尚未到期履行的债权债务关系。后者因为权利人不能行使请求权，如出差在外的公民不知家中财产遭受他人破坏。

不过，为防止侵权行为发生时间与权利人知道受侵害的时间相隔过长，影响诉讼时效发挥作用，《民法通则》第137条同时也加以限制规定："从权利被侵害之日起超过二十年的，人民法院不予保护。"从而，权利被侵害之日就成为最长诉讼时效的起算根据。

将上述的诉讼时效起算原则运用到具体的民事法律关系中，具体的诉讼时效的起算时间按下列方法计算：

1. 侵权行为所生之债的诉讼时效，自权利人知道或应当知道权利被侵害事实和加害人之时开始计算。其中，人身损害赔偿的诉讼时效期间，伤势明显的，从受伤害之日起；伤害当时未曾发现，后经检查确诊并能证明是由侵害引起的，从伤势确诊之日起算。

2. 约定履行期限的债自履行期限届满之次日开始计算。因为债务人到履行期限届满而不履行债务时才发生侵权事实，而且债权人依据债的内容应当知道这一侵害事实，故自此时起就能够行使请求权。

3. 未约定履行期限的债，自权利人提出履行要求的次日或优惠期结束的次日开始计算。因为在此类债权债务关系中，债权人可随时要求履行。债务人不依债权人的要求予以履行的，即构成侵权事实，债权人得以行使请求权。如果法律或合同规定了优惠期，则债权人请求履行只引起优惠期的起算，则当优惠期结束，债务人仍不履行时，才产生请求权。

4. 以不作为为义务内容的债，诉讼时效自债权人得知或应当知道债务人作为之时开始计算。因为实施相应行为是债务人的义务，则侵权事实自债务人不实施相应行为之时构成。债权人一旦知道或应当知道债务人违反不作为义务时即能行使请求权。

（案件来源：湖北省人民检察院；整理人：田圣斌）

一百零三、最长诉讼时效

争议焦点

张某的诉讼请求是否超过了 20 年的最长权利保护期限。

基本案情

张某 1978 年初，因咳嗽、痰中带血丝到肿瘤医院就诊，该医院诊断为小细胞型肺癌。同年 3 月 24 日至 5 月 29 日，肿瘤医院对其进行钴—60 放射治疗。之后，病情有所好转。从 1984 年起，张某感到双下肢麻木、疼痛、发胀，二十余年来不间断地在不同医院进行治疗，查找病因，但一直未果。2003 年张某病情加重，几近瘫痪。×军医院、×医学影像学研究所 2004 年 3 月先后对张某作出相同的诊断结论：放射性脊髓损伤。2004 年 8 月，张某以 1978 年肿瘤医院对其进行超剂量钴—60 放射治疗造成人身损害为由，向区法院起诉。2004 年 11 月 11 日在诉讼期间法院对其进行法医鉴定，鉴定结论为："张某放射性脊髓病致截瘫属二级伤残。"

2004 年 11 月 22 日，区人民法院依照我国《民法通则》第 137 条，判决：驳回张某的诉讼请求。

张某不服，提出上诉。中级人民法院于 2005 年 4 月 4 日判决：驳回上诉，维持原判。后张某向人民检察院申诉。

观点评析

（一）两级人民法院认为，张某的诉讼请求已经超过诉讼时效。

原告于 1978 年 3 月至 5 月间因小细胞型肺癌到被告医院求诊并经钴—60 放射治疗，之后其病情有所好转。2003 年 7 月至 2004 年 10 月，原告因双下肢麻木疼痛到其他医院求治，被确诊为放射性脊髓病导致的双下肢截瘫属实。因其权利被侵害之日应为 1978 年 3 月，其提起民事诉讼已超过 20 年的权利最长保护期限，人民法院不予以保护。

（二）如何确定其知道权利被侵害的时间的问题。

1. 认为张某 1978 年知道其被侵权，实有不当。

张某于1978年因肺癌接受了钴—60放射治疗，其后病情有所好转。虽然在其后的二十余年间，张某的双腿时常感到麻木、疼痛，但据此就认为张某应当知道其双腿在这二十余年间的麻木、疼痛是由1978年肿瘤医院对其进行钴—60超剂量放射治疗所造成的，确有不当之处。张某作为一名普通患者，其在1978年肿瘤医院治疗时，应当不知道他的不适症状是由肿瘤医院的超剂量放射治疗引起的。

2. 事实是张某在经法医鉴定后知道侵权事宜的。

肿瘤医院当年对张某的放射治疗是超剂量的，正是由于超剂量的放射性物质长期潜伏于申诉人张某的体内。张某不知病因，百般求诊，到2004年张某才被确诊为放射性脊髓损伤，并经法医鉴定确认，这时才知道侵权的真实情况。

（三）诉讼时效的起算时间问题。

依据《最高人民法院关于贯彻执行〈中华人民共和国民法通则〉若干问题的意见（试行）》第168条之规定：人身损害赔偿的诉讼时效期间，伤害当时未曾发现，后经检查确诊并能证明是由侵害引起的，从伤势确诊之日起算。

本案张某的伤势是在2004年3月29日被确诊的，诉讼时效的时间应当从2004年3月30日起算，其2004年8月提起诉讼，没有超过诉讼时效。两级法院错误地把导致伤害的侵权行为作为诉讼时效的起算点，其认定事实不清，适用法律不当，判决错误。

相关知识链接

一、相关法律法规

1.《民法通则》第137条："诉讼时效期间从知道或者应当知道权利被侵害时起计算。但是，从权利被侵害之日起超过二十年的，人民法院不予保护。有特殊情况的，人民法院可以延长诉讼时效期间。"

2.《最高人民法院关于贯彻执行〈中华人民共和国民法通则〉若干问题的意见（试行）》第168条："人身损害赔偿的诉讼时效期间，伤害明显的，从受伤害之日起算；伤害当时未曾发现，后经检查确诊并能证明是由侵害引起的，从伤势确诊之日起算。"

二、相关理论知识

所谓诉讼时效是指权利人在法定期间内不向人民法院或仲裁机关请求保护民事权利，就丧失胜诉权的法律制度。

诉讼时效期间从知道或者应当知道权利被侵害时起计算，但是，从权利被侵害之日起超过20年的，人民法院不予保护，当事人自愿履行的，不受诉讼

时效限制。

在诉讼时效期间的最后六个月内，因不可抗力或者其他障碍不能行使请求权的，诉讼时效中止。从中止时效的原因消除之日起，诉讼时效期间继续计算。

诉讼时效因提起诉讼、当事人一方提出要求或者同意履行义务而中断。从中断时起，诉讼时效期间重新计算。

规定按照小时计算期间的，从规定时开始计算。规定按照日、月、年计算期间的，开始的当天不算入，从下一天开始计算。

期间的最后一天是星期日或者其他法定休假日的，以休假日的次日为期间的最后一天。期间的最后一天的截止时间为二十四点。有业务时间的，到停止业务活动的时间截止。

（案件来源：湖北省人民检察院；整理人：田圣斌）

一百零四、一般诉讼时效

争议焦点

原告的起诉是否超过诉讼时效。

基本案情

2003 年 3 月 7 日，袁某与 D 公司签订《商品房买卖合同》，约定袁某购买 D 公司开发的位于 S 路 18-8 号 G 幢一单元 1201 号房屋一套，房屋价款 166975 元。该合同第 15 条约定：出卖人应当在商品房交付使用后 60 日内，将办理权属登记需由出卖人提供的资料报产权登记机关备案；如因出卖人的责任，买受人不能在规定期限内取得房地产权属证书的，由出卖人按已付房价款的日万分之三向买受人支付违约金。D 公司于 2003 年 10 月 19 日向袁某交付了房屋。房屋交付时袁某已依合同约定支付了相应的价款，并于房屋交付一年内支付了房屋总价款 3% 的质保金 5009 元。2004 年 8 月 4 日，D 公司向 D 房政管理所提交了营业执照复印件、土地使用证复印件等资料，申请办理 S 路 18-8 号 G 栋房屋的权属证书。2004 年 9 月 2 日，市房地产权监理处向 D 公司出具了该栋房屋的产权证明单。2004 年 10

月，袁某向 D 公司职员袁×出具委托书，委托袁×为其办理房屋产权证。2004 年 11 月 15 日，房地产管理部门出具《房地产业务受理单》，受理了袁×代为提交的袁某申请办理房产权属登记所需的全部资料。2005 年 1 月 24 日，市房地产管理局向袁某颁发了房屋所有权证。2006 年 2 月 28 日，袁某以 D 公司未在规定时间将办理房产权属登记资料提交给登记机关为由诉至区人民法院，要求 D 公司支付逾期 379 天的违约金 18985.06 元。在诉讼过程中，袁某自愿放弃 D 公司对质保金部分违约责任的追究。

区人民法院判决 D 公司支付袁某违约金 16034.63 元。D 公司不服，提出上诉。中级人民法院判决：驳回上诉，维持原判。D 公司向人民检察院申诉。

观点评析

（一）两级人民法院认为，原告起诉没有超过诉讼时效。

原告袁某与被告 D 公司签订的合同合法有效。根据合同约定，D 公司应在交付房屋后 60 日内即 2003 年 12 月 19 日前将由其提供的资料报产权登记机关备案。D 公司在 2004 年 11 月 15 日才将应由其提供的资料交房地产管理部门备案，其履行义务逾期 330 天，应承担相应的违约责任。原告袁某主张的是因被告 D 公司迟延履行义务所承担的违约责任，被告履行义务的时间为 2004 年 11 月 15 日，相应违约责任的时效应从次日开始起算。认为原告在 2006 年 2 月 28 日向法院起诉并没有超过诉讼时效，D 公司辩称袁某诉讼请求已过诉讼时效的理由不能成立。

（二）诉讼时效的起算时间的确定问题。

根据我国《民法通则》第 137 条之规定，诉讼时效期间从知道或者应当知道权利被侵害时起算。本案中，D 公司于 2003 年 10 月 19 日向袁某交付了房屋。按照双方签订的《商品房买卖合同》第 15 条的约定，D 公司应当在商品房交付使用后 60 日内即 2003 年 12 月 19 日前，将办理权属登记需由其提供的资料报产权登记机关备案。袁某作为合同当事人一方，应当知道自己根据合同所享有的权利和应承担的义务，也应当知道对方根据合同所享有的权利和应承担的义务。因此，当 D 公司届时未向产权登记机关提供相关资料时，作为合同当事人一方的袁某，应当知道 D 公司已构成违约，诉讼时效应当从该日起算。

（三）本案已经超过诉讼时效保护期限。

袁某在 2003 年 12 月 19 日应当知道其权利被侵害，有权要求 D 公司承担违约责任的诉讼时效应当从次日即 2003 年 12 月 20 日起算。根据《民法通则》第 135 条之规定，袁某应当在 2005 年 12 月 20 日前向人民法院提起诉讼，但袁某实际于 2006 年 2 月 28 日向人民法院提起民事诉讼，其起诉已超过法定诉讼时效期间，其诉讼请求不应受到法律保护。

2004 年 11 月 15 日，D 公司履行义务（向房管部门交付相关文件资料）的时间应为袁某的权利停止被侵害的时间，而不是权利被侵害的时间，不符合诉讼时效的起算条件。诉讼时效期间为法定期间，不允许当事人协议改变。《商品房买卖合同》约定的按已付房价款的日万分之三支付违约金，只是对违约金计算方式的一种约定，该约定并不能改变法律对诉讼时效起算时间的规定。袁某以双方约定按日计算违约金是继续性债权为由，认为 D 公司履行合同义务后，按日计算的违约金数额才处于定数，诉讼时效从该日计算的理由不能成立。

相关知识链接 ↘

一、相关法律法规

1.《民事诉讼法》第 153 条："第二审人民法院对上诉案件，经过审理，按照下列情形，分别处理：（一）原判决认定事实清楚，适用法律正确的，判决驳回上诉，维持原判决；（二）原判决适用法律错误的，依法改判；（三）原判决认定事实错误，或者原判决认定事实不清，证据不足，裁定撤销原判决，发回原审人民法院重审，或者查清事实后改判；（四）原判决违反法定程序，可能影响案件正确判决的，裁定撤销原判决，发回原审人民法院重审。当事人对重审案件的判决、裁定，可以上诉。"

2.《民法通则》第 137 条："诉讼时效期间从知道或者应当知道权利被侵害时起计算。但是，从权利被侵害之日起超过二十年的，人民法院不予保护。有特殊情况的，人民法院可以延长诉讼时效期间。"

二、相关理论知识

诉讼时效是指民事权利受到侵害的权利人在法定的时效期间内不行使权利，当时效期间届满时，即丧失了请求人民法院依诉讼程序强制义务人履行义务之权利的制度。

诉讼时效期间的中断，指因法定事由的发生，使此前已经经过的时效期间归于无效，等中断事由消灭后，时效期间重新计算。引起诉讼时效期间的中断的法定事由包括提起诉讼、一方当事人提出要求或者同意履行义务等。当事人的上述行为，或为行使权利的行为，或使当事人之间的法律关系明确化，因此应当从此时开始重新计算诉讼时效期间。我国《民法通则》第 140 条规定：

"诉讼时效因提起诉讼、当事人一方提出要求或者同意履行义务而中断。从中断时起，诉讼时效期间重新计算。"

诉讼时效期间的延长，是指由于某种客观上的障碍致使当事人在法定期间内未能行使请求权，人民法院可以根据具体情况延长诉讼时效期间，从而给权利人以法律上的保护。普通诉讼时效期间、特别诉讼时效期间和最长诉讼时效期间都适用关于诉讼时效期间延长的规定，这是法律对权利人的一种特别保护。

综上所述，在诉讼时效期间进行过程中，如果发生中止或者中断事由，诉讼时效期间便暂停计算或者重新计算，从而使诉讼时效期间实际上又得以延长。但是，无论中止多久或者中断多少次，都不得超过最长诉讼时效期间即20年的期限限制。只有当事人一次性地持续不行使权利的状态达到法定期限，并且没有中止、中断事由时，才属于诉讼时效期间的经过。

（案件来源：湖北省人民检察院；整理人：田圣斌）

一百零五、认定基本法律关系的性质

◤ 争议焦点 ◢

银行是否应当承担赔偿原告罗 A 存款被冒领的责任？

◤ 基本案情 ◢

1996 年 3 月 18 日，罗 A 在中国银行 H 支行（以下简称银行）存款人民币 10 万元整，存单号为"HB – NO.0081814"，年息为 10.2%，期限为三年。1996 年 3 月 29 日，罗 X（女）以罗 A 存单被盗，自己受罗 A 委托为由到银行口头挂失，银行在核对了罗 X 提供的存单基本情况以后，冻结了该笔存款，并告知罗 X 5 日内办理书面挂失手续。1996 年 4 月 2 日，罗 X 持罗 A 和罗 X 的身份证到银行办理了正式挂失手续。

1996 年 4 月 8 日，罗 X 再次持罗 A 和罗 X 的身份证到银行要求提前支取存款，银行根据罗 X 提供的身份证和挂失申请书为罗 X 办理了提前支取存款手续。1999 年 3 月 18 日，罗 A 持到期的原始存单到银行支取存款，银行告之：该存单已于 1996 年 4 月 2 日被罗 X 挂失，并于同年 4 月 8 日被提前支取。为此，双方发生纠纷，罗 A 于 1999 年 5 月向区人民法院起诉，要求银行支付 10 万元存款本息。

区人民法院在庭审过程中查明：罗 X 所持罗 A 和罗 X 身份证均属伪造，公安机关已以诈骗罪对该案立案侦查。区人民法院认为：本案涉嫌经济犯罪，原告的起诉不属人民法院管辖，依照我国《民事诉讼法》第 108 条之规定，于 1999 年 7 月 26 日作出（1999）A 经初字第 0625 号民事裁定书，驳回原告罗 A 的起诉。

罗 A 不服，向人民检察院申诉。经抗诉，中级人民法院指令区人民法院对本案进行再审。

再审查明：1996 年 4 月 8 日，罗 X 持 1996 年 4 月 2 日填写的并加盖 C 公司印章（系伪造）的挂失申请书及罗 X、罗 A 的身份证到银行办理正式挂失手续，银行在挂失书第三联填写了"左列挂失申请书已于 1996 年 4 月 8 日收到，7 天后凭此联来银行取款"的内容，并加盖银行印章，但银行于当日将存款 10 万元支付给了罗 X，并支付利息 175 元。区人民法院认为：原审原告将存款存入原审被告处后，原审被告向其出具了存单，双方的存款关系成立，原审原告持到期存单到原审被告处取款，原审被告应履行付款义务。由于原审被告违反《中国人民银行储蓄所管理暂行办法》第 59 条及中国人民银行关于执行《储蓄管理条例的若干规定》第 37 条的规定，导致原审原告的存款被冒领，由此产生的法律责任应由原审被告承担。依照我国《民法通则》第 106 条、《最高人民法院关于审理存单纠纷案件的若干规定》第 5 条第 2 款第 3 项的规定，判决：1. 撤销本院（1999）A 经初字第 0625 号民事裁定；2. 原审被告中国银行 H 支行于本判决生效 5 日内支付原审原告罗 A 存款人民币 10 万元及 3 年定期利息 3.06 万元。3. 原审被告中国银行 H 支行于本判决生效后 5 日内按中国人民银行同期活期存款利率向原审原告支付利息（按 13.06 万元本金从 1999 年 3 月 19 日起分段计算到执行完毕之日止）。

◤ 观点评析 ◢

（一）本案属于存单纠纷案件，罗 A 的起诉符合法律规定，本案应由人民法院管辖。罗 A 在银行存款，就与银行之间建立了合法的存款合同关系。在存款期间内，银行应当有义务保证其存款安全；存款到期后，银行应当履行支付存款和利息的义务。根据《最高人民法院关于审理存单纠纷案件的若干规定》第 1 条第 1 款和第 3 条第 1 款的规定，本案属于存单纠纷案件，应由人民法院管辖。

（二）本案所涉及的经济犯罪嫌疑不影响法院审理和裁判，区人民法院裁定驳回罗 A 的起诉是错误的。

犯罪嫌疑人从银行骗取存款 10 万元，公安机关已立案侦查，该诈骗嫌疑属刑事法律调整范畴。而本案罗 A 在存款到期后持有效凭证（存款单）要求银行给付存款及利息所产生的纠纷属民事法律调整范畴。罗 A 的 10 万元人民币是在其存入银行后，被人从银行骗走，其民事责任应由银行承担。根据《最高人民法院关于在审理经济纠纷案件中涉及经济犯罪嫌疑若干问题的规定》第 10 条的规定，人民法院对本案存单纠纷应当进行审理。

本案双方当事人之间存款合同依法成立，双方权利义务关系明确，罗 A 所持有的存单合法有效，应予保护。根据《储蓄管理条例》第 3 条之规定，罗 A 在存款到期后持原始存款单有权要求银行给付存款及利息，其合法储蓄款应受到法律保护。银行在办理存单挂失、提前支取存款中，违反《中国人民银行储蓄所管理暂行办法》第 54 条 "申请挂失的证明文件（本人身份证明或单位的书面证明），应向发证机关查对" 的规定，在办理罗 X 代理罗 A 申请挂失、提前支取存款手续时，没有向发证机关查对罗 X、罗 A 的身份证明和 C 公司出具的证明文件的真实性，导致罗 A 在该银行 10 万元存款被冒领。对此，银行存在过错，应当承担民事责任。

相关知识链接

一、相关法律法规

1. 《民法通则》第 106 条："公民、法人违反合同或者不履行其他义务的，应当承担民事责任。

"公民、法人由于过错侵害国家的、集体的财产，侵害他人财产、人身的，应当承担民事责任。

"没有过错，但法律规定应当承担民事责任的，应当承担民事责任。"

2. 《最高人民法院关于审理存单纠纷案件的若干规定》第 1 条："存单纠纷案件的范围：

（一）存单持有人以存单为重要证据向人民法院提起诉讼的纠纷案件；

（二）当事人以进账单、对账单、存款合同等凭证为主要证据向人民法院提起诉讼的纠纷案件；

（三）金融机构向人民法院起诉要求确认存单、进账单、对账单、存款合同等凭证无效的纠纷案件；

（四）以存单为表现形式的借贷纠纷案件。"

3.《最高人民法院关于审理存单纠纷案件的若干规定》第 5 条第 2 款第 3 项："持有人以在样式、印鉴、记载事项上有别于真实凭证，但无充分证据证明系伪造或变造的瑕疵凭证提起诉讼的，持有人应对瑕疵凭证的取得提供合理的陈述。如持有人对瑕疵凭证的取得提供了合理陈述，而金融机构否认存款关系存在的，金融机构应当对持有人与金融机构间是否存在存款关系负举证责任。如金融机构有充分证据证明持有人未向金融机构交付上述凭证所记载的款项的，人民法院应当认定持有人与金融机构间不存在存款关系，判决驳回原告的诉讼请求；如金融机构不能提供证明存款关系不真实的证据，或仅以金融机构底单的记载内容与上述凭证记载内容不符为由进行抗辩的，人民法院应认定持有人与金融机构间存款关系成立，金融机构应当承担兑付款项的义务。"

4.《最高人民法院关于在审理经济纠纷案件中涉及经济犯罪嫌疑若干问题的规定》第 10 条："人民法院在审理经济纠纷案件中，发现与本案有牵连，但与本案不是同一法律关系的经济犯罪嫌疑线索、材料，应将犯罪嫌疑线索、材料移送有关公安机关或检察机关查处，经济纠纷案件继续审理。"

5.《储蓄管理条例》第 3 条："本条例所称储蓄是指个人将属于其所有的人民币或者外币存入储蓄机构，储蓄机构开具存折或者存单作为凭证，个人凭存折或者存单可以支取存款本金和利息，储蓄机构依照规定支付存款本金和利息的活动。任何单位和个人不得将公款以个人名义转为储蓄存款。"

6.《中国人民银行储蓄所管理暂行办法》第 54 条："申请挂失的证明文件（本人身份证明或单位的书面证明），应向发证机关查对。"

二、相关理论知识

1. 法律关系的概念和特征

法律关系是在法律规范调整社会关系的过程中所形成的人们之间的权利和义务关系。

（1）法律关系是根据法律规范建立的一种社会关系，具有合法性。

第一，法律规范是法律关系产生的前提。如果没有相应的法律规范的存在，就不可能产生法律关系。

第二，法律关系不同于法律规范调整或保护的社会关系本身。社会关系是一个庞大的体系，其中有些领域是法律所调整的（如政治关系、经济关系、行政管理关系等），也有些是不属于法律调整或法律不宜调整的（如友谊关系、爱情关系、政党社团的内部关系）。

第三，法律关系是法律规范的实现形式，是法律规范的内容（行为模式及其后果）在现实社会生活中得到的具体贯彻。法律关系是人与人之间的合法（符合法律规范的）关系。这是它与其他社会关系的根本区别。

（2）法律关系是体现意志性的特种社会关系。从实质上看，法律关系作为一定社会关系的特殊形式，体现国家的意志。法律关系是根据法律规范有目的、有意识地建立的。所以，法律关系像法律规范一样必然体现国家的意志。

（3）法律关系是特定法律关系主体之间的权利和义务关系。法律关系是以法律上的权利、义务为纽带而形成的社会关系，它是法律规范的规定在现实社会关系中的体现。法律权利和义务的内容是法律关系区别于其他社会关系（社团组织内部的关系）的重要标志。

2. 法律关系的分类

按照法律关系产生的依据、执行的职能和实现规范的内容不同，可以分为调整性法律关系和保护性法律关系。调整性法律关系是基于人们的合法行为而产生的、执行法的调整职能的法律关系，它所实现的是法律规范（规则）的行为规则（指示）的内容。调整性法律关系不需要适用法律制裁，法律主体之间即能够依法行使权利、履行义务，如各种依法建立的民事法律关系等。保护性法律关系是由于违法行为而产生的、旨在恢复被破坏的权利和秩序的法律关系，它执行着法的保护职能，所实现的是法律规范（规则）的保护规则（否定性法律后果）的内容，是法的实现的非正常形式。它的典型特征是一方主体（国家）适用法律制裁，另一方主体（通常是违法者）必须接受这种制裁，如刑事法律关系。

按照法律关系的性质，大致可分为宪法法律关系、行政法律关系、民事法律关系、刑事法律关系和诉讼法律关系。

3. 在案件审理过程中正确认定案件的基本法律关系

审查判决、裁定是否正确，很重要的一点就是要审查判决、裁定认定基本法律关系的性质是否正确。如果定性错误，则必然导致适用法律错误。本案罗A持存单到银行取款遭拒付，由此产生的纠纷，根据《最高人民法院关于审理存单纠纷案件的若干规定》，系存单纠纷，应属人民法院审理范围。虽然本案涉及经济犯罪，但是根据《最高人民法院关于审理经济纠纷案件中涉及经济犯罪嫌疑若干问题的规定》，人民法院对所涉及经济犯罪线索应移送有关侦查机关查处，但存单纠纷案件应由其继续审理。

原审法院认为本案涉嫌经济犯罪，不属人民法院管辖，显然是对本案法律关系的定性不准，从而导致适用法律错误。再审法院采纳了抗诉意见，纠正了原错误裁定，依法维护了申诉人的合法权益，体现了司法的公正。

（案件来源：湖北省武汉市人民检察院；整理人：田圣斌，肖跃进）

一百零六、刑事判决对民事判决的影响

争议焦点

1. 涉及刑事犯罪的民事案件的审判是否一概需要以刑事犯罪案件的审判结果作为依据？

2. 本案是否属于应当中止审理的法定情形。

基本案情

1997 年 10 月 28 日，S 公司（甲方）与 T 公司（乙方）签订一份汽车销售合同，合同约定：甲方向乙方销售富康牌轿车 500 辆，其中，AL 型富康牌轿车 120 台，每辆 160630 元，RG 型富康牌轿车 380 台，每辆 139790 元；其中每辆金属漆另加 2000 元，中控锁另加 1700 元。乙方在提供了 P 公司的担保后，在 24 个月内分期付款，并按月利率 8.4% 计息。乙方在首次提车时首付 500 台车的 20% 的现款，余款及利息每 3 个月一次，分 8 次均衡付清，选装件的价款在提车时支付，具体付款方案以附件（即货款支付表）为准。乙方在甲方指定并认可的保险公司投保，甲方为保险的第一受益人，甲方保证轿车的资源供应和产品质量。乙方应按本合同规定及时支付车款及利息，否则，应向甲方支付数额为违约金额 20% 的违约金。P 公司担保书和货款支付表是本合同不可分割的部分，具有同等的法律效力，本合同在双方代表签字及加盖公章后生效。

同年 11 月，P 公司为 S 公司的上述 500 辆轿车办理了分期付款购车保险单。按照 T 公司给 S 公司的传真指令，J 公司作为 T 公司销售汽车的需方，向 S 公司支付了 500 辆汽车的首期付款 1600 万元。S 公司在收到 P 公司的保险单及 T 公司的首期付款后，向 T 公司指定的汽车储存单位 C 公司（该公司与 T 公司于 1997 年 11 月 6 日签订有汽车储存协议）发放了 500 辆富康轿车。同年 12 月 3 日，T 公司向 S 公司直接付款 43.74928 万元。

1997 年 12 月 5 日，T 公司与 S 公司又签订一份汽车销售合同，约定：S 公司（甲方）向 T 公司（乙方）销售 1000 辆富康牌轿车，其中 AL 型 300 辆，RG 型 700 辆。有关汽车的单价、提车及支付货款条件、汽车售后的返利及违约责任等内容，与前述 500 辆汽车销售合同基本一致。

同年 12 月 30 日，P 公司对该 1000 辆汽车办理了分期付款购车保险。按照 T 公司的传真指令，J 公司作为 T 公司销售汽车的需方，于同年 12 月 19 日至 12 月 22 日，向 S 公司支付了 1000 辆汽车的首付款 3136 万元。S 公司收到 P 公司的分期付款保单及该笔首期付款后，向 C 公司仓库发放了 600 辆汽车。

T 公司经理李 A、业务人员李 X 带着彭某等，持盖有 T 公司行政公章的提车证明信，先后从 C 公司储存仓库将第一份销售合同项下 500 辆汽车及第二份销售合同项下的 600 辆汽车分次提走后销售。按照 T 公司指令及 J 公司的书面要求，S 公司将第二份销售合同项下的另外 400 辆汽车直接从本部发往 J 公司，并将该 400 辆汽车的销售发票直接向 J 公司开出。T 公司提走上述两份销售合同项下的车辆后，向 J 公司及其他公司进行了销售，并委托这些公司于 1998 年 3 月至 4 月向 S 公司共计付款 80.3466 万元。至 1998 年 4 月 2 日止，T 公司应付 S 公司 1500 辆汽车款为 21230.57328 万元，T 公司共计支付货款 5583.21528 万元，尚欠货款本金 15647.358 万元及利息。1998 年 8 月与 10 月，S 公司曾两次向 T 公司发出催款通知，T 公司予以确认，但始终未能偿还。

另查明：1. 张 Y 为 T 公司法定代表人，系 T 公司董事长；李 A 为经理，李 X 为董事。1997 年初，李 A 与 T 公司签订承包协议，约定由李 A 负责经营 T 公司，每年上缴经营利润 22 万元、管理费 10 万元。1997 年 10 月 26 日，李 A 用另行刻制的 T 公司行政公章，并仿冒张 Y 个人签字，与 F 公司经理张某签订承包协议与授权委托书，将 T 公司与 S 公司的 500 辆汽车经营业务及公司的一切经营活动全部交由张某负责。张某、李 A 等人用另行刻制的行政公章与 J 公司签订了两份汽车销售合同。张某于 1997 年 11 月 24 日，以 T 公司的名义书面委托彭某全权处理与 J 公司的汽车销售业务，以及有关富康轿车的提车与赎车事宜（该委托书上加盖的公章是 T 公司的真实行政公章）。彭某持此委托书复印件到 S 公司办理了提车事宜。2. S 公司将第一份销售合同项下的 500 辆汽车及第二份销售合同项下 1000 辆汽车中的 600 辆汽车全部于 C 公司的仓库交付，又由李 A、彭某、李 X 等人持盖有 T 公司的提车证明单，分多次提走。其中，500 辆汽车中的 160 辆汽车，1000 辆汽车中的 230 辆汽车，共计 390 辆汽车的销售经过了 T 公司的财务账；但是，李 A 并未按照张 Y 有关逐笔向 S 公司付款的指示付款给 S 公司，而是用 S 公司开出的汽车销售发票逐笔与 T 公司有关付款财务账目冲抵，共计5094.35万元，T公司还逐辆做了分利的财务账目。至本案讼争时T公司才知晓上述付款根本未付给S公司。3. 本案在一审中，经T公司申请，高级人民法院对本案有争议的文件、合同上的印章与签字，依法委托该院司法技术处进行了鉴定，结论为：1997年10月25日、12月5日两份销售合同上的T公司合同专用章是真实的；1997年11月16日，T公司与C公司签订的储存协议上有关T公司的行政公章，以及同年11月24日由张某手写的对彭某的委托书上加盖的T公司的行政公章，均为T公司的行政公章。T公司与J公司签订的两份汽车销售合同、T公司与F公司签订的承包协议、对张某的授权委托书等文件上的公章并非T公司的行政公章，且上述承包协议上张Y的签字亦并非张Y本人所签。

根据我国《民法通则》第106条第1款、第112条第1款和《民事诉讼法》第128条之规定，高级人民法院判决：一、T公司向S公司偿付货款15647.358万元；二、T公司向S公司偿付上项货款的利息（利息计算按本案两份合同附表约定的相应付款期限及数额，从各期限到期之日起至付清之日止，按中国人民银行规定的同期逾期付款罚息标准分段计付）。上述应付款项自本判决生效之日起三十日内付清。

T公司不服上诉至最高人民法院。最高人民法院审理后，判决驳回上诉，维持原判。

◤ 观点评析 ◥

（一）本案销售合同合法有效，双方之间的纠纷属于民事纠纷。

经过鉴定，两份销售合同上是双方真实的印章，合同内容合法有效。S公司已经履行给付汽车的合同义务，T公司拖欠货款，应当承担偿还该货款本息的责任。

（二）T公司内部人员涉嫌刑事犯罪被刑事侦查，不影响本案民事诉讼的审理。

T公司通过合同方式将公司交给李A管理，这是公司内部经营管理问题。李A一伙有合谋诈骗巨额款项的重大犯罪嫌疑，但其诈骗的款项并非S公司的款项，而是T公司的款项，且无证据证明S公司有关人员涉嫌或参与诈骗。公安机关对李A等犯罪嫌疑人立案侦查并不影响民事诉讼案件的审理，民事诉讼案件的审理不必要等待刑事审判的结果。因此，T公司要求本案中止审理的请求无法律依据。

相关知识链接

一、相关法律法规

1.《民法通则》第 106 条："公民、法人违反合同或者不履行其他义务的，应当承担民事责任。公民、法人由于过错侵害国家的、集体的财产，侵害他人财产、人身的，应当承担民事责任。没有过错，但法律规定应当承担民事责任的，应当承担民事责任。"

2.《民法通则》第 112 条："当事人一方违反合同的赔偿责任，应当相当于另一方因此所受到的损失。当事人可以在合同中约定，一方违反合同时，向另一方支付一定数额的违约金；也可以在合同中约定对于违反合同而产生的损失赔偿额的计算方法。"

3.《合同法》第 49 条："行为人没有代理权、超越代理权或者代理权终止后以被代理人名义订立合同，相对人有理由相信行为人有代理权的，该代理行为有效。"

4.《民事诉讼法》第 128 条："法庭辩论终结，应当依法作出判决。判决前能够调解的，还可以进行调解，调解不成的，应当及时判决。"

5.《民事诉讼法》第 136 条："有下列情形之一的，中止诉讼：（一）一方当事人死亡，需要等待继承人表明是否参加诉讼的；（二）一方当事人丧失诉讼行为能力，尚未确定法定代理人的；（三）作为一方当事人的法人或者其他组织终止，尚未确定权利义务承受人的；（四）一方当事人因不可抗拒的事由，不能参加诉讼的；（五）本案必须以另一案的审理结果为依据，而另一案尚未审结的；（六）其他应当中止诉讼的情形。中止诉讼的原因消除后，恢复诉讼。"

二、相关理论知识

1. 因为同一事实引起的刑事案件和民事案件审理时间问题

因犯罪行为而引发的民事案件，按照"先刑后民"原则，根据《民事诉讼法》第 136 条的规定，如果该民事案件的审理必须以刑事案件的判决结果为依据的话，刑事诉讼客观上就阻碍了民事诉讼的正常进行，可将刑事诉讼过程作为法律规定的中止民事诉讼的一种情形。在刑事诉讼过程中，如果有权提起附带民事诉讼的人不知道司法机关追究犯罪嫌疑人或被告人的刑事责任的同时，自己还具有行使提起民事诉讼或附带民事诉讼的权利，要求追究致害人的民事责任，则可将整个刑事诉讼过程作为特殊情况，延长诉讼时效期间。根据最高人民法院关于刑事附带民事诉讼范围问题的规定：犯罪分子非法占有、处置被害人财产而使其遭受物质损失的，人民法院应当予以追缴或者责令退赔。被追缴、退赔的情况，人民法院可以作为量刑情节予以考虑。经过追缴或者退赔仍不能弥补损失的，被害人另行提起民事诉讼，人民法院应当受理。

2. 前一判决作为后一案件审理证据的影响力

某一事实的出现可能产生民事和刑事两个诉，这两个诉的审理是否产生彼此的拘束力。《最高人民法院关于适用〈中华人民共和国民事诉讼法〉若干问题的意见》第 75 条明确规定："下列事实，当事人无需举证：……（4）已为人民法院发生法律效力的裁判所确定的事实……"如果没有其他证据足以推翻的话，已经发生法律效力的判决书所认定的证据，可以直接采信为定案的根据。这也就是说，民事案件的审理必然要受到相应刑事判决的拘束。

判决的既判力是指法院的判决生效之后，无论该判决是否正确，当事人都要受到该判决的拘束，不得就该判决的内容再进行争执，同时法院也必须尊重自己所做出的判决的原则。如果当事人今后把同一事项再次在诉讼中提出，法院应当以该判决为基础考虑当事人之间的关系。判决所具有的这种拘束力就是既判力。既判力具有实体法和程序法双重性质，既判力的客观范围是以在确定判决中经裁判的诉讼标的为限，既判力的主观范围就是诉讼标的所涉及的主体的范围。我国《民事诉讼法》承认既判力的理由，是为了避免就同一诉讼标的产生相互抵触的判决，使当事人之间的实体权利义务关系处于不确定的状态。因此，既判力要求，法院的判决确定以后，无论该判决是否存在误判，在未被其他法院依法变更或者撤销以前，当事人和法院都要受判决的拘束，不得就该判决的内容进行任何意义上的争执。

（案件来源：中国法院网；整理人：田圣斌）

一百零七、附带民事诉讼、民事诉讼与
"一事不再理"原则

争议焦点

曹 C 能否在民事诉讼中止的情况下对同一案件提起刑事附带民事诉讼？

基本案情

2000 年 4 月 29 日，Z 厂副厂长刘 X，因慢性乙肝入住 T 医院。5 月 23 日上午 8 时 30 分，被该医院另一病房病人杨 Y 用刀刺伤肝脏，经抢救无效于下午 1 点 18 分死亡。事故发生后，医院拒绝对此事承担责任。

2000 年 6 月 30 日，刘 X 之妻曹 C 根据《中华人民共和国消费者权益保护法》第 7 条之规定诉至区人民法院，请求：1. 判令被告 T 医院赔偿经济损失 1404529.57 元，返还财产 8000 元。2. 判令被告承担本案诉讼费用、律师费用。

区法院依职权追加凶手杨 Y 为第二被告，一审判决后，杨 Y 上诉，A 中级人民法院于 2001 年 11 月 7 日裁定发回重审。因杨 Y 涉嫌数起刑事犯罪在 B 中级人民法院刑事审判庭审理，该区人民法院裁定中止审理。

2001 年 12 月 17 日，曹 C 在 B 中级人民法院对杨 Y 提起附带民事诉讼：1. 请求追究被告的刑事责任；2. 请求判令被告赔偿经济损失 1404529.57 元。

2002 年 2 月 23 日上午，在庭审过程中，B 中级人民法院刑事审判庭审判长以一案两次起诉为由，勒令曹 C 及其代理人退庭。曹 C 及其代理人不服，多次说明情况均未被理睬，依法向 B 中级人民法院递交《关于附带民事诉讼原告的诉讼权利不应被剥夺的情况反映》，要求：1. 确保被害人的合法权益，让错误行为能得到纠正；2. 纠正审判长庭审中言语不端的行为，并向当事人公开道歉。

◤ 观点评析 ◢

《刑事诉讼法》第 192 条规定："原审人民法院对于发回重新审判的案件，应当另行组成合议庭，依照第一审程序进行审判。对于重新审判后的判决，依照本法第一百八十条、第一百八十一条、第一百八十二条的规定可以上诉、抗诉。"根据该条规定，二审法院将案件发回重审，原审人民法院重新审判后的判决仍然属于一审判决，被告人仍然可以上诉，人民检察院仍然可以抗诉，这样使得案件的第二次审判不属于二审，原审法院的重新审理也不是二审，因此 A 中级人民法院于 2001 年 11 月 7 日裁定发回重审就没有产生生效判决。根据我国《民事诉讼法》第 111 条第 5 项的规定：对判决、裁定已经发生法律效力的案件，当事人又起诉的，告知原告按照申诉处理，但人民法院准许撤诉的裁定除外。该条只规定对生效判决、裁定不得再诉。

因此，没有法律规定否定被害人提起刑事附带民事诉讼的权利。相反，民事诉讼案件的中止审理，就是为了等待刑事诉讼的结果。作为被害人曹 C，有权向刑事案件的被告人提起附带民事诉讼。

相关知识链接

一、相关法律法规

1.《消费者权益保护法》第7条第1款："消费者在购买、使用商品和接受服务时享有人身、财产安全不受损害的权利。"

2.《消费者权益保护法》第35条第3款："消费者在接受服务时，其合法权益受到损害的，可以向服务者要求赔偿。"

3.《民事诉讼法》第111条："人民法院对符合本法第一百零八条的起诉，必须受理；对下列起诉，分别情形，予以处理：（一）依照行政诉讼法的规定，属于行政诉讼受案范围的，告知原告提起行政诉讼；（二）依照法律规定，双方当事人对合同纠纷自愿达成书面仲裁协议向仲裁机构申请仲裁、不得向人民法院起诉的，告知原告向仲裁机构申请仲裁；（三）依照法律规定，应当由其他机关处理的争议，告知原告向有关机关申请解决；（四）对不属于本院管辖的案件，告知原告向有管辖权的人民法院起诉；（五）对判决、裁定已经发生法律效力的案件，当事人又起诉的，告知原告按照申诉处理，但人民法院准许撤诉的裁定除外；（六）依照法律规定，在一定期限内不得起诉的案件，在不得起诉的期限内起诉的，不予受理；（七）判决不准离婚和调解和好的离婚案件，判决、调解维持收养关系的案件，没有新情况、新理由，原告在六个月内又起诉的，不予受理。"

二、相关理论知识

1. 附带民事诉讼

附带民事诉讼，是指公安机关、司法机关在刑事诉讼过程中，在解决被告人刑事责任的同时，附带解决由遭受物质损失的被害人或者人民检察院所提起的、由于被告人的犯罪行为所引起的物质损失而进行的诉讼。附带民事诉讼必须以刑事诉讼的成立为前提，如果刑事诉讼不成立，附带民事诉讼就失去了存在的基础。依据一般的民事诉讼理论，任何人只有同时具备诉讼权利能力和行为能力时，才有资格提起诉讼，也才有能力履行原告的诉讼行为。因此，根据《刑事诉讼法》和有关司法解释的规定，附带民事诉讼的原告人包括：（1）因为犯罪行为而遭受物质损失的公民。任何公民由于被告人的犯罪行为而遭受物质损失的，在刑事诉讼过程中，都有权提起附带民事诉讼，这是附带民事诉讼中最常见的原告人。（2）被犯罪分子侵害造成物质损害的企业、事业单位、机关、团体等。（3）当被害人是未成年人或精神病患者等无诉讼行为能力的人时，他们的法定代理人或监护人可以代为提起附带民事诉讼。（4）当被害人死亡时，其法定继承人可以代为提起附带民事诉讼。继承人与死者是具有血缘关系或婚姻关系的亲属，依法享有继承被害人财产的权利。被害人因被告人的犯罪行为而遭受经济损失而获得的赔偿，理所应当看做是被害人的遗产范围，由其继承人提起附带民事诉讼就具备了根据。（5）如果是国家财产、集体财产遭受损失的，人民检察院在提起公诉时，可以提起附带民事诉讼。刑事附带民事诉讼是诉讼效率的表现，也是"公权优于私权"的展示，但是无论如何刑事附带民事诉讼都不应成为妨碍民事诉讼的绊脚石。

2. "一事不再理"原则

至于所谓的"一事不再理"，即禁止"一事再诉"。在罗马法中，诉讼程序中首先存在的是"一案不二诉"原则。罗马法学家在此基础上发展了"一事不再理"原则，即当事人对已经正式判决的案件不得申请再次审理。

从历史渊源上看，"一事不再理"原则来自于古罗马法中"诉权消耗"的理论。所谓诉权消耗，是指所有诉权都会因诉讼系属而消耗，对同一诉权或请求权，不允许二次诉讼系属。一旦限制同一诉权或请求权只能有一次诉讼系属，那么即使允许当事人对同一案件提出诉讼请求，被告也可以提出既决案件的抗辩或诉讼系属的抗辩，使当事人的诉讼请求无法成立。不管怎样，对同一案件一旦诉讼系属成立后，就不能再次对这一案件提出诉讼请求，这就是罗马法中的"一事不再理"原则。在罗马法中，"一事不再理"的效力是自案件发生诉讼系属后就产生的，而不是自判决确定时才产生。

现代民事诉讼理论一般认为"一事不再理"内容包括两层含义：其一是指诉讼系属效力，即一诉已经提起或正在诉讼中，该诉就不得再次提起。同一诉讼案件禁止重复起诉，不限于同一法院起诉的情形，向其他法院重复起诉亦受禁止。其二是指既判力的消极效力。即对一诉已经作出了终局判决，不得再次提起或重新审判。在英美法系国家，当事人之间就某特定诉讼请求的所有诉讼程序完毕后，法院作出了最终判决，败诉当事人无权重新提起该诉讼。同时，如果某一诉讼程序对某一事实争议已作出了判定，则败诉当事人也无权另行起诉，对该事实争议进行重新审理。这个规则称为既判决规定，也可称为请求权禁止规则。该规则意味着原告无权以同一诉讼理由对同一被告分别起诉，而主张获得更多的赔偿数额，如在原诉中败诉，则表明其前提出的诉讼请求被原判决所排除，其请求权归于消灭。

"一事不再理"原则的适用，关键是要解决重复起诉的判断标准。有的学者认为，"一事不再理"适用于同一当事人和同一案件，也就是说在法院已作出生效裁判后，同一当事人不能就同一案件再提起诉讼，这一般被称为"两同"的观点。也有的学者将"两同"概括为同一当事人和同一诉讼标的或同一当事人和同一诉讼请求。还有一种观点是从"三同"的角度来考察所谓"一事"，持这种观点的学者认为，适用"一事不再理"原则，应满足的条件是同一当事人、同一诉讼标的和同一诉讼请求。

笔者认为，在上述学说中同一当事人和同一诉讼标的的衡量标准具有较大的科学性和可操作性。诉讼请求是指当事人在诉讼过程中根据诉讼标的向法院提出的具体的权益请求，诉讼标的是指当事人之间争议的、原告请求法院裁判的实体权利或者法律关系的主张或者要求（声明）。诉讼标的是诉的构成要素之一，是此诉区别于彼诉的本质要素。诉讼标的是任何一个民事诉讼案件都必须具备的，诉讼标的决定了案件如何审理裁判的一切诉讼程序问题。诉讼标的是整个诉讼的核心，一切诉讼活动都是围绕着诉讼标的来展开的。缺乏诉讼标的，该纠纷就不能成为一个独立的诉。

在罗马法中，诉讼程序中首先存在的是"一事不二诉"原则。公元2世纪，罗马法学家在此基础上发展了"一事不再理"原则，即当事人对已经正式判决的案件不得申请再次审理。现代民事诉讼理论一般认为"一事不再理"内容包括两层含义：其一是指诉讼系属效力，即一诉已经提起或正在诉讼中，该诉就不得再次提起。同一诉讼案件禁止重复起诉，不限于同一法院起诉的情形，向其他法院重复起诉亦受禁止。其二是指既判力的消极效力，即对一诉已经作出了终局判决，不得再次提起或重新审判。在英美法系国家，当事人之间就某特定诉讼请求所有诉讼程序完毕后，法院也作出了最终判决，则败诉当事人无权重新提起该诉讼。同时，如果某一诉讼程序对某一事实争议已作出了判定，则败诉当事人也无权另行起诉，对该事实争议进行重新审理。这个规则称为既判决规则，也可称为请求权禁止规则。该规则意味着原告无权以同一诉讼理由对同一被告分别起诉，而主张获得更多的赔偿数额，如在原诉中败诉，则表明其前提出的诉讼请求被原判决所排除，其请求权归于消灭。由此可见，不论是成文法系国家还是判例法系国家，在民事诉讼中均禁止"一事再诉"。我国《民事诉讼法》第111条第5项规定："对判决、裁定已经发生法律效力的案件，当事人又起诉的，告知原告按照申诉处理，但人民法院准许撤诉的裁定除外。"该条只规定对生效判决、裁定不得再诉，实际是"一事不得再次起诉"，而并非真正意义上的"一事不再理"原则。

由于调整对象的部分重合性，刑法与民法中的侵权行为法可能出现规范竞合的现象，即行为人的一个违法行为既构成犯罪又构成侵权。在发生规范竞合时，侵权责任和刑事责任是可以同时并用的。行为人承担民事不应影响其承担刑事责任，反之亦然。但是，由于追究行为人的刑事责任与民事责任应分别通过刑事诉讼与民事诉讼进行，因此，就存在行为人的同一违法事实在刑事诉讼与民事诉讼之间是否适用"一事不再理"原则的问题。

（1）诉讼系属效力的适用。由于刑事诉讼代表的是社会公益而民事诉讼代表的是个人私益，因此，在一般情况下，根据公益高于私益的原则，刑事诉讼被置于优先的地位。案件一旦被提起公诉，系属于法院，则对民事诉讼产生诉讼系属的效力，单独提出的民事诉讼不再被受理或者已经受理的民事诉讼中止审理。被害人要追究行为人的民事责任，只能提起刑事附带民事诉讼，在刑事诉讼程序中对民事附带加以解决。在另外一些刑事诉讼法中没有设立刑事附带民事诉讼程序的国家如美国和日本，则将行为人的民事责任问题完全交由民事诉讼程序来解决，但在刑事案件审理期间，被害人也不能提起民事诉讼，而只能在刑事案件审理终结后，才能按民事诉讼程序，提起因犯罪而造成损失的赔偿之诉。

（2）判决的既判力的适用。判决的既判力有两项功能：一是消极功能，即对以同一案件提起的后诉，法院不予受理；二是积极功能，即必须以确定判决的内容为基础处理后诉，法院在后诉中不得作出与确定判决的内容不一致的判决。由于规范竞合的原因，刑事判决的既判力的消极功能受到抑制，刑事判决的既判力并不能阻止民事法庭受理民事诉讼，但是，刑事判决的既判力仍发挥着积极功能，民事法庭在一定程度上仍受到刑事法庭已经作出的判决的约束，具体而言，"不允许民事法官无视刑事法官就构成民事诉讼与刑事诉讼之共同基础的犯罪事实的存在，其罪名以及对受到归咎的人是否有罪所作出的必要而肯定的决定"。刑事诉讼中的有罪判决将对民事诉讼产生既判力影响，民事法庭不得作出与刑事诉讼中的有罪判决相矛盾的判决，如刑事法庭判决被告人犯故意伤害罪，则民事法庭不得判决被告人不构成侵权。

（案件来源：湖北松之盛律师事务所；整理人：田圣斌）

一百零八、调解书的送达

争议焦点

法院以留置的方式送达调解书是否有效？

基本案情

1992年1月19日，B村向某信用社借款80000元，双方约定月息为18厘，同年12月20日偿还，并由T村对该债务承担一般担保责任。B村借款后于1992年3月31日至同年12月31日偿还了利息16608元，本金及余息拖欠未付。1994 年 9 月信用社将 B 村和 T 村作为被告诉至县人民法院，要求二被告偿还本金及剩余利息。同年 9 月 6 日，县人民法院主持调解并制作民事调解书，由 B 村偿还信用社本金 80000 元及利息 34560 元，T 村对以上债务负连带清偿责任。调解书制作完毕，T 村对该调解书有异议拒绝签收，县人民法院实施留置送达。1994 年 10 月 29 日，B 村偿还本金 12500 元，利息 23226 元。十年后，该法院又以原调解书为依据，于 2004 年 5 月对 T 村进行强制执行，强行划拨 T 村银行存款 210000 元。后经 T 村找相关部门反映情况后，县人民法院将该款返还到 T 村的账户上，但仍将该款冻结；同时送达开庭通知书，决定重新审理此案。

2004 年 8 月 15 日，县人民法院审理后作出民事判决，认为：合法的借贷关系受法律保护，被告 B 村村委会差欠原告 67500 元逾期未还贷款由被告 T 村村委会担保的事实，有原告举出的借据及借款申请书证实，应予认定；现原告请求二被告偿还所欠贷款本息，请求正当、合法，应予支持。鉴于被告 T 村村委会的担保行为发生在《最高人民法院关于审理经济合同纠纷案件有关保证的若干问题的规定》实施前，故被告 T 村村委会对该债务承担赔偿责任。依照《民法通则》第 128 条之规定，判决：被告 B 村村民委员会欠原告信用合作社贷款本金 67500 元，利息 115918.62 元（从 1992 年 1 月 19 日起算至 2004 年 9 月 15 日止）合计人民币 183418.62 元，扣减已偿付的利息 39834 元，余款 143584.62 元应于本判决生效之日起五日内付清；被告 T 村村民委员会对被告 B 村村民委员会不足以清偿该债务的部分承担赔偿责任。

T 村不服，提起上诉。中级人民法院作出终审民事判决：（一）撤销县人民法院民事判决；（二）B 村偿还信用社借款本金 67500 元，利息 106539.08 元（按银行逾期借款利率计算，从 1992 年 1 月 19 日起至 2004 年 5 月 28 日止），合计人民币 174039.08 元，由 T 村对 B 村不能清偿的部分承担赔偿责任。

◥ 观点评析 ◤

（一）调解书不能适用留置送达。

在我国，调解遵循自愿原则。《最高人民法院关于适用〈中华人民共和国民事诉讼法〉若干问题的意见》第 84 条规定："调解书应当直接送达当事人本人，不适用留置送达。当事人本人因故不能签收的，可由其指定的代收人签收。"该法第 95 条规定："当事人一方拒绝签收调解书的，调解书不发生法律效力，人民法院要及时通知对方当事人。"因此，县人民法院对调解书留置送达违背了上述法律规定，并且违背了调解自愿原则。

（二）县人民法院执行和判决均属错误。

由于县人民法院在调解书不发生法律效力后并没有及时判决，而是等到十年后根据无效的调解书进行执行和判决，要 T 村对由于法院本身的过失导致的债权利息扩大负连带责任，明显不当。

T 村只应对 1992 年 1 月 19 日至 1994 年 9 月 6 日的借款本金及利息承担担保责任。

相关知识链接

一、相关法律法规

1. 《最高人民法院关于适用〈中华人民共和国民事诉讼法〉若干问题的意见》第 84 条："调解书应当直接送达当事人本人，不适用留置送达。当事人本人因故不能签收的，可由其指定的代收人签收。"

2. 《最高人民法院关于适用〈中华人民共和国民事诉讼法〉若干问题的意见》第 95 条："当事人一方拒绝签收调解书的，调解书不发生法律效力，人民法院要及时通知对方当事人。"

二、相关理论知识

调解书是人民法院确认双方当事人调解协议的法律文书。调解协议则是双方当事人经过协商，自愿处分其实体权利和诉讼权利的一种文书形式。调解书是人民法院的法律文书，是对调解协议的确认；调解协议是当事人之间的诉讼文书，是调解书的基础。根据《民事诉讼法》第 89 条的规定，调解书经双方当事人签收后，即具有法律效力。人民法院以调解书的形式确认当事人之间达成的调解协议，这是调解结案的法定程序。除法律另有规定外，未经人民法院以调解书的形式确认的调解协议，不能作为结案的根据。调解书经双方当事人签收后即发生法律效力，是指双方当事人都按照法律规定的程序接收了调解书后，才发生法律效力。一方或双方拒绝接收调解书的，即在调解书送达前反悔的，调解书不发生法律效力。

调解达成协议，可以不制作调解书的案件，《民事诉讼法》第 90 条作了具体规定，有四类案件：

第一，调解和好的离婚案件。这类案件，涉及当事人之间最密切的人身关系——夫妻关系。经过调解，原本要求离婚的夫妻双方重归于好，为了使夫妻双方忘掉以前不和睦的往事，尽早弥补双方心灵上的创伤，以免影响日后感情，可以不制作调解书。

第二，调解维持收养关系的案件。这种案件，当事人原本要求解除收养关系，经自愿协商，双方达成了继续维持收养关系的协议。为了搞好收养双方的关系，使双方和睦相处，可以不制作调解书。

第三，能够即时履行的案件。这种案件，是指争议数额不大、调解达成协议后能当即履行的赔偿和债务案件。

第四，其他不需要制作调解书的案件。

人民法院对在中华人民共和国领域内没有住所的当事人送达诉讼文书，可以采用下列方式：

（1）依照受送达人所在国与中华人民共和国缔结或者共同参加的国际条约中规定的方式送达；

（2）通过外交途径送达；

（3）对具有中华人民共和国国籍的受送达人，可以委托中华人民共和国驻受送达人所在国的使领馆代为送达；

（4）向受送达人委托的有权代其接受送达的诉讼代理人送达；

（5）向受送达人在中华人民共和国领域内设立的代表机构或者有权接受送达的分支机构、业务代办人送达；

（6）受送达人所在国的法律允许邮寄送达的，可以邮寄送达，自邮寄之日起满六个月，送达回证没有退回，但根据各种情况足以认定已经送达的，期间届满之日视为送达；

（7）不能用上述方式送达的，公告送达，自公告之日起满六个月，即视为送达。

留置送达，是指在向受送达人或有资格接受送达的人送交须送达的诉讼文书时，受送达人或有资格接受送达的人拒绝签收，送达人将诉讼文书依法留放在受送达人住所的送达方式。根据《民事诉讼法》第89条第3款的规定，调解书必须经双方当事人签收后才具有法律效力。当事人拒绝签收的，调解书不生效。《最高人民法院关于适用民事诉讼法若干问题的意见》第84条规定调解书不适用留置送达。

但随着最高人民法院2003年《关于人民法院民事调解工作若干问题的规定》和2004年《关于适用简易程序审理民事案件的若干规定》的颁布，司法解释又规定了一类在送达之前就已经生效的新的民事调解书。根据《最高人民法院关于人民法院民事调解工作若干问题的规定》第13条："根据《民事诉讼法》第九十条第一款第（四）项规定，当事人各方同意在调解协议上签字或盖章后生效，经人民法院审查确认后，应当记入笔录或者将协议附卷，并由当事人、审判人员、书记员签名或者盖章后即具有法律效力。当事人请求制作调解书的，人民法院应当制作调解书送交当事人。当事人拒收调解书的，不影响调解协议的效力。一方不履行调解协议的，另一方可以持调解书向人民法院申请执行。"从以上规定可以看出，在案件的审理过程中，如果双方当事人同意调解协议经双方签名或者捺印生效的，该调解协议自双方签名或者捺印之日起发生法律效力。法院应根据已生效的调解协议另行制作民事调解书，载明"双方当事人同意该调解协议经双方签名或者捺印生效"或者类似的表述，此时该调解书已经是生效的裁判文书了，当事人拒收调解书的，不影响调解协议的效力。调解协议生效后一方拒不履行的，另一方可以持民事调解书申请强制执行。从这个角度上说，对此类调解书可以适用留置送达。而对于没有"双方当事人同意该调解协议经双方签名或者捺印生效的"或者类似表述的调解书，按照《民事诉讼法》第 89 条第 3 款的规定，该调解书还不具有法律效力。换言之，根据现行法律和司法解释的规定，调解书送达之前可以分为已生效调解书和未生效调解书，对于已生效调解书可以适用留置送达，而对未生效调解书则不适用留置送达。

（案件来源：湖北省人民检察院；整理人：田圣斌）

［执行制度篇］

一百零九、履行能力对判决执行的影响

▷ 争议焦点 ◁

强制执行对象的选择。

▷ 基本案情 ◁

　　1999 年 11 月 28 日，经蒋 A 介绍，邵 B 与 Z 公司总经理助理李 C 等人洽谈合作项目，由蒋 A 驾车，李 C、邵 B 等随车同行。途中蒋 A 违章，导致发生交通事故，李 C 当场死亡，邵 B 额骨右侧、右侧颞骨、双侧顶骨多发粉碎性骨折，蛛网膜下膜出血，脑室积血，颅内积气。三名工人和一位战士见义勇为，将邵 B 送往医院抢救，邵 B 昏迷不醒，经专家鉴定为迁延性昏迷、继发性视神经萎缩等。交警部门调查后认定：该事故蒋 A 负全部责任，邵 B 等无责任。事故发生后，邵 B 经多方治疗，已花费医药费355686.44 元，后续治疗费用需 72 万元。在交警部门调解无效的情况下，邵 B 诉至中级人民法院，请求人民法院依法判令被告承担赔偿经济损失2332206.36 元的连带责任，并承担本案的诉讼费用及律师费。中级人民法院（2000）W 民初字第 283 号民事判决书认定的赔偿额为 1585058.50 元，未明确 Z 公司应承担连带责任。邵 B 和被告均不服，提出上诉。高级人民法院依法审理后，确定赔偿数额为 1158197.43 元，Z 公司应承担连带责任。

　　审理终结后，案件进入强制执行阶段。由于蒋 A 除房产外，履行能力不足；Z 公司履行能力强，但在外地，所以整体强制执行有一定难度。

▷ 观点评析 ◁

　　（一）申请人民法院强制执行的权利。在民事判决生效后，如果被判决承担义务的一方不按照判决文书履行其义务，相对方有权以该生效判决书为依据，申请人民法院强制执行，由人民法院强制义务方履行其义务。本案邵 B 在高级人民法院二审终审判决后，以该判决书为依据，及时申请人民法院强制执行被告的有效财产，以维护自己的合法权益。

（二）执行对象的选择。面对数个执行对象，申请人和人民法院首先要确定执行对象的执行能力问题。因为强制执行需要付出成本，如果到外地执行，费用更高。本案邵 B 选择有履行能力的 Z 公司为主要执行对象，虽然花费了很多费用，但是执行效果好，使得全案得以执行完毕。

相关知识链接

一、相关法律法规

1.《民事诉讼法》（1991 年）第 207 条："发生法律效力的民事判决、裁定，以及刑事判决、裁定中的财产部分，由第一审人民法院执行。法律规定由人民法院执行的其他法律文书，由被执行人住所地或者被执行的财产所在地人民法院执行。"

2.《民事诉讼法》（1991 年）第 209 条："执行工作由执行员进行。采取强制执行措施时，执行员应当出示证件。执行完毕后，应当将执行情况制作笔录，由在场的有关人员签名或者盖章。基层人民法院、中级人民法院根据需要，可以设立执行机构。执行机构的职责由最高人民法院规定。"

3.《民事诉讼法》（1991 年）第 210 条："被执行人或者被执行的财产在外地的，可以委托当地人民法院代为执行。受委托人民法院收到委托函件后，必须在十五日内开始执行，不得拒绝。执行完毕后，应当将执行结果及时函复委托人民法院；在三十日内如果还未执行完毕，也应当将执行情况函告委托人民法院。受委托人民法院自收到委托函件之日起十五日内不执行的，委托人民法院可以请求受委托人民法院的上级人民法院指令受委托人民法院执行。"

4.《民事诉讼法》（1991 年）第 214 条："执行完毕后，据以执行的判决、裁定和其他法律文书确有错误，被人民法院撤销的，对已被执行的财产，人民法院应当作出裁定，责令取得财产的人返还；拒不返还的，强制执行。"

二、相关理论知识

强制执行制度是指法院按照法定程序，运用国家强制力量，根据执行文书的规定，强制民事义务人完成其所承担的义务，以保证权利人的权利得以实现。根据《民事诉讼法》和相关司法解释的规定，强制执行由以下人民法院负责：（1）发生效力的民事判决、裁定，以及刑事判决、裁定中的财产部分，由第一审人民法院执行。（2）法律规定由人民法院执行的其他法律文书，由被执行人住所地或被执行财产所在地的人民法院执行。（3）人民法院根据需要，

依据有关法律的规定，设立执行机构，专门负责执行工作。

向人民法院申请强制执行必须要具有明确的依据，申请强制执行的主要依据有如下几种：（1）人民法院制作的发生法律效力的判决书、裁定书和调解书。民事判决书是人民法院对当事人双方实体权利所作的结论性判定。民事裁定书，是人民法院为解决本案程序问题所作的判定。作为执行根据的裁定主要是财产保全的裁定，先予执行的裁定，承认和执行外国法律判决、裁定或者国外仲裁机构裁决的裁定。民事调解书是当事人双方意思表示一致的产物，一般不发生执行问题，但实践中，某些当事人达成调解协议后，又不履行调解协议确定的法律义务。由于调解协议是在人民法院主持下达成的，是审结案件的一种方式，是人民法院行使审判权的内容之一，因此，调解书也可以作为执行依据。（2）人民法院依督促程序发布的支付令。根据民事诉讼法的规定，债务人自收到人民法院依督促程序发布的支付令之日起 15 日内不提出异议又不履行支付令的，支付令可以作为执行根据。（3）发生法律效力而具有财产内容的刑事判决书、裁定书。例如，依据刑法作出的判处罚金、没收财产，判处犯罪分子赔偿被害人的经济损失等。（4）仲裁机构依法作出的发生法律效力的裁决书。由于仲裁机构不是国家的审判机构，对仲裁裁决没有强制执行权，因此，一方当事人不履行仲裁裁决的，对方当事人可以向有管辖权的人民法院申请执行。（5）公证机关制作的依法赋予强制执行效力的债权文书。与仲裁机构相同，公证机关没有强制执行的权力，公证机关作出的赋予强制执行效力的债权文书，一方当事人不履行的，对方当事人可以向有管辖权的人民法院申请执行。

在法院的实际执行工作中，执行难是各级法院所面临的一个共同问题，要确定一个案件存不存在执行难，是以履行能力作为衡量标准的。被执行人有履行能力而不能执行或难以执行，就是执行难。被执行人无履行能力而没有履行，这种情形不是执行难，而是执行风险。如何准确界定被执行人有无履行能力以及履行能力的程度，关乎当事人切身利益，是解决执行难的前提。但当前我国法律规范中没有对履行能力做具体规定，实践操作时对履行能力的认定标准不统一，不规范，带有随意性，影响了执行公正和执行效率。因此规范执行过程中的履行能力判断标准十分必要。

1. 对不同执行标的案件履行能力的认定方法

执行标的分为物和行为：（1）执行标的为物的认定。物作为执行标的，包括金钱给付、特定物返还。金钱给付的，以被执行人所有财产、财产权利以及能产生物质利益的利益为执行对象（对抗执行财产除外），与应给付的金钱数额衡量，确定有无履行能力及履行能力程度。特定物予以返还。原物存在的，有履行能力，原物在执行时部分毁损或不存在的，经当事人协商达成赔偿协议并履行，确认为已履行。当事人就赔偿达不成协议或达成协议未履行的，视为不能强制履行情形，不再按原生效法律文书执行。告知当事人另行诉讼确认金钱给付后执行。（2）执行标的为行为的认定。行为作为执行标的的，包括积极行为、消极行为。积极行为的，一般而言，不可替代的行为不能裁判强制履行，因此，一般均有履行能力。但有两种情形应注意：一是不可替代的行为，如要被执行人表演、演唱、讲课、绘画、书写等，裁判文书判决强制执行的，视为不能履行，可告知申请人另行起诉确认为金钱给付后执行。二是可替代行为，可替代行为为执行标的，有履行能力，被执行人虽没有能力支付费用的，也视为有履行能力，对其不履行行为可追究法律责任。

2. 对不同主体作为被执行人的履行能力认定

被执行人按不同性质可分为法人、自然人。（1）法人为被执行人的，包括经营性法人、社会团体法人、机关法人、事业法人。对经营性法人，原则上不存在无履行能力的问题，但所执行债务，未达到破产还债或不需采取破产还债程序的视其财产状况，灵活掌握。对其他法人，不能破产还债，根据查明的财产状况确认有无履行能力及其履行能力的程度。（2）自然人为被执行人的，包括个体工商户、农村承包经营户。以查明的个人财产及家庭财产状况，除去对抗执行的财产后确认。

3. 对不同类型的案件履行能力认定

关于债的案件类型一般包括侵权之债案件、合同之债案件、不当得利案件、无因管理案件。行政非诉执行案件及仲裁机关申请执行案件，具有强制执行公证债权文书案件，可按不同性质归入上述案件类型。以普通债权案件为标准，侵权之债案件一般具有惩罚性质，执行风险主要由侵权人承担，在认定履行能力时，可适当降低照顾被执行人利益。其他普通债务案件，大部分为合同之债，在交易之初，权利人应当对其交易风险有较充分的认识，在交易风险进入执行程序转化为执行风险时，主要由权利人自己承担。在确认被执行人履行能力时，可适当放宽照顾被执行人生产、生活标准。

4. 履行能力的利益衡量方法

利益衡量，主要指对多个利益并存和发生冲突时，对各种利益，根据人的不同需要，从不同角度确认利益轻、重、先、后、缓、急的一种考量。在执行程序中，申请人的合法利益是通过被执行人的履行实现的。实现利益是目的，履行是手段，有无履行能力则是实现利益的前提。因此，对利益的衡量，应当全面比照申请人和被执行人双方利益，在确认合法利益在先的前提下，还应当看到利益的相对性，反映在实现利益的手段上就是履行能力的相对性。（1）双

方是法人的，比较二者的生产经营情况，总的一个原则是要考虑到被执行人在未适用破产还债情况之下，执行后让被执行人还具有能继续生产经营的基本条件。法人的财产主要分为固定资产、流动资产、基金，在执行中首要考虑的是先执行流动资产，不足时执行基金，在执行基金时要分清基金的类别，注意相关规定，对于已经拨给工会的活动基金所有权归工会，不得再用于偿还法人债务。在执行流动资产和相关基金后仍不足的，考虑执行法人的固定资产。执行法人固定资产时，主要考虑先执行非关键性生产设备，让法人不因执行固定资产后陷于生产困境，如果法人的财产明显不足以支付债务的，可以考虑由申请人或债务人申请按破产还债程序处理。（2）双方是自然人的，比较二者的生活条件、收入状况、生产情况、财产情况，对于申请人的情况较好的，还应当考虑被执行人在执行后不至于严重影响生产生活和显著降低生活水平，只要不属于侵权案件的，要从全面保护当事人原则出发，照顾被执行人利益，看被执行人被执行后是否生活有保障，是否产生新的债务，注意避免逼当事人走上绝路、失去继续生活生产能力，导致新的悲剧或是经济秩序混乱。双方情况相类似的，也要考虑被执行人在执行后不至于严重影响生产生活和显著降低生活水平，但是，如果不执行将严重影响申请人生产生活和显著降低生活水平的，要考虑适当执行。如果是侵权之债，因系惩罚性赔偿，则主要是从保护申请人的利益出发，考虑申请人的利益为主，尽可能地将案件执行完毕。

（案件来源：湖北省松之盛律师事务所；整理人：田圣斌）

一百一十、适当的执行策略

◤ 争议焦点 ◢

执行策略对实质胜诉的作用。

◤ 基本案情 ◢

1992 年至 1995 年期间，D 公司与 H 厂共签订了 19 份年度汽车销售合同，约定 D 公司向 H 厂供应各类东风底盘车及附件 1120 辆，单价分别以 D 公司"联营价"、"计内价格"、"协商基价"、"累计批量价"等不同价格形式计算。运输方式为自提或代送，付款方式为托收或汇款。交货地点为 D 公司销售部。合同签订后，H 厂从 1992 年 1 月 21 日至 1993 年 6 月 5 日，采用汇款自提方式分 35 次从 D 公司自提各类底盘车 717 辆（包括 1994 年 12 月 25 日自提一辆，单价 59558.5 元），价值 30961178.5 元。H 厂支付货款 31279450 元。1993 年下半年开始，汽车市场行情发生变化，H 厂未再自行提车。D 公司依双方 1993、1994 年度合同，从 1993 年 6 月 21 日至 1994 年 7 月 2 日，采取托收代送方式分 12 次向 H 厂发送各类底盘车 248 辆，价值 14946640 元。H 厂收货后，仅支付货款 4930000 元，尚欠 10016640 元以种种理由拒付。

1999 年，D 公司依法诉至中级人民法院，中级人民法院审理后，2000 年 8 月 8 日作出（1999）S 经初字第 100 号民事判决书，判决 H 厂向 D 公司支付货款 10016640 元及违约金。案件受理费 70010 元、财产保全费 15520 元，合计 85530 元，由 H 厂负担。

H 厂不服，提起上诉，高级人民法院 2001 年 1 月 4 日以判决认定事实不清、证据不足，撤销原判，发回重新审理。中级人民法院依法另行组成合议庭，审理作出（2001）S 经初字第 20 号民事判决书：H 厂偿还 D 公司欠款 9698368.5 元及逾期付款违约金。案件受理费 70010 元、财产保全费 15520 元，上诉费 70010 元，合计 155540 元，由 H 厂负担。

H 厂不服，再次上诉。高级人民法院判决：

一、撤销中级人民法院（2001）S 经初字第 20 号民事判决；

二、H 厂偿付 D 公司货款 4713305.55 元及逾期付款违约金；

三、驳回 D 公司其他诉讼请求。

本案一审案件受理费 70010 元，由 D 公司负担 14000 元，H 厂负担 56010 元。财产保全费 15520 元，由 D 公司负担 3104 元，H 厂负担 12416 元。二审案件受理费 70010 元，由 D 公司负担 28000 元，H 厂负担 42010 元。

为挽回 D 公司在高级人民法院终审判决中的颓势，D 公司采取先申请执行再申诉的策略，于 2002 年 5 月 18 日依法向中级人民法院申请执行高级人民法院（2001）B 经终字第 254 号民事判决书，并依法提供被申请人 H 厂的存款账号、房地产权证明、商品汽车等执行财产明细。2002 年中级人民法院依法查封了 H 厂的财产，并于 2003 年 12 月依法委托拍卖行对 H 厂的财产进行拍卖，抵偿欠款。

⟦ 观点评析 ⟧

协商、仲裁和诉讼是我国解决民事纠纷的三种形式。在债权诉讼中，原告

的主要目的在于实现实质性的债权，而不是"法律白条"。特别是前些年在国有企业改制过程中，很多国企濒临倒闭，资产管理失范，流失现象十分严重。在这种情况下，债权人想要实现全部债权往往十分困难。特别是有的债务人借上诉之机，故意拖延时间，便于其转移有效资产，导致很多债权人费尽周折，最后花费大量人力物力，获得一张"法律白条"。D公司代理律师在因某些原因导致终审判决无法全面满足诉讼请求的时候，适时调整诉讼策略，以申请执行来赢取时间，从而保证现有利益，实现实质的胜诉。

相关知识链接 ↘

一、相关法律法规

1.《民事诉讼法》第153条："第二审人民法院对上诉案件，经过审理，按照下列情形，分别处理：（一）原判决认定事实清楚，适用法律正确的，判决驳回上诉，维持原判决；（二）原判决适用法律错误的，依法改判；（三）原判决认定事实错误，或者原判决认定事实不清，证据不足，裁定撤销原判决，发回原审人民法院重审，或者查清事实后改判；（四）原判决违反法定程序，可能影响案件正确判决的，裁定撤销原判决，发回原审人民法院重审。当事人对重审案件的判决、裁定，可以上诉。"

2.《民事诉讼法》第203条："人民法院自收到申请执行书之日起超过六个月未执行的，申请执行人可以向上一级人民法院申请执行。上一级人民法院经审查，可以责令原人民法院在一定期限内执行，也可以决定由本院执行或者指令其他人民法院执行。"

3.《民事诉讼法》第215条："申请执行的期间为二年。申请执行时效的中止、中断，适用法律有关诉讼时效中止、中断的规定。"

二、相关理论知识

程序法中关于管辖的分类基本归为两大类：地域管辖和级别管辖。地域管辖侧重强调管辖权的横向划分，强调平级审判机关之间的权力划分；级别管辖更侧重强调管辖权的纵向划分，是审判系统内部上下级之间审判权力的分割。从某种程度上说，管辖权的级别划分实质上是审判系统内部权力等级制度的表征，关乎每个参与诉讼的当事人的权利能在多大程度上以及在什么级别的诉讼中才能得到充分保护的问题。发回重审制度最重要的理论依据就是从离当事人最近的审判级别和防止当事人擅自主张高级别的审判以及保证审判系统内部权力划分稳定性的角度出发，以保持原审判级别。发回重审制度是我国司法活动中坚持法院独立的重要表征，法院的审判独立要求审判的集中性和连续性，发回重审制度正好能保证审判人员在审判过程中能够自始至终地充分了解原审判活动在操作过程中存在的漏洞，以便及时有效地查明案件真相。

发回重审制度本意是要更好地保证当事人的诉权，但是实际执行的结果却是浪费了宝贵的司法资源，延迟了正义的到来时间，导致"迟来的正义就是非正义"的恶果；客观上助长了上级法院"拒绝裁判或者逃避裁判"的审判心理的产生，使得法律设置的通过上诉审来纠正下级审判活动中的错误的目标落空，变法院系统内部上下级的监督与被监督关系成为实质的领导与被领导关系。因此，改革司法体制，建立更加完善的上诉审判制度是我国司法制度改革的重要内容。

传统观念认为，执行是审判工作的一个重要环节，它不仅是审判的延伸，更是审判权力的有机组成部分。因此，"审判活动"当然包括人民法院在民事诉讼中的执行工作。对执行特性的认识集中于执行权和执行程序性质两个方面。对执行权和执行程序的传统认识是以我们过去的司法观念为基础的。张卫平教授认为这种传统认识与现代法治国家对司法的认识有很大的不同，是一种笼统的"大司法"观念，对司法的认识更多的是从主体的性质推演开来的。民事执行作为一种实现民事权利的手段与以诉辩、裁判为核心的民事诉讼有着本质的区别，这已经成为人们的共识。民事执行虽然也是一种国家权力，但它区别于同样作为国家权力的裁判权。基于这样的认识，民事执行也就不应当再是民事诉讼的组成部分，而应当成为独立的程序。

（案件来源：湖北松之盛律师事务所；整理人：田圣斌，周家富）

一百一十一、仲裁裁决不予执行的条件

◤ 争议焦点 ◢

仲裁裁决书是否错误？

◤ 基本案情 ◢

2002 年 5 月，X 中学教师王某、张某与 Z 出版社签订出版合同，约定于当年 10 月底之前王某、张某等分别交稿，出版社于当年 12 月底之前出版，并支付稿酬。后来，王某、张某将交稿时间一再拖延，王某从出版社预支稿酬 30 万元，指定出版社划往其在建设银行的个人账户。后来，王某、张某与出版社就稿酬结算发生纠纷，2004 年 10 月将该案申请至仲裁委员会。出版社以没有仲裁协议为由提出管辖异议未被采纳；在仲裁庭上，申请人仅提供涉案部分不完整书稿，无充分证据证明其已经履行合同，被申请人提出申请人违约以及已经完全付款等证据。仲裁庭经独任仲裁裁决：被申请人按照申请人仲裁申请在 10 日内履行给付稿费 56 万元的义务。2005 年 1 月，申请人王某、张某以出版社未履行给付义务为由申请区人民法院强制执行。在执行过程中，出版社请求人民法院依法裁定不予执行该错误仲裁文书。

观点评析

本案在申请仲裁以及仲裁庭审理时都存在一定的错误，理由有两点：

首先，出版社所主张的没有仲裁协议的意见未被采纳是不正确的。我国《仲裁法》第 4 条规定："当事人采用仲裁方式解决纠纷，应当双方自愿，达成仲裁协议。没有仲裁协议，一方申请仲裁的，仲裁委员会不予受理。"本案王某、张某并未与 Z 出版社订立仲裁协议，在纠纷发生后也没能够就订立仲裁协议达成一致意见，因此仲裁委员会对于该纠纷没有管辖权，其受理案件是错误的。

其次，仲裁庭对双方证据的审查不够慎重。仲裁庭以申请人提供的涉案部分不完整书稿为依据，认为应由出版社履行全部给付义务，缺乏事实依据与法律依据。

根据我国《民事诉讼法》第 213 条的规定，出版社有权对仲裁裁决申请不予执行。

相关知识链接 ↘

一、相关法律法规

《民事诉讼法》第 213 条："对依法设立的仲裁机构的裁决，一方当事人不履行的，对方当事人可以向有管辖权的人民法院申请执行。受申请的人民法院应当执行。被申请人提出证据证明仲裁裁决有下列情形之一的，经人民法院组成合议庭审查核实，裁定不予执行：（一）当事人在合同中没有订有仲裁条款或者事后没有达成书面仲裁协议的；（二）裁决的事项不属于仲裁协议的范围或者仲裁机构无权仲裁的；（三）仲裁庭的组成或者仲裁的程序违反法定程序的；（四）认定事实的主要证据不足的；（五）适用法律确有错误的；（六）仲裁员在仲裁该案时有贪污受贿，徇私舞弊，枉法裁决行为的。人民法院认定执行该裁决违背社会公共利益的，裁定不予执行。裁定书应当送达双方当事人和仲裁机构。仲裁裁决被人民法院裁定不予执行的，当事人可以根据双方达成的书面仲裁协议重新申请仲裁，也可以向人民法院起诉。"

二、相关理论知识

不予执行制度是我国执行程序中的一项执行救济制度。根据我国《民事诉讼法》第217条、第218条、第260条及《最高人民法院关于执行〈中华人民共和国行政诉讼法〉若干问题的解释》第95条的精神，执行中，如仲裁机构的裁决、公证机关赋予强制执行效力的债权文书、行政机构的处罚决定书或处理决定书出现法律规定的特定情形，人民法院应裁定不予执行，也就是不予执行制度只能应用于非诉法律文书出现法定不予执行情况下。人民法院对于符合法定情形的，经组成合议庭审查核实，裁定不予执行。对于审查程序的其他方面如审查部门、审查程序、审查期限、救济权，以及法律文书的制作等问题，《民事诉讼法》及《仲裁法》均缺乏明确的规定，实践中各地法院的做法极不统一，且大部分法院所适用的程序与审查处理行为本身的重要性极不相称。但不予执行与否对当事人的权利影响甚巨，且所审查的内容包括程序和实体两方面，大部分法院仅采用由一个执行员进行书面审查，然后再由合议庭讨论的方法处理，个别法院采用了听证程序。由于听证程序与开庭程序的要求相差甚远，根本达不到查清事实的目的，不但使部分执行人员因对不予执行事项的审查涉及实体问题而感到力不从心，也很难令当事人信服。

为有效防止当事人借不予执行制度恶意拖延履行债务，对于有理由的不予执行申请应设置科学的审查程序。应当将不予执行的事项作为不予执行之诉来处理，即采用诉讼原理，而不是非诉讼原理构建相关程序。人民法院审理申请不予执行裁决时应当适用《民事诉讼法》规定的第一审普通程序，并实行当事人主义和辩论主义原则。但应强调的是，不予执行审查程序毕竟有别于诉讼程序，对于主要证据不足的仲裁裁决，人民法院不能为补强证据而主动调查取证，对于当事人请求法院依职权调查取证的，人民法院应不予准许。对于不予执行的裁定，应赋予当事人向上一级人民法院申请复议的权利。审查期限一般应不超过一个月，特殊情况下可报院长审批予以适当延长。

（案件来源：湖北松之盛律师事务所；整理人：田圣斌）

第三部分

海事法律诉讼案例

一百一十二、海上货物运输合同索赔纠纷

⬉ 争议焦点 ⬊

1. 本案应适用什么法律法规？
2. 本案被告及承运人 T 公司能否免责？

⬉ 基本案情 ⬊

2005 年 2 月 15 日，原告中国 L 进出口有限公司（L 公司）与 D 公司签订第一份买卖合同，约定从 D 公司处购买原木 3000 立方米，卖方可选择数量有 10% 增减，CNF 中国 Y 港/Z 市，装运期为 2005 年 3 月，装货港为加蓬主要港口，卸货港为中国 Y 港/Z 市。2005 年 4 月 10 日，D 公司与被告毛里求斯 S 海运有限公司（以下简称 S 公司）签订租船成交备忘录，载明：货物为西非原木，载运船舶为 K 轮，数量 12000 立方米，允许数量有 10% 的增减，装卸期间为 2005 年 5 月 15 日到 5 月 25 日，装货港为加蓬安全港口，卸货港为中国 Y 港/Z 市。同时被告 S 公司在装货港向托运人签发"运费预付"提单。2005 年 5 月 20 日，原告与 D 公司签订第二份买卖合同，购原木 1000 立方米，卖方可选择数量有 10% 增减，CNF 中国 Y 港/Z 市，装运期为 2005 年 5 月，装货港为加蓬主要港口，卸货港为中国 Y 港/Z 市。2005 年 5 月 22 日，被告 S 公司代为签发了清洁已装船正本提单两套，记载：托运人为 D 公司、收货人凭指示，通知人为原告，载运货船为 K 轮，货物为原木，装货港为加蓬主要港口，卸货港为中国 Y 港/Z 市，运费预付。共计 355 根、2015.002 立方米原木装载于被告马耳他 T 海事责任有限公司所属的 K 轮，161 根为甲板货。

2005 年 5 月 28 日 6 时，K 轮在加蓬 J 港口装货完毕，12 时 30 分，K 轮前往南非 D 港加油。K 轮在 J 港的离港吃水是船艏 9.67 米，船尾 9.96 米。2005 年 6 月 5 日 18 时，K 轮绕过好望角，与开普角成正横方向航行过程中，K 轮船长认为二副设计的航路图将导致到南非 D 港的航程延长，因此船长命令沿着更靠近海岸的可变航线行使，使 K 轮保持在 50 米和 100 米等深线内。K 轮以 12 节的平均速度使用自动舵沿岸航行，经过沿岸各点时

的离岸距离为 5—1.5 海里。2005 年 6 月 7 日，三副接班担任 K 轮驾驶员，保持离岸距离 4.5 海里，并每隔 20 分钟测量一次。8 时 10 分，船长来到驾驶室，告知三副 K 轮离岸太远，并将航向变为 45 度，9 时 41 分，船长将航向变为 70 度，10 时，K 轮在南非汉堡村附近的东伦敦西南 32 英里处，与不明暗礁相撞并搁浅。同日，被告 T 公司与 A 救助单位签订救助合同，对 K 轮及其所载材木进行救助。后由于天气恶化，K 轮的状况持续恶化，已不适宜救助，因此被告 T 公司与 A 救助单位的合同终止。

同时，法院查明，被告 T 公司是 K 轮的船舶所有人，被告 S 公司是涉案提单的签发人，被告 X 公司是 K 轮的船舶经营人和管理人。

原告起诉各被告承担赔偿责任；法院经审理，判决驳回其诉讼请求。

观点评析

（一）本案法律适用问题。原告主张本案纠纷适用我国《海商法》，被告 T 公司、S 公司、X 公司主张本案纠纷适用《1924 年统一提单某些法律规定的国际公约》，因原告所有的原木中的 161 根装载于 K 轮甲板上，而《1924 年统一提单某些法律规定的国际公约》第 1 条 C 项规定："货物包括各种货物、制品、商品和各类人和货物，但活动物和在运输合同中载明装于甲板上且已照装的货物除外"，甲板货不在《1924 年统一提单某些法律规定的国际公约》的适用范围之内。根据我国《海商法》第 269 条之规定，合同当事人可以选择合同适用的法律，法律另有规定的除外。合同当事人没有选择的，适用与合同有最密切联系的国家的法律。涉案提单载明的运输目的港为中国 Z 市，中国与本案提单联系最为密切，故载于甲板上的 161 根原木应适用中国海商法，此外的 194 根原木适用《1924 年统一提单某些法律规定的国际公约》。

我国《海商法》第 71 条、第 78 条规定："提单，是指用以证明海上货物运输合同和货物已经由承运人接收或者装船，以及承运人保证据以交付货物的单证。提单中载明的向记名人交付货物，或者按照指示人的指示交付货物，或者向提单持有人交付货物的条款，构成承运人据以交付货物的保证。承运人同收货人、提单持有人之间的权利、义务关系，依据提单的规定确定。"本案原告是涉案清洁已装船指示正本提单的持有人，被告 T 公司是 K 轮的船舶所有人和承运人，因此，原告与被告之间的海上货物运输合同关系成立并有效。《中华人民共和国海商法》第 47 条规定，承运人在船舶开航前和开航当时，应当谨慎处理，使船舶处于适航状态，妥善配备船员、装备船舶和配备供应品，并使货舱、冷藏舱、冷气舱和其他载货处所适于并能安全收受、载运和保管货物。

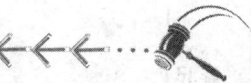

（二）本案中，被告 T 公司、S 公司、X 公司已举证证明 K 轮开航前和开航时拥有全套的有效证书，并已妥善配备船员，当时处于适航状态。在责任期间，承运人因其船长、船员、引航员或者承运人的其他受雇人在驾驶船舶或者管理船舶中的过失，可以免责。K 轮船长在航行途中由于自信航行经验，在未通过定位仪确定船舶的离岸距离，也未打开水深测量仪测量水深的情况下，过于靠近岸边行使，造成 K 轮搁浅，属驾驶船舶过失。被告 T 公司为避免原告损失的扩大，在 K 轮搁浅的当日，即对 K 轮和船载货物进行打捞，并成功将3427 根原木救助上岸，因此，被告 T 公司作为承运人在 K 轮搁浅后，已经尽到了妥善管理和减少损失的义务。虽然被告 T 公司所属 K 轮在运输过程中因驾驶船舶过失造成原告货物损失，但属于我国《海商法》第 51 条第 1 款规定的免责事项，因此，被告 T 公司作为承运人对原告的货物损失不应承担赔偿责任。

原告主张被告 S 公司、X 公司承担连带责任，于法无据。

相关知识链接 ↘

一、相关法律法规

1. 《海商法》第 47 条："承运人在船舶开航前和开航当时，应当谨慎处理，使船舶处于适航状态，妥善配备船员、装备船舶和配备供应品，并使货舱、冷藏舱、冷气舱和其他载货处所适于并能安全收受、载运和保管货物。"

2. 《海商法》第 51 条："在责任期间货物发生的灭失或者损坏是由于下列原因之一造成的，承运人不负赔偿责任：（一）船长、船员、引航员或者承运人的其他受雇人在驾驶船舶或者管理船舶中的过失；（二）火灾，但是由于承运人本人的过失所造成的除外；（三）天灾，海上或者其他可航水域的危险或者意外事故；（四）战争或者武装冲突；（五）政府或者主管部门的行为、检疫限制或者司法扣押；（六）罢工、停工或者劳动受到限制；（七）在海上救助或者企图救助人命或者财产；（八）托运人、货物所有人或者他们的代理人的行为；（九）货物的自然特性或者固有缺陷；（十）货物包装不良或者标志欠缺、不清；（十一）经谨慎处理仍未发现的船舶潜在缺陷；（十二）非由于承运人或者承运人的受雇人、代理人的过失造成的其他原因。承运人依照前款规定免除赔偿责任的，除第（二）项规定的原因外，应当负举证责任。"

3. 《海商法》第 71 条："提单，是指用以证明海上货物运输合同和货物已经由承运人接收或者装船，以及承运人保证据以交付货物的单证。提单中载明的向记名人交付货物，或者按照指示人的指示交付货物，或者向提单持有人交付货物的条款，构成承运人据以交付货物的保证。"

4.《海商法》第 78 条："承运人同收货人、提单持有人之间的权利、义务关系，依据提单的规定确定。收货人、提单持有人不承担在装货港发生的滞期费、亏舱费和其他与装货有关的费用，但是提单中明确载明上述费用由收货人、提单持有人承担的除外。"

二、相关理论知识

海上货物运输合同，是指承运人收取运费，负责将托运人托运的货物经海路由一港运至另一港的合同。

国际海上货物运输合同中承运人的基本责任包括：①承运人的适航责任。承运人在船舶开航前和开航时，应当谨慎处理，使船舶处于适航的状态，妥善配备船员、装备船舶、供应品，使货舱、冷藏舱、冷气舱适于安全收受、载运和保管货物。②承运人的管货责任。③不得不合理绕航的责任。

承运人的免除责任：① 船长、船员、引航员或承运人的其他受雇人在驾驶船舶或管理船舶中的过失。② 火灾。但是由于承运人本人的过失造成的除外。③天灾。海上或其他可航水域的危险或意外事故。④战争或武装冲突。⑤政府或主管部门的行为、检疫限制或司法扣押。⑥ 罢工、停工劳动受到限制。⑦在海上救助或企图救助人命或财产。⑧托运人、货物所有人或他们的代理人的行为。⑨货物的自然特性或固有缺陷。⑩货物包装不良或标志欠缺、不清。⑪经谨慎处理仍未发现的船舶潜在缺陷。⑫非由于承运人或承运人的受雇人、代理人的过失造成的其他原因。⑬活动物。⑭舱面货。

（案件来源：湖北省武汉海事法院；案件整理人：田圣斌）

一百一十三、船舶碰撞责任分摊及赔偿责任

争议焦点

船舶碰撞中被告过错的认定以及被告是否应该享受责任赔偿的限制。

基本案情

1997 年 7 月 18 日，原告中国 Z 公司所属"长宇"轮，在长江下游 J 市检锚地锚泊的过程中，因走锚与被告韩国 X 公司所属"米扬"轮发生碰撞，造成"长宇"轮沉没，经济损失人民币 50318582 元，美金 1100 元。原告认为，在两船发生碰撞后，被告所属"米扬"轮不顾"长宇"轮船员

的强烈要求，仍将撞入"长宇"轮船体内的船艏退出，致使江水从敞开的创口处大量涌入"长宇"轮机舱，失去了施救时间，致使"长宇"轮最终沉没，要求被告承担40%的责任。被告认为，其所属"米扬"轮在正常锚泊状态下，没有时间采取任何有效的措施防止碰撞事故的发生，并且"米扬"轮与"长宇"轮碰撞后在该船船体上形成的破洞不至于导致该轮船的最终沉没。同时，"长宇"轮的打捞费用大大超过了船舶残值，已不具备打捞价值，所以其支付的打捞费不应受到法律保护。"米扬"轮在本次事故中没有过错，不应承担法律责任。第三人Y公司称，原告Z公司与被告X公司船舶发生碰撞，导致其委托原告"长宇"轮承运的17481吨煤炭受损，造成其经济损失3469982元，要求两公司共同赔偿其经济损失及利息。2001年3月8日海事法院开庭审理此案。2001年3月9日，被告向法院申请享受责任限制，认为即使承担赔偿责任，其赔偿金额也只为415830计算单位。对此原告辩称，被告所属"米扬"轮，在船舶构成和设备的配备上与船舶的吨位不符，并且技术船员的配备存在不适当的情况，被告已经丧失享受责任限制的权利。

海事法院查明，原告所属"长宇"轮于7月17日18时25分锚泊于J市联检锚地，抛锚完毕后，"长宇"轮设置了GPS报警程序，报警范围为0.3海里，同时通知机舱使主机处于暖缸状态，23时55分，值班人员在交接班时核对了船舶船位，未发现异常情况。接班后，值班人员在驾驶台聊天，没有进行谨慎的瞭望，也未定期对锚链的受力情况进行正常检查及观望本船与周围船舶之间的距离变化。被告所属"米扬"轮于21时整锚泊该地，当班船员通过雷达测试，其与前方"长宇"轮距离为0.85海里。7月18日零时40分，"米扬"轮当班二副朴某发现"长宇"轮在向下飘移，通过雷达测试，两船距离为0.6海里，但自认为对本轮的安全不构成影响，因而没有采取任何预防措施。1时10分发现"长宇"轮继续逼近，两船距离只有约200米，遂于1时15分通知船长，此时两船距离约为30—50米。"长宇"轮当班人员直至1时15分才发现本船走锚，仓促间虽通知船长但未能采取有效措施避免碰撞事故的发生，两船于1时20分发生碰撞。1时36分"米扬"轮通过采取进车、用舵、绞锚等措施与"长宇"轮脱离。4时25分，"长宇"轮沉没。为防止其他不良后果，Z公司通过合约形式委托有关单位进行打捞前的准备工作，为此支付相关费用2226160元，因施救单位船舶受损支付修理费83352元，支付代理费21200元，支付"米扬"轮船舶检验费1100美元。后Z公司与交通部S市海上救助打捞局签订委托书委托其对"长宇"轮进行打捞，约定"打捞费总价为人民币1993万元整加上沉船的产权"。后因自然原因放弃沉船的整体打捞改为爆破打捞，所获船舶残体变卖后价款为2007800元。后经W市船舶检验局对"长宇"轮评估称其在受损前价格约为1734万元人民币。某会计师事务所出具审计报告称"长宇"轮受损事故前四个航次平均营运天日盈利35323.65元，六十个天日盈利为2119419.00元。同时查明，"长宇"轮船舶技术证书齐全、有效，技术船员的配备和任职资格均符合有关规定。"米扬"轮除总吨位记载不一致外，高级船员及引航员的适任资格与相关规定是一致的。

法院认为：船舶碰撞事故发生在中华人民共和国水域，属侵权行为赔偿，应适用中华人民共和国法律。原告所属"长宇"轮在锚泊过程中对洪水及潮水对本轮锚泊安全的影响估计不足，以致在复杂的流态下没有适时采取抛双锚或加强值班等预防措施防止走锚事故的发生，是造成本次事故的主要原因，应承担主要的事故责任。被告所属"米扬"轮值班船员由于主观疏忽，在较长时间内没有采取可以采取的正常措施防止事故的发生，是造成本次事故的另一原因，应承担一定的事故责任。同时，"米扬"轮撞入"长宇"轮船体后，采取措施将船艏退出并无不当，其目的是为了防止危险进一步发生，是完全必要和合理的。Z公司对船舶的打捞是完全必要的，并且打捞费用不存在不合理情况。被告认为"长宇"轮在碰撞中形成的创口不可能导致轮船的沉没，但其在庭审中未能举证，法院不予支持。原告因船舶碰撞造成的船舶价值损失17340000元，船舶营运损失2119419元，船舶打捞费损失19930000元，船舶施救费损失2226160元，总计41615579元，有权向事故责任人进行索赔。但是其因施救单位船舶受损支付修理费83352元不是船舶碰撞所导致的必然的、合理的费用，该部分诉讼请求法院不予支持。原告针对被告所享受责任限制的抗辩，没有相关的证据证明被告存在丧失责任限制的法定事由，抗辩不能成立，被告主张享受责任限制的申请应得到支持。但是原告通过合约方式支付的救助费用和打捞费用，因其目的在于避免对社会公众的利益造成危害、减少因碰撞带来的其他损失，并且该部分损失不是船舶碰撞所造成的，因此该部分损失不属于责任限制的范围，被告不得就该部分费用享受责任限制。"米扬"轮《过激吨位证书（1969）》载明总吨位1990吨，其应享受的责任限制额为415830计算单位，折算人民币为4344671.50元。

法院判决：被告X公司赔偿原告Z公司船舶损失和营运损失2918912.90元及利息，但本息总额不得超过3622219.60元，同时支付原告船舶施救费损失和打捞费损失 3323424.00 元及利息。

观点评析

（一）我国对船舶碰撞的损害赔偿采用过错责任原则，碰撞当事方只对其因故意或过失造成的不法侵害负赔偿责任。碰撞时船舶互有过失的，各船按过失程度的比例负责赔偿责任，过失程度相当或过失程度无法判断的，平均负赔偿责任。碰撞造成第三人财产损失的，各船的赔偿责任均不超过其应当承担的比例。本案中，原被告双方均存在过错，被告所属"米扬"轮值班船员由于主观疏忽，在较长时间内没有采取可以采取的正常措施防止事故的发生，是造成碰撞事故的原因之一，应承担一定的事故责任。所以法院判决被告对碰撞所导致的合理损失承担责任是正确的。

（二）我国《海商法》规定，海事赔偿责任限制的适格主体是总吨位在 300 吨以上的船舶，被告所属"米扬"轮符合该规定，且碰撞系由值班船员疏忽所致，并非被告故意或者明知可能造成损失而轻率地作为或不作为造成的，符合海事赔偿责任限制的主观条件。原告在审判过程中提出被告所属船舶的构造、设备的配备与船舶的吨位不符，技术船员的配备存在不足的情况等抗辩事由，认为被告无权享受责任限制，但是其在主张时，没有相关的证据予以证明。因此，法院判定被告享受赔偿责任限制是合情合理的。但是原告通过合约方式支付的救助费用和打捞费用，因其目的在于避免对社会公众的利益造成危害、减少因碰撞带来的其他损失，并且该部分损失不是船舶碰撞所造成的，因此该部分损失不属于责任限制的范围，被告不得就该部分费用享受责任限制。

相关知识链接

一、相关法律法规

1.《内河交通安全管理条例》第 11 条："船舶、浮动设施的所有人或者经营人，应当根据船舶、浮动设施的技术性能、船员状况、水域和水文气象条件，合理调度船舶或者使用浮动设施。"

2.《内河避碰规则》第 3 条："责任船舶、排筏及其所有人、经营人以及船员应当对遵守本规则的疏忽而产生的后果以及对船员通常做法所要求的或者当时特殊情况要求的任何戒备上的疏忽而产生的后果负责。不论由于何种原因，两船已逼近或者已处于紧迫局面时，任何一船都应当果断地采取最有助于避碰的行动，包括在紧迫危险时而背离本规则，以挽救危局。"

3.《民法通则》第 146 条第 1 款："侵权行为的损害赔偿，适用侵权行为地法律。当事人双方国籍相同或者在同一国家有住所的，也可以适用当事人本国法律或者住所地法律。"

4.《海商法》第169条："船舶发生碰撞，碰撞的船舶互有过失的，各船按照过失程度的比例负赔偿责任；过失程度相当或者过失程度的比例无法判定的，平均负赔偿责任。互有过失的船舶，对碰撞造成的船舶以及船上货物和其他财产的损失，依照前款规定的比例负赔偿责任。碰撞造成第三人财产损失的，各船的赔偿责任均不超过其应当承担的比例……"

5.《海商法》第207条："下列海事赔偿请求，除本法第二百零八条和第二百零九条另有规定外，无论赔偿责任的基础有何不同，责任人均可以依照本章规定限制赔偿责任：（一）在船上发生的或者与船舶营运、救助作业直接相关的人身伤亡或者财产的灭失、损坏，包括对港口工程、港池、航道和助航设施造成的损坏，以及由此引起的相应损失的赔偿请求；（二）海上货物运输因迟延交付或者旅客及其行李运输因迟延到达造成损失的赔偿请求；（三）与船舶营运或者救助作业直接相关的，侵犯非合同权利的行为造成其他损失的赔偿请求；（四）责任人以外的其他人，为避免或者减少责任人依照本章规定可以限制赔偿责任的损失而采取措施的赔偿请求，以及因此项措施造成进一步损失的赔偿请求。前款所列赔偿请求，无论提出的方式有何不同，均可以限制赔偿责任。但是，第（四）项涉及责任人以合同约定支付的报酬，责任人的支付责任不得援用本条赔偿责任限制的规定。"

6.《海事诉讼特别程序法》第6条："海事诉讼的地域管辖，依照《中华人民共和国民事诉讼法》的有关规定。下列海事诉讼的地域管辖，依照以下规定：（一）因海事侵权行为提起的诉讼，除依照《中华人民共和国民事诉讼法》第二十九条至第三十一条的规定以外，还可以由船籍港所在地海事法院管辖；（二）因海上运输合同纠纷提起的诉讼，除依照《中华人民共和国民事诉讼法》第二十八条的规定以外，还可以由转运港所在地海事法院管辖；（三）因海船租用合同纠纷提起的诉讼，由交船港、还船港、船籍港所在地、被告住所地海事法院管辖；（四）因海上保赔合同纠纷提起的诉讼，由保赔标的物所在地、事故发生地、被告住所地海事法院管辖；（五）因海船的船员劳务合同纠纷提起的诉讼，由原告住所地、合同签订地、船员登船港或者离船港所在地、被告住所地海事法院管辖；（六）因海事担保纠纷提起的诉讼，由担保物所在地、被告住所地海事法院管辖；因船舶抵押纠纷提起的诉讼，还可以由船籍港所在地海事法院管辖；（七）因海船的船舶所有权、占有权、使用权、优先权纠纷提起的诉讼，由船舶所在地、船籍港所在地、被告住所地海事法院管辖。"

7.《海事诉讼特别程序法》第7条："下列海事诉讼，由本条规定的海事法院专属管辖：（一）因沿海港口作业纠纷提起的诉讼，由港口所在地海事法院管辖；（二）因船舶排放、泄漏、倾倒油类或者其他有害物质，海上生产、作业或者拆船、修船作业造成海域污染损害提起的诉讼，由污染发生地、损害结果地或者采取预防污染措施地海事法院管辖；（三）因在中华人民共和国领域和有管辖权的海域履行的海洋勘探开发合同纠纷提起的诉讼，由合同履行地海事法院管辖。"

二、相关理论知识

1. 过错责任原则。根据《民法通则》第106条第2款的规定："公民、法人由于过错侵害国家的、集体的财产，侵害他人财产、人身的，应当承担民事责任。"这一规定明确了我国侵权行为法的过错责任原则。过错责任原则，是以过错作为价值判断标准，判断行为人对其造成的损害应否承担侵权责任的归责原则。过错责任原则是我国侵权行为法通用的一般归责原则，占据着主导的地位，调整着绝大多数侵权损害赔偿法律关系。过错责任原则要求把过错作为承担赔偿责任的基础，而不是把过错作为确定赔偿范围的根据。因此，过错的程度对确定赔偿范围一般是没有意义的。如果把行为人的过错程度作为确定赔偿范围的依据，则不能使受害人的损失完全得到补偿或者使受害人形成不当的收入，因而不利于保护公民的合法权益。正是由于过错责任原则的这种地位和作用，才使侵权损害赔偿责任具有补偿受害人损失和惩罚加害人违法行为这样的双重性质。我国也把过错责任原则作为侵权损害赔偿的基本的归责原则，其根本目的是保护社会主义国家的、集体的财产和公民财产权利、人身权利不受侵犯，保护公民权利能够平等、自由地行使；通过对因自己的过错而导致国家、集体利益和他人合法权益损害的不法行为人，承担包括赔偿损失在内的民事责任，以保护社会主义公共财产和公民的合法权益，教育公民遵纪守法，促进社会主义精神文明建设和物质文明建设，并预防和减少侵权损害的发生。

适用过错责任原则，应当把握以下4个问题：

第一，赔偿责任的构成要件包括四个，即违法行为、损害事实、违法行为与损害事实之间的因果关系以及行为人的主观过错。这四个构成要件缺一不可。

第二，在一般情况下，应当把过错作为不法行为人承担民事赔偿责任的根据，而不是作为确定赔偿范围的根据。只有在下面的情况下，才把过错程度作为确定赔偿责任的根据，即在某些过失案件中，应当区分重大过失和一般过失。

第三，当过错出现在几个不同的当事人之间时，加害人一般只对自己的过错行为承担赔偿责任。例如，共同过错的共同加害人对外共同承担连带赔偿责任，对内则按各自的过错按比例分担责任；受害人具有故意或重大过失而加害人无过错的，加害人不承担赔偿责任；混合过错中双方当事人各有过错，加害人只对自己的过错负责，对因受害人的过错造成的损失不承担赔偿责任。

第四，举证责任由受害方负担。例如，甲的违法行为致乙人身损害，乙作为受害人，应在提起诉讼时向人民法院提供证据加以证明。人民法院可依职权原则调查证据。在受害人举不出证据或证据不足，人民法院又采集不到充分的证据证明受害人主张的事实时，应当依法驳回原告的诉讼请求。

2. 海事赔偿责任限制。是指在发生重大海损事故，给他人造成重大财产损失或人身伤害时，责任方可根据法律的规定将其责任限制在一定范围内的法律制度。这种特殊的损害赔偿制度与民法中规定的损害赔偿制度是截然不同的，在民法中，无论是侵权还是违约造成的损害，责任人均需按规定对受损方承担全部损害赔偿责任。但是在海商法中，船舶所有人、经营人等责任人应该按照规定将其损害赔偿责任限制在一定的限度之内。这种区别于民法的不完全赔偿责任制正是海商法的魅力所在。

海事赔偿责任限制主体，简言之，就是享有责任限制的人。1976 年公约覆盖了最大范围的责任限制主体，其规定的这些人可以分为三类：（1）船舶所有人（包括管理人和经营人）和救助人；（2）船舶所有人和救助人的雇用人员；（3）责任保险人。但是在我国《海商法》中，却并未把船舶所有人（ship manager）包括进去，这也是一个有待完善的地方。通说认为，船舶管理人不同于船舶经营人，而是指接收船舶所有人或者光船承租人的委托，为船舶配备船员，负责船舶的安全、装备、修理、检验和其他技术保障的人。船舶管理人也有可能成为海事赔偿的责任主体，赋予其对海事赔偿的责任限制是必要的。我国海事法院在审判实践中，一般认为责任如果具有"故意或重大过失"行为，依法不赋予责任主体以责任限制的权利。而根据《海商法》第 205 条的规定，如果限制性债权的海事赔偿请求，不是向船舶所有人、救助人本人提出，而是向其他对该行为、过失负有责任的人员提出的，这些人员也可以享受责任限制。按照我国《海商法》的相关规定，除军事船舶、政府公务船和未满 20 总吨的小型船艇外，海船和其他海上移动式装置属于可以享受海事赔偿责任限制的船舶；20 总吨以上不满 300 总吨从事我国港口之间货物运输或者沿海作业的船舶，属于责任限制船舶，但其责任限额根据国务院批准交通部发布的《关于不满 300 总吨船舶及沿海运输、沿海作业船舶海事赔偿责任限额的规定》执行。

（案件来源：湖北省武汉海事法院；整理人：田圣斌，匡小明）

一百一十四、水上人身损害赔偿

被告是否应承担赔偿责任以及赔偿责任的份额？

2003 年 4 月 23 日上午 8 时许，原告李某驾驶自称编号为"WLX1476号"船舶，装载石料 100 吨自东向西行驶至 W 区 H 排水站附近时，被告齐某驾驶其所有的"WGZ 挂 0233 号"船，装载钢管 80 吨从其船舶的左侧追越。原告船员认为被告不该追越并对其进行指责。双方因此发生争吵，并彼此用酒瓶和石块互相抛掷。后被告所驾船舶超过原告李某船舶约 50 公尺之后，两者均携帮工再次发生争吵和斗殴。此时，原告同行陈某从后面驾驶未登记的自有船舶左舷靠帮，将被告齐某的船舶"WGZ 挂 0233 号"船夹于其中，致使三船处于并排前行且无人驾驶的状态。陈某及原告船舶均相对后移。打斗停止后，当原告走至距离其驾驶舱约两公尺左右、被告已到其船尾时，双方再次发生拉扯。此时，由于"WGZ 挂 0233 号"无人驾驶，船首偏向北岸，两船船首分离，"WGZ 挂 0233 号"船船尾移向李某船的货舱后部，将站在该处与齐某仍在纠缠的李某右大腿挤压断裂。

法院认为本案纠纷因当事人之间船舶追越所引起。被告齐某从右舷追越，航路正确，而原告在船人员对被告的指责是导致纷争的起因。后原告与陈某船舶挟制被告齐某船舶并登上该船进行打斗，致使三船同时处于无人控制的状态，是造成涉案纠纷的重要诱因，具有明显过错。被告在打斗结束后不及时控制和调整船舶而又与原告进行纠缠导致原告伤残，应承担主要责任。且原告所驾船舶未经相关部门登记，属无证航行船舶。综合双方过错，法院认为原告需对本次纠纷引起的伤害承担 55% 的责任，被告齐某承担 45% 的责任。法院判决：被告齐某赔偿原告李某手术费等共7117.09 元，于判决生效后十日内一次性付清。

（一）关于本案的赔偿责任问题。

我国侵权行为法以过错责任原则作为侵权行为的归责原则。本案属于一起民事治安事件引发的水上人身伤害赔偿纠纷，原告在船人员对齐某进行指责是引起纠纷的主要原因，在相互指责、谩骂和投掷石块、酒瓶的过程中，互有过错。后原告与陈某船舶挟制被告齐某船舶并登上该船进行打斗致使三船同时处于无人控制的状态，是造成涉案纠纷的重要诱因，具有明显过错。被告在打斗结束后不及时控制和调整船舶而又与原告进行纠缠导致原告伤残，应承担主要责任。但原告所驾船舶未经相关部门登记，属无证航行船舶。因此，原告李某应对其驾驶无证船舶在内河航行、与正常航行的船舶发生的纠纷承担一定的赔偿责任。

（二）赔偿份额的确定主要依据各方在案件中的责任大小，法院综合全案情况予以酌定。本案法院判定原、被告双方在其各自的责任范围内承担人身损害的赔偿，是符合公平正义原则的。

相关知识链接

一、相关法律法规

1.《内河交通安全管理条例》第 6 条："船舶具备下列条件，方可航行：（一）经海事管理机构认可的船舶检验机构依法检验并持有合格的船舶检验证书；（二）经海事管理机构依法登记并持有船舶登记证书；（三）配备符合国务院交通主管部门规定的船员；（四）配备必要的航行资料。"

2.《民法通则》第 119 条："侵害公民身体造成伤害的，应当赔偿医疗费、因误工减少的收入、残废者生活补助费等费用；造成死亡的，并应当支付丧葬费、死者生前扶养的人必要的生活费等费用。"

3.《民法通则》第 131 条："受害人对于损害的发生也有过错的，可以减轻侵害人的民事责任。"

4.《最高人民法院关于审理人身损害赔偿案件适用法律若干问题的解释》第 2 条："受害人对同一损害的发生或者扩大有故意、过失的，依照《民法通则》第一百三十一条的规定，可以减轻或者免除赔偿义务人的赔偿责任。但侵权人因故意或者重大过失致人损害，受害人只有一般过失的，不减轻赔偿义务人的赔偿责任。适用《民法通则》第一百零六条第三款规定确定赔偿义务人的赔偿责任时，受害人有重大过失的，可以减轻赔偿义务人的赔偿责任。"

二、相关理论知识

1. 侵权行为，是指行为人由于过错侵害他人的人身和财产并造成损害，违反法定义务，依法应承担民事责任的行为。侵权行为是给他人的合法权益造成损害的行为，但并不是说造成他人损害的行为都是侵权行为。任何一种侵权

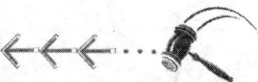

行为在发生以后，受害人要主张侵权损害赔偿，都必须要举证证明行为人侵害了其某种权利或利益，而这种权利和利益应是受到侵权法保护的。侵权行为和违约行为的主要区别就在于侵权行为侵害的是一种绝对权，而违约行为侵害的是一种相对权。

所谓绝对权，就是指权利人，这个法律关系的权利主体，它是特定的；但是这个义务主体都是不特定的，而权利人的权利可以对抗一切不特定的人。所谓相对权，它只是在特定的当事人之间发生。也就是说，不仅权利人是特定的，而且义务主体也是特定的，权利人的权利只能对抗特定的义务人。所以，侵权行为的对象主要是绝对权。因此，侵权行为法和合同法的一个重要区别，就表现在：侵权行为法保护的对象主要是绝对权，而合同法保护的对象主要就是相对权，也就是合同债权。

2. 一般侵权行为的构成要件，是指在一般情况下，构成侵权行为所必须具备的因素。只有同时具备这些因素，侵权行为才能成立。一般侵权行为的构成要件包括：有加害行为，有损害事实的存在，加害行为与损害事实之间有因果关系，行为人主观上有过错四个方面。

第一，有加害行为。

加害行为又称致害行为，是指行为人做出的致他人的民事权利受到损害的行为。任何一个民事损害事实都与特定的加害行为相联系，亦即民事损害事实都由特定的加害行为所造成。没有加害行为，损害也就无从发生。从表现形式上看，加害行为可以是作为，也可以是不作为，以不作为构成加害行为的，一般以行为人负有特定的义务为前提。

第二，有损害事实。

损害事实，是指因一定的行为或事件对他人的财产或人身造成的不利影响。损害事实依其性质和内容，可分为财产损害、人身伤害和精神损害三种。

财产损害，主要是指由于行为人对受害人的财产权利施加侵害所造成的经济损失。既包括直接损害，如车辆被盗，也包括间接损害，如因车辆被盗导致营业收入的减少。

人身伤害，是指由于行为人对受害人的人身施加侵害所造成的人身上的损害。具体包括生命的损害、身体的损害、健康的损害三种情况。同时，对自然人人身的损害往往也会导致其财产的损失，如伤害他人身体致其支付医疗费和收入的减少等。

精神损害，主要是指自然人因人格受损或人身伤害而导致的精神痛苦。与其他损害不同的是，精神损害具有无形性，难以用金钱来衡量。

第三，加害行为与损害事实之间有因果关系。

因果关系，是指社会现象之间的一种客观联系，即一种现象在一定条件下必然引起另一种现象的发生，则该种现象为原因，后一种现象为结果。这两种现象之间的联系，就称因果关系。

侵权行为只有在加害行为与损害事实之间存在因果关系时，才能构成。如果加害人有加害行为，他人也有民事权益受损害的事实，但二者毫不相干，则侵权行为仍不能构成。因此，加害行为与损害事实之间有因果关系，是构成一般侵权行为的又一要件。

第四，行为人主观上有过错。

过错，是行为人决定其行为的一种心理状态。行为人是否有过错直接关系到对其行为性质的认定。过错包括故意和过失两种形式。行为人明知自己的行为会发生损害他人民事权利的结果，并且希望或放任该结果发生的，为故意。行为人应当预见自己的行为可能损害他人的民事权利但因为疏忽大意而没有预见，或者虽然已经预见但轻信能够避免，结果导致他人的民事权利受到损害的，为过失。衡量行为人是否有过失，应根据具体的时间、地点和条件等多种因素综合进行确定。

3. 过失相抵规则又称过错相抵规则，是指在加害人依法应承担损害赔偿责任的前提下，如果受害人对于损害事实的发生或扩大也有过错，则可以减轻加害人的赔偿责任。

第一，该规则的前提是加害人依法应承担损害赔偿责任，没有责任就无须相抵，责任是相抵的内容。该责任具有可相抵性，即损害赔偿责任。损害赔偿责任指"当事人一方因侵权行为或不履行债务而对他方造成损害时应承担的补偿对方损失的民事责任"。既可以是侵权责任的承担方式，又可以是违约责任的承担方式。

第二，受害人对损害事实的发生或扩大有过错，该过错可能是故意，也可能是过失。该过错致使受害人的行为成为损害事实发生或扩大的原因。过错的形态和大小影响到加害人责任减轻的程度。

第三，该规则的结果是减轻加害人的赔偿责任。

（案件来源：湖北省武汉海事法院；整理人：田圣斌）

一百一十五、行政诉讼被告资格及担保物权的从属性

争议焦点

1. F 县地方海事处是否是适格被告主体。

2. 原告 F 支行与第三人隆某办理的 "MS5 号" 船舶抵押权登记是否对双方于 1998 年 12 月签订的借款合同具有保证效力？

基本案情

1997 年 11 月 13 日，原告中国银行 F 支行（以下简称 F 支行）与第三人隆某签订贷款金额为 13 万元，月利率为 7.92%，贷款期限为 11 个月的借款合同。为保证还款，双方以隆某所有的 "MS5 号"（登记证号码为 442200149）作价 13 万元，签订抵押合同，并在 F 县港航监督所办理了 "MS5 号" 船舶的抵押权登记。1998 年 12 月 18 日，隆某未能如期还付贷款。原告 F 支行即与隆某再次签订 11 万元的借款合同，用所借款项还付 1997 年 11 月 13 日的贷款。其后几年内，隆某陆续还付部分借款本息，尚欠贷款本金 70000 元。直至 2003 年原告对被告提起诉讼后，隆某又再次还付借款 25300 元。此外，隆某在 1998 年 12 月借款后将该船更名为 "YS 号"。2002 年 11 月 11 日，隆某将 "YS 号" 船舶作价为 170800 元卖给第三人秦某，且签订了买卖协议书并在 F 县港航监督所出具 "该船在本机关的所有权注销且无抵押登记" 证明的情况下办理了过户手续。

此外，2002 年 5 月 20 日，F 县交通委员会按照交通部和市人民政府联合下发的文件，在 F 县新的地方海事机构成立之前，将 F 县辖区长江干线以外的海事管理职能、船舶修造管理职能和渡口管理职能赋予 F 县航务管理所代行。

2002 年 6 月 20 日，由于新规定尚未出台，由交通委员会设置的 F 县港航机构负责并行使其辖区长江干线地方船舶和船员管理的职权。

2003 年 4 月 11 日，市海事局和市地方海事局为办理国家海事局与地方海事局的工作交接，联合下发文件界定各海事机构的职权范围，4 月 15 日，F 县地方海事局将调整后属国家海事局管辖的船舶资料向市 F 海事处

办理了移交，其中已经注销的"YS号"船舶的资料也在移交之列。

2003年4月17日，F县机构编制委员会撤销F县航务管理所、F县港口管理所和F县船舶检验所，组建F县港务管理处，同时增挂F县地方海事处和F县船舶检验处等三块牌子。

法院认为，在国家、地方海事机关尚未明确划定职权范围时，F县交通委员会依据相关文件，指定F县航务管理所进行本辖区内的船舶和船员的管理，事实上是在履行海事监督的行政职能。虽然其后来因调整行政机构而撤销，但行政机关应保证行政执法的延续性，在关系理顺后对相应业务管理的F县地方海事处应当承担之前由F县航务管理所代行的港航监督管理职能及所从事的行政行为后果。因此，该机构是本案的适格被告。但是，原告与第三人隆某所办理的船舶抵押登记是为1997年11月贷款所设置的保证，双方以1998年12月的借款清偿1997年11月的借款，致使二主体间1997年的借贷债权债务关系消灭。因此，该船舶的抵押登记已经丧失了保证作用。第三人秦某为善意的船舶购买人，取得该船的所有权没有过错。故判决如下：一、驳回F支行要求确认被告F县地方海事处注销"MS5号"船舶所有权登记的行政行为违法的诉讼请求。二、驳回原告F支行要求被告F县地方海事处赔偿其无法收回的贷款损失44700元的诉讼请求。

观点评析

（一）对于该行政诉讼被告主体资格的确定。根据我国《行政诉讼法》第25条的规定，原行政行为主体被撤销，有继续行使该原行为主体主权的机关的，由该机关作为被告。本案中，F县航务管理所先前进行本辖区内的船舶和船员的管理，事实上是在履行海事监督的行政职能。其后，该所被编制委员会因调整行政机构而撤销，在关系理顺后，其相应的业务管理工作由F县地方海事处承担，亦即F县地方海事处是继续行使F县航务管理所职权的行政机构。因此，应由F县地方海事处作为本案的被告。

（二）关于原告F支行与第三人隆某办理的"MS5号"船舶抵押权登记是否对双方于1998年12月签订的借款合同具有担保效力这一问题，应当认为不再具有保证效力。根据担保的从属性，抵押权的存在必须以主债权的存在为基础，主债权消灭抵押权消灭。本案中，原告与隆某所办理的船舶抵押登记是为1997年11月贷款所设置的保证，双方以1998年12月的借款清偿1997年11月的借款，致使二主体间1997年的借贷债权债务关系消灭。因此，该船舶的抵押登记亦丧失保证作用。

法院据此判定善意第三人秦某取得所有权的观点是正确的。

相关知识链接 ↘

一、相关法律法规

1. 《担保法》第43条："当事人以其他财产抵押的，可以自愿办理抵押物登记，抵押合同自签订之日起生效。当事人未办理抵押物登记的，不得对抗第三人。当事人办理抵押物登记的，登记部门为抵押人所在地的公证部门。"

2. 《担保法》第52条："抵押权与其担保的债权同时存在，债权消灭的，抵押权也消灭。"

3. 《行政诉讼法》第25条："公民、法人或者其他组织直接向人民法院提起诉讼的，作出具体行政行为的行政机关是被告。

"经复议的案件，复议机关决定维持原具体行政行为的，作出原具体行政行为的行政机关是被告；复议机关改变原具体行政行为的，复议机关是被告。

"两个以上行政机关作出同一具体行政行为的，共同作出具体行政行为的行政机关是共同被告。

"由法律、法规授权的组织所作的具体行政行为，该组织是被告。由行政机关委托的组织所作的具体行政行为，委托的行政机关是被告。

"行政机关被撤销的，继续行使其职权的行政机关是被告。"

4. 《行政诉讼法》第41条："提起诉讼应当符合下列条件：

（一）原告是认为具体行政行为侵犯其合法权益的公民、法人或者其他组织；

（二）有明确的被告；

（三）有具体的诉讼请求和事实根据；

（四）属于人民法院受案范围和受诉人民法院管辖。"

二、相关理论知识

1. 担保的从属性，是指担保的成立和存在必须以一定的债权关系为前提，它是一种从属于债权关系的法律关系，不能脱离于一般的债权而单独存在。从债权方面看，担保是一种从权利；从债务方面看，担保是一种从义务。具体地说，担保的从属性表现在以下三个方面：

（1）成立上的从属性。所谓成立上的从属性，是指担保的成立应以相应的债权的发生和存在为前提，原则上不能脱离债权债务关系而独立成立，即使为将来之范围和内容不十分确定的债权提供的担保，如最高额保证和最高额抵押，也不能脱离相应的债权关系。

（2）消灭上的从属性。所谓消灭上的从属性，是指担保因债权的消灭而解除。但是，当事人在担保合同中约定担保合同的效力不受主债合同的效力影响时，从其约定。

（3）处分的从属性。所谓处分的从属性，是指担保随主债权的转移而转移。债权人不能将担保与债权分离转让给不同的受让人，也不能将担保与债权分开为他人提供担保。

2. 行政诉讼的被告，是指因行政诉讼原告不服其所作出的具体行政行为而提起行政诉讼，由法院通知其应诉的、行使国家行政职权的组织。关于行政机关被撤销情形下的被告确定：行政机关被撤销的，由继续行使其职权的行政机关为被告。行政机关可以撤销，但其职权不能撤销，只能发生转移，而职权与职责应当一致，继续行使其职权的行政机关，也应当履行其做被告的职责。当然，行政机关被撤销的不同的情况下被告亦有所不同：①行政机关被撤销，但实质是并入其他机关，接受合并的机关为继续行使其职权的行政机关；②撤销某行政机关，新设立另一机关取代该被撤销的行政机关，新设立取代该行政机关的机关为继续行使其职权的机关；③简单撤销，既没有合并，也不是新设立，作出撤销决定的机关为继续行使其职权的机关。被告是否适格对于行政诉讼能否成立非常重要，如果原告起诉的被告不适格，又不同意变更，则其起诉将被法院驳回。

（案件来源：湖北省武汉海事法院；整理人：田圣斌）

一百一十六、合伙人赔偿责任与经济补偿

争议焦点

1. 三被告对阮甲不幸身亡支付的是经济补偿，还是承担赔偿责任？
2. 阮甲和三被告与 H 市 F 公司之间是否成立合伙关系？

基本案情

2002 年 3 月 30 日，阮甲与被告阮乙、阮丙及陈某从 H 市水运公司合伙购买"H 机 S 号"船舶，每人出资 26000 元，并由阮甲一人负责船舶的经营管理，且阮甲提出"挂靠"F 公司是为了方便办理船舶营运手续，此举并未改变船舶所有人为阮甲等人的事实。2002 年 6 月 10 日，"H 机 S

号"船舶在长江 E 段泥矶处发生沉船事故，阮甲及妻子王某落水失踪，后被法院宣告死亡。事故发生后，阮乙、阮丙及陈某与阮甲之亲属于 2002 年 6 月 23 日达成协议，约定由三被告补偿原告因阮甲、王某死亡的补偿费、安葬费、抚养费、赡养费等各项费用共计 90000 元整。协议签订后，阮乙、阮丙和陈某分别向原告实际支付 39000 元、1900 元、2200 元，尚欠 46900 元未履行。

法院认为，本案属合伙纠纷，阮甲与阮乙、阮丙及陈某合伙经营船舶。阮甲在经营船舶过程中不幸身亡，阮甲的死亡与三被告之间没有联系，即三被告没有过错，对阮甲的死亡不应负赔偿责任。但三被告作为合伙经营的受益人，应给予阮甲适当的经济补偿。三被告与阮甲亲属在阮甲及其妻王某死亡后达成了补偿协议，并且已经部分履行，因此，本案应以原告与三被告之间的补偿协议金额作为经济补偿依据。遂判决：被告阮乙、阮丙、陈某给予原告（阮甲之子女）经济补偿 46900 元，于本判决书生效后十日内一次性付清。驳回原告要求被告 H 市 F 公司承担连带责任的诉讼请求。

观点评析

（一）三被告对阮甲不幸身亡支付的是经济补偿。

本案中，阮甲及其妻王某在船舶经营管理过程中，因意外沉船事故死亡，本案的三被告即阮甲之合伙人阮乙、阮丙、陈某，并不存在主观过错，因而不必承担侵权损害赔偿责任。但是，死者阮甲及其妻王某系在执行合伙企业事务过程中死亡的，符合《最高人民法院关于贯彻执行〈民法通则〉若干问题的意见（试行）》第 157 条所规定的"一方是在为对方的利益或者共同的利益进行活动的过程中受到损害的，可以责令对方或者受益人给予一定的经济补偿"的情形，三被告应该在其收益范围内给死者近亲属适当的经济补偿。

所以，三被告对阮甲不幸身亡支付的是经济补偿，而不是承担赔偿责任。

（二）阮甲及三被告与 H 市 F 公司之间是挂靠关系，H 市 F 公司既不参与合伙企业的经营管理，亦不享有合伙企业的经营收益或承担营业风险，不是合伙企业的合伙人。

相关知识链接

一、相关法律法规

1.《民法通则》第 4 条："民事活动应当遵循自愿、公平、等价有偿、诚实信用的原则。"

2.《最高人民法院关于贯彻执行〈民法通则〉若干问题的意见（试行）》

第 157 条：“当事人对造成损害均无过错，但一方是在为对方的利益或者共同的利益进行活动的过程中受到损害的，可以责令对方或者受益人给予一定的经济补偿。”

二、相关理论知识

1. 公平原则是公平理念在民法上的体现

公平的本义是公平合理，是指在民事活动中，要以公平、正义的理念来指导自己的行为。公平原则包含三方面的具体内容：第一，参与民事法律关系的各方当事人机会要均等，要正当竞争，不能采取不正当的竞争手段。第二，当事人的利益要合理兼顾。第三，在承担民事责任上要合理。

公平原则不仅是公平理念在民法上的体现，也是一条法律适用原则，即当民法没有明确规定时，可以根据公平原则来设立、变更、中止民事法律关系；公平原则更是一条司法原则，即法官的判决要做到公平合理，当法律没有明确规定时，可以根据公平原则作出合理的判决。

公平原则在民法上主要是针对当事人间的合同关系提出的要求，是当事人缔结合同关系，尤其是确定合同内容时，所应遵循的指导性原则。它具体化为合同法上的基本原则就是合同正义原则。合同正义系属平均正义，要求维系合同双方当事人之间的利益均衡。作为自愿原则的有益补充，公平原则在市场交易中，为诚实信用原则和显失公平规则树立了判断的基准。但公平原则不能简单等同于等价有偿原则，因为在民法上就一方给付与对方的对待给付之间是否公平，是否具有等值性，其判断依据采用主观等值原则，即当事人主观上愿以此给付换取对待给付，即为公平合理，至于客观上是否等值，在所不问。由此不难看出，公平原则的具体运用必须以自愿原则的具体运用作为基础和前提，如果当事人之间利益关系的不均衡，系自主自愿的产物，就不能谓为有违公平。

2. 公平责任原则，是公平原则在侵权法上的体现

我国的民事责任的归责原则体系是由过错责任原则、无过错责任原则、公平责任原则构成。在侵权行为法领域，公平责任原则是指在当事人对于损害的发生均无过错，都不应承担民事责任，但受害人遭受的重大损害得不到赔偿又显失公平的情况下，人民法院根据双方当事人的实际情况，按公平合理的理念判定由双方分担损失的一种归责原则。公平责任原则是在法律没有规定适用无过错责任原则，而适用过错责任原则又显失公平时，依公平原则在当事人之间分配损害后果的一种归责原则。公平责任原则的适用在归责上是为弥补过错责任之不足，以求依社会公平观念，由当事人分担损害后果的一种责任，其目的是减轻受害人遭受的损失。

（案件来源：湖北省武汉海事法院；案件整理人：田圣斌）

一百一十七、行政诉讼的被告适格

争议焦点

Z港务局是否是适格被告？

基本案情

　　Z港原为交通部和Y市政府双重领导下的港口，Z港务局系政企合一的港口企业，承担部分港口行政管理职能，是2002年4月1日前Z港〔包括原告中国S股份有限公司H省化肥分公司（以下简称H省化肥分公司）专用码头〕货物港务费的征收主体。H省化肥分公司在Z港区拥有自己的专用码头，常年进行其生产所需原材料和产品的装卸，系货物港务费的缴纳义务主体。截至2002年3月，被告Z港务局应征收原告H省化肥分公司港务费81822.8元。但原告一直拒缴。

　　2001年11月23日，国务院办公厅以国办发〔2001〕91号文件转发交通部等行政机构《关于深化中央直属和双重领导港口的管理体制改革的意见》，要求2002年3月底前完成港口下放工作。港口下放后，实行政企分开，港口企业不再承担行政管理职能。据此，H省交通厅等部门于2002年2月8日作出《关于深化长江双重领导港口管理体制改革的实施意见》。其中规定，Z港交由Y市人民政府管理。交通行政主管部门按照《H省水路交通管理条例》和《H省港口管理办法》的有关规定，对港口实施行政管理。自2002年4月1日起，原Z市等港务局停止征收港口规费，其港口规费由该港所在地交通行政主管部门及港航管理机构征收。

　　原告H省化肥分公司未缴纳其原应向被告Z港务局缴纳的2002年3月底前的货物港务费，在2002年4月1日之后，也未向Y市港航管理机构缴纳。此后，Z港务局2002年5月20日就其辖区2002年4月1日前的货物港务费征收问题，致函Y市交通局。Y市交通局于2002年5月30日函复Z港务局："……你港是2002年4月1日以前港口规费征收工作的合法主体。你港辖区2002年4月1日以前的货港费由你港收取并行使相应权力。"2002年8月28日，Z港务局就H省化肥分公司欠缴2002年3月底前的货物港务费，作出"关于追缴货物港务费的处理决定"，对 H 省化肥分公司拖欠的货物港务费 81822.8 元予以追缴，责令其在收到决定书之日起七日内向 Z 港务局缴纳。原告 H 省化肥分公司不服，向海事法院起诉。

法院认为，2002 年 4 月 1 日以前，Z 港务局是政企合一的港口企业，依法承担部分港口行政管理职能，是 Z 港口（包括 H 省化肥分公司专用码头）货物港务费的合法征收主体，有权征收 H 省化肥分公司于 2002 年 4 月 1 日前应缴纳的货物港务费。但由于国家进行深化港口管理体制改革，Z 港务局自 2002 年 4 月 1 日起不再具有征收货物港务费的行政职权。另外，Y 市交通局作为 Z 港口行政主管部门，于 2002 年 5 月 30 日对被告作出的函复内容并非基于法律、法规和规章的规定，不能构成行政授权，应当视为行政委托。2002 年 4 月 1 日以后，Z 港务局只能根据有权行政机关的委托，以委托行政机关的名义作出行政征收决定，法律后果也由委托行政机关承担。但 Z 港务局于 2002 年 8 月 28 日以自己名义作出行政征收决定，不符合相关行政法律规定，也不能因此而否认 Y 市交通局与 Z 港务局的行政征收委托关系。法院判决：驳回原告 H 省化肥分公司的起诉。

观点评析

2002 年 4 月 1 日以前，Z 港务局是政企合一的港口企业，依法承担部分港口行政管理职能，属于法律、法规授权的行政主体，其有权征收 H 省化肥分公司专用码头的货物港务费，且能够承担其行政行为相应的法律后果。但是 2002 年 4 月 1 日后，Z 港务局不再具有征收货物港务费的行政职权，无权作出相应的行政行为；本案中，其作出的征收决定已不属于其职权范围内的具体行政行为，只能是受行政主体 Y 市交通局委托而作出的行政行为。根据我国相关行政法律的规定，受委托的行政机关应以委托机关的名义作出具体行政行为，且行为后果亦由委托机关承担。因此本案被告 Z 港务局于 2002 年 8 月 28 日作出的征收决定这一具体行政行为，实际上应当以市交通局的名义作出，Z 港务局以自己名义作出行政征收决定，不符合行政法律规定，但也不能因此而否认 Y 市交通局与 Z 港务局的行政征收委托关系。故该行为的法律后果只能由 Y 市交通局承担，Y 市交通局才是本案的适格被告。

本案原告起诉被告不适格，人民法院告知原告变更被告；原告不同意变更，理应裁定驳回起诉。

相关知识链接↘

一、相关法律法规

1.《行政诉讼法》第 25 条："公民、法人或者其他组织直接向人民法院提起诉讼的，作出具体行政行为的行政机关是被告。经复议的案件，复议机关决定维持原具体行政行为的，作出原具体行政行为的行政机关是被告；复议机关改变原具体行政行为的，复议机关是被告。两个以上行政机关作出同一具体行政行为的，共同作出具体行政行为的行政机关是共同被告。由法律、法规授权的组织所作的具体行政行为，该组织是被告。由行政机关委托的组织所作的具体行政行为，委托的行政机关是被告。行政机关被撤销的，继续行使其职权的行政机关是被告。"

2.《最高人民法院关于执行〈中华人民共和国行政诉讼法〉若干问题的解释》第 23 条第 1 款："原告所起诉的被告不适格，人民法院应当告知原告变更被告；原告不同意变更的，裁定驳回起诉。"

二、相关理论知识

行政委托，指行政机关委托行政机关系统以外的社会公权力组织或私权利组织行使某种行政职能、办理某种行政事务。依法治国从其本质来说是依法行政。依法行政、实现行政管理法制化是现代民主政治条件下国家行政管理的内在要求。行政机关必须在法律规定可以委托的情况下，才能委托行政。"公权力行使的委任，有时是以法律直接进行的，有时是基于法律的根据，以指定行为进行的。"在被委任的行政与公权力的行使有关的情况下，法律的根据便成为必要。这里的"法律"是指广义的法律，应该包括宪法、法律（狭义的）、行政法规、地方性法规和规章，而不应将行政机关临时性的指示、命令包括在内。

行政委托的法律要件包括以下四方面的内容：

1. 委托必须有法定依据。行政机关必须在法律、法规及规章规定可以委托时，才能委托。没有法定依据的委托，叫做"自行委托"，是不合法的，也是无效的。

2. 委托行政机关必须拥有法定权限。委托机关在进行行政委托时，其委托给受委托人的公权力必须是其自身合法拥有的职权。如果行政机关把一项本身不拥有的公权力委托给受委托人行使，显然是滥用职权。超越权限的委托当然无效。

3. 行政委托必须符合法定程序。由于行政委托的事务是具体行政行为，而"制裁是强制行为，行政机关对个人所施加的制裁肯定是对公民的财产、自由以及生命的侵犯……行使司法职能的那种行政程序可以在使它符合'正当法律程序'的理想这样一种方式下加以组成"。

4. 行政委托对象应当是符合法定条件的有关企事业单位、社会组织或者个人。行政委托对象合法是指受委托人如果是企事业单位或社会组织，则其必须是依法成立，具有法人资格，以及具有实施行政事务的现实条件等；受委托人如果是个人，则应当具有完全的权利能力和行为能力，并且具备实施行政事务的专业知识和技能。行政机关通过其内设机构和所属公务员实施行政管理，虽然也是一种实质性委托，但由于其与行政机关存在正常的内部关系，因而不包含在这里的行政委托之中。不同性质的行政机关之间以及由于权限约束的同一行政体系内部上下级行政机关之间，由于处理行政事务的需要，存在大量的行政委托。

行政委托与行政授权有区别，其法律后果亦不同：

行政授权的法律后果，或者是使得具有行政主体资格的组织的职权内容增加，或者使得本不具有行政主体资格的组织具有行政主体资格。法律、法规、规章授权的组织在授权范围内能以自己名义行使行政职权，并独立承担由此而产生的法律后果。

行政委托，不发生行政职权和职责的转移，受委托的组织并不因此而取得行政职权，也不因此而取得行政主体资格。受委托组织根据行政委托行使职权必须以委托的行政主体的名义，而不是以受委托组织自己的名义进行，其行为对外的法律责任也不是由其承担，而是由委托的行政主体承担。

（案件来源：湖北省武汉海事法院；整理人：田圣斌，匡小明）

一百一十八、水上货物运输合同关系

争议焦点

1. L公司是否可免除涉案货物和集装箱的损失赔偿责任？

2. 作为原告的"船舶代理和中转报关"代理人S市集装箱码头有限公司货运公司，具体承办了"船舶代理和中转报关"业务，对涉案损失是否承担责任？该责任是否由作为委托人的原告承担？

3. 中国船级社对部分受损集装箱的鉴定能否作为本案的定案依据？

基本案情

2000 年 8 月 1 日，T 公司与原告 N 市 G 公司签订集装箱运输协议，约定由 G 公司负责转运进口的集装箱货物并承担与运输相关的相应风险和责任。同时，原告 N 市 G 公司与被告 L 公司签订 S 市至 N 市沿途各港口国际集装箱运输的《租船协议》，约定：由 L 公司向原告提供 NW181 号轮 70 个箱位，XT1 号轮 51 个箱位和 NW083 号轮 70 个箱位。L 公司负责航行中的有关安全，原告对 L 公司在承运过程中产生的货物灭失和损害不承担责任。

被告 W 公司用以向被告 L 公司出租舱位，被告 L 公司转而向原告出租舱位的 NW181 号轮为被告徐某所有。2000 年 8 月 8 日，被告 W 公司与徐某签订协议，约定为徐某的船舶和安全等提供技术指导和咨询，在代理经营活动中所涉及的业务经费等费用均由 W 公司自理。W 公司负责运费的结账、催款和汇票办理，每月向徐某收取实际租金 5% 的管理费。

2000 年 11 月 7 日，NW181 号轮在 S 市集装箱码头有限公司受载上述货物。装有涉案货物的 104 只 20 英尺集装箱和 3 只 40 英尺集装箱被装上 NW181 号轮，因发现超重而进行卸载。作业中，船舶发生倾斜，船载的 26 只 20 英尺和 1 只 40 英尺重载集装箱落水，另有 33 只重载集装箱因倾斜受到不同程度的损坏。

2001 年 11 月 12 日，T 公司的定损代理人 S 市 H 工程安全管理咨询有限公司（以下简称 H 公司）委托中国船级社（以下简称船级社）在 N 市对涉案落水集装箱中的 19 只进行检修，结论为 1 只集装箱修理费估价 1100 美元，该金额不包括从码头到修理厂家的运费。其余 18 只集装箱的修理费将超过或接近其批量购买价，故推定为全损。2002 年 2 月 7 日，T 公司通过银行将集装箱检验费折合人民币 7035 元付给 H 公司，H 公司出具了发票。船级社鉴定的 19 只集装箱损失总值为 26300 美元，按当时的兑换率，集装箱损失及检验费合计人民币 225009.40 元。另外，受损的集装箱分别由 J 省 H 国际货柜有限公司和 N 市国际集装箱装卸有限公司进行了损失估价和部分修复。评估确定：受损集装箱中有 3 只全损，未全损集装箱的修复估价金额为 10110.32 美元，已支付的修复费用发票金额为 25738.05 元人民币。

2001 年 12 月 13 日，因上述集装箱产生损失，T 公司以本案原告和三被告为共同被告，向 S 海事法院提出起诉，S 海事法院审理作出一审判决。

徐某不服一审判决，向 S 市高级人民法院提出上诉，后经调解，调解书内容如下：N 市 G 公司于调解书生效之日起七日内，向 T 公司支付人民币 20 万元，以最终解决纠纷；徐某对上述款项承担连带支付责任。该赔偿数额较之中国船级社鉴定确定的数额减少 25009.04 元。2002 年 9 月 29 日，原告 N 市 G 公司向 T 公司履行了调解书确定的给付义务。

一只落水的 40 英尺集装箱装载的是 N 市纺织品进出口股份有限公司从泰国 JT 有限公司进口的货物。货物受损后，N 市纺织品进出口股份有限公司对 T 公司提起了诉讼。案件经 S 海事法院（2001）判决确定，T 公司赔偿 N 市纺织品进出口股份有限公司 230791.72 元并承担诉讼费 5971.72 元。该判决已产生法律效力。

2002 年 1 月 14 日，T 公司将本案原告及三被告作为共同被告，以上述判决为依据，向 S 海事法院起诉，提出 305925 美元的索赔。案件经 S 海事法院调解，作出调解书确定：N 市 G 公司于 2003 年 6 月 20 日前向 T 公司赔偿货物损失 1543531 元，负担诉讼费 18960.88 元；徐某对 N 市 G 公司的付款义务承担连带责任。2003 年 7 月 8 日，N 市 G 公司向 T 公司履行了调解书确定的给付义务和应承担的诉讼费。

原告 N 市 G 公司在履行上述义务后，向海事法院起诉 L 公司、徐某等各被告。法院认为，在涉案运输中，T 公司与本案原告签订了集装箱内支线运输协议，原告 N 市 G 公司转而向被告 L 公司订舱，被告 L 公司继而向被告 W 公司订舱，而所订舱位为被告徐某所有的 NW181 号轮的船舶舱位。据此，各当事人之间形成连环运输合同关系。原告在 T 公司索赔案件中，作为集装箱货物承运人承担了集装箱及所载货物的损失责任，有权就所承担的损失向连环运输合同的下家和实际承运人提出索赔。L 公司在具体的运输环节中虽然没有参与实际的货物装船操作，但其作为契约承运人已实际参与了货物运输合同的签订并赚取了利润，对货物的运输负有承运人应尽的义务，虽然没有参与实际的货物装船操作或运输，不能免除其作为契约托运人的责任，其对此次运输过程中发生的事故给作为托运人的原告造成的损失负有赔偿责任。其与原告签订的租船协议虽约定有出租 70 个箱位的条款，但同时对超出 70 个箱位的运输作了补充约定，明确了可以增加箱位的约定的事实，故其对 NW181 号轮所载的全部货物，负有保障安全的义务。现原告因所交付的集装箱及货物受损产生损失，被告 L 公司负有赔偿责任。

W 公司虽然与 L 公司之间建立了租舱合同关系，但与原告 N 市 G 公司之间并无货物运输合同关系，原告亦不能证明 W 公司在涉案事故中存在过错。被告 W 公司以自己名义与 L 公司签订租船协议，是另一合同关系，不属本案审理范围。依据 NW181 号轮船舶所有权登记证书所作记载，该轮为被告徐某所有，船舶经营人为 G 县水上运输服务公司，原告不能举证前两者与被告 W 公司在所属关系上有必然联系，其主张徐某和 W 公司系挂靠关系，而要求 W 公司应作为实际承运人对本案事故承担赔偿责任依据不足。

作为原告"船舶代理和中转报关"代理人 S 市集装箱码头有限公司货运公司，所承担的代理义务为：提供优质服务，安排船舶计划，进行信息传递等，并没有对货物运输和装卸的操作义务。其虽具体承办了"船舶代理和中转报关"业务，但由于没有参与货物运输和装卸的具体事务，对涉案集装箱以及货物在装载和运输环节所产生的损失不应承担责任。

涉案运输的部分集装箱货物具有超出集装箱装量标准受载现象是一个不争的事实，但本案的箱货损失并非因集装箱超载所致。本案无证据显示原告对集装箱内的货物重量进行了隐瞒。在没有依据证实原告故意隐瞒货物重量等承运人免责事由的情形下，货物在承运人控制和掌管中发生损失，应由承运人承担损失责任。徐某作为涉案运输船舶所有人，实际从事了货物的运输，应当保证船舶适航，并对其所承运的货物承担合理积载、妥善保管和照料的责任。徐某未能证明其已尽了上述义务，故应就涉案事故导致的损失和 L 公司承担连带责任。

中国船级社是经国家法定船舶检验机关授权，代行船舶及相关运输设备的检验机构。本案中，船级社对事故集装箱的检验虽然是在事故发生后近一年的时间才进行，这与当事人间对自身权利的放弃相关，与船级社无关。船级社在所作检验报告的补充报告中已对受损集装箱的评估修复价格与事故发生时的同类型集装箱购买价格进行了比较说明，而三被告在事故发生后没有要求对集装箱进行鉴定，且对船级社作出的检验报告提出异议的同时，亦未提供相应的反证予以证明，所以异议不能成立。

法院判决：1. 被告 L 公司和被告徐某于本判决生效后十日内，连带赔偿原告 N 市 G 公司因货物损坏所产生的经济损失 1543531 元和诉讼费 18960.88 元。2. 被告 L 公司和被告徐某于本判决生效后十日内，连带赔偿原告 N 市 G 公司因集装箱损坏所产生的经济损失 20 万元。3. 驳回原告 N 市 G 公司对被告 W 公司提出的诉讼请求。

观点评析

本案系一起水上货物运输合同纠纷，案件中涉及托运人 T 公司、本案原告 N 市 G 公司即承运人、为原告提供舱位的本案被告 L 公司、与 L 公司之间建立租舱合同关系的 W 公司、原告"船舶代理和中转报关"代理人 S 市集装箱码头有限公司、实际承运人徐某六方主体。从上述关系中可以看出，与原告存在合同关系的主体仅为 L 公司。因此，法院认为，原告在 T 公司索赔案件中，作为集装箱货物承运人承担了集装箱及所载货物的损失责任，有权就所承担的损失向连环运输合同的下家和实际承运人提出索赔。L 公司在具体的运输环节中虽然没有参与实际的货物装船操作，但其作为契约承运人已实际参与了货物运输合同的签订并赚取了利润，对货物的运输负有承运人应尽的义务。其没有参与实际的货物装船操作或运输，不能免除其作为契约托运人的责任，其对此次运输过程中发生的事故给作为托运人的原告造成的损失负有赔偿责任。这是根据合同相对性这一原理来确定被告的合同责任的行为，符合法律的规定。

W 公司虽然与 L 公司之间建立了租船合同关系，但与原告 N 市 G 公司之间不存在货物运输合同关系，原告亦不能证明 W 公司在涉案事故存在过错，被告 W 公司以自己名义与 L 公司签订租船协议，是另一合同关系，不属本案审理范围。

被告徐某作为涉案运输船舶所有人，实际从事了货物的运输，应当保证船舶适航，并对其所承运的货物承担合理积载、妥善保管和照料的责任。徐某未能证明其已尽了上述义务，故应就涉案事故导致的损失和 L 公司承担连带责任。得出这一结论的依据是交通部 1995 年《水路货物运输合同规则》以及交通部 1995 年《关于水路货物运输规则有关问题解释的函》，在租船条件下，出租人不是水路货物运单的承运人时，由于出租人在货物运输中的过失，造成货物灭失和损坏，应该由承运人和出租人负连带责任。如果根据现行合同法原理，徐某并非 N 市 G 公司与 L 公司签订的运输合同的当事人，与本案原告不存在合同关系，不应对原告承担合同责任，而需向与其存在合同关系的 L 公司承担违约责任。因为案件发生在 2001 年 1 月以前，根据法不溯及既往的原则，对本案适用 2001 年以前的法律法规是正确的。

相关知识链接

一、相关法律法规

1. 《合同法》第 8 条："依法成立的合同，对当事人具有法律约束力。当事人应当按照约定履行自己的义务，不得擅自变更或者解除合同。依法成立的合同，受法律保护。"

2.《合同法》第312条："货物的毁损、灭失的赔偿额，当事人有约定的，按照其约定；没有约定或者约定不明确的，依照本法第六十一条的规定仍不能确定的，按照交付或者应当交付时货物到达地的市场价格计算。法律、行政法规对赔偿额的计算方法和赔偿限额另有规定的，依照其规定。"

3.《合同法》第313条："两个以上承运人以同一运输方式联运的，与托运人订立合同的承运人应当对全程运输承担责任。损失发生在某一运输区段的，与托运人订立合同的承运人和该区段的承运人承担连带责任。"

4.《民法通则》第106条第1款："公民、法人违反合同或者不履行其他义务的，应当承担民事责任。"

5.《民法通则》第112条第1款："当事人一方违反合同的赔偿责任，应当相当于另一方因此所受到的损失。"

二、相关理论知识

1. 合同相对性

合同是当事人之间设立、变更或终止债权债务关系的协议。作为一种民事法律关系，合同关系的相对性这一重要特点，是合同关系区别于其他民事法律关系（如物权关系）的标志。合同关系的相对性是合同规则和制度赖以建立的基础和前提，也是我国合同立法和司法活动所必须依据的一项重要规则。

合同相对性规则包含了极为丰富和复杂的内容，且广泛体现在合同中的各项制度之中，概括起来，主要包含以下三个方面的内容：

（1）主体的相对性。所谓主体的相对性，是指合同关系只能发生在特定的主体之间，只有合同当事人一方能够向合同的另一方当事人基于合同提出请求或提起诉讼。具体来说，首先，由于合同关系仅是在特定当事人之间发生的法律关系，因此，只有合同关系当事人彼此之间才能相互提出请求，与合同关系当事人没有发生合同上的权利义务关系的第三人，不能依据合同向合同当事人提出请求或者提起诉讼。其次，合同一方当事人只能向另一方当事人提出合同上的请求和提起诉讼，而不能向与其无合同关系的第三人提出合同上的请求及诉讼。

（2）内容的相对性。所谓内容的相对性，是指除法律、合同另有规定以外，只有合同当事人才能享有某个合同所规定的权利义务，并承担该合同规定的义务，除合同当事人以外的任何第三人不能主张合同上的权利。在双务合同中，合同内容的相对性还表现在一方的权利就是另一方的义务，而因为另一方承担义务才使一方享有权利，权利义务是相互对应的。由于合同内容及于当事人，因此权利人的权利须依赖于义务人履行义务的行为才能实现。

从合同关系内容的相对性原理中，可以具体引出如下几项规则：第一，合同规定由当事人享有的权利，原则上并不及于第三人。合同规定由当事人承担的义务，一般也不能对第三人产生拘束力。第二，合同当事人无权为他人设定合同上的义务。一般来说，权利会对主体带来一定利益，而义务则会为义务人带来一定负担或使其蒙受不利益。如果合同当事人为第三人设定权利，法律可以推定，此种设定是符合第三人意愿的；但如果为第三人设定义务，则只有在征得第三人同意之后，该义务方可生效；若未经第三人同意而为其设定义务，实际上是在损害第三人利益。因此，合同当事人约定的此种义务条款是无效的。第三，合同权利与义务主要对合同当事人产生约束力。在一般情况下，合同之债主要是一种对内效力，即对合同当事人之间的效力，但是法律为防止因债务人的财产的不当减少而给债权人的债权带来损害，允许债权人对债务人和第三人的某些行为行使撤销权及代位权，以保护其债权，这两种权利的行使，都涉及合同关系以外的第三人，并对第三人产生法律上的拘束力。因此，合同的保全也可以看做合同相对性的例外现象。

（3）责任的相对性。违约责任是当事人不履行合同债务所应承担的法律后果，债务是责任发生的前提，而责任则是债务人不履行其义务时，国家强制债务人履行债务和承担责任的表现，所以责任与债务是相互依存、不可分离的。由于违约责任以合同债务的存在为前提，而合同债务则主要体现于合同义务之中，合同义务的相对性必然决定合同责任的相对性。

所谓违约责任的相对性，是指违约责任只能在特定的当事人之间即合同关系的当事人之间发生，合同关系以外的人不负违约责任，合同当事人也不对其承担违约责任。

违反合同的责任的相对性，包括三方面的内容。

第一，违约当事人应对因自己的过错造成的违约后果承担违约责任，而不能将责任推卸给他人。根据合同法的一般规则，债务人应对其履行辅助人的行为负责。所谓债务履行的辅助人，是指根据债务人的意思辅助债务人履行债务的人，主要包括两类：一是债务人的代理人；二是代理人以外的根据债务人的意思事实上从事债务履行的人。履行辅助人通常与债务人之间具有某种委托与劳务合同等关系，但其与债权人之间并无合同关系，因此债务人应就履行辅助人的行为向债权人负责，如果因为履行辅助人的过错而致债务不履行，债务人仍应对债权人负违约责任。

第二，在因第三人的行为造成债务不能履行的情况下，债务人仍应向债权人承担违约责任。债务人在承担违约责任以后，有权向第三人追偿。债务人对第三人的行为向债权人负责，既是相对性规则的体现，也是保护债权人利益所必需的。当然，如果第三人行为已直接构成侵害债权，那么，第三人须依侵权法的规定向债权人负责。我国民法也确认了债务人应就第三人行为向债权人负责的原则。《民法通则》第116条规定，当事人一方由于上级机关的原因，不能履行合同义务的，应当按照合同的约定向另一方赔偿损失或者采取其他补救措施，再由上级机关对它因此受到的损失负责处理。

第三，债务人只能向债权人承担违约责任，而不应向国家或第三人承担违约责任，因为只有债权人与债务人才是合同当事人。其他人因不是合同的主体，所以，债务人不应对其承担违约责任。如果因为违约造成国家、集体或他人损害，债务人应承担民事责任、行政责任乃至刑事责任。所以，在违约的情况下，法律为制裁违约当事人的行为，对违约方处以罚款、收缴其非法所得等，都不是违约责任，而是行政责任或刑事责任。尽管多种责任有时相互并存，但并不丧失各自固有的性质，违约责任依然属于民事责任的范畴，而罚款和收缴非法所得属于其他责任范畴。

2. 合同相对性的例外

（1）合同保全。根据《合同法》第73条的规定："因债务人怠于行使其到期债权，对债权人造成损害的，债权人可以向人民法院请求以自己的名义代位行使债务人的债权，但该债权专属于债务人自身的除外。代位权的行使范围以债权人的债权为限。债权人行使代位权的必要费用，由债务人负担。"以及该法第74条的规定："因债务人放弃其到期债权或者无偿转让财产，对债权人造成损害的，债权人可以请求人民法院撤销债务人的行为。债务人以明显不合理的低价转让财产，对债权人造成损害，并且受让人知道该情形的，债权人也可以请求人民法院撤销债务人的行为。撤销权的行使范围以债权人的债权为限。债权人行使撤销权的必要费用，由债务人负担。"代位权是债权人以自己名义向次债务人起诉，债权人为第三人。撤销权是债权人撤销了债务人与第三人之间的法律关系，使其债权的效力及于第三人。

（2）建设工程合同中的分包人的违约责任。根据《合同法》第272条第2款的规定，总承包人经发包人同意，将自己承包的部分工作交由第三人完成，第三人就其完成的工作向发包人承担连带责任。

（3）单式联运合同中的区段承运人的违约责任。根据《合同法》第313条的规定，两个以上的承运人以同一种运输方式联运的，与托运人订立合同的承运人应当对全程运输承担责任。损失发生在某一运输区段的，与托运人订立合同的承运人和该区段的承运人承担连带责任。

（案件来源：湖北省武汉海事法院；整理人：田圣斌）

一百一十九、买受人的基本义务以及合同约定不明的补救

争议焦点

D公司后来的实际行为是否改变了双方起初签订合同时交付货款的条件？

基本案情

2004年1月12日，原告S市H船舶设备有限公司（以下简称H公司）和被告Y市D造船有限公司（以下简称D公司）签订一份《工矿产品购销合同》，约定被告向原告购买液压食物吊（DNV船检证书）一台，价款21万元，电动吊（CCS船检证书）两台，价款10.3万元，手动吊（CCS船检证书）一台，价款1.2万元，交货时间为2004年7月5日前，货款支付方式为：货物验收合格，证书、资料及17%增值税发票交被告后，支付90%合同总价款，付款后发货，余款一个月内支付。合同签订后，原告于2004年9月10日将两台电动吊和一台手动吊交付给被告，被告依约将该两项货款的90%共计10.35万元支付给了原告。由于食物吊未能通过DNV船检证书检验等原因，原告未能及时将食物吊交付被告。后经双方磋商，被告于2004年9月6日致函原告，称如原告保证最晚在10月10日交付食物吊，被告同意接收原告提交的CCS船检证书。2004年10月28日，原告向被告开具了总计为21万元的食物吊增值税发票。同日被告传真原告，称因47000T散货船将于2004年10月30日夜离厂试航，要求原告务必在2004年10月30日上午将食物吊送至被告处。2004年10月29日，被告在派人员前往原告处验收食物吊以后，开具收款人为原告，金额为18.9万元的银行汇票，作为食物吊90%的货款，并将银行汇款凭证传真给原告，同时承诺用快件将汇票寄交原告。2004年10月31日，原告将食物吊送至被告处，并按要求派技术人员前往被告处对货物进行调试。2004年11月3日，食物吊获得CCS船检证书，该证书原件于2005年8月1日同其他文件一起交付给了被告。另外，2005年3月14日，原告致函被告，称同意赔偿被告1.2万元，作为电动吊的电控箱更换和其他原因的赔偿。后被告未将上述银行汇票邮寄给原告，也未向原告支付任何货款。被告从原告处购买

的货物全部被安装进了 47000 吨散货船。被告已将船交付给定做方，船舶也已驶离被告处。

原告追索货款未果，向海事法院起诉。

法院判决：被告 Y 市 D 公司于本判决生效之日起十日内一次性付给原告 S 市 H 公司货款人民币 20.95 万元。

观点评析

本案系船用物品买卖合同纠纷。原、被告双方签订的《工矿产品购销合同》是双方真实意思的表示，未违反法律、行政法规的强制性规定，该合同合法有效，双方均应遵守。

被告拒绝支付食物吊的货款理由主要为原告延期交付货物，未交付食物吊的 DNV 证书，未交付电动吊和手动吊的 CCS 证书、配件以及交付的货物质量不合格，原告存在不完全履行合同的情形。但是，被告在接受食物吊以前，派员前往原告处对食物吊进行了验收，并在验收之后，于 2004 年 10 月 29 日开具收款人为原告，金额为 18.9 万元的银行汇票，作为食物吊 90% 的货款，并将银行汇款凭证传真给原告，此举表明被告认同原告履行合同的情况，并同意支付全部货款；被告通过自己的实际行为表示对被告履行合同行为的接受，该行为已导致对合同内容的变更，此时，被告应按照变更后的合同履行义务，即支付货款的义务。

相关知识链接

一、相关法律法规

1. 《合同法》第 159 条："买受人应当按照约定的数额支付价款。对价款没有约定或者约定不明确的，适用本法第六十一条、第六十二条第二项的规定。"

2. 《合同法》第 61 条："合同生效后，当事人就质量、价款或者报酬、履行地点等内容没有约定或者约定不明确的，可以协议补充；不能达成补充协议的，按照合同有关条款或者交易习惯确定。"

3. 《合同法》第 62 条："当事人就有关合同内容约定不明确，依照本法第六十一条的规定仍不能确定的，适用下列规定：……（二）价款或者报酬不明确的，按照订立合同时履行地的市场价格履行；依法应当执行政府定价或者政府指导价的，按照规定履行。……"

二、相关理论知识

1. 合同的履行，是指签约双方当事人按照合同约定完成合同义务，享受合同权利的行为。合同的履行应遵循如下原则：（1）实际履行原则是指当事人必须按照合同规定的标的来履行。①合同的标的是什么，义务人就应给付什么，既不能用其他标的来代替，也不能用金钱来代偿。②义务人在违反合同的情况下，即使支付了违约金或赔偿金，也不能免除其合同责任，只要对方需要并坚持，还必须按合同规定的标的继续履行。（2）适当履行原则是指切实、准确地按合同约定的各项条款去履行，即为适当履行（"适当"二字在这里系指履约行为和结果同约定条款的要求相符合）。（3）协作履行原则是指双方当事人应本着团结、协作、互相帮助的精神，去共同完成合同规定的权利义务，履行各自应尽的责任。（4）诚实信用的原则。当事人在履行合同中，应遵守诚实信用的原则，根据合同的性质、目的及交易习惯正确履行合同规定的义务。

2. 双务合同履行的抗辩权。双务合同履行中的抗辩权，是指在双务合同的履行中符合法定条件时，当事人一方对抗对方当事人的履行请求权，暂时拒绝履行其债务的权利。它包括同时履行抗辩权、不安抗辩权和先履行抗辩权。先履行抗辩权，是指依照合同约定或法律规定负有先履行义务的一方当事人，届期未履行义务或履行义务严重不符合约定条件时，相对方为保护自己的期限利益或为保证自己履行合同的条件而中止履行合同的权利。先履行抗辩权本质上是对违约的抗辩，在这个意义上，先履行抗辩权也可以称为违约救济权。先履行抗辩权的构成要件：（1）须双方当事人互负债务；（2）两个债务须有先后履行顺序；（3）先履行一方未履行或其履行不合债的本旨。

3. 合同的变更，是指合同内容的变更，即合同成立后尚未履行或者尚未完全履行之前，基于当事人的意思或者法律的直接规定，不改变合同当事人仅就合同关系的内容所作的变更。

（1）原已存在有效的合同关系的合同变更，是改变原合同关系，无原合同关系便无变更的对象，所以，合同变更以原已存在合同关系为前提。同时，原合同关系若非合法有效，如合同无效、合同被撤销、追认权人拒绝追认效力未定的合同，也无合同变更的余地。

（2）合同内容发生变化，合同内容的变化包括：标的物数量的增减；标的物品质的改变；价款或者酬金的增减；履行期限的变更；履行地点的改变；履行方式的改变；结算方式的改变；所附条件的增添或除去；单纯债权变为选择债权；担保的设定或取消；违约金的变更；利息的变化。

（3）合同变更系经当事人协商一致，或依法律直接规定及法院裁决，有时依形成权人的意思表示。基于法律直接规定而变更合同，法律效果可直接发生，例如，因债务人违约使履行合同的债务变为损害赔偿的债务。经法院裁决而变更，主要适用于意思表示不真实的合同，如因重大误解而订立的合同。基于形成权人的单方意思表示而变更，可以选择权人行使选择权为例。

合同变更的效力指已变更的内容发生变更后的效力，而未变更的内容继续有效，已履行的合同义务或已发生的违约责任、损害赔偿请求权，除法律规定或当事人约定，不因变更而失效。

（案件来源：湖北省武汉海事法院；整理人：田圣斌）

一百二十、代理关系与运输合同关系

◤ 争议焦点 ◥

被告 G 公司和 Z 公司是否有权向原告收取集装箱超期使用费？

◤ 基本案情 ◥

2004 年 8 月 5 日，本案原告 T 机电有限公司（以下简称 T 公司）在美国长滩交运两只 40 英尺集装箱的旧复印机给 UNID 公司由美国长滩运抵中国南京。UNID 公司作为无船承运人签发了提单，通知人为原告 T 公司，货物联系人为本案被告之一 N 市 G 公司（以下简称 G 公司）。后实际承运人 Z 集装箱有限公司（以下简称 ZJ 公司）签发了海运提单。两只集装箱与 2004 年 8 月 23 日进场，其中之一于 2004 年 12 月 29 日返还，占用集装箱天数为 127 天。另一集装箱于 2004 年 12 月 28 日返还，占用集装箱天数为 126 天。ZJ 公司的管理规定中规定的计算方式，第 11 天至第 20 天每天 10 美元，第 21 天至第 40 天每天 20 美元，第 41 天以后每天 60 美元，由此计算出集装箱超期使用费 65736 元，由于被告 G 公司代原告向承运人 ZJ 公司的代理人 Z 公司缴纳了该费用，所以被告向原告收取了已垫的费用。

原告向海事法院起诉各被告。

法院判决，驳回原告 T 公司的诉讼请求。

◤ 观点评析 ◥

本案中共有三个法律关系，即原告 T 公司与 ZJ 公司的运输合同关系、T 公司与 G 公司的代理关系、ZJ 公司与 Z 公司的代理关系，其中原告 T 公司与

ZJ 公司运输合同关系是产生本案纠纷的基础。

根据合同的相对性，原告未能在合同规定的期限内将集装箱返还给 ZJ 公司，其承担迟延归还集装箱的超期使用费的违约责任是合情合理的。

Z 公司系承运人 ZJ 公司的代理人，其向原告收取集装箱超期使用费，是受被代理人的委托代被代理人 ZJ 公司收取。而 G 公司作为原告的收货代理人，已向承运人的代理人 Z 公司缴纳了集装箱超期使用费，有权向原告收取垫付的费用。所以最终承担支付超期使用费责任的主体是原告，其要求两被告返还费用的诉讼请求不能成立。

相关知识链接

一、相关法律法规

1. 《民法通则》第 63 条："公民、法人可以通过代理人实施民事法律行为。代理人在代理权限内，以被代理人的名义实施民事法律行为。被代理人对代理人的代理行为，承担民事责任。依照法律规定或者按照双方当事人约定，应当由本人实施的民事法律行为，不得代理。"

2. 《海上国际集装箱运输管理规定》第 19 条："集装箱货物运达目的地后，承运人应当及时向收货人发出提货通知，收货人应当在收到通知后，凭提单提货。收货人超过规定期限不提货或者不按期限归还集装箱的，应当按照有关规定或合同约定支付货物、集装箱堆存费及支付集装箱超期使用费。"

二、相关理论知识

1. 委托代理合同，即委托人授权代表人（受托人）处理事务或完成工作，代理人接受委托并以委托人的名义和费用，在授权范围内办理委托事务所产生的法律后果由委托人承担的合同。委托代理合同是委托代理之代理权授予的基础关系，或者说是代理权产生的根据。

委托代理合同的法律特征：

（1）委托代理合同的缔结以委托人和代理人的相互信赖为基础，以自愿为前提，并与特定主体的主体资格密切联系。当委托人将自己的事务托付给代理人，代理人作出允诺才达成合意，自代理人作出允诺之时，委托代理合同即告成立。除特殊情况外，受托人必须亲自完成委托事务，未经委托人同意，不得将受托事务转托他人；否则，转委托人将承担由此而产生的不利于委托人的法律后果。

（2）委托代理合同的代理人必须以委托人的名义和费用，在委托权限内处理委托事务，其行为与委托人本人所实施的行为具有同等的法律效力。即与第三人发生的民事法律关系的后果直接由委托人承担，或者说由委托人直接享受相应的权利和承担相应的义务，而代理人对第三人不享有任何权利，不承担任何费用。

（3）委托代理合同的标的是处理事务的行为，委托代理合同只强调以处理事务为目的，而不以完成事务且有成果为要求。通常在经济活动中代理人为委托人办理的委托事务属于法律行为，而不是一般的行为（一般行为如委托某人通知开会、转达意见等）。但与公民人身密切联系的法律行为，如立遗嘱、演出、创作、结婚登记、享受荣誉、福利待遇和其他与人身有关的某些权利、义务不得委托他人代理。

（4）委托代理合同具有有偿性。法人之间，根据法律规定和合同的约定，委托人应向代理人支付报酬，属于有偿双务合同。例如，代购、代销、代理运输等委托代理合同。委托代理合同是适应社会经济活动需要的一种法律工具。法人之间代理经济活动，可以节约当事人的人力、物力、财力和时间，尤其在专业知识较强的代理关系中更为明显。

2. 违约责任，是指当事人一方不履行合同债务或其履行不符合合同约定时，对另一方当事人所应承担的继续履行、采取补救措施或者赔偿损失等民事责任。《合同法》第 107 条规定，当事人一方不履行合同义务或者履行合同义务不符合约定的，应当承担继续履行、采取补救措施或者赔偿损失等违约责任。

第一，违约责任是当事人一方不履行合同债务或其履行不符合合同约定或法律规定时所产生的民事责任。

第二，违约责任原则上是不履行合同债务或其履行不符合约定或法律规定的一方当事人向另一方当事人承担的民事责任。

第三，违约责任可以由当事人在法律允许的范围内约定。

第四，违约责任是财产责任。违约责任的主要目的在于补偿合同债权人所受的财产损失。因而，违约责任是财产责任，对违约方当事人适用的是赔偿损失、支付违约金等财产性民事责任的形式，而不适用于赔礼道歉等非财产性民事责任形式。

　　　　（案件来源：湖北省武汉海事法院；整理人：田圣斌，匡小明）

一百二十一、船舶所有权的转移

争议焦点

被告 H 县海事处办理船舶所有权变更登记时是否按照法定程序办理？

基本案情

1998 年 4 月 14 日，原告 G 省 J 游乐有限公司（以下简称 J 公司）与 S 市 Z 高速船工程总公司（以下简称 Z 公司）签订龙船建造合同，约定 Z 公司为 J 公司建造两艘龙船，造价为 1800 万元，合同签字生效后 10 个月交船，交接船后船舶所有权和船舶风险转移给 J 公司。1999 年 8 月 18 日，船舶建造完毕，分别取名为"长江号"、"黄河号"游乐船。因 J 公司尚欠 Z 公司 330 万元造船款，双方未能交接船舶。2001 年 4 月 20 日，原告 J 公司与本案第三人 S 省 Y 演艺有限公司（以下简称 Y 公司）签订游轮买卖合同，约定 J 公司将游轮"长江号"、"黄河号"以 2100 万元价格卖给 Y 公司，Y 公司将首期船款直接给付 Z 公司和相关银行后取得船舶所有权，余款在 2001 年 11 月 30 日前给付 J 公司。合同签订后，Y 公司未依约付款，合同并未实际履行。2001 年 6 月 8 日，Y 公司法定代理人、原 J 公司副董事长郭某持该合同与 Z 公司签订《龙船合同余款支付协议书》、《付款接船协议书》。双方约定，J 公司所欠 Z 公司造船余款 330 万元，由 Y 公司向本案另一第三人 H 县 S 石油化工供销公司（以下简称 S 公司）借款 400 万元予以支付，该款付清后 Z 公司将两艘轮船交付给 Y 公司。该两份协议签订后，Y 公司并未支付 Z 公司船款 330 万元，但从 Z 公司接走"长江号"游乐船并转移至安徽省 B 市。2001 年 6 月 15 日，Y 公司与 S 公司签订《协议书》，约定 Y 公司将"长江号"游乐船的产权转移至 S 公司名下，由 S 公司以该船抵押贷款 400 万元支付 Z 公司，偿还 Y 公司所欠款项。六个月内 Y 公司偿还 S 公司 400 万元借款及利息后，S 公司将船舶产权归还 Y 公司。协议签订后，S 公司未能贷款 400 万元，也未能代付 Y 公司所欠船款。

2001 年 7 月 4 日，Y 公司委托 S 公司申请办理"长江号"船舶所有权登记。同日，S 公司以自己作为船舶所有权人向安徽省 B 市港航监督申请船舶所有权登记，并提交了Y公司委托书、S公司及Y公司企业法人营业执照、J公司与Z公司的船舶建造合同、Y公司与J公司船舶买卖合同、Y公司与Z公司两份协议、S公司与Y公司协议书、船舶照片，B市港航监督审查S公司申请认证资格，于2002年7月5日以"安徽省H县港航所"署名进行的"长江号"船舶所有权登记。登记书记载船舶共有情况为S公司出资400万元、Y公司出资1400万元。2001年8月20日，S公司、Y公司又与H市Q公司签订买卖合同，约定S公司将"长江号"游乐船的400万元产权份额转让给Q公司，Y公司转让800万元产权份额给Q公司，船舶所有权办到Q公司名下，Q公司付款1200万元。合同签订后，Q公司并未支付船款。因"船舶共有情况"发生变更及Y公司、Q公司欲变更船船籍港，遂由S公司申请注销登记。2001年8月24日，H县海事处办理了"长江号"船舶所有权注销登记，签发了《船舶登记注销证明书》。2002年12月2日，安徽省H县港航监督所更名为安徽省H县地方办事处。J公司在近期得知其享有行政诉权后提起诉讼。

　　法院认为："长江号"、"黄河号"游乐船系J公司委托Z公司建造。船舶建造完毕以后，Z公司无论与J公司还是Y公司交接"长江号"游乐船，无论交接后谁实际占有或控制，均不影响交接后该船所有权的归属，即交接后所有权人为J公司，Y公司只有在依据与J公司所订船舶买卖合同，按月支付首期款356万元给Z公司和相关银行后，方能取得"长江号"船舶所有权，Y公司未支付船款，故不能取得"长江号"所有权。此时，Y公司与S公司签订的协议书无效，系非法处置他人财产，S公司亦不能取得所有权。其后该两个第三人与Q公司的转让协议亦无效。H县海事处对Y公司和S公司的船舶进行所有权登记，因疏于审查，未经核实予以登记，违反了《中华人民共和国船舶登记条例》第14条的规定，其办理的"长江号"船舶所有权登记应予撤销。同时，注销登记也是具体行政行为之一，适用于船舶所有权转移或船舶灭失或船舶失踪之情形，故注销登记错误。法院判决：撤销被告安徽省H县地方海事处2001年7月5日所作的"长江号"游乐船船舶所有权登记以及2001年8月24日所作的注销登记。

◥ 观点评析 ◤

　　船舶所有权变更登记是船舶权属公示公信的基础，也是船舶所有人据以对抗第三人的依据，因此船舶权属的变更登记是一个至关重要的环节。

我国制定了专门法律法规对船舶登记程序进行严格的规制，其中规定：购买取得的船舶申请船舶所有权登记的，应当提供下列文件：

（一）购船发票或者船舶的买卖合同和交接文件；

（二）原船籍港船舶登记机关出具的船舶所有权登记注销证明书；

（三）未进行抵押的证明文件或者抵押权人同意被抵押船舶转让他人的文件。

本案中被告 H 县海事处据以办理登记的文件仅有 Y 公司和 H 县石化所提供的几份购船协议书，这些申请材料并不能证明两申请人已取得"长江号"游乐船的所有权，其申请不符合法定条件。被告 H 县海事处对 Y 公司和 S 公司的船舶进行所有权登记，因疏于审查，未经核实而予以登记，违反了《中华人民共和国船舶登记条例》第 14 条的规定，其办理的"长江号"船舶所有权应予撤销。

注销登记，是指船舶所有人在丧失船舶所有权的情形下，船舶登记机关办理的取消其所有权的一种海事行政行为，适用于船舶所有权转移或船舶灭失、船舶失踪等情形。本案中，S 公司、Y 公司并没有取得船舶所有权，也未经 J 公司授权，其无权转让船舶，当然也不能发生船舶所有权转移给 Q 公司的情形，船舶也未灭失或失踪，所以被告作出的船舶所有权注销登记没有法律依据，应予撤销。

相关知识链接

一、相关法律法规

1.《船舶登记条例》第 5 条第 1 款："船舶所有权的取得、转让和消灭，应当向船舶登记机关登记；未经登记的，不得对抗第三人。"

2.《船舶登记条例》第 13 条："船舶所有人申请船舶所有权登记，应当向船籍港船舶登记机关交验足以证明其合法身份的文件，并提供有关船舶技术资料和船舶所有权取得的证明文件的正本、副本。就购买取得的船舶申请船舶所有权登记的，应当提供下列文件：（一）购船发票或者船舶的买卖合同和交接文件；（二）原船籍港船舶登记机关出具的船舶所有权登记注销证明书；（三）未进行抵押的证明文件或者抵押权人同意被抵押船舶转让他人的文件。就新造船舶申请船舶所有权登记的，应当提供船舶建造合同和交接文件。但是，就建造中的船舶申请船舶所有权登记的，仅需提供船舶建造合同；就自造自用船舶申请船舶所有权登记的，应当提供足以证明其所有权取得的文件；就因继承、赠与、依法拍卖以及法院判决取得的船舶申请船舶所有权登记的，应当提供具有相应法律效力的船舶所有权取得的证明文件。"

3.《船舶登记条例》第 14 条："船籍港船舶登记机关应当对船舶所有权登记申请进行审查核实；对符合本条例规定的，应当自收到申请之日起 7 日内向船舶所有人颁发船舶所有权登记证书，授予船舶登记号码，并在船舶登记簿中载明下列事项：（一）船舶名称、船舶呼号；（二）船籍港和登记号码、登记标志；（三）船舶所有人的名称、地址及其法定代表人的姓名；（四）船舶所有权的取得方式和取得日期；（五）船舶所有权登记日期；（六）船舶建造商名称、建造日期和建造地点；（七）船舶价值、船体材料和船舶主要技术数据；（八）船舶的曾用名、原船籍港以及原船舶登记的注销或者中止的日期；（九）船舶为数人共有的，还应当载明船舶共有人的共有情况；（十）船舶所有人不实际使用和控制船舶的，还应当载明光船承租人或者船舶经营人的名称、地址及其法定代表人的姓名；（十一）船舶已设定抵押权的，还应当载明船舶抵押权的设定情况。船舶登记机关对不符合本条例规定的，应当自收到申请之日起 7 日内书面通知船舶所有人。"

4.《船舶登记条例》第 39 条："船舶所有权发生转移时，原船舶所有人应当持船舶所有权登记证书、船舶国籍证书和其他有关证明文件到船籍港船舶登记机关办理注销登记。对经审查符合本条例规定的，船籍港船舶登记机关应当注销该船舶在船舶登记簿上的所有权登记以及与之相关的登记，收回有关登记证书，并向船舶所有人出具相应的船舶登记注销证明书。向境外出售的船舶，船舶登记机关可以根据具体情况出具注销国籍的证明书或者将于重新登记时立即注销国籍的证明书。"

5.《海商法》第 9 条："船舶所有权的取得、转让和消灭，应当向船舶登记机关登记；未经登记的，不得对抗第三人。"

二、相关理论知识

1. 船舶所有权，即船舶所有人对其所属船舶的占有、使用、收益和处分的权利。同其他物权一样，它具有排他性，是一种完全独立的物权。我国目前船舶的所有权主要是国家所有，其次是集体所有，还有个人所有以及外资企业、中外合资企业、中外合作企业所有等形式，此外还有由两个个人以上的共有、法人共有等。船舶所有权依法取得受到法律保护。船舶所有权是受我国民法保护的一项重要物权，其取得方式可以分为原始取得和继受取得。船舶原始取得，是指新造船舶。《中华人民共和国船舶登记条例》第 13 条第 3 款规定："就新造船舶申请船舶所有权登记的，应当提供船舶建造合同和交接文件。但是，就建造中的船舶申请船舶所有权登记的，仅需提供船舶建造合同；就自造自用船舶申请船舶所有权登记的，应当提供足以证明其所有权取得的文件。"船舶继受取得，是指通过某种法律行为，从原船舶所有人手中取得所有权，主要包括：买卖、继承、赠与和委付等。

2. 在船舶的物权特性上，作为动产的船舶在承揽合同中所有权的变更必须登记以使第三人相信发生了所有权的转移，船舶在某种程度上已经体现了不动产的特性，也进一步加深了船舶所有权转移确认的难度。我国《海商法》第 9 条规定："船舶所有权的取得、转让和消灭，应当向船舶登记机关登记；未经登记的，不得对抗第三人。"《物权法》第 24 条规定："船舶、航空器和机动车等物权的设立、变更、转让和消灭，未经登记，不得对抗善意第三人。"

3. 船舶登记分为国籍登记、所有权登记、抵押权登记以及变更和注销登记等。所谓船舶所有权登记是指船舶所有人向船舶登记机关提出申请，经登记机关审查，认为符合有关规定，准许登记并签发相应证书的法律行为。船舶经登记后即可对抗第三人，其法律意义在于保障船舶交易的安全。

（案件来源：湖北省武汉海事法院；整理人：田圣斌，匡小明）

一百二十二、大桥维护管理合同关系

◤ 争议焦点 ◥

1. 被告是否为 W 市长江大桥的经营管理者？
2. 被告与原告 2001 年 6 月 30 日后的合同关系是否成立？
3. 被告是否应当承担 W 市长江大桥桥区航道航标的维护费用？

◤ 基本案情 ◥

1997 年 9 月 15 日，原告长江 N 市航道局（以下简称 N 市航道局）的派出机构 W 市航道处与被告 W 市长江大桥有限责任公司（以下简称 C 公司）签订《W 市长江大桥航道配套设施及施工期维护费用的合同书》，约定由被告委托 W 市航道处维护管理 W 市长江大桥施工期的桥区航道及设施，并由被告向 W 市航道处支付施工期维护费用 700 万元，大桥建成通车后的航道维护费用由大桥管理单位按国家有关规定办理。合同还约定：施工期维护时间从 1997 年 1 月至 2001 年 6 月 30 日止，逾期再论。2001 年 10 月 17 日，被告向 W 市航道处发出《关于 W 市长江大桥桥区航道航标维护管理问题的函》，"委托 W 市航道处自 2001 年 7 月 1 日起，继续维护桥区航道、航标，并委托进行 W 市长江大桥建成后的航道航标的维护费用及具体的合同签订另行协商解决"。收到被告的委托后，W 市航道处虽未复函表示接受委托，但其仍继续对 W 市长江大桥桥区航道航标进行维护管理至今，其间，还于 2002 年 4 月 24 日对 W 市长江大桥桥区航标进行了重新编号、重新调整。被告对此并无异议。

2002 年 7 月 2 日，W 市航道处向被告发出《关于 W 市长江大桥桥区航道航标维护管理费用的函》，载明："为保障 W 市长江大桥的自身安全和过往船舶的航行安全，依据 W 桥建（2001）31 号'关于 W 市长江大桥桥区航道航标继续维护管理问题的函'委托，我处于 2002 年 4 月 24 日对 W 市长江大桥桥区航标进行重新编号、重新调整，同时自 2001 年 7 月 1 日至今，我处对桥区航道航标继续承担无偿维护管理，现经测算桥区航道航标年维护费用为 213.51 万元。……请贵公司尽快与我处洽谈桥区航道航标继续维护管理及维护费用等有关事宜。"2003 年 5 月 30 日，W 市航道处再次发函被告，要求被告尽快与其洽谈解决 W 市长江大桥桥区航道航标维护管理费用。被告对 W 市航道处的维护行为表示接受认可，但却明确表示拒绝支付 W 市长江大桥桥区航道航标维护费用。

2003 年 9 月 15 日，W 市长江大桥综合经济开发区管理委员会向 W 市航道处负责人林某出具《关于市十三届人大一次会议第 48 号代表建议办理情况的再次答复函》。2005 年 12 月 6 日，W 市航道处向 S 市铁路局长江大桥管理处出具的《关于 W 市长江大桥桥区航道航标设置及维护管理费用等问题的函》，提出根据国务院《铁路运输安全保护条例》第 24 条的规定，希望该处能按照此规定，及早与 W 市航道处协商解决 W 市长江大桥桥区航道航标设置及维护管理费用问题。

法院认为，C 公司系由铁道部、安徽省人民政府共同出资组建的企业法人，其工商登记的营业范围中包括对 W 市长江大桥主体工程的建设和经营，在铁道部、安徽省人民政府下发《关于成立 W 市长江大桥有限责任公司的批复》中第 5 条明确载明：公司"按照批准的经营范围，依法自主经营、自负盈亏，并对 W 市长江大桥的资金筹措、建设、经营管理和建设贷款的还本付息等全过程负责"。虽然被告因 W 市长江大桥建设而成立，但其企业法人的主体资格并没有因为该桥的建成通车而消灭，其经营范围至今也没有发生变更，并且被告一直以 W 市长江大桥有限责任公司的身份与原告发生往来。因此，被告应是 W 市长江大桥的经营管理者。另外，W 市航道处与被告曾在 W 市长江大桥建设期间签订的《W 市长江大桥航道配套设施及施工期维护费用的合同书》第 2 条明确约定：大桥建成通车后的航道维护费用由大桥管理单位按国家有关规定办理；根据国务院《中华人民共和国铁路运输安全保护条例》第 24 条的规定，铁路桥桥区水上航标维护费用按国家有关规定执行；根据交通部《长江干流桥区航标设置及维护管理规定》第 7 条以及交通部《内河航标管理办法》第 35 条的规定，桥区水上航标的维护费用由桥梁管理单位和航道管理部门各负担维护费的一半。即桥区水上航标维护费用的承担者及承担方式已由上述行政法规及部门规章予以了明确。因此，作为 W 市长江大桥的经营管理者，被告 C 公司应根据国家的相关法律规定，承担该桥桥区航道航标维护费用的一半。国务院发布且自 2005 年 4 月 1 日起施行的《中华人民共和国铁路运输安全保护条例》第 24 条明确规定，桥区水面航标均由铁路运输企业负责设置，航道管理部门负责维护，所需维护费用按照国家有关规定执行。该条例属于国家行政法规，应以该条例为依据确定被告是否应承担 W 市长江大桥桥区航道航标维护费用。

法院判决：1. 被告 C 公司向原告 N 市航道局支付航道航标维护费用 2973302.73 元，于判决生效之日起十日内一次性付清。2. 驳回原告 N 市航道局的其他诉讼请求。

观点评析

（一）被告是 W 市长江大桥的经营管理者。

被告的企业基本信息表中已明确了其经营范围包含 W 市长江大桥主体工程的建设和经营，在铁计函（1997）52 号《关于成立 W 市长江大桥有限责任公司的批复》一文第 5 条批复中载明：公司"按照批准的经营范围，依法自主经营、自负盈亏，并对 W 市长江大桥的资金筹措、建设、经营管理和建设贷款的还本付息等全过程负责"。在被告工商登记资料中亦载明其经营范围包含"W 市长江大桥主体工程的建设和经营"。虽然被告因 W 市长江大桥建设而成立，但其企业法人的主体资格并没有因为该桥的建成通车而消灭，其经营范围至今亦没有发生变更，并且被告一直以"W 市长江大桥有限责任公司"的身份与原告发生往来。尽管根据《铁道部、安徽省人民政府关于 W 市长江大桥运营管理及调整出资比例等有关问题的商谈纪要》的内容，2001 年铁道部和安徽省人民政府对双方的出资比例和对大桥的管理模式进行了变更，但这仅是被告内部两大股东之间对股东权益和职责进行的协调和变更，属于公司内部约定，并不能以此认定两大股东已成为大桥的经营管理者，从而否定被告作为 W 市长江大桥合法经营管理者的身份。同时，该纪要第 4 条有关被告"要继续按照建设管理协议和施工合同的规定，负责全桥的建设组织和管理工作"的表述，亦是对被告大桥管理者身份的确认。

（二）被告与原告 2001 年 6 月 30 日后的合同关系成立。

被告认为，原、被告之间无委托关系，相关文件表明被告委托原告继续管理，仅为要约，原告没有在适当的时候明确表示承诺，即双方未形成合意。

该观点是不能够成立的。虽然原则上承诺要以通知的形式作出，但是依交易习惯或要约表明，也可以以行为作出。本案原告依据其与被告之间本身存在的委托关系，用行动作出承诺，视为有效承诺，成立委托合同关系。且其后，2003 年 6 月 11 日，被告向 W 市航道处发出《关于对 W 市长江大桥桥区航道航标维护管理费用的函复》一份，明确表示将不予给付相关维护费用。该函能够证明被告认可原告对桥区航道航标维护的事实，但拒绝承担费用。

故被告认为其与原告之间不存在委托关系的观点是错误的。

（三）被告应当承担 W 市长江大桥桥区航道航标的维护费用。

被告认为，1996 年 8 月 26 日铁道部发布的铁工务函（1996）324 号文《关于暂不执行〈中华人民共和国航道管理条例实施细则〉第二十九条的通知》明确表示不执行《中华人民共和国航道管理条例实施细则》第二十九条的规定。法院认为，该证据系铁道部发布的内部文件，并不能以此证明被告不应当承担 W 市长江大桥桥区航道航标的维护费用。

相关知识链接 ↘

一、相关法律法规

1. 《航道管理条例实施细则》第 29 条："在通航河流上新建和已建桥梁，必须根据航道主管部门的意见，建设桥涵标志或桥梁河段航标，同时按港监部门的意见，增设航行安全设施，其建设和维护管理工作，由桥梁建设或管理单位负责。建设其他与通航有关的设施，涉及航行安全和设施自身安全的，亦须设置航标予以标示，其设标和维护管理工作，亦由建设和管理单位负责。对设置和管理上述航标，建设或管理单位确有困难的，可以委托航道主管部门代设代管，有关设备和管理费用由委托单位负责。"

2. 《铁路运输安全保护条例》第 24 条："船舶通过铁路桥梁时，应当符合桥梁的通航净空高度并严格遵守航行规则。桥区航标中的桥梁航标、桥柱标、桥梁水尺标由铁路运输企业负责设置、维护。水面航标由铁路运输企业负责设置，航道管理部门负责维护，所需维护费用按照国家有关规定执行。"

3.《合同法》第36条："法律、行政法规规定或者当事人约定采用书面形式订立合同，当事人未采用书面形式但一方已经履行主要义务，对方接受的，该合同成立。"

4.《合同法》第62条："当事人就有关合同内容约定不明确，依照本法第六十一条的规定仍不能确定的，适用下列规定：（一）质量要求不明确的，按照国家标准、行业标准履行；没有国家标准、行业标准的，按照通常标准或者符合合同目的的特定标准履行。（二）价款或者报酬不明确的，按照订立合同时履行地的市场价格履行；依法应当执行政府定价或者政府指导价的，按照规定履行。（三）履行地点不明确，给付货币的，在接受货币一方所在地履行；交付不动产的，在不动产所在地履行；其他标的，在履行义务一方所在地履行。（四）履行期限不明确的，债务人可以随时履行，债权人也可以随时要求履行，但应当给对方必要的准备时间。（五）履行方式不明确的，按照有利于实现合同目的的方式履行。（六）履行费用的负担不明确的，由履行义务一方负担。"

5.《合同法》第109条："当事人一方未支付价款或者报酬的，对方可以要求其支付价款或者报酬。"

二、相关理论知识

1. 要约是一方当事人向另一方当事人提出订立合同的条件。希望对方能完全接受此条件的意思表示。发出要约的一方称为要约人，受领要约的一方称为受要约人。

（1）要约的条件。①要约的内容必须具体明确。所谓"具体"，是指要约的内容必须具有足以使合同成立的主要条款。如果没有包含合同的主要条款，受要约人难以做出承诺，即使做出了承诺，也会因为双方的这种合意不具备合同的主要条款而使合同不能成立。所谓"确定"，是指要约的内容必须明确，而不能含混不清，否则无法承诺。②要约必须具有订立合同的意图，表明一经受要约人承诺，要约人即受该意思表示的拘束。

（2）要约的效力。《合同法》第16条第1款规定："要约到达受要约人时生效。"自要约实际送达给特定的受要约人时，要约即发生法律效力，要约人不得在事先未声明的情况下撤回或变更要约，否则构成违反前合同义务，要承担缔约过失的损害赔偿责任。

2. 承诺是受要约人同意要约的意思表示。即受约人同意接受要约的全部条件而与要约人成立合同。承诺应当以通知的方式作出，但根据交易习惯或者要约表明可以通过行为作出承诺的除外。承诺的法律效力在于，承诺一经作出，并送达要约人，合同即告成立，要约人不得加以拒绝。

任何有效的承诺,都必须具备以下条件:

(1) 承诺必须由受要约人作出。要约和承诺是一种相对人的行为。因此,承诺必须由被要约人作出。被要约人以外的任何第三者即使知道要约的内容并对此作出同意的意思表示,也不能认为是承诺。被要约人,通常指的是受要约人本人,但也包括其授权的代理人。无论是前者还是后者,其承诺都具有同等效力。

(2) 承诺必须是在有效时间内作出。所谓有效时间,是指要约定有答复期限的,规定的期限内即为有效时间;要约无答复期限的,通常认为合理的时间(如信件、电报往来及受要约人考虑问题所需要的时间),即为有效时间。

(3) 承诺必须与要约的内容完全一致。即承诺必须是无条件地接受要约的所有条件。据此,凡是第三者对要约人所作的"承诺";凡是超过规定时间的承诺(有的也叫"迟到的承诺");凡是内容与要约不相一致的承诺,都不是有效的承诺,而是一项新的要约或反要约,必须经原要约人承诺后才能成立合同。

承诺可以书面方式进行,也可以口头方式进行。通常,它须与要约方式相对应,即要约以什么方式进行,其承诺也应以什么方式进行。对于口头要约的承诺,除要约有期限外,沉默不能作为承诺的方式,承诺的效力表现为要约人收到受要约人的承诺时,合同即为成立。口头承诺,要约人了解时即发生效力;非口头承诺,生效的时间应以承诺的通知到达要约人时为准。

(案件来源:湖北省武汉海事法院;整理人:田圣斌)

一百二十三、船舶保赔保险合同纠纷的法律适用

⬈ 争议焦点 ⬊

该案应该以哪国的法律作为适用的准据法?

⬈ 基本案情 ⬊

1991 年原告 Q 相互保险协会有限公司(以下简称 Q 公司)通过保险经纪人 B 公司向被告 L 航运有限公司(以下简称 L 公司)的管理人 X 公司签发了 FI 轮和 EV 轮的承保条约。该承保条约规定:X 公司作为被保险人,将其管理的船舶 FI 轮和 EV 轮向原告投保 P&I 险和 F, D&D 险,FI 轮保险

期间自 1991 年 8 月 19 日至 1992 年 2 月 20 日，EV 轮保险期间自 1991 年 9 月 26 日至 1992 年 2 月 20 日。承保条件分别为原告的协会规则第一类和第二类。保险费率约定：P&I 险的预付会费为每登记总吨每年 3.6 美元，估计追加会费为 20%；F, D&D 险的预付会费为每年每船 4000 美元，估计追加会费为 30%。之后，该两条船续保两年。1994 年 2 月 27 日，X 公司将其管理的 FI 轮、EV 轮、DI 轮（19166 GRT）、PT 轮（19166 GRT）、ANT 轮（19166 GRT）、TI 轮（19166 GRT）、PR 轮（19166 GRT）、FE 轮（21732 GRT）加入原告的保赔保险，一直续保到 1999 年 2 月 20 日。其中 FI 轮和 EV 轮 P&I 险的预付会费为每登记总吨每年 4.11 美元；DI 轮、PT 轮、AN 轮、TI 轮和 PR 轮 P&I 险的预付会费为每登记总吨每年 4.34 美元；FE 轮为 4.20 美元；上述船舶 P&I 险的估计追加会费为 40%；F, D&D 险的预付会费为每船每年 13800 美元，估计追加会费为 30%。1995 年 2 月 20 日至 1997 年 2 月 20 日，FI 轮和 EV 轮的预付会费调整为每登记总吨每年 3.38 美元；DI 轮、PT 轮、ANTIGONOS 轮、TI 轮和 PR 轮为 3.77 美元；FE 轮为 3.72 美元；追加会费不变。上列船舶在 1995 年 2 月 20 日至 1996 年 2 月 20 日的 F, D&D 险预付会费为每船每年 15870 美元，追加会费不变。1996 年 2 月 20 日至 2000 年 2 月 20 日上列续保的船舶的 F, D&D 险预付会费为每船每年 18250 美元，追加会费不变。1996 年 2 月 22 日，FIVI 轮加入原告的保赔协会，保险期限自 1996 年 2 月 20 日午时起一年，之后在 1997 年 2 月 20 日续保一年。其 P&I 预付会费费率为 3.77 美元，追加会费为 40%；F, D&D 险的预付会费为每年 18250 美元，追加会费为 30%。1997 年 2 月 20 日至 1998 年 2 月 20 日，FI 轮和 EV 轮的 P&I 险的预付会费调整为每登记总吨每年 3.04 美元，追加会费不变；DI 轮、PT 轮、AN 轮、TI 轮、PR 轮、FIVI 轮 P&I 险的预付会费调整为每登记总吨每年 3.40 美元，追加会费不变；FE 轮的 P&I 险的预付会费调整为每登记总吨每年 3.35 美元，追加会费不变。1998 年 2 月 20 日至 1999 年 2 月 20 日，FI 轮和 EV 轮 P&I 险的预付会费调整为每登记总吨每年 2.73 美元，追加会费不变；FE 轮 P&I 险的预付会费调整为每登记总吨每年 3.02 美元，追加会费不变；DI 轮、PT 轮、AN 轮、TI 轮、PR 轮和 FIVI 轮 P&I 险的预付会费调整为每登记总吨每年 3.06 美元，追加会费不变。1999 年 2 月 20 日，FI 轮、EV 轮、DI 轮、PT 轮、AN 轮、TI 轮、PR 轮、FIVI 轮续保一年。其中 DI 轮 P&I 险的预付会费调整为每登记总吨每年 3.17 美元，追加会费不变；其他船舶的 P&I 险的预付会费和追加会费均不变。2000 年 2 月 20 日，FI 轮、EV 轮、

DI 轮、AN 轮、TI 轮续保一年。其中 FI 轮 P&I 险的预付会费为每年 15000 美元，追加会费取消；EV 轮 P&I 险的预付会费为每登记总吨每年 4.01 美元，追加会费取消；DI 轮 P&I 险的预付会费调整为每登记总吨每年 4.66 美元，追加会费取消；AN 轮和 TI 轮 P&I 险的预付会费调整为每登记总吨每年 4.50 美元，追加会费取消；上列船舶的 F, D&D 险的预付会费调整为每年 23725 美元，追加会费取消。

上述船舶在入会后，自 1995 年起，开始出现不同程度的拖欠会费、抗辩费免赔额、退会费、抗辩退会费的情况。其中 FI 轮拖欠 178163.36 美元、EV 轮拖欠 161129.5 美元、FE 轮拖欠 61485.98 美元、DI 轮拖欠 209335.57 美元、PT 轮拖欠 22958.13 美元、AN 轮拖欠 188423 美元、TI 轮拖欠 84134.21 美元、PR 轮拖欠 9927.43 美元、FIVI 轮拖欠 30416.93 美元。上述费用总计 945974.1 美元。在保险期间内原告应支付上述船舶部分保险金和其他费用总计 654886 美元。

原告的入会和承保证书的"共同会员条款"规定：X 公司作为管理人是本保单的共同会员，其受保范围仅限于由船舶所有人承担风险的，根据习惯进行的经营活动所产生的在规则和本入会证书的条款、条件和除外责任中规定的承保范围之内的风险、责任、费用和支出。任何一个共同会员根据规则和本入会证书的条款、条件和除外责任而丧失获得赔偿的行为将使全部会员丧失赔偿。全部共同会员对因入会而欠付给协会的任何保费承担连带责任；任何共同会员收到的协会支付的任何款项将解除协会支付同一款项的责任。

原告的入会和承保证书的"管理条款"规定：本船是 X 公司的一部分。本船作为其船队的一员，其所有人作为被保险人与作为被保险人的船队的其他船东，对船队中船舶欠付给协会的会费、分摊和其他任何款项承担连带责任。因此，船队中任何一条船舶未支付应由其支付的会费、分摊和其他任何款项，将被视为本船船东未支付会费、分摊和其他款项。原告的协会规则第 36Id 条规定：本规则和协会与会员之间的保险合同受英国法律调整，并根据英国法律解释。

法院认为，本案系船舶保赔保险合同纠纷案件。本案双方当事人均系外国人，属涉外民事纠纷。《海商法》第 14 章"涉外关系的法律适用"第 269 条规定："合同当事人可以选择合同适用的法律，法律另有规定的除外。合同当事人没有选择的，适用与合同有最密切联系的国家的法律。"根据本条规定，确定涉外民事关系的准据法时应首先适用当事人合同选择的法律。本案原告的协会规则中明确约定"本规则和协会与会员之间的保险合同受英国法律调整，并根据英国法律解释"，本案所涉合同系协会与会员之间的保险合同，被告未举证证明其对该约定提出过异议或该约定违反法律，视为其对该约定的认可，因此，本案应适用英国法律。英国 1906 年《海上保险法》（1906 Marine Insurance Act）第 1 条规定："海上保险合同，是一种保险人按照约定的方式和范围，对与海上冒险有关的海上灭失，向被保险人承担赔偿责任的合同。"本案所涉合同符合该法对海上保险合同的界定，故英国 1906 年《海上保险法》应作为本案的准据法。该法第 21 条规定："保险人接受被保险人的投保单后，无论当时是否已签发保险单，海上保险合同应视为已经成立；为表明该投保单何时被接受，可以参考承保条或暂保单或其他合同习惯的备忘录。"该条是对海上保险合同成立的规定。本案中原被告双方并未签订正式的船舶保险合同，但根据英国的实践，承保条已被认可为海上保险单，保险人一旦签署保险经纪人准备的承保条，该保险合同便视为成立。本案中原告签发的 10 份承保条可以证明原、被告之间的保险合同法律关系的成立，被告未能证明该合同关系无效的情形，故本案的船舶保赔保险合同为有效合同，双方应依约履行合同的义务。英国 1906 年《海上保险法》第 85 条规定："（1）两人或两人以上的、彼此同意互相承保保险，称为相互保险。（2）本法有关保险费的各项规定，不适用于相互保险，但各方达成的担保或其他类似安排可以替代保险费。（3）本法的各项规定，在可由各方协议的范围内修改，在适用于相互保险时，可由保赔协会签发的保险单的条件或协会的规则和章程加以修改。（4）除本条所提及的除外，本法的各项规定适用于相互保险。"根据本条规定，原告保险单条件中的"共同会员条款"和"管理条款"为有效担保条款，可以替代保险费。被告不仅应对未能按时支付保险费承担违约责任，还应对其管理人 X 公司所管理的其他船舶所拖欠的保险费承担连带责任。原告要求被告支付保险费利息的诉讼请求，因原告未提供其具体数额、计算方式和计算依据，法院不予支持。依照英国 1906 年《海上保险法》第 85 条、《中华人民共和国民事诉讼法》第 130 条的规定，判决由被告 L 公司支付原告 Q 公司船舶保险费 291088.10 美元。

观点评析

准据法是指经冲突规范援用来确定涉外民事法律关系当事人权利与义务的特定法域的实体法。其特点有：准据法必须是通过冲突规范所援引的法律；准据法是能够具体确定涉外民事法律关系当事人的权利与义务的实体法；准据法必须能够直接确定某一涉外民事法律关系当事人具体的权利与义务。按照国际私法的抵触规则，对一个涉外民事法律关系应当适用内国或某一外国的实体法。例如，按照"侵权行为适用侵权行为地法"这一抵触规则，若侵权行为地与法院地属于同一国家，则适用法院地国的内国法，内国法即为适用于这一民事法律关系的准据法；若侵权行为地与法院地不属于同一国家，则适用该侵权行为地国的法律，该国法律即为适用于这一民事法律关系的准据法。由于涉讼案件的联结对象（如上例中的侵权行为）不同，所应适用的准据法也不相同。根据国际私法上的各种不同学说以及各国的实践，可以将准据法的选择方法概括为以下八种：（一）根据法律的性质确定准据法；（二）根据法律关系的性质确定准据法；（三）根据最密切联系原则确定准据法；（四）根据利益分析确定准据法；（五）根据规则选择确定准据法；（六）根据当事人的协议确定准据法；（七）根据分割方法确定准据法；（八）根据有利于判决在国外的承认和执行确定准据法。

对于因合同发生的纠纷，目前国际上通行的做法是，采取所谓"意思自治"说，即允许契约当事人在契约中自己选择决定应适用的准据法。如果是当事人没有选择决定的话，则需按照所谓"最密切联系"的原则，根据与契约有关的一切情况，来确定适用与契约有最密切联系的国家的法律。有些国家还根据"特征性给付"，规定应适用的法律，作为适用"最密切联系"原则的一种具体体现。例如，在买卖契约中，以卖方的履行行为为特征性给付，从而规定以卖方营业所在地的法律作为契约的准据法。当然，在考虑与契约有最密切联系的国家的法律时，如契约订立地、契约履行地、当事人的国籍、对契约最有利的法律等，都可能成为考虑中的重要因素。

本案系船舶保赔保险合同纠纷案件。双方当事人均系外国人，属涉外民事纠纷。根据《海商法》第 14 章"涉外关系的法律适用"第 269 条的规定："合同当事人可以选择合同适用的法律，法律另有规定的除外。合同当事人没有选择的，适用与合同有最密切联系的国家的法律。"确定涉外民事关系的准据法时应首先适用当事人选择合同适用的法律。本案原告的协会规则中明确约定了"本规则和协会与会员之间的保险合同受英国法律调整，并根据英国法律解释"，本案所涉合同系协会与会员之间的保险合同，被告未举证证明其对该约定提出过异议或该约定违反法律，视为其对该约定的认可，因此，本案应适用英国法律。英国 1906 年《海上保险法》（1906 Marine Insurance Act）第 1 条规定："海上保险合同，是一种保险人按照约定的方式和范围，对与海上冒险有关的海上灭失，向被保险人承担赔偿责任的合同。"本案所涉合同符合该法对海上保险合同的界定，故英国1906年《海上保险法》应作为本案的准据法。该法第21条规定："保险人接受被保险人的投保单后，无论当时是否已签发保险单，海上保险合同应视为已经成立；为表明该投保单何时被接受，可以参考承保条或暂保单或其他合同习惯的备忘录。"该条是对海上保险合同成立的规定。本案中原被告双方并未签订正式的船舶保险合同，但根据英国的实践，承保条已被认可为海上保险单，保险人一旦签署保险经纪人准备的承保条，该保险合同便视为成立。本案中原告签发的10份承保条可以证明原被告之间的保险合同法律关系的成立，被告未能证明该合同关系无效的情形，故本案的船舶保赔保险合同为有效合同，双方应依约履行合同的义务。英国1906年《海上保险法》第85条规定："（1）两人或两人以上的、彼此同意互相承保保险，称为相互保险。（2）本法有关保险费的各项规定，不适用于相互保险，但各方达成的担保或其他类似安排可以替代保险费。（3）本法的各项规定，在可由各方协议的范围内修改，在适用于相互保险时，可由保赔协会签发的保险单的条件或协会的规则和章程加以修改。（4）除本条所提及的除外，本法的各项规定适用于相互保险。"根据本条规定，原告保险单条件中的"共同会员条款"和"管理条款"为有效担保条款，可以替代保险费。被告不仅应对未能按时支付保险费承担违约责任，还应对其管理人X公司所管理的其他船舶所拖欠的保险费承担连带责任。因此，法院的判决是符合国际私法关于准据法的适用原则的。

相关知识链接

一、相关法律法规

1.《海事诉讼特别程序法》第6条："海事诉讼的地域管辖，依照《中华人民共和国民事诉讼法》的有关规定。下列海事诉讼的地域管辖，依照以下规定：（一）因海事侵权行为提起的诉讼，除依照《中华人民共和国民事诉讼法》第二十九条至第三十一条的规定以外，还可以由船籍港所在地海事法院管辖；（二）因海上运输合同纠纷提起的诉讼，除依照《中华人民共和国民事诉讼法》第二十八条的规定以外，还可以由转运港所在地海事法院管辖；（三）因海船租用合同纠纷提起的诉讼，由交船港、还船港、船籍港所在地、被告住所地海事法院管辖；（四）因海上保赔合同纠纷提起的诉讼，由保赔标的物所在地、事故发生地、被告住所地海事法院管辖；（五）因海船的船员劳务合同纠纷提起的诉讼，由原告住所地、合同签订地、船员登船港或者离船港所在地、被告住所地海事法院管辖；（六）因海事担保纠纷提起的诉讼，由担保物所在地、被告住所地海事法院管辖；因船舶抵押纠纷提起的诉讼，还可以由船籍港所在地海事法院管辖；（七）因海船的船舶所有权、占有权、使用权、优先权纠纷提起的诉讼，由船舶所在地、船籍港所在地、被告住所地海事法院管辖。"

2.《海商法》第 269 条："合同当事人可以选择合同适用的法律，法律另有规定的除外。合同当事人没有选择的，适用与合同有最密切联系的国家的法律。"

二、相关理论知识

相互保险公司是指未上市，并没有股票股东的保险公司。相互保险公司是由所有参加保险的人自己设立的保险法人组织，其经营目的是为各保单持有人提供低成本的保险产品，而不是追逐利润。相互保险公司没有股东，保单持有人的地位与股份公司的股东地位相类似，公司为他们所拥有。相互保险公司没有资本金，也不能发行股票，其运营资金来源于保费，该公司设立前期所需的资金一般是通过借贷等方式由外部筹措；各成员也以其缴纳的保费为依据，参与公司的盈余分配和承担公司发生亏空时的弥补额。

作为现代保险业常见的两种公司组织形式，相互保险公司与股份保险公司各有优势。相对于相互保险公司而言，股份保险公司具有以下几个显著的优点：第一，筹集资金、扩展业务规模更为便利。股份保险公司可以通过资本市场来筹集资金，而相互保险公司筹集资金主要来自积累的盈余。第二，激励机制更有效。股份保险公司可以实行股权激励机制来吸引关键人才。股份保险公司归股东所有，股东对公司运作比相互保险公司的所有者（保单持有人）有更浓厚的兴趣，更关注于公司的经营管理。而相互保险公司也具有自己独特的优势：第一，可以有效避免敌意收购。相互保险公司不发行股票，其竞争对手无法通过资本市场运作来进行恶意收购。第二，对消费者更有吸引力。与股份保险公司不同，相互保险公司经营所获得的绝大部分利润将返还给保单持有人，因此，保险消费者能最大限度地降低成本并获得保障。

（案件来源：湖北省武汉海事法院；整理人：田圣斌，周家富）

一百二十四、无正本提单放货合同纠纷

争议焦点

1. 原告 J 公司改变结汇方式，不向收货人交付提单，对货款不能收回有无责任？

2. 原告 J 公司要求保全货物的事实是否成立？

3. 无正本提单放货引起的纠纷，应适用什么法律？

基本案情

1998 年 7 月、9 月、12 月，原告中国 J 轻工业品进出口集团股份有限公司（以下简称 J 公司）为履行其与美国 M 公司的售货合同，委托被告 H 国际货运有限公司（以下简称 H 公司）向本案另一被告美国 B 国际有限公司（以下简称 B 公司）托运四票箱包产品。H 公司接受委托，办理了四票货物的订舱、报关、向承运人交付货物等委托事务。四票货物运编号为：522109 - 98、522168 - 98、522123 - 98、522136 - 98，价格条件为 FOB 中国，货物价款共为 150542.75 美元，约定付款条件为 D/A120 日或 30 日。8 月 9 日、9 月 26 日、10 月 6 日、12 月 18 日，H 公司代表 B 公司向 J 公司签发了以 B 公司为承运人抬头的四套正本记名提单，并将提单交付 J 公司。提单载明装货港分别为 A 市、B 市、C 市、D 市；卸货港均为美国 F 州；运费到付；收货人和通知人均为美国 M 公司。四票货物装运后，分别于 1998 年 9 月 2 日、10 月 29 日、11 月 1 日，1999 年 2 月 10 日运抵美国 F 州。货物的正本提单是由 J 公司直接寄给其在美国的关联公司 G 国际公司，由其提示要求收货人付款赎单。收货人美国 M 公司提货时称未收到正本提单，于 1998 年 11 月 16 日、12 月 4 日、1999 年 1 月 29 日、3 月 5 日向 B 公司出具提货保函，付清运输费用后，提取货物。四票货物出运后，1999 年 2 月 23 日，原告 J 公司以传真形式向 H 公司查询货物到岸情况，咨询货物移至洛杉矶每票单子所需费用，没有明确要求停止交货。同年 3 月 8 日，J 公司传真告知 H 公司已得知收货人提走了货物，要求 H 公司承担无单放货的责任。6 月 16 日，J 公司要求 H 公司联系 B 公司将货物转运至洛杉矶，交给 Y 公司，B 公司未交付。四票货物的正本提单均载明：经美国港口运输的货物的提单应适用 1936 年《美国海上货物运输法》。否则，提单应适用在货物运输国已经颁布为法律的海牙规则或海牙—维斯比规则，但在没有上述颁布的法律可以适用的情况下，应适用海牙规则的内容。

在诉讼过程中，B 公司提供了 1936 年《美国海上货物运输法》、《美国统一商法典》（Uniform Commercial Code of America）和经美国公证机构公证及中国驻纽约总领事馆认证的美国 H 律师事务所律师、纽约大学法学院教授关于美国法律对记名提单问题的《宣誓法律意见书》。该意见书依据美国相关法律和判例，作出的结论为：在提单中没有载明要求凭正本提单交付货物的合同条款且托运人也没有指示承运人不要放货的情况下，承运人将货物交给了记名提单的收货人，是履行与托运人之间的提单条款的行为，依据美国法律，承运人不违反提单条款或承担任何义务。J 公司对 1936 年《美国海上货物运输法》的真实性无异议，认为《美国统一商法典》不是当事人选择适用的法律，不应适用于本案，《宣誓法律意见书》属个人意见，只能作参考。合议庭确认 1936 年《美国海上货物运输法》的真实性，同时核实《美国统一商法典》出自全国人大常委会法工委办公室审定的《中国法律法规大典数据库》（2001 国家），对内容真实性予以认定。《宣誓法律意见书》能够证明美国法律对处理该项争议的法律观点。

　　法院认为，双方当事人在提单首要条款中约定 1936 年《美国海上货物运输法》为处理本案的法律，符合我国法律关于合同当事人可以选择合同适用的法律的规定。本案所涉主要争议是承运人能否不凭正本提单向记名收货人交付货物，而 1936 年《美国海上货物运输法》对此未作出明确规定，即当事人选择的法律不能适用合同所涉全部内容，只调整合同当事人部分权利义务关系，应视为双方当事人在合同中对该项争议的处理没有选择适用的法律。因此，根据《海商法》第 269 条的相关规定，合同当事人对该项争议所适用的法律没有选择的，应依照最密切联系原则确定其所适用的法律。

　　最密切联系原则注重法律关系与地域的联系，采用联结因素作为媒介来确定合同的准据法，且所有与某个特定的争议有关的联结因素都应在决定该争议适用的准据法时被考虑，只有与合同存在密切联系的法律才能确定为准据法。本案所涉的海上货物运输合同主要有合同签订地、履行地（包括运输始发地和目的地）、当事人营业所所在地、标的物所在地等联结因素，而当事人之间争议的主要问题是国际海上货物运输合同履行过程中承运人交货行为的法律后果。该项争议是承运人在美国港口交货中产生，而非在提单签发地或运输始发地，由于承运人在运输目的地交货行为直接受交货行为地法律的约束，与交货行为地美国法律的联系比其与合同签订地或运输始发地中国法律的联系更为真实具体，存在着实质性联系，交货行为地法律也是事实上支配争议最有效的法律。因此，合同签订地的中国法律不是与该项争议最密切联系的法律。同时，本案当事人之间的国际海上货物运输合同是采用由承运人提供的格式合同（提单），其首先必须符合承运人营业所所在地法的规定，承运人营业所所在地亦与国际海上货物运输合同联系最为密切。本案运输目的地、标的物所在地、承运人营业所所在地均在美国，因此，本案应适用相关的美国法律为准据法。

被告 B 公司提交的美国律师事务所律师的《宣誓法律意见书》，虽然是就本案的法律适用提出的个人意见，但该意见书同时也提供了相关的美国法律，且经美国公证机关公证和中国驻纽约总领事馆认证，符合《最高人民法院关于贯彻执行〈中华人民共和国民法通则〉若干问题的意见（试行)》中关于外国法的查明途径可由当事人提供的规定，对其提供的美国相关法律的真实性和有效性，法院予以认定。该法律意见书运用美国相关法律和判例对《美国统一商法典》关于记名提单问题的规定作出了解释，且货物运输目的地所在的 F 州立法部门已接受《美国统一商法典》为本州法律，原告 J 公司对该法律意见也没有举出相反依据加以排斥，因此，该法律意见可作为处理本案争议的参考，本案应适用《美国统一商法典》。

本案所涉四份记名提单均载明收货人是美国 M 公司，依照《美国统一商法典》第 7-104 条第 2 款的规定为不可转让提单，不具有流通性。《美国统一商法典》第 7-303 条第 1 款第 C 项规定：除非提单另有规定，承运人在接到不可流通提单的收货人的指示后，只要发货人未有相反指示，且货物已到达提单所注明的目的地或收货人已占有提单，可以依指示将货物交付给该提单注明的人或目的地或以其他方式处置货物。即承运人交付货物前，只要发货人未有相反要求，在货物已到达提单所注明的目的地后，可以将货物交付给提单注明的收货人。原告 J 公司在提单中未增加约定凭正本提单交货的条款，也没有及时在被告 B 公司向记名收货人交付货物前，指示承运人不要交货，因此，被告 B 公司依据提单将货物交给指定的记名收货人，应为适当交货，符合美国法律规定，被告 B 公司对原告 J 公司的经济损失不应承担赔偿责任。

被告 H 公司与原告 J 公司为货运代理合同法律关系，其作为受托人在委托权限内完成了原告 J 公司委托的有关货物运输的订舱、报关、出运、交付提单事务，已正确履行了自己的职责，其代理行为与 J 公司经济损失没有直接的因果关系，不应承担赔偿责任。H 公司代理被告 B 公司揽货、签发提单，也没有超越代理权，对 J 公司经济损失没有过错，亦不应承担责任。法院判决，驳回原告诉讼请求。

▣ 观点评析 ▢

提单是托运人与承运人之间海上货物运输合同的证明，双方应依提单约定履行合同义务。本案原告 J 公司起诉被告 B 公司和 H 公司无正本提单放货，属合同纠纷。

关于第一个焦点，虽然 D/A120 日或 30 日结汇方式存在商业风险，但 J 公司有改变结汇方式而承担贸易合同的违约责任的权利。即便 M 公司因此不接收货物，不履行合同，J 公司仍不丧失对货物的处分权，改变结汇方式是降低商业风险的一种方式。

关于第二个焦点，J 公司没有证据证明在 B 公司交货前，至少在 1999 年 3 月 8 日前向其提出要求保全货物。1999 年 2 月 23 日，J 公司发给 H 公司的一份传真，并没有明确提出要求不要向 M 公司交货。其后 3 月 10 日至 6 月 30 日双方往来发传真时，B 公司已与收货人办理交货手续，H 公司虽未能查明告知，但并不能改变 B 公司已交付货物的事实，也不能据此而确认 J 公司保全货物的要求可追溯及货物交付前，或视为 J 公司在货物交付前已向 H 公司和 B 公司提出过保全货物。因此，原告 J 公司主张在 B 公司向收货人交货前，已要求其保全货物的事实，不能成立。

关于第三个焦点，本案所涉提单首要条款属双方当事人在合同（提单）中对法律适用的选择，符合《海商法》第 269 条的规定，为有效约定。依据该项约定，经美国港口运输的货物的提单应适用 1936 年《美国海上货物运输法》，非经美国港口运输货物的提单应适用货物运输国已经颁布为法律的海牙规则或海牙—维斯比规则。本案所涉四票货物均运往美国港口，因此，处理本案应适用 1936 年《美国海上货物运输法》。

承运人交付货物前，只要发货人未有相反要求，在货物已到达提单所注明的目的地后，可以将货物交付给提单注明的收货人。原告 J 公司提单中未增加约定凭正本提单交货的条款，也没有及时在被告 B 公司向记名收货人交付货物前，指示承运人不要交货，因此，被告 B 公司依据提单将货物交给指定的记名收货人，应为适当交货，符合美国法律规定，被告 B 公司对原告 J 公司的经济损失不应承担赔偿责任。被告 H 公司与原告 J 公司为货运代理合同法律关系，其作为受托人在委托权限内完成了 J 公司委托的有关货物运输的订舱、报关、出运、交付提单事务，已正确履行了自己的职责，其代理行为与 J 公司经济损失没有直接的因果关系，不应承担赔偿责任。H 公司代理被告 B 公司揽货、签发提单，也没有超越代理权，对 J 公司经济损失没有过错，亦不应承担责任。

相关知识链接 ↘

一、相关法律法规

1. 《海商法》第 269 条："合同当事人可以选择合同适用的法律，法律另有规定的除外。合同当事人没有选择的，适用与合同有最密切联系的国家的法律。"

2.《民法通则》第63条："公民、法人可以通过代理人实施民事法律行为。代理人在代理权限内，以被代理人的名义实施民事法律行为。被代理人对代理人的代理行为，承担民事责任。依照法律规定或者按照双方当事人约定，应当由本人实施的民事法律行为，不得代理。"

3.《民事诉讼法》第5条："外国人、无国籍人、外国企业和组织在人民法院起诉、应诉，同中华人民共和国公民、法人和其他组织有同等的诉讼权利义务。外国法院对中华人民共和国公民、法人和其他组织的民事诉讼权利加以限制的，中华人民共和国人民法院对该国公民、企业和组织的民事诉讼权利，实行对等原则。"

二、相关理论知识

1. 提单，简称 B/L，是指用以证明海上货物运输合同和货物已经由承运人接收或者装船，以及承运人保证据以交付货物的单证。提单中载明的向记名人交付货物，或者按照指示人的指示交付货物，或者向提单持有人交付货物的条款，构成承运人据以交付货物的保证。提单的主要关系人是签订运输合同的双方：托运人和承运人。托运人即货方，承运人即船方。其他关系人有收货人和被通知人等。收货人通常是货物买卖合同中的买方，提单由承运人经发货人转发给收货人，收货人持提单提货，被通知人是承运人为了方便货主提货的通知对象，可能不是与货物有关的当事人。如果提单发生转让，则会出现受让人、持有人等提单关系人。在对外贸易中，收货人凭提单向货运目的地的运输部门提货，提单须经承运人或船方签字后始能生效，是海运货物向海关报关的有效单证之一。

提单具有以下三项主要功能：提单是证明承运人已接管货物和货物已装船的货物收据，对于将货物交给承运人运输的托运人，提单具有货物收据的功能。不仅对于已装船货物，承运人负有签发提单的义务，而且根据托运人的要求，即使货物尚未装船，只要货物已在承运人掌管之下，承运人也有签发一种被称为"收货待运提单"的义务。所以，提单一经承运人签发，即表明承运人已将货物装上船舶或已确认接管。提单作为货物收据，不仅证明收到货物的种类、数量、标志、外表状况，而且还证明收到货物的时间，即货物装船的时间。本来，签发提单时，只要能证明已收到货物和货物的状况即可，并不一定要求已将货物装船。但是，将货物装船象征卖方将货物交付给买方，于是装船时间也就意味着卖方的交货时间。而按时交货是履行合同的必要条件，因此，用提单来证明货物的装船时间是非常重要的。

提单是承运人保证据以交付货物和可以转让的物权凭证，对于合法取得提单的持有人，提单具有物权凭证的功能。提单的合法持有人有权在目的港以提单相交换来提取货物，而承运人只要出于善意，凭提单发货，即使持有人不是真正货主，承运人也无责任。而且，除非在提单中指明，提单可以不经承运人的同意而转让给第三者，提单的转移就意味着物权的转移，连续背书可以连续转让。提单的合法受让人或提单持有人就是提单上所记载货物的合法持有人。提单所代表的物权可以随提单的转移而转移，提单中所规定的权利和义务也随着提单的转移而转移。即使货物在运输过程中遭受损坏或灭失，货物的风险也随提单的转移由卖方转移给买方，只能由买方向承运人提出赔偿要求。提单是海上货物运输合同成立的证明文件，提单上印制的条款规定了承运人与托运人之间的权利、义务，而且提单也是法律承认的处理有关货物运输的依据，因而常被认为就是运输合同。但是按照严格的法律概念，提单并不具备经济合同应有的基本条件：它不是双方意思表示一致的产物，约束承托双方的提单条款是承运人单方拟定的；它履行在前，而签发在后，早在签发提单之前，承运人就开始接受托运人托运货物和将货物装船的有关货物运输的各项工作。所以，与其说提单本身就是运输合同，还不如说提单只是运输合同的证明更为合理。如果在提单签发之前，承托双方之间已存在运输合同，则不论提单条款如何规定，双方都应按原先签订的合同约定行事；但如果事先没有任何约定，托运人接受提单时又未提出任何异议，这时提单就被视为合同本身。虽然由于海洋运输的特点，决定了托运人并未在提单上签字，但因提单毕竟不同于一般合同，所以不论提单持有人是否在提单上签字，提单条款对他们都具有约束力。

有权签发提单的人有承运人及其代理、船长及其代理、船主及其代理。代理人签署时必须注明其代理身份和被代理方的名称及身份。签署提单的凭证是大副收据，签发提单的日期应该是货物被装船后大副签发收据的日期。提单有正本和副本之分。正本提单一般签发一式两份或三份，这是为了防止提单流通过程中万一遗失时，可以应用另一份正本。各份正本具有同等效力，但其中一份提货后，其余各份均告失效。副本提单承运人不签署，份数根据托运人和船方的实际需要而定。副本提单只用于日常业务，不具备法律效力。

2. 付款交单，D/P，是出口人的交单以进口人的付款为条件，即出口人将汇票连同货运单据交给银行托收时，指示银行只有在进口人付清货款时，才能交出货运单据。按支付时间的不同，付款交单又分为即期付款交单（D/P sight）和远期付款交单（D/P after sight）。

即期交单（D/P sight），指出口方开具即期汇票，由代收行向进口方提示，进口方见票后即须付款，货款付清时，进口方取得货运单据。

远期交单（D/P after sight or after date），指出口方开具远期汇票，由代收行向进口方提示，经进口方承兑后，于汇票到期日或汇票到期日以前，进口方付款赎单。

远期汇票的付款日期又有"见票后××天付款"、"提单日后××天付款"和"出票日后××天付款"3种规定方法。但在有的国家还有"货到后××天付款"的规定方法。

承兑交单，D/A，是跟单托收的另一种交单方式，出口人的交单以进口人的承兑汇票为条件。进口人承兑汇票后，即可向代收银行取得全套货运单据，待汇票到期日才付款。只有远期汇票才需要办承兑手续，所以承兑交单条件只适用于远期汇票的托收。

3. 不记名提单，BLANK B/L 或 OPEN B/L，即提单内没有任何收货人或ORDER字样，即提单的任何持有人都有权提货，是指向无论是谁只要是提单持有人的人交付货物的提单。如提单：①明确指出它是不记名提单；②它将收货人指为不记名；③它作为指示提单但未能表明根据谁的指示；④它是空白背书的指示提单。不记名提单无须背书即可转让。

《海商法》第79条规定："提单的转让，依照下列规定执行：（一）记名提单：不得转让；（二）指示提单：经过记名背书或者空白背书转让；（三）不记名提单：无须背书，即可转让。"记名提单虽然安全，不能转让，对贸易各方的交易不便，用得不多。一般认为：由于记名提单不能通过背书转让，因此从国际贸易的角度看，记名提单不具有物权凭证的性质。不记名提单无须背书即可转让，任何人持有提单便可要求承运人放货，对贸易各方不够安全，风险较大，很少采用。指示提单可以通过背书转让，适应了正常贸易需要，所以在实践中被广泛应用。背书分为记名背书（SpeciaL Endorsement）和空白背书（Endorsement in Blank）。前者是指背书人（指示人）在提单背面写上被背书人的名称，并由背书人签名。后者是指背书人在提单背面不写明被背书人的名称。在记名背书的场合，承运人应将货物交给被背书人。反之，则只需将货物交给提单持有人。

（案件来源：湖北省武汉海事法院；整理人：田圣斌，匡小明）

第四部分

行政法律诉讼案例

DISIBUFEN XINGZHENGFALVSUSONGANLI

一百二十五、行政诉讼起诉及举证的时效

争议焦点

薛某等人的起诉以及县人民政府的举证是否超过时效？

基本案情

薛某等十二人不服县建设局（2000）C 建裁字第 06 号裁决书而诉讼到法院，在 2001 年 1 月的法院开庭过程中，薛某等人称此时才得知县人民政府于 1999 年 12 月在机关内部之间发布了 C 政发 61 号通告。为此，薛某等人认为县人民政府作出上述通告是替代拆迁主管部门而作，而且还缺少拆迁法规规定的依据，又违反了规定的程序所作，该通告又缺少主要内容。所以，薛某等人不服该通告，于 2001 年 4 月向市人民政府申请行政复议，市人民政府于 2001 年 4 月 25 日作出〔2001〕第 52 号《行政复议不予受理决定书》。薛某等人认为上述通告无论从内容还是从效力上均属违法，已严重侵犯了其合法权益，故向市中级人民法院提起行政诉讼，请求法院撤销该具体行政行为。

市中级人民法院作为一审法院在审理过程中依职权主动调查取证，并以此调查所得补强印证县人民政府张贴涉案通告具体行政行为的客观存在。对于县人民政府在收到起诉状副本之日起 10 日以内和以外所提交的证据均予以质证并采信。经审理认为薛某等应当知道通告内容时间是 1999 年 12 月中下旬，但其没有于 2001 年 12 月底前提起诉讼，而是于 2001 年 4 月 25 日在接到复议机关不予受理其对上述通告不服的复议申请决定后，于 2002 年 3 月 24 日才向本院提起诉讼，已超过二年的起诉期限，故作出（2002）H 行初字第 5 号行政裁定：驳回薛某等十二人的起诉。

薛某等人不服一审裁定而上诉，省高级人民法院审理后认为县人民政府在原审时提供的四份证据材料均不能作为本案的定案依据。至于薛某等人提供的县建设局于 2000 年 9 月 30 日出具的《县建设局房屋拆迁裁决事先告知书》、薛某等人所属城市房屋拆迁办公室于 2000 年 3 月 29 日发放给各被拆迁户的召开旧城改造拆迁动员大会的《通知》，鉴于该两份书面证据材料均由国家机关的有关职能部门依职权制作，故可作为案件的定案根据予以认定，且县人民政府对其中"于 2000 年 3 月 30 日召开拆迁动员大会"一节事实亦未提出异议，因此，应以 2000 年 3 月 30 日为薛某等人已知上述涉案《通告》内容的时间。同时，现有证据也不能证明县人民政府在作出上述涉案《通告》具体的行政行为后，已依法告知薛某等人诉权及起诉期限等事实。此外，薛某等人提交的原审诉状及其《查询邮件回单》等，可以证明其已就本案于 2002 年 3 月 24 日向原审法院提起行政诉讼。根据《中华人民共和国行政诉讼法》的有关规定，在行政诉讼中，被告对其作出的具体行政行为负举证责任，且应在法定期限内提供。本案县人民政府虽曾提出于 1999 年 12 月中旬已将涉案的《通告》予以张贴的诉讼主张，但未能提供具备关联性、合法性、真实性等证据能力的定案依据予以佐证，而薛某等人提供的由有关职能部门依职权制作的相关证据材料，可以认定其最晚于 2000 年 3 月 30 日即应知道被诉拆迁《通告》的具体内容，故应将此时认定为实际知道《通告》内容的时间。又鉴于县人民政府并未告知其诉权和起诉期限，故上诉人于 2002 年 3 月 24 日对被诉行为提起行政诉讼，尚在法定的起诉期限内。据此，原审法院以薛某等人提起行政诉讼时已超过两年的起诉期限为由驳回其起诉，应属不当。薛某等人对此提出的上诉理由成立，予以采纳。原审法院主动调查取证，并以此调查所得补强印证县人民政府张贴涉案通告具体行政行为的客观存在，做法不当，予以指正。依照《最高人民法院关于执行〈中华人民共和国行政诉讼法〉若干问题的解释》第四十一条、第六十八条的规定，省高级人民法院作出（2002）Z 行终字第 24 号行政裁定：一、撤销市中级人民法院（2002）H 行初字第 5 号行政裁定；二、本案由市中级人民法院继续审理。

市中级人民法院在继续审理本案过程中，对于县人民政府新补充的四组用于证明申诉人诉讼请求已超过诉讼时效的证据，予以质证并采信。市中级人民法院审理认为：被告在继续审理中提供的证据不违反我国《行政诉讼法》的规定。因为，法律只规定被告应在收到起诉状副本后的十天答辩期内，向人民法院提供其作出的具体行政行为时的证据，而未规定其主张原告的起诉超过法定时效的举证期限。因此，就本案而言，被告在继续审理中向市中级人民法院提供的有关原告超过诉讼时效的证据的行为并不违反法律的禁止性规定。由此，原告对这一问题的辩称，不予采纳；法律还规定，对于人民法院发生法律效力的裁判所确认的事实，当事人虽可免除举证责任，但在当事人欲推翻这一事实时，则应举出相反的证据予以证明，并由人民法院最终认定。对照本案，被告在继续审理前后所提供的证据，确能证明原告知道被诉通告内容的时间。因此，其举证应当予以采信并作为定案依据。原告对这一问题的辩解，本院不予采纳。综上，鉴于被告提供的证据符合法律规定并能证明原告已于 1999 年 12 月知道被诉通告的内容至其起诉已过两年的事实，依照《最高人民法院关于执行〈中华人民共和国行政诉讼法〉若干问题的解释》（以下简称《若干解释》）第四十一条第一款和第四十四条第一款第（六）项之规定，作出（2002）H 行初字第 5 号行政裁定：驳回薛某等人的起诉。

薛某等不服，再次提出上诉，省高级人民法院经审理认为原审法院驳回薛某等人的起诉，事实清楚，适用法律准确，审判程序合法，应予以维持。故作出（2003）Z 行终字第 9 号行政裁定：驳回上诉，维持原裁定。薛某等人向人民检察院申诉。

观点评析

（一）薛某等人 2001 年 1 月得知县政府通告内容，申请复议后起诉，该诉讼行为未超过诉讼时效。

根据我国行政程序法律的明确规定，被申诉人县人民政府在收到起诉状副本之日起 10 日以内所提供的证据才能采信，但其不足以证明被申诉人所主张的观点。申诉人所主张的诉讼请求仍在诉讼时效以内。

（二）县人民政府的举证超过了时效，而且违反了我国相关法律规定。

根据《若干解释》第 26 条的规定，被告应在收到起诉状副本后的十天答辩期内，向人民法院提供其作出的具体行政行为时的证据，这里的"证据"理所当然地包括被告在作出具体行政行为时的程序方面的证据，也包括被告在什么时间向原告作出具体行政行为的证据。该证据就是原告的起诉是否超过诉讼时效的证据。因为被告在什么时间作出具体行政行为的证据就是原告在什么时间知道或推定其知道具体行政行为的证据，原告知道或推定其知道的时间的证据就是本案原告起诉的开始时间的证据，原告起诉的开始时间的证据就决定了原告的起诉是否超过诉讼时效的证据。因此，被告对原告的起诉是否超过诉讼时效负有举证责任。结合《若干解释》第 28 条对被告限制性的补充证据的规定"有下列情形之一的，被告经人民法院准许可以补充相关的证据：（一）被告在作出具体行政行为时已经收集证据，但因不可抗力等正当事由不能提供的；（二）原告或者第三人在诉讼过程中，提出了其在被告实施行政行为过程中没有提出的反驳理由或者证据的"的内容，本案被告在诉讼过程中既没有经法院准许补充证据，也不具有补充证据的两种情形，因此不能补充证据；否则违反了补充证据的限制性规定。

本案被告县政府应在收到起诉状副本后的十天答辩期内，向人民法院提供其作出的具体行政行为时的证据，如主张原告的起诉超过法定时效，也应当在被告收到起诉状副本后的十天答辩期内向法院提供相应的证据予以证实，否则要承担举证不能的不利后果。

本案被申诉人县政府在中级人民法院继续审理过程中，于2002年12月10日的庭审中所出示的四组用于证明申诉人诉讼请求已超过诉讼时效的证据是高级人民法院作出（2002）Z行终字第24号行政裁定书后，由中级人民法院就同一案件的继续审理中自行收集补充的，其举证的时间早就超过被告在收到起诉状副本后的十天答辩期限内。并且，被申诉人在法院作出裁定前，从未向法院提交需要逾期举证的书面申请，也不具备被告补充证据的两种情形。本案被申诉人在诉讼过程中未经法院许可自行收集证据违反了我国《行政诉讼法》第33条，《若干解释》第26条、第28条和第30条的规定，其收集的证据材料依法不能作为本案定案的根据。

（三）审理本案的两级法院违反了行政程序法律。

1. 中级人民法院（2002）H行初字第5号行政裁定书以及高级人民法院（2003）Z行终字第9号行政裁定书均认为：对申诉人的起诉是否已经超过起诉期限的诉讼主张所进行的举证及举证期限不受最高人民法院《若干解释》第26条关于举证时限之规定所限制。进而允许被申诉人可就原审法院继续审理期间继续举证，在此基础上维持原审法院裁定。这种适用行政程序法的观点显属错误，违反了行政程序法的规定。

行政程序法律之所以对行政诉讼中的被告的举证期限以及补充证据的情形进行严格的限制，主要是为了体现在诉讼中双方当事人地位的平等性且被告的举证能力较强。被告必须要遵守相关程序法律限制性的规定，否则要承担举证不能的法律后果，法院也不应当对被告超过举证期限又不属于被告补充证据范围内的证据进行质证采信。

2. 本案两级法院就同一案件在没有经过审判监督程序再审的情况下，改变了（2002）Z行终字第24号作出的终审生效裁定所认定的事实，违反了程序法的规定。

二审法院作出的（2003）Z行终字第9号裁定书维持了原审裁定，对被申诉人在继续审理中补充的四组证据予以采信并由此得出申诉人的起诉期限已超过法律规定的起诉期限的结论，使之推翻了二审在（2002）Z行终字第24号就同一案件作出的终审生效裁定所认定的同一事实，即确认申诉人起诉"尚

在法定的起诉期限之内"之事实。二审及原审法院的此种做法从程序上来说显属违法。根据我国行政程序法律和民事程序法律的相关规定，如二审法院认为已生效的二审（2002）Z 行终字第 24 号终审裁定确定的事实确有错误，在程序上应当中止诉讼，通过审判监督程序予以纠正后恢复诉讼。而本案市中级人民法院在二审法院未通过审判监督程序的情况下，在继续审理中允许被申诉人自行收集补充证据，在本案的第二次裁定中推翻了其上级法院省高级人民法院的（2002）Z 行终字第 24 号终审生效裁定书已确认的事实，在审理程序上存在违法。本案中级人民法院无权推翻上级法院终审生效裁定所确认的事实，如发现上级法院作出的裁定确有错误，即使是发现了新的证据（何况本案也不存在新的证据），也只能建议上级法院按照审判监督程序再审予以纠正，而无权自行裁定纠正上级法院终审生效裁定所确认的事实。二审法院也在没有通过审判监督程序纠正原终审生效裁定所确认的事实，在第二次裁定中自行纠正了原终审生效裁定所确认的事实，犯了同样性质的错误。

3. 本案中级人民法院在诉讼过程中依职权调取证据违反程序法的规定。

中级人民法院作为一审法院在一审诉讼过程中，在申诉人及其代理人未提出申请调取证据的情况下依职权向有关当事人调取证据违反了《若干解释》第 29 条法院依职权调取证据的规定。根据《若干解释》第 29 条法院依职权调取证据必须符合下列两种情况：（1）原告或者第三人及其诉讼代理人提供了证据线索，但无法自行收集而申请人民法院调取的；（2）当事人应当提供而无法提供原件或者原物的。本案的法院依职权调取证据不具备上述两种情形，相应地，法院无权依职权调取证据。行政诉讼的目的在于通过审查被诉具体行政行为的合法性，解决行政机关和行政相对人之间的行政纠纷，保护行政相对人的合法权益，维护和监督行政机关依法行使行政职权，所以对人民法院调取证据必然会有所限制，人民法院不得为证明被诉具体行政行为的合法性而调取被告在作出具体行政行为时没有收集的证据。因为如果证据是被告在作出具体行政行为时没有考虑、收集和采用的证据，其被诉具体行政行为是在没有证据或证据不足的情况下作出的，该行为就已经构成违法；如果人民法院在诉讼过程中即被诉具体行政行为作出之后，再收集此类证据来证明被诉行为的合法性，就违背了行政诉讼的目的。对于该违法行为，二审法院在第一次的裁定中予以了认定。

实现司法公正任重而道远，树立注重程序法的执法观念是维护社会主义法治的必然要求，作为司法机关的司法活动是国家行为，司法人员的执法态度对社会、对公民有着强大的示范作用。如果我们以为只要出于维护社会利益的动机，就可以不严格执行程序法，那么这种执法态度所起到的作用将使人们滋生对法律的轻蔑和各行其是。这对社会主义法治建设所带来的负面影响会远远超过错案本身。司法机关及司法人员必须要牢牢树立注重程序法的执法观念！

相关知识链接

一、相关法律法规

1.《行政诉讼法》第33条："在诉讼过程中，被告不得自行向原告和证人收集证据。"

2.《最高人民法院关于执行〈中华人民共和国行政诉讼法〉若干问题的解释》第26条："在行政诉讼中，被告对其作出的具体行政行为承担举证责任。

"被告应当在收到起诉状副本之日起10日内提交答辩状，并提供作出具体行政行为时的证据、依据；被告不提供或者无正当理由逾期提供的，应当认定该具体行政行为没有证据、依据。"

3.《最高人民法院关于执行〈中华人民共和国行政诉讼法〉若干问题的解释》第41条："行政机关作出具体行政行为时，未告知公民、法人或者其他组织诉权或者起诉期限的，起诉期限从公民、法人或者其他组织知道或者应当知道诉权或者起诉期限之日起计算，但从知道或者应当知道具体行政行为内容之日起最长不得超过2年。

"复议决定未告知公民、法人或者其他组织诉权或者法定起诉期限的，适用前款规定。"

4.《最高人民法院关于执行〈中华人民共和国行政诉讼法〉若干问题的解释》第77条第1款："按照审判监督程序决定再审的案件，应当裁定中止原判决的执行；裁定由院长署名，加盖人民法院印章。"

二、相关理论知识

行政诉讼起诉期限的诸多问题一直困扰着司法实务界：起诉期限是否是诉讼时效？起诉期限的计算起点如何确定？起诉期限的举证责任由谁承担？等等。

（一）行政诉讼起诉期限与诉讼时效的区分

诉讼时效是一种民事实体法制度，与法律规定的行政诉讼起诉期限有着较大的区别，如借用诉讼时效来概括行政诉讼法的起诉期限，必将造成二者的混淆。因此，对行政诉讼的起诉期限应作出不同于诉讼时效的界定，且更宜侧重从行为以及法院判断的角度予以概括。行政诉讼的起诉期限是指公民、法人或者其他组织不服行政主体的具体行政行为向人民法院提起行政诉讼，其起诉可由人民法院受理的法定期限。

行政诉讼的起诉期限具备如下几个特性：

第一，程序性。行政诉讼起诉期限是法律对不服具体行政行为的公民、法人或者其他组织设定的起诉条件之一，解决的是起诉人的起诉能否进入实体审查阶段的问题。

第二，不变性。行政诉讼的起诉期限由法律规定，如《行政诉讼法》规定的三个月，是一个不变的期间。应澄清人们对《若干解释》出台后对该解释第41条、第42条的普遍误解，认为只要行政机关作出具体行政为时未告知公民、法人或其他组织诉权或起诉期限或者公民、法人或者其他组织不知道具体行政行为内容的，起诉期限即为具体行政为作出之后两年或五年，而排除诉讼法规定的三个月或其他法律规定的期限。起诉期限的不变性源于法律明确规定，即使是符合《若干解释》第41条、第42条的情形，法定起诉期限仍然没有改变，只是基于保护公民、法人或者其他组织权利的目的将起诉期限的计算起点进一步予以明确而已。同时，诉讼时效制度不同于行政诉讼起诉期限，可以中断后重新起算，行政诉讼起诉期限则无中断之说，只有起诉期限的耽误，即使是法院认可的耽误理由也只能顺延期限，即排除了因法定耽误事由占用的期间，起诉期限仍然以诉讼法或其他法律规定的期限为准，时间长度不会改变，在这一点上，行政诉讼起诉期间的耽误类似于诉讼时效的中止，即法定原因消失后期限继续计算。但起诉期限的耽误与诉讼时效中止也有所不同：起诉期限的耽误可发生在该期限内的所有阶段，而诉讼时效中止则只能在该期间的最后六个月；起诉期限的耽误是否成立需相对人向法院申请并得到法院准许才能成立，而诉讼时效中止无须权利人向法院申请，但是否构成还是需诉讼过程中由法院判断。

第三，多重目的性。行政诉讼起诉期限则无中断制度，即使是因为不可抗力或其他特殊情况耽误法定期限，也必须在障碍消除后的十日内申请延长期限并由人民法院决定。上述二者的不同，说明法律设定行政诉讼起诉期限制度更侧重于维护行政行为的效力，实现法的安定性原则，以法的秩序价值为目标。同时，行政诉讼起诉期限制度也有对行政相对人合法权益的保护的一面，如我国《行政诉讼法》第39条规定：公民、法人或者其他组织直接向人民法院提起诉讼的，应当在知道具体行政行为之日起三个月内提出。何谓"知道具体行政行为之日"，应理解为具体行政行为对于行政相对人受领生效之日，而非具体行政行为作出之日。同时起诉期限的计算起点还是以行政相对人认识到其权利受到具体行政行为侵害为基点，如《若干解释》第41条对行政相对人"知道"具体行政行为的要件作出了补充性规定，其根本出发点是对于行政相对人的权利的维护，而且其实际效果也达到了对行政相对人合法权益的较大保护。在这个意义上，我们认为行政诉讼起诉期限具有多重目的，既有从维护法的安定性原则角度的秩序价值，也有最大限度保护行政相对人合法权益的法的自由价值。

（二）行政诉讼起诉期限的确定

1. 一般性规定

行政诉讼的起诉期限有三种：15 日、30 日、3 个月。

（1）起诉期限为 15 日。《行政诉讼法》第 38 条第 2 款规定："申请人不服复议决定的，可以在收到复议决定书之日起 15 日内向人民法院提起诉讼。复议机关逾期不作决定的，申请人可以在复议期满之日起 15 日向人民法院提起诉讼。法律另有规定的除外。"其他单行的行政法律，如邮政法、统计法、水污染防治法、海洋环境保护法、药品管理法等都作了起诉期限为 15 日的规定，这是我国目前行政法律中比较普遍的规定。

（2）起诉期限为 30 日。这个期限主要适用于情况比较复杂、起诉不便的案件，如税务、资源、海关等行政案件。我国的森林法、土地管理法、渔业法、海关法等规定的起诉期限都是 30 日。

（3）起诉期限为 3 个月。《行政诉讼法》第 39 条规定："公民、法人或者其他组织直接向人民法院提起诉讼的，应当在知道作出具体行政行为之日起三个月内提出。法律另有规定的除外。"这也是我国行政诉讼中当事人直接向人民法院起诉的最一般的期限规定。此外，《专利法》第 40 条第 2 款也规定："发明专利的申请人对专利复审委员会驳回复审请求的决定不服的，可以在收到通知之日起三个月内向人民法院起诉。"

2. 行政诉讼起诉期限的特殊问题

行政诉讼起诉期限制度涉及计算起点、举证责任等问题，是行政诉讼起诉期限的特殊问题，也是起诉期限问题的难点。

（1）计算起点。不论起诉期限是 15 日、30 日或者是 3 个月，都面临着从哪一时间点开始计算的问题。对于起诉人系具体行政行为的相对方的情形，起诉期限的计算起点容易确定，即如《行政诉讼法》第 39 条规定的"知道具体行政行为之日"，其他法律规定的"接到通知之日"或者是"收到（接到）决定书之日"。同时，《若干解释》对于行政相对方"知道"或"收到（接到）"进行了有利于保护行政相对方权利的解释，即认为行政相对方完整地知道具体行政行为内容应包括"知道诉权或起诉期限"。如果行政机关仅告知了相对方具体行政行为内容，未告知其诉权或起诉期限，属于不完整的告知，起诉期限的计算起点应从"知道诉权或起诉期限之日起计算，但最长不得超过 2 年"。相应地，如果行政相对方不知道具体行政行为的内容，应从"知道具体行政行为内容之日起计算，但最长不得超过 5 年"，同理，这里的"知道具体行政行为内容"应理解为知道包括诉权或起诉期限的具体行政行为的完整内容。

由于行政诉讼的起诉人不仅包括具体行政行为的相对方，还包括具体行政行为法律上的利害关系人，而在行政程序中，行政机关作出具体行政行为时一般无告知非相对方的其他人（也包括法律上利害关系人）的程序义务。具体行政行为法律上的利害关系人往往不知道该行为内容，而根据《若干解释》第 12 条、第 13 条的规定，具体行政行为法律上的利害关系人可作为原告提起行政诉讼，因此其行政起诉期限的计算起点为知道包括诉权或起诉期限的具体行政行为完整内容之日，也就是说，一般在行政行为作出之日起 5 年内均可随时提起行政诉讼。

（2）举证责任。

①关于原告的证明责任。行政诉讼时效采取的是起诉权消灭主义，因此原告起诉即负有证明其起诉未超过时效的证明责任。《若干解释》第 44 条规定"有下列情形之一的，应当裁定不予受理；已经受理的，裁定驳回起诉：……（六）起诉超过法定期限且无正当理由的"，这就是说，原告在起诉时，有义务证明自己的起诉未超过时效，否则面临其诉讼不被法院受理或者受理后被驳回的可能。

②关于被告的证明责任。《若干解释》第 27 条规定"原告对下列事项承担举证责任：（一）证明起诉符合法定条件，但被告认为原告起诉超过起诉期限的除外"。如果被告主张原告起诉超过起诉期限，应由被告承担举证责任。

③关于第三人的证明责任。如果行政诉讼中被告与原告恶意串通，故意逾期提供证据材料，以期达到法院撤销具体行政行为、原告得利、损害第三人利益的结果，第三人完全有权提出原告起诉超过起诉期限的主张。

《若干解释》第 27 条规定中"证明起诉符合法定条件，但被告认为原告起诉超过起诉期限的除外"的条文包含两层意思，第一层容易理解的是被告对其"原告起诉超过起诉期限"主张的举证责任；第二层隐含的意思是一种举证责任的转移情形：由于《若干解释》第 27 条第 1 款的概括性规定为"原告对下列事项承担举证责任"，本来应由原告证明起诉在起诉期限内的举证责任，因为被告的否认而转移到被告。《若干解释》第 27 条第 1 款第 1 项实质上将《行政诉讼法》第 41 条并未明确的原告证明其起诉在起诉期限内的责任予以明确；如果没有被告或第三人的否认，法院也有权予以审查。

（3）法院审查起诉期限的权限。行政诉讼中，如果当事人不提出原告起诉超过起诉期限的主张，或者当事人的主张未能为其提供的证据证明，法院能否直接以原告起诉超过起诉期限为由，裁定不予受理或者受理后裁定驳回起诉？不仅要从维护行政诉讼中起诉人的合法权益角度出发，也需要考虑实现行政行为公定力目标的角度，维护公法秩序及行政权行使特性的角度，法院有权主动审查起诉人的起诉期限，并直接作出裁判。

（4）超过起诉期限的正当事由。行政诉讼的起诉期限是一个不变的期间，但仍有例外情形，如《若干解释》第44条第6项"起诉超过法定期限且无正当理由的"的规定。"正当理由"主要有两种情况：第一是不可归因于起诉人自身的原因；第二是可归因于起诉人但被法院认为正当的其他理由。行政机关告知起诉期限错误（不论是长于或短于起诉期限）、法院对于起诉标的是否受理的范围的前后判断不一（如以前认为不属于行政诉讼受案范围对起诉人的起诉予以驳回，但由于后来认识的变化决定对同一起诉人对同一标的的起诉予以受理的情形）属于不可归因于起诉人自身的原因，法院可以受理。

《中华人民共和国行政诉讼法》第34条赋予了人民法院要求当事人提供或者补充证据的权利。与此相对应，当事人也有主动、及时地向人民法院提供证据的权利和义务。但是，提供证据一定要遵守一定的时限。被告应当在收到起诉状副本之日起10日内提供作出具体行政行为时的证据，被告不提供或无正当理由逾期提供的，应当认定该具体行政行为没有证据；原告或者第三人应当在开庭审理前或人民法院指定的交换证据之日提供证据，无正当理由而逾期提供的，视为放弃举证权利。

（案件来源：浙江省湖州市人民检察院；整理人：田圣斌，朱再良）

一百二十六、鉴定结论能否直接作为定案依据

争议焦点

鉴定结论的审查和其能否直接作为定案依据。

基本案情

1999年7月16日，G公司临时工宋某放在抽屉里的中国农业银行活期存折被盗，并被人于当日和次日，先后在农行两个储蓄所分三次以宋某名义填写活期储蓄取款凭条，支取现金380元、390元、800元，共计1570元。1999年7月21日，宋某向公安机关报案。同年10月25日，李某被市

公安局 J 区分局留置盘查，次日拘留。调查期间，该局将金额为 380 元、390 元、800 元三张银行活期储蓄取款凭条及李某接受公安机关调查时在 390 元、800 元两张活期储蓄取款凭条上书写的字迹送科学技术鉴定部门进行文字检验。市公安局科学技术鉴定书作出 "送检三张中国农业银行活期储蓄取款凭条字迹系李某所写" 的结论。1999 年 11 月 16 日，市人民政府劳动教养管理委员会（以下简称市劳教委员会）根据国务院《关于劳动教养问题的决定》第 1 条第 1 项和国务院转发的《劳动教养试行办法》第 13 条的规定，决定对李某劳动教养一年六个月。

李某对决定不服，提出行政复议。2000 年 1 月 19 日，市劳动教养管理委员会作出 W 政复决字（2000）第 1 号行政复议决定，维持对李某劳动教养一年六个月的决定。李某对行政复议决定仍不服，向 J 区人民法院起诉，请求撤销劳动教养一年六个月的决定。区人民法院于 2000 年 5 月 30 日作出（2000）J 行初字第 6 号行政判决，判决认为：市劳教委员会作出的劳动教养决定主要证据充分，所作出的劳动教养决定的行政行为合法，维持市人民政府劳动教养管理委员会 W 劳教（1999）2104 号对李某劳动教育一年六个月的决定。

李某不服，向人民检察院申诉。人民检察院于 2001 年 5 月 18 日委托市人民检察院、公安局和中级人民法院三机关专业技术部门对三张活期储蓄取款凭条及案发时李某的亲笔字迹材料联合进行笔迹鉴定。鉴定结论为：送检的三张中国农业银行活期储蓄取款凭条（日期、金额分别是：1999 年 7 月 17 日，叁佰玖拾元整；1999 年 7 月 17 日，捌佰元整；1999 年 7 月 15 日，叁佰捌拾元整）上填写的字迹不是李某亲笔书写。

经人民检察院抗诉，中级人民法院指令 J 区人民法院再审。J 区人民法院经再审，依照《中华人民共和国行政诉讼法》第 54 条第 2 项第 1 目的规定，判决：1. 撤销 J 区人民法院（2000）J 行初字第 6 号行政判决书；2. 撤销市人民政府 W 政复决字（2000）第 1 号行政复议决定书维持的市人民政府劳动教养管理委员会 W 劳教（1999）2104 号对李某劳动教养一年六个月的决定。

◤ 观点评析 ◢

本案的关键是对鉴定结论的审查以及鉴定结论能否直接作为定案证据的问题。

李某是否实施了盗窃行为，在没有直接证据的情况下，对三张银行储蓄取款凭条上的字迹进行笔迹鉴定，所得出来的鉴定结论能否作为定案证据？根据我国《行政诉讼法》的相关规定，鉴定结论作为行政诉讼证据的种类之一，同样具有行政诉讼证据的共性特征，即客观性、相关性、合法性。鉴定结论是鉴定人运用自己的专门知识，利用专门的设备和材料，对案件中出现的专门问题所作出的结论性意见。由于受种种因素的影响，如鉴定设备陈旧落后，鉴定人的方法、知识欠缺或徇情枉法，当事人因利害关系的支配而有意掩盖事实真相等，都有可能使鉴定结论失实。因此，鉴定结论能否作为行政案件的定案证据，必须要有其他证据来相互印证；人民法院应对鉴定结论进行审查判断，尤其作为定案根据的鉴定结论，必须经过庭审当庭质证，鉴定人应当出庭接受当事人的询问质证。

本案劳教委员会依据对李某的讯问笔录及公安机关所进行的文字鉴定结论认定李某实施了盗窃行为，作出对李某的行政处罚决定。该行政处罚决定依据的事实及证据是否充分，原审人民法院应根据市劳教委员会提供的证据和法院的鉴定结论综合审查，来确定该行政处罚行为是否正确。在法院诉讼过程中，李某提出公安机关的文字鉴定取材不当，对市劳教委员会认定的事实持否定态度，并且又没有作案时间的证明等。针对这些问题，我国《行政诉讼法》第32条规定："被告对作出的具体行政行为负有举证责任，应当提供作出该具体行政行为的证据和所依据的规范性文件。"市劳教委员会对此负有举证责任。在没有直接证据证明李某实施了盗窃行为的情况下，本案的间接证据鉴定结论需要其他证据印证，证据之间存在的矛盾应当得到合理的排除。但本案对上述问题并没有证据来证明，其矛盾并未予以合理的排除。同时，原审人民法院在进行第二次笔迹鉴定时，李某已对第一次鉴定时的检材提出了质疑，故应在第一次鉴定检材的基础上，重新补充检材。但原审人民法院还是主要依据第一次鉴定的检材进行了鉴定，从而得出了与第一次鉴定结论相同的结论，导致李某对鉴定取材和鉴定过程有异议，对鉴定结论的真实性表示怀疑。

综上，原审人民法院在市劳教委员会对李某作出的行政处罚行为没有足够证据支持的情况下，就依据市劳教委员会认定的事实和中级人民法院的鉴定结论，作出维持行政处罚的决定，显然违背了适用行政诉讼证据的有关规定，导致认定事实的主要证据不足。

相关知识链接

一、相关法律法规

1.《行政诉讼法》第32条："被告对作出的具体行政行为负有举证责任，应当提供作出该具体行政行为的证据和所依据的规范性文件。"

2. 《行政诉讼法》第 54 条："人民法院经过审理，根据不同情况，分别作出以下判决：

（一）具体行政行为证据确凿，适用法律、法规正确，符合法定程序的，判决维持。

（二）具体行政行为有下列情形之一的，判决撤销或者部分撤销，并可以判决被告重新作出具体行政行为：

1. 主要证据不足的；

2. 适用法律、法规错误的；

3. 违反法定程序的；

4. 超越职权的；

5. 滥用职权的。

（三）被告不履行或者拖延履行法定职责的，判决其在一定期限内履行。

（四）行政处罚显失公正的，可以判决变更。"

二、相关理论知识

鉴定结论是指鉴定人运用自己的专门技术知识、技能、经验、工艺以及科学仪器、设备等根据法院的委托对案件中涉及与待证事实有关的某些专门性问题在审查、研究、分析和鉴别后所作出的判断性的认识。因此，鉴定结论具有人证的本质属性，由于它是专家行为形成的意见，又属于间接证据的范畴。但鉴定结论具有重要的诉讼功能，它是法官借以查明案件事实、认定案件性质的重要依据，它是鉴别其他证据是否真实、可靠的重要途径和必要手段；同时，它又以其专有的、特殊的认定方式，使那些初步具有证明作用的证据材料显现其在诉讼中的证明力。由于鉴定结论在证据种类中如此特别和重要，所以在行政诉讼中它经常被当事人作为证明其主张的依据以及法官作为判案的根据。

鉴定结论是鉴定人提供的判断性意见，它作为一种独立的证据有以下几个特点：

第一，是鉴定人对案件中的专门性问题进行鉴定后提出的结论性意见。在鉴定结论中，鉴定人不仅要叙述依据鉴定材料所观察到的事实，而且必须分析研究这些事实，并以此为基础提出结论性意见。

第二，是鉴定人将自己的专门知识，用于分析、研究案件中有关专门性问题的结果，是鉴定人对案件中应予查明的案件事实中的一些专门性问题所作的结论。

第三，鉴定结论是证据材料的一种，是否能够作为定案的依据，要有其他证据印证。

《最高人民法院关于行政诉讼证据若干问题的规定》第 62 条规定，对被告在行政程序中采纳的鉴定结论，原告或者第三人提出证据证明有下列情形之一的，人民法院不予采纳：（一）鉴定人不具备鉴定资格；（二）鉴定程序严重违法；（三）鉴定结论错误、不明确或者内容不完整。该规定是确定哪些鉴定结论不能作为行政诉讼定案证据的法律依据。

从行政诉讼对证据的要求上看，行政诉讼是以对被诉具体行政行为进行合法性审查为核心的诉讼，在对证据的审查、认证方面与刑事、民事诉讼有明显的区别。它是审查被告作出具体行政行为认定的事实和所依据的证据，也就是说，行政诉讼审查的鉴定结论必须是在行政程序中已经被被告作为认定事实的重要依据。在诉讼过程中，原告申请进行鉴定的，是否准许，应由人民法院决定。

关于鉴定结论本身的证明力问题，主要涉及鉴定人的资格问题、鉴定的程序问题、鉴定结论的质量问题。这三个方面的问题，是人民法院审查鉴定结论并决定是否采纳的重要因素：

1. 鉴定人不具备鉴定资格，其鉴定结论不能采纳。这是对鉴定人资格作出必要的合法性审查。

首先，鉴定人的技术职称是否达到了法律规定的条件，将直接影响到鉴定结论能否被人民法院采纳。如果没有达到，该鉴定结论则不能作为人民法院定案的依据。其次，鉴定结论的取得还需审查鉴定过程是否合法，有无应当回避的情形。例如，有无亲属朋友关系，有无请客送礼，行政机关在委托鉴定过程中是否有诱导等违法行为的存在。

2. 鉴定部门的资格合法是鉴定人资格合法的基础和必要条件。我国目前的法定鉴定部门包括公安、司法系统的专门鉴定部门和经授权建立的专门或兼职的鉴定部门，只有出自这样部门鉴定人作出的鉴定结论才能被人民法院采纳，才能作为法院定案的依据。

3. 鉴定程序严重违法的鉴定结论不能被采信。违法是指违反法定程序进行鉴定的情形。它包括：（1）指定或委托与本案有利害关系的鉴定部门或鉴定人；（2）鉴定人的人数未达到法律要求；（3）使用的鉴定技术或方法、设备等被明令禁止或淘汰，取样程序或数量等不符合法律规定；（4）鉴定结论形式要件不符合法律规定，如未盖鉴定部门和鉴定人、复核人名章等。一个正确的鉴定结论，不但要求内容正确，还要求程序合法。

4. 鉴定依据的证据材料不确实、不充分的，以及鉴定结论错误、不明确或者内容不完整的不能采信。

审查判断鉴定结论，必须结合案件的其他证据详加鉴别，对比研究。如果发现矛盾，一定要合理排除矛盾，并查清楚是鉴定结论有问题，还是其他证据虚假。

总之，鉴定结论的合法性审查，是人民法院对证据审查的一种，无论是形式要件的审查，还是实质要件的审查，都要认真对待。不要过于迷信鉴定结论，鉴定结论是否准确、合法、有效，关系到人民法院能否公正地处理案件，能否真正实现"司法为民"和"全心全意为人民服务"的宗旨。

（案件来源：湖北省武汉市人民检察院；整理人：田圣斌，姜艳丽）

一百二十七、法院对民事诉讼与行政诉讼能否合并审理

◤ 争议焦点 ◥

公民的损害结果在既有民事侵权又有行政侵权的前提下，应当如何提起诉讼？是分别提起民事诉讼、行政诉讼，还是应当从诉讼经济角度考虑予以合并？

◤ 基本案情 ◥

2003 年 7 月 19 日，被害人高某驾车途经 D 县 09 省道 L 段时，被 D 县公路运输管理稽征所（以下简称稽征所）稽征人员拦截检查，高某在下车接受检查过程中被驾驶摩托车路经该地的王某撞成重伤，送医院抢救无效死亡。D 县公安局交通警察大队在事故责任认定书中认为：王某驾驶车辆行驶中未随时注意行人动态，遇情况时措施不当，其行为违反了该省《实施〈中华人民共和国道路交通管理条例〉办法》第 15 条第 6 款的规定，应负事故的主要责任。D 县公路运输管理稽征所稽征人员未经公安机关批准，在禁止停车的路段实行停车检查时妨碍交通，其行为违反了《道路交通管理条例》第 66 条规定，应负事故的次要责任。高某在公路上活动未确保安全，其行为违反《道路交通管理条例》第 7 条第 2 款，应负事故的次要责任。

高某家属据此向县人民法院提起民事诉讼，要求稽征所和王某共同连带承担人身损害赔偿责任。县人民法院根据本案事实，判决王某赔偿原告各项损失的 60%，共计 133518 元，但又认为被告稽征所系代表国家行使公路运输管理稽征权力的行政机关，其工作人员在行使行政职权时造成公

民身体伤害或死亡的，属国家行政赔偿范围，应由《国家赔偿法》调整。因此认为，原告对被告稽征所的起诉，不属于民事诉讼的范围，根据《民事诉讼法》第108条第4项、第144条第1款第3项之规定，驳回起诉。原告不服该裁定，向中级人民法院提起上诉。二审经法院调解，稽征所向高某家属赔偿一审民事判决计算的损失额的20%，即44840元。

观点评析

本案在审理过程中重点解决了三方面的问题，由于行政诉讼与民事诉讼能否合并审理是一个较新的话题，专家学者们对此观点不一。

（一）行政机关工作人员在执行职务过程中，存在不法行为或不当因素，但造成公民损害的直接原因是外力的介入，在这种情况下，行政机关的执法行为是不是一种侵权行为，是不是应当承担赔偿责任？

第一种观点：行政机关工作人员执行职务行为引起的赔偿，首先需要甄别该职务行为系行使行政职权行为还是非行政职权行为。如果因行使行政职权行为侵犯公民人身权利，受害人享有的是行政赔偿请求权，适用国家赔偿程序。行政机关工作人员在执行职务过程中，存在一定的违法因素，即使造成公民损害的原因是外来因素介入，行政机关的违法行为仍然属于行政侵权行为，并对造成的损害承担行政赔偿责任，而不像刑事责任中那样外来因素的介入会造成因果关系链的中断。本案中，侵权行为既存在行政侵权行为，又存在民事侵权行为，而且行政侵权行为和民事侵权行为是一种前后连续的关系，两者缺一不可，正是稽征所违规在禁止停车的路段设卡检查，将被害人置于一种危险的境地，而又是王某的违章驾驶，造成被害人的被撞死亡，因此被害人的死亡是两者的作用力所共同造成的，我们不能因为存在外力的介入（即民事侵权行为的存在）就否定或者改变行政侵权行为的存在。本案正是因为存在民事侵权行为和行政侵权行为这两种造成损害结果的共同作用力，才分别造成由王某承担相应的民事赔偿责任，稽征所承担相应的国家赔偿责任的结果。

第二种观点：就本案而言，稽查人员的工作方式存在不妥之处，即在不能停车的地点进行停车检查，但行政执法本身并没有违法。因此，尽管被害人的被损害是在稽查人员的行政执法过程中，但是，《国家赔偿法》第2条规定行政侵权行为的归责原则为违法原则，并不是所有在行政执法过程中的损害结果都要进行行政赔偿。我们可以设想一下，如果稽查人员将被害人带至停车场检查，但因为其他人的倒车事故造成被害人的死亡呢？因此，本案主要的侵权行为还是一种民事侵权行为，行政机关因为存在一定的过错，应当承担连带的民事赔偿责任。

从规范行政权力、防止权力滥用的角度出发，笔者赞成第一种观点。

（二）公民的损害结果既有民事侵权又有行政侵权的前提下，应当如何提起诉讼？是分别提起民事诉讼、行政诉讼，还是应当从诉讼经济角度考虑予以合并？

第一种观点：在这个诉讼过程中，从法律的规定来说，应当遵循以下的步骤：

第一步：确定王某和稽查队的责任分担，即案例中所介绍的：王某驾驶车辆行驶中未随时注意行人动态，遇情况时措施不当，其行为违反了该省《实施〈中华人民共和国道路交通管理条例〉办法》第15条第6款的规定，应负事故的主要责任。县公路运输管理稽征所稽征人员未经公安机关批准，在禁止停车的路段实行停车检查时妨碍交通，其行为违反了《道路交通管理条例》第66条规定，应负事故的次要责任。高某在公路上活动未确保安全，其行为违反《道路交通管理条例》第7条第2款，应负事故的次要责任。

第二步：向王某提起民事诉讼，要求其承担民事赔偿责任。

第三步：提起行政诉讼或行政复议，确认稽查队检查的行政行为违法，然后提出行政赔偿申请；或者直接提起行政诉讼，附带解决行政赔偿问题，行政诉讼和行政赔偿诉讼应分别立案，根据具体情况可以合并审理也可以单独审理。

第二种观点：在我国现行法院审判体制下，民事诉讼与行政诉讼存在着许多重大不同之处，归责原则、举证责任、赔偿标准等均有显著区别，很难予以合并。但这里却存在一个问题：受害人起诉的先后顺序是"先民后行"还是"先行后民"；或者由受害人自由选择；或者依据一定的标准。在"先民后行"的生效赔偿判决或者"先行后民"的生效赔偿判决以后，法院后面的判决应不应当考虑前面生效判决的赔偿标准？最高人民法院在适当时候可针对上述问题作出相应的司法解释，以统一司法实务中出现的这种问题。

第三种观点：在行政与民事共同侵权情况下，由于损害事实是同一的，双方合力造成的损害结果不可分割，各责任人的赔偿份额只有通过一案审理才能得到正确分配，同时，还可能存在民事主体因财力所限导致受害人追偿不能的问题。我们可以设想一下，如果肇事方逃逸或者根本无力赔偿，那么在不能确定稽征所负连带民事赔偿责任的情况下，本案根本就不可能得到公正的解决，因此，确认连带责任并以必要共同诉讼救济具有实际意义。但是，由于我国行政侵权和民事侵权的司法救济实行的是二元结构，二者分属于不同的法域，在单独的行政诉讼或民事诉讼内对行政与民事共同侵权以必要诉讼处理必然产生法理上的矛盾，因此，合理的选择可以采取行政附带民事赔偿诉讼或者民事附带行政赔偿诉讼。

我们认为从保证行政诉讼的专业性和减少诉讼当事人讼累的角度出发，第三种观点较为可取。

（三）对于民事侵权行为和行政侵权行为共同合力造成的损害结果，是否可以依责任承担比较大的一种侵权行为的性质提起相应的诉讼，对另外一种侵权行为的赔偿责任则以调解的方式解决？

第一种观点：同一侵权行为引起的赔偿分别适用民事诉讼和国家赔偿两种程序，确实给受害人的司法救济带来了不便，也可能在责任分担上产生一定矛盾。鉴于行政诉讼法明确规定行政赔偿诉讼可以进行调解，为了体现诉讼经济，法院可以根据受害人的请求将民事侵权人和行政机关作为共同被告，在尊重当事人意愿的前提下，主持当事人达成调解协议，将纠纷一揽子解决。如果达不成调解协议，则仍然要分开处理。本案一审虽然分开处理，但在二审程序中，在法院主持下当事人自愿达成调解协议，也应当予以准许。

第二种观点：可以依据责任大的侵权行为的性质来提起相应的诉讼。依据有两个方面：一个是根据现有法律以及有关司法解释关于不同诉讼关系合并诉讼规定的精神；另一个是法院审判效率经济的基本原则。从第一个方面来讲，现有法律以及有关司法解释关于不同诉讼关系合并审理的规定主要有两种类型：一是刑事附带民事诉讼；二是特殊的行政诉讼中合并民事诉讼。这两种类型的规定或多或少体现了以责任大的法律关系的性质提起诉讼的精神。从第二个方面来讲，法院审理案件要遵循便利当事人诉讼、有利于解决纠纷、诉讼经济、诉讼效率等审判案件的基本原则，这些原则在一定程度上支持了可以以责任大的侵权行为的性质来提起诉讼的理由。但是，这种审理方式仍然需要最高人民法院用司法解释的形式予以确认。

第三种观点：对行政与民事共同侵权造成的损害结果，应以当事人诉讼权利的主张和请求的性质作为划分行政侵权与民事侵权交织案件类型的基本标准。当事人诉讼权利的主张和请求是基于其争议的实体法律关系而做出，而争议的实体法律关系的性质决定了案件的基本属性。以此为基本标准进行类型划分从而确定处理方法，即以民事诉讼为主，附带审理行政纠纷，或以行政诉讼为主，附带审理民事纠纷。这样既能反映案件的基本特性，又充分尊重了当事人的诉权。虽然行政诉讼和民事诉讼是不同性质的两类诉讼，但两者的庭审调查和辩论程序基本一致，因此，在司法实践中，法院内部民事审判庭和行政审判庭可以进行协调。《最高人民法院关于执行〈中华人民共和国行政诉讼法〉若干问题的解释》第97条规定："人民法院审理行政案件，除依照行政诉讼法和本解释外，可以参照民事诉讼的有关规定。"这为法官查清事实提供了基本的保障。就两种诉讼程序上的差异而言，虽有审判组织、庭前前置程序和证明责任上的不同，但也是可以变通的，并非不能逾越的难题。因此，以行政附带民事赔偿诉讼或民事附带行政赔偿诉讼不仅是可行的，而且也是体现诉讼经济原则，维护司法统一和确保法院裁判权威的要求。

相关知识链接 ↘

一、相关法律法规

1. 《民法通则》第 121 条："国家机关或者国家机关工作人员在执行职务中，侵犯公民、法人的合法权益造成损害的，应当承担民事责任。"

2. 《国家赔偿法》第 2 条："国家机关和国家机关工作人员违法行使职权侵犯公民、法人和其他组织的合法权益造成损害的，受害人有依照本法取得国家赔偿的权利。"

3. 《最高人民法院关于执行〈中华人民共和国行政诉讼法〉若干问题的解释》第 61 条："被告对平等主体之间民事争议所作的裁决违法，民事争议当事人要求人民法院一并解决相关民事争议的，人民法院可以一并审理。"

4. 《最高人民法院关于执行〈中华人民共和国行政诉讼法〉若干问题的解释》第 97 条："人民法院审理行政案件，除依照行政诉讼法和本解释外，可以参照民事诉讼的有关规定。"

二、相关理论知识

从严格意义上讲，使用"行政诉讼解决民事争议"这个命题并不十分准确。行政诉讼从性质上讲，其解决的是被诉具体行政行为的合法性问题，所触及的是作为被告的行政机关和作为原告的行政相对人之间的管理和被管理的这一地位不平等的法律关系；而民事争议指的是平等主体之间的权利义务关系争议，依法应经民事诉讼而不能通过行政诉讼来解决。在我国三大诉讼法中，明确规定的只有《刑事诉讼法》中规定的刑事"附带民事诉讼"，《行政诉讼法》中并未明确规定行政附带民事诉讼，也没有明确规定行政案件和民事案件可以一并审理。

何谓"行政诉讼附带民事"？按照最一般的解释，所谓"行政诉讼附带民事"，是指法院在审理案件时附带审理与行政案件相关联的民事案件的诉讼制度。

行政诉讼附带民事的适用范围，主要存在于下列案件中：

1. 当事人对具体行政行为不服起诉，但该行为却预决着当事人间的民事争议或对业已存在的民事争议产生法律上的影响。如交通事故责任的认定，公证证明行为等。

2. 行政相对人实施行政机关已许可的某种行为时，第三方认为该行政许可侵犯了自己的民事权益，提起行政诉讼过程中要求附带解决民事争议。

3. 受害人和受处罚人均对行政处罚不服而起诉并同时要求解决民事争议的。

行政诉讼能否附带民事诉讼或行政诉讼是否可以一并审理民事争议，其出发点不应拘泥于行政诉讼和民事诉讼自身的特点。有学者认为，因为两者在审查对象、举证责任和重要原则等方面存在差异，不能也不应该将行政裁决案件作为行政附带民事诉讼案件来审理。这些观点有一定的合理性。但是，从公正与效率的角度出发，在保证公正的同时，诉讼效率越高的诉讼程序应该是更加合理和科学的程序，更符合社会实践发展的需要。从是否有利于提高审判效率、节省诉讼成本、彻底解决纠纷等方面考虑，对符合一定条件的，在行政诉讼中可以附带或一并审理民事案件。

《最高人民法院关于执行〈中华人民共和国行政诉讼法〉若干问题的解释》第61条规定："被告对平等主体之间民事争议所作的裁决违法，民事争议当事人要求人民法院一并解决相关民事争议的，人民法院可以一并审理。"根据该规定，在行政诉讼中，人民法院一并审理民事争议要符合以下几个条件：以行政案件为前提；行政诉讼审理的是行政裁决行为的合法性，即被诉具体行政行为是被告对平等主体之间民事争议作出的行政裁决，非行政裁决不能合并审理；只有在被诉的行政裁决违法的情况下，人民法院才可能合并审理；民事争议的各方当事人同意一并解决民事争议。

行政诉讼是否应当附带民事诉讼，理论界有两种截然不同的看法：

（一）肯定论者主张：行政诉讼应当附带民事，而且认为《行政诉讼法》中尚未明文规定实为憾事，应在修订《行政诉讼法》时将其纳入。其理由主要有：

1. 行政诉讼附带民事所带来的利益性。即它对行政、民事争议的解决均有利或前一争议的解决有利于后一争议的解决。如在对行政裁决不服的案件中，法院在审理被诉行为时，必然要对涉及的民事案件进行了解；行政侵权案件中，对行政行为合法性与否的认定直接关系到侵权赔偿能否实现。

2. 确保法院裁判的一致性。行政、民事争议交织往往使案件复杂化，再加上该问题在法律上的真空状态，就容易使法院对同一案件作出相互矛盾的判决，这将有损司法权威。

（二）否定论者则对该制度持根本反对态度，认为：

1. "无法可依"。从《行政诉讼法（草案）》到《行政诉讼法》的正式实施再到 1999 年最高人民法院的司法解释第 61 条中采用"一并审理"的用语，都表明迄今为止行政诉讼附带民事仍未被立法者认可。

2. 审理对象的不同往往会导致在行政案件审理时不予审查的事实，往往却是分清民事责任的重要事实。

3. 举证责任的不同可能会引起法庭规则的混乱。

笔者认为，行政诉讼附带民事并非完全无法律依据。虽然从《行政诉讼法》的条文上可能无法查证到明确的法律依据，但从行政实体法的有关规定来看，现行许多行政管理法规都赋予行政机关对那些既违反行政法又造成他人损害后果的行为人以行政处罚和民事赔偿双重处理权。行政相对人若对这种双重处理决定不服起诉时，所带来的法律后果就是行政诉讼附带民事的适用。所以，如果说其欠缺法律依据，只能说目前还没有在行政程序法上以明确的条文予以规定。虽然民事争议的解决要依赖行政争议的解决，但行政争议的解决也不可能完全抛开民事争议，法院在审查行政行为合法性过程中不可能无视当事人间的民事争议。例如，在大量的行政确权案件和对行政许可不服的案件中，无论当事人还是法院均花了大量的精力来确认民事权利义务关系，然而依法律规定，法院只能作出维持或撤销判决，对已完全查清的民事争议却束手无策，而只能待争议方另行提起民事诉讼，即所谓的"官了民不了"。这无疑不符合程序效率规则的要求。

（案件来源：浙江省湖州市人民检察院；整理人：田圣斌，屠晓景）

一百二十八、行政诉讼证据的调取及其证明力

⚑ 争议焦点 ⚐

钟某所驾的大货车是否是肇事车？

⚑ 基本案情 ⚐

2002 年 8 月 17 日晚 9 时许，本案第三人唐某骑人力三轮车在 H 农场 D 处与一逆向行驶的大货车相刮擦，造成唐某头部受伤，三轮车前轮被碾轧。大货车驶离现场。后因旁人见状报警，H 派出所接警后驱车追赶，至 H 农场砖瓦厂附近与鄂 D61423 号汽车会车，经询问得知在前约一公里处曾与

另一辆鄂 N 牌平头加长货车会车的情况后，该警车在经过砖瓦厂岔口时，向 Q 市 L 镇方向追赶。当晚 11 时许，J 县交警大队派员到现场勘查并调查取证。8 月 20 日上午，J 县交警大队在 X 中队对钟某进行询问，并将其所驾驶的鄂 N00732 号货车予以暂扣。同年 9 月 23 日，J 县公安局对钟某做出监视居住决定。9 月 18 日，JZ 市公安局刑科所以刑公痕检字〔2002〕28 号《JZ 市公安局痕迹检验分析意见书》对唐某受损车辆做出"三轮车上痕迹系大货车碾轧形成"的痕迹分析结论。同年 9 月 25 日，县交警大队做出第 20023642 号《道路交通事故责任认定书》，认定钟某驾驶鄂 N00732 大货车，是造成此次事故的主要责任人，并负事故的全部责任。

钟某对上述责任认定不服，以其在事发当天虽曾在 H 农场卸货，但时间与责任认定的事发时间不相吻合，县交警大队在未取得充分有效的证据下，仅凭主观臆断做出的责任认定应予撤销为由，向 J 县法院提起诉讼。县法院判决驳回起诉。

钟某不服，提出上诉。中级人民法院判决维持一审判决。钟某向人民检察院申诉。

观点评析

（一）一审法院认为，钟某在事发当晚 8 点多钟，曾在 H 农场卸货，而后掉头向 L 镇方向行驶，并以此认定钟某肇事。

（二）中级人民法院认为，依据有关法律，人民法院有权向有关行政机关以及其他组织、公民调取证据，并经庭审质证，作为定案的依据。由此，原审法院依法通知钟某、J 县交警大队、唐某的委托代理人到庭对法院调取的证据进行质证，而钟某的委托代理人到庭后对上述证据不进行质证，是对证据质证权利的处分和放弃。同时认定该案已经形成证据链证明肇事司机是上诉人钟某。

（三）该案对申诉人是否是造成唐某交通事故的责任人的认定，缺乏目击证人对肇事车辆车型、牌号的指认和申诉人对肇事事故的供述及公安机关对申诉人所驾驶车辆的痕迹检验认定等认定事实的重要证据。J 县交警大队认定申诉人为该交通事故责任人依据的间接证据主要有：（1）证实钟某当天下午曾在 H 农场卸货，并于当天返回 L 镇的证人证言；（2）派出所接警后驾车追赶，从会车司机处得知其前十几分钟曾与一辆鄂 N 平头加长货车相遇的线索；（3）公安机关做出的"三轮车上痕迹系大货车碾轧形成"的鉴定结论等。在上述证据中，证实钟某送货及送四名小工回家，然后其驾车离开 H 农场的时间的证人前后提供了不一致的证言,且并无一人当时看过时间,因此,证人证言具有很大的随意性,不能准确认定钟某离开 H 农场的准确时间。而会车司机的证言,并不能排除与鄂 N 平头加长货车会车前是否有其他车辆经过岔路口拐向其他方向的可能。"三轮车上痕迹系大货车碾轧形成"的鉴定结论,更不能认定该大货车即为钟某所驾大货车。

从证据"三性"(客观性、真实性、关联性)的角度考虑,笔者认为第三种观点更加有利于查清案件事实,遵循了无罪推定原则,是正确的。

相关知识链接

一、相关法律法规

1.《行政诉讼法》第 31 条:"证据有以下几种:

(一)书证;

(二)物证;

(三)视听资料;

(四)证人证言;

(五)当事人的陈述;

(六)鉴定结论;

(七)勘验笔录、现场笔录。

以上证据经法庭审查属实,才能作为定案的根据。"

2.《行政诉讼法》第 32 条:"被告对作出的具体行政行为负有举证责任,应当提供作出该具体行政行为的证据和所依据的规范性文件。"

3.《行政诉讼法》第 35 条:"在诉讼过程中,人民法院认为对专门性问题需要鉴定的,应当交由法定鉴定部门鉴定;没有法定鉴定部门的,由人民法院指定的鉴定部门鉴定。"

4.《最高人民法院关于执行〈中华人民共和国行政诉讼法〉若干问题的解释》第 97 条:"人民法院审理行政案件,除依照行政诉讼法和本解释外,可以参照民事诉讼的有关规定。"

5.《最高人民法院关于行政诉讼证据若干问题的规定》第 53 条:"人民法院裁判行政案件,应当以证据证明的案件事实为依据。"

6.《最高人民法院关于行政诉讼证据若干问题的规定》第 63 条:"证明同一事实的数个证据,其证明效力一般可以按照下列情形分别认定:

(一)国家机关以及其他职能部门依职权制作的公文文书优于其他书证;

(二)鉴定结论、现场笔录、勘验笔录、档案材料以及经过公证或者登记的书证优于其他书证、视听资料和证人证言;

（三）原件、原物优于复制件、复制品；

（四）法定鉴定部门的鉴定结论优于其他鉴定部门的鉴定结论；

（五）法庭主持勘验所制作的勘验笔录优于其他部门主持勘验所制作的勘验笔录；

（六）原始证据优于传来证据；

（七）其他证人证言优于与当事人有亲属关系或者其他密切关系的证人提供的对该当事人有利的证言；

（八）出庭作证的证人证言优于未出庭作证的证人证言；

（九）数个种类不同、内容一致的证据优于一个孤立的证据。"

7. 《最高人民法院关于民事诉讼证据的若干规定》第 2 条："当事人对自己提出的诉讼请求所依据的事实或者反驳对方诉讼请求所依据的事实有责任提供证据加以证明。没有证据或者证据不足以证明当事人的事实主张的，由负有举证责任的当事人承担不利后果。"

二、相关理论知识

证据是指直接或间接证明案件事实情况的一切客观事实材料。行政诉讼证据是指能够证明行政案件真实情况的一切事实，是人民法院确定案件的法律事实，并对被告作出的具体行政行为是否合法、原告的诉讼请求是否有理等作出正确裁判的根据。行政诉讼证据是行政诉讼的核心，行政审判的每一道程序都离不开证据，人民法院通过举证、取证、质证及认证等环节，在查清案件事实的基础上，将相关法律规范适用于该事实，并作出裁判，从而完成全部诉讼活动。一个完备的现代司法制度，如果缺乏完善的证据制度，将是一个重大缺陷，是不可想象的。为了实现司法公正，要求法官及诉讼参与人必须遵循统一且明确具体的证据规则，以便于查清案件事实，进而实现全部的司法公正。最高人民法院颁布于 2002 年 10 月 1 日施行的《关于行政诉讼证据若干问题的规定》（以下简称《证据规定》），总结了各地人民法院实施《行政诉讼法》有关证据规定的经验。弥补了现行《行政诉讼法》、《最高人民法院关于执行〈中华人民共和国行政诉讼法〉若干问题的解释》（以下简称《解释》）中有关证据制度规定的缺陷，尤其是举证时限、庭前证据交换、自认、推定等规则，对提高诉讼效率、保障司法公正具有重大意义。

（一）行政诉讼举证规则

我国行政诉讼法举证规则可分为一般规则、特殊规则及经验规则。

1. 一般规则

根据行政诉讼法及相关司法解释的有关规定，行政诉讼举证的一般规则可确定为"谁主张，谁举证"。

（1）行政案件立案前，行政相对人应当承担证明其符合一定程序要件的举证责任，否则就不能进入后面的诉讼程序。根据《解释》第27条的规定，原告承担证明起诉符合法定要件的举证责任（但被告认为原告起诉超过起诉期限的除外）。具体来讲，行政相对人起诉时应对以下事项负举证责任：①证明具体行政行为存在。具体行政行为具有书面形式的，行政相对人应在起诉时向法院提交正式或复制件；具体行政行为是口头形式的，则应在起诉时向法院提交证人证言、视听资料等证据。②提供具体行政行为侵犯其合法权益的证据（事实根据），以支持其主张。③被告明确且适格。④案件属于人民法院受案范围和受诉人民法院管辖。⑤如果法律、法规规定行政复议前置，则应当提供已申请复议情况的证据。

（2）《行政诉讼法》第32条规定，被告必须就其"作出"的具体行政行为承担举证责任，但行政诉讼还可以由行政机关的"不作为"引起。《解释》第27条规定：原告在起诉被告不作为的案件中，承担证明其提出申请的事实的举证责任。人民法院审理不作为行政案件是审查行政相对人的适法行为，若是适法，行政机关不作为，则人民法院可判决行政机关限期作为；若行为无效，不发生行政法律效力，人民法院则可判决驳回原告的诉讼请求。因此，由于不作为行政案件的特殊性，应当实行行政相对人负举证责任的规则，即行政相对人必须提供证明自己主张成立的全部证据。如果证据不充分，则可能承担败诉的法律后果。

（3）行政赔偿诉讼中，原告应就其主张提供充足证据。行政赔偿诉讼不同于一般的行政诉讼，双方当事人之间已不是具体行政行为的合法性之争，主要是行政赔偿问题。解决该问题，既要适用《国家赔偿法》、《行政诉讼法》的有关规定，又要适用《民法》的有关规定，因请求行政机关赔偿损失的，应举出证据证明以下事项：①损害事实的存在；②受损害的程度，即具体损失的数额及计算；③受损害的事实与被告的具体行政行为有因果关系；④是在法定期限提起赔偿诉讼；⑤单独提起赔偿诉讼的，已经过行政机关先处理。行政赔偿诉讼中，被告一般不负举证责任，只是在针对原告提出的主张和事实根据进行答辩提出反驳时，才应举出相应证据加以证明。

（4）行政诉讼中，在被告为其具体行政行为是否合法举证达到一定程度之后，原告还是要负担一定的举证责任。原告对被告在答辩状中举出并在答辩期内提交的证据，应当进行反驳并提供相应证据证明，以便在庭审中引起法庭对具体行政行为合法性的怀疑。此外，《行政诉讼法》第34条第1款规定："人民法院有权要求当事人提供或补充证据。"当人民法院向原告提出这一要求时，原告应进一步提供或补充证据，如果不提供或补充证据，有可能导致败诉。

举证责任的实质是一种败诉风险的负担，即如果举证责任承担者不能提供证据证明自己的主张，则可能承担败诉的风险。在确定举证责任时，公平价值观是必须考虑的因素。任何诉讼活动，无论就其终极的目标，还是诉讼过程，都应当体现公平。

2. 特殊规则

《行政诉讼法》第 32 条规定："被告对作出的具体行政行为负有举证责任，应当提供作出该具体行政行为的证据和所依据的规范性文件。"《解释》第 26 条规定：在行政诉讼中，被告对其作出的具体行政行为承担举证责任，被告应当在收到起诉状副本之日起 10 日内提交答辩状，并提供作出具体行政行为时的证据、依据；被告不提供或者无正当理由逾期提供的，应当认定该具体行政行为没有证据、依据。《证据规定》第 1 条也作了相应的规定。可见，在行政诉讼中，举证特殊规则是指举证责任的倒置，即被告承担明确、具体且限时的举证责任。其主要理由是：

（1）行政法制化要求行政守法，行政守法在程序上的要求是"先取证后裁决"，即行政机关作出具体行政行为时要充分收集证据，然后根据事实，适用法律；不能在无证据的情况下恣意行政。因此，当行政争议诉至法院时，行政机关应有充分的证据证明其行政行为的合法性，如果它无证据只能说明所作的具体行政行为没有事实基础，属违法。

（2）在行政法律关系中，行政机关居于主动地位，实施具体行政行为无须征得行政相对人的同意，相对人处于被动地位。这种主、被动地位是由国家强制力为保证，以行政行为推定合法为前提的，因此在诉讼中行政机关应该为自己的行政行为提供合法的事实依据和法律依据，这样才能体现双方当事人地位的平等，若要求被动地位的原告举证，则会因无法或很难收集、保全证据而败诉，这是有失公正的。

（3）行政机关的举证能力强，而原告却无这方面的能力。有的案件，如环境污染、能否获得发明专利、伪药劣药的认定，其证据需要有一定的知识、技术设备才能取得。

《行政诉讼法》规定被告负举证责任，一方面有利于行政机关依法行政，严格遵守"先取证后裁决"的程序规则，另一方面可以加快案件审理的速度，确保司法效率，保护公民、法人和其他组织的合法权益。《行政诉讼法》第 33 条规定"在诉讼过程中，被告不得自行向原告和证人收集证据"。

3. 经验规则

在确定行政诉讼证据规则时，不应忽略经验规则的适用。所谓经验规则，是指法官根据社会公众所普遍认知和接受的经验知识及其自身的阅历等，在法定举证责任分配规则之外确定当事人举证责任的一种规则。在案件事实不清，且法律对当事人举证责任无明文规定，或虽有规定但不明确时，法官可借助经验规则将举证责任在当事人之间合理分配。

（二）调取证据

1. 法院调取证据的范围

《证据规定》第 22 条规定："根据行政诉讼法第三十四条第二款的规定，有下列情形之一的，人民法院有权向有关行政机关及其组织、公民调取证据：（一）涉及国家利益、公共利益或者他人合法权益的事实认定的；（二）涉及依职权追加当事人、中止诉讼、终结诉讼、回避等程序性事项的。"该条是人民法院依职权主动调取证据的范围的规定。《证据规定》第 23 条第 1 款规定："原告或者第三人不能自行收集，但能够提供确切线索的，可以申请人民法院调取下列证据材料：（一）由国家有关部门保存而须由人民法院调取的证据材料；（二）涉及国家秘密、商业秘密、个人隐私的证据材料；（三）确因客观原因不能自行收集的其他证据材料。"该条是原告或者第三人申请法院调取证据的条件种类的规定。

2. 审判时间中需要注意的问题

（1）范围必须是《证据规定》第 22 条、第 23 条规定的范围。

（2）启动调取证据程序：一是符合《证据规定》第 22 条规定依职权调取；二是符合《证据规定》第 23 条规定依原告或第三人的申请调取。

（3）依原告或者第三人申请的必须同时符合《证据规定》第 23 条（范围规定）、第 24 条（期限规定）的要求，如原告在开庭时提供申请调取证据，或者原告在举证期限内提出自己持身份证或者介绍信就可以调取的证据材料，法院将不准许调取。

（4）对原告或者第三人申请调取证据不符合《证据规定》的，应以书面形式通知不准许调取通知书，并告知不准许调取的理由及申请复议的权利和期限。

（三）质证

1. 质证规则

《解释》第 31 条第 1 款规定："未经法庭质证的证据不能作为人民法院裁判的根据。"质证主要是指在庭审中，当事人相互就对方提供的证据的客观性、相关性和合法性进行充分质对、辩驳；以便法庭对所有证据进行审核和认定。行政诉讼中的质证应当遵循以下原则：

（1）开庭质证，应当充分展示当事人所举证据。如对书证、物证和视听资料进行质证时，当事人应当出示证据的原件或者原物，视听资料应当当庭播放或者显示，并由当事人进行质证；证人应当出庭作证；对法院调查取得的证据，也应由当事人进行质证，以便法庭对证据去伪存真。

（2）质证应进行充分的质对、辩驳，应当允许当事人互相发问、向证人或鉴定人发问。原告应对被告提供的证明被诉具体行政行为合法的事实根据、法律依据等进行——质对。原、被告或第三人也有权对法院调查取得的证据以及法院委托作出的鉴定结论等证据提出质证意见，还可以申请重新鉴定。并且经人民法院准许重新鉴定的结论，应再次开庭质证，当事人可就证据的证明力进行充分辩论。

（3）质证应在法官的指导下进行。在庭审过程中，法官要指导当事人特别是原告紧紧围绕证据与被诉具体行政行为的合法性及其诉讼请求的关系进行质证，并应当指出当事人之间争议的焦点，采取一事一证一质或其他方式循序进行，以提高质证的效率，保证质证的效果。

2. 对质证的内容、方式及要求

根据《证据规定》第39条的规定，当事人应当围绕证据的关联性、合法性和真实性，针对证据有无证明效力及证明效力的大小，进行质证。经法庭准许，当事人及其代理人可以就证据问题相互发问，也可以向证人、鉴定人或者勘验人发问。当事人及其代理人相互发问，或者向证人、鉴定人、勘验人发问时，发问的内容应当与案件事实有关，不得采取引诱、威胁、侮辱等语言或者方式。

3. 审判实践中应注意的问题

（1）质证范围应是《行政诉讼法》规定的证据形式；

（2）司法认知和当事人无异议的事实无须质证；

（3）涉及国家秘密的证据应当进行质证，但不得公开进行；

（4）法庭依申请调取的证据应当作为申请的当事人证据，在庭中出示进行质证；

（5）法庭依职权调取的证据，应当就该证据的情况进行说明，由当事人质证；

（6）没有关联性的证据材料应当予以排除；

（7）对庭前证据交换过程中没有争议记录在卷的证据，经审判人员在庭审中说明后即可作为定案依据，无须再进行质证。

（四）认证

即认定证据，是指在审理行政案件中，法官依照法定程序，根据一定的原则或规则对质证的证据的关联性、合法性和真实性进行审查判断，从而确定证据材料的可否采信、可采信的证据的证明力的活动。

1. 认证的基本方式

《证据规定》第 54 条规定："法庭应当对经过庭审质证的证据和无需质证的证据进行统一审查和对全部证据综合审查，遵循法官职业道德，运用逻辑推理和生活经验，进行全面、客观和公正地分析判断，确定证据材料与案件事实之间的证明关系，排除不具有关联性的证据材料，准确认定案件事实。"

2. 证据合法性认定标准

证据的合法性即证据符合法律的规定，它包括取得证据的主体合法，收集证据符合法定程序，证据形式符合法定要求和证据运用符合法律规定。

3. 审判实践中应注意的问题

（1）认证的主体是法官，即由法官认证，但这个法官不是指承办人，而是合议庭成员完成的认证活动。

（2）认证证据的范围包括经过质证的证据和无须质证的证据材料。

（3）对《证据规定》中非法证据的确定：

主体违法，指收集证据、调取证据的主体不合法，如精神病人作证，鉴定人没有鉴定资格，行政执法人不具有相应的资格等。

取得证据的方式、手段非法，如以非法侵害他人合法权益的偷拍、偷录、窃听等手段；取得证据，必须履行法定手续。

证据的内容问题，如鉴定结论错误、不明确、内容不完整等。

取得的形式要符合法律要求，如当事人无正当理由拒不提供原件、原物又无其他证据印证，且对当事人不予认可的证据的复印件或复制品，不能作为定案依据。

提供证据的时间要求，如无正当理由超过举证期限提供的证据等。

4. 自认规则的适用

自认即一方当事人就对方当事人提出的、对己方不利的事实予以承认的声明或表示。在行政案件中，自认涉及其他诉讼当事人利益，其他诉讼当事人对自认提出异议的；法官发现自认是受胁迫或重大误解情况下作出的，且与事实不符；诉讼代理人自认事项无代理权且其委托人未出庭的情形，不能适用自认规则予以认证。

5. 法院在认证过程中，应遵循的证据规则

（1）客观性规则。行政纠纷的产生一定是基于一定时空条件下的客观事实，它必然会留下痕迹，引起一些变化。如行政处罚决定书的作出，处罚决定书即是书证。国家机关以及其他职能部门依职权制作的公文文书优于其他书证。其本质属性是其客观性。

（2）关联性规则。证据的关联性又称相关性，是指证据反映的事实必须与案件事实之间存在客观联系。客观事实多种多样，但不是所有待证事实都是特定行政案件的证据，只有与案件事实有内在联系的证据才能被采用。法官应从客观的角度，认识、把握诉讼证据的关联性，明确证据的方向。

（3）合法性规则。合法性是判断证据证明力的重要尺度，非法证据不具有证明力，不能作为认定案件事实的依据。以侵害他人的合法权益（如故意违反社会公共利益和社会公德、侵害他人隐私）或者以违反法律禁止性规定的方法（如窃听）取得的证据不具有合法性，不能作为认定案件事实的依据。

今后的司法实践中，对非法证据排除应更为严肃、审慎地探索总结，对发展的、合理和科学的结论，应依法定程序上升为统一的判断标准，以使非法证据的判断标准更加合理科学，确保程序正义和实体正义的协调平衡。

（案件来源：湖北省人民检察院；整理人：田圣斌）

一百二十九、土地使用权的归属

争议焦点

S 村争议的 29.42 亩土地权属是集体所有还是属于国有？

基本案情

1965 年区 L 食品站在 L 镇开办 L 鸡场，当时 L 食品站补给 L 公社（现 L 镇）5000 元作为土地及附着物补偿款，后该地一直由 L 鸡场使用。1992 年 L 鸡场为理顺鸡场与周边管理区、村的土地权属关系，请示 H 县人民政府要求处理，原 H 县人民政府经调查于 1992 年 7 月 9 日作出〔H 府函（1992）32 号〕《关于 L 鸡场土地权属问题的处理决定》，确定 L 鸡场范围 29.42 亩的土地属国家所有，归 L 鸡场使用，任何单位和个人不得侵占。同年 8 月 30 日，L 鸡场依据该处理决定，向有关部门申办国家土地使用证，同年 9 月 3 日，获取 H 府国字（1992）第 132113000001 号《国有土地使用证》。2006 年 L 镇 S 村村民种果树时遭受 L 鸡场的阻拦和争议，发现 L 鸡场已领取了 L 镇 S 村 29.24 亩地的《国有土地使用证》。S 村村民小组向 H 区人民政府投诉，区人民政府于 2006 年 10 月 16 日作出《关于 L 鸡场土地权属问题的复函》，告知原 H 县人民政府已于 1992 年 7 月 9 日对该 29.42 亩地作出了 H 府函〔1992〕32 号处理决定，并于 1992 年 9 月 3 日给 L 鸡场办理了《国有土地使用证》。2007 年 5 月 14 日，S 村村民小组向市人民政府申请行政复议，要求撤销 H 府函〔1992〕32 号《关于 L 鸡场土地使用权属问题的处理决定》。同年 6 月 25 日，市人民政府作出 H 府复决字（2007）30 号终止行政复议决定书，认为 S 村村民小组申请行政复议超过了法定的申请行政复议的期限，决定终止行政复议审查。

另查明，2003 年市行政区划进行了调整。调整后，原 H 县人民政府现为 H 区人民政府，原 H 县人民政府对争议的 29.42 亩土地使用权的颁发、撤销国有土地使用证等相关行政职能，依法由市人民政府行使。

2007 年 8 月 17 日，S 村村民小组向法院提起行政诉讼，要求撤销 H 府国字（1992）第 132113000001 号《国有土地使用证》。

一审法院审理认为，本案争议的主要焦点是该争议土地的权属是属于 S 村村民小组集体所有还是属于国有土地。原 H 县人民政府已于 1992 年对该争议土地进行了确权认定，确认该土地为国有土地，L 鸡场享有该国有土地的使用权。判决维持原 H 县人民政府颁布的惠阳府国字（1992）第 132113000001 号《国有土地使用证》的具体行政行为。

S 村村民小组不服，向中级人民法院提出上诉。二审法院判决：驳回上诉，维持原判。

观点评析

（一）土地使用权问题：根据我国《土地管理法》和《土地管理法实施条例》、《土地登记规则》的相关规定，H 县人民政府在 1992 年 7 月 9 日作出了《关于 L 鸡场土地使用权属问题的处理决定》，对该争议土地进行了确权认定，确认该土地为国有土地。L 鸡场合法取得该国有土地使用权。

（二）相关程序：对于该土地确权，是政府的行政行为；对该行政行为不服，行政相对人有权申请行政复议或向人民法院起诉。

相关知识链接

一、相关法律法规

1.《土地管理法》第 16 条第 1 款："土地所有权和使用权争议，由当事人协商解决；协商不成的，由人民政府处理。"

2.《土地管理法实施条例》第 3 条第 1 款："国家依法实行土地登记发证

制度。依法登记的土地所有权和土地使用权受法律保护，任何单位和个人不得侵犯。"

3.《土地登记规则》第 10 条第 1 款："土地登记申请者申请土地使用权、所有权和土地他项权利登记，必须向土地管理部门提交下列资料：（一）土地登记申请书；（二）单位、法定代表人证明，个人身份证明或者户籍证明；（三）土地权属来源证明；（四）地上附着物权属证明。"

二、相关理论知识

土地使用权，是指单位或者个人依法或依约定，对国有土地或集体土地所享有的占有、使用、收益和有限处分的权利。

国有土地使用权是指国有土地的使用人依法利用土地并取得收益的权利。国有土地使用权的取得方式有划拨、出让、出租、入股等。有偿取得的国有土地使用权可以依法转让、出租、抵押和继承。划拨土地使用权在补办出让手续、补缴或抵交土地使用权出让金之后，才可以转让、出租、抵押。

在我国，土地使用权的主体是广泛的。国家机关、企事业单位、农民集体和公民个人，以及三资企业等，凡具备法定条件者，依照法定程序都可以取得土地使用权，成为土地使用权的主体。土地使用权可以出让、转让、买卖、出租、抵押。①土地使用权出让，是国家以土地所有人的身份将土地使用权在一定期限内让与土地使用者，由土地使用者向国家支付土地使用权出让金的行为。土地使用权出让有拍卖、招标和协议三种方式。②土地使用权转让，是指通过出让方式取得国有土地使用权的单位和个人，将土地使用权再转移的行为，如出售、交换、赠与等。土地使用权的出让构成土地使用权流转的一级市场，土地使用权的转让构成土地使用权流转的二级市场。集体土地使用权的转让，目前情况比较复杂，在法律中并无系统的规定，各地的做法也不一致。从原则上讲，农民集体所有的土地使用权不得出让、转让或者出租用于非农建设。因此，集体土地使用权的转让，目前一般是指不改变农用地性质的承包和转包。通过土地划拨及建设用地程序取得的使用权是无限期的，通过土地使用权出让取得使用权的，按照土地的用途不同，使用权的年限各有不同。③土地使用权买卖是土地使用权人以获取价款为目的将自己的土地使用权转移给其他公民或法人，后者获得土地使用权并支付价款的行为。

（案件来源：广东省惠阳市国土局惠阳区分局；整理人：周越男，张琦）

一百三十、政府负责人更换后行政合同的效力

【争议焦点】

上任前的行政行为对新上任的负责人是否具有约束力？

【基本案情】

2001 年 1 月，郑某与 A 乡政府签订《集贸市场改建合同书》，约定：郑某出资 38 万元对 A 集贸市场（面积 5100 平方米）改建后的市场产权永久归郑某；从 2002 年 1 月 1 日至 2022 年 1 月 1 日，工商所从该市场每月收取的管理费中，给郑某 2000 元，20 年共计 48 万元。20 年后，该市场管理费由郑某自行收取。如果政府及其他单位拆除该市场，负责拆除的单位应当赔偿郑某 40 年的全部经济损失 96 万元。

郑某依约投资改建该市场，2001 年 7 月正式投入使用。2002 年，A 乡改为镇，镇政府招商，与 L 房地产开发公司签订合同，将该市场与周边区域交付给该公司建商品房。该公司依约将集贸市场拆除。郑某找该公司经理，经理告诉他这是镇长让他拆除的，有政府的合同。郑某持其《集贸市场改建合同书》找镇长，镇长说他不知道这个改建合同的事情，那是他前任手上的事情，让郑某找前任乡长解决。

郑某向人民法院起诉镇政府，要求赔偿损失。

【观点评析】

（一）不论是现任还是前任政府负责人的行为，只要是代表政府的职务行为，就不能以负责人更换为由而否认其行为的效力。该改建合同书对改制后的镇政府仍然有约束力，新任镇政府负责人不得以前任所为而否定其约束力。

（二）在政府负责人更替过程中，应当将其负责的所有工作全部移交，并且办理好移交的相关手续。在移交工作时，本案所涉事项也应当移交，以保证政府行为的延续性。保证政府行为的延续性，是"取信于民"的重要手段，也是树立政府威信的重要前提。

相关知识链接

一、相关法律规定

1. 《行政诉讼法》第 2 条："公民、法人或者其他组织认为行政机关和行政机关工作人员的具体行政行为侵犯其合法权益，有权依照本法向人民法院提起诉讼。"

2. 《行政诉讼法》第 11 条："人民法院受理公民、法人和其他组织对下列具体行政行为不服提起的诉讼：

（一）对拘留、罚款、吊销许可证和执照、责令停产停业、没收财物等行政处罚不服的；

（二）对限制人身自由或者对财产的查封、扣押、冻结等行政强制措施不服的；

（三）认为行政机关侵犯法律规定的经营自主权的；

（四）认为符合法定条件申请行政机关颁发许可证和执照，行政机关拒绝颁发或者不予答复的；

（五）申请行政机关履行保护人身权、财产权的法定职责，行政机关拒绝履行或者不予答复的；

（六）认为行政机关没有依法发给抚恤金的；

（七）认为行政机关违法要求履行义务的；

（八）认为行政机关侵犯其他人身权、财产权的。

除前款规定外，人民法院受理法律、法规规定可以提起诉讼的其他行政案件。"

3. 《最高人民法院关于执行〈中华人民共和国行政诉讼法〉若干问题的解释》第 1 条："公民、法人或者其他组织对具有国家行政职权的机关和组织及其工作人员的行政行为不服，依法提起诉讼的，属于人民法院行政诉讼的受案范围。

"公民、法人或者其他组织对下列行为不服提起诉讼的，不属于人民法院行政诉讼的受案范围：

（一）行政诉讼法第十二条规定的行为；

（二）公安、国家安全等机关依照刑事诉讼法的明确授权实施的行为；

（三）调解行为以及法律规定的仲裁行为；

（四）不具有强制力的行政指导行为；

（五）驳回当事人对行政行为提起申诉的重复处理行为；

（六）对公民、法人或者其他组织权利义务不产生实际影响的行为。"

二、相关理论知识

行政合同，又称行政契约，是以区分公法、私法为理论背景的大陆法系的概念。所谓行政合同，是指行政主体以实施行政管理为目的，与行政相对人就有关行政法律关系设立、变更和终止经协商一致而达成的协议。

（一）对行政合同的界定具有两项标准

1. 形式标准。形式标准体现了行政合同的契约性，它是行政合同的充分条件。

（1）主体特定化：即行政合同的当事人必定有一方是行使国家行政权的行政机关（包括法律或行政机关授权的组织）。因为在行政合同中，当事人的一方具有特殊权力，所以只有国家、地方团体、公务法人等公法人，才有资格签订行政合同。私人间所签订的合同，即使其内容是执行公务，例如，公共工程承包人和建筑师签订的合同，也不是行政合同。

（2）合意过程化：即行政合同的内容是行政机关与相对人共同协商的结果，体现了一个协商有序的过程；要约与承诺是不可缺少的两个必要环节。行政命令，依申请的行政行为虽都是双方行为，最终结果都是双方意思表示的一致，但其意思的形成只是表面上的"合意化"，其实是相对方须服从行政机关意思的结果，缺乏要约与承诺合意化的过程，就不是行政合同。

2. 实质标准有两项。

（1）目的标准：所谓目的标准，是指订立行政合同的直接目的是为了履行行政机关的职能。行政合同不需要凭借其他法律行为与法律关系，而直接与行政机关履行职责或执行公务有关。

（2）内容标准：所谓内容标准，是指行政合同发生在行政管理领域，具有行政法律关系权利义务的内容，它体现着行政机关的职责。

（二）行政合同的特点

第一，行政合同的主体一方是行政机关，即具有法定行政职权、可以签订行政合同的行政机关或者法律、法规授权的组织，另一方是行政相对人，即公民、法人和其他组织；

第二，行政合同的内容是法律、法规规定可以使用合同手段或者不排除使用合同手段进行行政管理的公共事务，具有公益性；

第三，行政主体在行政合同中居于主导地位，在合同的履行过程中依法享有监督控制权、指挥权，在合同的变更、解除上依法享有行政优益权，对违约的行政相对人依法享有制裁权；

这三点是行政合同的行政属性。

第四，行政合同是双方协商一致的产物，行政相对人对合同是否签订、合同内容有一定的选择权；

第五，行政合同内容具有可妥协性，行政相对人有权提出修正合同内容的建议，行政主体可以根据具体情况作出适当让步。这两点是行政合同的民事属性。

这五方面的特点也就是判断某合同是否属于行政合同的认定标准。

（三）行政合同纠纷解决机制

行政合同本质上是一种行政行为，或者说是一种与行政行为有关的行为，其纠纷解决机制应当适用现有的行政纠纷解决机制。我国目前的行政纠纷解决机制可分为司法外解决机制和司法解决机制。

其中，司法外解决机制主要是行政复议机制，我国《行政复议法》第2条规定，"公民、法人或者其他组织认为具体行政行为侵犯其合法权益，向行政机关提出行政复议申请……"《最高人民法院关于执行〈中华人民共和国行政诉讼法〉若干问题的解释》将"具体行政行为"解释为"具有国家行政职权的机关和组织及其工作人员的行政行为"，实质上是将原来的"具体行政行为"从仅指行政主体的单方行为扩展到了双方行为，从而扩大了行政复议的受案范围，将行政合同纳入了行政复议的视野。《行政复议法》第6条第6、7两项具体指出了两种行政合同即企业承包经营合同和农业承包合同的复议适用。另一种司法外解决机制则是所谓的政府协调。这在行政管理过程中是比较常见的行政纠纷解决方法，在行政合同纠纷解决过程中也是完全可以适用的。

司法解决机制则是行政诉讼制度。行政诉讼中的所谓"具体行政行为"已被解释成双方行为，行政合同也在行政诉讼的受案范围之内。但由于行政合同具有民事属性，所以，一方面，在案件审理的法律适用上需要同时适用行政法律规范和民事法律规范，尤其是合同法原则。在审理行政合同案件时适用合同法原则是很多国家的做法。大陆法系德国和法国分别以法律和判例规定、确立了法院审理行政合同案件适用合同法原则的规范。

此外，基于行政合同的民事属性，行政合同纠纷也可以通过双方协商加以解决。

（四）行政合同的诉讼制度

1. 行政合同诉讼的原告资格

行政诉讼的目的既保护相对人的合法权益，又维护行政机关依法行政。在行政合同中，行政机关为了公共利益需要和国家利益至上原则，虽可单方解除合同，但对合同履行中的其他一些问题，如相对方违约赔偿金的确定，行政机关不能以自己的单方意志强加于相对方，必须求助于法院居中作出裁决，这就必须突破行政诉讼中只允许相对人起诉的规则，应赋予行政主体起诉权，可以作为行政合同诉讼原告的资格，否则无法保护行政机关的权益，无法实现行政合同的预期目的，无法维护行政机关依法行政。

2. 行政合同的审查范围

行政诉讼从本质上讲是一种对行政管理活动的外部监督措施，它是国家司法机关通过行使司法权力进行的一种制约，因此其中心任务是对行政机关所作行政行为的合法性进行审查，而非对相对人行为的违法性进行审查，这也是与行政诉讼只允许相对人起诉权相对应，决定了行政诉讼的审查范围之有限性。而行政合同是受公法与私法双重调整的特殊行为，其内容既具有强制性，也具有任意性；既然允许行政机关作为原告提起诉讼，就必然要围绕原告的请求而对双方行为进行审查，即不仅仅是对行政机关一方行为的审查，还需对相对方之行为的合法性进行审查，这就决定了行政合同诉讼之审查范围的全面性。

3. 行政合同的举证责任

举证责任是诉讼当事人对自己提出的诉讼主张有提交证据加以证实的一种法定责任，当事人如不履行，就有可能承担败诉的法律后果。举证责任的一般原则是"谁主张，谁举证"。由于行政诉讼的审查对象是行政行为的合法性之特殊化，其基本价值取向和终极目标是维护相对人合法权益，决定了由行政机关承担举证责任的制度。但行政合同作为特殊的法律制度与行为，既是行政机关作为公法主体独立行使行政权力的权力行为，又是行政机关作为私法主体平等行使处分权利的合意行为，前者体现一种权力构成行政合同的主导性权利，后者表现为权利构成行政合同的合意性从属权利。由于两者的权利义务内容体现着行政合同的不同属性，引起举证责任分配的差异。因此对行政合同的主导性权利基于职权主义诉讼构造模式应由行政机关对其职权和合法性承担举证责任；对行政合同的从属性权利基于当事人主义诉讼构造模式应由行政机关和相对人分别对其请求承担"谁主张，谁举证"的举证责任。

4. 行政合同诉讼的证明标准

证明标准，是指证明主体在证明过程中可以得出案件结论的具体条件，即当待证事实和已知事实相关联后，在什么情况下或者依何种标准可以推断待证事实在法律上已经成立。人的认识能力是有限的，只能认识相对事实而不能认识无限的事实；证明的本质是认识真理的活动，得到的真理只是相对真理而非绝对真理；证明的过程是对客观事物的主观反映，它受诉讼模式这一客观物质条件制约。另外刑事、民事与行政案件是不同性质的案件，有着本质的区别，如适用同一证明标准势必否认其差异。在行政诉讼中，其价值取向是司法公正兼顾行政效率，从公正角度而言，其标准应确定为能够排除合理怀疑，几乎接近真实情况，从效率角度而言，证明标准应确定为待证事实达到盖然性权衡标准，即达到大致近于真实。因此行政合同诉讼中证明标准是二元性标准，对涉及行政合同主导性权利义务相应的事实证据应达到排除合理怀疑标准；对涉及合意性从属性权利义务相应的事实证据的证明标准应是盖然性权衡标准。

5. 行政合同诉讼的法律适用及裁判方式

行政合同是一种特殊的行政行为，它始终具有合同与行政的双重特征，是公法与私法规则的有机结合，理应受到行政法与民法的双重调整。因此，在审理行政合同案件时应同时适用行政法律规范与民事法律规范两种法律规则。但行政合同本质上属于行政主体为实施行政管理而作出的公法行为，多与公共利益息息相关，所以在诉讼中首先应适用行政法律规则对其主导性权利义务进行合法性审查以确定其合同效力，在从属性权利义务方面（如赔偿争议、补偿争议、支付报酬等）适用民事法律规则进行平等裁判。对于行政合同的裁判方式，可根据《最高人民法院关于执行〈中华人民共和国行政诉讼法〉若干问题的解释》第57条、第58条的精神，在认定当事人的诉辩主张是否成立之前，先对行政合同的效力进行确认判决，然后基于违约行为对当事人的诉请进行给付判决即判令负有给付义务的一方当事人履行其法定义务，内容可以是继续履行，支付违约金或赔偿金。此外针对行为主体行使行为优益权的行为还可以作出维持、撤销等判决方式。

（案件来源：湖北松之盛律师事务所；整理人：田圣斌）